Sabine Kirchmayr/Daniela Hohenwarter (Hrsg.)
Grenzüberschreitende Mobilität im Steuerrecht

Veröffentlichungen der Deutschen Steuerjuristischen Gesellschaft e.V.

DStjG Band 48

Grenzüberschreitende Mobilität im Steuerrecht

49. Jahrestagung
der Deutschen Steuerjuristischen Gesellschaft e.V.
Wien, 22. und 23. September 2025

Herausgegeben im Auftrag der
Deutschen Steuerjuristischen Gesellschaft e.V.

von

Prof. Dr. Sabine Kirchmayr
Universität Wien

und

Prof. Dr. Daniela Hohenwarter
Universität Wien

2026

---

ottoschmidt

Zitierempfehlung
Verf. in DStjG 48 (2026), S. ...

Bibliografische Information
der Deutschen Nationalbibliothek

Die Deutsche Nationalbibliothek verzeichnet diese Publikation in der Deutschen Nationalbibliografie; detaillierte bibliografische Daten sind im Internet über https://portal.dnb.de abrufbar.

Verlag Dr. Otto Schmidt KG
Gustav-Heinemann-Ufer 58, 50968 Köln
Tel. 02 21/9 37 38-01, Fax 02 21/9 37 38-943
info@otto-schmidt.de
www.otto-schmidt.de

ISBN 978-3-504-62050-9

Satz: WMTP, Birkenau
Druck und Verarbeitung: Memminger MedienCentrum, Memmingen
Printed in Germany

Inhalt

Ausführliche Inhaltsübersichten jeweils zu Beginn der Beiträge.

Seite

Grenzüberschreitende Mobilität im Steuerrecht – Eröffnung der Jahrestagung

Prof. Dr. *Johanna Hey*
Vorsitzende der DStjG, Universität zu Köln

I. Mobilität: Vom Finanzkapital zum Humankapital

Dass die Mobilität des *Finanz*kapitals das Steuerrecht vor fundamentale Herausforderungen stellt, ist spätestens seit dem epochalen OECD-Bericht „Harmful Tax Competition – An Emerging Global Issue“[1] Allgemeingut und hat das letzte Vierteljahrhundert nationaler und internationaler Steuerpolitik beherrscht. Die zentralen Probleme der Besteuerung global erwirtschafteter Unternehmensgewinne sind allerdings auch nach BEPS 2.0 ungelöst.[2]

25 Jahre später liegt ein neuer Fokus auf der Mobilität des *Human*kapitals und den steuerrechtlichen Rahmenbedingungen der Arbeitsmobilität. Im Jahr 2024 hat das IBFD allein zwei Sammelbände zu diesem Thema verlegt. Zum einen „Mobility of Work“,[3] ein Rechtsvergleich, initiiert vom Institut für Österreichisches und Internationales Steuerrecht der

1 OECD, Harmful Tax Competition – An Emerging Global Issue, 1998.
2 Versuch einer wissenschaftlichen Aufarbeitung s. Building Blocks of an International Tax Order, Sonderheft Bull. Int'l Tax., No. 4/5 (2026), 152 ff.
3 Rechtsvergleichend *Kofler/Lang/Pistone/Rust/Schuch/Spies/Staringer/Szudoczky* (Hrsg.), Mobility of Work, European and International Tax Law and Policy Series Bd. 29, 2024.

Wirtschaftsuniversität Wien, zum anderen den Grundlagenfragen gewidmeten Band „Mobility of Individuals and Workforces".[4] Statt der Körperschaftsteuer steht jetzt die Einkommensteuer der natürlichen Person im Zentrum, wobei individuelle Mobilität auch Auswirkungen auf die Unternehmensbesteuerung hat.[5]

II. Wandel der Arbeitswelt

Dabei war Arbeit schon immer mobil. Ob die Auswanderungswellen nach Nordamerika oder die Zuwanderung der sog. „Gastarbeiter" nach Deutschland und Österreich in den 1960er Jahren – Migration ist Arbeitsmigration. Die Anwerbung von Arbeitskräften aus dem Ausland und ausgeprägte Pendlerströme zwischen benachbarten Staaten sind kein neues Phänomen. Auch Künstler und Sportler sind seit jeher mobil und so schwer fassbar, dass ihre Einnahmen trotz Selbständigkeit im Tätigkeitsstaat besonderen Quellensteuerabzügen unterliegen und ihnen das OECD-Musterabkommen im Art. 17 eine eigene Vorschrift widmet.[6]

Neu ist die Geschwindigkeit und Variabilität des Wechsels von Arbeitsorten, Arbeitgebern, aber auch Wohnsitzen, vor allem aber die durch die Digitalisierung ermöglichte Entkoppelung des physischen Aufenthalts vom Ort des ökonomischen Arbeitsertrags.[7] Eine völlig neue Dimension hat das digitale Zusammenarbeiten seit der Covid-19-Pandemie erlangt. Seither ist es die Norm, dass man von jedem Ort der Welt aus an Teambesprechungen und Vorstandssitzungen teilnimmt und Kunden online berät. Homeoffice, Remote Work oder Workation gehören zum Arbeitsalltag.

Plattformökonomie und Sharing Economy machen sich auch in der Arbeitswelt breit. Ein weltweites Arbeitsangebot erlaubt den Zugriff auf Arbeitskräfte in weit entfernten Regionen und ermöglicht digitales Noma-

---

4 Grundlagenfragen adressierend *Kostić/Báez Moreno/Chand/Tenore* (Hrsg.), Mobility of Individuals and Workforces. Tax Challenges Raised by Digitalization, 2024.

5 Zur Homeoffice-Betriebsstätte s. das Update des OECD-Musterkommentars 2025, Art. 5 Rz. 44.1–44.21.

6 Zu dieser ratio legis von Art. 17 OECD-MA s. *Stockmann* in Vogel/Lehner, DBA, 7. Aufl. 2021, Art. 17 Rz. 3.

7 *Kostić*, A Common Autonomous International Tax Understanding of Employment and Its Potential Relevance for the Future Reform of the Taxation of Employment Income Under Tax Treaties, in Kostić et al., 2024, 81 (102).

dentum.[8] Die Digitalisierung hat auch zur Revolution des Dienstleistungssektors und der Werbeindustrie beigetragen. Dienstleistungen aller Art, von Sprachunterricht über Psychotherapie bis hin zu ärztlicher Diagnostik, bedürfen nicht mehr des physischen Zusammentreffens der Vertragsparteien. Das Internet revolutioniert mit Influencern und Content Creatorn nicht nur die Medien, sondern auch die Werbebranche. Zukünftig werden wir über Robot Taxes,[9] die Besteuerung von KI-Agenten[10] möglicherweise auch über eine Erweiterung des Begriffs der Person im Steuerrecht sprechen.[11] Solange die menschlichen Influencer nicht von digitalen Avataren[12] verdrängt werden, bedarf es weiterhin der Abgrenzung zwischen Selbständigkeit und abhängiger Beschäftigung, zwischen Kunst und Kommerz.

Neu ist die Internationalisierung der Bevölkerung von Kindesbeinen an: frühes Erlernen der englischen Sprache als lingua franca der globalen Arbeitswelt, Schulaustausch, Gap Years in weit entfernten Regionen dieser Welt und Auslandstudium, all das begünstigt die Entstehung einer Klasse hochmobiler, bestens ausgebildeter High Potentials, um die sich Arbeitgeber weltweit reißen, weil sie sich in internationalen Konzernen flexibel einsetzen lassen, ob in grenzüberschreitenden Matrixstrukturen[13] oder durch temporäre Entsendung in ausländische Konzerngesellschaften.

Einen zusätzlichen Beitrag zur Bedeutung grenzüberschreitender Mobilität leistet der demografische Wandel. Zum einen führt dieser in verstärktem Maße zu Altersmobilität. Der lange Lebensabend wird im früheren Feriendomizil oder bei den zwischenzeitlich im Ausland arbeitenden Kindern verbracht. Gleichzeitig führt die negative Reproduktionsrate zu einem ausgeprägten Arbeits- und Fachkräftemangel. Ohne Zuwanderung werden die Arbeitskräfte in Deutschland von heute rund 46 Mio. bis

---

8 Zu den Schwierigkeiten einer trennscharfen Definition *Kostić*, A Common Autonomous International Tax Understanding of Employment and Its Potential Relevance for the Future Reform of the Taxation of Employment Income Under Tax Treaties, in Kostić et al., 2024, 81 (84 ff.).

9 *Dimitropoulou*, Robot Taxes. A Normative Tax Policy Analysis – Domestic and International Tax Considerations, Diss. 2024.

10 *Mukkamala*, Taxing the AI Agents: A Proposal for Corporate Taxation of Autonomous AI Systems That Displace Human Employment (February 07, 2026). Available at SSRN: https://ssrn.com/abstract=6194458 (abgerufen 7.6.2026).

11 *Mazur*, The Taxation of Robots and Its Global Challenges, in Kostić et al., 2024, 541 ff.

12 *Heine/Trinks*, beck.digitax 2025, 78 ff.

13 *Eggert*, BB 2017, 1495 (1499 f.).

2060 auf 35 Mio.[14] zurückgehen. Österreich ist in ähnlicher Weise auf Zuwanderung angewiesen,[15] um die erwerbstätige Bevölkerung zumindest stabil zu halten. Besonders schwerwiegend ist das schrumpfende Potential der Erwerbstätigen gerade in den Berufen, die sich nicht vollständig digital ausüben lassen, etwa Lehrer, Handwerker, Restaurantbedienung oder eben das zur Versorgung der alternden Gesellschaft erforderliche Pflegepersonal. Hier geht es um handfeste Arbeitsmigration, physisch und oft im Niedriglohnsektor, weshalb die Anreize hier wohl nicht primär im Steuerrecht zu suchen sind.

III. Herausforderungen für das Steuerrecht

All dies wirft die Frage auf,

- ob die traditionellen Strukturen der Besteuerung grenzüberschreitend mobiler Arbeit diesem Wandel gerecht werden,
- wie das Steuerrecht gezielt zur Erschließung des globalen Arbeitsangebots eingesetzt werden kann,
- welche neuen praktischen Probleme zu lösen sind und wie es um den Vollzug des international erwirtschafteten Arbeitseinkommens bestellt ist.

Aus der Sicht von Arbeitnehmern, Arbeitgebern und international mobilen Selbständigen geht es primär um die Vermeidung von internationaler Doppelbesteuerung, möglicherweise um die Nutzung von Steuervorteilen, ganz zentral aber um die mit der grenzüberschreitenden Tätigkeit einhergehenden Verwaltungslasten, etwa wenn Lohnsteuer in mehreren Staaten angemeldet werden muss, lohnsteuer- und sozialversicherungsrechtliche Anknüpfungspunkte auseinanderfallen[16] oder die Erstattung von Quellensteuern auf sich warten lässt.

Aus Arbeitgebersicht mindestens ebenso wichtig ist die Vermeidung unerwünschter Folgen auf die Ansässigkeit des Unternehmens und die Be-

14 https://www.bertelsmann-stiftung.de/de/themen/aktuelle-meldungen/2024/november/ohne-zuwanderung-geht-die-zahl-der-arbeitskraefte-in-deutschland-bis-2040-deutlich-zurueck (abgerufen 7.6.2026); zu den Folgen für das Steueraufkommen s. *Calahorrano* u.a., Herausforderungen für das Steuerrecht durch die demographische Entwicklung in Deutschland, Studie im Auftrag des BMF, 2016.

15 Statistik Austria, Pressemitteilung 13 474-239/24.

16 *Bruns*, in diesem Band, Abschnitt III.

gründung von Betriebsstätten. Dies erfordert ein hohes Maß an Kontrolle eines bei offenen Grenzen für Arbeitgeber und Finanzverwaltung gleichermaßen schwer kontrollierbaren Vorgangs, wenn man nicht gleich auf die Bewegungsdaten digitaler Endgeräte zugreifen will, was freilich schwerwiegende Eingriffe in die Privatsphäre begründet. Doch welcher Arbeitgeber weiß schon, wo sich der Arbeitnehmer an jedem Tag im Jahr aufhält, von wo aus er remote arbeitet, und wie ist diesem zu vermitteln, dass ein Tag am falschen Ort zu dramatischen Besteuerungsfolgen führen kann?

IV. Die Suche nach (neuen) Prinzipien des internationalen Steuerrechts als Voraussetzung einer Neuordnung

Wir werden uns diesen Fragen zunächst auf der Ebene des geltenden Rechts widmen, etwa wenn es um die Bestimmung des Orts der Tätigkeit geht, die Zuordnung einzelner Einkünfte zu den Art. 14, 15 und 17 OECD-MA,[17] den Ort der Geschäftsleitung, den Betriebsstättenbegriff[18] oder die Bestimmung und Zuordnung der Personalfunktion für die Verrechnungspreisermittlung[19] nach § 4 der Verwaltungsgrundsätze Betriebsstättengewinnaufteilung.[20]

Schnell wird aber deutlich, dass zur Vermeidung von Besteuerungskonflikten, vor allem aber für eine Vereinfachung, auch über eine Veränderung des rechtlichen Rahmens nachgedacht werden muss. Zwar können die einzelnen Staaten unter Verzicht auf Steueraufkommen der Vereinfachung dienende De-minimis-Regeln[21] schaffen, sie können – auch unter Inkaufnahme von Treaty Overrides – Besteuerungslücken schließen. Doch stoßen unilaterale Maßnahmen[22] schnell an die Grenzen des bestehenden DBA-Netzes.[23] Deshalb bedarf es eines supranationalen Vorgehens, sei es auf Ebene der OECD[24] oder der Europäischen Union.

17 *M. Lang* und *Dziurdź*, beide in diesem Band.

18 *Glatz*, in diesem Band.

19 *Altenburg*, in diesem Band.

20 BMF v. 22.12.2016, BStBl. I 2017, 182, geändert durch BMF v. 17.12.2019, BStBl. I 2020, 84.

21 S. die Vorschläge der Expertenkommission BMF, Abschlussbericht der Expertenkommission „Vereinfachte Unternehmensteuer", 2024, S. 127, 131.

22 Zu unilateralen Anknüpfungspunkten *Reimer*, in diesem Band, der dafür plädiert, die Ansässigkeit der natürlichen Person als Quellenregel zu verstehen.

23 Dazu *M. Lang*, in diesem Band.

24 OECD Public Consultation Meeting: Global Mobility of Individuals, 20.1.2026; zu Vorschlägen der UN s. *M. Lang*, in diesem Band.

Dann aber stellen sich sehr grundsätzliche Fragen:

Zum einen geht es um Voraussetzungen und Reichweite von unbeschränkter und beschränkter Steuerpflicht, etwa um die Frage, ob es richtig ist, dem gewöhnlichen Aufenthalt oder der Wohnsitznahme stets die Besteuerung des weltweiten Einkommens folgen zu lassen,[25] auch wenn der Steuerpflichtige sich nicht dauerhaft niederlässt, oder um die Frage, welche Zuzugsanreize sich in das Steuersystem einfügen und welche Fremdkörper sind.

Zum anderen geht es um die Veränderungs*fähigkeit* tradierter Muster des internationalen Steuerrechts. Wenn es eine Lehre aus dem BEPS-Prozess und dem „Desaster" des Zwei-Säulen-Modells[26] gibt, dann, dass jede Änderung, die mit einer Verschiebung von Besteuerungsrechten einhergeht,[27] spätestens in der konkreten Umsetzung auf Widerstand stößt.[28] Zudem sind auf internationaler Ebene erreichte politische Einigungen wenig haltbar, wenn es der Neuverteilung an belastbaren neuen Prinzipien[29] fehlt und die Effekte eher zufällig sind. Ebenso problematisch sind Lösungsansätze, die auf punktgenaue Angleichung der nationalen Steuerrechtsordnungen durch souveräne Gesetzgeber setzen.[30]

Politisch ist das Kernproblem, welcher Staat welchen Anteil am international erwirtschafteten Arbeitseinkommen beanspruchen kann.

Nutzentheoretisch[31] kann dies

- sowohl der Staat sein, in dem der Steuerpflichtige eine staatlich finanzierte Ausbildung genossen hat,
- der Wohnsitzstaat, der zum Erhalt der Arbeitskraft beiträgt,
- der Staat, dessen Infrastruktur bei Ausübung oder Verwertung der Tätigkeit genutzt wird,

25 *Schön*, StuW 2024, 3 (11).

26 Ausf. *Hey*, StuW 2025, 302 ff.; ebenfalls skeptisch im Hinblick auf Pillar Two *Böhmer/Fuss/Klecker*, DB 2026, 889 (896).

27 Zu den Aufkommenswirkungen von Pillar One *Fuest* u.a., Nationale Steueraufkommenswirkungen einer Neuverteilung von Besteuerungsrechten im Rahmen der grenzüberschreitenden Gewinnabgrenzung, 2021; *Devereux/Simmler*, Who Will Pay Amount A?, EconPol Policy Brief 36, 2021.

28 Zur Umsetzung von Pillar One wird es im Zweifel nicht kommen.

29 *Haase*, Ubg 2026, 241 ff.

30 *Schön*, StuW 2012, 213 (218); *Hey*, StuW 2025, 302 (318 f.).

31 *Tipke*, Die Steuerrechtsordnung, Bd. I, 2. Aufl. 2000, S. 473 ff.

- sowie der Ansässigkeits- oder Betriebsstättenstaat des Arbeitgebers, in dem der Lohn als Betriebsausgabe das Unternehmenssteueraufkommen mindert.

Bei Ruhestandsbezügen[32] sowohl

- der Staat der aktiven Tätigkeit, der die Versorgung entweder direkt aus Steuermitteln oder durch steuerlichen Abzug der Beiträge finanziert,
- als auch der Ansässigkeitsstaat des Ruheständlers.

Gleichzeitig wird diese nutzentheoretische Zuordnung opfertheoretisch überlagert,[33] was zur traditionellen Dominanz der Besteuerung nach dem Wohnsitzprinzip führt.

Je mehr Staaten ins Spiel kommen, desto komplizierter wird es. Unter Praktikabilitätsgesichtspunkten spricht vieles für eine One-Stop-Lösung. Dann aber entsteht der Bedarf nach zwischenstaatlichen Ausgleichszahlungen,[34] was erhebliches Vertrauen der Staaten untereinander voraussetzt.

V. Gemeinsamkeiten und Unterschiede der Mobilität von Kapital und Arbeit

Um aus dem BEPS-Prozess zu lernen, sollte man sich zudem die Gemeinsamkeiten und Unterschiede zwischen der grenzüberschreitenden Mobilität von Kapital und Arbeit vergegenwärtigen.

Ganz ähnlich wie bei der zwischenstaatlichen Zuordnung von Unternehmensgewinnen stellt die Digitalisierung der Wirtschaft auch die herkömmliche Aufteilung der Besteuerungsrechte auf Arbeitseinkommen in Frage. Die Vorschriften zur beschränkten Steuerpflicht ebenso wie Art. 15 OECD-MA basieren auf der Annahme, dass der Ort der Arbeitsausübung dem Ort entspricht, an dem sich der Steuerpflichtige aufhält. Aber passt das noch, wenn es für den Arbeitserfolg gar nicht darauf ankommt, wo sich der Steuerpflichtige befindet?[35]

---

32 *Schmidjell-Dommes*, in diesem Band.

33 Zum Zusammenspiel von Nutzen- und Opfertheorie (für die unbeschränkte Steuerpflicht) *Schön*, StuW 2024, 3 (4 f.).

34 Z.B. nach Art. 7 Øresund Agreement v. 29.12.2024.

35 Nach geltendem Rechtsverständnis kommt es allein darauf an, wo die Arbeiten tatsächlich ausgeführt werden, *Haiß* in Herrmann/Heuer/Raupach,

Auch das Phänomen des Steuerwettbewerbs ist nicht auf die Körperschaftsteuer beschränkt, sondern begrenzt gleichermaßen den politischen Spielraum des Einkommensteuertarifs,[36] und zwar nicht nur in Bezug auf einkommensteuerpflichtige Unternehmen. Mit der Erkenntnis, dass Kapital ohne Ideen wertlos ist und es unternehmerischer Individuen bedarf, hat sich ein Wettbewerb um High Potentials entfaltet. Gut ausgebildete einkommensstarke Arbeitnehmer ebenso wie Soloselbständige, Sportler oder Künstler[37] sind einerseits überdurchschnittlich mobil, andererseits haben sie Gestaltungs- und Verhandlungsmacht. Zudem werden auch Standortentscheidungen von Unternehmen von Managern mit Blick auch auf ihre *individuelle* Steuerbelastung getroffen.[38] Dann befremdet es, wenn in Deutschland zur Stopfung von Haushaltslöchern über eine Erhöhung des Einkommensteuerspitzensatzes diskutiert wird,[39] wo es doch für das dringend benötigte Wirtschaftswachstum der Zuwanderung aus dem Ausland bedarf und die Abwanderung leistungsstarker Steuerpflichtiger verhindert werden muss. Ähnlich wie bei der Körperschaftsteuer kommt es zu einer Gemengelage, in der Wettbewerbsfähigkeit und Ergiebigkeit austariert werden müssen. Aufgrund des hohen Anteils am Gesamtsteueraufkommen ist der Einkommensteuertarif allerdings weit weniger elastisch als der Körperschaftsteuersatz. Zudem ist der Einkommensteuerspitzensatz Flaggschiff von Umverteilungsdebatten,[40] die einer deutlichen Absenkung entgegenstehen.

Als Antwort werden mittlerweile vielerorts, auch in EU-Mitgliedstaaten, spezielle Zuzugsprämien und Steuervergünstigungen für ausländische High Potentials angeboten. Dieser neuen Form des Steuerwettbewerbs hat

EStG/KStG, § 49 EStG Anm. 740 mit Kritik an BFH v. 29.1.1986 – I R 22/85, BStBl. II 1986, 479.

36 Zur Entwicklung des Einkommensteuerspitzensatzes innerhalb der EU seit 1995 s. *Godar/Flamant/Richard*, New Forms of Tax Competition in the European Union. An Empirical Investigation, EU Tax Observatory Report No. 3, 2021, 9.

37 Hierzu *Dziurdź*, in diesem Band.

38 Zu den Folgen für die Ansässigkeit von Kapitalgesellschaften *Staringer*, in diesem Band, Abschnitt II.3.

39 Dazu *Schmidt*, DB 2026, 759 (763 ff.).

40 *Hey* in Herrmann/Heuer/Raupach, EStG/KStG, Einf. EStG Anm. 25 (3/2026); zur Legitimation steuerlicher Umverteilung s. *Osterloh-Konrad*, StuW 2017, 305 ff.; *Osterloh-Konrad*, StuW 2022, 311 ff.

das EU Tax Observatory 2021 besondere Aufmerksamkeit geschenkt.[41] Gab es 1994 fünf derartige Regime innerhalb der EU, waren es 2020 knapp 30. Das nur gegen Unternehmensvergünstigungen gerichtete Beihilfeverbot gilt hier nicht. Aber auch hier kann unterschieden werden zwischen punktuellen Steuervergünstigungen und Steuerrechtsordnungen, deren Systematik steuerliche Vorteile beim Zuzug bietet,[42] weil der Steueranspruch für nicht dauerhaft ansässige (non-domiciled) Steuerpflichtige auf im Inland bezogene Einkünfte begrenzt ist, wie es etwa in Großbritannien mit der Remittance Basis of Taxation bis 2025 der Fall war.[43] An einer Diskussion, was „schädlicher" Steuerwettbewerb im Bereich der Besteuerung natürlicher Personen ist, fehlt es bisher trotz der Gefahr des Brain Drain;[44] denn durch Steuervorteile angelockte Hochqualifizierte fehlen in ihren Herkunftsstaaten. Auch stellen sich Fragen der gesellschaftlichen Akzeptanz und gleichheitsrechtlichen Rechtfertigung einer privilegierten Besteuerung nach Herkunft.[45] Zudem besteht die Gefahr der Ausnutzung.

Und deshalb geht es auch beim Arbeitseinkommen auch um Missbrauchsabwehr. Die Ausnutzung des internationalen Steuergefälles ist nicht auf das besonders mobile Finanzkapital beschränkt. Steuervorteile lassen sich auch bei internationalen Arbeitsverhältnissen durch entsprechende Vertragsgestaltung[46] erzielen. Da die Beobachtung von Aufenthalts- und Arbeitsorten durch die Finanzverwaltung, zum Teil aber auch durch die Arbeitgeber an Grenzen stößt, gibt es zudem einen Graubereich zwischen

41 *Godar/Flamant/Richard*, New Forms of Tax Competition in the European Union. An Empirical Investigation, EU Tax Observatory Report No. 3, 2021, 3, 10–18; ferner *Tenore*, What are the Latest Special Tax Regimes that Boost the Relocation of Senior Executives/High-Net-Worth Individuals?, in Kostić et al., 2024, 127 ff.; *López López*, Special Tax Regimes to Attract Individuals and Their Interaction with Treaty Law: Entitlement Issues, in Kostić, 2024, 165 ff.

42 *Beretta*, Tax Residence of Individuals in the Age of Geographical Diversification, in Kostić et al., 2024, 55 (68).

43 Zur steuersystematischen Einordnung BFH v. 14.1.2025 – IX R 37/21, BFHE 287, 68 = BStBl. II 2025, 342 Rz. 25: zwar Bestandteil des allgemeinen Besteuerungssystems, trotzdem Einordnung als Vorzugsbesteuerung mit krit. Anm. *Kraft*, FR 2025, 439 f.

44 *Brauner*, Mobility of Individuals, the „Brain Drain" and Taxation in the Digital Age, in Kostić et al., 2024, 3.

45 Von einer Rechtfertigung ausgehend *Fratzscher*, ZEIT ONLINE v. 12.7.2024.

46 Z.B. Split-Contract-Modelle, s. *Hoffmann*, DB 2019, 1737 ff.

legalen Gestaltungen und Illegalität, was zugleich das Verhältnis zwischen Arbeitgeber und Arbeitnehmer belasten kann.

VI. Konkretisierung

Erscheinen die Probleme des internationalen Unternehmenssteuerrechts gewaltig, sind die grenzüberschreitender Arbeitsmobilität nicht minder komplex.

Denn bei allem „New Work" würde der ausschließliche Fokus auf neue, durch die Digitalisierung ermöglichte Arbeitsformen davon ablenken, dass auch die physische grenzüberschreitende Arbeitsmobilität viele – größtenteils seit langem bekannte und ungelöste – Probleme aufwirft. Es geht also nicht nur um die Anpassung des internationalen Steuerrechts an die moderne Arbeitswelt, sondern genauso um Erleichterungen für Grenzpendler oder die Arbeitnehmerentsendung in verbundenen Unternehmen. Einiges davon war bereits Gegenstand der Jahrestagung 2016 in Hannover.[47]

Der Vollzug der ab dem ersten Arbeitstag einsetzenden beschränkten Steuerpflicht auf Arbeitseinkünfte (§ 49 Abs. 1 Nr. 3 und 4 EStG),[48] die Unschärfe des Begriffs des wirtschaftlichen Arbeitgebers[49] sowie die neben die 183-Tage-Regel (Art. 15 Abs. 2 Buchst. a OECD-MA) tretenden Tatbestände des Art. 15 Abs. 2 Buchst. b und c OECD-MA bergen für Arbeitgeber und Arbeitnehmer große Rechtsrisiken.

Sozialrecht und Steuerrecht fallen seit jeher auseinander, obwohl vor allem aus Arbeitgebersicht ein Gleichlauf von Lohnsteuer und Sozialbeitragspflicht zu durchgreifender Vereinfachung führen würde.[50] Die Realität sieht anders aus.[51] Das ist umso unverständlicher, als zumindest in

---

47 Insb. Beiträge zur internationalen Arbeitnehmerbesteuerung von *Dorenkamp* in DStjG 40 (2017), 263 ff.; *Eisgruber* in DStjG 40 (2017), 297 ff.

48 *Dorenkamp* in DStjG 40 (2017), 263 (290): „fast absurde, aber eben aus tax compliance-Sicht dennoch zwingend zu administrierende ‚1-Tages-Lohnsteuer-Fälle'"; Bsp. zu kurzfristigen Tätigkeiten *Haiß* in Herrmann/Heuer/Raupach, EStG/KStG, § 49 EStG Anm. 736 (11/2023).

49 BFH v. 4.11.2021 – VI R 22/19, BStBl. II 2022, 562 ff. mit Anm. *Preising/Pavlovits*, Der Konzern 2022, 201 f.; *Hick*, FR 2022, 457 ff.

50 Dies gilt freilich nicht nur für grenzüberschreitende Arbeitsverhältnisse; s. BMF, Abschlussbericht der Expertenkommission „Vereinfachte Unternehmensteuer", 2024, 167 ff.; BMF, Abschlussbericht „Bürgernahe Einkommensteuer", 2024, 163.

51 *Bruns*, in diesem Band, Abschnitt III.

der Europäischen Union mit dem bisher auf das Sozialversicherungsrecht beschränkten Rahmenübereinkommen 883/2004 zur grenzüberschreitenden Telearbeit[52] eine Blaupause für eine Angleichung und Vereinfachung existiert.

Ein Mobilitätshemmnis sind Wegzugsteuern, wobei sie eher den Zuzug als den Wegzug verhindern.[53] Auf den ersten Blick schreckt die steuerliche Einsperrdrohung ab, auf den zweiten Blick lassen sich Ausweichgestaltungen finden, z.B. indem durch Einlage in ein Betriebsvermögen die Steuerverstrickung auch nach dem Wegzug gesichert wird. Allerdings hat das Jahressteuergesetz 2024[54] mit der Einbeziehung von Investmentanteilen – in wie üblich überschießender Weise – Gestaltungsmöglichkeiten abgeschnitten.[55] Ursache des Problems ist die ausschließliche Zuweisung des Besteuerungsrechts für Gewinne aus der Veräußerung von Anteilen zum (neuen) Wohnsitzstaat durch Art. 13 Abs. 5 OECD-MA. Sachgerecht wäre die Vereinbarung von Wegzugsklauseln, und zwar nicht mit dem Ziel, im Zeitpunkt des Umzugs die Erhebung der Wegzugsteuer DBA-rechtlich abzusichern, sondern um dem Wegzugsstaat das Recht der Besteuerung der bis zum Wegzug entstandenen stillen Reserven im Zeitpunkt der Veräußerung der Beteiligung zuzuweisen. Hier sind die Steuerfolgen individueller Mobilität zudem eng verwoben mit der Systematik des Unternehmenssteuerrechts und der zweistufigen Besteuerung auf Gesellschafts- und Anteilseignerebene nach dem Trennungsprinzip.

Zwei Tage werden nicht ausreichen, um das Thema vollständig auszuleuchten. Deshalb haben wir uns bei der Programmgestaltung beschränken müssen, haben etwa auf einen speziellen europarechtlichen Schwerpunkt verzichtet, obwohl Arbeitnehmerfreizügigkeit, Dienstleistungsfreiheit und, insbesondere soweit es um die Mobilität von Ruheständlern geht, die allgemeine Freizügigkeit (Art. 21 AEUV) sowie das Diskriminierungsverbot des Art. 18 AEUV einen Handlungsauftrag enthalten und der EuGH mit der Rechtssache Schumacker[56] 1995 anhand eines Falls grenzüberschreitender Arbeitnehmermobilität die Bedeutung der Grundfreiheiten für das Einkommensteuerrecht entdeckt hat. Ebenso ausge-

52 Rahmenübereinkommen zur Anwendung des Art. 16 Abs. 1 VO (EG) Nr. 883/2004 bei gewöhnlicher grenzüberschreitender Telearbeit.

53 *Schönfeld*, IStR 2024, 369 (372).

54 BGBl. 2024 I Nr. 387, S. 16.

55 Zu dem hierdurch ausgelösten zusätzlichen Gestaltungsbedarf s. *Kühn u.a.*, DStR 2025, 307 (313).

56 EuGH v. 14.2.1995 – C-279/93 – Schumacker, EuGHE 1995, I-225.

klammert sind die erbschaftsteuerrechtlichen Folgen grenzüberschreitender Mobilität, auch wenn es gerade im Verhältnis Österreich-Deutschland naheläge, sich mit den Anreizwirkungen zu beschäftigen, die von der Erbschaftsteuer bzw. ihrer Abschaffung ausgehen.

VII. Überblick über die Tagung

Es bleibt genug Stoff für zwei Tage voll mit spannenden Themen.

Am ersten Tag geht es nach der Klärung der ökonomischen Grundlagen der Arbeitsmobilität[57] um die Besteuerung des Individuums[58] und um grenzüberschreitende Mobilität von Arbeitnehmern,[59] von Ruheständlern,[60] von Selbständigen, Künstlern, Sportlern und Influencern.[61] Dabei kommt die Sicht von Arbeitnehmern, Arbeitgebern[62] und der beteiligten Staaten zur Sprache.

Tag zwei ist den Auswirkungen individueller Mobilität auf die Besteuerung von Unternehmen gewidmet[63] sowie Problemen der Entstrickungsbesteuerung[64] und des Vollzugs.[65] Grenzüberschreitende Mobilität von Entscheidungsträgern in Unternehmen entscheidet nicht nur über deren individuelle Besteuerung, sondern auch über einen möglicherweise vom Sitz abweichenden Ort der tatsächlichen Geschäftsführung mit der Folge der Doppelansässigkeit. Es geht um die Begründung von Betriebsstätten und die Bedeutung der wesentlichen Personalfunktion für die Bestimmung von Verrechnungspreisen.

In der von *Wolfgang Schön* moderierten abschließenden Paneldiskussion werden wir auf die Reformüberlegungen auf OECD- und EU-Ebene sowie in Deutschland, Österreich und der Schweiz blicken.

Das Individuum steht nicht nur im Zentrum unseres Fachprogramms, sondern unsere Gastgeber haben sich große Mühe gegeben, uns allen schöne individuelle Tagungserlebnisse zu bescheren. Die Tagungsorte sind

57 *Fitzenberger*, in diesem Band.

58 *Reimer*, in diesem Band.

59 Zum DBA-Recht allgemein *M. Lang*, in diesem Band; mit Fokus auf Grenzgängerregeln *Bruns*, in diesem Band.

60 *Schmidjell-Dommes*, in diesem Band.

61 *Dziurdź*, in diesem Band.

62 *Stuffer*, in diesem Band.

63 *Glatz*, *Altenburg* und *Staringer*, alle in diesem Band.

64 *Hohenwarter-Mayr*, in diesem Band.

65 *Oertel* und aus Arbeitgebersicht *Stuffer*, beide in diesem Band.

prächtig – hier die Universität, am Abend das Parlamentsgebäude – der Ablauf ist sehr durchdacht. Für die hochprofessionelle und reibungslose Vorbereitung möchte ich mich bei den Kolleginnen *Sabine Kirchmayr-Schliesselberger, Daniela Hohenwarter-Mayr* und *Caroline Heber* sowie bei *Gunter Mayr* auf das Herzlichste bedanken. Ebenso gilt mein Dank der Universität Wien und der Rechtswissenschaftlichen Fakultät.

Hiermit eröffne ich die 49. Jahrestagung der DStjG!

Wandel der Arbeitswelt – ökonomische Auswirkungen grenzüberschreitender Mobilität

Prof. *Bernd Fitzenberger*, PhD
Institut für Arbeitsmarkt- und Berufsforschung (IAB), Nürnberg und Friedrich-Alexander-Universität Erlangen-Nürnberg (FAU)

I. Die aktuelle Lage auf dem Arbeitsmarkt in Deutschland

1. Monatliche Frühindikatoren des Arbeitsmarkts – IAB-Arbeitsmarktbarometer

Die aktuelle Arbeitsmarktlage Deutschlands zeigt sich ambivalent. Die Arbeitslosigkeit ist zuletzt angestiegen, die Marke von 3.000.000 wurde zuletzt jahreszeitlich bedingt überschritten, wobei in den Medien diese Entwicklung überbewertet wird. Betrachtet man die Unterbeschäftigung – also die Gesamtheit derer, die Leistungen von der Bundesagentur für Arbeit beziehen, Arbeit suchen oder in Maßnahmen der aktiven Arbeitsmarktpolitik sind – zeigt sich inzwischen kein Anstieg mehr gegenüber dem Vorjahr. Die gefühlte Lage ist somit etwas schlechter als die tatsächliche Lage, aber dennoch schlecht genug.[1]

Das Arbeitsmarktbarometer des Instituts für Arbeitsmarkt- und Berufsforschung (IAB) basiert auf monatlichen Befragungen der Leiterinnen und Leiter der Arbeitsagenturen zur Entwicklung von Arbeitslosigkeit und Beschäftigung. Diese Frage wird seit über zehn Jahren gestellt. Von 2015 bis 2019 war die Lage relativ stabil. Bereits 2018/2019 zeichnete sich eine erste Industrieschwäche ab, die dann von der Coronarezession überlagert wurde. Es folgte eine starke Erholung Ende 2021/2022 und seit Ende 2022 eine Stagnation im Arbeitsmarkt mit stetigem Anstieg der Arbeitslosigkeit bis 2025 und eine Wirtschaftsschwäche beziehungsweise Rezession, auch wenn es nicht im technischen Sinne eine Rezession ist. Während die Arbeitsagenturen noch bis 2024 weiter einen leichten Anstieg der Beschäftigung erwarteten, gingen sie schon länger von einem Anstieg der Arbeitslosigkeit aus – was ja auch so eingetroffen ist. Inzwischen wird eine Stagnation bei der Beschäftigung, aber kein weiterer Anstieg der Arbeitslosigkeit erwartet. Inzwischen verhindern Demographie und rückläufige Zuwanderung einen Beschäftigungsanstieg.[2]

2. Offene Stellen 2011 bis 2025

Die wirtschaftliche Krise zeigt sich deutlich an der Zahl der offenen Stellen. Im vierten Quartal 2022 gab es laut dem „IAB-Monitor Arbeitskräftebedarf“[3] zwei Millionen offene Stellen. Im zweiten Quartal 2025 waren es nur noch 1,06 Millionen – eine Halbierung. Gegenüber dem Vorquartal ging diese Zahl nochmals um 119.300 oder rund 10 Prozent weiter zurück. Im Vergleich zum zweiten Quartal 2024 liegt die Zahl der offenen Stellen um 279.500 oder rund 21 Prozent niedriger.

Trotzdem ist eine Million offene Stellen immer noch recht hoch im längerfristigen Vergleich und zeigt das Problem eines ausgeprägten Mismatches: Viele Arbeitslose stehen gleichzeitig relativ vielen offenen Stellen gegenüber. Dieses Spannungsverhältnis erleben auch die Unternehmen – es

1 Bundesagentur für Arbeit (BA). Entwicklung des Arbeitsmarkts 2025 in Deutschland, https://www.arbeitsagentur.de/news/arbeitsmarkt-vorjahre.

2 IAB-Arbeitsmarktbarometer, https://iab.de/daten/iab-arbeitsmarktbarometer/.

3 IAB-Monitor Arbeitskräftebedarf, https://iab.de/das-iab/befragungen/iab-stellen erhebung/.

gibt zwar viele Arbeitslose, aber bestimmte Stellen können dennoch nicht besetzt werden. Dies bedeutet, dass die offenen Stellen oft nicht zu den Profilen der Arbeitslosen passen.

Abbildung 1: Offene Stellen 2011 bis 2025 (in Millionen)

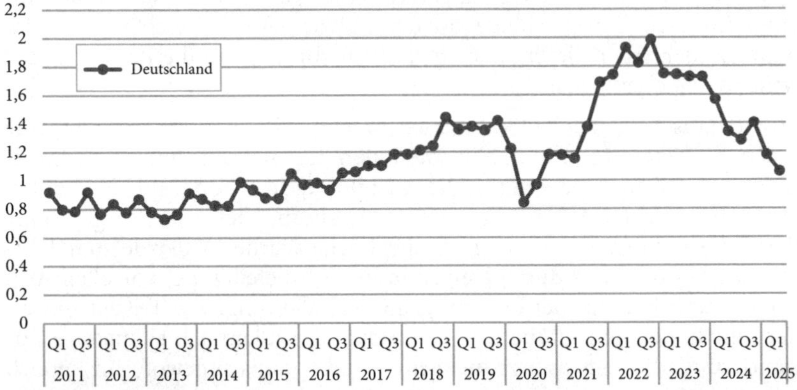

Anmerkungen: Vorläufige Zahlen ab 2022.

Quelle: IAB-Monitor Arbeitskräftebedarf, https://iab.de/das-iab/befragungen/iab-stellenerhebung/.

Betriebe berichten trotz einer hohen Zahl von Arbeitslosen weiterhin von massiven Besetzungsschwierigkeiten bei Fachkräften. Diese Schwierigkeiten sind besonders dramatisch für kleine Betriebe. Betriebe mit 1–9 Beschäftigten können über 65 Prozent der Fachkraftstellen nicht besetzen. Im Baugewerbe (63 Prozent) und in der Land- und Forstwirtschaft (62 Prozent) sowie bei unternehmensnahen Dienstleistungen (48 Prozent) sind diese Quoten sehr hoch. Niedrig sind sie im öffentlichen Dienst, in der öffentlichen Verwaltung und insbesondere bei den Finanzämtern. Der Trend zum öffentlichen Dienst ist besonders ausgeprägt, wobei dieser hauptsächlich Erziehung, Gesundheit und Pflege betrifft.[4]

4 IAB-Betriebspanel 2024.

3. Erwerbspersonenpotential wächst nur noch verhalten

Der demografische Wandel nimmt weiter an Fahrt auf. Jedes Jahr verlassen über 400.000 mehr Menschen den Arbeitsmarkt aus demografischen Gründen, als neu hinzukommen. Deutschland hat eine fantastische Entwicklung bei der Beschäftigung Älterer vollzogen – vor 25 Jahren am unteren Ende in Europa, heute an der Spitze bei der Beschäftigung der Babyboomer. Aber dieser Anstieg reicht nicht aus, um die Beschäftigung weiter steigen zu lassen.

Problematisch ist auch der Einstieg in den Arbeitsmarkt. Es gibt eine junge Bevölkerung mit hohen mentalen Gesundheitsthemen, Zeitverzögerungen beim Übergang in die Ausbildung und hohe Abbruchquoten in der beruflichen Ausbildung und im Studium. Viele machen gar keine Berufsausbildung. Die demografische Lücke wurde in den letzten Jahrzehnten kompensiert durch steigende Erwerbsbeteiligung, vor allem von Älteren und Frauen. Bei Frauen dominiert allerdings die Teilzeit mit einer sehr hohen Teilzeitquote in Deutschland. Zudem gab es massive Zuwanderung, die jetzt aber zurückgeht – auch politisch gewollt im Bereich der irregulären und geflüchteten Migration. Das Erwerbspersonenpotential wächst daher nicht mehr so dynamisch wie in der Vergangenheit.

Für 2024 ergab sich ein Zuwachs des Erwerbspersonenpotentials von 260.000 Personen, zusammengesetzt aus einem demografischen Rückgang von 420.000, einem Zuwachs durch steigende Erwerbsbeteiligung von 330.000 und Wanderungen von 350.000. Für 2025 wird nur noch ein Zuwachs von 50.000 erwartet (demografischer Rückgang 440.000, Erwerbsbeteiligung plus 260.000, Wanderungen plus 230.000).[5]

Tabelle 1: Effekte auf das Erwerbspersonenpotential (EPP), in Tausend

	Demografie	Erwerbsbeteiligung	Wanderungen	EPP
2024	– 420	+ 330	+ 350	+ 260
2025	– 440	+ 260	+ 230	+ 50

Quelle: *Gartner, Hellwagner, Hummel, Hutter, Lochner, Wanger, Weber & Zika* (2025): IAB-Prognose 2025: Zwischen Schwächephase und Investitionsimpulsen. (IAB-Kurzbericht 03/2025).

5 *Gartner/Hellwagner/Hummel/Hutter/Lochner/Wanger/Weber/Zika* (2025), IAB-Prognose 2025: Zwischen Schwächephase und Investitionsimpulsen. (IAB-Kurzbericht 03/2025).

II. Die Arbeitswelt von morgen aus der Vogelperspektive: IAB-Projektionen

1. Megatrends

Die großen Trends, die den Arbeitsmarkt prägen, sind die Demographie (Anzahl an Erwerbspersonen und deren Altersstruktur), die Digitalisierung (Prozesse, IKT- und Konsumverhalten) sowie der Strukturwandel (Handel, Jobs, Energie). Hinzu kommen die hohen geplanten Investitionen in die Verteidigungsfähigkeit.[6]

Deutschland als Exportnation steht sehr stark im internationalen Wettbewerb – und ist daher von handelspolitischen Verwerfungen stark betroffen. Lieferkettenprobleme, zurückgehende Exporte nach China und die Zollpolitik der Trump-Administration treffen Deutschland dramatisch. Die Wettbewerbsfähigkeit in Märkten, in denen Deutschland stark war, geht zurück – relativ zu Konkurrenten wie China. Standorte werden nach Osteuropa in Regionen verlagert, in denen die Lohnkosten niedriger sind und in denen es High Potentials für hochqualifizierte Arbeitskräfte gibt. Die Digitalisierung verändert den Arbeitsmarkt nicht abrupt von einem Tag auf den anderen, aber kontinuierlich und stark – Deutschland hinkt hier hinterher. Der nächste Treiber der Veränderung sind die Investitionen in die Verteidigungsfähigkeit. Hier verändert der Staat die Wirtschaft, indem er bestimmte Investitionsvorgaben macht.

2. Basisprojektion 8. Welle, 2024

a) Arbeitsplatzwandel

Das IAB untersucht gemeinsam mit dem Bundesinstitut für Berufsbildung (BIBB) in Zusammenarbeit mit der Gesellschaft für Wirtschaftliche Strukturforschung (GWS) im Rahmen eines komplexen Modells die Entwicklung von Wirtschaft und Arbeitsmarkt über die nächsten Jahrzehnte (QuBe-Projekt – Qualifikations- und Berufsprojektionen)[7]. Es handelt sich um eine Projektion unter bestimmten plausiblen Annahmen über die Entwicklung der Rahmenbedingungen, die Veränderungen gegenüber dem Status-quo abschätzen kann.

---

6 QuBe-Projekt – Qualifikations- und Berufsprojektionen, https://www.bibb.de/de/11727.php.

7 QuBe-Projekt – Qualifikations- und Berufsprojektionen, https://www.bibb.de/de/11727.php.

Die Volkswirtschaft wird nach Sektoren und Berufen zerschnitten. In den Sektoren und Berufszellen, in denen es Beschäftigungswachstum gibt, entstehen bis 2040 drei Millionen neue Jobs. In den Bereichen, in denen es Beschäftigungsverluste geben wird, gehen vier Millionen Jobs verloren. In der Summe beträgt die Veränderung eine Million – angesichts der demografischen Veränderung gar nicht so viel. Aber die Höhe des Umschlags ist enorm. Bei einer sozialversicherungspflichtigen Beschäftigung von etwa 35 Millionen ist dies eine erhebliche Dynamik. Über die Bundesländer hinweg zeigt sich viel Dynamik mit Abwanderung von Jobs in ostdeutschen Flächenländern und Zuwanderung von Jobs in westdeutsche Metropolen oder Berlin.

Der Haupteffekt ist der Strukturwandel – hierdurch entstehen und verschwinden die meisten Jobs. Das Arbeitsangebot hat den größten Effekt auf die Zahl der Arbeitsplätze im Saldo. Eine Million Jobs verschwindet, weil die Arbeitskräfte fehlen. Fachkräftemangel ist bereits jetzt zum Wachstumshemmnis geworden und dies wird sich bis 2040 fortsetzen.

b) Ergebnisse – Qualifikationen und Anforderungen

Der Zufluss von Fachkräften in den Arbeitsmarkt stockt. Es werden intensive Anstrengungen in der dualen Ausbildung unternommen, nicht weil 2040 mehr Menschen mit abgeschlossener Berufsausbildung gebraucht werden, sondern weil die Zahl derer, die überhaupt eine Ausbildung machen und abschließen, deutlich niedriger ist als die Zahl derer mit abgeschlossener Berufsausbildung, die in den Ruhestand übertreten, so dass der Bedarf trotzdem nicht gedeckt wird.

Beim Arbeitskräfteangebot nach Qualifikationsgruppen („Qualifikationsangebot“) steigt die Zahl der Hochschulabsolvierenden zwischen 2022 und 2040 um gut 15 Prozent (Akademisierungstrend). Im Arbeitsmarkt werden aber Beschäftigte in Experten- oder Spezialistenberufen („Qualifikationsnachfrage“) nicht um 15 Prozent mehr gebraucht, sondern nur um etwa 8 Prozent mehr, wobei bei den Spezialisten und Spezialistinnen (Personen mit Bachelorstudium oder dualem Studium) die Nachfrage stagniert. Das Universitätssystem bietet also mehr Absolvierende an, als insgesamt gebraucht werden – nicht, weil die Zahl der Arbeitsplätze für Hochschulabsolvierende zurückgeht, sondern weil der Anstieg der Zahl der Hochschulabsolvierenden stärker ist als der Anstieg der Jobs für diese Personengruppe.

Bei Personen mit abgeschlossener Berufsausbildung ist es spiegelbildlich: Das Ausbildungssystem produziert bis 2040 10 Prozent weniger (Basis 2022, wobei bereits der Corona-Einbruch im Ausbildungsmarkt berücksichtigt ist). Die Zahl der Jobs für diese Personengruppe geht aber nur um weniger als 5 Prozent zurück, also entsteht eine Lücke, es werden mehr Beschäftigte mit abgeschlossener Berufsausbildung benötigt als nachkommen. Die Arbeitskräfteengpässe betreffen Beschäftigte im Handwerk, in Kleinbetrieben. Das Handwerk und die Bauindustrie, das sind Schlüsselbranchen für viele Veränderungsprozesse und Investitionen.

Abbildung 2: Qualifikationen und Anforderungen

Qualifikationen („Qualifikationsangebot")

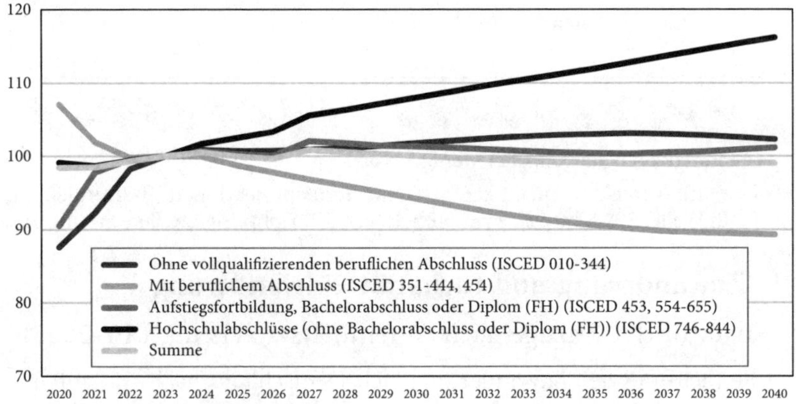

Zahl der formal Hochqualifizierten nimmt stark zu

Anforderungen („Qualifikationsnachfrage")

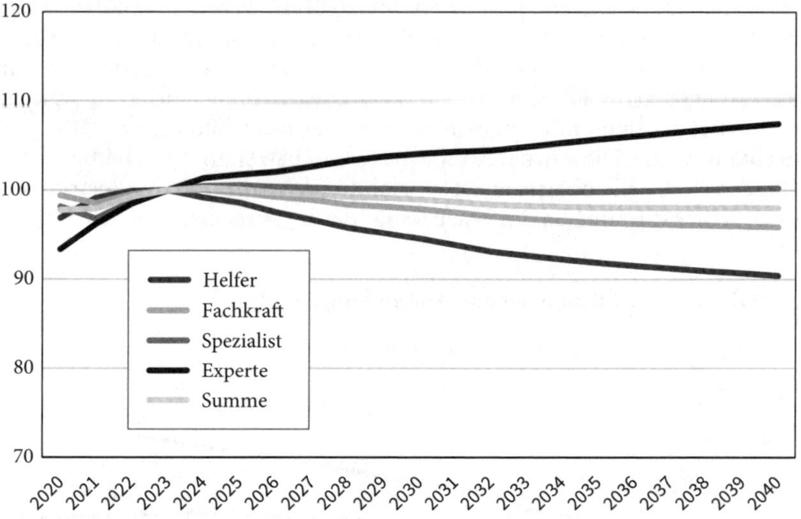

Expertentätigkeiten steigen, aber weniger stark

Quelle: QuBe-Projekt – Qualifikations- und Berufsprojektionen, Basisprojektion 8. Welle, 2024, https://www.bibb.de/de/11727.php, eigene Berechnungen.

III. Zuwanderung und Fachkräfteeinwanderung

1. Struktur der Zuzüge nach Aufenthaltszwecken (2010–2023)

Die Betrachtung der Zuwanderung nach Deutschland nach Aufenthaltszwecken macht eine große Diskrepanz zwischen der öffentlichen Debatte um Fachkräftezuwanderung und der Realität der Zuwanderung nach Deutschland deutlich.

Hinsichtlich der Zuwanderung von Arbeitskräften profitierte Deutschland enorm von der EU-Osterweiterung. Die Mobilität innerhalb der EU war und ist hoch, aber seit Ende der 2010er Jahre geht sie langsam zurück. Gründe sind zum einen die bessere wirtschaftliche Entwicklung in Osteuropa (aktuell wird viel über Polen gesprochen, denn inzwischen ist der Wanderungssaldo mit Polen negativ), zum anderen haben die osteuropäischen Länder, aus denen die Zuwanderung nach Deutschland erfolgte, noch größere demografische Herausforderungen als Deutschland, sprich dort altert die Erwerbsbevölkerung noch schneller.

Die Zuwanderung zu Erwerbszwecken aus Drittstaaten ist ein ziemlich kleines Segment im gesamten Zuwanderungsgeschehen. Die Blaue Karte EU hat die absolute Zahl an Zuwanderern nur leicht erhöht. Die Westbalkanregelung war eine erfolgreiche Maßnahme, hocheffektiv aber begrenzt auf bestimmte Länder aus dem westlichen Balkan. Das Fachkräfteeinwanderungsgesetz der großen Koalition vor der Ampelregierung wurde im März 2020 wirksam – zu Beginn der Coronapandemie – und konnte daher zunächst keine Wirkung entfalten.

Aktuell liegt das Niveau der Zuwanderung zu Erwerbszwecken bei etwa 70.000, d.h. trotz politischer Reformen kann diese Art der Zuwanderung die in Zukunft durch die Demografie verursachten Personalengpässe in Deutschland bei weitem nicht schließen. Um die demografische Lücke durch qualifizierte Zuwanderung zu schließen, müssten 400.000 Menschen pro Jahr kommen – unter der Annahme, dass niemand abwandert. Das aktuelle Niveau ist kaum mehr als ein Tropfen auf den heißen Stein.[8]

2. Kritik des bestehenden Systems

Deutschland ist ein sehr bürokratisches Land. Ein großes Thema bei der Zuwanderung von Fachkräften im mittleren Bereich, wo die stärksten Bedarfe bestehen, ist die Anerkennung von ausländischen Berufsabschlüssen und von im Ausland gemachter Berufserfahrung. Ein Hochschulabschluss von Harvard ist meist gut anerkannt. Bei Berufserfahrung und Qualifizierung in der Baubranche oder in der Pflege gibt es große Herausforderungen.

Es gibt eine Kumulation von Hürden, insbesondere in reglementierten Berufen, die Zuwanderung nach Deutschland weniger attraktiv machen. Die Verbindung von Qualifikationsauflagen mit der Gleichwertigkeitsprüfung eines international spezifischen Bildungssystems wirkt restriktiv. Hoher Verwaltungs- und Zeitaufwand kann prohibitiv wirken. Manche Menschen warten viele Monate oder Jahre, um in ihrem eigenen Beruf arbeiten zu dürfen. Es gibt geringe Anreize zur Anerkennung von Abschlüssen und zur Arbeitssuche einzureisen, geringe Transparenz und besonders hohe Hürden für reglementierte Berufe.

8 Bundesamt für Migration und Flüchtlinge (BAMF), Ausländerzentralregister (2023), eigene Darstellung.

Die Reformen des Fachkräfteeinwanderungsgesetzes waren sinnvoll, reichen aber nicht aus, um die gezielte Fachkräfteeinwanderung aus Drittstaaten deutlich zu steigern.[9]

3. Hohe Abwanderungsneigung

Das IAB führte eine repräsentative Befragung von Personen mit Migrationshintergrund durch, die in ihrem Erwerbsverlauf eine ausländische Staatsbürgerschaft hatten (IMPa-Befragung – International Mobility Panel of Migrants in Germany[10]). Im Jahr 2024 sind laut Angaben des Statistischen Bundesamtes 1,7 Millionen Menschen nach Deutschland zugewandert und 1,27 Millionen ausgewandert (beide Zahlen betreffen die gesamte Bevölkerung, d.h. Erwerbspersonen und Nichterwerbspersonen). In dem Migrationsgeschehen besteht eine sehr hohe Dynamik, ein sehr großer Umschlag.

Die Ergebnisse der IMPA-Befragung zeigen: 26 Prozent der nach Deutschland eingewanderten Personen (hochgerechnet 2,6 Millionen) denken darüber nach, Deutschland zu verlassen. 3 Prozent beziehungsweise 300.000 Personen haben bereits konkrete Auswanderungspläne.

Als Hauptursachen für Auswanderungsüberlegungen nennen die Befragten politische Unzufriedenheit (darunter leiden insbesondere die ostdeutschen Flächenländer), persönliche Gründe, steuerliche Belastungen und Bürokratie. Das Lohnniveau und der Lebensstandard werden in Deutschland im Durchschnitt durchaus positiv gesehen. Für High Performer ganz an der Spitze mag die Situation jedoch etwas anders liegen, sie können in bestimmten Zielländern mit höheren Verdiensten als in Deutschland rechnen.

---

9 *Kosyakova/Olbrich/Gallegos Torres/Hammer/Koch/Wagner* (2025): Germany as a stopover? Insights into return and International Mobility Panel of Migrants in Germany (IMPa), (IAB-Forschungsbericht 15/2025).

10 *Kosyakova/Olbrich/Gallegos Torres/Hammer/Koch/Wagner* (2025): Deutschland als Zwischenstation? Rückkehr- und Weiterwanderungsabsichten von Eingewanderten im Lichte neuer Daten des International Mobility Panel of Migrants in Germany (IMPa). (IAB-Forschungsbericht 15/2025 (de)), Nürnberg, 95 S. DOI:10.48720/IAB.FB.2515.

IV. Fallstudie: Effekte von Migration auf Erwerbskarrieren – Evidenz aus verknüpften österreichisch-deutschen Registerdaten

1. Mobilität in der EU und Zuzüge innerhalb Europas

In der EU besteht der Grundsatz der Freizügigkeit der Erwerbspersonen. EU-interne Grenzregionen machen 40 Prozent des EU-Gebiets aus, d.h. das sind Regionen, in denen grundsätzlich das Pendeln möglich ist. Im Jahr 2023 lebten 10,1 Millionen EU-Migrantinnen und Migranten im Alter von 20–64 Jahren in einem anderen Land als ihrem Herkunftsland, was 3,8 Prozent der EU-Erwerbsbevölkerung entspricht. Hinzu kommen 1,8 Millionen grenzüberschreitende Pendelnde und Leiharbeitnehmende, die in einem Land leben und in einem anderen arbeiten.

Deutschland ist das „Land der EU-Binnengrenzen" mit zahlreichen Nachbarn und unterschiedlichsten Arbeitsmärkten auf der anderen Seite: von der Schweiz (Hochlohnland, Hauptauswanderungsland von Deutschland) bis zu Polen und Tschechien (niedrigere Lohnniveaus), von Luxemburg und Österreich bis zum Elsass in Frankreich (vergleichsweise hohe Arbeitslosigkeit). Es besteht eine hohe Variation in der Arbeitsmarktsituation in den Grenzregionen von Deutschland.

Aber für kleinere EU-Länder kann die Situation noch extremer sein. Beispielsweise ist in Luxemburg das gesamte Land EU-Grenzregion – ein Land, das mehr Arbeitsplätze als Bewohner hat.[11]

2. Jahresgehälter im Vergleich: Österreich – Deutschland

Österreich und Deutschland haben ähnliche durchschnittliche Jahresverdienste, aber mit strukturellen Unterschieden. Österreich weist höhere Löhne im unteren Einkommenssegment auf, Deutschland höhere Löhne in mittleren und höheren Segmenten sowie eine größere Lohnspreizung.[12]

Verknüpfte österreichisch-deutsche Registerdaten – das sind Daten für Personen, die in beiden Ländern erwerbstätig waren und für die die Be-

11 *Card/Dauth/Frimmel/Schmieder/Weber/Winter-Ebmer* (2025): What are the Returns to Migration? Evidence from Linked Austrian – German Register Data. Work in progress und Eurostat.

12 OECD; *Card/Dauth/Frimmel/Schmieder/Weber/Winter-Ebmer* (2025): What are the Returns to Migration? Evidence from Linked Austrian – German Register Data. Work in progress.

schäftigungsinformation aus beiden Ländern beobachtet und im Rahmen einer Forschungskooperation verknüpft werden konnte – zeigen interessante Wanderungsmuster: Wer von Österreich nach Deutschland wandert, sind typischerweise Hochqualifizierte, die höhere Einkommenschancen in Deutschland erwarten und diese auch realisieren. Das ist eine positive Selektion.

Umgekehrt gilt: Wer von Deutschland nach Österreich wandert, hat oft den gut bezahlten Arbeitsplatz in den bayerischen Grenzregionen verloren und nutzt die Chancen in Österreich auf einen etwas höheren Verdienst im unteren Verdienstsegment, um sich zu verbessern. Negative Schocks auf dem Arbeitsmarkt sorgen für eine negative Selektion der Zuwandernden von Deutschland nach Österreich, d.h. diese Zuwandernden hätten in Deutschland in Zukunft vergleichsweise schlechte Verdienstchancen gehabt, wären sie nicht ausgewandert. Die Erwerbsbiografien von Zugewanderten erholen sich in beiden Zielländern nachhaltig von dem Schock, wobei die Verdienstzuwächse der österreichischen Migranten stärker sind als bei den deutschen.[13]

V. Fallstudie: Grenzregion Deutschland-Schweiz

1. Grenzüberschreitende Arbeits- und Ausbildungsmärkte

Die Schweiz ist das wichtigste Auswanderungsland von Deutschland. Es gibt eine sehr einseitige Migration – praktisch kein Schweizer kommt nach Deutschland (bis auf einige wenige, die den Sozialversicherungsmarkt nutzen), aber viele Deutsche gehen in die Schweiz.

Die Zahl der Beschäftigten, die in Deutschland leben und in der Schweiz arbeiten, ist seit der Öffnung des Schweizer Arbeitsmarkts 2004 kontinuierlich gestiegen. Der Großteil dieser Grenzgänger stammt aus grenznahen Landkreisen (Waldshut, Konstanz, Lörrach, Schwarzwald-Baar-Kreis, Tuttlingen, Bodenseekreis, Freiburg im Breisgau und Breisgau-Hochschwarzwald – Landkreise mit maximaler Pendeldistanz von 60 Minuten zum nächsten Grenzübergang).

Der Frankenschock 2011 – der starke Wechselkursanstieg des Schweizer Franken gegenüber dem Euro und die Entkopplung vom Eurokurs – führte zu einer signifikanten Zunahme von Auszubildenden in den deut-

13 *Card/Dauth/Frimmel/Schmieder/Weber/Winter-Ebmer* (2025): What are the Returns to Migration? Evidence from Linked Austrian – German Register Data. Work in progress.

schen Grenzregionen zur Schweiz. Durch verbesserte Arbeitsmarktbedingungen in der Schweiz lohnt sich die Ausbildung in Deutschland mehr für Jugendliche. Deutsche Betriebe müssen mehr ausbilden, um ihre Fachkräftebedarfe zu decken. Junge Fachkräfte aus Deutschland mit abgeschlossener Berufsausbildung arbeiten häufig in der Schweiz.[14]

2. Positive Rückwirkungen

Die Migration in die Schweiz hat nicht zur Folge, dass sich die deutschen Grenzregionen entleeren – ganz im Gegenteil. Es gibt positive Rückwirkungen. Um in die Schweiz zu kommen, benötigt man einen Abschluss – das ausgefeilte Schweizer Zuwanderungssystem belohnt Fachkräfte. Man hat es leichter, wenn man einen Abschluss vorweisen kann.

Das Beste aller Welten ist, in Deutschland zu leben (in Deutschland die Güter des täglichen Bedarfs einzukaufen) und in der Schweiz zu arbeiten. Dann ist der materielle Lebensstandard sehr hoch. Die Verbesserung der Bedingungen in der Schweiz führt dazu, dass die Ausbildung in der Grenzregion profitiert. Die Menschen machen ihre Ausbildung in der deutschen Grenzregion und sind dann in einer besseren Startposition für die Schweiz. Empirische Analysen bestätigen dies: Die Ausbildungszahlen in grenznahen Kreisen stiegen im Vergleich zu weiter entfernten Kreisen in Baden-Württemberg um etwa 4 Prozent.

Bei diesem „Braindrain" gibt es also nicht nur negative, sondern auch positive Aspekte. Die Grenzpendler konsumieren in Deutschland und ziehen damit Arbeitskräfte aus dem Rest von Baden-Württemberg oder anderen Teilen Deutschlands an. Zum anderen gibt es Anreize auf das Ausbildungssystem. Betriebe wissen: Ein Teil meiner Auszubildenden werde ich verlieren, also bilde ich mehr aus, um zumindest einen Teil auch zu halten.[15]

---

14 *Fitzenberger/Holleitner/Illing* (2025): Die starke Aufwertung des Franken zeigte deutliche Effekte auf den Arbeits- und Ausbildungsmarkt in der deutschen Grenzregion zur Schweiz, In: IAB-Forum 21.5.2025, https://iab-forum.de/die-starke-aufwertung-des-franken-zeigte-deutliche-effekte-auf-den-arbeits-und-ausbildungsmarkt-in-der-deutschen-grenzregion-zur-schweiz/.

15 *Fitzenberger/Holleitner/Illing* (2025): Die starke Aufwertung des Franken zeigte deutliche Effekte auf den Arbeits- und Ausbildungsmarkt in der deutschen Grenzregion zur Schweiz, In: IAB-Forum 21.5.2025, https://iab-forum.de/die-starke-aufwertung-des-franken-zeigte-deutliche-effekte-auf-den-arbeits-und-ausbildungsmarkt-in-der-deutschen-grenzregion-zur-schweiz/.

VI. Fazit

Der deutsche Arbeitsmarkt sieht sich durch demografischen Wandel, Strukturwandel und Digitalisierung starken Herausforderungen gegenüber. Hinzu kommen Ausgaben für die Verteidigung und handelspolitische Verwerfungen, insbesondere die unklaren Auswirkungen amerikanischer Zölle. Die Rahmenbedingungen ändern sich ständig.

Fachkräftemangel bremst die wirtschaftliche Entwicklung. Die betriebliche Ausbildung liegt unter dem Vorcoronaniveau. Deshalb ist Fachkräftezuwanderung so wichtig. Die Beschäftigung von Älteren, von Frauen (mit hoher Teilzeitquote) und die Zuwanderung sind wichtige Ansatzpunkte, um Fachkräftemängel abzufedern – sich auf einen dieser Hebel zu beschränken, wird das Problem nicht ausreichend abmildern können.

Bisherige Reformen der Erwerbsmigration aus Drittstaaten sind sinnvoll, aber unzureichend. Es besteht eine hohe Abwanderungsneigung unter eingewanderten Personen in Deutschland. Zudem gibt es hohe Abwanderungsabsichten von Zugewanderten und Abwanderung von Grenzpendlerinnen und Grenzpendlern, u.a. in großer Zahl nach Österreich und in die Schweiz.

In den Grenzregionen ergeben sich durch internationale Mobilität sowohl Herausforderungen als auch Chancen für den deutschen Arbeitsmarkt. Fachkräftezuwanderung bleibt ein zentraler Faktor für die wirtschaftliche Entwicklung Deutschlands.

Unilaterale Anknüpfungspunkte der Besteuerung grenzüberschreitender Mobilität im Rechtsvergleich

Prof. Dr. *Ekkehart Reimer*
Universität Heidelberg

I. Thema und Eingrenzung

„Der Grundsatz der Gebietsherrschaft besteht in der Anwendung des Ortsrechtes auf Bewohner, Sachen und Rechtsverhältnisse vermöge örtlicher Beziehung. [...] Für finanzrechtliche Wirkungen auf Personen genügt örtliche Anwesenheit allein nicht; es muß im Inland eine rechtserzeugende Tatsache vorliegen, um Abgabenpflicht zu begründen [...]".[1] 1935 hatte der Wiener Hofrat und Universitätsprofessor Dr. *Gustav Lippert* in seinem eigentümlichen „Rechtsbuch des Internationalen Finanzrechtes" Sätze gesammelt, formuliert und kompiliert, die er als Rechtssätze begreift, weil sie – jedenfalls zu einem erheblichen Teil – die Staatspraxis widerspiegeln.

1 *Lippert*, Rechtsbuch des Internationalen Finanzrechtes, 1935, S. 184 ff.

Doch was sind die „rechtserzeugenden Tatsachen", die Anknüpfungspunkte, von denen abhängt, ob Einkünfte mobiler Personen der Besteuerung unterworfen werden? Diese Frage beantworten innerstaatliche Steuerrechtsordnungen bis heute – und heute mehr denn je – in mit einer Fülle und Verschiedenheit an Merkmalen, die oft noch größer ist als die Fülle der Merkmale in den Doppelbesteuerungsabkommen: Auf Seiten des Steuerpflichtigen selbst sind dies etwa der Ort der Ausübung oder Verwertung seiner persönlichen Tätigkeit, aber auch seine Staatsangehörigkeit. Immer wieder hängt seine Einbeziehung in die Besteuerungsgewalt eines Staates aber auch von Anknüpfungspunkten ab, die in der Person seines Arbeit- oder Dienstgebers, also einer anderen Person liegen: in deren Ansässigkeit, auch im Kassenstaatsprinzip, ferner in der Belegenheit einer Betriebsstätte und Weiteres mehr.

Diese Vielfalt kartographiert der folgende Beitrag. Er beschränkt sich auf natürliche Personen, legt dabei den Schwerpunkt auf die Erfassung von Arbeitnehmereinkünften und zielt in seinem Hauptteil auf die Systematisierung und Diskussion dieser unterschiedlichen unilateralen Anknüpfungspunkte (unten III.). Vorgeschaltet ist eine normtheoretische Querschnittsanalyse. Sie soll zeigen, welche Regelungsfunktionen und Regelungsmuster die Vorschriften aufweisen, die die Anknüpfungspunkte enthalten (nachfolgend II.). Beide Teile sind rechtsvergleichend angelegt, wobei der erste Teil einen Strukturvergleich liefert, während der zweite die Anknüpfungspunkte ihrem Inhalt nach sammelt und ordnet. Den Abschluss bildet eine Bewertung, die sich auch rechtspolitisch nutzen lässt (unten IV.).

II. Normen im Strukturvergleich

1. Normfunktionen

Wichtigste Funktion der unilateralen Anknüpfungsregelungen ist die Bestimmung der Voraussetzungen und des Umfangs der Steuerbarkeit der unterschiedlichen Arbeitseinkünfte. Wichtigster Anwendungsfall ist die beschränkte Steuerpflicht nichtansässiger natürlicher Personen. Zweite Funktion ist – gegenläufig – die Bestimmung der Voraussetzungen für eine vollständige oder partielle Entlastung von Arbeitseinkünften der in einem Staat ansässigen natürlichen Personen, die im Wege der grenzüberschreitenden Mobilität Arbeitseinkünfte in anderen Staaten erzielen und typischerweise dort auch versteuern.

Soweit Anknüpfungsnormen diese beiden Funktionen erfüllen, sind sie Fiskalzwecknormen. Sie sind Teil der unilateralen demokratischen Grundentscheidungen über die Struktur der Lastenausteilung zwischen Ansässigen und Gebietsfremden, Teil der Grundunterscheidung zwischen unbeschränkter Steuerpflicht, beschränkter Steuerpflicht und vollständiger Gebietsfremdheit, die die Person in der Nichtsteuerpflicht belässt.

Die Anknüpfungsnormen können aber neben dem Fiskalzweck auch Lenkungszwecken dienen – allen voran der Beeinflussung der Wahl des Standorts oder des Tätigkeitsorts, und zwar keineswegs nur für den Inbound-Fall (Anlocken ausländischer Arbeitskräfte[2]), sondern auch outbound. Hier wie dort kann schon die Entscheidung über das Ob der Einbeziehung grenzüberschreitender Einkünfte mit einem Lenkungszweck verknüpft sein; Musterbeispiel hierfür ist die Nichteinbeziehung ausländischer Einkünfte in die britische Besteuerung der nichtdomizilierten Ansässigen (der „resident non-doms") unterhalb der Schwelle der sog. remittance (Überweisung dieser Einkünfte oder ihrer Surrogate in das Vereinigte Königreich).[3] Typischerweise wird der Lenkungszweck aber nicht durch die Anknüpfungsnormen allein verfolgt, sondern durch ihre Verbindung mit Regelungen, die auf anderen Stufen des Steuertatbestands angesiedelt sind.

Dabei kann der Lenkungszweck durch Steuererleichterungen, aber auch durch Steuerverschärfungen verfolgt werden. Neben das Anlocken ausländischer Arbeitskräfte tritt die steuerliche Förderung, die der Heimatstaat seinen Ansässigen gewährt, wenn sie eine Beschäftigung im benachbarten Ausland aufnehmen und auf diese Weise Kaufkraft importieren. Umgekehrt gibt es seit alters her Forderungen, dass das Einkommen aus ausländischen Werten höher besteuert werde als aus inländischen – das forderte für Deutschland etwa *Otto von Bismarck* („gewissermaßen ein Schutzzoll für deutsche Werte").[4] Und schließlich verwendet ein nationa-

2 *Müller-Nagel*, Zuzugsbesteuerung natürlicher Personen. Rechtsvergleichende Analyse und steuerpolitische Strategien, 2018.

3 *Schwarz* in Booth and Schwarz, Residence, Domicile and UK Taxation, Haywards Heath, 20. Aufl. 2018, Kap. 4.01; *Milutinović*, Die Persönliche Steuerpflicht im Vereinigten Königreich, in Kube/Reimer (Hrsg.), Geprägte Freiheit 2024/25, 2024, S. 157 ff.

4 Hier zitiert nach *Grabower*, Bismarck und die Steuern. Zugleich ein Beitrag zur Lehre von der Tradition im Steuerwesen, in FinArch N.F. Bd. 22 (1962/63), S. 377 ff. (460).

ler Gesetzgeber bestimmte Anknüpfungsmerkmale selbst innerhalb einer Einkunftsart nicht durchgehend, sondern selektiv. Das gilt für Österreich und Deutschland bei Kapitaleinkünften für das Anknüpfungsmerkmal der Ansässigkeit des Schuldners: Sie begründet die beschränkte Steuerpflicht eines gebietsfremden Gläubigers bei Dividenden, nicht dagegen bei Zinsen.[5] Derartige asymmetrische Regelungsmuster können ein Hinweis auf historisch überkommene Lenkungszwecke sein (im Beispiel: gezieltes Anlocken ausländischen Fremdkapitals, Verteuerung der Übernahme inländischer Unternehmen durch Steuerausländer).

Diese Beispiele haben gemeinsam, dass man es dort mit einem positiven, d.h. steuerbegründenden Anknüpfungsmerkmal zu tun hat. Für die Einkünfte aus persönlichen Tätigkeiten verwenden Steuergesetzgeber, die Lenkungszwecke verfolgen, aber viel häufiger negative, d.h. steuermindernde Anknüpfungsmerkmale. Im italienischen, niederländischen und portugiesischen Einkommensteuerrecht fanden oder finden sich Begünstigungen für ausländische expatriates, also – zumeist befristete – Zuzugsbegünstigungen. Sie zielen auf die Anwerbung hochqualifizierter ausländischer Fachkräfte. Diese Begünstigungen verwenden (negative) Anknüpfungsmerkmale wie den kürzlichen Zuzug, das Fehlen einer inländischen Staatsangehörigkeit, aber auch – etwa in Italien – bestimmte Einkommensgrenzen, deren Überschreitung die Begünstigung entfallen lässt. Mit dieser Unterscheidung zwischen positiven und negativen, belastenden und entlastenden Anknüpfungsmerkmalen endet die kurze Strukturanalyse der Anknüpfungsmerkmale nach ihren Funktionen. Ob und wo zumindest Spurenelemente steuerlicher Lenkungen tatsächlich ihren Weg in die Anknüpfungsnormen gefunden haben, bedarf separater Analyse.

2. Integrationsgrad

Ein zweites Kriterium für die Klassifikation der Anknüpfungsnormen ist ihr Integrationsgrad. Unter dem Integrationsgrad wird hier der Grad der Einbettung einer Anknüpfungsnorm in unterschiedliche Funktionszusammenhänge verstanden.

---

5 § 49 Abs. 1 Nr. 5 dEStG.

a) Richtungsdualismus

Die Integration ist gering, wo ein Normgeber getrennte Regelwerke für Ansässige einerseits und Gebietsfremde andererseits vorsehen. In der Tat werden Anknüpfungsmerkmale ja doppelt gebraucht: einerseits für Outbound-Entlastungen der Ansässigen, andererseits für Inbound-Belastungen der Gebietsfremden. Dieser Dualismus betrifft schon die Grundfrage nach den Voraussetzungen der Ansässigkeit, sodann die örtlich-räumlichen Voraussetzungen auf Ebene einzelner Einkünfte und Einkunftsbestandteile. Folgt ein Staat dem Modell des Richtungsdualismus, hält er üblicherweise zwei Sets an Regelungen bereit – eines über die Entlastung ausländischer Einkünfte seiner Ansässigen (für Deutschland §§ 34c, 34d EStG, für die Schweiz Art. 6 Abs. 1 Halbs. 2 DBG), eines über die Belastung inländischer Einkünfte der Gebietsfremden (§§ 49 ff. dEStG).

b) Vollintegrierte Regeln

Denkbar sind aber auch integrierte Regelwerke. Kein europäischer Staat beschränkt sich auf die beschränkte Steuerpflicht, verzichtet also gänzlich auf eine Statusunterscheidung und deshalb auch die Verwendung unterschiedlicher Regelwerke zwischen Ansässigen und Gebietsfremden. Denkbar wäre das aber. Rein konzeptionell ließe sich das Territorialitätsprinzip auf alle erstrecken. Eine Ahnung von der Überwindung des Dualismus vermitteln § 1 Abs. 3 dEStG, der beschränkt Steuerpflichtige, die aber mehr als 90 % ihrer Welteinkünfte im Inland erzielen, auf deren Antrag als fiktiv unbeschränkt steuerpflichtig behandelt, aber auch das Recht der deutschen Gewerbesteuer.

c) Quellenregeln

Vollintegrationen sind darüber hinaus in einem ganz anderen Sinne strukturbildend, nämlich wenn man sie der Verwendung von Quellenregeln gegenüberstellt. Einige Staaten verwenden einheitliche Quellenregeln, identische Regeln für die Verortung bestimmter Einkünfte in einem bestimmten Staat. Diese „source rules" sind also gleichsam Dual-use-Güter: Sie haben in ihrer Anwendung auf Ansässige ent-, in der Anwendung auf Gebietsfremde belastende Wirkung. Aber es sind einheitliche Verortungsregeln. Derartige Quellenregeln finden sich nicht nur in wissenschaftlichen Theorien und Projektionen,[6] sondern auch im positiven Recht.[7]

3. Gebietsfragmentierungen

Noch seltener sind – drittens – Regeln, die das eigene oder auch ein fremdes Staatsgebiet fragmentieren. Anders als in den DBA mit ihren Grenzgängerregelungen habe ich im innerstaatlichen Recht der untersuchten Staaten keine Unterscheidungen zwischen Grenzzone und Hinterland gefunden, und zwar weder für hüben noch für drüben, weder für das eigene Staatsgebiet noch für ein fremdes. Die Demarkationslinien verlaufen anders. Sie betreffen insbesondere die sog. Niedrigsteuergebiete. In dieser Hinsicht gibt es im innerstaatlichen Recht – in Deutschland etwa im Außensteuergesetz, aber auch in den bisherigen Regelungen zur sog. Lizenzschranke[8] – Unterscheidungen zwischen verschiedenen ausländischen Staaten und sogar – gebietsscharf – zwischen verschiedenen Gebieten innerhalb eines ausländischen Staates.

4. Branchenfragmentierungen

Eine vierte Dimension des Strukturvergleichs betrifft die Selektivität der jeweiligen Anknüpfungsnorm nach betroffenen Wirtschaftszweigen oder Tätigkeitsarten. Jenseits der – ebenfalls rechtfertigungsbedürftigen, durch die isolierende Betrachtungsweise (§ 49 Abs. 2 dEStG) aber deutlich ge-

6 Etwa in den Schriften von *Richard* und *Peggy Musgrave*, in denen die Einkunftsquelle (source) als place of the income-generating activity begriffen wird: *P. Musgrave*, International Tax Base Division and the Multinational Corporation, in Public Finance/Finances Publiques, Bd. 27 (1972), S. 394 (397); *P. Musgrave*, An Interjurisdictional Tax Order, 1982; *R. Musgrave*, Fiscal Systems, 1969, S. 261; *R. Musgrave/P. Musgrave*, Inter-Nation Equity, in R. M. Bird/ J. G. Head (Hrsg.), Modern Fiscal Issues. Essays in Honor of Carl S. Shoup, 1972, S. 71; in diesem Sinne auch *K. Vogel*, Worldwide vs. source taxation of income – A review and re-evaluation of arguments, Intertax 1988, 223: „‚source' refers to a state that in some way or other is connected to the production of the income in question, to the state where value is added to a good" (Hervorhebung im Orig.).

7 Historische Bestandsaufnahmen bei *R. J. Patrick*, Rules for determining income and expenses as domestic or foreign (Generalbericht), in CDFI LXVb, 1980; und *Reimer*, Der Ort des Unterlassens, 2004, S. 449 ff.

8 § 4j dEStG, inzwischen aufgehoben durch das Gesetz zur Anpassung des Mindeststeuergesetzes und zur Umsetzung weiterer Maßnahmen v. 22.12.2025 (BGBl. 2025 I Nr. 353) mit Wirkung v. 24.12.2025.

dämpften – Ungleichbehandlung zwischen Einkunftsarten geht es bei den Branchenfragmentierungen um Anknüpfungsmerkmale, die nochmals enger sind, sich also zum Teil isoliert auf einzelne Berufe oder Tätigkeitsarten beziehen.

Zu nennen sind etwa Aufsichtsräte. Seit über hundert Jahren besteuern Österreich und Deutschland – übrigens ganz im Einklang mit den Überzeugungen von *Gustav Lippert* aus seinem Rechtsbuch von 1935[9] – die Einkünfte gebietsfremder Mitglieder von Aufsichtsräten oder Verwaltungsräten von Aktiengesellschaften, sobald sich Sitz oder Geschäftsleitung der Gesellschaft im Inland befinden. Sucht man allerdings nach einem entsprechenden Tatbestand in § 49 Abs. 1 EStG, wird man nicht fündig. Diese Belastung ergibt sich – systemfremd – allein aus dem Abgeltungscharakter[10] des gesellschaftsseitigen Steuereinbehalts nach § 50a Abs. 1 Nr. 4 dEStG. Ein Blick in diese Vorschrift führt aber auf einen ominösen Verweis in einem Klammerzusatz: § 50a Abs. 1 Nr. 4 dEStG verweist auf den Tatbestand der inländischen Einkünfte aus nichtselbständiger Arbeit (§ 49 Abs. 1 Nr. 3 EStG), der aber gerade nicht die gewünschte Anknüpfung an die Gesellschaftsansässigkeit enthält, sondern – alternativ – inländische Tätigkeit oder Verwertung verlangt, was § 50a Abs. 1 Nr. 4 dEStG gerade nicht voraussetzt. Das ist regelrecht perplex.

Jenseits dieser Sonderregelungen für Aufsichtsräte sind die Anknüpfungen zumeist nochmals enger. Ein – wiederum deutsches – Beispiel ist ein Sonderfall der gewerblichen Einkünfte; er betrifft Spielervermittler im Profisport. Hier findet sich in § 49 Abs. 1 Nr. 2 lit. g dEStG eine spezielle Anknüpfung an den beruflichen Erfolg: Die Einkünfte des Spielervermittlers sind auch dann inländisch, wenn der Spielervermittler – wo auch immer – einem Dritten die Gelegenheit verschafft, einen „Berufssportler als solchen im Inland vertraglich zu verpflichten". Zahlreiche andere Vermittler – selbst Grundstücksmakler, deren Geschäftsgegenstand ja die engste Verknüpfung zu einem Staatsgebiet aufweist – unterliegen dagegen keinen entsprechenden Anknüpfungen. Vermittelt ein gebietsfremder Grundstücksmakler ein inländisches Grundstück, ist seine Maklerprovision im Inland nicht steuerbar. Der deutsche Gesetzgeber hat hier also ein selektives Sonderrecht zu Lasten von Spielervermittlern geschaffen, das erhöht rechtfertigungsbedürftig ist.

9 *Lippert*, Rechtsbuch des Internationalen Finanzrechtes, 1935, S. 252.
10 § 50 Abs. 2 Satz 1 dEStG.

5. Verweisungsnormen

Nicht alle Anknüpfungsnormen folgen einer eigenen materiellen Grundentscheidung, einige beschränken sich auf interne oder externe Verweisungen auf andere Anknüpfungsnormen. Intern finden sich etwa in § 98 Abs. 1 Nr. 4 öEStG pragmatische Verweisungen auf § 98 Abs. 1 Nr. 2, während § 49 Abs. 1 dEStG die Redundanzen liebt, aber immerhin mit der – nicht gleich als solcher zu erkennenden – Verweisungsnorm des § 49 Abs. 2 EStG aufwartet: Die dort angeordnete isolierende Betrachtungsweise ist zwar durch die vielen neuen Redundanzen nicht mehr oft relevant; ihrem Anspruch nach gilt sie aber (auch für Tätigkeitseinkünfte) weiterhin.

Der wichtigste Typ externer Verweisungen ist der Verweis auf Doppelbesteuerungsabkommen. Einfach und geradlinig wäre eine Norm, die – bezogen auf Deutschland – lautete: „Einkünfte sind inländisch, wenn ein anwendbares Doppelbesteuerungsabkommen Deutschland die Besteuerung dieser Einkünfte überlässt." Doch so einfach macht es sich der Gesetzgeber schon legistisch nicht. Das zeigt eine neue deutsche Regelung, die 2024 zur Vermeidung weißer Einkünfte in Abs. 1 Nr. 4 lit. a als neuer Satz 2 eingefügt worden ist.[11] Die Neuregelung betrifft Fälle, in denen der Steuerpflichtige seine Tätigkeit im ausländischen Ansässigkeitsstaat oder in einem Drittstaaten ausübt, das mit dem Ansässigkeitsstaat abgeschlossene DBA insoweit aber eine vorrangige Besteuerung durch Deutschland gestattet. Diese Neuregelung knüpft also in der Tat an die abkommensrechtlichen Zuweisungen an. Doch als Rechtsfolge wählt sie die Formulierung „gilt […] als im Inland ausgeübt oder verwertet".

Diese Verweisung auf die Doppelbesteuerungsabkommen begegnet in der Sache drei Bedenken. Erstens irritiert sprachlogisch die Doppelfiktion, derer sich der Gesetzgeber durch die Integration der Verweisungsnorm in den Grundtatbestand des § 49 Abs. 1 Nr. 4 lit. a Satz 1 dEStG bedient. Diese Doppelfiktion liegt in der parallelen, logisch gleichgeordneten (Alternativ-)Rechtsfolge von Ausübungs- und Verwertungsfiktion. Beide Verben sind hier durch „oder" verbunden. Doch wer kann und muss das „oder" auflösen: der Steuerpflichtige? das Finanzamt? Oder ist „ausgeübt oder verwertet" eine Rechtsfolgenverweisung (allein) auf Satz 1, so dass die beiden Verben nicht einzeln, sondern als monolithische Drei-

11 WachstumschancenG v. 27.3.2024, BGBl. 2024 I Nr. 108; näher zu dieser Regelung *Reimer* in Brandis/Heuermann (Hrsg.), EStG/KStG/GewStG, § 49 EStG Rz. 12f und Rz. 249.

Wort-Formulierung schlicht die wörtliche Wiederholung der (dort aber semantisch zweigliedrigen) Formulierung des Satzes 1 sind? Oder hängt der Inhalt der Fiktion davon ab, welchen der beiden Tatbestände das einspeisende DBA verwendet?

Die letztgenannte Frage dürfte zu verneinen sein. Bejahte man sie, liefe die neue Verweisung in Fällen leer, in denen das DBA Deutschland das Besteuerungsrecht weder aufgrund einer Ausübung noch einer Verwertung zuweist. Das kann schon deshalb nicht gewollt sein, weil die Fiktion insoweit unbedingt ist. Die anderen Fragen sind dagegen als offen anzusehen. Immerhin sind sie (nur) solange müßig, wie ohnehin jeder der beiden Tatbestände zum selben Ergebnis (der beschränkten Steuerpflicht in Deutschland) führt. In jedem Fall hätte eine einfache Fiktion (nur) der Ausübung im Inland genügt.

Zweitens muss ein Gesetzgeber, der die Steuerbarkeit durch Verweisung der innerstaatlichen Anknüpfung auf das oder die anwendbaren Doppelbesteuerungsabkommen begründet, legistisch stets beachten, dass die DBA verschiedentlich, insbesondere in den dem Art. 3 Abs. 2 OECD-MA entsprechenden Vorschriften eine Maßgeblichkeit der innerstaatlichen Begriffsbildung für die Auslegung abkommensrechtlicher Ausdrücke anordnen. Verweisen diese nun aber ihrerseits auf Ergebnisse der DBA-Anwendung, kann es – jedenfalls in Ausnahmefällen – Zirkularitäten geben. Derartige Zirkularitäten können und müssen durch abkommensautonome Auslegung abkommensrechtlicher Ausdrücke vermieden werden. Eine derartige abkommensautonome Regelung verstellt für Fälle, in denen es ansonsten zur Anwendung des § 49 Abs. 1 Nr. 4 Satz 2 EStG kommen müsste, den deutschen Finanzbehörden die Anwendung des Rückverweises aus Art. 3 Abs. 2 OECD-MA.

Am schwersten wiegt ein dritter Einwand.[12] Er ist verfassungsrechtlicher Natur und beruht auf dem unterschiedlichen Zustandekommen innerstaatlicher und abkommensrechtlicher Regelungen. Während das Initiativrecht für das innerstaatliche Außensteuerrecht gleichberechtigt bei Bundestag, Bundesrat und Bundesregierung liegt und der Deutsche Bundestag und ggf. der Vermittlungsausschuss (Art. 77 Abs. 2 GG) im Gesetzgebungsverfahren über gestalterische Schreibrechte verfügen, liegt die Ausgestaltung abkommensrechtlicher Regelungen bei den Abkommensverhandlern Deutschlands und des anderen Vertragsstaats, deutscherseits al-

12 Ihn verdanke ich dem Referat von Frau MinDirig. *Silke Bruns*, in diesem Band.

so zwingend bei Angehörigen der Exekutiven. Bundestag und Bundesrat sind in einer reinen Ratifikationslage. Das nimmt ihnen ihren demokratisch-gestaltenden Einfluss auf die Ausgestaltung des Kreises steuerbarer Einkünfte. Diesem demokratischen Minus lässt sich auch durch den Hinweis auf die Möglichkeit eines – seinerseits stets rechtfertigungsbedürftigen – *treaty override* nicht überzeugend begegnen. Insgesamt spricht deshalb viel dafür, dass derartige besteuerungsbegründende Verweisungen des innerstaatlichen Rechts auf Doppelbesteuerungsabkommen nur ausnahmsweise verwendet werden.[13]

Eine letzte Beobachtung betrifft externe Verweisungsnormen, die nicht auf DBA gehen, ja sich überhaupt nicht auf den Innenraum des Gesetzlich-Normativen beziehen, sondern die Praxis eines anderen Staats in den Blick nehmen. Exemplarisch nenne ich für die Einkünfte aus nichtselbständiger Arbeit im deutschen Recht § 50d Abs. 8 EStG, dem Prototyp einer Treaty-override-Regel. Als Rückausnahme zur abkommensrechtlichen Freistellungsverpflichtung lässt § 50d Abs. 8 EStG die – innerstaatlich nach anderen Normen (§ 1 Abs. 1 oder auch Abs. 4 i.V.m. § 49 dEStG) für den abkommenslosen Zustand ohnehin begründete – deutsche Besteuerung wieder aufleben, soweit der Steuerpflichtige nicht nachweist, dass der Staat, dem nach dem Abkommen das Besteuerungsrecht zusteht, auf dieses Besteuerungsrecht verzichtet hat oder dass die in diesem Staat auf die Einkünfte festgesetzten Steuern entrichtet wurden. Hier haben wir es also mit einer innerstaatlichen Normverweisung zu tun, die alternativ an ausländisches innerstaatliches Recht einschließlich der ausländischen Administrativentscheidungen („verzichtet hat“) und an die nur faktische Nichtbesteuerung durch das Ausland (Steuer nicht entrichtet), damit insbesondere an Hinterziehungshandlungen des Steuerpflichtigen anknüpft.

6. Fazit

Diese Kriteriologie zeigt schon formal eine beachtliche Vielfalt an Strukturen, denen die Anknüpfungsmerkmale folgen und in die sie eingebettet sind. Aus der Auffächerung nach Normfunktionen, nach dem Anwendungsbereich auf Makroebene (Integrationsgrad), auf bestimmte Gebiete (Gebietsfragmentierungen) oder auf bestimmte Arten und Sektoren von Tätigkeiten und Investitionen (Branchenfragmentierungen) und schließlich in ihrer Interaktion mit den Doppelbesteuerungsabkommen lässt

13 *Bruns*, in diesem Band.

sich gedanklich eine mehrdimensionale Matrix bilden, können alle diese Kriterien doch baukastenartig miteinander verbunden werden.

So blutleer man diesen Strukturvergleich für sich genommen halten kann, so deutlich zeigt er doch den hohen Differenzierungsgrad der hier untersuchten innerstaatlichen Rechtsordnungen. Die Gesetzgeber stellen die Verwendung von Anknüpfungsmerkmalen in den Dienst eines sehr granularen Steuerrechts, das eine entsprechend zerklüftete Tatbestandsstruktur aufweist. Kontrastiert man seine Differenzierungen mit den Gedanken der Allgemeinheit, Gleichheit und Folgerichtigkeit steuerlicher Belastungsentscheidungen, tritt zugleich hoher Rechtfertigungsbedarf zutage. So, wie die Schedularisierung der Einkommensteuer verfassungsrechtlicher und vielfach auch unionsrechtlicher Rechtfertigung bedarf, ist auch die Verwendung unterschiedlicher Anknüpfungsmerkmale für die unterschiedlichen Einkunftsarten, teils aber sogar innerhalb ein und derselben Einkunftsart rechtfertigungsbedürftig.

III. Kriterienvergleich

Neben den formalen Strukturvergleich tritt der materiell-inhaltliche Vergleich der eigentlichen Anknüpfungskriterien. Ohne Anspruch auf letzte Vollständigkeit sind dabei im Kern sechs zentrale Merkmale zu nennen, die sich in zahlreichen Steuerrechtsordnungen finden: Tätigkeitsort, Ort der Verwertung, Ort des Arbeitgebers, Betriebsort, Kassenstaat und schließlich der Wohnort des Steuerpflichtigen. Bei allen diesen sechs Anknüpfungsmerkmalen handelt es sich um örtliche Merkmale. Hinter die Klammer lässt sich – gemeinsam für alle sechs – die Frage nach zeitlichen Merkmalen ziehen; diese zeitlichen Merkmale liegen quer zu den sechs örtlichen Merkmalen.

Nimmt man die sechs örtlichen Anknüpfungsmerkmale zunächst gemeinsam in den Blick, zeigt sich schnell, dass sie auf drei unterschiedlichen Stufen des Einkommensteuertatbestands ansetzen. Als Untersuchungsmatrix dient die Unterscheidung zwischen persönlichem und sachlichem Tatbestand, innerhalb des sachlichen wiederum – mit *Paul Kirchhof* – zwischen Zustands-, Handlungs- und Erfolgstatbestand.[14] Ordnet man die sechs Anknüpfungsmerkmale in diese Matrix ein, wird zunächst die Dominanz des Handlungstatbestands deutlich. Sie folgt aus der überragenden

14 *P. Kirchhof* in Kirchhof/Kube/Mellinghoff, § 2 EStG Rz. A 105 ff.; dieser Einteilung folgt BVerfG v. 30.9.1998 – 2 BvR 1818/91, BVerfGE 99, 88 – Verlustverrechnung, unter B.I.2.

Bedeutung der Besteuerung nach dem Tätigkeitsort; hinzu tritt die Besteuerung nach dem Verwertungsort. Diese beiden Anknüpfungsmerkmale gehören für den Steuerpflichtigen weder zum Zustands- noch zum Erfolgstatbestand; sie beziehen sich auf Attribute seines Handlungstatbestands.

Demgegenüber sind die drei nächsten Merkmale – Ort des Arbeitgebers, Betriebsort (Betriebsstätte) und Kassenstaat – Anknüpfungen an den Zustandstatbestand. Schon an der selbständig ausgeübten Land- und Forstwirtschaft wird deutlich, dass das Gesetz auf die Belegenheit des Betriebs abstellen kann – und damit auf eine gegebene Erwerbsgrundlage, eben auf einen Zustand im Vorfeld der konkreten und periodisch wiederholten Einkunftserzielungshandlungen. Doch sollte man diese Anknüpfungen an den Zustandstatbestand nicht überschätzen. Im Gegenteil: Typische Arbeitnehmer werden nicht schon kraft ruhender Merkmale ihres Jobs im Inland (oder im Ausland) „verortet".

Noch geringer ist nur die Bedeutung des Erfolgstatbestands. Auf seine Attribute, etwa auf die Währung, in der der Arbeitslohn gezahlt wird, kommt es für Tätigkeitseinkünfte schlicht nicht an. Auch die Besteuerung der im Vereinigten Königreich ansässigen sog. „non-doms" auf Remittance-Basis, d.h. der Verzicht auf das volle Welteinkommensprinzip und die Beschränkung der inländischen Besteuerung ausländischer Einkünfte auf Vermögensmehrungen, die (oder deren Surrogate) auf ein inländisches Konto überwiesen wurden,[15] betrifft vor allem passive Einkünfte. Für Tätigkeitseinkünfte, um die es in diesem Beitrag geht, spielt die Remittance-base-Besteuerung wegen der Dominanz des Tätigkeitsortsprinzips und wegen des sehr dichten britischen Abkommensnetzes keine nennenswerte Rolle.

Und doch haben Handlungs- und (eingeschränkt) der Zustandstatbestand kein Monopol für die Anknüpfungsmerkmale. Gerade dort, wo ein Tätigkeitsort unsicher, flüchtig oder mit den üblichen finanzbehördlichen Mitteln zur Feststellung der Besteuerungsgrundlagen nicht zu ermitteln ist, knüpfen die Steuerrechtsordnungen schon innerstaatlich (und erst recht abkommensrechtlich) typischerweise an die Ansässigkeit des Steu-

15 *Schwarz* in Booth and Schwarz, Residence, Domicile and UK Taxation, Haywards Heath, 20. Aufl. 2018, Kap. 4.01; *Milutinović*, Die Persönliche Steuerpflicht im Vereinigten Königreich, in Kube/Reimer (Hrsg.), Geprägte Freiheit 2024/25, 2024, S. 157 ff.

erpflichtigen an. Deshalb müssen wir auch auf den Wohnort – i.w.S. – blicken.

1. Tätigkeitsort

Die mit Abstand größte Bedeutung kommt – erstens – dem Tätigkeitsort als Anknüpfungsmerkmal vor. Es findet sich in § 49 Abs. 1 Nr. 2 lit. d, Nr. 3, Nr. 4 lit. a, aber auch § 50a Abs. 1 Nr. 1 dEStG, ebenso in § 98 Abs. 1 Nr. 2 und 4 öEStG. Tätigkeitsort ist der Ort der Ausübung einer Tätigkeit. Die Tätigkeit wird an dem Ort ausgeübt, an dem sich der Steuerpflichtige bei Erfüllung des Handlungstatbestands „persönlich" (§ 98 Abs. 1 Nr. 2 öEStG), d.h. physisch aufhält.

Seine unvollkommene, weil asymmetrische Verlängerung findet das Anknüpfungsmerkmal des Tätigkeitsorts, wenn sich nicht der Steuerpflichtige selbst, sondern dessen Leute grenzüberschreitend betätigen. Was im Abkommensrecht die sog. Vertreterbetriebsstätte ist, ist im österreichischen und deutschen Steuerrecht die Einschaltung eines ständigen Vertreters;[16] auf sie verweisen Normen wie § 98 Abs. 1 Nr. 3 öEStG und § 49 Abs. 1 Nr. 2 lit. a dEStG. Teils verlangen diese Normen eine nähere Qualifikation, auf welche Tätigkeit es ankommt – etwa beim ständigen Vertreter die Vertretungstätigkeit. Dies ist klassisch die Vornahme von Rechtsgeschäften; maßgeblich ist dann der Ort der Abgabe und/oder Entgegennahme von Willenserklärungen.

Die Vorschriften des innerstaatlichen Rechts können aber – wie in Deutschland mit dem Merkmal „[Person, die] nachhaltig die Geschäfte eines Unternehmens besorgt" – durchaus offen formuliert sein. Denkbar ist damit insbesondere auch ihre Erstreckung auf Kommissionärsstrukturen, also eine Auslegung des innerstaatlichen Rechts i.S.d. Art. 5 Abs. 5 OECD-MA 2017,[17] der die Vertreterbetriebsstätte auch für den Fall annimmt, dass es im Quellenstaat nur zu einem vertreterähnlichen Handeln kommt, der potentielle Vertreter dort also zwar nicht rechtsgeschäftlich tätig wird, aber immerhin die führende Rolle bei der Vorbereitung von Rechtsgeschäften spielt.

Diese Zweistufigkeit ist aber nur im unternehmerischen Bereich relevant. Wer abhängig beschäftigt ist (wie typischerweise der Vertreter selbst), ist als Steuerpflichtiger nur im Inland tätig, wenn er sich auch physisch im

16 § 29 Abs. 2 lit. b BAO, § 13 dAO.
17 Parallel Art. 12 MLI.

Inland aufhält. Hier ist kein Raum für die Zurechnung des Handelns Dritter (etwa von Arbeitskollegen). Ein zweistufiges Verständnis des eigentlichen Ausübungstatbestands scheidet aus.

2. Verwertungsort

Darin könnte ein Grund dafür liegen, dass Staaten alternativ zum Tätigkeitsort den Verwertungsort zum Anknüpfungsmerkmal machen. Wieder verweise ich auf § 98 Abs. 1 Nr. 2 und Nr. 4 öEStG und auf § 49 Abs. 1 Nr. 2 lit. d, Nr. 3 und Nr. 4 lit. a Satz 1 dEStG. Was aber die „Verwertung" ist und wo ihr Ort liegt, ist in Deutschland völlig ungeregelt. Man ahnt, dass dem Verwertungstatbestand große Bedeutung zukommt, denn welche Arbeit ist schon unverwertbar? Das entscheidet der Markt, und wo Arbeit nicht verwertet werden kann, wird sie früher oder später verschwinden. Aber gerade in dieser Weite ist der Tatbestand nicht handhabbar. Welche fassbaren (verwertbaren) Ergebnisse ein Erwerbshandeln hat, ist – insbesondere über mehrere Stufen einer Wertschöpfungskette hinweg – kaum rechtssicher zu sagen. Unter Bestimmtheitsgesichtspunkten ist für Deutschland eine verfassungskonforme, d.h. stark einschränkende Auslegung des dubiosen Verwertungstatbestands deshalb zwingend.

Österreich ist klüger. § 98 Abs. 1 Nr. 2 öEStG erläutert immerhin, dass „die Arbeit [...] im Inland [...] verwertet [wird], wenn sie zwar nicht im Inland persönlich ausgeübt wird, aber ihr wirtschaftlicher Erfolg der inländischen Volkswirtschaft unmittelbar zu dienen bestimmt ist." Das ist ein guter Ansatz. Der Gefahr der Uferlosigkeit begegnet diese Regelung durch das Unmittelbarkeitserfordernis. Unmittelbarer Empfänger der Wertschöpfung, die in einer Arbeitnehmertätigkeit liegt, ist stets der Arbeitgeber, bei Selbständigen der jeweilige Prinzipal. Ein Durchgriff auf hinter ihm stehende Dritte (etwa die Kundschaft des Arbeitgebers) dürfte deshalb ausgeschlossen sein.

Aber selbst dann ist die Formulierung noch zu weit. Insbesondere lässt weder das österreichische noch (erst recht) das deutsche Recht erkennen, wer Subjekt der Verwertung ist. Die passivischen Formulierungen („verwertet wird", „verwertet worden ist") lassen sich uferlos weit verstehen. Allerdings ist auch der Ausübungstatbestand passivisch formuliert. Vor über fünfzig Jahren hat der BFH für beide Tatbestände – Ausübung wie Verwertung – einheitlich gefordert, dass es der Steuerpflichtige selbst sein müsse, der den Tatbestand (gleichsam eigenhändig) erfülle. Diese sehr restriktive Ausdeutung hat sich bis heute gehalten. Das schließt eine inländische Steuerpflicht kraft Verwertung durch Dritte aus.

Passt dieses Erfordernis der Personenidentität zu den Regelungen über die innerstaatliche (beschränkte) Steuerpflicht bei der Hereinlizenzierung geistigen Eigentums (und namentlich zu den „Registerfällen") in Vorschriften wie § 49 Abs. 1 Nr. 2 lit. f, Nr. 6 oder auch Nr. 9 dEStG? Vordergründig könnte man zweifeln, wenn man für die Registerfälle davon ausgeht, dass es dort ein Dritter ist, der die Arbeit des Erfinders verwertet – nämlich der inländische Lizenznehmer, dem die Nutzung des IP überlassen wird. Diese Deutung der „Verwertung" und ihres Subjekts ist aber nicht zwingend. Geht man davon aus, dass es der Erfinder selbst ist, der seine Erfindung „verwertet", indem er eine Lizenz an ihr bestellt, passen beide Regelwerke stimmig zusammen.

Genau das fordern die gesetzlichen Formulierungen des Verwertungstatbestands bei Lichte besehen auch. Denn Objekt der „Verwertung" ist dort gerade die Tätigkeit, nicht das Immaterialgüterrecht. Ich neige daher dazu, der alten Rechtsprechung des BFH mit dem Erfordernis der Personenidentität auch weiterhin zu folgen.

Ein Sonderfall des Verwertungstatbestands, der in Deutschland aus diesem ausgegliedert ist und i.d.R. im Rahmen gewerblicher Einkünfte relevant wird, ist die oben bereits genannte Anknüpfung an den beruflichen Erfolg von Spielervermittlern im Profisport nach § 49 Abs. 1 Nr. 2 lit. g dEStG. Diese Anknüpfung ist nicht nur – wie gesehen – hoch selektiv und deshalb problematisch. Zu bemängeln ist darüber hinaus ihre mangelnde Bestimmtheit, ja ihre Zweideutigkeit. Denn der Wortlaut lässt nicht erkennen, worauf sich die Formulierung „im Inland vertraglich zu verpflichten" bezieht: zwar sicher nicht auf den Vermittlungsvertrag oder seine Erfüllung durch den Makler. Der Wortlaut legt eine Auslegung nahe, die die beschränkte Steuerpflicht des Vermittlers schon dann eintreten lässt, wenn der Vermittlungserfolg in der Weise im Inland eintritt, dass der Sportler oder auch nur dessen Anwälte den Sportlervertrag mit dem neuen Team oder Veranstalter im Inland abschließt. Aber genügt ein inländisches Rechtsgeschäft? Der betroffene Sportler selbst wird dadurch – wenn er ebenfalls nicht im Inland ansässig ist – nicht beschränkt steuerpflichtig, wenn und soweit er nicht auch im Inland tätig wird. Dann darf auch der Spielervermittler nicht beschränkt steuerpflichtig werden. Geboten ist deshalb eine kleine berichtigende Auslegung des Inhalts, dass ein Sportlervertrag vermittelt wird, der im Inland zu erfüllen ist, d.h. auf inländischen Sport gerichtet ist, für den auch der vermittelte

Sportler als Gebietsfremder nach § 49 Abs. 1 Nr. 2 lit. d oder Nr. 4 lit. a EStG beschränkt steuerpflichtig wird.

3. Ort des Arbeitgebers

Soviel zum Ausübungs- und zum Verwertungstatbestand. Hatten sie gemein, dass sie sich auf die eigene Tätigkeit des Steuerpflichtigen, mithin den Handlungstatbestand beziehen, knüpfen andere Tatbestände an Attribute des jeweiligen Prinzipals und damit an den Zustandstatbestand an.

Ein Beispiel waren die bereits genannten Aufsichts- und Verwaltungsräte (oben II.4.). Die Besteuerung folgt für sie dem Merkmal der Ansässigkeit der Gesellschaft, die sie beaufsichtigen oder beraten. Deutschland, nicht aber Österreich erstreckt die Anknüpfung an die Ansässigkeit des Arbeitgebers aber auch auf Geschäftsführer, Prokuristen oder Vorstandsmitglieder einer Gesellschaft mit Geschäftsleitung im Inland.[18]

Und schließlich ist der Ort des Arbeitgebers auch für Arbeitnehmereinkünfte im Bereich des internationalen Seeschifffahrts- und Luftverkehrs von Bedeutung. Das zeigt § 98 Abs. 1 Nr. 4 öEStG. Dagegen scheut Deutschland die beschränkte Steuerpflicht von Matrosen. Soweit ihre Tätigkeit nicht ohnehin im Inland ausgeübt wird, weil sich ihr Schiff in deutschen Gewässern oder – deutsch beflaggt – auf hoher See befindet, greift keiner der Tatbestände des § 49 Abs. 1 dEStG ein. Selbst der neue Verweis auf das jeweilige deutsche DBA, der hier wegen Art. 15 Abs. 3 OECD-MA ja geholfen hätte, wird ausdrücklich ausgeschaltet (§ 49 Abs. 1 Nr. 4 lit. a Satz 3 dEStG). Dass diese Ausnahme – nach dem Vorbild anderer Normen, durch die Deutschland die Heuer gebietsfremder Schiffsbesatzungen im Interesse der Wettbewerbsfähigkeit der deutschen Handelsflotte ebenfalls signifikant privilegiert[19] – nach Art. 108 AEUV der EU-Kommission notifiziert worden wäre, lässt sich nicht feststellen.

4. Betriebsort

Eng verwandt mit der Ansässigkeit des Prinzipals ist – viertens – die Belegenheit des Betriebs, für den der Steuerpflichtige tätig wird. Bei selbstständigen Land- und Forstwirten folgt die inländische beschränkte Steu-

18 § 49 Abs. 1 Nr. 4 lit. c dEStG.

19 Zu § 41a Abs. 4 EStG etwa Europäische Kommission v. 3.5.2016 – C(2016) final, Staatliche Beihilfe SA.44732 (2016/N) (Verlängerung der bestehenden Beihilferegelung „Erhöhung des Lohnsteuereinbehalts in der Seeschifffahrt").

erpflicht der Belegenheit des Betriebs, wobei für grenzüberschreitende Betriebe ein gleichsam parzellenscharfer Blick erforderlich ist (§ 34d Nr. 1, § 49 Abs. 1 Nr. 1 dEStG). Dadurch werden die unternehmerischen Einkünfte mobiler Land- und Forstwirte schon durch die partielle Betriebsbelegenheit inländisch, ohne dass es auf den Tätigkeitsort der natürlichen Person ankäme.

Für andere unternehmerische und hier namentlich die klassischen gewerblichen Einkünfte wählen die nationalen Gesetzgeber nahezu durchgehend das Betriebsstättenprinzip, für freiberufliche Einkünfte auch weiterhin das Merkmal der festen Einrichtung (fixed base). Gerade für den einzelunternehmerischen Gewinn ist dabei eine zweifache Abgrenzung gefordert: Die Betriebsstätte muss sich einerseits vom bloßen (nicht-verfestigten) Ausübungsort abheben, der für die inländische Besteuerung gebietsfremder Unternehmer regelmäßig nicht genügt; andererseits darf sie nicht in den ansässigkeitsbegründenden Ort der tatsächlichen Geschäftsleitung umschlagen. Dazwischen liegt ein schmaler Grat.[20]

Fragt man – parallel zu den Unternehmern – nach der Bedeutung des Betriebsortprinzips und damit des Betriebsstättenprinzips für die Besteuerung von Arbeitnehmern, wird man enttäuscht. Die wenigsten innerstaatlichen Steuerrechtsordnungen machen die beschränkte Steuerpflicht gebietsfremder Arbeitnehmer – und sei es auch nur alternativ oder hilfsweise – von der Existenz einer inländischen Betriebsstätte und der Zuordnung der konkreten Arbeitnehmertätigkeit zu dieser Betriebsstätte abhängig. Hier liegt ein großer, beinahe strukturbildender Unterschied zu Art. 15 OECD-MA. Das reduziert für Zwecke des innerstaatlichen Rechts auch die Bedeutung der Frage, ob und wann ein Home Office Betriebsstätte des Arbeitgebers wird. Abkommensrechtlich ist diese Frage von einiger Relevanz – und zwar als negatives Merkmal, also als Anknüpfungsmerkmal, das nach Maßgabe von Art. 15 Abs. 2 lit. c OECD-MA die inländische Besteuerung trotz Ausübung der Tätigkeit im Inland ausschalten kann. Doch diese Regelung ist spezifisch abkommensrechtlicher Natur. Innerstaatlich ist das inländische Home Office eines gebietsfremden Steuerpflichtigen in Abwesenheit eines anwendbaren DBA letztlich irrelevant, weil sich wiederum – gerade in Home-Office-Fällen – das Tätigkeitsortprinzip ganz in den Vordergrund schiebt, und ebenso ist es im Outbound-Fall mit der Frage einer unilateralen Entlastung von Steuerpflichtigen mit ausländischen Einkünften i.S.d. § 34d dEStG.

---

20 Vgl. den Beitrag von *Staringer*, in diesem Band.

5. Kassenstaat

Entsprechendes gilt nach dem überkommenen Kassenstaatsprinzip für Steuerpflichtige, die ihr Gehalt aus inländischen öffentlichen Kassen beziehen. Diese Anknüpfung ist im Kern der Reflex der klassischen Staatenimmunität: Kein Staat darf und kann einen anderen Staat im Bereich von dessen „gesta iure imperii" mit Hoheitsakten belegen (par in parem non habet imperium). Durch eine Besteuerung fremder Beamten und Angestellter eines ausländischen Staates griffe der Fiskus in die innere finanzielle Beziehung dieses ausländischen Staates zu dessen Hoheitsträgern (den Beamten, Diplomaten, Richtern oder Soldaten) ein. Darin läge ein Bruch des Allgemeinen Völkerrechts. Das Kassenstaatsprinzip trägt diesem mindestens gewohnheitsrechtlichen Verbot, zugleich aber dem Gebot gleichmäßiger Besteuerung dadurch Rechnung, dass dem Kassenstaat das (i.d.R. ausschließliche) Besteuerungsrecht zugewiesen wird.

Das Kassenstaatsprinzip endet nicht mit dem Eintritt in den Ruhestand; es erstreckt sich auf Ruhegehälter. Das zeigen zahlreiche Vorschriften – in Österreich § 98 Abs. 1 Nr. 4 Spiegelstrich 2 öEStG, in Deutschland vor allem § 49 Abs. 1 Nr. 4 lit. b dEStG.

In persönlicher Hinsicht ist das Kassenstaatsprinzip nach WÜD und WÜK, der Staatenüberzeugung und – hilfsweise – auch nach dem Völkergewohnheitsrecht im Kern auf die Staatsangehörigen des Kassenstaats beschränkt. Jedenfalls sind typische Ortskräfte vielfach ausgenommen; für sie bewendet es beim Tätigkeitsortprinzip. So regelt etwa § 49 Abs. 1 Nr. 4 lit. b Halbs. 2 dEStG, dass das Kassenstaatsprinzip nicht gilt, wenn das Dienstverhältnis mit dem potentiell steuerpflichtigen Arbeitnehmer im Tätigkeitsstaat oder einem anderen ausländischen Staat begründet wurde, der Arbeitnehmer keinen inländischen Wohnsitz oder gewöhnlichen Aufenthalt auf Grund des Dienstverhältnisses oder eines vorangegangenen vergleichbaren Dienstverhältnisses aufgegeben hat und mit dem Tätigkeitsstaat kein Abkommen zur Vermeidung der Doppelbesteuerung besteht.

Ein ganz eigenes Thema will ich nur nennen, aber nicht weiter bearbeiten: die Frage nach der Erstreckung des Kassenstaatsprinzips auf Leistungen aus der – von einem öffentlich-rechtlich verfassten Sozialversicherungsträger gezahlten – gesetzlichen Rente nach dem deutschen SGB VI. Dass Rentenzahlungen allein deshalb inländisch sind, weil der Schuldner – die Deutsche Rentenversicherung Bund – öffentlich-rechtlich verfasst ist, ist zwar weithin anerkannt. Ob dies aber durch allgemeine Regeln des

Völkerrechts fest vorgegeben ist, die Anknüpfung also schon aus diesem Grund zwingend dem Kassenstaatsprinzip folgen muss, erscheint mir zweifelhaft; „par in parem" ist allenfalls bei sehr formaler Betrachtung anwendbar.

6. Wohnort

Ist der Steuerpflichtige selbst im Gebiet eines Staates umfassend ansässig, sind diesem Staat im Konzept der unbeschränkten Steuerpflicht, wie es – jedenfalls für die natürlichen Personen – allen europäischen Staaten eigen ist, sämtliche (Welt-)Einkünfte des Steuerpflichtigen zugeordnet. Diese umfassende Ansässigkeit wird für die natürlichen Personen typischerweise durch Merkmale wie Wohnsitz, gewöhnlicher Aufenthalt, im Vereinigten Königreich neben dem Wohnsitz ggf. auch dem Domizil ausgelöst; teilweise – wie in Deutschland nach § 1 Abs. 2 EStG – treten für Diplomaten, Lehrer an Auslandsschulen etc. eigentümliche Kombinationen aus Kassenstaats- und Staatsangehörigkeitserfordernis hinzu, aus denen sich (als sog. erweiterte unbeschränkte Steuerpflicht) eine Art Heimat-Status ergibt.

Alle diese Merkmale werden üblicherweise auf der Ebene des persönlichen Einkommensteuertatbestands angesiedelt und dann den einkünftebezogenen örtlichen Merkmalen – kurz: der Quelle – gegenübergestellt. Das führt dann in die schwierige, im Grunde künstliche Äquivalenzdebatte: Weil der Wohnsitzstaat dem Steuerpflichtigen als Person äußere und innere Sicherheit gewähre, ihn sozial auffange, die Last seiner Bildungsbiographie trage, kurz: die gesamte Daseinsvorsorge betreibe, gebühre (!) dem Wohnsitzstaat die umfassende Teilhabe an der wirtschaftlichen Welt-Leistungsfähigkeit. Dieses Äquivalenzdenken muss dann mühsam ins Verhältnis zur Gegenleistungsfreiheit der Steuer gesetzt werden, aber in Wahrheit bleiben dabei beide – Äquivalenz und Gegenleistungsfreiheit – auf der Strecke.

Eine konzeptionelle Neuausrichtung tut not. *Yariv Brauner* hat kürzlich den *demise of residence taxation*, den Niedergang der Besteuerung nach der Ansässigkeit festgestellt und wohl auch gefordert[21]. Diese Forderung hat er – namentlich für unternehmerische Einkünfte – mit einem Plädo-

---

21 *Brauner*, You Play, You Pay! Mobility, Territory, And Exclusive Source Taxation In The 21st Century. Vorabveröffentlichung v. 10.3.2025, Internet: https://ssrn.com/abstract=5173329 und http://dx.doi.org/10.2139/ssrn.5173329 (9.6.2026).

yer für mehr Formelaufteilung verbunden. Historisch liegt darin eine sehr nachvollziehbare amerikanische Sicht.

Bleibt man dagegen bei der direkten Methode, die den europäischen Steuerrechtsordnungen eingeschrieben ist, liegt ein ganz anderer Ansatz nahe. Auch wir können den scheinbar harten Antagonismus zwischen unbeschränkter und beschränkter Steuerpflicht, personaler und handlungsbezogener Anknüpfung überwinden – aber viel eher dadurch, dass wir die Besteuerung durch den Ansässigkeitsstaat als Teil eines nicht-antagonistischen, vielleicht sogar homogenen Systems verstehen: Die Ansässigkeit des Menschen lässt sich als subsidiärer Indikator für die Belegenheit der Einkunftsquelle begreifen. Die Lehre von der wirtschaftlichen Zugehörigkeit, die auf *Georg von Schanz'* Abhandlung „Zur Frage der Steuerpflicht" zurückgeht,[22] kann man bereits so verstehen, dass Ansässigkeit und Quelle nicht kategorial verschieden sind, sondern dass beide Konzepte in ihren jeweiligen Konkretisierungen und Auffächerungen auf ein und demselben Gedanken beruhen. In dieser Deutung könnte die Lehre von der volkswirtschaftlichen Zugehörigkeit dogmengeschichtlich zum Grundstein eines monistischen Modells werden, das je nach Intensität der Bindungen bestimmter Vermögensmehrungen an einen fremden Staat die *Quelle* entweder in diesem Staat oder im Ansässigkeitsstaat erblickt.[23]

Der Wohnsitz als Quelle – das ist auch heute nicht abwegig. Dabei geht es nicht – obwohl das vordergründig durchaus in Betracht kommt – um das Home Office, sondern um den abstrakten, weit über die Arbeitnehmereinkünfte hinaus reichenden Gedanken, dass ubiquitäre oder aus anderen Gründen schwer zu lokalisierende Einkünfte örtlich am ehesten dort verorten lassen, wo das Einkunftserzielungssubjekt verortet ist. Das erübrigt die – schwierige – Rechtfertigung eines eigenständigen Prinzips der Ansässigkeitsbesteuerung i.S.e. personalistisch gedachten Welteinkommensprinzips. Wenn Gegenstand gerade der Einkommensteuer das Einkommen, die Wertschöpfung ist, so kann und muss sich diese Grundentscheidung auch den außensteuerrechtlichen Grundentscheidungen mitteilen. Genau das ist mit dem insgesamt gut abgestimmten Nebeneinander der unterschiedlichen Formen der persönlichen Steuerpflicht, des Katalogs inländischer Einkünfte und des Katalogs ausländischer Einkünf-

22 *[von] Schanz*, Zur Frage der Steuerpflicht, in FinArch Bd. 9 (1892), S. 1 (2 ff.).

23 *Reimer*, Der Ort des Unterlassens, 2004, S. 327 f.; diese Deutung verdanke ich einem Hinweis von Herrn Prof. Dr. *Moris Lehner.*

te, für die unilaterale Entlastungen (insbesondere die Anrechnung ausländischer Steuern[24]) gewährt werden, geschehen.

Die Ansässigkeit des Steuerpflichtigen ist also die „source of last resort". Es liegt auf der Linie moderner, etwa im AOA und dem Abstellen auf Personalfunktionen, die sog. „significant people function", angelegter Fokussierung auf den einzelnen Menschen. „Homo mensura", der Mensch ist das Maß: Dieser Grundsatz wird umso moderner, je fluider und ubiquitärer viele handlungs- und erfolgsbezogene Attribute der Einkunftserzielung in der digitalen Wirtschaft werden. Gegen *Yariv Brauner* möchte ich daher am Wert der Wohnsitzbesteuerung gerade deshalb festhalten, weil der Wohnsitz die subsidiäre Verortung der Einkunftsquelle gestattet. Vorrang haben aber weiterhin die konkreten und damit auch speziellen räumlichen Anknüpfungsmerkmale, und bei ihnen handelt es sich eben doch um räumliche Attribute des Handlungstatbestands.

7. Zeit

Quer zu diesen materiellen ortsbezogenen Kriterien liegen zeitliche Kriterien. Dabei besteht die Möglichkeit der Verknüpfung der ortsbezogenen Merkmale mit zeitlichen Merkmalen und Anforderungen. Dass die beschränkte Steuerpflicht nicht entfällt, wenn die Einkünfte nicht zeitgleich mit der Einkunftserzielungstätigkeit zufließen, sondern – bei den Alterseinkünften sogar erheblich – zeitversetzt, ist oben bereits angeklungen. Der Zeitpunkt der Verwirklichung des Erfolgstatbestands ist weitgehend irrelevant; die Besteuerung knüpft rückbezüglich an die Erfüllung des Handlungs- oder des Zustandstatbestands an.

Aber selbst für die – ebenfalls als Quellenregel zu verstehende – Anknüpfung an den Wohnsitz ist der Zeitversatz ein Thema. Wir werden über die Wegzugsbesteuerung noch gesondert nachdenken. Sie zeigt aber, dass auch eine frühere Ansässigkeit Einfluss auf die heutige Steuerpflicht hat.

Weitere zeitliche Anknüpfungsmerkmale sind – gleichsam auf der Mikroebene – in die einzelnen räumlichen Anforderungen an Handlungs-, Zustands- oder Ansässigkeitstatbestand integriert. Die Festigkeit einer örtlichen Anknüpfung fällt schon logisch immer mit einer gewissen Festigkeit in der Zeit zusammen. Zu nennen sind namentlich die zahlreichen 183-Tage-Regeln, wie sie im deutschen Recht etwa in § 9 AO begegnen, aber auch in den nationalen Betriebsstättenbegriff projiziert werden.

24 Etwa nach § 34c Abs. 1 dEStG, § 26 Abs. 1 Satz 1 Nr. 1 und Abs. 2 dKStG.

8. Fazit

Der vorstehende Kriterienvergleich liefert nicht das eine schlichte Ergebnis. Jedenfalls aber zeigt er eins: Die unterschiedlichen Kriterien zeigen dann, wenn man sie in die Lehre vom Tatbestandsaufbau integriert, erstaunlich homogene Muster. Es gibt die speziellen Quellenregeln im Handlungstatbestand, subsidiäre Quellenregeln im Zustandstatbestand und höchst subsidiäre im Ansässigkeitstatbestand. Jedenfalls im Handlungs- und im Ansässigkeitstatbestand sind der Mensch, sein aktueller oder mindestens potentieller physischer Aufenthalt das Maß der Dinge.

IV. Das bessere Recht

1. Reformbedarf?

Den Abschluss bilden zwei Überlegungen rechtspolitischer Art. Fragt man im Lichte der vorstehenden Analysen und Fragmentierungen nach bestehendem Reformbedarf, so tritt erstens der Befund zutage, dass der Gesetzgeber, der im letzten halben Jahrhundert die Ansässigkeitstatbestände immer weiter aufgefächert hat, die Ansässigkeit nun konsequent als Quellenort, als Ort einer subsidiären Einkunftsquelle begreift.

Wenn diese These stimmt, sind die Unterschiede in einigen Details der Rechtsfolgen von unbeschränkter Steuerpflicht einerseits und beschränkter Steuerpflicht andererseits noch einmal neu zu verhandeln. Zu denken ist vor allem an das subjektive und objektive Nettoprinzip, aber auch an die Progressionsvorbehalte. Sie beschränken sich ohnehin nicht mehr strikt auf Ansässige, sondern haben längst auch den Weg in die beschränkte Steuerpflicht hinein angetreten. Diesen Weg muss der Gesetzgeber fortsetzen.

Die zweite Überlegung betrifft die Mikroebene: Führt man sich die Vielfalt der Anknüpfungsmerkmale vor Augen, fallen weniger grundsätzliche Defizite oder Dysfunktionalitäten als vielmehr viele kleine Friktionen und Unstimmigkeiten auf. Für Deutschland, weniger für Österreich ist ein zu hohes Maß an Selektivität zu beklagen; diese Selektivität hat sehr kleinteilige Sonderregelungen für einzelne (Klein-)Gruppen von Steuerpflichtigen oder einzelne Branchen hervorgebracht. Hier besteht Raum für sinnvolle Straffungen und für eine Wiedergewinnung des Selbststands des innerstaatlichen Rechts.

2. Denken vom Völkerrecht her

Zweitens müssen wir das Völkerrecht besser und besonnener mitdenken[25]. Doch bereits meine Analyse der innerstaatlichen Anknüpfungsmerkmale hat ja mehrfach die – vor allem unter Anreizgesichtspunkten – problematische Interaktion zwischen innerstaatlichen und abkommensrechtlichen Anknüpfungen gezeigt. Teils verursachen DBA weiße Einkünfte, teils verändert allein ihr Abschluss die Reichweite der innerstaatlichen Besteuerung zu Lasten der Steuerpflichtigen, was deren Staaten (ceteris paribus) von der Einleitung von DBA-Verhandlungen mit Deutschland abschrecken muss.

Vieles spricht deshalb für eine grundsätzliche Abkopplung der innerstaatlichen von den völkerrechtlichen Anknüpfungsmerkmalen. Diese Abkopplung ist historisch überkommen, historisch begründbar und im Grundsatz auch zukunftsweisend. Das gilt jedenfalls insoweit, als die innerstaatlichen Anknüpfungsmerkmale besteuerungs*begründend* wirken und über das abkommensrechtlich Übliche hinausgehen. Denn insoweit hält das innerstaatliche Recht den Anreiz zum Abschluss von Doppelbesteuerungsabkommen aufrecht.

Misslich ist dagegen eine Ausgestaltung der innerstaatlichen Anknüpfungsmerkmale, die hinter dem zurückbleibt, was die DBA dem betroffenen Staat zur Besteuerung überlassen. Die Beispiele für derartige Besteuerungslücken sind zwar seltener geworden; es gibt sie aber noch immer. So folgen zahlreiche das deutsche DBA noch dem Art. 15 Abs. 3 des alten OECD-MA und weisen Deutschland die Besteuerung der Gehälter der Besatzungen von Seeschiffen oder Luftfahrzeugen, die im internationalen Verkehr betrieben werden, zu, wenn sich der Ort der tatsächlichen Geschäftsleitung des Unternehmens in Deutschland befindet. Das Schiff fährt aber nicht notwendig unter deutscher Flagge; in diesem Fall wird die Arbeit außerhalb der deutschen Hoheitsgewässer von vornherein nicht im Inland ausgeübt. Und selbst deutsche Schiffe sind, solange sie sich in ausländischen Hoheitsgewässern befinden, kein schwimmender Teil des deutschen Hoheitsgebiets mehr; in beiden Fällen wird die Arbeit nicht in Deutschland ausgeübt und unterliegt in Ermangelung eines inländischen

25 Vgl. den Beitrag von *Lang*, in diesem Band.

Wohnsitzes nicht der deutschen Steuerpflicht[26]. So ergeben sich weiße Einkünfte.

Noch misslicher sind die gezeigten Effekte im Umfeld von § 49 Abs. 1 Nr. 4 lit. b a.E. EStG („dies gilt nicht, wenn … kein Abkommen zur Vermeidung der Doppelbesteuerung besteht"), wonach allein der Abschluss eines DBA mit Deutschland die beschränkte Steuerpflicht verschärft. Dadurch erhalten die Steuerpflichtigen Steine statt Brot; der andere Staat könnte – jedenfalls isoliert auf diese Punkte bezogen – ohne DBA mehr für seine Ansässigen tun als durch Abschluss eines DBA. Das ist nicht völkerrechtsfreundlich, und es ist auch praktisch dysfunktional.

3. Fazit

Insgesamt lautet also das Fazit: Das Steuerrecht soll auch in räumlich-örtlicher Hinsicht den Menschen als Maß und die Ansässigkeit als Quelle begreifen. Die Staaten sollten das Völkerrecht auf seine Koordinationsfunktion beschränken und den Anspruch nicht aufgeben, schon durch ihre innerstaatlichen Anknüpfungsmerkmale ein stimmiges System, ja eine lex perfecta zu schaffen.

26 Vgl. BFH v. 11.2.1997 – I R 36/96, BStBl. II 1997, 432; BFH v. 5.9.2001 – I R 55/00, IStR 2002, 164; *Gosch* in Kirchhof/Seer, 24. Aufl. 2025, § 49 EStG Rz. 62.

Diskussion

zu den Referaten von Prof. Dr. *Bernd Fitzenberger*, Ph.D und Prof. Dr. *Ekkehart Reimer*

Prof. Dr. *Heribert M. Anzinger*, Ulm

Zwei sehr eindrucksvolle Auftaktvorträge, die die ökonomischen und rechtlichen Perspektiven grenzüberschreitender Mobilität in besonderer Weise zusammengeführt haben. Ich erlaube mir, meine Frage kurz mit einem Hinweis auf das Doktorandenposterprogramm zu verbinden, weil dort mehrere Arbeiten vertreten sind, die sich mit den systematischen Fragen der Anknüpfung und ihrer zeitlichen Dimension befassen. In der Sache möchte ich meine Frage an beide Referenten richten und an einen Punkt anknüpfen, der mir für die weitere Diskussion besonders wichtig erscheint, nämlich an die Kohärenz steuerlicher Anknüpfungen. Wenn man den Wandel der Arbeitswelt betrachtet, den *Bernd Fitzenberger* beschrieben hat, stellt sich aus steuerrechtlicher Sicht die Frage, ob unsere bestehenden Anknüpfungspunkte diesen Entwicklungen noch gerecht werden. Mich interessiert insbesondere, ob man bestimmte Einkunftsarten, etwa Renten oder andere zeitlich gestreckte Erwerbseinkünfte, stärker als Ergebnis langfristiger Wertschöpfungsprozesse begreifen müsste, die sich nicht ohne weiteres einem einzelnen Tätigkeits- oder Wohnsitzstaat zuordnen lassen. Daraus ergibt sich für mich die Frage, ob eine solche zeitliche Perspektive Ansatzpunkte für eine kohärentere Zuordnung eröffnen könnte, die über die klassische Fixierung auf den Zeitpunkt der Auszahlung hinausgeht. In diesem Zusammenhang drängt sich auch ein kurzer Seitenblick auf andere Steuerarten auf, etwa auf die Erbschaftsteuer, bei der Mobilität ebenfalls eine Rolle spielt, ohne dass sie unmittelbar an aktuelle Erwerbstätigkeit anknüpft. Mich würde interessieren, ob sich aus solchen Überlegungen Rückwirkungen auf die Diskussion über Ansässigkeit und Quellenbesteuerung ergeben könnten, wie sie *Ekkehart Reimer* angesprochen hat, und ob daraus systematische Ergänzungen der bestehenden Anknüpfungslogik folgen.

Prof. Dr. *Matthias Valta*, Düsseldorf

Vielen herzlichen Danke für die beiden sehr erhellenden und anregenden Vorträge. Ich hätte zwei Fragen an Dich, lieber *Ekkehart*: zum einen zur Unterscheidung von Zustands-, Handlungs- und Erfolgstatbestand. Ich schätze diese Unterscheidung ebenfalls als analytisches Raster, frage mich aber anhand der Diskussion über den Verwertungstatbestand, wie nützlich sie in diesem Kontext ist, wenn im Ausgangspunkt Handlung und Erfolg gleichwertige Anknüpfungspunkte bilden. Zum anderen zum Kassenstaatsprinzip, das Du, wenn ich Dich richtig verstanden habe, vor allem dem Kontext der Courtoisie zugeordnet hast. Da das Kassenstaatsprinzip bei Sozialversicherungsleistungen durch die Einführung der nachgelagerten Besteuerung von Altersvorsorgeleistungen besonderes Gewicht gewonnen hat, frage ich mich, ob hier nicht die Kohärenz der Besteuerung eigenständiges Gewicht hat und einen eigenen Anknüpfungspunkt bildet.

Prof. DDr. *Gunter Mayr*, Wien

Vielen Dank für die schönen Vorträge. Der Vortrag von *Ekkehart Reimer* hat mich auf eine Idee bei der Abgrenzung gebracht, die wir im Finanzministerium vor einiger Zeit einmal diskutiert haben: Wäre es nicht sinnvoll, die autonomen Anknüpfungsmerkmale des innerstaatlichen Rechts aufzugeben und stattdessen die beschränkte Steuerpflicht, aber auch die Voraussetzungen für inländische Entlastungen bei ausländischen Vorbelastungen an DBAs anzuknüpfen? Durch diese Abstimmung des innerstaatlichen Rechts auf das Völkerrecht ließen sich Inkonsistenzen, namentlich das Entstehen weißer Einkünfte vermeiden.

Prof. Dr. *Marc Desens*, Leipzig

Wir haben zwei tolle Eingangsreferate gehört. Vielen Dank an beide Referenten. Ich habe zwei Fragen, an jeden Referenten eine. Zunächst an *Bernd Fitzenberger*: Anreize für Arbeitnehmer, die freiwillig über das gesetzliche Rentenalter hinaus arbeiten wollen – das klingt auf den ersten Blick sehr sinnvoll. Aber besteht nicht gerade bei steuerlichen Anreizen eine hohe Gefahr für ungewollte Mitnahmeeffekte?

Die zweite Frage geht an *Ekkehart Reimer*: Wenn ich Dich richtig verstanden habe, willst Du das Nebeneinander von Ansässigkeits- und Quellenprinzip aufheben, begreifst also die Quellenregeln bloß als eine Unterform der für Dich maßgeblichen Ansässigkeitsregeln. Das wäre ja eine „Hammer“-These …

Prof. *Bernd Fitzenberger*, Ph.D., Erlangen-Nürnberg

Bei dem Anstieg der Beschäftigung über das Renteneintrittsalter hinaus – Ältere über 66 Jahren – handelt es sich in Deutschland typischerweise um Beschäftigungsverhältnisse beim alten Arbeitgeber. Wir sind ja insgesamt in einem Arbeitsmarkt, in dem Ältere selten neue Jobs finden. Für Professoren und Professorinnen ist das vielleicht was anderes, da gibt es weiter Angebote in dem Marktsegment, in dem man bis zum Ruhestand tätig war. Aber der typische Ältere über 66, der jetzt erwerbstätig ist, ist bei seinem alten Arbeitgeber erwerbstätig. Da stellen sich auch Fragen, z.B.: Verlängert sich dann der Kündigungsschutz weiter? Das kann Betriebe davon abhalten, Menschen nach dem Erreichen des Renteneintrittsalters weiter zu beschäftigen. Auf der Anreizseite will jetzt der Vorschlag der Regierung mit der Aktivrente ansetzen. Ich finde es gut, dass die Regierung das Thema aktiv angeht, aber mir machen mögliche Mitnahmeeffekte auch Sorgen und es ist ein teures Instrument. Man muss auf jeden Fall verhindern, dass es nicht einen unverhältnismäßigen Vorruhestandsanreiz gibt und man dann als Ruheständler – in Österreichisch Pensionistin, Pensionist – dann wiederum die Erwerbstätigkeit nutzt. Sprich die Aktivrente sollte auf jeden Fall nur jenseits des gesetzlichen Renteneintrittsalters möglich sein. Fehlanreize sind in einem gewissen Ausmaß nahezu unvermeidlich, wenn man nicht bereit ist, das Renteneintrittsalter nicht weiter zu erhöhen als bis 67 Anfang der 2030er Jahre, und man aus verteilungspolitischen Gründen das Rentenniveau nicht senken will, wofür man gute Gründe anführen kann, dann wird man mit positiven Anreizen arbeiten müssen. Aber ich will noch einmal festhalten, dass das Gros der großen Beschäftigungssteigerungen der Älteren, die wir bisher gesehen haben, nicht die Älteren über 66 betrifft, sondern die Altersgruppe der 45 bis 65-jährigen. Wenn Sie mit französischen Kolleginnen und Kollegen sprechen, ist die Steigerung der Erwerbstätigkeit von Älteren eine riesige Erfolgsgeschichte in Deutschland. Deutschland rangierte hier in der OECD vor 25 Jahren noch am unteren Ende des Länderrankings – heute liegen wir ziemlich weit vorne.

Prof. Dr. *Ekkehart Reimer*, Heidelberg

Vielen Dank! Eine besonders grundsätzliche Frage hat *Gunter Mayr* gestellt: Sollte man Anknüpfungen im innerstaatlichen Steuerrecht zurücknehmen und sie durch dynamische Sachverweisungen auf das jeweilige Doppelbesteuerungsabkommen ersetzen? Hier möchte ich Wasser in den Wein gießen. Denn Rechtsfolgenverweisungen auf die DBA wären jedenfalls nicht ausreichend. Subsidiär müsste jeder Staat für die abkommenslosen Fälle auch weiterhin das volle innerstaatliche Instrumentarium vorhalten. Wenn es keinen derartigen default gäbe, ein Staat also im abkommenslosen Zustand auf seine beschränkte Steuerpflicht verzichtete, fehlte anderen Staaten jeder Anreiz zum Abschluss eines Doppelbesteuerungsabkommens mit diesem Staat. Dagegen konzediere ich, dass das Problem der Zirkularität, auf das ich im Vortrag hingewiesen habe, zumindest lösbar ist. Die Rückverweisungen der DBA auf innerstaatliches Steuerrecht betreffen nicht spezifisch das Ob einer beschränkten Steuerpflicht – oder auch einer Entlastung ausländischer Einkunftsteile – und der sie begründenden Anknüpfungsmerkmale. Art. 3 Abs. 2 des OECD-Musterabkommens und ebenso dessen Art. 6 Abs. 2 und Art. 10 Abs. 3 betreffen vielmehr die interpretatorische Konkretisierung unbestimmter Rechtsbegriffe, die aber die DBA selber verwenden; diese semantische Nachverdichtung durch den Rückverweis auf innerstaatliches Recht bliebe schon deshalb möglich, weil ja auch auf das Zivilrecht verwiesen wird. Es ist also mehr das Bedürfnis, dass jeder Staat, zumal die Staaten der Europäischen Union, ihre Steuerrechte mit hinreichendem Selbststand ausstatten, so dass ihre Steuerrechtsordnungen auch dann noch kraftvoll funktionieren, wenn etwa der andere Vertragsstaat einen Treaty Override begeht. Die abkommensrechtliche Koordination sollte sich darauf beschränken, dass man eine Besteuerung unterbindet, die innerstaatlich zunächst begründet ist, und nicht umgekehrt. Es bleibt sinnvoll, dass sich jeder Staat zu einem attraktiven DBA-Vertragspartner macht – und dafür müssen ausländische Staaten den abkommenslosen Zustand als hinreichend unattraktiv ansehen. Dann kann man erfolgreich verhandeln.

Zweiter Punkt: Die „Hammer-These" – *Marc Desens* hat dieses Wort in den Mund genommen – besagt, dass die Ansässigkeit keinen Eigenwert hat, sondern lediglich subsidiärer Indikator für den nicht besser bestimmbaren Ort der Einkunftsquelle ist. Es gibt durchaus schon in der früheren Literatur Ansätze für diese Dekodierung von Ansässigkeitsregeln als letztlich so etwas wie umfassende Quellenregeln. Ich denke an die kluge, viel zu wenig gelesene Dissertation von *Gerd Morgenthaler* aus dem Jahr 1992. Ich denke auch an das eine oder andere, was zum Abkommensrecht entschieden worden ist. Man kann Menschen und damit auch ihre Ansässigkeiten als Quellen verstehen. Daraus folgt zwanglos die Umdeutung von Ansässigkeitsregeln in Ortsregeln über die Einkunftsquelle, über den Ort der Wertschöpfung, wo wir nichts anderes haben. Ist das eine Beschreibung des geltenden Rechts oder aber ein rechtspolitisches Desiderat? Ich bin mir selber nicht ganz sicher. Es ist wohl beides. Man kommt aber bereits wahnsinnig weit damit, die These als reines Deutungsangebot für das geltende Recht zu verstehen. So drängt diese Deutung z.B. darauf, das Nettoprinzip oder auch den Progressionsvorbehalt nicht als Institute zu begreifen, die isoliert nur die Ansässigen betreffen dürfen, für die Gebietsfremden dagegen ein Fremdkörper wären. Wir verstehen, warum es einen § 50 Abs. 4 dEStG gibt. Man kann die Auffächerungen zwischen den einzelnen Absätzen des § 1 EStG und auch in § 2 AStG besser erklären.

Dritter Punkt: *Matthias Valta hat* spannende Überlegungen zu der Frage beigesteuert, ob die Grenzen zwischen Zustands-, Handlungs- und Erfolgstatbestand viel poröser sind, als ich das insinuiert habe. Ja, das ist so. Ich denke aber, man kann an einer Stärkung arbeiten. Die Unterscheidung bleibt sinnvoll.

Und viertens haben *Heribert Anzinger* und *Matthias Valta* die Frage gestellt, ob nicht die Kohärenz, etwa bei den Renten, dadurch zustande kommt, dass wir sie einfach nur als in der Zeit aufgespannte Vorgänge begreifen – mit einer frühen Erfüllung des Tätigkeits-, einer späten Erfüllung des Erfolgstatbestands. Diese zeitlichen Aspekte sind in der Tat weitere wichtige Anführungspunkte. Nur sind sie nicht in der gleichen Weise mobilitätsspezifisch wie die örtlichen. Deshalb habe ich sie im mündlichen Vortrag weggelassen. Aber auf unserer Tagung können wir morgen ja dort, wo es nötig ist – insbesondere bei den Wegzugsthemen –, ohne weiteres noch nachverdichten.

Prof. Dr. *Johanna Hey*, Köln

Herr *Reimer*, Ihr Beispiel, dass die Ausbildung in Deutschland stattfindet, das Arbeitseinkommen aber später in der Schweiz erwirtschaftet wird, lässt mich daran zweifeln, dass der Beitrag des Wohnsitz- oder Herkunftsstaates unerheblich ist, und das Besteuerungsrecht allein dem Tätigkeitsstaat oder Staat der Verwertung zugeordnet werden kann. Zwar gibt es nur auf Finanzkapital und nicht auf Humankapital eine Wegzugssteuer, aber es stellt sich nicht die Frage der Beteiligung des Ausbildungsstaates am später erwirtschafteten Arbeitseinkommen?

Univ.-Prof. Dr. *Alexander Rust*, Wien

Ich würde gerne noch ein paar Worte zum Verhältnis von Doppelbesteuerungsabkommen zum innerstaatlichen Recht sagen. Nach deutschem und österreichischem Verständnis beschränken Doppelbesteuerungsabkommen die nationale Besteuerung, begründen aber kein eigenes Besteuerungsrecht. Auch wenn das Doppelbesteuerungsabkommen eine Besteuerung im Quellenstaat zulässt, so bedarf es in Deutschland und in Österreich doch einer Rechtsgrundlage im nationalen Steuerrecht, um die Einkünfte als Quellenstaat zu besteuern. Eine solche Rechtsgrundlage findet sich in Deutschland in § 49 Abs. 1 EStG und in Österreich in § 98 Abs. 1 EStG. Häufig lässt das Doppelbesteuerungsabkommen eine über § 49 Abs. 1 dEStG bzw. § 98 Abs. 1 öEStG hinausgehende Besteuerung zu. Gewährt dann der Ansässigkeitsstaat die Freistellungsmethode, so kommt es zur doppelten Nichtbesteuerung. Würde in Doppelbesteuerungsabkommen etwa eine digitale Betriebstätte aufgenommen, so dauert es wahrscheinlich längere Zeit, bis auch der § 49 Abs. 1 Nr. 2 Buchst. 1 dEStG i.V.m. § 12 AO bzw. der § 98 Abs. 1 Nr. 3 öEStG i.V.m. § 29 BAO abgeändert wird. Bei Abkommen mit Freistellungsmethode führt dies bis zur Abänderung der nationalen Vorschriften zur beschränkten Steuerpflicht zu weißen Einkünften. Rechtspolitisch ist dies unbefriedigend. Wir sollten uns hier ein Beispiel etwa an Frankreich nehmen, das eine Vorschrift eingeführt hat, wonach immer dann eine beschränkte Steuerpflicht besteht, wenn das Doppelbesteuerungsabkommen Frankreich eine Besteuerung erlaubt.[1] Auch wir sollten die nach DBA zugewiesene Besteuerung wahrnehmen, es sei denn, wir wollen bestimmte Einkünfte ganz bewusst von der Steuerpflicht ausnehmen.

Prof. *Bernd Fitzenberger*, Ph.D., Erlangen-Nürnberg

Vielen Dank, Frau *Hey*, für die Frage zur Ausbildung in der deutsch-schweizerischen Grenzregion, aber ich glaube, die Frage war ja nicht direkt an mich gestellt. Aber ich kann gerne dazu etwas sagen: Solange die Azubis ihre Ausbildung in Deutschland machen und in Deutschland leben, werden sie in Deutschland besteuert und konsumieren in Deutschland. Das ändert sich erst, wenn sie nach der Ausbildung in der Schweiz arbeiten und dann auch anders besteuert werden. Aber ökonomisch ist schon richtig: Die Ausbildung wird in Deutschland geleistet, der Ertrag danach entsteht in der Schweiz. Aber Grenzgänger konsumieren ja dann wieder in Deutschland – wie auch viele Schweizer, was Steuererträge in Deutschland produziert.

1 S. Art. 4bis Abs. 2 des französischen Code général des impôts: „Sont également passibles de l'impôt sur le revenu: […] 2° Les personnes de nationalité française ou étrangère, ayant ou non leur domicile fiscal en France, qui recueillent des bénéfices ou revenus dont l'imposition est attribuée à la France par une convention internationale relative aux doubles impositions."

Prof. Dr. *Ekkehart Reimer*, Heidelberg

Ich glaube, dass man die Frage im Grunde nur zweischrittig beantworten kann. In der Innenwelt des Steuerrechts geht es um die Frage, inwiefern man überhaupt Bildungs- und Ausbildungskosten abziehen kann – sei es in dem Staat, in dem sie angefallen sind, sei es in dem Staat, in dem der Humankapitalträger später wirtschaftlich erfolgreich ist. Ich neige zu Letzterem. Das Veranlassungsprinzip verkettet mit § 50 Abs. 1 und auch § 3c Abs. 1 des deutschen EStG die Ausgaben mit den Einnahmeerzielungstätigkeiten. Auf der zweiten Stufe, die über die Auslegung des geltenden Steuerrechts weit hinausgeht, lässt sich nach politökonomischen Effekten fragen. Was, wenn ein Staat teure Bildung subventioniert, deren Nutznießer dann aber mit ihrem wertvollen Wissen in ausländische Hochlohnländer gehen? Deutsche Abiturienten kommen zum teuren Medizinstudium nach Innsbruck oder Fünfkirchen, um später aber in Deutschland zu arbeiten; Heidelberger Medizinstudenten suchen sich nach dem Studium ihre Jobs in der Schweiz. Welche steuerlichen Anreizstrukturen braucht es hier, was wäre folgerichtig und widerspruchsfrei? Braucht es eine Wegzugsbesteuerung für Humankapital?

Zu *Alexander Rust*: Das Problem mit den weißen Einkünften hat *Gunter Mayr* ja schon mit dem Vorschlag der dynamischen Verweisung auf die DBA in den Blick genommen. Es stellt sich, wenn der Quellenstaat, der nicht zugleich Ansässigkeitsstaat ist, abkommensrechtlich mehr darf, als er innerstaatlich will – dass also Vorschriften wie der deutsche § 49 EStG hinter den abkommensrechtlichen Zuweisungen zurückbleiben. Es gibt ein Beispiel aus der jüngeren deutschen Gesetzgebung, wenn auch nur auf Mikroebene, also für einzelne Einkunftserzielungsvorgänge. Ich meine den neuen Schlussteil von § 49 Abs. 1 Nr. 4 Buchst. a EStG. Dort findet sich eine Regelung nach Art dessen, was *Alexander Rust* gefordert hat. Sie ist allenfalls insofern problematisch, als sie schon wieder unnötige Privilegien für die Besatzungen von Seeschiffen enthält. Sehenden Auges belässt es der Gesetzgeber für sie bei der Besteuerungslücke.

Die Besteuerung von Dienstnehmern bei grenzüberschreitender Mobilität

Prof. Dr. DDr. h.c. *Michael Lang**
Wirtschaftsuniversität Wien

I. Das Konzept des Art. 15 OECD-MA

Die meisten Doppelbesteuerungsabkommen kennen eine Art. 15 OECD-MA vergleichbare Vorschrift für Einkünfte aus unselbständiger Arbeit. Art. 15 Abs. 1 OECD-MA stellt seinem Wortlaut nach den Ansässigkeitsstaat in den Vordergrund: Dieser hat das ausschließliche Besteuerungsrecht, es sei denn, die Tätigkeit wird im anderen Vertragsstaat ausgeübt. Somit ist der andere Vertragsstaat daran gehindert, Vergütungen für in dritten Staaten und im Ansässigkeitsstaat selbst geleistete Arbeit zu besteuern. Der andere Staat kann nur jene Vergütungen erfassen, die auf eine dort ausgeübte Arbeit entfallen. Art. 15 Abs. 1 OECD-MA nimmt dem Ansässigkeitsstaat nicht das Recht, diese Vergütungen ebenfalls der Steuer zu unterwerfen. Vom Methodenartikel hängt es ab, ob der Ansässigkeitsstaat diese Einkünfte freizustellen oder die Steuer des anderen Staates anzurechnen hat.

---

* Herrn *Julian Andreas Hager* und Frau *Laura Sucker* danke ich herzlich für die Unterstützung. – Das Manuskript habe ich am 10.10.2025 abgeschlossen.

Trotz Ausübung der Arbeit im anderen Staat hat der Ansässigkeitsstaat aber das ausschließliche Besteuerungsrecht, wenn die drei in Art. 15 Abs. 2 OECD-MA aufgestellten Voraussetzungen gegeben sind: Der Arbeitnehmer darf sich innerhalb eines zwölfmonatigen Zeitraums nicht länger als 183 Tage im anderen Staat aufhalten, die Vergütungen müssen von einem oder für einen Arbeitgeber gezahlt werden, der nicht dort ansässig ist, und sie dürfen auch nicht von einer dort befindlichen Betriebsstätte des Arbeitgebers getragen werden.

Eine weitere Fallgruppe, in der nach dem OECD-MA seit 2017 ebenfalls der Ansässigkeitsstaat das ausschließliche Besteuerungsrecht hat, sind die Besatzungsmitglieder von Seeschiffen und Luftfahrzeugen. Dabei muss es sich aber um „internationalen Verkehr" nach Art. 3 Abs. 1 lit. e OECD-MA handeln und das Seeschiff oder das Luftfahrzeug darf nicht ausschließlich im anderen Vertragsstaat betrieben werden.

Eine weitere Ausnahme vom Tätigkeitsortprinzip gibt es in zahlreichen DBA zwischen benachbarten Staaten: Grenzgängerregelungen, für die das OECD-MA kein Vorbild bereitstellt, weisen oft dem Ansässigkeitsstaat das ausschließliche Besteuerungsrecht zu. In manchen Fällen hat aber auch der Tätigkeitsstaat ein – meist beschränktes – Besteuerungsrecht, und der Ansässigkeitsstaat wird dann verpflichtet, die im anderen Staat erhobene Steuer anzurechnen.

Einkünfte aus unselbständiger Arbeit sind aber auch außerhalb des Art. 15 OECD-MA geregelt: Ruhegehälter und andere Vergütungen, die für frühere unselbständige Arbeit gezahlt werden, können ebenfalls im Ansässigkeitsstaat erfasst werden. Nach Art. 18 OECD-MA hat dieser das ausschließliche Besteuerungsrecht.

Der Tätigkeitsstaat hat hingegen das Besteuerungsrecht für Einkünfte von Künstlern und Sportlern. Diese Vorschrift entspricht Art. 15 Abs. 1 OECD-MA, wobei es anders als in Art. 15 Abs. 2 OECD-MA keine Ausnahmen zugunsten des Ansässigkeitsstaats gibt. Im Gegenteil: Nach Art. 17 Abs. 2 OECD-MA hat der Tätigkeitsstaat auch dann das Besteuerungsrecht, wenn die Einkünfte des Künstlers oder Sportlers anderen zufließen.

Das OECD-MA räumt aber nicht nur dem Ansässigkeits- oder dem Tätigkeitsstaat das Besteuerungsrecht ein: Nach der für den öffentlichen Dienst maßgebenden Vorschrift des Art. 19 OECD-MA hat der Staat, für den die Dienste geleistet werden, das ausschließliche Besteuerungsrecht. Dies gilt auch für Ruhegehälter, die auf eine solche Tätigkeit zurückgehen. Nur in Ausnahmefällen darf ausschließlich der Ansässigkeitsstaat besteuern.

Art. 15 Abs. 1 OECD-MA räumt Art. 16 OECD-MA Vorrang ein, und setzt damit voraus, dass zu den – in der nicht-offiziellen deutschen Fassung des OECD-MA missverständlich mit „Aufsichts- und Verwaltungsräten" übersetzten[1] – „members of the board of directors" auch Arbeitnehmer gehören können. In diesem Fall hat weder der Ansässigkeitsstaat noch der Tätigkeitsstaat des Arbeitnehmers das Besteuerungsrecht, sondern der Ansässigkeitsstaat des Arbeitgebers.

In Zeiten steigender Mobilität führt die Besteuerung im Tätigkeitsstaat häufig zu praktischen Schwierigkeiten, und zwar insbesondere dann, wenn die Arbeit in verschiedenen Staaten ausgeübt wird. Die Besteuerung im Ansässigkeitsstaat ist aber auch nicht unproblematisch: Die Verbreitung von Homeoffice nimmt häufig den Staaten, in denen zuvor die Tätigkeit ausgeübt wurde und wo häufig auch der Arbeitgeber ansässig ist, das Besteuerungsrecht. Bei besonders mobilen Personen lässt sich die Ansässigkeit oft gar nicht so leicht festmachen.[2] Dazu kommt: Mitunter ändert der Arbeitnehmer nach Beendigung des Dienstverhältnisses auch seine Ansässigkeit. Die sich daraus ergebenden Folgen für die Verteilung der Besteuerungsrechte können zu steuerpolitischen Verwerfungen führen. Mit einigen dieser mit der Verteilung der Besteuerungsrechte bei Arbeitnehmereinkünften verbundenen Fragen werde ich mich in der Folge beschäftigen.

II. Besteuerung im Tätigkeitsstaat des Arbeitnehmers

1. Aufspaltung der Besteuerungsrechte bei hoher Mobilität?

Nimmt man nur die Art. 15 Abs. 1 OECD-MA nachgebildeten Abkommensvorschriften in den Blick, käme es bei Dienstnehmern, die in mehreren Staaten ihrer Tätigkeit nachgehen, zu problematischen Konsequenzen: Hat der Ansässigkeitsstaat mit den verschiedenen Tätigkeitsstaaten

1 Dazu *Lang*, Art. 16 OECD Model Convention and Board Members with Managerial Tasks, in Korving/Kerinç/Souza de Man (Hrsg.), Liber Amicorum Rainer Prokisch, 2022, 189 (189 f.).

2 Dazu *Eberhartinger/Figari/Fleischanderl/Petutschnig/Pistone/Zagler*, Tax barriers and cross-border workers: tackling the fragmentation of the EU tax framework, publication for the committee on tax matters, Policy Department for Economic, Scientific and Quality of Life Policies, European Parliament, 2025, S. 47 ff.

DBA abgeschlossen, kommt jeweils diesen das Besteuerungsrecht zu. Einerseits hätte der Arbeitnehmer vermutlich in all diesen Staaten Erklärungspflichten und damit hohen Aufwand.[3] Andererseits würde er unter der Annahme eines progressiven Tarifverlaufs – abhängig von der Höhe der Vergütung und unter der Annahme, dass Quellenstaaten nicht immer das Welteinkommen bei Berechnung des Steuersatzes für Zwecke des Progressionsvorbehalts heranziehen – in jedem dieser Staaten nur niedrig oder möglicherweise auch gar nicht besteuert.

Art. 15 Abs. 2 OECD-MA entschärft diese Probleme weitgehend: Nur der Staat, in dem der Arbeitgeber ansässig ist, und allenfalls auch der Staat, in dem die Betriebsstätte liegt, von der die an den Arbeitnehmer geleisteten Vergütungen getragen werden, hat das Besteuerungsrecht schon bei geringfügiger Tätigkeit in einem dieser Staaten. Im Regelfall wird dann auch der Arbeitgeber dort zum Lohnsteuerabzug verhalten sein. Sonst hat der Tätigkeitsstaat nur dann das Besteuerungsrecht, wenn die 183-Tage-Grenze überschritten wird. In diesen Fällen ist allerdings die Nahebeziehung zum Tätigkeitsstaat so eng, dass die Besteuerung auch gerechtfertigt ist. Dem Arbeitnehmer werden Erklärungspflichten zugemutet werden können.

Allerdings darf auch nicht übersehen werden, dass es für die Berechnung der 183 Tage nach Art. 15 Abs. 2 OECD-MA ausreicht, wenn der Arbeitnehmer an jedem dieser Tage nur kurze Zeit im jeweiligen Staat verbringt.[4] Wer beispielsweise Lkw- oder Busfahrer ist oder in Bahnzügen arbeitet und seiner Tätigkeit in Deutschland, Frankreich und den Benelux-Staaten nachgeht und mehrfach am Tag im Rahmen seiner beruflichen Tätigkeit Grenzen quert, kann daher auch nach mehreren DBA die 183-Tage-Frist in derselben zwölfmonatigen Periode überschreiten.[5]

Vor allem aber bei Einkünften von Künstlern und Sportlern stellen sich all diese Schwierigkeiten. Art. 17 OECD-MA kennt eben keine Art. 15 Abs. 2 OECD-MA vergleichbare Vorschrift, die in zahlreichen Konstella-

3 Dazu *Eberhartinger/Figari/Fleischanderl/Petutschnig/Pistone/Zagler*, Tax barriers and cross-border workers: tackling the fragmentation of the EU tax framework, publication for the committee on tax matters, Policy Department for Economic, Scientific and Quality of Life Policies, European Parliament, S. 37 f.

4 *Waser* in Aigner/Kofler/Tumpel, DBA, 2. Aufl. 2019, Art. 15 OECD-MA Rz. 8; *Wassermeyer/Schwenke* in Wassermeyer, Art. 15 OECD-MA Rz. 37 (169. EL 2025).

5 *Titz*, International Tax Law Summer Conference in Rust: Taxation of a Truck Driver – Case Study, SWI 2009, 66 (66 f.).

tionen, in denen die Nahebeziehung zum Ausübungsstaat doch nicht so eng ist, das Besteuerungsrecht dieses Staates wieder ausschließt. Solche global tätigen Dienstnehmer müssen in mehreren Staaten ihren steuerlichen Pflichten nachkommen. Allerdings sehen viele Rechtsordnungen in Kenntnis des Art. 17 OECD-MA Quellensteuern vor und verpflichten somit den Veranstalter zur Einhebung und Abfuhr der Steuer. Wenn sich der Künstler oder Sportler mit einer im Regelfall am Bruttobetrag bemessenen Quellensteuer nicht gut bedient glaubt, muss er aber selbst aktiv werden: Im EU-Kontext wird er seine Aufwendungen gegenüber dem Vertragspartner glaubhaft machen,[6] sonst – falls der Wechsel zur Nettobesteuerung überhaupt zugelassen ist – einen Rückerstattungsantrag stellen müssen.

2. Frühere unselbständige Tätigkeit

Wenn es zur Aufteilung des Besteuerungsrechts zwischen Ansässigkeits- und Tätigkeitsstaat kommt, ergeben sich oft bei nachträglich ausbezahlten Einkünften praktische Probleme. Wird beispielsweise ein Bonus für frühere Tätigkeiten gezahlt, lässt sich oft gar nicht so leicht rekonstruieren, wo die für die zusätzliche Vergütung geleistete Arbeit ausgeübt wurde.

Anders als der VwGH gehen die deutsche und die schweizerische Rechtsprechung davon aus, dass für Abfindungen und Gehaltsfortzahlungen für Zeiten von Freistellungen nach erfolgter Kündigung der Ansässigkeitsstaat das Besteuerungsrecht hat.[7] Diese Auffassung hat viel für sich.[8] In systematischer Interpretation ist nämlich die Nähe solcher Zahlungen zu den Ruhegehältern und ähnlichen Vergütungen für frühere unselbständige Arbeit zu berücksichtigen:[9] Nach Art. 18 OECD-MA hat der Ansässigkeitsstaat das ausschließliche Besteuerungsrecht. Will man daher Wertungswidersprüche vermeiden, liegt es nahe, dem Wortlaut des Art. 15

6 EuGH v. 3.10.2006 – C-290/04, ECLI:EU:C:2006:630 – Scorpio.

7 BFH v. 2.9.2009 – I R 90/08; BFH v. 10.6.2015 – I R 79/13; Schweizer BG v. 23.6.2023 – 9C_682/2022; vgl. hingegen VwGH v. 26.2.2015 – 2012/15/0128; VwGH v. 23.2.2017 – Ro 2014/15/0050.

8 A.A. aber z.B. *Rust*, Germany: Taxation of a severance payment, in Kofler/Lang/Rust/Owens/Pistone/Schuch/Spies/Staringer/Storck/Essers/Kemmeren/Öner/Smit (Hrsg.), Tax Treaty Case Law Around the Globe 2021, 2022, S. 174 (177 ff.).

9 Näher *Lang*, Die abkommensrechtliche Behandlung von Gehältern für Zeiten der Freistellung und von Abfindungen, SWI 2024, 574 (581).

Abs. 1 OECD-MA folgend das ausschließliche Besteuerungsrecht für Abfindungen und Gehaltsfortzahlungen für Zeiten von Freistellungen nach einer Kündigung auch beim Ansässigkeitsstaat zu sehen und nur dann die Besteuerung im Tätigkeitsstaat zuzulassen, wenn die Vergütungen für eine dort ausgeübte Arbeit gezahlt werden. Dies ist bei Abfindungen aber nicht der Fall: Sie haben ihren Grund in der bisherigen unselbständigen Arbeit insgesamt, und unabhängig davon, wo sie geleistet wurde.[10] Bei einer Gehaltsfortzahlung für Zeiten der Freistellung gilt: Der Arbeitgeber zahlt für das nach wie vor aufrechte Beschäftigungsverhältnis, aber für ihn ist es nicht mehr maßgebend, wo sich der Arbeitnehmer aufhält.[11]

Umso bedauerlicher ist es, dass sich der deutsche Gesetzgeber über die BFH-Rechtsprechung hinweggesetzt und mit § 50d Abs. 12 EStG einen treaty override vorgenommen hat.[12] Die Vorschrift hat folgenden Wortlaut:[13]

„Abfindungen, die anlässlich der Beendigung eines Dienstverhältnisses gezahlt werden, gelten für Zwecke der Anwendung eines Abkommens zur Vermeidung der Doppelbesteuerung als für frühere Tätigkeit geleistetes zusätzliches Entgelt. Dies gilt nicht, soweit das Abkommen in einer gesonderten, ausdrücklich solche Abfindungen betreffenden Vorschrift eine abweichende Regelung trifft. Absatz 9 Satz 1 Nummer 1 sowie Rechtsverordnungen gemäß § 2 Absatz 2 Satz 1 der Abgabenordnung bleiben unberührt."

---

10 *Lang*, SWI 2024, 574 (581).

11 *Lang*, SWI 2024, 574 (581).

12 So z.B. *König/Teichert*, Der Treaty Override für grenzüberschreitende Abfindungen ab 2017: Verstößt § 50d Abs. 12 EStG gegen die Grundsätze des Vertrauensschutzes?, BB 2016, 3105 (3107); *Ditz/Quilitzsch*, Die Änderungen im internationalen Steuerrecht durch das Anti-BEPS-Umsetzungsgesetz, DStR 2017, 281 (291); *Neyer*, DStR 2017, 1632 (1633); *Mroz/Schade*, Abfindungen an Arbeitnehmer im Internationalen Steuerrecht – kein (Streit-)Ende in Sicht, IStR 2019, 207 (209); *Kraft/Muscheites*, Überlegungen zur Anwendung des § 50d Abs. 12 EStG bei Mitarbeiterentsendungen, DStR 2019, 544 (547); *Hagemann/Kahlenberg/Cloer*, BB-Rechtsprechungsreport Internationales Steuerrecht 2015/2016 (Teil II), BB 2017, 599 (600 f.); *Wassermeyer/Schwenke* in Wassermeyer, DBA, 169. EL 2025, Art. 15 OECD-MA Rz. 79c; *Wagner* in Brandis/Heuermann, 176. EL 2025, § 50d EStG Rz. 186; *Loschelder* in Schmidt, 44. Aufl. 2025, § 50d EStG Rz. 71; vgl. hingegen *Rust* in Kofler/Lang/Rust/Owens/Pistone/Schuch/Spies/Staringer/Storck/Essers/Kemmeren/Öner/Smit, S. 178; zurückhaltend auch *Gebhardt*, Seminar H: Unilateral Treaty Overrides, IStR 2019, 653 (654).

13 Dazu und zum Folgenden *Lang*, SWI 2024, 574 (584 f.).

Der BFH bezeichnete § 50d Abs. 12 EStG als eine seine „Rechtsprechung korrigierende Regelung",[14] konnte aber in seiner bisherigen Judikatur offenlassen, welche korrigierenden Wirkungen diese Vorschrift konkret entfaltet. Denn die bisher dazu bekannten Entscheidungen des BFH betrafen nur Veranlagungsjahre vor dem Inkrafttreten des § 50d Abs. 12 EStG.

Das FG Hessen maß der Vorschrift die Bedeutung bei, dass sie den „von der Rechtsprechung des BFH verneinte[n] Zusammenhang von Abfindung und früherer Tätigkeit […] wiederher[…]stellt", was „zur Folge [hat], dass dem Tätigkeitstaat das Besteuerungsrecht für die dort erbrachte Arbeit zusteht."[15] Die vom Gesetzgeber verfolgte Intention, mit Hilfe dieser Vorschrift der vom BFH abgelehnten Verwaltungsauffassung doch noch zum Durchbruch zu verhelfen,[16] spricht sicherlich für diese Interpretation.[17] Allerdings ist auch eine andere Deutung möglich. Es ist nämlich fraglich, ob man so weit gehen muss, auch auf den *Tätigkeitsstaat* abzustellen. Schließlich fingiert § 50d Abs. 12 Satz 1 EStG nur den Zusammenhang zur früheren Tätigkeit insgesamt, nicht aber zu dem Ort, an dem sie ausgeübt wurde.[18] Daher wäre es auch denkbar, diese Vorschrift so zu verstehen, dass sie zwar die Rückprojektion auf den Zeitraum der Tätigkeit verlangt, aber weiterhin nach Art. 15 Abs. 1 erster Satzteil OECD-MA dem – damaligen – Ansässigkeitsstaat das ausschließliche Besteuerungsrecht zuweist. Die vom VI. Senat konstatierte korrigierende Wirkung dieser Regelung würde dann nur in jenen Fällen eintreten, in denen der Steuerpflichtige seitdem seine Ansässigkeit gewechselt hat.[19]

---

14 BFH v. 1.8.2024 – VI R 23/22.

15 FG Hessen v. 27.2.2020 – 9 K 353/19; dazu ausführlich *Rust* in Kofler/Lang/Rust/Owens/Pistone/Schuch/Spies/Staringer/Storck/Essers/Kemmeren/Öner/Smit (Hrsg.), Tax Treaty Case Law around the Globe 2021, 2022, S. 173 (177 ff.).

16 Vgl. z.B. *Neyer*, Deutscher Zugriff auf Entschädigungszahlungen an den international mobilen Arbeitnehmer – Neuregelung ab 1.1.2017, DStR 2017, 1632 (1632).

17 Vgl. auch Schreiben des deutschen BMF v. 12.12.2023 – IV B 2 - S 1300/21/10024 :005, Rz. 255.

18 So auch *Knotzer*, Die Auszahlungsphase im Rahmen der „Abfertigung neu" bei deutsch-österreichischen Grenzgängern, SWI 2022, 17 (24 f.).

19 *Lang*, SWI 2024, 574 (585).

In völkerrechtskonformer Interpretation ist § 50d Abs. 12 EStG jedenfalls ein möglichst enger Anwendungsbereich beizumessen.[20] Dieses Argument spricht nicht nur für die gerade vorgeschlagene Deutung dieser Vorschrift, sondern auch dafür, vom in dieser Regelung verwendeten Ausdruck „Abfindungen" nicht auch Fälle der Gehaltsfortzahlung bei einer nach Ausspruch der Kündigung erfolgten Dienstfreistellung erfasst zu sehen.[21] Denn § 50d Abs. 12 EStG regelt eben nicht generell *alle* Vergütungen, die anlässlich der Auflösung eines Dienstverhältnisses gezahlt werden, sondern nur aus diesem Anlass geleistete „Abfindungen". Sonst würde sich die im Gesetz enthaltene Voraussetzung der „Abfindung […]" als überflüssig erweisen.[22] Dementsprechend findet sich der Hinweis auf die „korrigierende" Wirkung des § 50d Abs. 12 EStG auch nur in jenem Teil der Begründung des BFH-Urteils vom 1.8.2024,[23] in dem es um die Abfindung geht, nicht aber in jenen Passagen, die die Gehaltsfortzahlung behandeln. Viel spricht daher dafür, dass es dem deutschen Gesetzgeber mit dieser Vorschrift nur partiell gelungen ist, die Rechtsprechung des BFH zu den anlässlich der Auflösung eines Dienstverhältnisses geleisteten Vergütungen auszuhebeln.

Aus diesem Grund wurde mit dem JStG 2024 § 50d EStG um einen Abs. 15 erweitert und damit der Anwendungsbereich des treaty override vergrößert. Satz 1 dieser Vorschrift lautet wie folgt:

„Arbeitslohn, der für Zeiten einer widerruflichen oder unwiderruflichen Arbeitsfreistellung im Zusammenhang mit der Beendigung des Arbeitsverhältnisses gezahlt wird, gilt für Zwecke der Anwendung eines Abkommens zur Vermeidung der Doppelbesteuerung als Vergütung, die für die Ausübung einer Tätigkeit in

---

20 Im Ergebnis ähnlich *Mroz/Schade*, IStR 2019, 207 (215 f.).

21 So offenbar auch BMF v. 12.12.2023 – IV B 2 - S 1300/21/10024 :005, Steuerliche Behandlung des Arbeitslohns nach den Doppelbesteuerungsabkommen, Rz. 362; anders allerdings FG München v. 15.3.2024 – 8 K 883/23, EFG 2024, 1372 (gegen dieses Urteil ist unter Az. VI R 12/24 Revision beim BFH eingelegt). Das FG München beruft sich auf die Konsultationsvereinbarung zum DBA Schweiz und auf § 50d Abs. 12 EStG (EFG 2024, 1372, 1377): „Diese für Abfindungen geltenden Grundsätze – Maßgeblichkeit der jeweiligen Vereinbarung und nicht notwendigerweise unmittelbarer Zusammenhang mit einer aktiven Tätigkeit – können dann aber, mangels wesentlicher Unterschiede, gleichermaßen für Vergütungen für ein Wettbewerbsverbot bzw. für eine Karenzentschädigung zu einer Zuweisung des Besteuerungsrechts zum (bisherigen) Tätigkeitsstaat führen ([…])."

22 *Lang*, SWI 2024, 574 (585).

23 BFH v. 1.8.2024 – VI R 23/22.

dem Staat gewährt wird, in dem die Tätigkeit ohne die Freistellung ausgeübt worden wäre.“

In Anlehnung an entsprechende Passagen des OECD-Kommentars verlangt § 50d Abs. 15 EStG, darüber zu spekulieren, wo der Dienstnehmer seine Arbeit ausgeführt hätte, wäre die Kündigung nicht erfolgt. Dies lässt sich kaum seriös bewerkstelligen:[24] Der Ort des Arbeitseinsatzes wird oft aufgrund unternehmerischer Erfordernisse nur kurzfristig festgelegt und auch wieder geändert.[25] Die der Gesetzesbegründung zufolge durch § 50d Abs. 15 EStG angestrebte Angleichung der deutschen Auffassung an jene, die von „einer Mehrheit von Staaten“ vertreten wird,[26] gelingt im Verhältnis zu Österreich jedenfalls nicht: Der VwGH erachtet den Zusammenhang „zur bisher ausgeübten Tätigkeit“ als entscheidend und stellt damit eine vergangenheitsbezogene Betrachtung an.[27] § 50d Abs. 15 EStG spricht jedenfalls von der „Vergütung, die für die Ausübung einer Tätigkeit in dem Staat gewährt wird, in dem die Tätigkeit ohne die Freistellung ausgeübt worden wäre“, und unterscheidet sich damit von der offenen Formulierung des § 50d Abs. 12 EStG, wonach das Entgelt nur als „für frühere Tätigkeit“ geleistet fingiert wird, der Staat der damaligen Arbeitsausübung aber nicht erwähnt wird.

3. Fiktive Tätigkeit in der Pandemie

Während der Pandemie einigten sich viele Arbeitnehmer mit ihren Arbeitgebern, ihre Arbeit von zu Hause auszuüben. In den Fällen, in denen bis dahin der andere Vertragsstaat das Besteuerungsrecht hatte, fiel dadurch das Besteuerungsrecht dem Ansässigkeitsstaat zu. Diese Konsequenzen wollten die Finanzministerien Deutschlands und Österreichs vermeiden: Mit den obersten Behörden zahlreicher Nachbarstaaten schlossen

24 Vgl. auch *Kraft/Schirmer/Bauhoff*, Besteuerung von „Garden Leave Payments“ bei grenzüberschreitend tätigen Arbeitnehmern nach dem JStG 2024 (§ 50d Abs. 15 EStG, § 49 Abs. 1 Nr. 4 Buchst. f EStG), IStR 2025, 126 (131), denen zufolge § 50d Abs. 15 EStG einen „nicht legal definierten Prognosemaßstab“ vorsieht, „der Raum für Interpretationen offenhält, was zu Rechtsunsicherheiten und Konflikten mit der Finanzverwaltung führen kann.“

25 Kritisch zur Auffassung der OECD schon *Lang*, Die Vermeidung der Nichtbesteuerung von Abfindungen im Recht der Doppelbesteuerungsabkommen, in Beiser/Hohenwarter/Kirchmayr/Mayr (Hrsg.) Körperschaften im Steuerrecht, FS für Nikolaus Zorn, 2022, S. 369 (371); *Lang*, SWI 2024, 574 (582).

26 BR-Drucks. 369/24, 136.

27 VwGH v. 23.2.2017 – Ro 2014/15/0050; dazu näher *Lang* in FS Zorn, 2022, S. 369 (371); *Lang*, SWI 2024, 574 (582).

sie bilaterale Konsultationsvereinbarungen, in denen fingiert wurde, dass die Arbeit nach wie vor im früheren Tätigkeitsstaat ausgeübt wurde.[28]

Diese Vorgangsweise war höchst bedenklich. Die jeweiligen Verwaltungen setzten sich damit über den Inhalt des von den ihren Gesetzgebern genehmigten völkerrechtlichen Vertrages hinweg. Die Regelung über das Verständigungsverfahren in den Art. 25 OECD-MA nachgebildeten DBA ermöglicht es den zuständigen Behörden keineswegs, Abkommensvorschriften eigenmächtig zu ändern. Die mitunter – auch von der OECD – gegebene Begründung, dass außerordentliche Zeiten außerordentliche Maßnahmen erfordern,[29] ist in demokratischen Staaten nicht akzeptabel: Der Rechtsstaat muss sich gerade in Zeiten der Krise bewähren und darf nicht von der Exekutive außer Kraft gesetzt werden.[30]

III. Besteuerung im Ansässigkeitsstaat des Arbeitnehmers

1. Grenzgänger

Während somit in Zeiten der Covid-Pandemie Bemühungen unternommen wurden, dem früheren Tätigkeitsstaat weiterhin das Besteuerungsrecht zu sichern, gibt es neben der Monteurklausel des Art. 15 Abs. 2 OECD-MA noch andere Abkommensvorschriften, die dem Ansässigkeitsstaat des Arbeitnehmers trotz der im anderen Staat ausgeübten Arbeit das Besteuerungsrecht zuweisen. Prominente Beispiele dafür sind die Grenzgängervorschriften.[31] Sie kommen naheliegenderweise nur für DBA

---

28 Konsultationsvereinbarungen Deutschlands mit Belgien (BMF v. 7.5.2020, BStBl. I 2020, 524), Frankreich (BMF v. 25.5.2020, BStBl. I 2020, 535), Luxemburg (BMF v. 6.4.2020, BStBl. I 2020, 475), Niederlande (BMF v. 8.4.2020, BStBl. I 2020, 477), Österreich (BMF v. 16.4.2020, BStBl. I 2020, 480), Polen (BMF v. 8.12.2020, BStBl. I 2020, 1359) und der Schweiz (BMF v. 12.6.2020, BStBl. I 2020, 568), sowie Konsultationsvereinbarung Österreichs mit Italien (Erlass des BMF v. 27.6.2020 – 2020-0.394.761, BMF-AV Nr. 96/2020).

29 OECD, OECD Secretariat analysis of tax treaties and the impact of the COVID-19 crisis, 2020, Rz. 27.

30 Zur Kritik auch schon *Lang*, Homeoffice nach der Konsultationsvereinbarung zum DBA Deutschland – Österreich, SWI 2020, 331 (341 ff.); *Lang*, Employment Income Under Tax Treaty Law and the Impact of the COVID-19 Pandemic, in Pistone (Hrsg.), Liber Amicorum Guglielmo Maisto, 2022, S. 181 (194).

31 Siehe dazu *Eberhartinger/Figari/Fleischanderl/Petutschnig/Pistone/Zagler*, Tax barriers and cross-border workers: tackling the fragmentation of the EU tax framework, publication for the committee on tax matters, Policy Department

benachbarter Staaten in Betracht. Aus diesem Grund ist eine solche Vorschrift nicht im OECD-Musterabkommen enthalten. Allerdings wäre es verdienstvoll, wenn sich die Regierungsvertreter in den OECD-Gremien auf eine Vorschrift einigen könnten, die über den OECD-Kommentar allen Staaten zur Verfügung gestellt werden, die solche Klauseln in ihre Abkommen aufnehmen wollen. Dadurch könnte mittelfristig eine Vereinheitlichung erreicht werden. Derzeit werden solche Vorschriften im Vorfeld bilateraler DBA-Verhandlungen mangels einheitlichen Standards immer wieder neu formuliert. Die Erfahrung lehrt, dass gerade die Auslegung solcher Vorschriften besonders häufig Gegenstand von Kontroversen zwischen Verwaltung und Steuerpflichtigen wird und oft dann auch die Gerichte beschäftigt.[32]

Einige dieser Vorschriften legen eine Zone beiderseits der Grenze fest, innerhalb derer die Person ihren Hauptwohnsitz oder ihre ständige Wohnstätte und ihren Arbeitsort haben muss.[33] Andere Grenzgängerregelungen kommen ohne eine solche geographische Festlegung aus. Ihnen zufolge ist irrelevant, wie weit der Wohn- und der Arbeitsort von der Grenze entfernt sind, sofern es nur zur regelmäßigen Rückkehr kommt.[34]

Die Vorschriften, die die regelmäßige Rückkehr an den Wohnort verlangen, setzen meist eine Toleranzgrenze fest: An einer bestimmten Anzahl von Tagen pro Kalenderjahr ist eine Nichtrückkehr unschädlich.[35] In

---

for Economic, Scientific and Quality of Life Policies, European Parliament, S. 18 und 50 f.

32 Vgl. BFH v. 11.11.2009 – I R 15/09, I R 84/08, I R 83/08; BFH v. 13.11.2013 – I R 23/12; BFH v. 30.9.2020 – I R 37/17; BFH v. 1.6.2022 – I R 32/19; BFH v. 22.2.2023 – I R 45/19; BFH v. 1.8.2024 – VI R 52/20; BFH v. 17.8.2022 – I R 17/19; BFH v. 1.8.2024 – VI R 52/20; VwGH v. 22.2.1996 – 93/15/0199; VwGH v. 24.6.2004 – 2001/15/0113; VwGH v. 22.6.2005 – 2004/09/0051; VwGH v. 19.12.2006 – 2005/15/0158; VwGH v. 23.2.2010 – 2008/15/0148; VwGH v. 27.1.2011 – 2009/15/0151; VwGH v. 21.6.2023 – Ro 2021/15/0036.

33 Z.B. Schlussprotokoll Abs. 8 zu Art. 15 Abs. 6 DBA Österreich-Deutschland; Art. 13 Abs. 5 DBA Deutschland-Frankreich; Art. 15 DBA Frankreich-Italien.

34 Z.B. Art. 15 Abs. 4 DBA Österreich-Italien; Art. 15 Abs. 4 DBA Österreich-Liechtenstein; Art. 15a Abs. 2 DBA Deutschland-Schweiz.

35 Z.B. Art. 15a Abs. 2 DBA Deutschland-Schweiz.

manchen Fällen ist diese Grenze direkt im DBA festgelegt,[36] in anderen Fällen beruht sie auf einer Einigung zwischen den Verwaltungen.[37]

Einen innovativen Weg geht die nach der Covid-Pandemie neugefasste Grenzgängerregelung des DBA Österreich-Deutschland.[38] Dort ist zwar – wie schon zuvor[39] – eine Zone von jeweils 30 km beiderseits der Grenze festgelegt. Das regelmäßige Pendeln ist aber nicht mehr verlangt. Die Vorschrift ist auch dann anwendbar, wenn Wohn- und Arbeitsort in der Grenzzone *desselben* Staates liegen. Damit ist Homeoffice ungeachtet des Ausmaßes nicht mehr schädlich. Toleranzgrenzen gibt es nur in Hinblick auf die Tage, an denen außerhalb der Grenzzone – unabhängig in welchem Staat – gearbeitet wird. Somit stellt diese Vorschrift für Personen, die innerhalb der Grenzzone leben und arbeiten, eine praktikable Regelung dar. Wenn aber jemand außerhalb der Grenzzone wohnt oder regelmäßig arbeitet, ist die Sondervorschrift gar nicht anwendbar.

Nicht immer hat aber der Ansässigkeitsstaat das ausschließliche Besteuerungsrecht. Mitunter wird auch der Tätigkeitsstaat in geringem Umfang zur Besteuerung ermächtigt. Im DBA Deutschland-Schweiz erfolgt das im Ausmaß von 4,5 %, im DBA Österreich-Liechtenstein von 4 %, jeweils vom Bruttobetrag bemessen.[40] Der Ansässigkeitsstaat hat dann die Verpflichtung zur Anrechnung. Offenbar war den Staaten diese fein austarierte Aufteilung der Steuereinnahmen budgetär wichtig: Für die einzelnen Steuerpflichtigen und deren Arbeitgebern geht es allerdings im Tätigkeitsstaat meist um relativ geringe Beträge, die aber mit nicht unerheblichen Rechtsbefolgungskosten verbunden sein können.

---

36 Z.B. Art. 15a Abs. 2 DBA Deutschland-Schweiz.

37 Z.B. Konsultationsvereinbarung zwischen Deutschland und Frankreich (Schreiben des deutschen BMF v. 3.4.2006 – IV B 6 - S 1301 FRA - 26/06).

38 Dazu ausführlich *Klokar*, Die Neuregelung bei der Besteuerung von Grenzgängern im DBA Deutschland, SWK 2023, 1010 (1011); *Lang*, Die Anwendung der Grenzgängerregelung des Art. 15 Abs. 6 DBA Deutschland bei mehreren Arbeitsverhältnissen, SWI 2024, 326 (326 ff.); *Lang*, Die Grenzgängerregelung nach dem geänderten DBA Österreich-Deutschland, in Kofler/A. Mitterlehner/M. Mitterlehner (Hrsg.), FS für Stefan Bendlinger, 2024, S. 251 (266); *Schmidjell-Dommes*, Das neue Änderungsprotokoll zum DBA Deutschland, SWI 2023, 462 (464).

39 Vgl. allerdings nunmehr die gemeindebezogene Betrachtung; dazu näher *Lang* in FS Bendlinger, 2024, S. 251 (257 f.).

40 Siehe dazu *Niesten*, Frontier Workers' Tax and Social Security Status in Europe – Optimizing the Legal Status in a Changing Landscape, International Tax Studies 10/2022, 1 (9).

Interessant ist auch, dass die Kommission schon 1979 eine Richtlinie für die Regelung der Besteuerung von Grenzgängern vorschlug:[41] Als Grenzgänger war darin definiert, wer in einem Mitgliedsstaat arbeitet und im anderen ansässig ist und dort in aller Regel täglich zurückkehrt.[42] Wer an einen anderen Arbeitsort entsendet war, von dem aus er an der täglichen Rückkehr gehindert war, behielte die Grenzgängereigenschaft, wenn solche Entsendungen nicht mehr als ein Drittel der gesamten Arbeitstage ausmachten.[43] Das Besteuerungsrecht hätten Ansässigkeits- und Tätigkeitsstaat, Letzterer aber nur, wenn er die Steuer im Rahmen einer Quellensteuer erhob, und begrenzt mit dem Ausmaß der Quellensteuer, die den dort Ansässigen trifft.[44] Der Ansässigkeitsstaat des Grenzgängers hätte die Steuer des Tätigkeitsstaates anrechnen müssen. Falls die Steuer des Tätigkeitsstaates jene des Ansässigkeitsstaates übersteigt, wäre der Ansässigkeitsstaat sogar zur Rückerstattung der Steuer des Quellenstaates verpflichtet gewesen.[45] Über die Aufteilung der Besteuerungsrechte und der Finanzierung des Rückerstattungsbetrags hätten sich die Mitgliedstaaten bilateral zu einigen gehabt.[46] Dieser Vorschlag verband Gleichbehandlungsziele in beiden Staaten mit der Vermeidung der Doppelbesteuerung. Angesichts der Komplexität dieser Regelung sowohl für den grenzüberschreitend tätigen Steuerpflichtigen als auch für die beiden Fisci überrascht es nicht, dass dieser Richtlinienvorschlag niemals umgesetzt wurde.[47]

Sowohl für Deutschland als auch für Österreich gilt aber: Beide Staaten haben mit der Mehrzahl ihrer Nachbarn keine Grenzgängerbestimmung in den DBA. Offenbar besteht nicht zwingend die rechtspolitische Notwendigkeit für solche Vorschriften. Ein Beispiel dafür ist das DBA Österreich-Schweiz: Dort wurde statt der Grenzgängerregelung für Einkünfte

41 Vorschlag einer Richtlinie des Rates v. 26.1.1980 zur Harmonisierung von Regelungen im Bereich der Einkommensteuer im Hinblick auf die Freizügigkeit der Arbeitnehmer in der Gemeinschaft, ABl. C 21/6.

42 Art. 3 Abs. 2.

43 Art. 3 Abs. 2.

44 Art. 4 Abs. 2.

45 Art. 4 Abs. 3.

46 Art. 5 Abs. 1.

47 Vgl. hingegen die positive Bewertung dieses Vorschlags bei *Eberhartinger/Figari/Fleischanderl/Petutschnig/Pistone/Zagler*, Tax barriers and cross-border workers: tackling the fragmentation of the EU tax framework, publication for the committee on tax matters, Policy Department for Economic, Scientific and Quality of Life Policies, European Parliament, S. 57.

nach Art. 15 Abs. 1 des DBA die Anrechnungsmethode vorgesehen, wobei das Besteuerungsrecht der Schweiz als Quellenstaat nicht prozentmäßig beschränkt ist. Stattdessen hat sich die Schweiz in Z. 4 des Schlussprotokolls verpflichtet, „12,5 % der schweizerischen Steuereinnahmen aus der unselbständigen Arbeit" an das österreichische BMF weiterzuleiten. Im Vergleich zu dem Mechanismus, den der vorher geschilderte Richtlinienvorschlag aus 1979 vorsah, ist dieses Verfahren einfach zu handhaben.

2. Ruhegehälter

Zu den Vorschriften, die dem Ansässigkeitsstaat sogar das ausschließliche Besteuerungsrecht einräumen, gehört auch Art. 18 OECD-MA: Ruhegehälter und ähnliche Vergütungen für frühere unselbständige Arbeit dürfen nur dort besteuert werden. Ausgenommen sind lediglich die in Art. 19 Abs. 2 OECD-MA geregelten Ruhegehälter und ähnliche Vergütungen, die für diesem Staat oder einer seiner Gebietskörperschaften geleistete Dienste gezahlt werden. Dafür hat der Kassenstaat das ausschließliche Besteuerungsrecht. Handelt es sich aber beim Bezieher der Einkünfte um einen Staatsangehörigen des Ansässigkeitsstaates, darf wiederum nur dieser Staat besteuern.

Diese Vorschriften sind in den letzten Jahren zumindest in Europa zunehmend unter Druck geraten. Hintergrund ist der Umstand, dass es bei Pensionisten eine erhebliche Nord-Süd-Migration gibt: Pensionisten verlegen oft ihre Ansässigkeit in südeuropäische Länder. Dies ist nicht nur auf klimatische Gründe, sondern häufig auch auf Steuervorteile zurückzuführen. Gelingt der Ansässigkeitswechsel, hat nach den Art. 18 OECD-MA nachgebildeten DBA der frühere Ansässigkeitsstaat das Besteuerungsrecht für die Ruhegehälter verloren.

Diese Konsequenzen sind insbesondere für Staaten, die Beiträge zum Pensionssystem beim Arbeitgeber oder beim Arbeitnehmer zum Abzug zulassen, steuerpolitisch oft nicht mehr akzeptabel. Im rein internen Kontext korrespondieren diese Vorschriften, die zu einer Verminderung der Bemessungsgrundlagen führen, häufig mit einer späteren Steuerpflicht des Ruhegehalts. Die Besteuerung ist aufgeschoben.[48] Die Art. 18 OECD-MA nachgebildeten DBA-Vorschriften beseitigen diese Kohärenz im Falle eines Ansässigkeitswechsels: Die Besteuerung im früheren Ansässigkeits-

48 Dazu ausführlich *Lang*, Nachgelagerte Besteuerung bei grenzüberschreitenden Sachverhalten, in Mellinghoff (Hrsg.), Steuern im Sozialstaat, DStjG 29 (2005), S. 313 (313).

staat entfällt dauerhaft. Oft verbindet sich diese Befreiung – aufgrund der erwähnten Begünstigungen – mit einer verminderten oder manchmal auch gar keiner Besteuerung im neuen Staat der Ansässigkeit.

Für etliche Staaten, die sich aufgrund des Wegzugs einer erheblichen Zahl von Pensionisten in andere Staaten um ihr später erwartetes Besteuerungsrecht geprellt fühlten, war die Situation rechtspolitisch nicht mehr tragbar. Es kam sogar zu Abkommenskündigungen, wie beispielsweise durch Dänemark im Verhältnis zu Frankreich und Spanien, und – allerdings nicht aus diesem Grund allein – durch Deutschland im Verhältnis zur Türkei.[49] Im Verhältnis zwischen diesen Staaten waren es vor allem Gastarbeiter, die nach langjähriger Berufstätigkeit in Deutschland wieder in ihren Heimatstaat zurückkehrten.

Zu welchen Lösungen gelangten die Staaten – sofern sie überhaupt eine Einigung erzielten – in ihren neuen Abkommen? Im deutsch-türkischen DBA wurde dem Quellenstaat ein 10%iges Besteuerungsrecht vom Bruttobetrag zuerkannt, allerdings erst nach Abzug eines Freibetrages von 10.000 € jährlich. Ist Deutschland der Quellenstaat, rechnet die Türkei diese deutsche Steuer an.[50]

Auf eine deutlich komplexere Lösung haben sich Dänemark und Frankreich geeinigt: Der Quellenstaat hat – neben den Sozialversicherungspensionen – auch das Besteuerungsrecht für Ruhegehälter, wenn die Beiträge vom Arbeitnehmer oder Arbeitgeber dort abgezogen oder nicht besteuert werden konnten. Er hat damit die Möglichkeit, trotz Wechsel des Ansässigkeitsstaates die Besteuerung nachzuholen. Der Ansässigkeitsstaat darf ebenfalls besteuern. Während im Anwendungsbereich der Anrechnungsmethode nach dem OECD-MA die Steuer des Ansässigkeitsstaates um jene des Quellenstaates zu kürzen ist, sieht das DBA umgekehrt vor, dass im Quellenstaat die im Ansässigkeitsstaat erhobene Steuer angerechnet wird. Für den Steuerpflichtigen macht dies – wenn keine anderen anzurechnenden Steuern vorliegen – keinen Unterschied: Die Gesamtsteuerbelastung entspricht – wie dies auch sonst bei der Anrechnungsmethode der Fall ist – derjenigen des höher besteuernden Staates. Im Verhältnis zwischen den beiden Staaten hat aber der Ansässigkeitsstaat einen Vor-

49 Dazu *Kaeser* in Wassermeyer, 170. EL 2025, Vor Art. 1 DBA Türkei Rz. 1 ff.; sowie *Linse*, Pensions under Article 18 OECD MC, in Hohenwarter/Metzler (Hrsg.), Taxation of Employment Income in International Tax Law, 2009, S. 369 (369 ff.).

50 Dazu *Kaeser* in Wassermeyer, Art. 18 DBA Türkei Rz. 17.

teil. Er kann die von ihm vorgeschriebene Steuer behalten. Je höher er besteuert, desto höher sein eigenes Steueraufkommen und desto weniger bleibt dem zur Anrechnung verpflichteten Quellenstaat.

Auf eine noch kompliziertere Lösung haben sich Portugal und die Niederlande eingelassen.[51] Die Niederlande sah sich ebenfalls Migrationsströmen von Pensionisten Richtung Portugal ausgesetzt: Der Quellenstaat hat das Besteuerungsrecht, wenn die Pensionsbeiträge dort steuerfrei waren oder die Bemessungsgrundlage minderten. Dies wurde aber mit einer Art „subject to tax"-Klausel verbunden: Für die Besteuerung im Quellenstaat ist auch Voraussetzung, dass der Ansässigkeitsstaat diese Einkünfte nicht mit demselben Steuersatz vergleichbarer anderer unselbständigen Einkünfte besteuert, oder weniger als 90 % des Ruhegehalts überhaupt besteuert. Dazu kommt noch eine Freigrenze von 10.000 € jährlich.

Handelt es sich um nicht periodisch geleistete Zahlungen oder um die Abfindung des Pensionsanspruchs, hat der Staat, aus dem die Pension stammt, das Besteuerungsrecht. Auch der Ansässigkeitsstaat darf besteuern. Die Steuer des Ansässigkeitsstaates ist dann auf jene des Quellenstaates wieder anzurechnen.

All dies zeigt: Bei Ruhegehältern hat die alleinige Besteuerung im Ansässigkeitsstaat zumindest bei jenen Staaten, zwischen denen die Migrationsströme bei Pensionisten asymmetrisch sind, an Akzeptanz verloren. Die rechtspolitische Alternative ist aber in diesen Fällen offenbar auch nicht, dem Quellenstaat stattdessen das ausschließliche Besteuerungsrecht einzuräumen. Vielmehr sind komplexe Mechanismen, zum Teil auch mit einer sonst bisher ungewohnten Anrechnung der Steuer des Ansässigkeitsstaates auf jene des Quellenstaates, von den Staaten als Ersatzlösungen ausverhandelt worden.

Verlagerungen der Ansässigkeit eines Arbeitnehmers sind aber nicht nur in den zuletzt beschriebenen Konstellationen häufiger. Die Mobilität von Arbeitnehmern führt dazu, dass Steuerpflichtige im Laufe ihres Berufslebens nicht mehr so oft im selben Staat ansässig bleiben.

---

51 Dazu *Weiss de Resende*, Cross-border Taxation Issues Involving Remote Workers under the UN Model, in Kofler/Lang/Pistone/Rust/Schuch/Spies/Staringer/Szudoczky (Hrsg.), The UN Model Tax Convention – Recent Developments, 2026, S. 177 (196).

Bei besonders mobilen Personen kann es überhaupt schwer sein, einen Staat der Ansässigkeit festzulegen.[52] Dies kann unterschiedliche Konsequenzen haben: Zum einen kann der DBA-Schutz in den Quellenstaaten dadurch wegfallen. Zum anderen können solche „nomads" gelegentlich überhaupt vermeiden, dass ein Staat ihr Welteinkommen besteuert.

Mitunter legen sich Finanzverwaltungen gegen eine Aufgabe der Ansässigkeit und den damit verbundenen Verlust des Besteuerungssubstrats quer. Sie werden dabei öfter auch von der Judikatur gestützt. Ein Beispiel dafür ist auch die Rechtsprechung des VwGH:[53] Das österreichische Höchstgericht hat kürzlich einem Steuerpflichtigen, der in ein US-amerikanisches Konzernunternehmen für einen dreijährigen Zeitraum entsendet worden ist und der in Österreich einen Wohnsitz beibehalten hat, nicht zugestanden, auch seinen Mittelpunkt der Lebensinteressen in die USA verlegt zu haben, obwohl er mit Frau und Kindern übersiedelt ist. Erwähnenswert und daher offenbar auch entscheidungserheblich war für den VwGH, dass der Schwager und die Schwiegermutter in Österreich verblieben sind. Obwohl der Aufenthalt zweifelsfrei von Beginn an für drei Jahre angelegt war, und dann aufgrund schulischer Schwierigkeiten der Kinder nach 1 ½ Jahren abgebrochen werden musste, führte offenbar auch diese Planungsänderung dazu, dass es rückwirkend bei der Ansässigkeit in Österreich blieb.

Wenn *Schwenke* und *Beusch* zu dieser Entscheidung festhalten, dass der BFH und das Schweizer Bundesgericht in einer solchen Konstellation nicht so restriktiv vorgingen wie der VwGH,[54] zeigt dies, dass Ansässigkeitskonflikte und damit verbundene Probleme der Doppelbesteuerung nicht auszuschließen sind.[55] In einigen Staaten wird für Steuergerichte gelten, dass sie zwar unabhängig sind, aber dass es ihnen gerade in grenzüberschreitenden Fällen, in denen es letztlich darum geht, welcher Staat das Besteuerungsrecht hat, nicht immer gelingt, ihre Zugehörigkeit zum Gemeinwesen ihres Heimatstaats völlig auszublenden. Daher ist zu befürchten, dass Besteuerungskonflikte aufgrund der Anwendung der abkommensrechtlichen Ansässigkeitsvorschriften häufiger werden. In Zei-

52 Dazu *Schuster*, Vorschläge zum Abbau steuerrechtlicher Hürden bei grenzüberschreitender Arbeit, SWK 2025, 1091 (1092).

53 VwGH v. 17.10.2017 – Ra 2016/15/0008.

54 Zitiert bei *Schmaranzer*, Österreichische und Schweizer Rechtsprechung zum Internationalen Steuerrecht, SWI 2025, 442 (446).

55 Kritisch zu dieser Entscheidung auch schon *Lang*, Der abkommensrechtliche Mittelpunkt der Lebensinteressen, SWI 2025, 350 (360).

ten wachsender Mobilität ist daher die Ansässigkeit nicht unbedingt eine stabile Größe: Die fehlende Rechtssicherheit machen Fisci wie Steuerpflichtigen zu schaffen.

3. Der Paradigmenwechsel bei Flug- und Schifffahrtspersonal

Eine interessante Rechtsentwicklung ist durch das OECD-MA 2017 erfolgt: Das OECD-MA, das bei Einkünften von Arbeitnehmern im Wesentlichen versucht, die Balance zwischen der Besteuerung im Tätigkeits- oder im Ansässigkeitsstaat des Arbeitnehmers zu finden, hatte bis 2017 als Ausnahme auch die Besteuerung im Ansässigkeitsstaat des *Arbeitgebers* vorgesehen: Art. 15 Abs. 3 OECD-MA enthielt in der damaligen Fassung folgende Regelung:

> „Ungeachtet der vorstehenden Bestimmungen dieses Artikels können Vergütungen für unselbständige Arbeit, die an Bord eines Seeschiffes oder Luftfahrzeuges, das im internationalen Verkehr betrieben wird, oder an Bord eines Schiffes, das der Binnenschifffahrt dient, ausgeübt wird, in dem Vertragsstaat besteuert werden, in dem sich der Ort der tatsächlichen Geschäftsleitung des Unternehmens befindet."

Diese Vorschrift erwies sich bei Dreieckssachverhalten als problematisch:[56] Für das Gehalt des Piloten oder des Flugbegleiters hat nach dieser Vorschrift – vereinfacht gesagt – der Ansässigkeitsstaat des Arbeitgebers das Besteuerungsrecht. Wenn dieser Arbeitnehmer überwiegend in einem dritten Staat eingesetzt ist und dort die 183-Tage-Grenze überschreitet, dann war Art. 15 Abs. 3 OECD-MA im DBA zwischen seinem Ansässigkeitsstaat und dem Drittstaat schon mangels Orts der Geschäftsleitung des Unternehmens in einem der beiden Staaten nicht anwendbar. Dann kamen die gegenüber Art. 15 Abs. 3 OECD-MA an sich subsidiären Bestimmungen des Art. 15 Abs. 1 und 2 OECD-MA zum Tragen. Nach Art. 15 Abs. 1 OECD-MA hat der Staat, in dem die Flüge stattfinden, das Besteuerungsrecht.[57] Es gab somit je nach DBA unterschiedliche Quellenstaaten: Wenn in beiden DBA die Anrechnungsmethode vorgesehen war, bestand die Gefahr, dass die kumulierte Steuer in beiden Quellenstaaten im Anrechnungshöchstbetrag des Ansässigkeitsstaates keine Deckung fand. Sah nur eines der beiden DBA die Freistellungsmethode für die betroffenen Einkünfte vor, blieb es bei der Besteuerung in den

---

56 Kritisch *Lang*, Triangular Cases – the neglected problem in tax treaty law, in Sanghavi (Hrsg.), Liber Amicorum Nishit Desai, 2020, S. 19 (20 ff.).

57 Vgl. näher zum Tätigkeitsstaat in diesen Fällen jüngst BFH v. 20.5.2015 – I R 47/14; BFH v. 1.6.2022 – I R 45/18; BFH v. 1.8.2024 – VI R 32/21.

beiden Quellenstaaten, ohne dass der Ansässigkeitsstaat – mangels Besteuerung dort – eine Entlastung vorsah.[58] Die Zuteilung des Besteuerungsrechts an einen weiteren Quellenstaat – den Ansässigkeitsstaat des Arbeitgebers – hat sich daher nicht als ideale Lösung erwiesen.

Die Abkommensrevision 2017 führte zu einer Änderung. Art. 15 Abs. 3 OECD-MA lautet seitdem wie folgt:

> „Ungeachtet der vorstehenden Bestimmungen dieses Artikels können Vergütungen, die eine in einem Vertragsstaat ansässige Person für eine Beschäftigung als Mitglied der regulären Besatzung eines Schiffes oder Luftfahrzeugs an Bord eines Schiffes oder Luftfahrzeugs, das im internationalen Verkehr betrieben wird, mit Ausnahme eines Schiffes oder Luftfahrzeugs, das ausschließlich im anderen Vertragsstaat betrieben wird, bezieht, nur im erstgenannten Staat besteuert werden."

Der Ansässigkeitsstaat des Arbeitnehmers hat das ausschließliche Besteuerungsrecht. Damit wurden die Probleme, die die frühere Fassung des Art. 15 Abs. 3 OECD-MA verursacht hat, beseitigt.[59]

IV. Das Besteuerungsrecht des Staates des Arbeitgebers

1. Rahmenübereinkommen zur Anwendung des Art. 16 Abs. 1 VO (EG) Nr. 883/2004 bei gewöhnlicher grenzüberschreitender Telearbeit

Während die OECD im Falle des Art. 15 Abs. 3 OECD-MA wieder davon abgekommen ist, hat es zuletzt eine Reihe von Überlegungen gegeben, doch dem Ansässigkeitsstaat des Arbeitgebers das Besteuerungsrecht einzuräumen: Das 2023 in Kraft getretene Rahmenübereinkommen zur Anwendung des Art. 16 Abs. 1 VO (EG) Nr. 883/2004 bei gewöhnlicher grenzüberschreitender Telearbeit schafft die Möglichkeit, dem Sozialversicherungssystem des Staates des Arbeitgebers zu unterliegen.[60] Die Expertenkommission „Vereinfachte Unternehmensteuer", die für einen möglichst weitgehenden Gleichklang zwischen Sozialversicherungsrecht und Besteuerung generell und auch im grenzüberschreitenden Bereich plädiert, hat auf diese Vorschrift eigens hingewiesen.[61]

58 Ausführlich *Lang* in Sanghavi, 2020, S. 25 ff.

59 Ausführlich *Lang* in Sanghavi, 2020, S. 27 ff.

60 Rahmenübereinkommen zur Anwendung des Art. 16 Abs. 1 der Verordnung (EG) Nr. 883/2004 bei gewöhnlicher grenzüberschreitender Telearbeit, LGBl. 272/2023.

61 Deutsches BMF, Abschlussbericht der Expertenkommission „Vereinfachte Unternehmensteuer", 2. Aufl. 2024, S. 131 ff.

Interessant ist an diesem Rahmenübereinkommen, dass ihm zwar nicht alle EU-Staaten beigetreten sind. Umgekehrt gehören ihm aber auch die Schweiz, Liechtenstein und Norwegen an. Der Anwendungsbereich dieser Vorschrift ist allerdings recht eng: Wenn eine Person im Wohnsitzstaat „gewöhnlich eine andere Tätigkeit als grenzüberschreitende Telearbeit" ausübt,[62] oder wenn sie „gewöhnlich" in einem Drittstaat tätig ist,[63] scheidet ihre Anwendung aus.[64] Sie greift auch nur, wenn die Telearbeit unter 50 % bleibt.[65]

Gegen die Übernahme dieser Regelung in das Steuerrecht spricht zunächst, dass ihre Anwendung optional ist.[66] Dies wäre auf dem Gebiet des Steuerrechts ein Fremdkörper. Denn dann könnte sich der Steuerpflichtige den Staat, in dem er besteuert werden will, selbst wählen. Auch ist ihr Anwendungsbereich zu eng. Die Arbeitswelt ist komplexer geworden: Dienstnehmer, die Telearbeit ausüben, halten sich aus beruflichen Gründen oft regelmäßig auch in Drittstaaten auf. Derartige Konstellationen erfasst das Rahmenübereinkommen nicht. Die Vorschriften eignen sich daher nicht als Modell für künftige steuerrechtliche Regelungen.

2. Bilaterale Abkommen

Auf dem Gebiet des Steuerrechts geht das Öresund-Abkommen in eine ähnliche Richtung wie die geschilderte sozialversicherungsrechtliche Regelung. Die neue Fassung dieses zwischen Schweden und Dänemark geschlossenen Übereinkommens ist am 29.12.2024 in Kraft getreten und im Vergleich zur Vorgängerversion noch weiter flexibilisiert worden.[67] Wer in einem der beiden Staaten ansässig ist und im anderen Staat seinen Arbeitgeber hat und über einen zwölfmonatigen Zeitraum berechnet

62 Art. 2 Abs. 3 lit. a des Rahmenübereinkommens.

63 Art. 2 Abs. 3 lit. b des Rahmenübereinkommens.

64 Dazu *Schedle/Merkinger*, Remote working from anywhere, ARD 2023, 2 (5).

65 Art. 3 des Rahmenübereinkommens.

66 Art. 3 des Rahmenübereinkommens: „Auf Antrag unterliegt eine Person, die gewöhnliche grenzüberschreitende Telearbeit im Sinne von Art. 1 dieses Rahmenübereinkommens ausübt und in den Geltungsbereich von Art. 2 fällt, auf der Grundlage von Art. 16 Abs. 1 der Grundverordnung den Rechtsvorschriften des Staates, in dem der Sitz oder Wohnsitz des Arbeitgebers liegt, sofern die grenzüberschreitende Telearbeit im Wohnstaat weniger als 50 % der Gesamtarbeitszeit ausmacht."

67 Abkommen zwischen dem Königreich Schweden und dem Königreich Dänemark über bestimmte Steuerfragen, in Kraft getreten am 29.12.2024.

zumindest 50 % seiner Arbeit dort ausübt, wird ausschließlich im Staat des Arbeitgebers besteuert.[68]

Im Unterschied zum gerade geschilderten sozialversicherungsrechtlichen Rahmenübereinkommen ist Telearbeit nicht Voraussetzung. Keine im Ansässigkeitsstaat ausgeübte Art der Tätigkeit ist schädlich. Tätigkeiten in Drittstaaten hindern zumindest dann nicht an der Anwendung des Abkommens, wenn es sich bei der Arbeit um eine Geschäftsreise oder eine andere ähnliche Tätigkeit mit gelegentlichem Charakter handelt.[69] Voraussetzung ist nur, dass die im Ansässigkeitsstaat und in Drittstaaten ausgeübte Tätigkeit insgesamt nicht mehr als 50 % der gesamten Tätigkeit ausmacht.

Wenn hier vom Staat des Arbeitgebers die Rede ist, dann spricht das Abkommen zwar die Ansässigkeit des Arbeitgebers an, stellt aber letztlich die Betriebsstätte des Arbeitgebers in den Vordergrund. Es genügt, dass der Arbeitgeber in einem der beiden Staaten entweder nach dem Nordischen Abkommen oder nach einem bestehenden Abkommen eine Betriebsstätte oder eine feste Einrichtung hat, in der die Arbeit ausgeübt wird.[70] Die Löhne oder ähnlichen Vergütungen müssen von der Betriebsstätte getragen werden.[71] Wenn der Arbeitgeber in einem Staat ansässig ist und im anderen Staat des Abkommens die Betriebsstätte oder feste Einrichtung hat, die die Löhne und ähnlichen Vergütungen trägt, dann kommt es auf den Staat der Betriebsstätte oder der festen Einrichtung an.[72]

Trotz aller zuletzt erfolgten Flexibilisierung ist das Öresund-Abkommen nur auf eher traditionelle Arbeitsverhältnisse anzuwenden, in denen zumindest die Hälfte der Arbeit im Staat der Betriebsstätte oder festen Einrichtung ausgeübt wird. Dennoch können sich im Verhältnis zu Drittstaaten Probleme ergeben: Wenn der Arbeitgeber in einem Drittstaat ansässig ist, dann hat – OECD-konforme Abkommen vorausgesetzt – die-

68 Art. 1 Abs. 1 des Abkommens; vgl. dazu *Eberhartinger/Figari/Fleischanderl/Petutschnig/Pistone/Zagler*, Tax barriers and cross-border workers: tackling the fragmentation of the EU tax framework, publication for the committee on tax matters, Policy Department for Economic, Scientific and Quality of Life Policies, European Parliament, S. 52.

69 *Cejie*, New Problems Caused by the COVID-19 Pandemic – Income Taxes and Social Security Contributions (An Overview), ET 2021, 185 (188).

70 Art. 1 Abs. 1 des Abkommens.

71 Art. 1 Abs. 2 lit. a des Abkommens.

72 Art. 1 Abs. 2 lit. b des Abkommens.

ser Staat das Besteuerungsrecht für dort ausgeübte Tätigkeit. Denn die Voraussetzung des Art. 15 Abs. 2 lit. b OECD-MA ist nicht gegeben. Die dadurch ausgelöste Doppelbesteuerung lässt sich nicht vermeiden. Denn die auf den Drittstaat entfallenden Einkünfte können nach dem Öresund-Abkommen auch im Betriebsstättenstaat des Arbeitgebers besteuert werden. Mangels Ansässigkeit des Arbeitnehmers in diesen beiden Staaten ist das DBA zwischen den beiden Staaten nicht anwendbar.

Das Abkommen enthält in seinem Art. 7 auch einen finanziellen Ausgleichsmechanismus zwischen den beiden Staaten: Der Staat des Arbeitgebers hat dem anderen Staat jeweils Ausgleichsbeträge zu zahlen. Die Berechnungsweise ist im Abkommen festgelegt. Über Einzelheiten der Ausgleichsregelung können die zuständigen Behörden eine Vereinbarung schließen.

Interessant ist auch das zwischen der Schweiz und Frankreich geschlossene „Zusatzprotokoll zum Abkommen über die Ausübung unselbständiger Erwerbstätigkeit". Demnach „gilt die vom Ansässigkeitsstaat ausgeübte Tätigkeit in Form von Telearbeit eines Arbeitnehmers für einen im anderen Vertragsstaat ansässigen Arbeitgeber als beim Arbeitgeber im anderen Staat verrichtet, sofern die Tätigkeit in Form von Telearbeit 40 % der Arbeitszeit pro Kalenderjahr nicht übersteigt".[73]

Der Anwendungsbereich des Zusatzprotokolls ist auf Telearbeit beschränkt, und setzt mit der 40-%-Grenze noch dazu einen engen Rahmen.[74] „Temporäre Einsätze" des Arbeitnehmers für den Arbeitgeber im Ansässigkeitsstaat oder einem Drittstaat sind im Ausmaß von bis zu zehn Tagen unschädlich.[75] Für sie erhält auch der Ansässigkeitsstaat des Arbeitgebers das Besteuerungsrecht. Diese Toleranzgrenze ist somit gering. Wäre allerdings die Ausübung der Tätigkeit in einem Drittstaat in größerem Ausmaß möglich, würden sich wiederum größere Probleme der Doppelbesteuerung stellen. Denn die Zuweisung des Besteuerungsrechts für in Drittstaaten ausgeübte Tätigkeiten an den Arbeitgeberstaat im Verhältnis zwischen der Schweiz und Frankreich hindert Drittstaaten nicht an der Besteuerung derselben Einkünfte. Wiederum bestünde die Gefahr, dass nach dem DBA mit dem Drittstaat jener der Quellenstaat ist, während nach dem DBA Schweiz-Frankreich dieselben Einkünfte auch im

73 Art. 1 lit. a des Zusatzprotokolls zwischen der Schweiz und Frankreich über die Besteuerung von grenzüberschreitender Telearbeit.

74 Art. 1 lit. a des Zusatzprotokolls.

75 Art. 3 des Zusatzprotokolls.

Arbeitgeberstaat besteuert werden könnten. Für solche Fälle von Doppelbesteuerung in zwei verschiedenen Quellenstaaten bieten DBA keine Lösung: Nur die vom Ansässigkeitsstaat des Arbeitnehmers abgeschlossenen DBA sind anwendbar.

Dieses Zusatzprotokoll sieht auch einen Fiskalausgleich vor: Der Arbeitgeberstaat zahlt dem Ansässigkeitsstaat des Arbeitnehmers einen Ausgleich in der Höhe von 40 % der geschuldeten Steuern, die auf Vergütungen für die vom Ansässigkeitsstaat ausgeübte Tätigkeit in Form von Telearbeit entfallen.[76] Für in Frankreich ansässige Personen, die ihre Tätigkeit für einen im Kanton Genf ansässigen Arbeitgeber in Form von Telearbeit ausüben, besteht eine Sonderregelung.[77]

3. Die Vorschläge der UN

Auch die UN diskutiert derzeit verschiedene Reformvorschläge ihres Musterabkommens. Einer davon ist eine Ergänzung des Art. 15 MA um einen vierten Absatz:[78]

„4. Notwithstanding the provisions of paragraphs 1 and 2, remuneration derived by a resident of a Contracting State in respect of an employment exercised in that State or in a third State may be taxed in the other Contracting State to the extent that the remuneration is paid by, or on behalf of, an employer who is a resident of that other State."

Die Vorschrift gibt dem Ansässigkeitsstaat des Arbeitgebers das Besteuerungsrecht. Die Verfasser des UN-Entwurfs knüpfen dabei an die aus Art. 15 Abs. 2 lit. b UN-MA bekannte Terminologie an: Auch dort ist davon die Rede, dass die „remuneration is paid by, or on behalf of, an employer". Die dazu bestehende Lehre und Rechtsprechung kann daher für die Auslegung der neuen Vorschrift auch herangezogen werden.[79] Allerdings ist nach Art. 15 Abs. 2 lit. b MA Voraussetzung, dass der Arbeitgeber *nicht* im anderen Staat ansässig ist. Das aus Art. 15 Abs. 2 lit. b MA bekannte Kriterium wird für diese Zwecke umgekehrt.

Die Vorschrift erfasst allerdings bloß im Ansässigkeitsstaat des Arbeitnehmers und in Drittstaaten ausgeübte Arbeit, nicht aber die im Ansäs-

76 Art. 1 lit. b des Zusatzprotokolls.

77 Art. 1 lit. c des Zusatzprotokolls.

78 Kritisch dazu *Weiss de Resende* in Kofler/Lang/Pistone/Rust/Schuch/Spies/Staringer/Szudoczky, 2026, S. 177 (187 f.).

79 *Weiss de Resende* in Kofler/Lang/Pistone/Rust/Schuch/Spies/Staringer/Szudoczky, 2026, S. 177 (189).

sigkeitsstaat des Arbeitgebers ausgeübte Arbeit. Dafür bezogene Vergütungen fallen nach wie vor unter Art. 15 Abs. 1 MA und können nach dieser Vorschrift dann im Ergebnis auch im Ansässigkeitsstaat des Arbeitgebers besteuert werden. Art. 15 Abs. 2 MA kommt in diesen Fällen wegen der Ansässigkeit des Arbeitgebers im anderen Staat nicht zum Tragen.

Die UN diskutiert auch noch eine Modifikation dieser Vorschrift, nach der das Besteuerungsrecht des Ansässigkeitsstaates des Arbeitgebers auf einen bestimmten – bilateral zu vereinbarenden – Prozentsatz beschränkt sein soll:[80]

„4. Notwithstanding the provisions of paragraphs 1 and 2, remuneration derived by a resident of a Contracting State in respect of an employment exercised in that State or in a third State may be taxed in the other Contracting State in accordance with the laws of that State to the extent that the remuneration is paid by, or on behalf of, an employer who is a resident of that other State, but the tax so charged shall not exceed … per cent (the percentage is to be established through bilateral negotiations) of the gross amount of the remuneration."

Nach der modifizierten Vorschrift bleiben dem Ansässigkeitsstaat des Arbeitnehmers mehr Steuern. Denn wenn der Ansässigkeitsstaat des Arbeitgebers unbeschränkt besteuern darf, kann dem Ansässigkeitsstaat des Arbeitnehmers selbst bei der Anrechnungsmethode bei entsprechend hoher Steuer im Arbeitgeberstaat kaum eine oder auch gar keine Steuer zu erheben bleiben.

Falls allerdings nicht auch in Art. 15 Abs. 1 UN-MA ein beschränktes Quellenbesteuerungsrecht aufgenommen wird, verlangt diese Vorschrift, dass danach zu unterscheiden ist, ob die Arbeit im Ansässigkeitsstaat des Arbeitgebers oder woanders ausgeübt wird: Im ersten Fall hätte der Ansässigkeitsstaat des Arbeitgebers das uneingeschränkte Besteuerungsrecht für diese Einkünfte, im anderen Fall wäre es prozentmäßig beschränkt. Nach dieser Vorschrift wirkt es sich daher aus, dass die im Arbeitgeberstaat ausgeübte Arbeit nicht von ihr erfasst ist.

Beide Varianten haben aber den Nachteil, dass es in Drittstaatenkonstellationen bei Doppelbesteuerung bleiben könnte: Denn nach dem DBA des Ansässigkeitsstaates des Arbeitnehmers mit dem Drittstaat hat dieser Staat das Besteuerungsrecht, wenn dort eine Betriebsstätte besteht, von der die Vergütungen getragen werden, oder wenn der Arbeitnehmer an

80 Dazu *Weiss de Resende* in Kofler/Lang/Pistone/Rust/Schuch/Spies/Staringer/Szudoczky, 2026, S. 177 (190 f.).

mehr als 183 Tagen im zwölfmonatigen Zeitraum dort tätig ist. Dann ist nämlich die Art. 15 Abs. 2 MA nachgebildete Vorschrift dieses DBA nicht anwendbar und nach Art. 15 Abs. 1 MA hat dieser Drittstaat das Besteuerungsrecht für diese Vergütungen. Gleichzeitig hat nach dem DBA zwischen dem Ansässigkeitsstaat des Arbeitnehmers und dem des Arbeitgebers Letzterer auch das Besteuerungsrecht für diese Einkünfte. Selbst wenn nach beiden DBA die Anrechnungsmethode vorgesehen ist, könnte die in beiden Staaten erhobene Steuer im Anrechnungshöchstbetrag im Ansässigkeitsstaat des Arbeitnehmers nicht Platz finden.

Umgekehrt kann der Umstand, dass die in Art. 15 Abs. 4 MA vorgeschlagene Vorschrift auch Vergütungen aus der Tätigkeit in einem Drittstaat erfasst und dem Ansässigkeitsstaat des Arbeitgebers zuweist, auch Nichtbesteuerung zufolge haben. Denn es ist nicht gesagt, dass das Steuerrecht dieses Staates überhaupt die erforderlichen Besteuerungstatbestände vorsieht. Der Arbeitgeberstaat wird den nicht bei ihm ansässigen Arbeitnehmer im Regelfall unter Territorialitätsgesichtspunkten besteuern. Daher liegt es alles andere als nahe, dass er Vergütungen, die auf in einem Drittstaat ausgeübte Tätigkeit zurückzuführen sind, erfasst. Ist die Freistellungsmethode für unter Art. 15 Abs. 4 MA fallende Einkünfte vereinbart, kann der Ansässigkeitsstaat des Arbeitnehmers diese Einkünfte auch nicht besteuern. Wenn im Drittstaat weder eine Betriebsstätte des Arbeitgebers besteht, von der die Vergütungen getragen werden, noch die Tätigkeit dort mehr als 183 Tage ausgeübt wird, hat der Drittstaat nach seinem DBA mit dem Ansässigkeitsstaat des Arbeitnehmers auch kein Besteuerungsrecht. Dreifache Nichtbesteuerung ist die Konsequenz.

Zusätzlich erwägt die UN, eine Vorschrift über einen „reverse tax credit" als Option zur Verfügung zu stellen:[81]

„Where an employee is a resident of a Contracting State and derives remuneration in respect of an employment by an employer who is a resident of the other Contracting State, which may be taxed in the other Contracting State in accordance with paragraph 4 of Article 15 of this Convention, the other Contracting State shall allow as a deduction from the tax on that remuneration of that employee an amount equal to the income tax paid in the Contracting State of which the employee is a resident on the remuneration from the exercise of the employment in that State.

81 Dazu *Weiss de Resende* in Kofler/Lang/Pistone/Rust/Schuch/Spies/Staringer/Szudoczky, 2026, S. 177 (192 f.).

Such deduction shall not, however, exceed that part of the income tax, as computed before the deduction is given, which is attributable to the remuneration which may be taxed in the State of which the employee is a resident."

Eine solche Vorschrift würde wiederum – jedenfalls verglichen mit der Anwendung der regulären Anrechnungsmethode im Ansässigkeitsstaat des Arbeitnehmers – in erster Linie auf die Steuereinnahmen zwischen den beiden Staaten Auswirkungen haben: Der Ansässigkeitsstaat des Arbeitnehmers würde primär besteuern und der Ansässigkeitsstaat des Arbeitgebers – wenn dort die Steuern auf die von der Vorschrift erfassten Vergütungen nicht unter jenen des Ansässigkeitsstaat des Arbeitnehmers bleiben – nur die verbleibende Differenz der Steuer des anderen Staates auf seine eigene Steuer.

V. Bewertung

Die zentralen in Art. 15 Abs. 1 und 2 OECD-MA enthaltenen Vorschriften über unselbständige Arbeit versuchen, die Besteuerungsrechte von Ansässigkeits- und Tätigkeitsstaat auszutarieren. Läge der Fokus zu sehr am Tätigkeitsstaat, würde das besonders bei mobilen Arbeitnehmern, die in mehreren Staaten beruflich aktiv sind, Schwierigkeiten bereiten: Steuerpflichtige müssten sich mit den steuerrechtlichen Vorschriften verschiedener Staaten auseinandersetzen und gleichzeitig würde es den Staaten, in denen weder der Arbeitnehmer noch der Arbeitgeber ansässig ist und in denen der Arbeitgeber auch über keine Betriebsstätte verfügt, schwerfallen, die Steuererhebung durchzusetzen. Im Anwendungsbereich der Freistellungsmethode hätten die Steuerpflichtigen durch Verteilung der Einkünfte auf mehrere Staaten wiederum rechtspolitisch schwer zu rechtfertigende Progressionsvorteile, wenn nicht alle beteiligten Quellenstaaten für die Steuersatzermittlung auf das Welteinkommen zurückgreifen. Letzteres würde aber auch zu erheblichem administrativen Aufwand führen.

Die Vorschrift des Art. 15 Abs. 2 OECD-MA vermeidet diese sonst aus Art. 15 Abs. 1 OECD-MA erwachsenden Konsequenzen weitgehend:[82] Es kommt zu einem Rückfall des Besteuerungsrechts an den Ansässigkeitsstaat, wenn der Arbeitgeber im anderen Staat weder ansässig ist noch dort eine Betriebsstätte hat, die die Vergütungen trägt, und sich der Steuerpflichtige auch nicht mehr als 183 Tage dort aufhält. Allerdings können

82 Kritisch aber *Pistone/Tenore*, General Report, in Kofler/Lang/Pistone/Rust/Schuch/Spies/Staringer/Szudoczky (Hrsg.), Mobility of Work, 2024, S. 1 (34 ff.).

sich auch außerhalb des Anwendungsbereichs des Art. 15 OECD-MA diese Probleme stellen: Global tätige Künstler und Sportler unterliegen nach den Art. 17 OECD-MA nachgebildeten Abkommensvorschriften in einer Vielzahl von Staaten der Besteuerung. Bei ihnen bestehen die geschilderten Schwierigkeiten.

Die Besteuerung im Ansässigkeitsstaat vermeidet die geschilderten Probleme. Allerdings ist die Zuordnung des Besteuerungsrechts zum Ansässigkeitsstaat in manchen Konstellationen für etliche Staaten rechtspolitisch nicht akzeptabel: Bei asymmetrischen Migrationsströmen von Pensionisten, die mit einem Wechsel des Ansässigkeitsstaates einhergehen, ist das Fiskalopfer für den früheren Ansässigkeitsstaat, der die Kürzung der Pensionsbeiträge von der steuerlichen Bemessungsgrundlage in der Erwartung der späteren Besteuerung des Ruhegehalts akzeptiert hat, oft zu groß. Bei besonders mobilen Personen zeigt sich immer öfter, dass entweder der Ansässigkeitsstaat nur mit Schwierigkeiten festgemacht werden kann oder gar keine Ansässigkeit existiert. Somit ist auch der Ansässigkeitsstaat nicht ideal für die steuerliche Anknüpfung.[83]

Immer wieder ist die Besteuerung im Staat des Arbeitgebers ins Spiel gekommen. Das Öresund-Abkommen rückt dabei den Staat in den Vordergrund, in der die Betriebsstätte oder feste Einrichtung des Arbeitgebers liegt, setzt aber doch voraus, dass die Arbeit mindestens zur Hälfte in diesem Staat ausgeübt wird. Auf Arbeitnehmer, die in vielen Staaten tätig sind, ohne einen besonderen Schwerpunkt im Staat der Betriebsstätte oder festen Einrichtung zu haben, sind diese Vorschriften gar nicht anwendbar. Würde man die Voraussetzung der mindestens 50%igen Tätigkeit im Betriebsstättenstaat streichen, kommen ähnliche Einwände wie gegen die Besteuerung im Ansässigkeitsstaat des Arbeitgebers zum Tragen. Eine derartige Abkommensvorschrift hat zuletzt die UN diskutiert: Fälle von Doppelbesteuerung oder auch Nichtbesteuerung können in solchen Konstellationen gerade bei Ausübung der Tätigkeit in mehreren Staaten nicht ausgeschlossen werden. OECD und UN hatten letztlich auch vor

83 Kritisch auch *Waldburger*, Income from Employment (Article 15 OECD Model Convention), in Lang/Pistone/Schuch/Staringer (Hrsg.), Source vs. Residence – Problems arising from the Allocation of Taxing Rights in Tax Treaty Law and Possible Alternatives, 2008, S. 185 (188 ff.); sowie *Kemmeren*, Pensions (Article 18 OECD Model Convention), in Lang/Pistone/Schuch/Staringer (Hrsg.), Source vs. Residence – Problems arising from the Allocation of Taxing Rights in Tax Treaty Law and Possible Alternatives, 2008, S. 253 (253 f.).

diesem Hintergrund 2017 die Vorschrift des Art. 15 Abs. 3 OECD-MA für Arbeit, die an Bord eines Flugzeugs oder Seeschiffes ausgeübt wird, geändert und die Besteuerung vom Ansässigkeitsstaat des Arbeitgebers in jenen des Arbeitnehmers verlagert.

Keine der möglichen Lösungen erweist sich somit als ideal. Angesichts dessen spricht viel dafür, bei den bestehenden Regelungen zu bleiben, die Art. 15 OECD-MA anbietet. Zu ihnen hat sich zumindest eine Praxis herausgebildet, die auf reichhaltiger Rechtsprechung in vielen Staaten beruht, die wiederum die Anwendung dieser Vorschriften erleichtert. Gegen Art. 17 OECD-MA sprechen zwar all die Argumente, die generell gegen die Besteuerung im Tätigkeitsstaat ins Treffen geführt werden können. Allerdings lässt sich gerade bei Sportlern und Künstlern der Ansässigkeitsstaat oft schwer festmachen. Art. 18 OECD-MA gehört zu jenen Vorschriften, die dem Ansässigkeitsstaat das ausschließliche Besteuerungsrecht gewähren. Im Verhältnis zwischen einigen Staaten bedarf es dazu einer Alternative. Für die überwiegende Anzahl von Staaten, zwischen denen es nur geringe zu Ansässigkeitswechseln führende Migrationsströme von Pensionisten gibt, oder zwischen denen dies einigermaßen ausgeglichen in beide Richtungen geht, gibt es aber keinen Grund, von Art. 18 OECD-MA abzugehen.

In den Fällen, in denen Änderungen des Arbeitsverhaltens – wie z.B. durch Homeoffice oder Telearbeit – zu erheblichen Änderungen der Verteilung der Besteuerungsrechte zwischen den Vertragsstaaten führt, erscheint es besser, Vereinbarungen darüber zu treffen, unter welchen Voraussetzungen Steuereinnahmen an den anderen Staat weitergeleitet werden. Hier gibt es erste Ansätze in DBA, wie anhand des DBA Österreich-Schweiz oder des Öresund-Abkommens gezeigt werden konnte.[84] Organisationen wie die OECD und die UN könnten Überlegungen dazu anstellen, wie die Anwendung solcher Regeln überprüft werden kann und wie Streitigkeiten darüber gelöst werden können, und bei diesen Prozessen in der Zukunft auch eine aktive Rolle spielen.

Generell sollten Staaten danach trachten, in ihren Abkommen nach Möglichkeit die Vorschriften eines der beiden Musterabkommen zu überneh-

84 Vgl. weiters auch Art. 13c DBA Deutschland-Frankreich; sowie die Stellungnahme des Europäischen Wirtschafts- und Sozialausschusses v. 20.1.2022 zum Thema „Besteuerung grenzüberschreitend tätiger Telearbeiter und ihrer Arbeitgeber“, Rz. 4.3, ABl. EU Nr. C 443 v. 22.11.2022, S. 15; vgl. auch die Antwort auf eine parlamentarische Anfrage von *Paolo Gentiloni* im Namen der Europäischen Kommission, E-002845/2022(ASW).

men. Die Erfahrung zeigt, dass abweichende Vorschriften in vielen Staaten besonders häufig gerichtsanhängig werden. Dies hängt einerseits damit zusammen, dass es naturgemäß an einer weltweiten Auslegungs- und Anwendungspraxis – wie sie zu Bestimmungen eines der Musterabkommen besteht – in diesen Fällen fehlt. Zum anderen weisen solche oft kurzfristig vor oder sogar in den Verhandlungen formulierte Vorschriften gelegentlich auch handwerkliche Fehler auf. Daher sollten sich Staaten gut überlegen, ob sie tatsächlich Grenzgängervorschriften in ihren Abkommen brauchen. Wenn sie – wie Deutschland und Österreich – im Verhältnis zu etlichen Nachbarstaaten ohne solche Vorschriften auskommen, könnte dies Anlass sein, die Position auch im Verhältnis zu anderen Staaten zu überprüfen. Geht es um eine aufgrund asymmetrischer Pendlerbewegungen als unbefriedigend empfundene Verteilung der Steuereinnahmen, könnte die Lösung in einem bilateralen Finanzausgleich gesucht werden.[85]

Für Fälle, in denen Grenzgängerregelungen aber weiterhin gebraucht werden, sollten Organisationen wie die OECD und die UN in ihren Kommentaren zu den Musterabkommen Modellvorschriften zur Verfügung stellen.[86] Dies gilt auch für erforderlich erachtete Abweichungen von Art. 18 OECD-MA. Da dies in großem Umfang ein innereuropäisches Thema zu sein scheint, könnte gerade bei dieser Vorschrift auch die EU-Kommission eine aktive Rolle spielen. Unter allen Umständen sollte vermieden werden, dass – wie es aber derzeit der Fall ist – Staaten in diesen Konstellationen jeweils das Rad neu erfinden müssen. Denn das führt zu einem Wildwuchs an Regelungen und in der Folge zu einer Vielzahl von Auslegungsproblemen.

85 So auch *Schuster*, SWK 2025, 1091 (1099).

86 Vgl. aber *Eberhartinger/Figari/Fleischanderl/Petutschnig/Pistone/Zagler*, Tax barriers and cross-border workers: tackling the fragmentation of the EU tax framework, S. 57, die hier eine Aufgabe der EU sehen.

Präferenzregime für grenzüberschreitende Mobilität im Rechtsvergleich

Prof. Dr. *Andrés Báez Moreno*
Max-Planck-Institut für Steuerrecht und Öffentliche Finanzen, München

I. Die zunehmende grenzüberschreitende Mobilität natürlicher Personen und die Präferenzregime

Bis vor kurzem erleichterten die sprichwörtliche Immobilität des Produktionsfaktors Arbeit sowie andere begleitende Umstände die Aufgabe des Gesetzgebers erheblich, wenn es darum ging, die Einkommen (aus aktiver Tätigkeit) und das Vermögen natürlicher Personen zu besteuern, die in besonders enger Beziehung zu seinem Hoheitsgebiet standen. Oder, präziser formuliert: Dem Gesetzgeber wurden nur wenige Alternativen bei den grundlegenden Gestaltungsentscheidungen im Bereich der persönlichen Einkommensbesteuerung gelassen: Die Ansässigkeitsstaaten konnten es sich leisten, die aktiven Welteinkünfte ihrer Steuerpflichtigen stark zu besteuern. In dieser Welt bestand ihre Aufgabe auch darin, die Einkünfte natürlicher Personen zusammenzuführen, deren steuerliche Belastung im Einklang mit dem Leistungsfähigkeitsprinzip auszugestalten und Doppelbesteuerung oder missbräuchliche Nichtbesteuerung zu korrigieren.[1]

Die Verbilligung der Transportmittel, die Ausweitung der Freizügigkeit in politisch integrierten Räumen, einige demographische Veränderungen – insbesondere, in bestimmten Regionen der Welt, die sinkende Geburtenrate, das steigende Durchschnittsalter bei der Geburt des ersten Kindes und die Zunahme der gesunden Lebenserwartung – und, vor allem, die Digitalisierung der Arbeit, haben dieses Normengefüge erschüttert.[2] Diejenigen Personen, die sich bereits zuvor leicht bewegen konnten – im Wesentlichen hochvermögende Privatpersonen (*HNWI*)[3] sowie bestimmte Künstler und Sportler – tun dies nun noch müheloser. Die eigentliche Veränderung besteht jedoch darin, dass bestimmte Arbeitnehmer und Selbständige heute Mobilitätsgrade (auch grenzüberschreitend) erreichen können, die noch vor zwanzig Jahren undenkbar gewesen wären. All diese Veränderungen haben erhebliche rechtliche Folgen nach sich gezogen, die im Wesentlichen vom Bestreben vieler Jurisdiktionen geleitet sind,

---

1 *Schön*, Is Everybody Obliged to Pay Taxes Somewhere?, in Max Planck Institute for Tax Law and Public Finance Working Paper 2023 – 09, 2023, 6–10.

2 Eine zusammenhängende und systematische Analyse dieser Faktoren findet sich in: *Duff*, Rethinking Residence and Source Tax Rules for Individuals in an Increasingly Globalized and Digitalized World, in Lazarov/van der Vlugt (Hrsg.), Blueprint for Individual Income Taxation Reform in a Globalized World, 2025, 1.2.

3 Obwohl dieses Akronym selbstverständlich der englischen Bezeichnung „High Net Worth Individuals“ entstammt, wird es in dieser Arbeit aufgrund seiner nahezu universellen Verbreitung beibehalten.

wirtschaftlich attraktive Zuwanderer anzuziehen. Über die Vermarktung des steuerlichen Wohnsitzes und der Staatsangehörigkeit hinaus – gemeint sind die Programme *Residence by Investment* und *Citizenship by Investment*[4] – haben zahlreiche Jurisdiktionen ihre „Willkommenspakete" durch steuerliche Vergünstigungen unterschiedlichster Art und Ausgestaltung „aufgewertet", die darauf abzielen, die Steuerlast bestimmter neu zugezogener Ansässiger für eine gewisse Zeit zu mindern. Diese rechtlichen Regelungen – sei es administrativer oder steuerlicher Art – stellen zudem echte rekursive Phänomene dar, da sie einerseits eine Folge der Faktoren sind, welche die Mobilität bewirken, und andererseits eine Ursache oder zumindest ein zusätzlicher Faktor sein können, der weitere Mobilität erzeugt.

Auch wenn die quantitative Bedeutung der Präferenzregime – zumindest derzeit – möglicherweise nicht so groß ist, wie bisweilen behauptet wird,[5]

---

4 Zu diesen Programmen, deren Analyse außerhalb des Rahmens dieser Arbeit bleibt, vgl. die umfangreiche Literatur und Dokumentation in: *Duff* in Lazarov/van der Vlugt (Hrsg.), Blueprint for Individual Income Taxation Reform in a Globalized World, 2025, 1.2.3.

5 Diese Arbeit beabsichtigt nicht, die Bedeutung der Präferenzregime quantitativ zu erfassen. Der Autor vermutet jedoch, dass die enorme Tragweite, die ihnen häufig zugeschrieben wird, möglicherweise überhöht ist. Diese Vermutung stützt sich darauf, dass die Faktoren, welche diese Bedeutung theoretisch untermauern sollen, zweifelhaft erscheinen. Tatsächlich glaubt der Autor weder, dass die Einführung von GloBE den Steuerwettbewerb in nennenswerter Weise in den Bereich der persönlichen Einkommensbesteuerung verlagern wird, noch dass die ausschließliche oder überwiegende Telearbeit (im hybriden Modell), die die grenzüberschreitende Mobilität begünstigt, heute noch in dem Maße verbreitet ist wie unmittelbar nach dem Ende der Pandemie. Darüber hinaus sind die empirischen Belege für einen möglichen Einfluss der persönlichen Einkommensbesteuerung auf Migrationsentscheidungen nicht schlüssig. Jedenfalls deuten die verfügbaren Zahlen zu den Begünstigten dieser Regime auf eine eher geringe quantitative Bedeutung hin – sowohl in absoluten als auch in relativen Zahlen: die umfassendsten – wenn auch deutlich veralteten – Zahlen zu den Begünstigten in *Godar/Flamant/Richard*, New Forms of Tax Competition in the European Union – An Empirical Investigation, in EU Tax Observatory Reports, Report No. 3, 2021, 17; mit noch veralteteren Daten: OECD, Taxation and Employment, OECD Tax Policy Studies, 2011, No. 21, 139; *Hongler* bezeichnet die schweizerischen und britischen Regime als „Success Stories", da sie jeweils rund 4.500 bzw. zwischen 70.000 und 100.000 Personen pro Jahr begünstigen, *Hongler*, Global Tax Policy Options for Taxing Billionaires, in Kostić/Báez Moreno/Chand/Tenore (Hrsg.), Mobility of Individuals and Workforces – Tax Challenges Raised by Digitalization, 2024, 25 (48).

steht außer Frage, dass ihre Zahl in den letzten zwanzig Jahren deutlich zugenommen hat.[6] Und auch wenn dieses Fazit zum Zeitpunkt der Abfassung dieser Arbeit möglicherweise zu relativieren ist – in den letzten fünf Jahren sind einige dieser Regime verschwunden, meist ersetzt durch weniger großzügige Varianten, oder sie wurden erheblich eingeschränkt[7] –, dürfen diese Differenzierungen den zentralen Ausgangspunkt dieser Untersuchung nicht verdecken: Der Verzicht vieler Jurisdiktionen, ausländische und sogar inländischen Einkünfte bestimmter „neuer Ansässiger" vollumfänglich zu besteuern, stellt aus qualitativer Sicht eines der bedeutendsten Phänomene der Einkommens- (und Vermögens-)besteuerung im 21. Jahrhundert dar.[8] Letztere Überlegung bildet den Ausgangspunkt dieser Arbeit.

Diese qualitative Analyse muss mit einer präzisen Definition dessen beginnen, was unter einem Präferenzregime für die grenzüberschreitende Mobilität natürlicher Personen zu verstehen ist (Abschnitt II). Anschließend werden die wesentlichen Merkmale dieser Regime untersucht (*taxonomische Kategorien*), wobei systematisch zwischen den grundlegenden Tatbestandsmerkmalen und ihren Rechtsfolgen unterschieden wird (Abschnitt III). Schließlich werden die Auswirkungen dieser grundlegenden Elemente auf die Anwendung von Doppelbesteuerungsabkommen für die Begünstigten dieser Regime (Abschnitt IV) sowie deren Verein-

---

6 Es wurde darauf hingewiesen, dass es (in Europa) im Jahr 1994 lediglich fünf geltende Präferenzregime gab, während ihre Zahl im Jahr 2020 bereits auf 28 angestiegen war, *Godar/Flamant/Richard* in EU Tax Observatory Reports, Report No. 3, 2021, 10–11, 43–48.

7 Abschaffungen oder erhebliche Kürzungen gab es bei den Regimen in Belgien (2014), Italien (2024: *Palmitessa*, TNI 2024, 1627–1633), den Niederlanden (2024: *Offermans*, ET 2024, 277–280), Portugal (2024: *Botelho Moniz*, ET 2024, 230–232) und dem Vereinigten Königreich (2025: *Catinari*, ET 2025, 267–271). Auch das schweizerische Pauschalbesteuerungsregime wurde abgeschafft, allerdings nur in einigen Kantonen (Basel-Landschaft, Basel-Stadt, Zürich, Schaffhausen und Appenzell-Ausserrhoden) und nur in bestimmten Fällen, als der BEPS-Plan bereits in Kraft war (Basel-Landschaft und Basel-Stadt in 2014). Von den fünf erfolgreichsten europäischen Präferenzregimen in Bezug auf die Anzahl der Begünstigten – laut der Liste von *Godar/Flamant/Richard* in EU Tax Observatory Reports, Report No. 3, 2021, 17 – (nämlich denen der Niederlande, des Vereinigten Königreichs, Belgiens, Portugals und Frankreichs) – wurden drei (Niederlande, Vereinigtes Königreich und Portugal) in den letzten zwei Jahren abgeschafft oder stark eingeschränkt.

8 *Schön* in Max Planck Institute for Tax Law and Public Finance Working Paper 2023 - 09, 2023, 11–12.

barkeit mit den verfassungsrechtlichen Grundsätzen (Abschnitt V) und dem europäischen Gemeinschaftsrecht (Abschnitt VI) analysiert. Das Kapitel schließt mit einem Exkurs über die Präferenzregime und den sog. schädlichen Steuerwettbewerb (Abschnitt VII).

II. Was ist ein Präferenzregime für die grenzüberschreitende Mobilität natürlicher Personen?

Soweit dem Autor bekannt ist, gibt es kein juristisches Dokument – nicht einmal eine *Soft-Law*-Quelle[9] –, das sich auf *Präferenzregime für die grenzüberschreitende Mobilität natürlicher Personen* oder einen ähnlichen Begriff bezieht. Auch das Schrifttum hilft bei der präzisen Abgrenzung des Gegenstands dieser Arbeit nicht wirklich weiter, da die Autoren, die sich mit diesen Regimen befassen, weder eine einheitliche Benennung für diese verwenden, noch ihren Inhalt genau definieren.[10] Hinzu kommt, dass die Beispiele nicht stets Präferenzregime derselben Staaten betreffen.

Die Regime, deren vergleichende Analyse von den Organisatoren des Kongresses beabsichtigt wurde, genau zu definieren, ist daher mit einer gewissen Schwierigkeit verbunden. Die beste Methode ist hierbei, zunächst von der wörtlichen Bedeutung des uns gegebenen Titels – nämlich *Präferenzregime für die grenzüberschreitende Mobilität natürlicher Personen* – auszugehen und im Lichte dessen jeden seiner Bestandteile einzeln zu untersuchen, um schließlich zu einer präzisen Definition genau derjenigen Regelungen zu gelangen, welche Gegenstand der vorliegenden Analyse sein werden.

1. Präferenzregime

Ebenso wie beim enger gefassten Begriff des *Präferenzregimes für die grenzüberschreitende Mobilität natürlicher Personen* existiert auch für den Aus-

9 Wie zutreffend festgestellt wurde, war die Arbeit der OECD zu Präferenzregimen stets mit der Unternehmensbesteuerung und dem Phänomen des schädlichen Steuerwettbewerbs verbunden, *Szudoczky/Rodríguez Peña*, WTJ 2024, 2.1.

10 Vielleicht ist die präziseste Definition diejenige, die *Szudoczky/Rodríguez Peña* anbieten und von Public Policy Papers übernehmen. Gemäß dieser Definition wären solche Regime Vereinbarungen, durch die Länder neuen (in der Regel ausländischen) ansässigen Personen eine günstige steuerliche Behandlung gewähren, während die gleichen steuerlichen Bedingungen für bestehende (nationale) Steuerpflichtige beibehalten werden“, *Szudoczky/Rodríguez Peña*, WTJ 2024, 2.1.

druck *Präferenzregime* selbst keine gesetzliche Definition und keine anerkannte Begriffsbestimmung in der wissenschaftlichen Literatur. Zwar verwendet der OECD-Bericht von 1998 über *Harmful Tax Competition*[11] den Begriff *(harmful) preferential tax regimes* insgesamt 83-mal. Der Schwerpunkt des Berichts auf dem schädlichen Charakter dieser Regime verfälscht jedoch den Begriffsgehalt und macht ihn für die hier maßgeblichen Zwecke nur eingeschränkt brauchbar. Aus diesem Grund erscheint es am sinnvollsten, Präferenzregime als Normen oder Normkomplexe zu verstehen, die für bestimmte Steuerpflichtige oder Transaktionen günstige Abweichungen vom „normalen" Steuerregime vorsehen; letztlich handelt es sich also um Steuervergünstigungen bzw. steuerliche Präferenzregelungen.[12]

Da in dieser Arbeit nur solche Präferenzregime untersucht werden sollen, die sich auf natürliche Personen erstrecken, ist es denklogisch zwingend, dass sich die Analyse auf solche Regime erstreckt, die steuerliche Vorteile in den Steuern gewähren, deren Steuerpflichtige natürliche Personen sind. Diese Steuervorteile konzentrieren sich offensichtlich vor allem auf die Einkommensteuer, sollte in einem Land jedoch eine Vermögensteuer oder eine Steuer auf unentgeltlich erworbenes Einkommen/einen unentgeltlichen Vermögenszuwachs (wie Erbschaft- oder Schenkungsteuer) erhoben werden, können die Steuervorteile auch hier vorhanden sein.[13]

11 OECD, Harmful Tax Competition – An Emerging Global Issue, 1998.

12 In diesem Sinne in Bezug auf den Begriff des „besonderen Steuerregimes": *Straßburger* in DStjG 47 (2025), S. 283 (284).

13 Die folgenden Regime sehen Begünstigungen vor, die über die Einkommensteuer hinausgehen: das spanische Regime der Impatriierten (Besteuerung nach beschränkter Steuerpflicht in der Vermögensteuer); das inzwischen aufgehobene britische Non-Dom-Regime (Befreiung von im Ausland belegenen Vermögensgegenständen von der Erbschaftsteuer) (*Adam/Miller*, Reforming the taxation of non-doms: policy options and uncertainties, Institute for Fiscal Studies, 2024, 4); das griechische Impatriiertenregime (Befreiung von der Erbschaftsteuer sowie von bestimmten Formen der Schenkungsteuer für im Ausland belegene Vermögensgegenstände) (*Kypris*, Greece – Individual Taxation – Country Tax Guides IBFD, 7.2.1.); das italienische Flat-Tax-Regime (Befreiung von im Ausland belegenen Vermögenswerten in der Erbschaft- und Schenkungsteuer sowie von der Steuer auf den Wert von im Ausland gelegenen Immobilien und Finanzvermögen). Das italienische Sonderregime für Rentner enthält ebenfalls Befreiungen von der Steuer auf den Wert von im Ausland gelegenen Immobilien und Finanzvermögen (*Beretta/Freitas Soares*, Competing for Taxpayers: A Blueprint to Identify and Asses Harmful Tax Regimes for Individuals in Lazarov/Vlugt (Hrsg.), Blueprint for Individual Income Taxation Reform in a Globalized World, 2025, 5.4.2). Einige Regime be-

2. Für die grenzüberschreitende Mobilität

Die Analyse konzentriert sich auf Präferenzregime, die natürlichen Personen aufgrund ihrer grenzüberschreitenden Mobilität Vorteile verschaffen. Besonders hervorzuheben sind dabei diejenigen Regime, welche die Gewährung von Steuervorteilen rechtlich an einen Wohnsitzwechsel knüpfen.[14]

Unsere Analyse wäre jedoch unvollständig, wenn wir nicht auch andere Regime berücksichtigen würden, die zwar rechtlich nicht an eine grenzüberschreitende Verlagerung – insbesondere den Erwerb des Wohnsitzes – gebunden sind, aber dennoch steuerliche Vorteile bieten, die bei der Entscheidung für einen grenzüberschreitenden Umzug in die betreffende Jurisdiktion ausschlaggebend sein können. Gemeint sind dabei selbstverständlich jene Regime, die – dem inzwischen abgeschafften britischen Modell folgend – bei *non-domiciled* residents lediglich die ins Inland überwiesenen Auslandseinkünfte (*remittance basis*) erfassen.[15] Diese Regime können zwar auch auf Personen Anwendung finden, die bereits im betreffenden Staat ansässig sind, ohne dass ein grenzüberschreitender Wechsel der Ansässigkeit erforderlich wäre; vor allem aber – und das ist entscheidend – üben sie eine erhebliche Anziehungskraft auf solche aus, die einen Wechsel in eine entsprechende Jurisdiktion in Betracht ziehen.[16]

inhalten auch Vorteile im System der Sozialversicherungsbeiträge, auf die in dieser Arbeit nicht näher eingegangen wird: seit 2022 geltende belgische Regime, das griechische Impatriiertenregime.

14 Aus etymologischer Sicht wären auch jene Vergünstigungen als Präferenzregime für grenzüberschreitende Mobilität zu verstehen, die manche Jurisdiktionen für bestimmte ausländische Einkünfte – in der Regel aus unselbständiger Arbeit – gewähren, die von inländischen Steuerpflichtigen erzielt werden (Regime für gelegentliche Expatriates). Obwohl sie an dieser Stelle erwähnt werden, sollen sie in dieser Arbeit keiner eingehenden Analyse unterzogen werden, da sie zum einen selten vorkommen und zum anderen weder an einen Wohnsitzwechsel geknüpft sind noch über eine hinreichende Anreizwirkung verfügen, um einen solchen zu veranlassen. Einige Beispiele finden sich in: Spanien, Italien (*Avella*, Italy – Individual Taxation – Country Tax Guides IBFD, 7.2.2), den Niederlanden (*Flinterman*, Netherlands – Individual Taxation – Country Tax Guides IBFD, 7.2.2) und Portugal (*Valente Vieira*, Portugal – Individual Taxation – Country Tax Guides IBFD, 7.2.2).

15 Es ist schwierig, eine präzise Übersetzung der Begriffe „remittance basis“ und „nondomiciled individuals“ ins Deutsche zu finden. Daher wird systematisch auf ihre englischen Bezeichnungen zurückgegriffen.

16 In der wissenschaftlichen Literatur, die sich mit der Untersuchung von Präferenzregimen beschäftigt, wird äußerst häufig auch auf Non-doms-Regime ein-

Nicht im Detail behandelt werden die von einigen osteuropäischen Staaten gewährten steuerlichen Vorteile für bereits ansässige Personen, die im Land verbleiben – vorrangig junge Menschen, wie in Polen oder Kroatien, oder besonders kinderreiche Mütter, wie in Ungarn. Letztere erscheinen eher als Prämien für Unbeweglichkeit denn als Instrumente zur Förderung von Mobilität.

3. Natürlicher Personen

Direkte steuerliche Anreize für Unternehmen zur Einstellung von grenzüberschreitenden Arbeitnehmern sind äußerst selten. Im vorliegenden Beitrag soll jedoch ausschließlich auf jene steuerlichen Begünstigungen eingegangen werden, die formal natürlichen Personen gewährt werden, deren Einkommen oder Vermögen besteuert wird, und die – unmittelbar oder mittelbar – an ihre grenzüberschreitende Mobilität anknüpfen. Das bedeutet allerdings nicht, wie im Zusammenhang mit einer später zu erörternden unionsrechtlichen Fragestellung noch zu zeigen sein wird (s. unten Abschnitt VI.2.), dass solche Regime nicht auch (bestimmten) Unternehmen mittelbar zugutekommen können. An diesem Punkt sind wir in der Lage, diejenigen Präferenzregime zu definieren, auf die sich diese Arbeit bezieht: Gegenstand der Analyse sind *jegliche steuerliche Vorteile oder bloße Ausgleichsmaßnahmen, die verschiedene Jurisdiktionen natürlichen Personen gewähren, sei es einmalig oder dauerhaft, punktuell oder strukturell, die an die Existenz einer grenzüberschreitenden Verlegung gebunden sind oder die, ohne sie ausdrücklich zu erfordern, dazu geeignet erscheinen, eine solche Verlegung zu veranlassen.*

III. Die technische Gestaltung von Präferenzregimen im rechtsvergleichenden Kontext: Versuch einer Taxonomie

Die nationale Literatur und Rechtsprechung zu Regimen, die in die vorstehende Definition einzuordnen sind, ist nahezu unüberschaubar. Der Versuch, auch nur einen schematischen Überblick über die mehr als 30 derzeit allein in Europa geltenden Regime zu geben, wäre ein gewagtes

gegangen: *Müller-Nagel*, Zuzugbesteuerung natürlicher Personen, 2018, 29–125; *Godar/Flamant/Richard* in EU Tax Observatory Reports, Report No. 3, 2021, 10, 12, 17; *Szudoczky/Rodríguez Peña*, WTJ 2024, 2.2.2; *Beretta/Freitas Soares* in Lazarov/Vlugt (Hrsg.), Blueprint for Individual Income Taxation Reform in a Globalized World, 2025, 5.4.9.

Unterfangen, das letztlich niemanden zufriedenstellen würde. Wer sich für die technischen Einzelheiten eines bestimmten Regimes interessiert, müsste ohnehin auf die jeweiligen Quellen oder die örtlichen Fachleute zurückgreifen. Andererseits würde auch eine in Listenform dargestellte, mehr oder weniger willkürliche Auswahl solcher Regime die Erwartungen jener nicht erfüllen, die die grundlegenden Strukturelemente und die unterschiedlichen „Familien" dieser Regime kennenlernen möchten. Der Titel dieses Beitrags verlangt daher einen anderen Zugang.

In diesem Abschnitt soll eine juristische[17] Taxonomie der in Europa[18] geltenden Präferenzregime entwickelt werden, die sowohl einen systematischen und umfassenden Überblick über diese Regime bietet als auch

17 Die Verwendung einer strikt juristisch (steuerrechtlich) ausgerichteten Taxonomie ermöglicht es, die Probleme zu vermeiden, die sich für eine rechtliche Analyse aus der Übernahme von durch Ökonomen geprägten Klassifikationen ergeben. Gemeint sind insbesondere die von *Godar/Flamant/Richard* vorgeschlagenen Kategorien – Regime für ausländische Einkünfte oder Welteinkommensregelungen, Regelungen im Zusammenhang mit Einkünften aus der Ausübung einer bestimmten wirtschaftlichen Tätigkeit im Aufnahmestaat – Rentner ausgerichtete Systeme (*Godar/Flamant/Richard* in EU Tax Observatory Reports, Report No. 3, 2021, 12) – und jene von *Gstrein/Herold/Neumeier* die Präferenzregimen für zuvor nicht ansässige Arbeitnehmer oder Steuerpflichtige – Steuerbefreiungen auf Welteinkommen – Rentnerregelungen unterscheiden (*Gstrein/Herold/Neumeier*, Harmful Practices and Competition in the Area of Personal Income and Wealth Taxation, publication for the Subcommittee on tax matters, Policy Department for Economic, Scientific and Quality of Life Policies, European Parliament, 2022, 15). Diese Einteilungen haben sich – trotz ihres geringen juristischen Präzisionsgrads – in der späteren Literatur weitgehend durchgesetzt, wurden jedoch, zu Recht, auch kritisch hinterfragt, s. *Soler*, Individuals: The Forgotten Taxpayers in a BEPS Scenario, in Pistone (Hrsg.), Building Global International Tax Law – Essays in Honour of Guglielmo Maisto, 2022 197 (205). Deutlich präziser, wenn auch nicht durchgängig systematisch und in Teilen veraltet, sind die von der OECD ausgearbeiteten Kategorien: OECD Tax Policy Studies, 2011, No. 21, 137–146. Am ehesten vergleichbar mit der hier vorgeschlagenen Einteilung: *Pistone et al.* Chapter 12: Special Regimes for Relocation of Individuals, in Pistone et al. (Hrsg.) Fundamentals of Personal Income Taxation, 2025, 12.2.

18 Die Untersuchung bezieht sich auf alle derzeit in Europa geltenden Präferenzregime. Diese Vollständigkeit vermeidet willkürliche Auswahlentscheidungen. Die Beschränkung auf Europa ist sinnvoll, weil der Schwerpunkt auf gemeinsamen verfassungsrechtlichen Aspekten und Fragen der Vereinbarkeit mit dem EU-Recht liegt. Die verwendeten taxonomischen Kategorien und viele rechtliche Schlussfolgerungen sind jedoch auch auf nicht-europäische Regime übertragbar.

dazu beiträgt, die in den folgenden Abschnitten dieses Beitrags behandelten Rechtsfragen zu verdeutlichen.

Eine juristische Taxonomie von Präferenzregimen hat sich – selbstverständlich – auf die beiden grundlegenden Elemente jeder Rechtsnorm zu stützen: den Tatbestand, das heißt die Voraussetzungen für die Anwendung des Präferenzregimes, und die Rechtsfolge, also den den Begünstigten gewährten Vorteil.

1. Der Tatbestand der Präferenzregime: die Voraussetzungen für die Anwendung steuerlicher Vorteile für grenzüberschreitende Individuen

Präferenzregime knüpfen ihre Anwendung grundsätzlich an die grenzüberschreitende Verlagerung bestimmter Steuerpflichtiger. Aus diesem Grund beziehen sich die beiden taxonomischen Hauptkategorien, die eine Systematisierung ermöglichen, einerseits auf den Grad der Überleitung des Begünstigten in den gewährenden Staat und andererseits auf die spezifischen Merkmale dieser Begünstigten.

a) Ausschließlich für grenzüberschreitende natürliche Personen?

Grundsätzlich verfolgen alle Präferenzregime – wenn auch mit unterschiedlichen Zielsetzungen – das Ziel, die Präsenz natürlicher Personen im Hoheitsgebiet des gewährenden Staates zu fördern. Daher ist es in der Regel Voraussetzung für ihre Anwendung, dass der Begünstigte seine steuerliche Ansässigkeit in diesen Staat verlagert.[19] Der Genuss der Ver-

---

19 Eine detaillierte Aufzählung sämtlicher Regime, die einen Wechsel der Ansässigkeit verlangen, ist hier entbehrlich. Hingegen sollen jene Regime kurz erwähnt werden, die eine solche Voraussetzung nicht kennen. Zunächst sind die Non-Dom-Regime hervorzuheben, auf die im Folgenden noch eingegangen wird. Daneben existiert nur eine sehr kleine Zahl von Regimen, die – ohne selbst Non-Dom-Regime zu sein – auch für nicht ansässige Steuerpflichtige gelten: die zypriotische 20-Prozent-Befreiung (*Papapanayiotou*, Cyprus – Individual Taxation – Country Tax Guides IBFD, 7.2.1.1.); das bis 2022 geltende belgische Sonderregime für Expatriates (régime des cadres étrangers) (*Geluyckens*, Belgium – Individual Taxation – Country Tax Guides IBFD, 7.2.1); das niederländische 30-Prozent-Regime; das dänische Flat-Tax-Regime, das nur verlangt, dass der Steuerpflichtige entweder unbeschränkt oder beschränkt steuerpflichtig wird (*Vagtborg/Krushave/Ahrenkiel/Kallehauge*, Denmark Individual Taxation – Country Tax Guides IBFD, 7.2.1.).

günstigung ist in vielen Fällen auch davon abhängig, dass nach dem ursprünglichen Zuzug eine Mindestanzahl von Aufenthaltsjahren erfüllt wird.[20] Nicht selten reicht die bloße Verlagerung der steuerlichen Ansässigkeit allein nicht aus, um in den Genuss des vorgesehenen Steuerregimes zu gelangen.[21] Vielmehr verlangen manche Rechtsordnungen, dass die natürliche Person tatsächlich in die betreffende Jurisdiktion umzieht[22] oder die Tätigkeit während des größten Teils des Steuerjahres dort ausübt.[23]

Eine Beschränkung der Analyse auf Präferenzregime, deren Anwendung formell von einem – in unterschiedlicher Intensität – grenzüberschreitenden Umzug abhängt, wäre zu eng gefasst. Sie ließe nämlich eine Reihe von Regimen außer Betracht, die zwar auf bereits ansässige Personen Anwendung finden, jedoch gleichwohl eine erhebliche Anziehungskraft auf neue Steuerpflichtige des begünstigenden Staates entfalten. Gemeint sind die derzeit in Irland[24] und Malta[25] bestehenden *Non-Dom*-Regime.[26] Das

20 So etwa: italienisches Impatriiertenregime (vier Jahre); griechisches Regime für Arbeitnehmer und Selbständige (zwei Jahre).

21 Dieser Aspekt kann in zahlreichen Rechtsordnungen von Bedeutung sein, die für die Begründung der steuerlichen Ansässigkeit keine längere physische Präsenz einer Person voraussetzen. Wie *Escribano* anhand einer repräsentativen Stichprobe aufgezeigt hat, stützen sich zwar 87 % der Jurisdiktionen bei der Bestimmung der Ansässigkeit auf das Kriterium der physischen Präsenz, doch lediglich 22 % machen die steuerliche Ansässigkeit ausschließlich von diesem Kriterium abhängig: *Escribano López*, WTJ 2024, 2.1.1.

22 So etwa das spanische Impatriiertenregime, das italienische Sonderregime für Forscher und Lehrkräfte sowie das in Belgien seit 2022 geltende Regime, ferner das isländische Befreiungsregime von 25 Prozent. Das italienische Regime für Pensionäre setzt einen tatsächlichen Umzug in Gemeinden mit weniger als 20.000 Einwohnern voraus, die in bestimmten südlichen Regionen des Landes gelegen sind.

23 So beispielsweise das italienische Regime der Impatriati vor und nach den Reformen, die 2023 durchgeführt wurden, sowie das Sonderregime für Forscher und Professoren (*Beretta/Cipollini*, ET 2024, 170 ff. (172, 174) oder das dänische Regime (*Vagtborg/Krushave/Ahrenkiel/Kallehauge*, Denmark Individual Taxation – Country Tax Guides IBFD, 7.2.1.).

24 *O'Callaghan*, Ireland – Individual Taxation – Country Tax Guides IBFD, 1.1.4.1.3.

25 *Ross/Bonnici*, Malta – IBFD Country Tax Guides – Individual Taxation IBFD sec. 1.2.1.

26 All diese Regime sind das Ergebnis der Übertragung des traditionellen britischen Non-Dom-Regime auf ehemalige Kolonien des Vereinigten Königreichs. Dieses wurde im Jahr 2024 durch ein neues System – das Foreign In-

Konzept des *Domicile* (und des *Non-Dom* im Privat- und Steuerrecht) ist im Gesetz nicht ausdrücklich definiert,[27] sondern basiert auf einer Reihe von Prinzipien (den sog. *fünf Prinzipien des Domicile*)[28] sowie auf der Rechtsprechung, welche diese Prinzipien erläutert und auf konkrete Fälle anwendet. Seine tiefe Verwurzelung im *Common Law* und die Bedeutung intentionaler Elemente in seiner Ausgestaltung machen es zu einem schwierigen Konzept, insbesondere für kontinentale Juristen. Dennoch können hier einige grundlegende Aspekte skizziert werden, um die häufigsten Umstände, die einen „*non-dom*" umgeben, verständlich zu machen. Das archetypische Beispiel eines „*Domiciled*" (im Vereinigten Königreich oder in jedem anderen Land, das dieses System vorsieht) ist ein Steuerpflichtiger, dessen Vater zum Zeitpunkt seiner Geburt sein *domicile* im Vereinigten Königreich (oder in der betreffenden Jurisdiktion)[29] hat. Dieses *domicile of origin* ist letztlich ausschlaggebend, denn auch wenn es andere Möglichkeiten gibt, ein domicile zu erwerben – etwa das *domicile of dependence*[30] –, erlischt das ursprüngliche domicile nicht.[31] Zudem kann es relativ leicht wiederaufleben, wenn aus verschiedenen Gründen das auf andere Weise erworbene *domicile* entfällt.[32] Berücksichtigt man zudem, wie schwierig es ist, ein gewähltes domicile (*domicile of*

come and Gains Regime – ersetzt, das inhaltlich einen völlig anderen Charakter aufweist.

27 *Schwarz* in Booth and Schwarz, Residence, Domicile and UK Taxation, 20. Aufl. 2018, 238.

28 Wie von *Schwarz* dargelegt: Niemand kann ohne Wohnsitz sein, niemand kann gleichzeitig zwei operative Wohnsitze haben, der Wohnsitz muss sich auf ein Gebiet beziehen, das ausschließlich einem Rechtssystem unterliegt, ein Wohnsitzwechsel kann niemals vermutet werden und der Wohnsitz muss nach englischem Recht bestimmt werden (*Schwarz* in Booth and Schwarz, Residence, Domicile and UK Taxation, 20. Aufl. 2018, 239–240).

29 Diese Regel gilt für alle Länder, die Steuerregelungen für Non-Doms vorsehen: *Cao/Zhan*, United Kingdom – Individual Taxation – Country Tax Guides IBFD, 1.1.4.1.3; *O'Callaghan*, Ireland – Individual Taxation – Country Tax Guides IBFD, 1.1.4.1.3; *Ross/Bonnici*, Malta – IBFD Country Tax Guides – Individual Taxation IBFD sec., 1.1.4.1 (wenn auch in weit weniger eindeutiger Weise).

30 Im Detail: *Schwarz* in Booth and Schwarz, Residence, Domicile and UK Taxation, 20. Aufl. 2018, 244–250.

31 Im Detail: *Schwarz* in Booth and Schwarz, Residence, Domicile and UK Taxation, 20. Aufl. 2018, 244–250.

32 *Schwarz* in Booth and Schwarz, Residence, Domicile and UK Taxation, 20. Aufl. 2018, 267–270.

choice) zu erwerben,[33] wird verständlich, dass es im ursprünglichen britischen System sehr schwierig war, dass eine Person, die von einem im Vereinigten Königreich domizilierten Vater abstammt, Zugang zum Non-Dom-Regime erhielt – oder dass jemand, der seine steuerliche Ansässigkeit in das Vereinigte Königreich verlegt, dort aber kein domicile hat, keinen Anspruch auf dieses Regime erlangt oder diesen verliert.

Wie leicht ersichtlich ist, ermöglichen diese Regelungen bestimmten Ansässigen, den Non-Dom-Status dauerhaft beizubehalten – selbst wenn sie nie außerhalb des Landes gelebt haben – und wirken zugleich als Anreiz, den Wohnsitz in eben dieses Land zu verlegen. Dies entspricht der traditionellen Auffassung des domicile, die in Irland und Malta noch heute gilt. Allerdings ist zu beachten, dass das Regime im Vereinigten Königreich bereits 2017 einer tiefgreifenden Reform unterzogen wurde,[34] bevor es 2024 abgeschafft wurde.

b) Offene Regime oder qualifizierte Regime?

Vereinfacht gesagt, gelten Präferenzregime entweder für alle neuen Ansässigen[35] ohne besondere Voraussetzungen (*offene Regime*) oder nur für diejenigen, die bestimmte Auswahlkriterien erfüllen (*qualifizierte Regime*).

---

33 Das zuvor erwähnte Prinzip, dass ein Wohnsitzwechsel niemals vermutet werden kann, äußert sich darin, dass der Erwerb eines Domicile of Choice, der das Domicile of Origin (dauerhaft oder vorübergehend) verdrängt, einen objektiven Wohnsitzwechsel in ein anderes Land erfordert, der von einer unzweifelhaften Absicht begleitet sein muss, dort dauerhaft ansässig zu werden (*Schwarz* in Booth and Schwarz, Residence, Domicile and UK Taxation, 20. Aufl. 2018, 250–267.

34 Diese Reform erklärte Deemed Domiciled – und somit vom Zugang zu den Vorteilen des Regimes ausgeschlossen – jene Non-Doms, die in 15 der letzten 20 Jahre im Vereinigten Königreich ansässig gewesen waren, sowie in Großbritannien geborene Personen, die trotz ihres Aufenthalts und ihres Domicile of Origin im Vereinigten Königreich ein ausländisches Domicile erworben hatten (*Schwarz* in Booth and Schwarz, Residence, Domicile and UK Taxation, 20. Aufl. 2018, 272). Über die aufeinanderfolgenden (weniger spektakulären) Einschränkungen des britischen Non-Dom-Regimes seit seiner Einführung und vor 2017: *Garavan*, British Tax Review 2024, 491 (493–495).

35 Mit dem Begriff „neue Ansässige" beziehen wir – soweit nicht anders angegeben – auch die Non-Doms mit ein.

Es gibt zahlreiche Regime, die – zumindest grundsätzlich – auf alle „neuen Ansässigen" Anwendung finden können.[36] Bei näherer Betrachtung weisen jedoch die meisten dieser vermeintlich „offenen" Regelungen eine rechtliche Ausgestaltung auf, die sie *de facto* nur einem sehr kleinen Kreis von Steuerpflichtigen unter den neuen Ansässigen zugänglich macht. In diesen Fällen führt die Konzeption der Regime – entgegen ihrem offenen Wortlaut – dazu, dass sie letztlich ausschließlich natürlichen Personen mit hohem Einkommen zugutekommen.[37] Diese faktische Differenzierungswirkung ist in der Regel vom Gesetzgeber gewollt, der dadurch den Zugang zu diesem Regime – ausgehend von der rechtlichen Gestaltung (normalerweise seiner Rechtsfolge) – für Steuerpflichtige mit niedrigerem Einkommen faktisch unmöglich macht. Dieser indirekte Ausschluss tritt ein, wenn sich der Zugang zum Regime für Steuerpflichtige nicht lohnt, deren progressiver Steuersatz oder Steuerlast im regulären Ein-

36 Abgeschafftes Non-Dom-Regime im Vereinigten Königreich (*Cao/Zhan*, United Kingdom – Individual Taxation – Country Tax Guides IBFD, 7.1.1.1.1.) und geltende Non-Dom-Regime in Irland (*O'Callaghan*, Ireland – Individual Taxation – Country Tax Guides IBFD, 1.1.4.1.3) und Malta (https://cfr.gov.mt/en/individuals/pages/taxation-for-individuals.aspx, letzter Zugriff am 5.3.2025). Das britische Foreign Income and Gains Regime (HMRC, Technical Note: Reforming the taxation of non-UK domiciled individuals, 2024, 5). Das italienische Flat-Tax-Regime (*Beretta/Freitas Soares* in Lazarov/Vlugt (Hrsg.), Blueprint for Individual Income Taxation Reform in a Globalized World, 2025, 5.4.2). Das aufgehobene portugiesische Regime der Residentes Não Habituais (nicht gewöhnliche Steuerresidenten) (*Cassiano Neves*, ET 2010, 220 [220]). Das griechische Regime für Investoren (*Perrou*, ET, 2020, 565 [565]).

37 Nicht selten werden bestimmte de-jure offene Präferenzregime als auf HNWIs (High Net Worth Individuals) ausgerichtet eingestuft – so insbesondere das italienische Flat-Tax-Regime (*Arginelli/Avella*, ET 2017, 113 ff. (113); *De Vita*, ET 2020, 460 (461); *Beretta/Cipollini*, ET 2024, 170), das griechische Flat-Tax-Regime (*Godar/Flamant/Richard* in EU Tax Observatory Reports, Report No. 3, 2021, 12; *Gstrein/Herold/Neumeier*, Harmful Practices and Competition in the Area of Personal Income and Wealth Taxation, 2018, 16; *Duff* in Lazarov/van der Vlugt, 2025, 1.2.2; *Tenore*, What Are the Latest Special Tax Regimes that Boost the Realocation of Senior Executives/High-Net-Worth Individuals?, in Kostić/Báez Moreno/Chand/Tenore (Hrsg.), Mobility of Individuals and Workforces – Tax Challenges Raised by Digitalization, 2024, 127 ff. (132); *Szudoczky/Rodríguez Peña*, WTJ 2024, 2.2.2) und mitunter auch das inzwischen aufgehobene britische Non-Dom-Regime (*Catinari*, ET, 2025, 267).

kommensteuersystem jeweils unter einem bestimmten Satz[38] bzw. unter einer bestimmten Steuerhöhe liegt.[39] Ob *Remittance-Based*-Regime oder auch reine Freistellungsregelungen für ausländische Einkünfte definitionsgemäß als faktisch selektive Regime anzusehen sind, ist eine durchaus umstrittene Frage. Grundsätzlich könnte man davon ausgehen, dass die bloße Auswirkung auf die effektive Besteuerung oder die zeitliche Zurechnung ausländischer Einkünfte nicht entscheidend das Profil der Begünstigten beeinflussen und dies solche Regelungen daher auch nicht für Personen mit mittlerem oder niedrigem Einkommen „unzugänglich" machen sollte. Dennoch gibt es einige empirische Hinweise darauf, dass sich der Großteil der Begünstigten des inzwischen abgeschafften britischen *Non-Dom*-Regimes im obersten Bereich der britischen Einkommensverteilung befand.[40] Ob dies eine Folge der Ausgestaltung des Vor-

38 Dies zeigt sich etwa beim spanischen Impatriates-Regime, das bestimmten in Spanien ansässigen Personen erlaubt, wie Nichtansässige besteuert zu werden – im Wesentlichen nur auf inländische Einkünfte, zu proportionalen Sätzen (regelmäßig 24 %) und ohne nennenswerte Abzugs- oder Verlustverrechnungsmöglichkeiten. Es richtet sich faktisch an Arbeitnehmer und Selbständige mit hohen Einkommen, da ein proportionaler Steuersatz andernfalls wirtschaftlich nicht vorteilhaft wäre. Dieser Effekt zeigt sich auch bei qualifizierten Regimen – die ausschließlich bestimmten Arbeitnehmern oder Berufsgruppen vorbehalten sind – deren beschränkter Charakter dadurch zusätzlich verstärkt wird, dass sie sich steuerlich nur für Steuerpflichtige mit Einkommen oberhalb einer bestimmten Schwelle als vorteilhaft erweisen. Dies ist insbesondere bei all jenen Regimen der Fall, die einen einheitlichen proportionalen Steuersatz vorsehen (in der Regel für Arbeitseinkünfte), unabhängig von deren Höhe.

39 Dies zeigt sich etwa bei Präferenzregimen, in denen das reguläre System durch eine Flat Tax ersetzt wird oder eine variable, aber durch eine Mindestbesteuerung ergänzte Steuer vorgesehen ist. Für Steuerpflichtige mit mittleren oder niedrigen Einkommen kann das reguläre System dabei günstiger sein. Ein Beispiel für eine substitutive Steuer ist das italienische Flat-Tax-Regime, das neuen Ansässigen erlaubt, statt der progressiven Steuer auf Auslandseinkünfte eine jährliche Pauschale von 100.000 € (ab 2024: 200.000 €) zu zahlen. Ein typisches Beispiel für ein Präferenzregime mit Mindestbesteuerung ist die schweizerische Aufwandbesteuerung (régime forfaitaire), bei der die ordentliche Besteuerung durch eine auf den weltweiten Ausgaben basierende Steuer ersetzt und um eine nach bestimmten Parametern berechnete Mindestbemessungsgrundlage ergänzt wird (Einzelheiten zu diesen Schwellenwerten der Mindestbemessungsgrundlage finden sich in *Cadosch*, Switzerland – Individual Taxation – Country Tax Guides IBFD, 7.2).

40 *Advani/Burgherr/Summers*, Taxation and Migration by the Super-Rich, in Discussion Paper Series of the IZA – Institute of Labor Economics, IZA DP No. 16432, 2023, 1.

teils selbst – also der Grundidee der *remittance basis* – oder anderer, gewissermaßen nicht wesenseigener Elemente dieses Regimes wie etwa der sog. *Remittance Basis Charges*[41] ist, lässt sich nicht mit völliger Klarheit sagen.

Bei den rechtlich qualifizierten Regimen ist die Vielfalt der tatsächlichen Voraussetzungen außerordentlich groß – nahezu so breit gefächert wie die Auswahlkriterien, die der Gesetzgeber zugrunde legt. Gleichwohl ist es aus systematischer Sicht möglich, bestimmte Kategorien zu bilden. Sicherlich ist es am anschaulichsten und praktischsten, die Regime anhand ihrer tatsächlichen Voraussetzungen in die einzuteilen, die nur auf Steuerpflichtige anwendbar sind, die eine Reihe positiver Kriterien erfüllen, und solche die zunächst auf alle Steuerpflichtigen Anwendung finden, jedoch bestimmte Ausschlusstatbestände enthalten. Natürlich gibt es aber auch Regime, deren Anwendungsbereich kumulativ durch Einschluss- und Ausschlusskriterien bestimmt wird.

In der Regel zielen die positiven Auswahlkriterien darauf ab, ausschließlich hochqualifizierte Arbeitskräfte anzuziehen (*high-skilled workers regimes*)[42]. Zwar kann die Auswahl auch auf anderen Kriterien beruhen,[43]

41 Nach diesem Modell war die Inanspruchnahme des mittlerweile abgeschafften Non-Dom-Regimes im Vereinigten Königreich an die Zahlung eines festen Jahresbetrags geknüpft – unabhängig davon, welches Einkommen tatsächlich ins Land zurückgeführt wurde. Angaben zum Entstehen und zur Entwicklung dieser „Abgaben" finden sich in: *Garavan*, British Tax Review 2024, 491 (494–495).

42 Dieser generische Begriff wird häufig verwendet, um jene Regelungen zu beschreiben, die darauf abzielen, Personen mit hoher beruflicher Qualifikation oder mit Tätigkeiten in bestimmten Industriezweigen anzuziehen (vgl. OECD Tax Policy Studies, 2011, No. 21, 123–153). Zugleich scheint er in einem dialektischen Gegensatz zu jenen Regimen zu stehen, die auf die Anwerbung von Personen mit hohem Vermögen (HNWI) ausgerichtet sind. Einige Regelungen finden auch auf Unternehmer oder selbständige Berufsangehörige Anwendung: das italienische Impatriiertenregime; das griechische Regime für Arbeitnehmer und Selbständige; das italienische Regime für Forscher; das portugiesische IFICI-Regime.

43 Die OECD bezog sich seinerzeit auf Anforderungen hinsichtlich des „Arbeitnehmertyps" (worker type), doch tatsächlich – wie der OECD-Bericht selbst implizit anerkennt (OECD Tax Policy Studies, 2011, No. 21, 143–144) – kam diesen Voraussetzungen (d.h. Regimen, die ausschließlich auf temporäre ausländische Migranten oder auf Staatsangehörige anderer Länder anwendbar waren) nie eine besondere Bedeutung zu, und sie wurden in den meisten Fällen schrittweise aus den verschiedenen Rechtsordnungen entfernt. (Vgl. je-

doch üblicherweise drehen sie sich um konkrete Qualifikationsanforderungen. Während eine Vielzahl von Präferenzregimen bei der Ausgestaltung ihres Tatbestands kaum Auswahlkriterien anwendet – und lediglich verlangt, dass die Begünstigten Arbeitnehmer oder selbständige Unternehmer sind[44] –, sind die Kriterien, auf denen die meisten qualifizierten

---

doch den Fall Österreichs bei: *Buzanich*, Austria – Individual Taxation, Country Tax Guides IBFD, 7.2.1.) Auch das französische Regime knüpft seine Anwendung daran, dass die Entsendung zu einem Unternehmen in Frankreich sechs Jahre nicht überschreitet. Das schwedische 25-Prozent-Regime setzt voraus, dass der Aufenthalt des Arbeitnehmers in Schweden sieben Jahre nicht übersteigt.

44 So gelten etwa die belgischen Impatriiertenregelungen von 2022 – welche das frühere System von 1983 ersetzen – einerseits für Arbeitnehmer und Führungskräfte und andererseits für Forschende. Das dänische System, das grundsätzlich für alle Arbeitnehmer anwendbar ist, sieht jedoch günstigere Bestimmungen für Forschende vor (*Vagtborg/Krushave/Ahrenkiel/Kallehauge*, Denmark Individual Taxation – Country Tax Guides IBFD, 7.2.1). Das finnische System findet Anwendung auf Lehrende an akademischen Einrichtungen, Forschende, die Tätigkeiten von öffentlichem Interesse ausüben, sowie auf „Spezialisten", wobei für Letztere eine monatliche Mindesteinkommensschwelle vorgesehen ist (*Ambagtsheer-Pakarinen*, Finland – Individual Taxation, Country Tax Guides IBFD, 7.2.1). Die französische Teilfreistellungsregelung erfasst ebenfalls Führungskräfte ausländischer Unternehmen, die nach Frankreich entsandt werden (*Joannard-Lardant*, France – Individual Taxation, Country Tax Guides IBFD, 7.2.1). Das italienische System für Forschende gilt für Lehrende und Forschende, die über einen Hochschulabschluss oder einen gleichwertigen Titel verfügen. Das italienische Impatriiertenregime von 2024 richtet sich ausschließlich an hochqualifizierte oder hochspezialisierte Arbeitnehmer, wie sie in zwei technisch sehr detaillierten Vorschriften definiert werden. (Eine ähnliche Voraussetzung bestand bereits im italienischen Impatriiertenregime von 2015, wurde jedoch 2019 abgeschafft; *Mastellone*, Rivista di Diritto Tributario, Supplemento online 1, 2020, 30–35). Die isländische Regelung einer 25-prozentigen Steuerbefreiung gilt für ausländische Expertinnen und Experten, deren Fähigkeiten in Island nur begrenzt oder gar nicht vorhanden sind; die Erfüllung dieser Voraussetzung wird vom Icelandic Research Centre beurteilt. Das italienische Forschendenregime gilt zudem für Lehrende und Forschende, die nachweisen können, dass sie während eines ununterbrochenen Zeitraums von zwei Jahren im Ausland entsprechende Tätigkeiten ausgeübt haben. Die niederländische 30-Prozent-Regelung findet Anwendung auf Arbeitnehmer mit besonderen Fähigkeiten, die in den Niederlanden nicht oder nur in sehr geringem Maße vorhanden sind. Das portugiesische IFICI-Regime richtet sich an Hochschullehrende, wissenschaftliche Forschende sowie an Arbeitnehmer, die ihre Leistungen im Rahmen qualifizierter Verträge über produktive Investitionen erbringen. Die schwedische 25-Prozent-Regelung setzt voraus, dass die begünstigte Person

Regime beruhen, deutlich anspruchsvoller. Mitunter richten sie sich an bestimmte Industriebranchen, doch häufiger stellt der Tatbestand im Wesentlichen auf spezifische Fähigkeiten und/oder akademische Qualifikationen der Begünstigten ab.[45] Einige Präferenzregime definieren zwar keine positiven Auswahlkriterien – etwa hinsichtlich der beruflichen Qualifikation oder des Wirtschaftszweigs der Begünstigten –, treffen aber dennoch eine indirekte Auswahl, indem sie den Zugang zum Regime an ein Mindesteinkommen (meist aus nichtselbständiger Arbeit) knüpfen[46]

über besondere Qualifikationen verfügt, in Bereichen der Forschung und Entwicklung tätig ist, in denen in Schweden erhebliche Engpässe bestehen, oder eine strategische Führungsposition innehat.

45 Zum Beispiel: Die belgischen Regelungen für Impatriierte aus dem Jahr 2022 (die das frühere Regime von 1983 ersetzen) gelten einerseits für Angestellte und Führungskräfte, andererseits für Forscher; das dänische Regime, das zwar grundsätzlich für alle Arbeitnehmer gilt, sieht jedoch erleichterte Regelungen für Forscher vor (*Vagtborg/Krushave/Ahrenkiel/Kallehauge*, Denmark Individual Taxation – Country Tax Guides IBFD, 7.2.1); das finnische Regime, das für Lehrkräfte an akademischen Einrichtungen, gemeinnützig tätige Forscher und „Spezialisten" gilt – wobei in letzterem Fall eine monatliche Mindesteinkommensschwelle vorgesehen ist (*Ambagtsheer-Pakarinen*, Finland – Individual Taxation, Country Tax Guides IBFD, 7.2.1); das französische Regime der teilweisen Steuerbefreiung gilt auch für leitende Angestellte ausländischer Unternehmen, die nach Frankreich entsandt warden (*Joannard-Lardant*, France – Individual Taxation, Country Tax Guides IBFD, 7.2.1). Das italienische Regime für Forscher, das für Lehrende und Forscher mit einem Hochschulabschluss oder einem gleichwertigen Titel gilt. Das italienische Impatriaten-Regime von 2024, das ausschließlich für Arbeitnehmer gilt, die über eine hohe Qualifikation oder Spezialisierung verfügen, wie sie in zwei sehr detaillierten technischen Bestimmungen definiert sind (ein entsprechendes Erfordernis war im italienischen Impatriaten-Regime von 2015 enthalten, wurde jedoch 2019 abgeschafft, *Mastellone*, Rivista di Diritto Tributario, Supplemento online 1, 2020, 30–35).

46 Die Gesetzgeber erkennen nicht immer ausdrücklich an, dass Mindesteinkunftsschwellen als Ersatzkriterium dienen können, um den Zugang zu einem Präferenzregime ausschließlich auf hochqualifizierte Arbeitskräfte zu beschränken. Gleichwohl haben einige Studien die Einführung solcher Schwellen genau mit diesem Zweck in Verbindung gebracht (OECD Tax Policy Studies, 2011, No. 21, 139). Solche Mindesteinkunftsschwellen bestehen beispielsweise im belgischen Regime, das ein jährliches Bruttoeinkommen von mindestens 75.000 € verlangt (nicht anwendbar auf Forschende) (*Geluyckens*, Belgium – Individual Taxation – Country Tax Guides IBFD, 7.2.1); im zyprischen 50-Prozent-Regime (100.000 € jährlich); im dänischen Regime (78.000 dänische Kronen, eine Anforderung, die allerdings entfällt, wenn der Steuerpflichtige an der Entwicklung eines Forschungsprojekts beteiligt ist); sowie im finnischen

Auch wenn es eher selten ist, knüpfen einige Regime ihre Anwendbarkeit an Investitionen in sich im Staat befindliche Vermögenswerte.[47]

Einige Regime schließlich richten sich an eine ganz bestimmte Gruppe: die Rentner. Häufig stellt die Eigenschaft als Rentner lediglich eine Zugangsvoraussetzung für ein Regime dar, das Einkünfte jeder Art – nicht nur Renten – begünstigt.[48]

Wie bereits angedeutet, erfolgt die Auswahl der Begünstigten mitunter auch durch Ausschlussmechanismen, die große Gruppen potentieller Vorteilsempfänger – etwa alle Staatsangehörigen[49] – oder sehr spezifische Kategorien von Steuerpflichtigen[50] von den Vorteilen des Regimes ausschließen.

c) Vorangehende Phase der Nichtansässigkeit im Gewährungsstaat.

Alle Präferenzregime – mit Ausnahme der „Non-Dom"-Systeme – knüpfen ihre Anwendbarkeit an einen vorherigen Zeitraum der Nichtansässigkeit des Begünstigten im gewährenden Staat.[51] Diese Voraussetzung wird

Regime, das für „Spezialisten" ein Mindestgehalt von monatlich 5.800 € vorsieht. Das niederländische Regime gilt für Steuerpflichtige mit einem steuerpflichtigen Einkommen von mindestens 46.660 € jährlich (35.468 € für Steuerpflichtige unter 30 Jahren, die über einen Doktortitel oder einen Masterabschluss verfügen), wobei diese Anforderung für Wissenschaftler und Forschende, die an Universitäten oder Forschungszentren tätig sind, nicht gilt. Das schwedische 25-Prozent-Regime setzt schließlich voraus, dass die begünstigte Person ein monatliches Mindesteinkommen von 114.601 SEK erzielt.

47 Das griechische Flat-Tax-Regime kann nur angewendet werden, wenn der Steuerpflichtige, dessen im Ausland ansässiger Ehegatte oder ein naher Verwandter mehr als 500.000 € in Immobilien, Gesellschaften, Anleihen, Aktien oder andere Vermögenswerte investiert, die in einer Durchführungsbestimmung des Regimes aufgeführt sind.

48 So etwa im italienischen, *Beretta/Freitas Soares* in Lazarov/Vlugt (Hrsg.), Blueprint for Individual Income Taxation Reform in a Globalized World, 2025, 5.4.2, und im griechischen Rentnerregime *Perrou*, ET, 2020, 565 (566).

49 Finnisches Regime. Schwedisches 25-Prozent-Regime. Schweizer Aufwandbesteuerung. Letzteres Regime setzt zudem voraus, dass die Begünstigten in der Schweiz keine Erwerbseinkünfte erzielen.

50 Beispielsweise Berufssportler im spanischen Impatriiertenregime.

51 Österreich (zehn Jahre); Zypern (20-Prozent-Regime) (drei Jahre); Zypern (50-Prozent-Regime) (drei der fünf Jahre vor Beginn der Beschäftigung in Zypern); Dänemark (zehn Jahre, wobei sich die Voraussetzung nicht auf die Ansässigkeit, sondern darauf bezieht, in Dänemark nicht steuerpflichtig gewesen

üblicherweise mit dem Anliegen verbunden, missbräuchliche Gestaltungen zu verhindern, die darin bestehen könnten, den Wohnsitz nur für kurze Zeit ins Ausland zu verlegen, um sodann unmittelbar zurückzukehren und die Vorteile des Regimes zu erlangen.[52] In jedem Fall kann auch nicht ausgeschlossen werden, dass in einigen Konstellationen die unmittelbare Absicht des Gesetzgebers darin besteht, den Vorteil ausschließlich „wirklich neuen Steueransässigen" zuzuerkennen und die Rückkehr von Ausgewanderten nur dann zu begünstigen, wenn diese über sehr lange Zeiträume im Ausland gelebt haben.

2. Die Rechtsfolge(n) der Präferenzregime: die steuerlichen Vorteile für grenzüberschreitende Individuen

Ebenso wichtig wie ihr Tatbestand ist bei der Einordnung von Präferenzregelungen deren Rechtsfolge – und, wie wir später sehen werden, auch bei ihrer Vereinbarkeit mit höherrangigem Recht. Die Rechtsfolge der Präferenzregelungen besteht letztlich im steuerlichen Vorteil, der ihren Begünstigten gewährt wird. Da die Vorteile im Zusammenhang mit anderen Steuern bereits analysiert wurden, beziehen wir uns im Folgenden ausschließlich auf diejenigen, die die Einkommensteuer betreffen. Im Folgenden befassen wir uns mit verschiedenen Einteilungen, die sich sowohl auf das Wesen des gewährten Vorteils als auch auf dessen Dauer beziehen.

---

zu sein – sei es als Ansässiger oder als Gebietsfremder); Finnland (fünf Jahre); Frankreich (fünf Jahre); Griechenland – Investorenregime – (sieben der acht Jahre vor dem Wohnsitzwechsel); Griechenland – Regime für Arbeitnehmer und Selbständige – (fünf der sechs Jahre vor dem Wohnsitzwechsel); griechisches Rentnerregime (fünf der sechs Jahre vor dem Wohnsitzwechsel); isländisches 25-Prozent-Freistellungsregime (fünf Jahre); italienisches Impatriiertenregime (drei Jahre); italienisches Flat-Tax-Regime (neun der zehn Jahre vor dem Wohnsitzwechsel); italienisches Rentnerregime (fünf Jahre). Das niederländische 30-Prozent-Regime gilt für Arbeitnehmer, die von einem in den Niederlanden ansässigen Arbeitgeber eingestellt werden und während zwei Dritteln der 24 Monate vor Arbeitsbeginn nicht in einer Entfernung von weniger als 150 Kilometern von der niederländischen Grenze gewohnt haben. Portugiesisches IFICI-Regime (fünf Jahre). Schwedisches 25-Prozent-Regime (sieben Jahre vor Beginn der Beschäftigung). Schweizer Aufwandbesteuerung (zehn Jahre). Neues britisches FIG-Regime (zehn Jahre).

52 *Pistone et al.* in Pistone et al. (Hrsg.) Fundamentals of Personal Income Taxation, 2025, 12.2.2.1.3.

a) Ausgleichende und nicht ausgleichende Vorteile

Die rechtlich relevanteste Unterscheidung in diesem Bereich ist die zwischen *ausgleichenden* und *nicht ausgleichenden* Vorteilen. Ausgleichende „Vorteile" sind gezielte Maßnahmen, die bestimmte Ausgabenarten betreffen und ausschließlich dazu dienen, steuerliche Nachteile eines grenzüberschreitenden Umzugs zu kompensieren. Nicht ausgleichende Vorteile hingegen bestehen in strukturellen Vergünstigungen, die den Begünstigten einen tatsächlichen steuerlichen Vorteil verschaffen sollen.[53]

Ausgleichende Vorteile zielen in der Regel darauf ab, bestimmte steuerliche Hindernisse für die Migration zu vermindern, und werden häufig mit Abzügen oder Befreiungen in Verbindung gebracht, die sich auf Sachleistungen im Zusammenhang mit Expatriierungskosten beziehen.[54] In manchen Fällen jedoch werden solche Kompensationen als Pauschalabzüge

53 Mit gewissen Nuancen ähnelt diese Unterscheidung stark der von Müller-Nagel entwickelten, der zwischen überschießenden Vorteilen und *a* differenziert (*Müller-Nagel*, Zuzugbesteuerung natürlicher Personen, 2018, 127–135).

54 In diesen Rahmen fügt sich das belgische Präferenzregime ein, das bis zum 1.1.2022 bestimmte vom Arbeitgeber erstattete Aufwendungen im Zusammenhang mit der Entsendung des Arbeitnehmers von der Steuer freistellte (*Geluyckens*, Belgium – Individual Taxation – Country Tax Guides IBFD, 7.2.1). Ebenfalls hierher gehört das österreichische Regime, das bis zum 31.12.2015 bestimmte vom Arbeitgeber erstattete Aufwendungen im Zusammenhang mit der Entsendung des Arbeitnehmers steuerfrei stellte (Umzugskosten, doppelte Haushaltsführung, berufliche Fortbildung im Ausland, Geschäftsreisen und Familienheimfahrten) (*Buzanich*, Austria – Individual Taxation, Country Tax Guides IBFD, 7.2.1). Ab 2025 umfasst das finnische Regime neben einem festen Steuersatz für inländische Einkünfte aus nichtselbständiger Arbeit auch eine Steuerbefreiung für Sachleistungen, die den Begünstigten aufgrund ihrer Entsendung gewährt werden; konkret: kulturelle und sprachliche Ausbildung, Umzugs- und damit verbundene Reisekosten (die Befreiung gilt auch für entsprechende Kosten der Familienangehörigen des Arbeitnehmers), Kosten im Zusammenhang mit bestimmten Genehmigungen (z.B. Erteilung der Aufenthaltserlaubnis, der persönlichen Identifikationsnummer oder der Steueridentifikationsnummer) sowie Versicherungsaufwendungen des Arbeitnehmers und seiner Familienangehörigen während der Entsendung. Das französische Regime enthält ebenfalls bestimmte Steuerbefreiungen für Aufwendungen, die im Zusammenhang mit der Auswanderung entstehen, oder wahlweise eine Steuerbefreiung von 30 Prozent der Arbeitsvergütung. Das schwedische 25-Prozent-Regime gewährt neben den strukturellen Vorteilen, die später eingehend untersucht werden, auch eine kompensatorische Steuerbefreiung für bestimmte Expatriierungskosten.

oder -befreiungen ausgestaltet und können damit einen echten Vorteil darstellen.[55]

Die nicht ausgleichenden Vorteile – welche weitaus häufiger und vielfältiger vorkommen – gewähren eine bereichsübergreifende, begünstigende Behandlung von bestimmten Einkunftsarten oder Gruppen von Einkünften. Kennzeichnend für diese Regelungen ist, dass sie dem Begünstigten einen unmittelbaren[56] Vorteil gewähren sollen. Diese Vorteile lassen sich ihrerseits danach klassifizieren, welchen Aspekt der Einkommensteuer sie betreffen. Insbesondere:

aa) Vorteile, die ausländische Einkünfte betreffen

Eine beträchtliche Anzahl von Präferenzregimen enthält Vorteile gegenüber der regulären Behandlung ausländischer Einkünfte. Besteht die reguläre Behandlung in der vollen Besteuerung nach den allgemeinen Vorschriften zur Steuerbemessung, kann die Vergünstigung insbesondere bestehen in:

i) Der Befreiung ausländischer Einkünfte. Diese Befreiung kann vollständig[57] sein oder sich ausschließlich auf bestimmte Einkunftsarten beziehen.[58]

55 In diesem Sinne führte Belgien zum 1.1.2022 einen pauschalen Abzug beruflich veranlasster Aufwendungen i.H.v. 30 % des Bruttogehalts ein, mit einer jährlichen Obergrenze von 90.000 € (*Geluyckens*, Belgium – Individual Taxation – Country Tax Guides IBFD, 7.2.1). Mit Wirkung zum 1.1.2016 führte Österreich einen pauschalen Abzug beruflich veranlasster Aufwendungen i.H.v. 20 % des Bruttogehalts ein, mit einer jährlichen Obergrenze von 10.000 € (*Buzanich*, Austria – Individual Taxation, Country Tax Guides IBFD, 7.2.1).

56 Wie wir in den Abschnitten V und VI näher analysieren werden, können die mittelbaren Ziele dieser Regelungen je nach Ausgestaltung des Vorteils und insbesondere in Abhängigkeit von dessen tatsächlichen Voraussetzungen unterschiedlich sein.

57 Griechisches Rentnerregime (Steuersatz von 7 Prozent auf sämtliche ausländischen Einkünfte). Das portugiesische IFICI-Regime gewährt eine Steuerbefreiung für sämtliche ausländischen Einkünfte, mit Ausnahme der Renten.

58 Frankreich (zusätzlich zu den zuvor beschriebenen kompensatorischen Vorteilen und alternativ zu diesen können die Begünstigten eine Freistellung von 50 Prozent bestimmter ausländischer passiver Einkünfte in Anspruch nehmen). Im neuen, derzeit im Vereinigten Königreich geltenden FIG-Regime sind nahezu sämtliche ausländischen Einkünfte – mit Ausnahme der Einkünfte aus nichtselbständiger Arbeit, die einer äußerst komplexen Behandlung unterliegen – von der Besteuerung ausgenommen. Das italienische Flat-Tax-Re-

ii) Der Aufschiebung der Besteuerung ausländischer Einkünfte. Unabhängig davon, welcher der reguläre Zeitpunkt der Einkünftezurechnung im Rahmen der Einkommensteuer ist, besteht die Vergünstigung darin, ein abweichendes Kriterium festzulegen, das zu einer Steuerstundung oder sogar zur vollständigen Steuerfreiheit ausländischer Einkünfte führen kann.

iii) Der Ersetzung der regulären Besteuerung ausländischer Einkünfte durch eine Pauschalbesteuerung.

bb) Vorteile, die inländische Einkünfte betreffen

Der Vorteil besteht in der Regel in einem ermäßigten Steuersatz oder einer Steuerbefreiung und kann sich auf sämtliche Einkünfte beziehen[59] – häufiger jedoch auf eine bestimmte Einkunftsart, wobei eine deutliche Bevorzugung von Einkünften aus unselbständiger und selbständiger Arbeit erkennbar ist.[60]

---

gime ersetzt die ordentliche Besteuerung ausländischer Einkünfte durch einen Pauschalbetrag von 200.000 € jährlich, ausgenommen sind jedoch Veräußerungsgewinne aus der Veräußerung wesentlicher Beteiligungen an Gesellschaften mit Sitz außerhalb Italiens in den ersten fünf Jahren der Inanspruchnahme des Regimes. Das griechische Investorenregime ersetzt die gesamte Besteuerung ausländischer Einkünfte durch einen festen Betrag von 100.000 € jährlich sowie 20.000 € jährlich für jeden Angehörigen, der ebenfalls Zugang zu dem Regime haben kann.

59 Zypern (50-Prozent-Regime): 50-prozentige Steuerbefreiung auf sämtliche Einkünfte.

60 Zypern (20-Prozent-Regime): 20 Prozent der Einkünfte aus nichtselbständiger Arbeit bzw. 8.550 €. Dänemark: Steuersatz von 27 Prozent auf Einkünfte aus nichtselbständiger Arbeit. Finnland: Fester Steuersatz von 32 Prozent für Einkünfte aus nichtselbständiger Arbeit, die für in Finnland ausgeübte Tätigkeiten gezahlt werden. Griechisches Regime für Arbeitnehmer und Selbständige: 50-prozentige Steuerbefreiung für die Einkünfte aus nichtselbständiger Arbeit des neuen in Griechenland aufgenommenen Beschäftigungsverhältnisses. Isländisches 25-Prozent-Regime: Abzugsfähigkeit von 25 Prozent der gesamten vom Begünstigten erzielten Einkünfte aus nichtselbständiger Arbeit. Das italienische Impatriiertenregime gewährt eine 50-prozentige Steuerbefreiung der Einkünfte aus nichtselbständiger Arbeit sowie der Einkünfte aus wirtschaftlicher Tätigkeit für Dienstleistungen, die in Italien erbracht werden, bis zu einer jährlichen Obergrenze von 600.000 €. Das italienische Rentnerregime sieht einen Steuersatz von 7 Prozent auf sämtliche ausländische Einkünfte vor. Das italienische Forschendenregime gewährt eine 90-prozentige Steuerbefreiung der Einkünfte aus Forschungstätigkeiten und akademischer Tätigkeit.

cc) Vorteile, die Einkünfte unabhängig von ihrer Quelle (inländisch oder ausländisch) betreffen

Präferenzregime, die Einkünfte jeglicher Art (aus territorialer Sicht) betreffen, ersetzen in der Regel das ordentliche Besteuerungssystem für unbeschränkt Steuerpflichtige durch ein alternatives System, das auf sehr unterschiedlichen Parametern beruht.[61]

b) Unbefristete und zeitlich begrenzte Vorteile

Auch wenn einige Präferenzregime – insbesondere in der Vergangenheit[62] – auf unbestimmte Zeit angelegt waren, ist es inzwischen doch üblich, dass ihre Geltungsdauer zeitlich begrenzt ist, meist auf eine bestimmte Anzahl von Jahren ab dem Zeitpunkt des Wohnsitzwechsels.[63]

Das niederländische Regime gewährt eine Steuerbefreiung von 30 Prozent des gezahlten Arbeitslohns. Im portugiesischen IFICI-Regime unterliegen die Einkünfte aus nichtselbständiger Arbeit sowie aus wirtschaftlicher Tätigkeit, soweit sie im Rahmen der begünstigten Tätigkeiten erzielt werden, einem Steuersatz von 20 Prozent.

61 Zypern (50-Prozent-Regime): 50-prozentige Steuerbefreiung auf sämtliche Einkünfte. Dänemark: Steuersatz von 27 Prozent für sämtliche Einkünfte aus nichtselbständiger Arbeit, da das Regime nicht vom Wechsel der steuerlichen Ansässigkeit nach Dänemark abhängig ist. Das schweizerische Aufwandbesteuerungsregime ersetzt die Besteuerung nach dem Welteinkommen durch eine fiktive Bemessungsgrundlage, die anhand des Lebensaufwands des Steuerpflichtigen ermittelt wird und für die sowohl der Bund als auch die jeweiligen Kantone, die das Regime zulassen, Mindestbeträge festlegen. Auf diese fiktive Bemessungsgrundlage werden die ordentlichen kantonalen und eidgenössischen Steuersätze angewandt.

62 Soweit ersichtlich, sind nur die in Malta und Zypern fortbestehenden Non-Dom-Regime zeitlich unbefristet.

63 Belgisches Regime von 2022 (fünf Jahre, unter bestimmten Voraussetzungen um weitere drei Jahre verlängerbar); Zypern (20-Prozent-Regime) (fünf Jahre, auf sieben Jahre verlängert für Beschäftigungsverhältnisse, die nach 2022 beginnen) und 50-Prozent-Regime (zehn Jahre). Dänemark (sieben Jahre). Finnland (sieben Jahre). Griechisches Investorenregime (fünfzehn Jahre ab dem Zeitpunkt der förmlichen Antragstellung auf Anwendung des Regimes). Griechisches Regime für Arbeitnehmer und Selbständige (sieben Jahre). Griechisches Rentnerregime (fünfzehn Jahre). Isländisches 25-Prozent-Regime (drei Jahre ab Beginn der Beschäftigung in Island). Italienisches Impatriiertenregime (fünf Jahre ab dem Wohnsitzwechsel, unter besonderen Umständen auf acht Jahre verlängerbar). Italienisches Flat-Tax-Regime (fünfzehn Jahre). Italienisches Rentnerregime (zehn Jahre). Italienisches Forschendenregime (Zuzugsjahr und die fünf folgenden Jahre). Niederländisches 30-Prozent-Regime

IV. Präferenzregime und Doppelbesteuerungsabkommen

Präferenzregime weisen nur wenige technische Überschneidungen mit den Doppelbesteuerungsabkommen (DBA) auf; diese sind jedoch von erheblicher Bedeutung und zeichnen sich durch eine hohe Komplexität aus. Das zentrale Problem, dem letztlich alle weiteren Schwierigkeiten entspringen, liegt in der steuerrechtlichen Rechtsfolge vieler dieser Präferenzregime: Wie dargelegt, führen sie häufig dazu, dass ausländische Einkünfte ganz oder teilweise von der Besteuerung ausgenommen aufgeschoben oder durch ein Pauschalbesteuerungsmodell ersetzt werden. Die Begünstigten dieser Regime können auf Schwierigkeiten stoßen, Zugang zur Anwendung der von ihren Ansässigkeitsstaaten unterzeichneten Doppelbesteuerungsabkommen (DBA) zu erhalten – auf der Grundlage weit verbreiteter (aber rechtlich zweifelhafter) Auslegungen der Sätze 1 und 2 des Art. 4 Abs. 1 der Musterabkommen der OECD und der Vereinten Nationen.

Nach einer weit verbreiteten Auffassung können, gem. Art. 4 Abs. 1 Sätze 1 und/oder 2 des OECD-Musterabkommens, nur solche Steuerpflichtigen die Vorteile eines Doppelbesteuerungsabkommens (DBA) in Anspruch nehmen, die in ihrem Ansässigkeitsstaat aufgrund einer vollen (*full tax liability*), umfassenden (*comprehensive tax liability*) oder aufgrund ihres Welteinkommens steuerpflichtig sind.[64] Zumindest seit 1963 und mit deutlich größerer Klarheit seit 1977[65] scheinen auch die Kommentare zum OECD-Musterabkommen dieser Auslegung zu folgen.[66] Auf Grundlage dieser Auslegung von Art. 4 Abs. 1 Sätze 1 und 2 des OECD-Musterabkommens wäre es naheliegend, einen weiteren Schritt zu gehen und den Ansässigkeitsstatus sowie den Zugang zu den Vorteilen von Doppelbesteuerungsabkommen für Begünstigte von Präferenzregelungen in Frage zu stellen, deren Vorteil in der Abschaffung, Aufschiebung oder dem

(fünf Jahre). Portugiesisches IFICI-Regime (zehn Jahre). Neues britisches FIG-Regime (vier Jahre).

64 Sehr detaillierte Bibliografie in: *Ismer/Blanck* in Reimer/Rust, Klaus Vogel on Double Taxation Conventions, 5. Aufl. 2021, Art. 4 m.no. 20 (fn 33).

65 Zu den historischen Aspekten des Begriffs liable to tax im OECD-Musterabkommen s.: *Vann*, „Liable to Tax" and Company Residence under Tax Treaties, in G. Maisto ed., Residence of Companies under Tax Treaties and EC Law, 2009, 7.3.

66 Im MA-Komm. 2017, Art. 4 Rz. 8., 8.1.–8.3.

Ersatz der Besteuerung ausländischer Einkünfte besteht.[67] Nichtsdestoweniger empfiehlt es sich, vor einer solchen Schlussfolgerung Art. 4 Abs. 1 des Musterabkommens eingehend zu untersuchen, dessen Auslegung eines der dunkelsten Kapitel des DBA-Rechts darstellt.

Ausgehend von der weitverbreiteten Auffassung,[68] dass der Begriff *liable to tax* in Art. 4 Abs. 1 Satz 1 des MA gleichbedeutend sei mit „unbeschränkt steuerpflichtig" bzw. „welteinkommensteuerpflichtig", gestaltet es sich äußerst schwierig, die Begünstigten von Präferenzregimen vom Anwendungsbereich der DBA auszuschließen. In der Tat würde die Auslegung, wonach die Steuerpflicht in Bezug auf ausländische Einkünfte ei-

---

67 Auch wenn es immer weniger Stimmen gibt, die die Anwendbarkeit der DBA generell bestreiten – wobei zunehmend auf die konkrete Ausgestaltung der einzelnen Regime abgestellt wird –, so werden doch häufig Zweifel geäußert, die sich auf jedes Regime erstrecken, das ausländische Einkünfte in besonderer Weise besteuert: *Müller-Nagel*, Zuzugbesteuerung natürlicher Personen, 2018, 230; *Soler*, Individuals: The Forgotten Taxpayers in a BEPS Scenario, in Pistone (Hrsg.), Building Global International Tax Law – Essays in Honour of Guglielmo Maisto, 2022 197 ff. (206–207) (Auf der Grundlage von Art. 4 Abs. Satz 2 OECD-MA und in Bezug auf das portugiesische Regime vor 2020 sowie das spanische Regime). Auch einige Gerichte haben diese Auffassung vertreten: Der italienische Oberste Gerichtshof verweigerte einem Begünstigten des britischen Non-Dom-Regimes die Anwendung des DBA zwischen Italien und dem Vereinigten Königreich auf Grundlage von Art. 4 Abs. 1 Satz 2 OECD-Musterabkommen. Besondere Aufmerksamkeit verdient das Urteil der italienischen Corte di Cassazione v. 8.10.2020, in dem die Anwendung des Doppelbesteuerungsabkommens zwischen Italien und dem Vereinigten Königreich in einem Fall mit Bezug zum britischen Non-Dom-Regime abgelehnt wurde. Dieses Urteil sollte jedoch mit einer gewissen Vorsicht betrachtet werden, da es auf der spezifischen Auslegung von Art. 4 Abs. 1 DBA Italien-Vereinigtes Königreich beruht, der einige Besonderheiten im Vergleich zum OECD-Musterabkommen aufweist. Zu dieser Entscheidung s. insbesondere auch die Analyse in: *Pistone/Messina*, Italy: Tiziano Ferro v. Agenzia delle entrate – Language (and Conceptual) Discrepancy?, in Kofler et al. (Hrsg.), Tax Treaty Case Law around the Globe 2021, 2022. In ähnlichem Sinne haben sich viele untergeordnete Gerichte in Italien geäußert (*Tenore* in Kostić/Báez Moreno/Chand/Tenore (Hrsg.), Mobility of Individuals and Workforces, 2024, 155). In dem Sinne, einem in Portugal ansässigen Steuerpflichtigen, der jedoch vom aufgehobenen portugiesischen Sonderregime der Residentes Não Habituais begünstigt wurde, die Vorteile des Abkommens zu versagen, hat sich das spanische Tribunal Económico-Administrativo Central in seinem Beschluss vom 24.6.2024 ausgesprochen.

68 *Ismer/Blanck* in Reimer/Rust, Klaus Vogel on Double Taxation Conventions, 5. Aufl. 2021, Art. 4 Rz. 76; 77.

ne tatsächliche Entrichtung von Steuern hierauf voraussetzt, komplizierte und gekünstelte Interpretationsmanöver erfordern.[69] Der Ausschluss bestimmter Begünstigter durch Rückgriff auf Art. 4 Abs. 1 Satz 1 des MA würde ein höheres Maß an interpretatorischer Kühnheit erfordern, nämlich dass der dort verwendete Ausdruck „steuerpflichtig" (englische Fassung: *liable to tax*) als gleichbedeutend mit „umfassende" (englische Fassung: *comprehensive liability*) oder „voll Steuerpflicht" (englische Fassung: *comprehensive liability*).[70] Obwohl die Ausdrücke *volle* oder *umfassende* Steuerpflicht häufig als Synonyme für die Besteuerung nach dem Welteinkommensprinzip verstanden werden, weist ihr Gebrauch meines Erachtens auf eine leicht abweichende Bedeutung hin. Offenkundig existiert kein außergesetzlicher Begriff eines „vollständigen" oder „umfassenden" Einkommens. Daher wird meines Erachtens mit diesem Begriff in Wirklichkeit beabsichtigt, die volle oder umfassende Steuerpflicht – verstanden als Besteuerung mit dem höchsten Steuersatz auf der umfassendsten Bemessungsgrundlage, die das innerstaatliche Recht eines Vertragsstaates als Referenzrahmen vorsieht – von allen Regimen zu unterscheiden, die niedrigere Steuersätze und engere Bemessungsgrundlagen vorsehen.[71] Sei es als Übermaß in seiner Anwendung[72] oder – meines Erachtens eher – als natürliche Folge des Gebrauchs dieses Begriffs gelangte der Oberste Gerichtshof Kanadas zur gleichen Schlussfolgerung: Art. 4 Abs. 1 Satz 1 des MA verlangt für die Anwendbarkeit des DBA das Vorliegen einer ebenso umfassenden Steuerpflicht, wie sie vom betreffenden Staat auferlegt wird (*as comprehensive a tax liability as is imposed by the state*).[73] Offenkundig würde eine solche Auslegung erlauben, jeden Begünstigten eines Präferenzregimes, das Vorteile für ausländische Einkünf-

69 *Couzin*, Corporate Residence and International Taxation, 2002, 106 ff. Dieselbe Schlussfolgerung in MA-Komm. 2017, Art. 4 Rz. 8.11–8.12.

70 Im MA-Komm. 2017, Art. 4 Rz. 3, 8 (wenn er sich auf den Begriff steuerpflichtig in Art. 4 Abs. 1 Satz 1 bezieht).

71 Vgl. in diesem Sinne *Couzin*, Corporate Residence and International Taxation, 2002, 151–153.

72 *Vann* ist der Auffassung, dass dieses Verständnis sogar über das hinausgeht, was die OECD im Kommentar vertritt (*Vann* in G. Maisto ed., Residence of Companies under Tax Treaties and EC Law, 2009, 7.3). Einen gewissen Überschuss kritisiert ebenfalls – wenn auch weniger deutlich: *Ward*, The Use of OEEC-OECD Historical Documents in Interpreting Tax Treaties, in Baker/Bobbet (Hrsg.), Tax Polymath: A life in international taxation: Essays in honour of John F. Avery Jones, 2010, 3.

73 The Queen v. Crown Forest Industries Limited et al. v. Canada, 95 DTC 5389, 5393.

te gewährt, vom Anwendungsbereich der DBA auszuschließen.[74] Eine so weitreichende Schlussfolgerung verdient eine sorgfältige Überlegung. Zwar beseitigt diese Auslegung das Risiko, dass bestimmte Einkünfte von Begünstigten präferenzieller Regime gänzlich steuerfrei bleiben. Darüber hinaus ließe sich sogar geltend machen, dass dies das Ergebnis ist, zu dem die teleologische Auslegung nach Art. 31 Abs. 1 des Wiener Übereinkommens über das Recht der Verträge führen muss,[75] da der Zweck der DBA darin besteht, die Doppelbesteuerung zu beseitigen, ohne Möglichkeiten für eine Nicht- oder Niedrigbesteuerung durch Steuerverkürzung oder -umgehung zu eröffnen.[76] Gleichwohl überzeugt weder die allgemein vorgeschlagene Auslegung des Begriffs *liable to tax* noch folglich seine Anwendung auf Präferenzregime. Die Suche nach dem umfassendsten lokalen Rahmen und der daraus folgende Ausschluss all jener Steuerpflichtigen, deren Bemessungsgrundlage „weniger vollständig" oder deren Steuersatz niedriger ist, wirft zunächst schwer lösbare praktische Probleme auf. In allen Jurisdiktionen existieren spezifische Regime für bestimmte Steuerpflichtige, die die „Standard-Bemessungsgrundlage" beeinflussen – sei es durch Erweiterung oder Einschränkung mittels unterschiedlichster gesetzlicher Techniken (Teilfreistellungen, abzugsfähige Aufwendungen, Zurechnungsregeln, die Einnahmen oder Ausgaben vorverlegen oder hinausschieben); gleiches gilt für die Steuersätze. Es wäre naiv – um den eleganten Ausdruck zu verwenden, auf den *Couzin* zurückgreift[77] – an die Möglichkeit zu glauben, diejenigen auszuschließen, die nicht der standard *most comprehensive tax liability* unterliegen, und das selbst unter der An-

74 In diesem Sinne äußert sich – wenn auch rein dialektisch, da er die Schlussfolgerungen von Crown Forest offenbar nicht teilt – *Dirkis* im Hinblick auf die „remittance basis"-Regime, nicht jedoch in Bezug auf jene anderen Regime, die die ausländischen Einkünfte von skilled short-term residents steuerfrei stellen: *Dirkis*, The Expression Liable to Tax by Reason of His Domicile, Residence Under Art. 4(1) of the OECD Model Convention, in Maisto (Hrsg.) Residence of Individuals under Tax Treaties and EC Law, 2010, 6.5.1., 6.5.2.

75 Tatsächlich maß der Oberste Gerichtshof Kanadas diesem Argument im Urteil Crown Forest grundlegende Bedeutung bei (The Queen v. Crown Forest Industries Limited et al. v. Canada, 95 DTC 5389, 5397).

76 Gemeint sind die Zwecke, die durch die neue Präambel des MA zugeschrieben werden, welche infolge des Multilateralen Instruments auch in zahlreiche Abkommen Eingang gefunden hat. Im Text bezieht sich der Verfasser auf die möglichen Auswirkungen dieser Präambel, auch wenn nach Auffassung des Autors derartige Wirkungen gegenstandslos bleiben sollten: *Báez Moreno*, Canadian Tax Journal 2025, 1 ff.

77 *Couzin*, Corporate Residence and International Taxation, 2002, 153–154.

nahme, dass diese überhaupt bestimmbar wäre. Das größte Problem der hier kritisierten Auslegung besteht jedoch darin, den möglichen Wortsinn von Art. 4 Abs. 1 Satz 1 des MA – und insbesondere der Wendung *liable to tax* – einzuschränken. Denn *liable to tax* wird in dieser Sichtweise gleichgesetzt mit *liable to tax on as comprehensive a tax liability as is imposed by the state.* Dies stellt einen klaren Überschuss dar und läuft auf eine teleologische Reduktion des Begriffs hinaus, die sich im Rahmen von Art. 31 Abs. 1 des WÜRV nur schwerlich rechtfertigen lässt.[78] Meines Erachtens kann an dieser Schlussfolgerung nichts dadurch geändert werden, dass der Begriff *full tax liability* zum Zeitpunkt der Abfassung der Vorschrift nicht in allen (OEEC) Mitgliedstaaten bekannt war[79] und deshalb die Wendung liable to tax als kleinster gemeinsamer terminologischer Nenner gewählt wurde.[80] Meines Erachtens lassen sich die Übertreibungen und systematischen Fehler dieser Auslegung besonders gut erkennen, wenn man Satz 1 und Satz 2 des Art. 4 Abs. 1 MA gegenüberstellt. Es sei denn, *liable to tax* bedeutet in den beiden Sätzen Unterschiedliches und wird *liable to tax* hingegen verstanden als steuerpflichtig in dem Sinne von as *comprehensive a tax liability as is imposed by the state*, so müsste man folgern, dass Art. 4 Abs. 1 Satz 2 eine befremdliche Vorschrift wäre, die diejenigen vom Anwendungsbereich der DBA ausschlösse, welche der *umfassendsten Steuerpflicht, die der betreffende Staat vorsieht, lediglich in Bezug auf Einkünfte aus Quellen in diesem Staat unterliegen*. Die einzig logische Auslegung einer solchen Vorschrift bestünde darin, die DBA auf die Ansässigen von Staaten mit territorialen Steuersystemen nicht anzuwenden – was jedoch, wie die Kommentare ausdrücklich klarstellen, gerade nicht Ziel der Vorschrift ist. In diesem Zusammenhang besteht die einzige Auslegungsfrage darin, ob die soeben genannten Begünstigten i.S.v. Art. 4 Abs. 1 Satz 2 des Musterabkommens lediglich mit Einkünften aus Quellen in diesem Staat als steuerpflichtig anzusehen sind und damit vom Anwendungsbereich der DBA ausgeschlossen werden. Obwohl die Auslegung von Art. 4 Abs. 1 Satz 2 des Musterabkommens in bestimmten Einzelfällen – man denke etwa an die Debatte über die mögliche Ausschließung von Ansässigen in Staaten mit territorialem

78 Zu den Grenzen der Rechtsfortbildung – und der teleologischen Reduktion als einer ihrer Ausprägungen – im Lichte von Art. 31 Abs. 1 des WÜRV: *Báez Moreno*, Canadian Tax Journal 2025, 1 (7–12).

79 *Vann* in G. Maisto ed., Residence of Companies under Tax Treaties and EC Law, 2009, 7.3.2.4.

80 *Ismer/Blanck* in Reimer/Rust, Klaus Vogel on Double Taxation Conventions, 5. Aufl. 2021, Art. 4 m.no. 20 (fn 33).

Steuersystem – äußerst komplex ist, erscheint seine Anwendung auf Begünstigte von Präferenzregimen, die ausländische Einkünfte privilegieren, vergleichsweise einfach, zumindest wenn man den Wortlaut der Vorschrift ernst nimmt. In diesem Zusammenhang ist zu beachten, dass der Satz nur diejenigen Personen ausschließt, die nur mit Einkünften aus Quellen in diesem Staat steuerpflichtig sind. Von diesem Punkt an genügt es, die Vorschrift mit der gebotenen Strenge auf die drei taxonomischen Kategorien anzuwenden, auf die wir zuvor Bezug genommen haben:

i) Regime, die die reguläre Besteuerung ausländischer Einkünfte durch eine Pauschalbesteuerung ersetzen. Denn so niedrig die *Flat Tax* auf ausländische Einkünfte in diesen Fällen auch ausfallen mag – insbesondere im Vergleich zu dem, was unter Anwendung des regulären Regimes zu zahlen wäre –, lässt sich kaum zu dem Schluss gelangen, dass die Begünstigten des Regimes nur mit Einkünften aus Quellen im Ansässigkeitsstaat steuerpflichtig sind. Dies ist die Position, die in der Literatur ganz überwiegend vertreten wird;[81]

ii) *Non-dom* (*remittance base* Regime). Hinsichtlich der Non-Dom-Regime mögen sich gewisse Zweifel stellen; meines Erachtens bestehen jedoch keine durchgreifenden Gründe, sie vom Anwendungsbereich der DBA auszuschließen. Zum einen wurde – wie bereits erwähnt – seit 2008 eine jährliche, obligatorische und von den Begünstigten des Regimes zu entrichtende Abgabe eingeführt, unabhängig von der Höhe der nicht überwiesenen ausländischen Einkünfte (*remittance basis charge*).[82] Dies versetzt die Non-Doms meines Erachtens in eine vergleichbare Lage wie die Begünstigten eines *Flat-Tax*-Regimes. Aber selbst in den Fällen, in denen diese *Charges* nicht zu entrichten sind,[83] ist der Autor der Auffassung, dass die DBA weiterhin auf die *Non-Doms* Anwendung finden. Zum einen, weil – wie bereits ange-

81 Im Hinblick auf das italienische Flat-Tax-Regime: *Sartori*, Rivista di diritto finanziario e scienza delle finanze, 2020, 32 (61–67); *De Vita*, ET 2020, 460 (464); *Mastellone/Giovanelli*, Intertax 2017, 577 (587); *Arginelli/Avella*, ET 2017, 113 (115); *Tenore* in Kostić/Báez Moreno/Chand/Tenore (Hrsg.), Mobility of Individuals and Workforces, 2024, 154; *López*, Special Tax Regimes to Attract Individuals and Their Interaction with Treaty Law, in Kostić/Báez Moreno/Chand/Tenore (Hrsg.), Mobility of Individuals and Workforces – Tax Challenges Raised by Digitalization, 2024, 165 ff., 183–184.

82 Siehe Nachweise zu Abschnitt III.1.b).

83 Soweit dem Verfasser bekannt, bestehen in den Non-Dom-Regimen Irlands und Maltas keine remittance basis charges.

deutet – nicht sämtliche ausländischen Einkünfte dem Remittance-Erfordernis für ihre Besteuerung im Vereinigten Königreich unterlagen; oder, genauer gesagt, weil in bestimmten Fällen eine *deemed remittance* vorlag, die dazu führte, dass diese Einkünfte ohne jede Besonderheit der regulären Besteuerung im Ansässigkeitsstaat unterworfen wurden. Abschließend – und vielleicht ist dies der wichtigste Punkt – darf nicht übersehen werden, dass das Remittance-Basis-Regime keine Befreiung ausländischer Einkünfte darstellt, sondern lediglich eine besondere Zurechnungsregel ist, die es erlaubt, die Besteuerung auf den Zeitpunkt der Repatriierung zu verschieben. Auch wenn diese Einkünfte möglicherweise niemals repatriiert werden, lässt sich nur schwer vertreten, dass sie im Wohnsitzstaat von der Besteuerung ausgenommen wären. Gerade dieses Argument ist es, auf das sich Lehre[84] und Rechtsprechung und sogar der Kommentar zum OECD-Musterabkommen[85] am häufigsten stützen, um die Einbeziehung der Non-Doms in den Anwendungsbereich der Doppelbesteuerungsabkommen zu rechtfertigen.

iii) Hinsichtlich der Regime, die ausländische Einkünfte von der Besteuerung ausnehmen, lässt sich ein ähnliches Argument wie zuvor anführen. Zwar könnte ein vollständiges Befreiungsregime aus der Perspektive von Art. 4 Abs. 1 Satz 2 des Musterabkommens problematisch erscheinen, doch hat die von uns vorgenommene systematische Analyse gezeigt, dass es selten – um nicht zu sagen außergewöhnlich – ist, dass ein Regime nicht zumindest eine bestimmte Art oder Kategorie ausländischer Einkünfte der Besteuerung unterwirft. Aus dieser Sicht hätten die Begünstigten wiederum vollen Zugang zu den Vorteilen der Doppelbesteuerungsabkommen.[86]

84 *López* in Kostić/Báez Moreno/Chand/Tenore, 2024, 165, 183; *Duff* in Lazarov/van der Vlugt, 2025, 1.3.; *Hemdan/Mayrhuber*, SWI 2025, 182 ff. (184).

85 *López* in Kostić/Báez Moreno/Chand/Tenore, 2024, 165, 183, wenngleich es nach Auffassung des Autors zweifelhaft ist, dass der Kommentar die Anwendung der Doppelbesteuerungsabkommen auf Non-Doms mit einer derart eindeutigen Klarheit stützt.

86 *Dirkis* in Maisto, 2010, 6.5.2. (allgemein in Bezug auf das, was man als skilled short-term residents bezeichnet, jedoch unter Bezugnahme auf die australischen und neuseeländischen Regime); *Cassiano Neves*, ET 2010, 220 (222) (mit gewissen Zweifeln in Bezug auf das portugiesische Regime der „Residentes Não Habituais“, das bis 2024 in Kraft war); *López* in Kostić/Báez Moreno/Chand/Tenore, 2024, 165, 181 (im Allgemeinen, wenngleich mit besonderem Bezug auf das spanische Regime der trabajadores impatriados).

V. Präferenzregime und verfassungsrechtliche Maßstäbe des Steuerrechts

Trotz des vagen Verdachts der „Ungerechtigkeit", den die Präferenzregime häufig hervorrufen,[87] gibt es nur wenige wissenschaftliche Arbeiten, die sich ausschließlich oder zumindest ausführlich mit ihrer Verfassungsmäßigkeit befassen.[88] Nach Kenntnis des Verfassers liegt keine gerichtliche Entscheidung vor, die sich zur Verfassungsmäßigkeit dieser Regime äußert. Dennoch, da alle Präferenzregime eine Ungleichbehandlung zwischen „neuen" und „alten" Ansässigen – und vielfach auch zwischen unterschiedlichen Gruppen neuer Ansässiger – implizieren, ist eine mögliche Verletzung des Gleichheitssatzes eine Frage, die sich nicht umgehen lässt.

Vielleicht ließe sich einwenden, dass angesichts der Vielfalt der Steuerregime und insbesondere der Unterschiedlichkeit der verfassungsrechtlichen Grenzen im Steuerrecht – selbst innerhalb Europas – jede ernsthafte Analyse darauf beschränkt bleiben müsste, jedes einzelne Regime ausschließlich an den jeweils einschlägigen verfassungsrechtlichen Schranken des betreffenden Staates zu messen. Die besonderen Merkmale dieser Untersuchung lassen eine detaillierte Einzelanalyse nicht zu: Ein solcher Ansatz würde den verfügbaren Rahmen sprengen und die angestrebte vergleichende Perspektive beeinträchtigen. Zugleich sollten die Unterschiede zwischen den europäischen Steuerordnungen nicht überschätzt werden. Nach Auffassung des Autors lässt sich in Europa ein gemeinsames (steu-

---

87 Die pauschale Kritik an den Präferenzregimen – insbesondere am Non-Dom-Regime – als „ungerecht" ist in der britischen Fachliteratur sehr verbreitet: *Adam/Miller*, Reforming the taxation of non-doms: policy options and uncertainties, Institute for Fiscal Studies, 2024, 5; *Garavan*, British Tax Review 2024, 491, 498. Auch in wirtschaftsbezogenen Berichten ist häufig eine allgemeine Besorgnis über mögliche Equity Concerns (Verteilungs- bzw. Gerechtigkeitsbedenken) im Zusammenhang mit diesen Regimen zu finden: OECD Tax Policy Studies, 2011, No. 21, 124 (mit Hinblick auf die ungleiche Behandlung von hochqualifizierten und weniger qualifizierten Arbeitskräften oder von ausländischen und inländischen Arbeitnehmern).

88 *Müller-Nagel*, Zuzugbesteuerung natürlicher Personen, 2018, 232–264; *Sartori*, Rivista di diritto finanziario e scienza delle finanze, 2020, 32 (55–61) (zur Verfassungsmäßigkeit des italienischen Flat-Tax-Regimes). Es gibt zahlreiche Arbeiten, die sich darauf beschränken, die potentiellen verfassungsrechtlichen Probleme der Präferenzregelungen zu erwähnen, ohne sie näher zu untersuchen: *Beretta*, IFA Research Paper: Mobility of Individuals and Taxation, 2020, 24–25; *Addarii*, WTJ 2024, 2.

er-)verfassungsrechtliches Fundament erkennen,[89] das selbst in Staaten ohne Verfassung im materiellen Sinne zum Ausdruck kommt.[90] Zudem bestehen deutlich unterscheidbare „Regimefamilien", die sich anhand bestimmter taxonomischer Merkmale abgrenzen lassen und für eine verfassungsrechtliche Betrachtung von besonderer Bedeutung sind. Die folgenden Ausführungen stellen diese Regimegruppen den gemeinsamen europäischen verfassungsrechtlichen Grenzen gegenüber, insbesondere den Anforderungen des Gleichheitssatzes.

Die Mehrzahl der wenigen Arbeiten, die sich mit der Verfassungsmäßigkeit dieser Regime befassen, geht – zumeist implizit – davon aus, dass die den „Neuzuziehenden" gewährte Begünstigung gegenüber den „Altansässigen" eine ungleiche Behandlung vergleichbarer Sachverhalte darstellt. Deren Verfassungsmäßigkeit hängt folglich davon ab, ob hierfür eine zulässige und zugleich verhältnismäßige Rechtfertigung im Hinblick auf den verfolgten Zweck besteht.[91] Diese auf den ersten Blick einfache Fragestellung erweist sich bei näherer Betrachtung als problematisch.

89 Ob aufgrund der allgemeinen verfassungsrechtlichen Anerkennung des Gleichheitssatzes in den Mitgliedstaaten der Europäischen Union, seiner wachsenden Bedeutung als allgemeiner Grundsatz des europäischen (Steuer-)Rechts (*Kokott*, EU Tax Law – A Handbook, 2022, 109–228) oder des starken Einflusses einzelner europäischer (Verfassungs-)Gerichte – insbesondere des BVerfG – steht fest, dass die verfassungsrechtliche Analyse des Steuerrechts anhand möglicher ungerechtfertigter oder unverhältnismäßiger Ungleichbehandlungen vergleichbarer Sachverhalte inzwischen zu einem festen Bestandteil der europäischen Rechtsentwicklung geworden ist.

90 Selbst in den europäischen Rechtsordnungen, die einer Kontrolle der (steuer-)rechtlichen Normen am Maßstab des Gleichheitssatzes traditionell eher zurückhaltend gegenüberstehen, lassen sich bisweilen vorsichtige Entwicklungen in diese Richtung erkennen – gestützt auf das Diskriminierungsverbot des Art. 14 der Europäischen Menschenrechtskonvention und (ehemals) auf die Diskriminierungsverbote des Gemeinschaftsrechts (*Baker*, United Kingdom, in Meussen (Hrsg.), The Principle of Equality in European Taxation, 1999, 165, [167]). In jedem Fall ist bemerkenswert, dass Fragestellungen, die in manchen Systemen als Fragen bloßer Steuerpolitik gelten, in anderen Rechtsordnungen als genuin verfassungsrechtliche Probleme verstanden werden: *Thuronyi/Brooks/Kolozs*, Comparative Tax Law, 2016, 69.

91 Wenn auch nicht immer ausdrücklich formuliert, liegt diesem Ansatz die verfassungsrechtliche Analyse des italienischen Flat-Tax-Regimes zugrunde, wie sie im dortigen Schriftum entwickelt wurde: *Farri*, Rivista di Diritto Tributario – Supplemento online, 2007, 1 (3); *Sartori*, Rivista di diritto finanziario e scienza delle finanze, 2020, 32, 56; *Stevanato*, Novità Fiscali, 2020, 435 (437–441); *Farri*, Rivista Telematica di Diritto Tributario, 2021, 1 (6). Auch außer-

Zum einen bleibt in den Gesetzesbegründungen der Präferenzregime – wohl auch aufgrund ihrer oft unreflektierten Verbreitung in Europa in den letzten zwei Jahrzehnten – eine konkrete Zielbeschreibung häufig aus oder wird so allgemein formuliert, dass sie für eine verfassungsrechtliche Prüfung kaum verwertbar ist.[92] Auch bei einer vertieften Analyse der vorbereitenden Materialien der Vorschriften, die diese Regime geschaffen oder reformiert haben, lassen sich im Wesentlichen keine genaueren Hinweise finden. Über die oft geringe Bereitschaft der Gesetzgeber hinaus, ihre Regelungen zu begründen, ist zu beachten, dass Präferenzregime häufig auch als Reaktion auf Maßnahmen anderer Staaten eingeführt oder angepasst werden.[93] Andererseits bleibt die verfassungsrechtliche Einordnung dieser Regime auch dann eine erhebliche Herausforderung, wenn es dem (Verfassungs-)Richter gelingt, ihre Rechtfertigungsgründe nachzuvollziehen. Der Grund dafür ist leicht zu verstehen: Auch wenn sich in vielen Fällen die vom Gesetzgeber mit den Präferenzregimen verfolgten Sozialzwecke erkennen lassen,[94] ist ihre Einordnung in den etablierten Katalog zulässiger Rechtfertigungen der verfassungsgerichtlichen Rechtsprechung

halb Italiens wurde dieser Ansatz verfolgt, allerdings ohne Bezugnahme auf ein konkretes Regime: *Szudoczky/Rodríguez Peña*, WTJ 2024, 3.2 (wenn auch stets in Bezug auf den Gleichheitssatz des Unionsrechts); *Pistone et al.* in Pistone et al. (Hrsg.), Fundamentals of Personal Income Taxation, 2025, 12.1.3.

92 Zwei Beispiele können diese Überlegungen veranschaulichen: Das Decreto-Lei Nr. 249/2009, mit dem das portugiesische Regime der „Residentes Não Habituais“ eingeführt wurde, verweist lediglich knapp auf einen „… neuen Geist der Wettbewerbsfähigkeit der portugiesischen Wirtschaft, mit dem die nationale Wirtschaft und das portugiesische Unternehmensgefüge stimuliert werden sollen“ (Übersetzung durch den Verfasser). Das Decreto Legislativo 14 settembre 2015, n. 147, das das italienische Impatriati-Regime einführte, bezog sich allgemein auf die Förderung der Internationalisierung der in Italien tätigen Wirtschaftssubjekte.

93 Dieser bereits in der Literatur beschriebene Nachahmungseffekt (OECD Tax Policy Studies, 2011, No. 21, 133) trägt zwar keine relevanten neuen Rechtfertigungen zur verfassungsrechtlichen Analyse dieser Regelungen bei, erklärt jedoch durchaus das auffällige Fehlen „offizieller Begründungen“ für deren Einführung.

94 Die beste Analyse zu den möglichen Zielsetzungen dieser Regime – wenn auch ohne Bezugnahme auf ein bestimmtes Einzelfallregime – findet sich bei: *Pistone et al.* in Pistone et al. (Hrsg.), Fundamentals of Personal Income Taxation, 2025, 12.1.4. In jedem Fall folgt sie weitgehend den Schlussfolgerungen von: OECD Tax Policy Studies, 2011, No. 21, 131–137.

nicht immer einfach. Dies führt wiederum dazu, dass eine etwaige Verhältnismäßigkeitsprüfung auf zusätzliche Schwierigkeiten stößt.

Offene Präferenzregime – *de iure* wie *de facto* – lassen sich vergleichsweise leicht rechtfertigen. Zwar bewirken sie eine Ungleichbehandlung zwischen neuen und bereits ansässigen Steuerpflichtigen, doch kann die Zielsetzung, demografische Probleme zu mildern,[95] verfassungsrechtliche Bedenken grundsätzlich ausräumen. Angesichts zahlreicher Entscheidungen, die steuerliche Maßnahmen zur Förderung der Geburtenrate, zur Vermeidung der Überalterung und zur Bewältigung demografischer Herausforderungen für verfassungsgemäß erklären,[96] sowie vor dem Hintergrund, dass in diesem Bereich weitaus eingriffsintensivere Instrumente existieren,[97] deren Verfassungsmäßigkeit kaum bestritten wird,[98] überrascht es, dass gerade dieses Argument selten zur Verteidigung entsprechender Regelungen herangezogen wird.[99] Dieses nahezu vollständige Fehlen des „demografischen Arguments" dürfte entweder auf ein gerin-

95 Probleme, die nicht nur entwickelte Staaten, sondern auch zahlreiche Übergangswirtschaften betreffen. Hinsichtlich der Probleme von Entvölkerung und demografischer Überalterung in bestimmten europäischen (Ost)Länder: *Kostić*, International Taxation and migrations, in Brauner (Hrsg.), Research Handbook on International Taxation, 2020, 353 ff. (354, 367).

96 Die wohlwollende Haltung der (Verfassungs-)Gerichte gegenüber Steuervergünstigungen mit demografischer Zielsetzung ist unverkennbar. Nach Kenntnis des Verfassers existiert bislang keine einzige Entscheidung, in der die verfassungsrechtliche Zulässigkeit derartiger Maßnahmen in Abrede gestellt worden wäre.

97 Man denke etwa an die erheblichen steuerlichen Vergünstigungen für junge Einwohner, die in der kroatischen, polnischen (*Gadžo*, Belgrade Law Review, 2019 No. 4, 116 ff. [132–136]) oder ungarischen Gesetzgebung (*Czoboly*, Hungary – Individual Taxation – Country Tax Guides IBFD, 1.8.2.4) vorgesehen sind, oder – noch extremer – an die in Ungarn gewährte Steuerbefreiung für Erwerbseinkommen von Müttern, die vier oder mehr Kinder großgezogen haben (*Czoboly*, Hungary – Individual Taxation – Country Tax Guides IBFD, 1.8.2.2).

98 *Gadžo* hat sich – trotz steuerpolitischer Vorbehalte – zugunsten der Verfassungsmäßigkeit der kroatischen Maßnahmen ausgesprochen: *Gadžo*, Belgrade Law Review, 2019 No. 4, 116 ff., 134–136.

99 In diesem Zusammenhang überrascht es, dass Italien – trotz einer äußerst besorgniserregenden Bevölkerungsstruktur – das demografische Argument nicht anführte, als es zwischen 2019 und 2024 nahezu alle beruflichen Zugangsvoraussetzungen für sein Sonderregime der impatriati abschaffte. Zu diesen Änderungen vgl.: *Palmitessa*, TNI, 2022, 775 ff. (776); *Palmitessa*, TNI, 2024, 1628.

ges Vertrauen des Gesetzgebers in dessen Überzeugungskraft als verfassungsrechtliche Rechtfertigung zurückzuführen sein[100] oder – einfacher erklärt – auf das politische Bestreben mancher Staaten, eine „steuerliche Willkommenspolitik" gegenüber neuen Einwohnern nicht offen anzuerkennen. Wahrscheinlicher ist jedoch, dass tatsächlich kaum (*de iure* und *de facto*) offene Regime existieren. In diesem Zusammenhang dürfte die Aufmerksamkeit vor allem den selektiven Regimen gelten.

Verfassungsrechtlich deutlich leichter zu rechtfertigen sind qualifizierte Regime, bei denen die Gewährung von Vorteilen an die Erfüllung konkreter Qualifikationsanforderungen geknüpft ist und die darauf abzielen, Fachpersonal anzuziehen. Die spezifischen Ziele, die typischerweise mit dem Einsatz des Steuersystems zur Anziehung von Fachpersonal verbunden sind – nämlich die Generierung von wissensbezogenen *Spillover*-Effekten sowie die Abmilderung des Fachkräftemangels[101] – lassen sich problemlos in die Begründungskataloge einfügen, die von (verfassungs-) gerichtlicher Seite regelmäßig anerkannt werden.[102] Vor diesem Hintergrund ist es sehr wahrscheinlich, dass der Großteil der qualifizierten Regime, deren Tatbestand auf spezifischen Fähigkeiten und/oder akademischen Qualifikationen der Begünstigten aufbaut, aus verfassungsrechtlicher Sicht in vielen Staaten als gerechtfertigt angesehen werden kann.[103]

---

100 Geht es tatsächlich darum, demografische Probleme zu bewältigen, wäre es grundsätzlich wirksamer, die Steuerlast für alle – neue wie bereits ansässige Steuerpflichtige – zu senken. Dies könnte zugleich neue Einwohner anziehen und bestehende halten, ohne eine Ungleichbehandlung zu erzeugen. Selbst wenn das Ziel vor allem darin bestünde, der Überalterung entgegenzuwirken, ließen sich Steuervergünstigungen gezielt auf bestimmte Altersgruppen beschränken. Ein ausschließlich jungen Menschen gewährter Vorteil ist zudem rechtlich stets leichter zu rechtfertigen als eine pauschale Begünstigung aller Neuankömmlinge.

101 OECD Tax Policy Studies, 2011, No. 21, 133–134.

102 Im Zusammenhang mit dem Wettbewerb zwischen den Mitgliedstaaten um qualifizierte Arbeitskräfte stellt *Schön* fest, dass diese Staaten durchaus gute Gründe haben können, eine gut strukturierte Politik zur Anziehung ausländischer Produktionsfaktoren zu betreiben. Diese Aussage erfolgt gerade im Hinblick auf die mögliche Verfassungsmäßigkeit bestimmter Formen umgekehrter Diskriminierung, die auf die Anwerbung von Produktionsfaktoren abzielen, *Schön*, ec Tax Review 2000, 90 (99).

103 In diesem Zusammenhang in Bezug auf die italienischen Regime für Forschende und Lehrende sowie auf das Impatriati-Regime in der Fassung vor der Reform von 2019: *Farri*, Rivista di Diritto Tributario – Supplemento online, 2007, 1 (3).

Zwar würde eine strenge verfassungsrechtliche Prüfung erfordern, dass die tatsächlich benötigten wissensbezogenen *Spillover*-Effekte sowie die bestehenden Fachkräftemängel identifiziert und mit den geforderten Fähigkeiten und Qualifikationen in Einklang gebracht werden – also überprüft wird, ob alle und nur diejenigen Berufsgruppen erfasst sind die tatsächlich gebraucht werden. Doch erscheint es höchst unwahrscheinlich, dass ein (Verfassungs-)Gericht eine derart detaillierte Prüfung vornimmt. Selbst die strengsten (Verfassungs-)Gerichte der Welt räumen dem Gesetzgeber bei der verfassungsrechtlichen Beurteilung von Steuervergünstigungen erhebliche Einschätzungsprärogativen ein.[104] Zugleich erkennen politische Entscheidungsträger die erheblichen Schwierigkeiten an, die mit der präzisen – das heißt geeigneten, erforderlichen und verhältnismäßigen – Ausgestaltung von Regelungen zur Bekämpfung des Fachkräftemangels verbunden sind.[105] Dennoch sollte dieser *self restraint* Grenzen haben. Der Verfasser ist der Auffassung, dass die Ausgestaltung mancher angeblich auf die Anwerbung von Fachpersonal ausgerichteter Regime nur schwerlich gerechtfertigt werden kann – weder im Hinblick auf ihre Eignung zur Erreichung des angestrebten Ziels noch hinsichtlich der Verhältnismäßigkeit der ergriffenen Maßnahmen. Besonders fragwürdig erscheinen in diesem Zusammenhang Regelungen, die versuchen, durch die Festlegung von Mindesteinkommensgrenzen ausschließlich hochqualifizierte Fachkräfte anzuziehen.[106] Solche Gestaltungen sind dem angestrebten Ziel nicht angemessen, da Steuerpflichtige mit hohem Einkommen die Vorteile genießen – unabhängig davon, ob sie positive externe Effekte erzeugen oder Engpässe bei Fachkräften tatsächlich verringern.[107] Zudem kann dieser Aufbau – insbesondere in einigen Ländern – dazu führen, dass hochqualifizierte Personen vom Regime ausgeschlossen werden, nur weil ihre Branche oder Tätigkeit nicht hoch genug bezahlt ist.[108] Damit soll nicht gesagt sein, dass Regime, deren einziges Ziel die Anziehung von *HNWIs* ist, verfassungswidrig wären, sondern vielmehr, dass

104 *Hey* in Tipke/Lang, Steuerrecht, 25. Aufl. 2024, Rz. 3.131–3.137, 19.70–19.79.

105 OECD, Tax Policy Studies, 2011, No. 21, 136.

106 Siehe Nachweise zu Abschnitt III.1.b) „Auswahlkriterien, … hochqualifizierte Arbeitskräfte anzuziehen (high-skilled workers regimes)".

107 In gleicher Richtung, wenn auch nicht aus verfassungsrechtlicher Perspektive: OECD Tax Policy Studies, 2011, No. 21, 145.

108 In gleicher Richtung, wenn auch nicht aus verfassungsrechtlicher Perspektive: OECD Tax Policy Studies, 2011, No. 21, 146.

ihre verfassungsrechtliche Analyse unter anderen Gesichtspunkten erfolgen muss. Mit dieser Fragestellung befassen wir uns im Folgenden.

Zweifellos sind Präferenzregelungen, deren alleiniges Ziel die Verlagerung von Steuerbemessungsgrundlagen und die entsprechende Steigerung des Gesamtsteueraufkommens oder die Förderung von Investitionen ist, aus rein verfassungsrechtlicher Sicht besonders problematisch. Die (Verfassungs-)Gerichte scheinen nicht bereit zu sein, Ungleichbehandlungen als gerechtfertigt anzuerkennen, deren einziger Zweck in der Erhöhung des Steueraufkommens liegt – selbst dann nicht, wenn dieses Mehraufkommen aus einer anderen Steuer stammt oder auf einer insgesamt höheren Einnahmebasis infolge einer größeren Zahl von Steuerpflichtigen beruht.[109] Diese Auffassung vertritt nicht nur das BVerfG,[110] sie wird auch in der Fachliteratur einiger Länder regelmäßig als Argument angeführt, um darzulegen, dass solche Präferenzen verfassungsrechtlich nicht tragfähig sind.[111]

Etwas anders gelagert und mit größerer Unsicherheit behaftet ist die Frage, ob die Förderung von Investitionen eine hinreichende Rechtfertigung für eine Ungleichbehandlung darstellen könnte. Im Allgemeinen bestehen keine unüberwindbaren verfassungsrechtlichen Bedenken dagegen, dass die Anziehung ausländischer Investitionen als Rechtfertigung für eine günstigere Behandlung der neu zugezogenen gegenüber den „altansässigen“ Steuerpflichtigen herangezogen wird (*umgekehrte Diskriminierung*).[112] Trotzdem gilt als allgemein anerkannt, dass die Verfassungs-

109 Vgl. insbesondere *Enders*, Fiskalzwecke im Steuerverfassungsrecht, 2024, 91–93.

110 Auch wenn sich das BVerfG besonders deutlich geäußert hat: BVerfG v. 29.3.2017 – 2 BvL 6/11, BVerfGE 145, 106 Rz. 150.

111 Dies ist ein in der italienischen Rechtswissenschaft häufig verwendetes Argument, um die verfassungsrechtliche Rechtfertigung der Flat Tax in Frage zu stellen bzw. abzulehnen: *Farri*, Rivista di Diritto Tributario – Supplemento online, 2007, 1 (3–4). Die mangelnde Tragfähigkeit eines etwaigen höheren Gesamtsteueraufkommens als verfassungsrechtliche Rechtfertigung für die in Präferenzregimen angelegte Ungleichbehandlung wurde von *Müller-Nagel* deutlich gemacht am Beispiel des spanischen Impatriiertenregimes (*Müller-Nagel*, Zuzugbesteuerung natürlicher Personen, 2018, 246).

112 Dies hat das spanische Verfassungsgericht ausdrücklich anerkannt – und zwar im Zusammenhang mit einem Fall umgekehrter steuerlicher Diskriminierung: Urteil des spanischen Verfassungsgerichts Sentencia del Tribunal Constitucional de España v. 25.4.2002 – 96/2002, ECLI:ES:TC:2002:96, FJ (Rechtliche Begründung) 8. Wie *Schön* zutreffend festgestellt hat, ist es bis-

mäßigkeit einer ungleichen Behandlung vergleichbarer Sachverhalte voraussetzt, dass die ergriffene Maßnahme zur Erreichung des damit verfolgten Ziels geeignet ist. In diesem Zusammenhang – wie zahlreiche Autoren im Hinblick auf das italienische *Flat-Tax*-Regime hervorgehoben haben[113] – kann die Ausgestaltung der Rechtsfolge des Regimes unter Umständen ungeeignet sein, ausländische Investitionen anzuziehen. Regime, deren steuerlicher Vorteil sich ausschließlich auf Einkünfte aus ausländischen Quellen beziehen, lassen sich nur schwerlich mit dem Ziel rechtfertigen, ausländische Investitionen anzuziehen – gerade weil es die Einkünfte aus im Ausland belegenen Vermögenswerten sind, die bevorzugt behandelt werden. Mehr noch: Solche Regelungen können sogar einen Anreiz dafür schaffen, dass Steuerpflichtige aus anderen Jurisdiktionen ihren Wohnsitz in den begünstigenden Staat verlegen und – zuvor oder gleichzeitig – ihre bestehenden Investitionen aus diesem Staat abziehen.[114] Generell können alle Regime, die ausländische Einkünfte in besonderer Weise begünstigen, aus verfassungsrechtlicher Sicht auf erhebliche Probleme stoßen.[115] Möglicherweise könnte die Lösung dieses Pro-

---

lang niemandem gelungen, in der umgekehrten Diskriminierung, die darin besteht, dass in Deutschland – wie auch in einer Reihe anderer Staaten – Zinszahlungen an ausländische Gläubiger von der Besteuerung ausgenommen werden, einen Verstoß gegen Art. 3 Abs. 1 GG nachzuweisen (*Schön*, ec Tax Review 2000, 90 (99)). Keiner der zahlreichen italienischen Autoren, die das Flat-Tax-Regime unter dem Gesichtspunkt seiner möglichen investitionsfördernden Wirkung in Italien analysiert haben, hat die Auffassung vertreten, dass eine solche Rechtfertigung verfassungsrechtlich unzulässig sei. In gleicher Weise hat sich das italienische Verfassungsgericht (Corte Costituzionale) zur Steuerbefreiung von in Italien gezahlten Lizenzgebühren (Royalties) an im Ausland ansässige Personen geäußert: Corte Costituzionale v. 28.5.1987 – Urteil Nr. 211/1987, Considerato in diritto 7.

113 *Sartori*, Rivista di diritto finanziario e scienza delle finanze, 2020, 32, 58; *Peverini*, Rivista di Diritto Tributario – Supplemento online, 2018, 683 ff. (690).

114 *Sartori*, Rivista di diritto finanziario e scienza delle finanze, 2020, 32, 58.

115 Neben dem italienischen Flat-Tax-Regime könnten in diese Kategorie – also jener Regime, die ausschließlich ausländische Einkünfte begünstigen, ohne andere verfassungsrechtlich legitime Ziele zu verfolgen (insbesondere nicht die gezielte Anwerbung von Fachkräften) – auch folgende Regime eingeordnet werden. Nach Auffassung des Verfassers könnte dies auch auf die sog. Non-Dom-Regime zutreffen, wobei jedoch zu beachten ist, dass die europäischen Jurisdiktionen, die über derartige Regelungen verfügen oder verfügt haben, nicht für eine intensive (sofern überhaupt vorhandene) verfassungsrechtliche Kontrolle von Steuergesetzen bekannt sind.

blems darin bestehen, eine Mindestinvestition in inländische Vermögenswerte zu verlangen;[116] dies könnte jedoch seinerseits zur Entstehung unionsrechtlicher Probleme führen.

Allen vorangegangenen Überlegungen liegt ein Ausgangspunkt zugrunde, der unausgesprochen unterstellt wurde: Die Neuansässigen, die von den begünstigenden Sonderregelungen profitieren, befinden sich in einer mit den „Altansässigen" vergleichbaren Situation, auf dic das allgemeine Steuerregime Anwendung findet. Nur in diesem Zusammenhang ist es sinnvoll zu prüfen, ob die unterschiedliche Behandlung durch das betreffende Regime gerechtfertigt und verhältnismäßig ist. In jüngerer Zeit wird jedoch ein verfassungsrechtlich anderer Zugang vorgeschlagen. Dieses neue Verständnis fragt, ob „neue" und „alte" Ansässige überhaupt vergleichbar sind, und sieht die Differenzierungen solcher Regime lediglich als Berücksichtigung des politischen und wirtschaftlichen Integrationsgrades der „neuen Ansässigen".[117] Diese Sichtweise entspricht der zunehmend vertretenen Auffassung einer nicht-binären Konzeption der Ansässigkeit, nach der es zwischen Ansässigen und Nichtansässigen zahlreiche Zwischenformen gibt, deren steuerliche Behandlung nicht zwingend der unbeschränkten oder beschränkten Steuerpflicht entsprechen muss.[118] In diesem Zusammenhang wären die in dieser Arbeit als „Vorteile" bezeichneten Rechtsfolgen der Präferenzregime keine solchen im eigentlichen Sinne. Vielmehr würden die Präferenzregime Regelungen

116 Wie im griechischen Flat Tax Regime für Investoren: *Perrou*, ET, 2020, 565.

117 Die umfassendste theoretische Ausarbeitung dieser These – ohne Bezug auf ein bestimmtes Präferenzregime – findet sich bei: *Mahlig*, (Some) Coherence in Migrants' Tax Liability?: „Special" Tax Regimes as an Adequate Reflection of the Process of Migration, in Lazarov/Vlugt (Hrsg.), Blueprint for Individual Income Taxation Reform in a Globalized World, 2025, 3.3. Ebenfalls wurde vertreten, dass neue und alte Ansässige nicht in vergleichbaren Situationen stehen – gestützt auf weniger ausgearbeitete Ansätze, die im Zusammenhang mit bestimmten Präferenzregimen auf die jeweils geforderten Zeiträume vorheriger Nichtansässigkeit (Abwesenheit vor dem Zuzug) Bezug nehmen, wie sie nahezu allen Präferenzregimen gemeinsam sind: *Peverini*, Rivista di Diritto Tributario – Supplemento online, 2018, 683 ff., 694–698; *Da Palma Borges/Riberiro de Sousa*, Revista Fiscalidade, 2009, 13; *Mastellone/Giovanelli*, Intertax 2017, 577 (585). Sehr kritisch gegenüber diesem Ansatz in Italien im Hinblick auf das Flat-Tax-Regime: *Stevanato*, Novità Fiscali, 2020, 435 (439–440).

118 Diese Konstruktion lässt sich ausführlich nachvollziehen in *Elkins*, 41 Virginia Tax Review 2022, 149 (149–201).

widerspiegeln, die dem Integrationsgrad der Zuwanderer in den Aufnahmestaaten entsprechen. Die Folgen dieses Ansatzes für die verfassungsrechtliche Analyse der Präferenzregime sind erheblich: Neue und alte Ansässige bilden keine vergleichbaren Gruppen und ihre unterschiedliche Behandlung kann nicht einmal als verfassungsrechtlich relevante Ungleichheit gelten.[119]

Die Originalität dieses neuen Ansatzes lässt sich nicht bestreiten. Sein zutiefst innovativer Charakter sowie seine Fähigkeit, die verfassungsrechtliche Steueranalyse grundlegend zu hinterfragen – und dies sogar über das spezielle Problem der Präferenzregime hinaus – würden eine eingehendere Auseinandersetzung rechtfertigen, die an dieser Stelle jedoch nicht möglich ist. In jedem Fall erscheint es angebracht, einige kritische Aspekte dieser These hervorzuheben.

Der zentrale Gedanke dieses neuen Ansatzes – nämlich, dass das Maß der Gleichheit zwischen den Einkommensteuerpflichtigen in ihrem Grad der (politischen und wirtschaftlichen) Integration in den Zielstaat zu sehen ist – wirft ein strukturelles Problem von schwer lösbarer Natur auf: Wie lässt sich dies mit dem Grundsatz der Leistungsfähigkeit in Einklang bringen? Unter der Annahme, dass die Vertreter dieser These den Integrationsgrad nicht als eine ausnahmsweise Rechtfertigung für eine ungleiche Behandlung von Steuerpflichtigen mit gleicher wirtschaftlicher Leistungsfähigkeit ansehen,[120] sondern vielmehr als ein alternatives Gleichheitskriterium verstehen – da „neue" und „alte" Ansässige, so ihre Argumentation, unabhängig von ihrer wirtschaftlichen Leistungsfähigkeit nicht miteinander vergleichbar seien –, bleiben lediglich drei Möglichkeiten. Das erste denkbare Szenario, nämlich die wirtschaftliche Leistungsfähigkeit als (quantitatives) Kriterium vollständig aufzugeben, erscheint selbst dann nicht tragfähig, wenn es ausschließlich auf die Gruppe der neuen Ansässigen beschränkt würde. Eine zweite Möglichkeit würde darin bestehen, zwei materielle Gleichheitsmaßstäbe parallel heranzuziehen – den Grad der politisch-wirtschaftlichen Integration einer-

119 Besonders überzeugend und präzise ausgearbeitet in: *Mahlig* in Lazarov/Vlugt (Hrsg.), Blueprint for Individual Income Taxation Reform in a Globalized World, 2025, 3.7.1.3. Auf der Grundlage der geringeren Anknüpfung an die Zieljurisdiktion bei Personen, die über einen längeren Zeitraum nicht dort ansässig waren: *Peverini*, Rivista di Diritto Tributario – Supplemento online, 2018, 683 ff., 694–698.

120 So aber in: *Mastellone*, Rivista di Diritto Tributario, Supplemento online 1, 2020, 56–57.

seits und die wirtschaftliche Leistungsfähigkeit andererseits. Auch wenn dieser Ansatz auf den ersten Blick praktikabel wirken mag, würde sein Ergebnis das Gleichheitsgebot in eine analytisch unlösbare Struktur überführen: Wenn verbotene Ungleichbehandlungen darin bestehen, vergleichbare Sachverhalte ohne sachlichen Grund oder in unverhältnismäßiger Weise unterschiedlich zu behandeln, lässt sich eine solche Prüfung nicht auf zwei voneinander unabhängige materielle Gleichheitsmaßstäbe gleichzeitig stützen. Die einzige logisch und rechtlich haltbare Auslegung bestünde daher darin, ungleiche Behandlungen von Steuerpflichtigen mit gleichem Grad politisch-wirtschaftlicher Integration als Ausnahmen vom System zu verstehen, die gerade durch ihre unterschiedliche wirtschaftliche Leistungsfähigkeit gerechtfertigt sind. Dieser Ansatz fügt sich zwar besser in die innere Systematik des Steuerrechts ein, würde jedoch – aus Sicht des Verfassers – eine grundlegende Neubestimmung der Logik des Verhältnismäßigkeitsgrundsatzes erforderlich machen.

Andererseits hätte die Anwendung dieser These weitreichende praktische Konsequenzen und würde – bei konsequenter Umsetzung – nahezu zwangsläufig zur Verfassungswidrigkeit sämtlicher Präferenzregime führen. Offensichtlich müssen die Präferenzregime – ihrem rechtfertigenden Ansatz entsprechend – zeitlich begrenzt sein, soweit sich die neuen Ansässigen politisch und wirtschaftlich in den Aufnahmestaat integrieren.[121] Diese Anforderung stellt indes kein Problem dar, da – wie gezeigt – nahezu alle Regime zeitliche Befristungen unterschiedlicher Strenge vorsehen.[122] Allerdings stellt die zeitliche Begrenzung in diesem Ansatz zwar eine notwendige, jedoch keineswegs eine hinreichende Voraussetzung aus verfassungsrechtlicher Sicht dar. Zunächst wären solche Regime verfassungsrechtlich geboten. Wenn neue Ansässige tatsächlich eine geringere Bindung an das Staatsgebiet aufweisen – was sie gerade mit den Altansässigen unvergleichbar macht –, dann verpflichtet das Gleichheitsprinzip in seiner vertikalen Dimension (ungleiche Behandlung der Ungleichen) dazu, derartige Regime vorzusehen. Geht man noch einen Schritt weiter, würde die konsequente Anwendung dieses Ansatzes – wie sowohl Befür-

121 *Mahlig* in Lazarov/Vlugt (Hrsg.), Blueprint for Individual Income Taxation Reform in a Globalized World, 2025, 3.5.1.2.

122 Allerdings wurde vereinzelt vertreten, dass auch zu lange Laufzeiten – wie etwa die fünfzehn Jahre der italienischen flat tax – aus dieser Perspektive problematisch sein könnten: *Stevanato*, Novità Fiscali, 2020, 435 (440).

worter[123] als auch Kritiker[124] betonen – bedeuten, dass die Regime auf alle neuen Ansässigen anzuwenden wären, da diese *per definitionem* in geringerem Maße mit dem neuen Wohnsitzstaat verbunden sind. Der geschlossene Charakter nahezu aller Präferenzregime – sei es *de iure* oder *de facto* – würde nahezu zwangsläufig zu ihrer Verfassungswidrigkeit führen. Schließlich – selbst wenn dieses letzte Hindernis überwunden würde – wäre ein Regime nur dann angemessen und verhältnismäßig, wenn seine Ausgestaltung die steuerliche Belastung nach dem Grad der politischen und wirtschaftlichen Bindung des Begünstigten an den neuen Ansässigkeitstaat staffelt.[125] Ein kurzer Blick auf die von uns erarbeitete taxonomische Analyse zeigt deutlich, dass kein Regime – auch nicht in pauschaler Form – die gewährten Vorteile mit dem tatsächlichen Maß an politischer und wirtschaftlicher Integration in Einklang bringt, das theoretisch die Intensität der Besteuerung dieser Steuerpflichtigen rechtfertigen sollte. Zusammenfassend wirft dieser Ansatz erhebliche dogmatische Zweifel auf, und jedenfalls scheinen die Präferenzregime in ihrer derzeitigen Ausgestaltung nicht auf ihre konsequente Anwendung vorbereitet zu sein.

VI. Präferenzregime und europäisches Recht

Da Präferenzregime (zumindest dem Grundsatz nach) eine unterschiedliche Behandlung zwischen grenzüberschreitend Tätigen und ausschließlich inländischen Steuerpflichtigen vorsehen und sich in Vergünstigungen für bestimmte Gruppen von Steuerpflichtigen niederschlagen, können sie mit den Vorgaben des europäischen Rechts in Konflikt geraten. Wie üblich ist dabei zwischen möglichen Verstößen gegen die Grundfreiheiten und dem Beihilfeverbot zu unterscheiden.

1. Präferenzregime und Grundfreiheiten: Verbot der horizontalen Diskriminierung

Im Schrifttum werfen nur wenige Stimmen die Möglichkeit auf, dass Präferenzregime gegen die Grundfreiheiten der EU verstoßen könnten.[126]

123 *Mahlig* in Lazarov/Vlugt (Hrsg.), Blueprint for Individual Income Taxation Reform in a Globalized World, 2025, 3.7.1.3.

124 *Stevanato*, Novità Fiscali, 2020, 435 (440).

125 *Mahlig* in Lazarov/Vlugt (Hrsg.), Blueprint for Individual Income Taxation Reform in a Globalized World, 2025, 3.5.1.2.

126 Im Einzelnen nur *Müller-Nagel*, Zuzugbesteuerung natürlicher Personen, 2018, 193–198; *Szudoczky/Rodríguez Peña*, WTJ 2024, 7; nur vereinzelt und

Für dieses geringe Interesse scheinen grundsätzlich gewichtige Gründe zu bestehen. Präferenzregime führen typischerweise zu einer Ungleichbehandlung zu Lasten der „Altansässigen", die sich dadurch auszeichnen, dass sie ihren Wohnsitz nicht (erst kürzlich) infolge der Ausübung einer unionsrechtlichen Grundfreiheit begründet haben. In diesem Zusammenhang ist die Zurückhaltung des EuGH wohlbekannt, den Schutzbereich der Grundfreiheiten auf Fälle *umgekehrter Diskriminierung* auszudehnen, in denen ein Mitgliedstaat seine eigenen Staatsangehörigen (in unserem Fall nicht migrierte Ansässige) schlechter behandelt als ausländische Personen (in unserem Fall neu zugezogene Migranten).[127] Obwohl es durchaus gewichtige rechtliche Gründe gibt, die Position des EuGH zur umgekehrten Diskriminierung zu relativieren,[128] ist es wenig wahrscheinlich, dass eine solche Relativierung – weder allgemein noch im Hinblick auf Präferenzregime – erfolgen wird. Es gibt jedoch eine besondere Konstellation, in der die Grundfreiheiten auch jenseits der Fälle umgekehrter Diskriminierung mit Präferenzregimen in Konflikt geraten können. Tatsächlich kann es in den Fällen zu einem Konflikt mit den Grundfreiheiten kommen, in denen ein Präferenzregime verschiedene Nichtansässige, die ihren Wohnsitz in den gewährenden Staat verlegen, unterschiedlich behandelt. Mitunter führen solche Regime nämlich zu horizontalen Ungleichbehandlungen – also zu unterschiedlichen Behandlungen zweier Nichtansässiger, die ihrerseits in demselben oder in verschiedenen Mitgliedstaaten ansässig sind –, deren Vereinbarkeit mit den Grundfreiheiten der EuGH durchaus zu prüfen bereit ist.[129] Tatsächlich war der erste Fall, in dem der EuGH klar dazu neigte, die horizontale

wenig entschieden im Zusammenhang mit dem italienischen Flat-Tax-Regime: *Stevanato*, Novità Fiscali, 2020, 435 (441–442).

127 Nahezu einhellig im Schrifttum: *Müller-Nagel*, Zuzugbesteuerung natürlicher Personen, 2018, 193–198; *Szudoczky/Rodríguez Peña*, WTJ 2024, 7; *Stevanato*, Novità Fiscali, 2020, 435 (442) (zögerlich); *Salanitro*, Rivista di Diritto Tributario, 2018, 53 ff. (86); in diesem Sinne äußerte sich auch Kommissar *Kovács* am 23.10.2009 im Europäischen Parlament auf eine Anfrage des Abgeordneten *Alfredo Antoniozzi* (P-4699/09).

128 Im Zusammenhang mit den Präferenzregimen: *Szudoczky/Rodríguez Peña*, WTJ 2024, 7.2.

129 Noch fraglicher ist – im Lichte der Rechtsprechung des EuGH (EuGH v. 10.2.2010 – C-436/08, C-437/08, ECLI:EU:C:2011:61 – Haribo und Salinen v. Finanzamt Linz, Rz. 48) –, ob zwei in Drittstaaten ansässige Steuerpflichtige oder ein in einem Mitgliedstaat und ein in einem Drittstaat ansässiger Steuerpflichtiger im Hinblick auf die Kapitalverkehrsfreiheit als vergleichbar anzusehen sind. Auf diese Frage, die in einzelnen Fällen mit Bezug zu Präfe-

Vergleichbarkeit anzuerkennen (also die Möglichkeit, dass zwei Nichtansässige im Hinblick auf die Anwendung der Grundfreiheiten als vergleichbar angesehen werden können), gerade ein Fall, der ein Präferenzregime betraf.[130]

An erster Stelle stehen jene Regime, die ausschließlich auf ausländische Personen Anwendung finden[131] und möglicherweise auch die sog. *Non-Dom*-Regime.[132] Zu dieser ersten Gruppe könnten auch jene Präferenzregime gezählt werden, deren Inanspruchnahme an Voraussetzungen ge-

---

renzregimen von Bedeutung sein könnte, kann an dieser Stelle nicht näher eingegangen werden.

130 EuGH v. 24.2.2015 – C-512/13, ECLI:EU:C:2015:108 – C.G. Sopora, Rz. 25. Dieses Urteil sah Steuerpflichtige, die nicht in den Niederlanden ansässig waren und ihren Wohnsitz jeweils mehr bzw. weniger als 150 Kilometer von der niederländischen Grenze entfernt hatten, als vergleichbar an – und zwar im Hinblick auf eine mögliche Beeinträchtigung der Arbeitnehmerfreizügigkeit durch ein Präferenzregime, das für bestimmte Aufwendungen eine Steuerbefreiung vorsah. Für die erste Gruppe konnte diese pauschal – i.H.v. 30 Prozent der Bemessungsgrundlage – gewährt werden, während die zweite Gruppe den tatsächlichen Anfall der betreffenden Aufwendungen nachweisen musste.

131 Obwohl dieser Fall gelegentlich als ein zweiter Anwendungsbereich angesehen wird, in dem umgekehrte Diskriminierungen an den Grundfreiheiten gemessen werden können (*Szudoczky/Rodríguez Peña*, WTJ 2024, 7.1), handelt es sich weder um einen eigenständigen Tatbestand noch tatsächlich um eine Form umgekehrter Diskriminierung. Wenn beispielsweise das finnische Regime seine Anwendung finnischen Staatsangehörigen versagt, die nach Finnland zurückkehren, bedeutet dies nämlich keine Benachteiligung jener Finnen, die das Land nie verlassen haben, da auch sie das Regime nicht in Anspruch nehmen können. Es geht vielmehr um eine unterschiedliche Behandlung zwischen nichtansässigen Ausländern und nichtansässigen finnischen Staatsangehörigen, die nach Finnland zuziehen – mithin um einen prototypischen Fall horizontaler Ungleichbehandlung.

132 Soweit dem Verfasser bekannt ist, schließen die Non-Dom-Regime die Inanspruchnahme der remittance basis durch Staatsangehörige nicht unmittelbar aus. Gleichwohl ist – wie bereits dargelegt – der Erwerb eines domicile of choice außerordentlich schwierig; zudem besteht im Falle seiner Aufgabe eine erhebliche Wahrscheinlichkeit, dass das ursprüngliche domicile of origin wieder auflebt (*Schwarz* in Booth and Schwarz, Residence, Domicile and UK Taxation, 20. Aufl. 2018, 242–244, 267–270). In jedem Fall stellt der Zugang zu einem Non-Dom-Regime durch eine nicht ansässige non-domiciled Person, die ihre Ansässigkeit nach Irland oder Malta (oder ehemals nach dem Vereinigten Königreich) verlegt, während einem dom dieselbe Möglichkeit versagt bleibt, eine horizontale Ungleichbehandlung dar, die –

knüpft ist, die nur in Bezug auf bestimmte Mitgliedstaaten erfüllt werden können.[133] Im Lichte der (wenig bedeutsamen) vorangegangenen Konstellationen könnte der Eindruck entstehen, dass Präferenzregime, die potentiell Probleme einer horizontalen Diskriminierung aufwerfen, selten sind.[134] Eine genauere Betrachtung führt jedoch zu einem anderen Ergebnis. In der Tat kann nahezu jede Anwendungsvoraussetzung eines Präferenzregimes zu einer horizontalen Ungleichbehandlung neu Ansässiger führen, die ihren Wohnsitz aus demselben oder aus verschiedenen Mitgliedstaaten in den betreffenden Mitgliedstaat verlegen. Als Beispiel sei auf die in nahezu allen Präferenzregimen enthaltene Voraussetzung verwiesen, wonach die Begünstigten während eines bestimmten Zeitraums vor der Verlagerung nicht im gewährenden Staat ansässig gewesen sein dürfen. Fügt man diesem Beispiel einige Details hinzu, so würde diese Bedingung bedeuten, dass ein italienischer Forscher, der nach Abschluss seiner Promotion in Italien drei Jahre auch als Post-doc in Deutschland ansässig war, Zugang zum spanischen Impatriatenregime hätte, wenn er eine Anstellung an einem spanischen Forschungsinstitut annähme. Demgegenüber würde ein spanischer Forscher, der nach seiner Promotion in Spanien eine dreijährige Postdoc-Stelle in Deutschland angenommen und anschließend an dasselbe spanische Forschungsinstitut zurückgekehrt ist, das auch den italienischen Forscher eingestellt hat, nach den allgemeinen, weniger günstigen Besteuerungsregeln veranlagt werden. Aus Sicht des Verfassers lässt sich nur schwer vertreten, dass diese Steuerpflichtigen nicht vergleichbar sein sollen: Beide sind seinerzeit in denselben Mitgliedstaat (Deutschland) gezogen, unterlagen dort für identische Einkünfte aus identischer Tätigkeit denselben steuerlichen Regelungen und haben sich sodann unter im Wesentlichen gleichen Umständen in denselben anderen Mitgliedstaat begeben. Strukturell betrachtet lässt sich jedenfalls kein wesentlicher Unterschied zu der in der Rechtssache *Sopora* geprüften Situation erkennen, in der der EuGH Grenzpendler, die in mehr oder weniger als 150 Kilometern Entfernung von der niederländischen Grenze

---

aus struktureller Sicht – jener zwischen Inländern und Ausländern entspricht, welche ihren Ansässigkeit in dieselbe Jurisdiktion verlegen.

133 Aufgrund der typischen Ausgestaltung der Präferenzregime wird ein solcher Fall kaum eintreten, da deren Tatbestand nur selten Merkmale berücksichtigt, die für die Herkunftsjurisdiktionen der Begünstigten charakteristisch sind.

134 Implizit *Szudoczky/Rodríguez Peña*, WTJ 2024, 7.1.

wohnen, ohne weiteres als vergleichbar angesehen hat. Entsprechendes gilt nach Auffassung des Verfassers für nahezu sämtliche Voraussetzungen, die den Tatbestand der Präferenzregime bilden.[135] Die Feststellung der Vergleichbarkeit stellt allerdings nur den ersten Schritt in der Analyse der Vereinbarkeit mit den unionsrechtlichen Grundfreiheiten dar.

Nach dem klassischen Prüfungsschema der EuGH-Rechtsprechung können Ungleichbehandlungen zwischen verschiedenen „Neuzuzüglern“[136] gegen die Grundfreiheiten verstoßen, sofern sie nicht durch einen zwingenden Grund des Allgemeininteresses gerechtfertigt sind. Obwohl keine Gründe ersichtlich sind, die eine abweichende Prüfung auf der Rechtfertigungsebene bei horizontalen Ungleichbehandlungen rechtfertigen würden,[137] lässt sich – insbesondere im Lichte des Urteils in der Rechtssache *Sopora* – doch vermuten, dass der EuGH solchen potentiellen Diskriminierungen mit einer gewissen Zurückhaltung[138] bzw. einer eher großzügigen Toleranz begegnet.[139] Zwar wird nahezu scholastisch darüber dis-

135 Wie bereits an anderer Stelle ausformuliert wurde lassen sich viele vertikale Ungleichbehandlungen (zwischen Migranten und Nicht-Migranten) als horizontale Ungleichbehandlungen (zwischen verschiedenen Gruppen von Migranten) umformulieren: *Báez Moreno*, Estudios Financieros. Revista de Contabilidad y Tributación 2019, 37 (67).

136 Anders als bei einer verfassungsrechtlichen Analyse vertikaler Ungleichbehandlungen (potentieller umgekehrter Diskriminierung) ist im hier einschlägigen Kontext keine Prüfung erforderlich, ob das vermeintlich begünstigende Regime einen echten Vorteil oder lediglich einen Ausgleich darstellt. Im Rahmen einer horizontalen Ungleichbehandlung ist dieser Aspekt nämlich unerheblich, da – selbst wenn es sich nur um einen Ausgleich handelt – eine der vergleichbaren Gruppen diesen Ausgleich nicht erhält und somit ungleich behandelt wird. In einer vertikal verfassungsrechtlichen Analyse hingegen ist diese Frage von Bedeutung, weil der ehemalige Ansässige, der keinen Ausgleich erhält (anders als im Fall einer echten Begünstigung), nicht mit dem neuen Ansässigen vergleichbar ist, der gerade aufgrund seines Zuzugs einen solchen Ausgleich beanspruchen kann.

137 Nach Auffassung von *Lang* fehle es nicht nur an überzeugenden Gründen, die eine solche Ungleichbehandlung tragen könnten – darin stimmt der Verfasser überein –, sondern auch die Rechtsprechung des EuGH, einschließlich der Entscheidung in der Rechtssache Sopora, lässt eine entsprechende Differenzierung nicht erkennen: *Lang*, SWI, 2016, 118 (132).

138 *Kemmeren*, EC Tax Review, 2015, 178 (181).

139 *Englisch* in Tipke/Lang, Steuerrecht, 25. Aufl. 2024, Rz. 4.91; *Kokott*, EU Tax Law – A Handbook, 2022, 109, 159.

kutiert, ob der EuGH in der Rechtssache *Sopora* tatsächlich eine großzügige Haltung eingenommen hat und ob diese vermeintliche Großzügigkeit darauf zurückzuführen ist, dass es sich um eine horizontale Diskriminierung handelte. Entscheidend ist jedoch – sofern eine Ungleichbehandlung vergleichbarer Migranten vorliegt –, ob sich hierfür eine Rechtfertigung innerhalb des vom Gerichtshof anerkannten (oder potentiell anerkennungsfähigen) Rechtfertigungskatalogs finden lässt. Eine umfassende Analyse dieser Frage ist an dieser Stelle nicht möglich. Zum einen würde sie eine detaillierte Prüfung sämtlicher Ungleichbehandlungen erfordern, die sich aus den in Abschnitt III dieses Beitrags behandelten taxonomischen Kategorien ergeben. Zum anderen zeigt gerade die Komplexität der Rechtssache *Sopora*, dass die potentiellen Rechtfertigungsgründe für horizontale Ungleichbehandlungen erheblich von jenen abweichen können, die der EuGH typischerweise bei klassischen vertikalen Diskriminierungen prüft. Aus diesem Grund erscheint es sinnvoll, zunächst mit einem einfach gelagerten Fall zu beginnen. Dabei bietet es sich an, auf das bereits zuvor erwähnte Beispiel zurückzukommen: die Voraussetzung einer vorherigen Nichtansässigkeit als Bedingung für die Inanspruchnahme von Präferenzregimen.

Die Voraussetzung der „fehlenden vorherigen Ansässigkeit" des Begünstigten wird in der Regel als Vorsichtsmaßnahme gegenüber möglichen Gestaltungen oder sogar missbräuchlichen Vorgehensweisen verstanden. Im Kern soll damit verhindert werden, dass ein Steuerpflichtiger seine Ansässigkeit nur vorübergehend ins Ausland verlegt, um anschließend zurückzukehren und das Präferenzregime in Anspruch zu nehmen, als wäre er ein „Neuzuzügler".[140] Es besteht kein Zweifel daran, dass die Verhinderung der Steuerumgehung auch eine zulässige Rechtfertigung für eine horizontale Ungleichbehandlung darstellen kann.[141] Es ist jedoch höchst zweifelhaft, ob die Verlagerung der Ansässigkeit durch eine natürli-

140 Hinsichtlich der Präferenzregime im Allgemeinen: *Pistone et al.* in Pistone et al. (Hrsg.) Fundamentals of Personal Income Taxation, 2025, 12.2.2.1.3; in Bezug auf das italienische Impatriiertenregime: *Beretta/Cipollini*, ET 2024, 176.

141 Tatsächlich hat die Kommission diesen Rechtfertigungsgrund in der Rechtssache Sopora angeführt, und Generalanwältin *Kokott* hat ihn in abstrakter Hinsicht akzeptiert, ihn jedoch im konkreten Fall letztlich verworfen, Schlussanträge Generalanwältin *Kokott* v. 13.11.2014 – C-512/13 – Sopora, Rz. 39–40.

che Person – mit all den damit verbundenen persönlichen und wirtschaftlichen Konsequenzen – selbst dann als missbräuchlich eingestuft werden kann, wenn die betreffende Person später in den Herkunftsstaat zurückkehrt und dort von einem Präferenzregime profitiert.[142] Eine kurze Überlegung zu dem zuvor geschilderten Beispiel – der spanische Forscher, der seine Ansässigkeit nach Deutschland verlegt, dort eine dreijährige Postdoc-Stelle innehat und anschließend nach Spanien zurückkehrt, um eine wissenschaftliche Position mit größerer Verantwortung zu übernehmen – genügt, um diese Schlussfolgerung zu verdeutlichen.[143] Ganz allgemein ist zudem schwer nachvollziehbar, warum das spanische Impatriiertenregime, das darauf abzielt, qualifiziertes Personal nach Spanien zu ziehen, nicht gleichermaßen auf die (Wieder-)Gewinnung von Fachkräften Anwendung finden sollte, die das Land vor nicht allzu langer Zeit verlassen haben. Kurz gesagt, die in Rede stehende Voraussetzung steht offenbar nicht im Einklang mit dem Zweck, der sie ihrem eigenen Anspruch nach tragen soll; sie erweist sich damit bereits als ungeeignet, das angestrebte Ergebnis zu erreichen, und widerspricht zudem dem übergeordneten Ziel des Regimes. Unter diesen Umständen bedarf es keiner weiteren Prüfung der Verhältnismäßigkeit der Regelung.

Die vorstehenden Überlegungen beanspruchen selbstverständlich nicht, das Thema abschließend zu behandeln, sondern sollen lediglich darauf hinweisen, dass die Wechselwirkungen zwischen Präferenzregimen und den unionsrechtlichen Grundfreiheiten womöglich weniger randständig sind, als mitunter angenommen wird. Damit stellen sich jedoch neue Fragen: Es gilt, jedes einzelne Tatbestandsmerkmal der Präferenzregime daraufhin zu untersuchen, ob es zu horizontalen Ungleichbehandlungen füh-

142 Diese Frage steht jedoch in engem Zusammenhang mit einem weit grundlegenderen Problem, auf das hier nicht näher eingegangen werden kann: nämlich ob die Verlagerung der Ansässigkeit natürlicher Personen überhaupt missbräuchlich sein kann und – falls ja – nach welchen Maßstäben ein solcher Missbrauch zu bestimmen ist. Zu dieser Thematik s.: *Báez Moreno*, Cross-Border Mobility of Individuals and Anti-Avoidance Tax Rules, in Kostić/Báez Moreno/Chand/Tenore (Hrsg.), Mobility of Individuals and Workforces – Tax Challenges Raised by Digitalization, 2024, 191 (203–220).

143 Dies gilt insbesondere vor dem Hintergrund der bemerkenswerten Volatilität des spanischen Gesetzgebers in dieser Frage: Während bis 2023 ein Zeitraum von zehn Jahren vorheriger Nichtansässigkeit vorgesehen war, wurde dieser seither – mit dem erklärten Ziel, den Zugang zum Regime zu vereinfachen – auf fünf Jahre reduziert.

ren kann, den jeweiligen Regelungszweck zu ermitteln und zu prüfen, ob dieser sich in den Rahmen der nach dem Unionsrecht zulässigen Rechtfertigungsgründe einfügen lässt – sowie gegebenenfalls eine Beurteilung seiner Verhältnismäßigkeit vorzunehmen.

2. Präferenzregime und unionsrechtliches Beihilfeverbot

Die mögliche Wechselwirkung zwischen Präferenzregimen und dem Beihilfeverbot scheint (im Gegensatz zu den Grundfreiheiten) in der Literatur ein größeres Interesse gefunden zu haben.[144] Und dies, obwohl die Unionsorgane wiederholt erklärt haben, dass eine Einordnung dieser Regelungen als staatliche Beihilfen ausgeschlossen sei[145] bzw. dass die Einleitung entsprechender Verfahren nicht in Betracht komme.[146] Tatsächlich hat auch keiner der Autoren, die sich zu dieser Frage geäußert haben, eine besondere Neigung zu einem möglichen Konflikt mit dem Beihilfeverbot erkennen lassen. Dem ist zuzustimmen. Gleichwohl lohnt es sich, auf diese Frage etwas näher einzugehen.

Die mögliche Einstufung eines Präferenzregimes als verbotene staatliche Beihilfe hängt von der Klärung zweier grundlegender Fragen ab – wobei

144 In besonders präziser Weise und ohne auf ein einzelnes Regime Bezug zu nehmen: *Szudoczky/Rodríguez Peña*, WTJ 2024, 6; *Martín Rodríguez*, Estudios Financieros Revista de Contabilidad y Tributación, 2014, 5 (42–44); *Da Palma Borges/Riberiro de Sousa*, Revista Fiscalidade, 2009, 13 (15) (im Zusammenhang mit dem aufgehobenen portugiesischen Regime der „Residentes não Habituais“); *Stevanato*, Novità Fiscali, 2020, 435 (442); *Salanitro*, Rivista di Diritto Tributario, 2018, 53 ff. (86); *Mastellone/Giovanelli*, Intertax 2017, 577 (585) (all dies im Zusammenhang mit dem italienischen Flat-Tax-Regime).

145 In diesem Zusammenhang ist auf die Entscheidungen der Kommission v. 3.5.2000, ABl. EU Nr. C 284 v. 7.10.2000, 4, hinzuweisen, mit denen festgestellt wurde, dass die dänischen (N 41/99) und schwedischen (N 672/99) Regelungen keine verbotenen Beihilfen darstellen.

146 In diesem Sinne äußerte sich auch Kommissar *Kovács* am 23.10.2009 im Europäischen Parlament auf eine Anfrage des Abgeordneten *Alfredo Antoniozzi* (P-4699/09) in Bezug auf die mögliche Einstufung des spanischen Regimes für „Impatriates“ als staatliche Beihilfe, soweit dieses die spanischen Fußballvereine begünstigt. In demselben Sinne, jedoch im Zusammenhang mit dem italienischen Regime für „Impatriati“, äußerte sich auch Kommissarin *Vestager* am 1.10.2019 in einer schriftlichen Antwort auf eine von acht Mitgliedern des Europäischen Parlaments gestellte Anfrage (E-002224/2019).

davon ausgegangen wird, dass ein „Vorteil“ vorliegt[147] und dass die „Beeinträchtigung des Handels zwischen Mitgliedstaaten“ als Voraussetzung im Wesentlichen bereits dann vermutet wird, wenn alle übrigen Tatbestandsmerkmale erfüllt sind. Die erste Frage lautet, ob – obwohl die Empfänger der Beihilfe die natürlichen Personen, d.h. die Arbeitnehmer, sind – auch deren Arbeitgeber als Begünstigte anzusehen sind; und nur für den Fall, dass dies zu bejahen ist, ob diese indirekten Begünstigten bestimmte Unternehmen oder Produktionszweige darstellen. Letztlich läuft alles darauf hinaus zu prüfen, ob diese Regime das „Unternehmen“ in „selektiver Weise“ begünstigen. Es handelt sich um zwei eng miteinander verbundene Fragen, die jedoch aus Gründen, die später noch erläutert werden, getrennt zu analysieren sind.

Nur die *an Unternehmen* gewährten steuerlichen Vergünstigungen können als verbotene Beihilfen eingestuft werden.[148] Soweit die Präferenzregime natürlichen Personen steuerliche Vergünstigungen im Rahmen der jeweiligen Einkommensteuer (gegebenenfalls auch der Erbschaft-, Schenkung- und Vermögensteuer) gewähren, haben einige Autoren – vielleicht etwas vorschnell – den Schluss gezogen, dass diese Regime einer Prüfung auf ihre Vereinbarkeit mit dem Beihilfeverbot entzogen seien.[149] Diese

---

147 Die in den Abschnitten III und V vertretene Auffassung, wonach der bloße Ausgleich von Aufwendungen, die ausschließlich von den neuen Ansässigen getragen werden, keinen echten Vorteil darstellt und daher keine ungleiche Behandlung begründet, gilt auch hier.

148 Diese Schlussfolgerung ergibt sich ohne weiteres aus dem Wortlaut des Art. 107 Abs. 1 AEUV und ist in der Rechtsprechung des EuGH wiederholt klargestellt worden: *Englisch* in Schaumburg/Englisch/Dobratz, Europäisches Steuerrecht, 3. Aufl. 2025, Rz. 9.9.

149 *Mastellone/Giovanelli*, Intertax 2017, 577 (585). Diese Auffassung scheint auch die Position der Kommission im Zusammenhang mit dem spanischen Regime für Impatriates gewesen zu sein, als sie erklärte: „... nur Maßnahmen, die für Unternehmen gelten, fallen unter das Beihilfeverbot des Art. 87 EG-Vertrags, während die Begünstigten der fraglichen spanischen Regelung beschäftigte natürliche Personen sind.“ (P-4699/09). Etwas zurückhaltender, wenn auch teilweise in dieselbe Richtung gehend, zeigte sich die Kommission, als sie davon absah, Maßnahmen im Zusammenhang mit dem italienischen Impatriati-Regime zu ergreifen, und zur Begründung ausführte: „... diese Maßnahme scheint die Einkommensteuer natürlicher Personen und nicht die Körperschaftsteuer zu betreffen“, fügte jedoch sogleich hinzu: „Sie scheint außerdem für alle nach Italien zuziehenden Expatriates zu gelten, die in beliebigen Wirtschaftszweigen tätig sind ...“ (E-002224/2019).

Ansicht ist nach der Auffassung des Autors aus zwei Gründen verfehlt. Zum einen, weil einige dieser Regime auf Unternehmer und selbständige Berufstätige anwendbar sein können, die zweifellos als Unternehmen i.S.d. Art. 107 Abs. 1 AEUV anzusehen sind.[150] Zum anderen – und vielleicht noch wichtiger – deshalb, weil die Tatsache, dass die unmittelbaren Begünstigten der Regime keine Unternehmen sind, nicht bedeutet, dass es keine Unternehmen geben kann, die mittelbar von der Maßnahme profitieren. In diesem Zusammenhang ist die Rechtsprechung der europäischen Gerichte zur *mittelbaren* bzw. *indirekten* Begünstigung von Unternehmen umfangreich.[151] Sowohl der EuGH[152] als auch die Kommission haben im Hinblick auf den hier interessierenden Sachverhalt klargestellt, dass steuerliche Vorteile, die direkt, unmittelbar und formal den Arbeitnehmern gewährt werden, potentiell als verbotene Beihilfen zugunsten ihrer Arbeitgeber wirken können. Dem hier interessierenden Sachverhalt noch näher steht der Fall *Sopora*, in dem das vorlegende Gericht den fraglichen Vorteil als *Lohnkostenzuschuss für inländische Arbeitgeber einstufte*, die gezwungen sind, Arbeitnehmer mit bestimmten, auf dem niederländischen Arbeitsmarkt nicht verfügbaren Qualifikationen aus dem Ausland zu rekrutieren.[153] Auch wenn man sich der erheblichen praktischen Schwierigkeiten bewusst ist, die solche staatlichen Beihilfen mit sich bringen können – vor allem hinsichtlich der Ermittlung ihres Umfangs und ihrer Rückforderung[154] –, wird man kaum bestreiten können, dass zahlreiche dieser Regelungen letztlich den Arbeitgebern zugutekommen. Vom Anwendungsbereich des europäischen Beihilferechts ausgenommen sind daher nur jene Präferenzregime, die ihren Begünstigten keine selbständige oder unselbständige Erwerbstätigkeit erlauben oder die begrifflich auf nicht erwerbstätige Personengruppen zugeschnitten sind (z.B. Präferenzregime für Rentner). Offen bleibt, inwieweit Präfe-

150 *Szudoczky/Rodríguez Peña*, WTJ 2024, 6.2.

151 *Milutinović*, § 5 Mittelbare Begünstigung von Unternehmen, in Kube/Reimer (Hrsg), Das Beihilfenrecht als Innovationsmotor des Steuerrechts, 2018, 85 (87–90); *Schön*, State Aid in the Area of Taxation, in Hancher/de Vries/Salerno (Hrsg), EU state aids, 6. Edition 2021, 431 (478–480).

152 *Englisch* in Schaumburg/Englisch/Dobratz, Europäisches Steuerrecht, 3. Aufl. 2025, Rz. 9.10.

153 Diese Feststellung wird von Generalanwältin *Kokott* in ihren Schlussanträgen aufgegriffen, ohne dass sie ihr widerspricht: Schlussanträge Generalanwältin *Kokott* v. 13.11.2014 – C-512/13 – Sopora, Rz. 36.

154 *Hey*, StuW 2015, 331 (342).

renzregime, die primär auf HNWI ausgerichtet sind, aber auch hochverdienende Arbeitnehmer erfassen können, ausgeschlossen sind.[155]

Wie bereits dargelegt, bedeutet der Umstand, dass ein Vorteil Unternehmen nur mittelbar zugutekommt, nicht automatisch, dass er bestimmte Unternehmen oder Produktionszweige begünstigt. Kurz gesagt liegt eine verbotene Beihilfe nur dann vor, wenn der indirekte Vorteil selektiv ist. Und genau an diesem Punkt lässt sich feststellen, dass die durch Präferenzregime gewährten Vorteile kaum als verbotene Beihilfen einzustufen sind. So sehr diese Regime auch (mittelbare) Vorteile für die Arbeitgeber der Begünstigten – oder für die Begünstigten selbst, sofern das Regime auch auf Selbständige Anwendung findet – begründen können, erscheint es doch schwierig, geografische oder sektorale Auswahlkriterien zu identifizieren, die dazu führen würden, dass nicht alle Unternehmen potentiell begünstigt werden, sondern nur *bestimmte Unternehmen oder Produktionszweige*. Im Ergebnis sind die Präferenzregime nicht selektiv.[156] Man könnte meinen, dass die gesamte Analyse zur mittelbaren Begünstigung von Unternehmen überflüssig ist, wenn doch so eindeutig ist, dass

155 Die Rechtsprechung der europäischen Gerichte, wonach eine Maßnahme auch dann als verbotene staatliche Beihilfe eingestuft werden kann, wenn sie nur in bestimmten Fällen Unternehmen begünstigt (*Englisch* in Schaumburg/Englisch/Dobratz, Europäisches Steuerrecht, 3. Aufl. 2025, Rz. 9.11), stützt die Möglichkeit, dass bestimmte, im Wesentlichen auf die Anziehung von HNWI ausgerichtete Regime, die jedoch auch Arbeitnehmern mit sehr hohen Einkommen zugutekommen können, als verbotene Beihilfen angesehen werden. Das Problem liegt in vielen Fällen – erneut – in der Quantifizierung, da es schwierig ist festzustellen, welche Vorteile die Arbeitgeber mittelbar begünstigen.

156 Wie das Schrifttum tatsächlich nahegelegt hat: *Szudoczky/Rodríguez Peña*, WTJ 2024, 6.4; *Martín Rodríguez*, Estudios Financieros Revista de Contabilidad y Tributación, 2014, 5, 43; *Da Palma Borges/Riberiro de Sousa*, Revista Fiscalidade, 2009, 13 (15); *Salanitro*, Rivista di Diritto Tributario, 2018, 53 ff. (86). Auch wenn dies in den Entscheidungen nicht ausdrücklich klargestellt wird (OJ 2000 C 284/4), dürfte genau dies der Grund dafür sein, dass die Kommission seinerzeit davon abgesehen hat, die dänischen und schwedischen Regime als verbotene staatliche Beihilfen zu qualifizieren (*Rossi-Maccanico*, EstAL, 2004, 229 [237]). Dies war offenbar ebenfalls ein (zusätzlicher) Grund, den Kommissarin *Vestager* anführte, um kein Verfahren gegen das italienische Impatriati-Regime einzuleiten. Sie erklärte hierzu: „Es scheint zudem auf alle ins Inland kommenden Arbeitnehmer Anwendung zu finden, unabhängig davon, in welchem Sektor sie tätig sind.“.

diese Regime nicht selektiv sind. Gleichwohl erscheint diese Überlegung nicht entbehrlich, wenn man das Problem der Selektivität etwas differenzierter betrachtet. Wir beschränken uns im Folgenden darauf, einige spezifische Punkte hervorzuheben.

Unter einem traditionellen Verständnis des Begriffs der Selektivität, wie es zuvor vertreten wurde, lassen sich einige selektive Regime erkennen – gewiss Ausnahmefälle, aber dennoch erwähnenswert. Der Zentralstaat könnte in einigen Fällen in Versuchung geraten, den Regimen einen regionalen Verstärkungseffekt zu verleihen und erhöhte Vorteile für neue Ansässige vorzusehen, die sich in bestimmten Gebieten niederlassen.[157] Nach der grundlegenden Rechtsprechung des EuGH zur regionalen Selektivität[158] dürfte es äußerst schwierig sein, solche Regelungen mit dem Verbot staatlicher Beihilfen zu vereinbaren.[159] Es wurde darauf hingewiesen, dass bei manchen nicht offenen Präferenzregelungen – insbesondere wenn eine vorherige behördliche Genehmigung erforderlich war – unvorhersehbare Ergebnisse auftreten konnten, vor allem bei mangelnder Transparenz des Verfahrens.[160] In anderen Fällen wird berichtet, dass die Voraussetzungen oder die konkreten Vergünstigungen des Regimes in der Rechtsvorschrift nicht eindeutig geregelt sind – oder gar keine ausdrückliche Regelung besteht –, so dass die Gewährung des Regimes wie-

157 Dies war bis 2023 beim italienischen Impatriati-Regime der Fall, das den ordentlichen Befreiungssatz von 70 % auf 90 % erhöhte, wenn sich der Begünstigte in einer der folgenden süditalienischen Regionen niederließ: Abruzzen, Basilikata, Kalabrien, Kampanien, Molise, Apulien, Sardinien oder Sizilien (*Beretta/Cipollini*, ET 2024, 172).

158 *Englisch* in Schaumburg/Englisch/Dobratz, Europäisches Steuerrecht, 3. Aufl. 2025, Rz. 9.20.

159 Noch schwieriger dürfte der Fall des italienischen Regimes für Rentner sein, das ausschließlich auf ausländische Rentner Anwendung findet, die sich in den zuvor genannten süditalienischen Regionen niederlassen (*Beretta/Freitas Soares* in Lazarov/Vlugt (Hrsg.), Blueprint for Individual Income Taxation Reform in a Globalized World, 2025, 5.4.9.) Der A-limine-Ausschluss der Pensionistenregime von der Kontrolle im Rahmen des oben genannten Beihilferechts dürfte hier nicht greifen, da die begünstigten Pensionäre unter Umständen auch wirtschaftlich tätig sein können und sich der gewährte Vorteil auf sämtliche Einkünfte – und nicht nur auf Renten – bezieht.

160 Diese Kritik wurde seinerzeit im Zusammenhang mit dem schwedischen Regime und den Entscheidungen des Board of Taxation of Researchers erhoben: OECD Tax Policy Studies, 2011, No. 21, 145.

derum wenig transparent oder schwer vorhersehbar ist.[161] Regime, deren Anwendung davon abhängt, dass die beim Begünstigten vorausgesetzten besonderen Fähigkeiten im inländischen Personalbestand nur in begrenztem Maße vorhanden sind,[162] bieten ein erhebliches Potential dafür, dass Bewilligungen oder Ablehnungen nur schwer vorhersehbar sind. Vorbehaltlich der Kenntnis der Voraussetzungen, Verfahren und Kontrollmechanismen, die in diesen Jurisdiktionen für die Gewährung des Vorteils und die Bestimmung seines Umfangs bestehen, ist es bei einem sehr weiten Ermessensspielraum der Steuerbehörden höchst wahrscheinlich, dass das Regime als selektiv und damit als verbotene Beihilfe einzustufen ist.[163]

Präferenzregime könnten jedoch in deutlich größerem Maße dem Beihilfeverbot ausgesetzt sein, wenn sie unter einem anderen Verständnis des Selektivitätsbegriffs oder – genauer gesagt – im Hinblick auf eine vermeintlich abweichende Zielsetzung des Beihilfeverbots beurteilt würden. Tatsächlich hat sich seit einigen Jahren – wenn auch mit wechselnder Intensität[164] – eine Auffassung durchgesetzt, die das Beihilfeverbot als ein allgemeines Diskriminierungsverbot begreift.[165] Ein solcher Ansatz würde die Analyse der Präferenzregime grundsätzlich unter den Blickwinkeln der Grundfreiheiten,[166] der verfassungsrechtlichen Gleichheitsgrundsätze und des Beihilfeverbots einander annähern. Die Entwicklung dieses „neuen Ansatzes“ hat jedoch gezeigt, dass sie sich deutlich von der herkömmlichen, kanonischen Betrachtungsweise des Diskriminierungsverbots entfernt hat. Sei es durch die Konstruktion idealtypischer Vergleichssituatio-

161 So etwa die Regime in Finnland (*Ambagtsheer-Pakarinen*, Finland – Individual Taxation, Country Tax Guides IBFD, 7.2.1).

162 So etwa die Regime in Island (*Sigurvaldadottir*, Iceland – Individual Taxation – Country Tax Guides IBFD, 6.2) und den Niederlanden (*Flinterman*, Netherlands – Individual Taxation – Country Tax Guides IBFD, 7.2.1).

163 Zum Ermessen und seinem selektiven Charakter: *Schön* in Hancher/de Vries/Salerno, 6. Edition 2021, 480–481.

164 Zu diesen Schwankungen: *Schön*, ZHR, 2019, 393 (401).

165 *Schön*, Tax Legislation and the Notion of Fiscal Aid: A Review of 5 Years of European Jurisprudence, in Richelle/Schön/Traversa (Hrsg.), State Aid Law and Business Taxation, 2016, 3 (9–14); *Schön*, ZHR 2019, 393–405.

166 *Martín Jiménez*, Chapter 8: Level Playing Field vs. Member States' Direct Tax Policies: The State Aid (R)evolution, in Pistone (Hrsg.), European Tax Integration: Law, Policy and Politics, 2018, 8.4; *Schön* in Richelle/Schön/Traversa, 2016, 9.

nen[167] oder durch die Ablehnung regulatorischer Rechtfertigungen für ungleiche Behandlungen[168] – sowohl die Kommission als auch der EuGH haben sich (zuweilen) von der „Orthodoxie" der Gleichheitsanwendung entfernt, die – mit nur wenigen Ausnahmen – vom Gerichtshof selbst in seiner Rechtsprechung zu den Grundfreiheiten sowie von den (Verfassungs-)Gerichten der Mitgliedstaaten im Zusammenhang mit Diskriminierungsverboten beachtet wird. Jede dieser Abweichungen könnte zur Herausbildung eines gewissermaßen europäischen „Supergleichheitssatzes[169]" führen, dessen Auswirkungen auf Präferenzregime – und im Grunde auf jegliche steuerliche Begünstigung – kaum vorhersehbar sind.

VII. (Kritischer) Exkurs: Präferenzregime und schädlicher Steuerwettbewerb

Abschließend ist auf eine äußerst bedenkliche Entwicklung einzugehen. In den letzten Jahren haben einige Ökonomen – sei es in Thinktanks oder in politischen Institutionen – die Auffassung vertreten, dass zahlreiche Präferenzregime letztlich Instrumente schädlichen Steuerwettbewerbs darstellen könnten. Diese Arbeiten haben versucht, die im Soft Law der EU und der OECD enthaltenen Indikatoren für schädlichen Steuerwettbewerb auf die für natürliche Personen geltenden Präferenzregime zu übertragen. Mitunter werden sogar neue Indikatoren entwickelt, um die „Aggressivität" des Steuerwettbewerbs zwischen Jurisdiktionen zu messen und die verschiedenen Präferenzregime in numerische Rankings einzuordnen.

Grundsätzlich ist dagegen wenig einzuwenden: Solche Analysen verdienen Beachtung und können politischen Institutionen als Grundlage für mögliche Gesetzesreformen dienen. Das Problem entsteht jedoch, wenn sich Juristen von diesen Ansätzen verleiten lassen und – mit dem Ziel, bestimmte Regime zu diskreditieren – versuchen, diese Soft-Law-Kriterien über den Bereich der Unternehmensbesteuerung hinaus auszudehnen. Mitunter nimmt diese erzwungene „Exportation" drastische Formen an: Man denke hier an den Versuch, das für Unternehmen entwickelte Kriterium der „substanziellen Tätigkeit" auf natürliche Personen zu übertragen.

---

167 *Tempel Lang*, EStAL, 2012, 805 (812).

168 *Martín Jiménez* in Pistone, European Tax Integration, 2018, 8.3.

169 Der Begriff wird übernommen von *Schön*, ZHR 2029, 393.

Das eigentliche Problem liegt vielmehr in den Auswirkungen, die eine derartige Klassifizierung bei der Anwendung von Normen höherer Rangordnung haben kann. Es gibt bereits Präzedenzfälle, in denen die Einstufung bestimmter Präferenzregime im Bereich der Körperschaftsteuer Konsequenzen für die Anwendung des Beihilfenrechts hatte. Das zentrale Anliegen dieser Untersuchung bestand daher darin zu verhindern, dass eine ähnliche Übertragung auch in Bezug auf Präferenzregime im Bereich der Einkommensteuer Fuß fasst und dadurch eine neutrale und rechtskonforme Anwendung der Doppelbesteuerungsabkommen sowie der verfassungs- und unionsrechtlichen Grundsätze des Steuerrechts beeinträchtigt wird[170].

170 Die zahlreichen Verweise auf nationale europäische Präferenzregelungen, die dieses Kapitel enthält, beruhen in vielen Fällen auf den vom IBFD herausgegebenen Country Tax Guides – Individual Taxation. Bei der ersten Nennung wird die vollständige Referenz angegeben. In späteren Verweisen wird stets die jeweilige spezifische Fundstelle genannt, wobei nur auf den inhaltlich einschlägigen Teil des betreffenden Regimes Bezug genommen wird. Stammt die Quelle aus einem anderen Ursprung, ist diese auch in späteren Zitaten gemäß den üblichen Zitierregeln anzugeben.

Diskussion

zu den Referaten von Dr. DDr. h.c. *Michael Lang* und Prof. Dr. *Andrés Báez Moreno*

Albert Rädler, Brüssel

Ich wollte zu *Michael Lang* anmerken: Vielen, vielen Dank für den Vortrag. Ich fand ihn ausgesprochen gut informiert und inspirierend. Das Thema, mit dem wir uns bei der Kommission – unter anderem – beschäftigen, ist die Frage des Ausgleichs oder der Aufteilung von Fiskalaufkommen. Das mag vielleicht für Außenstehende nur schwer erkennbar sein, aber wir arbeiten daran, dass One-Stop-Shops in noch größerem Umfang von den Mitgliedstaaten verwendet werden. One-Stop-Shops sind vom Steueraufkommen in einer idealen Welt neutral, da die Zahl der Ein- und Auspendler ausgeglichen wäre. Aber wir wissen alle: wenn überhaupt, ist dies die Ausnahme. Im Falle von One-Stop-Shops ist daher eine Aufteilung der Steuereinnahmen zwischen den Mitgliedstaaten in Form eines Fiskalausgleichs notwendig, um die entgangenen Einnahmen des anderen Staats auszugleichen. Als wir uns in die Fragen des Fiskalausgleichs eingelesen haben, sind wir auch auf ein Regime gestoßen, was uns als wegweisend erschien: Dies war die – frühere – Grenzgänger-Regelung zwischen Italien und der Schweiz, die einen One-Stop-Shops im Quellenstaat vorsah. Der Quellenstaat hat – wenn ich mich genau erinnere – 38,8 % der Fiskaleinnahmen an die Zentralfinanzverwaltung des Ansässigkeitsstaats überwiesen, die dann die Steuereinnahmen an die jeweiligen Kommunen der Grenzgänger weiterleitete. Das Steueraufkommen ging also dorthin, wo es benötigt wurde. Allerdings wurde diese Regelung vor kurzem ersetzt, da die Grenzgänger-Regelung die Attraktivität des schweizerischen Arbeitsmarkts nochmals erhöhte. Neben den im Vergleich zu Italien weitaus höheren Gehältern führte die Grenzgänger-Regelung auch zu einer vergleichsweise niedrigen Besteuerung in der Schweiz bei gleichzeitiger Steuerfreistellung in Italien. Das neue Abkommen, das zwischen der Schweiz und Italien seit 2020 zur Anwendung kommt, sieht nunmehr die Anrechnungsmethode vor. Lieber *Michael*, Du hast eine ähnliche Vorgehensweise im Falle des Öresund-Abkommens beschrieben. Es sind nicht viele Staaten, die einen Fiskalausgleich verwenden, aber es gibt sie und wie bereits erwähnt, stellen sie eine sinnvolle Ergänzung dar, um die Hürden für eine grenzüberschreitende Mobilität von Arbeitnehmern im Binnenmarkt zu eliminieren. Vielen Dank für die Anregungen.

Prof. Dr. *Matthias Valta*, Düsseldorf

Vielen herzlichen Dank auch von mir für die beiden sehr schönen Vorträge, aus denen ich viel gelernt habe. Ich habe zwei Fragen, eine an Dich, *Michael*: § 50d Abs. 12 EStG – Du hast ein gewisses Unbehagen angedeutet, das ich teile. Kann man ein Korrekturgesetz, also ein Gesetz, das den BFH korrigieren soll, kann man das wirklich einschränkend auslegen, um die Korrektur im Ergebnis wieder zurückzunehmen? Wir haben hier einen relativ klaren subjektiven Gesetzgeberwillen. Ich weiß, der historischen Auslegung wird häufig nicht so viel Gewicht zugemessen, aber in den Fällen von Rechtsprechungskorrekturgesetzen ist doch klar, was der Gesetzgeber möchte. Gegenüber einer „folgerichtigkeits-konformen" Auslegung habe ich ebenfalls Unbehagen: Was ist genau die folgerichtige und was die völkerrechtskonforme Konsequenz in diesem Fall? Es ist nicht zwingend direkt das, was der BFH sagt. Der erste Senat des BFH verfolgt eine besondere Methodik, die aus einem isolierten Wortlautverständnis „Grenzmarken" der Auslegung ableiten möchte. Dies kann man völkerrechtlich hinterfragen, insbesondere da die Staatenpraxis einschließlich bestehender Konsultationsvereinbarung keine Berücksichtigung findet. Systematik und Zweck deuten auf die Beseitigung von Doppelbesteuerung und Vermeidung von Doppelnichtbesteuerung. Im Sinne der Entscheidungsharmonie wäre es zweckdienlich, einzubeziehen, was die Gerichte des anderen Staates machen. Können wir angesichts dessen klar sagen, der deutsche Gesetzgeber hat Unrecht, was die völkerrechtliche Lage angeht? Ich gebe zu, man kann auch nicht klar sagen, dass der deutsche Gesetzgeber völkerrechtlich Recht hat. Aber angesichts dieser unausgeschöpften vielschichtigen völkerrechtlichen Bezüge den gesetzgeberischen Willen mit den Argumenten von Folgerichtigkeit und Völkerrechtskonformität zu negieren, da habe ich ein gewisses Unbehagen, aber auch keine Lösung dafür. Das wollte ich nur anmerken.

Vielen Dank für den Vortrag auch von Herrn *Báez Moreno*. Der Gedanke bei der Anknüpfung an Superreichen als Beihilferegime, die erhöhte Eignung für Investitionen zu bezweifeln, das fand ich sehr eingängig. Mir fällt jetzt noch eine alternative Konstruktionsmöglichkeit über Vergleichspaare ein, deren Eingängigkeit natürlich vom entsprechenden Verfassungsrecht und vom verfassungsdogmatischen Zugang abhängt. Wenn ich den Vortrag richtig verstanden haben, sollte man diejenigen vergleichen, die schon da sind, und diejenigen, die angelockt werden sollen und zuziehen. Kann ich dann wirklich sagen, wenn ein Superreicher zuzieht, unterscheidet er sich von einem Nicht-Superreichen, weil auch der Nicht-Superreiche mit der gleichen Wahrscheinlichkeit investiert oder nicht investiert? Und da wäre vielleicht auch ein anderer dogmatischer Ansatz aufzuzeigen. Vielen Dank.

Prof. Dr. *Ekkehart Reimer*, Heidelberg

Ich fand, wie *Albert Rädler*, die Frage des Fiskalausgleichs besonders wichtig. Sie beschäftigt auch die Wissenschaft. In Heidelberg wird dazu gerade die Dissertation von *Anđela Milutinović* fertig, die diese Frage abkommensrechtlich, aber auch finanzverfassungsrechtlich vertieft behandelt – eine Arbeit, an deren Entstehung Frau *Bruns* nicht unbeteiligt war.

Großartig auch die Darstellung der Präferenzregime. Ich fand die analytische Klarheit des ganzen Vortrags vorbildlich. Eine Rückfrage möchte ich zu Art. 4 Abs. 1 OECD-MA stellen, und zwar bezogen auf Italien. Wenn das italienische Präferenzregime gegen die Zahlung eines Pauschalbetrags, des Imponibile Forfettario, den Zuzüglern Steuerfreiheit im Übrigen gewähren: Ist dieser Pauschalbetrag selber dann überhaupt eine Steuer im Sinne des abkommensrechtlichen Steuerbegriffs – oder vielmehr eine Abgabe sui generis, die die Steuer ersetzt, ohne selber Steuer zu sein? Verlangt „Steuer" nicht im Grunde, dass es eine Bemessungsgrundlage gibt, die Abgabe also quantitativ von der Höhe des Einkommens bzw. des Vermögens abhängt? Der Kaufpreis für das Eintrittsticket für die Steuerfreiheit von Auslandsgewinnen ist selber keine Steuer, sondern letztlich eine Gebühr. Es ist ein Kaufpreis für Steuerfreiheit, also eigentlich das Gegenteil einer Steuer. Und selbst wenn man sie als „Steuer", also gleichsam eine *Alternative Maximum Tax* begreift: Entfaltet Art. 4 Abs. 1 Satz 2 OECD-MA möglicherweise eine Sperrwirkung? Dann könnte die abkommensrechtliche Ansässigkeit des Schuldners in Italien entfallen.

Die zweite Frage schließt daran an, betrifft aber nicht Italien, sondern das alte Remittance-base-Prinzip im Vereinigten Königreich. Da hätte ich weniger Bedenken als Du. Art. 4 Abs. 1 Satz 2 OECD-MA verlangt ja nur, dass die Einkünfte, die besteuert werden, nicht beschränkt auf inländische Einkünfte sind. Die remittance in das Inland führt aber nicht zu inländischen Einkünften, weil sie nicht die Einkunftserzielung – den Handlungstatbestand –, sondern nur den Erfolgstatbestand betrifft. Die Einkünfte bleiben ausländisch. Einkünfte werden nicht dadurch in Großbritannien erzielt, dass sie auf ein britisches Konto gezahlt werden oder dass man sich ein Kunstwerk kauft, das man dann in London aufhängt. Der Steuerpflichtige verschiebt nur, nachdem der Einkunftserzielungstatbestand abgeschlossen war, in irgendeiner Weise konsumierbares Geld oder dessen Surrogate nach England. Das ist etwas ganz anderes als das, was Art. 4 Abs. 1 Satz 2 ausschließt, so dass ich meine: Bei der klassischen non-dom taxation mit dem Remittance-base-Prinzip gibt es abkommensrechtlich keine Probleme mit der Abkommensberechtigung im Vereinigten Königreich.

Prof. DDr. *Gunter Mayr*, Wien

Vielen Dank für die schönen Vorträge. *Michael*, Du hast viele Probleme aufgezeigt, wobei sich das Thema Homeoffice im Rahmen der Pandemie sehr früh gezeigt hat. Du kritisierst die Konsulatationsvereinbarungen, also die Finanzverwaltungen, wenn sie in einer solchen Situation, einer Pandemie, für Beruhigung sorgen wollten. Aber ich verstehe das aus wissenschaftlicher Sicht, aber während der Pandemie war immer ein Ausnahmezustand. Nur das Interessante ist, das Homeoffice ist geblieben. Ich komme ursprünglich selbst aus der Region Kufstein; viele meiner Freunde pendeln von dort nach München, das ist außerhalb der DBA-Grenzzone von den 30 km, und wenn sie zwei Tage in der Woche in Kufstein sind und drei Tage in München, ist abkommensrechtlich bei ihnen völlig klar: Dreifünftel sind in München Tätigkeitsstaat zu versteuern und Zweifünftel in Österreich. Das Praxisproblem ist, dass sich die steuerpflichtigen Grenzgänger noch nicht ganz des Umstandes bewusst sind, dass sie durch die Homeoffice-Nutzung zu Zweifünfteln auch in Österreich steuerpflichtig sind. Und da stellt sich steuerpolitisch die Frage: Wie kann man denn dieses Thema angehen, weil durch Homeoffice löst sich die entsprechende Steuerpflicht zusätzlich aus. Dies ist nicht ganz einfach: Es könnten nämlich auch Arbeitnehmer sein, die in Österreich zusätzlich weitere Einkünfte haben. Im BMF haben wir auch hinterfragt, wie wir denn überhaupt zu den Homeoffice-Tagen kommen? Oder müsste man überhaupt kreativ komplett neu denken, losgelöst von einem Grenzausgleich, der noch am Nachmittag behandelt wird. Vielleicht könnte der Arbeitgeber in München komplett die Lohnsteuer einheben und entsprechend der Tage dann aufteilen und Österreich überweisen und ja auch im Umkehrweg Österreich an Deutschland. Gesamthaft wäre das zwischen Deutschland und Österreich kein großes Problem, weil sich die Grenzgängerströme in etwa die Waage halten. Aber rechtlich hätte das die Konsequenz, dass wir ausländisches Steuerrecht ins österreichische hinein transportieren, weil der deutsche Arbeitgeber auch deutsches Steuerrecht anwenden würde. Dennoch erschiene mir das immer noch besser als die derzeitige Praxis. Vielen Dank auch für die Ausführungen zu den Präferenzregimen. In Österreich ist man grundsätzlich sehr kritisch, was Präferenzregime anbelangt. Mit Verwunderung habe ich daher festgestellt, dass auf dieser letzten Statistiktabelle ganz oben auch Österreich steht mit 20 % deduction. Ich wusste jetzt nicht einmal gleich, was damit gemeint soll. Es kann wohl nur das Werbungskostenpauschale sein, das wir Expatriates geben. Und das sind maximal 10.000 €, aber eben nur für nur für Expatriates. Vergleichweise haben wir im Inland auch gewisse Werbungskostenpauschalen. Das alles sollte aber unter einer internationalen Wahrnehmungsschwelle sein.

Prof. Dr. DDr. h.c. *Michael Lang*, Wien

Zunächst herzlichen Dank an *Albert Rädler* für die sehr interessanten Ergänzungen. Es ist wirklich erfreulich, dass sich die Kommission bereits so intensiv mit diesen Fragen beschäftigt.

Zu § 50d Abs. 12 EStG: § 2 Abs. 2 AO war ja auch eine solche „Korrekturvorschrift", mit der der Gesetzgeber – oder die ihm die Hand führende Finanzverwaltung – den BFH in die Schranken weisen wollte. Der BFH hat allerdings keine Probleme gehabt, § 2 Abs. 2 AO letztlich in einer Weise zu interpretieren, nach der diese Vorschrift recht zahnlos wurde. Daher halte ich es durchaus für denkbar, dass der BFH auch § 50d Abs. 12 EStG eher restriktiv auslegen wird. In diese Richtung deutet bereits das BFH-Urteil vom 1.8.2024,[1] das zwar noch zur Rechtslage vor dem Inkrafttreten des § 50d Abs. 12 EStG erging. Der BFH weist eigens darauf hin, allerdings nur in jenem Teil der Begründung, in dem es um die Abfindung geht. Im anderen Teil der Begründung geht es um die Gehaltsnachzahlung. In diesen Fällen hält es der BFH offenbar gar nicht für denkbar, dass § 50d Abs. 12 EStG in Zukunft Bedeutung erlangen kann.

Trefflich lässt sich sicherlich darüber streiten, ob die vom Gesetzgeber in § 50d Abs. 12 EStG angeordnete Rückbeziehung den damaligen Tätigkeitsstaat oder den damaligen Ansässigkeitsstaat trifft. Der Wortlaut ist offen für beide Auslegungen. Wenn der Gesetzgeber die Rückbeziehung auf den Tätigkeitsstaat intendiert hat, stellt sich die Frage, warum er nicht eine eindeutige Formulierung gewählt hat. Geht man davon aus, dass der BFH in der Vergangenheit die abkommensrechtlichen Vorschrif-

1 BFH v. 1.8.2024 – VI R 23/22.

ten in Hinblick auf Abfindungen zutreffend ausgelegt hat – und dafür sprechen meines Erachtens überzeugende Argumente –, dann spricht auch die völkerrechtskonforme Interpretation für ein restriktives Verständnis des § 50d Abs. 12 EStG.

Zu *Gunter Mayrs* Beitrag zum Thema Homeoffice und Pandemie: Österreich war nicht der einzige Staat, der auf Verwaltungsebene vorgeprescht ist. Dies ändert aber nichts daran, dass es sich rechtsstaatlich um eine bedenkliche Vorgangsweise gehandelt hat. Der auch von der OECD verwendete Satz „Außerordentliche Situationen erfordern außerordentliche Maßnahmen" ist höchst problematisch. Damit lässt sich alles rechtfertigen, auch die Aussetzung der Grundrechte. Der Rechtsstaat muss sich in besonders schwierigen Situationen als tragfähig erweisen. Es geht nicht an, gerade in solchen Zeiten, rechtsstaatliche Postulate für nicht mehr maßgebend zu erachten. Ich denke auch, dass wir Steuerrechtler uns zu wichtig nehmen, wenn wir den Eindruck erwecken, die Änderung der DBA wäre damals in der Pandemie „kriegsentscheidend" gewesen. Viel wichtiger waren natürlich Maßnahmen auf dem Gebiet der Gesundheitspolitik. In Österreich und Deutschland haben die Gesetzgeber gezeigt, dass sie wichtige Maßnahmen in atemberaubender Geschwindigkeit dem dafür vorgesehenen parlamentarischen Verfahren unterziehen können. Wäre die DBA-Änderung nun tatsächlich so wichtig gewesen, hätte man auch den dafür vorgesehenen Weg gehen und die parlamentarische Zustimmung einholen können.

Prof. Dr. *Andrés Báez Moreno*, München/Madrid

Vielen Dank für die Fragen. Jetzt kommt der echte Deutschsprachige, aber ich werde es versuchen, meine Grammatik und Aussprache aufrechtzuerhalten. Ja, Herr *Valta*, das Problem der verfassungsrechtlichen Analyse der Präferenzregime ist eigentlich, dass die Verfassungen oder das steuerliche Verfassungsrecht selbst innerhalb der EU so verschieden sind, und das war das erste und größte Problem. Und wenn man noch weitergeht und nicht nur die traditionelle vertikale Vergleichbarkeit – Migranten und Nichtmigranten –, sondern die horizontale Vergleichbarkeit betrachtet, wie Sie es in Ihrer Frage meinen, dann werden die Sachen noch schwieriger. Aber eigentlich glaube ich, dass sich die Problematik der horizontalen Vergleichbarkeit nicht so offen im Verfassungsrecht darstellen wird. Denn wenn irgendein Fall vor ein Verfassungsgericht oder ein ordentliches Gericht in den Ländern käme, die kein Verfassungsgericht haben, dann könnte man diese umgekehrte Diskriminierung normalerweise einfach aus verfassungsrechtlichen Gründen analysieren. Und das ist das Problem. Und deswegen hat sich der Sopora-Fall ja wirklich anders entschieden, denn dort gab es nicht nur ein Problem der umgekehrten Diskriminierung, sondern eigentlich eine horizontale Diskriminierung. Und deswegen glaube ich, dass die ganzen Rechtfertigungsargumente aus der Sopora-Entscheidung gar nicht auf das Verfassungsrecht übertragbar sind, weil man dort eigentlich nicht versucht, eine schlechtere Behandlung von Altansässigen und Neuansässigen zu rechtfertigen, sondern eine unterschiedliche Behandlung von zwei Nichtansässigen. Und dafür hat der EuGH eine ausreichende Vereinfachungsrechtfertigung für die 150-km-Grenze der niederländischen Regelung gefunden, die eigentlich kein Problem im nationalen Verfassungsrecht lösen würde. Also eigentlich glaube ich, dass nur ein Teil der Vergleichbarkeitsanalyse in das nationale Verfassungsrecht übertragen werden kann. Eigentlich haben alle Fälle, die ich gefunden habe und in denen sich nationale Verfassungsgerichte mit horizontaler Vergleichbarkeit beschäftigt haben, wenigstens enttäuschende Lösungen gefunden.

Herr *Reimer*, zwei Fragen: Sollte die Pauschalsteuer in Italien, also bei den *Neoresidenti*, oder auch in den entsprechenden Regimen in der Schweiz als eine nicht erfasste Steuer gem. Art. 2 des Doppelbesteuerungsabkommens angesehen werden? Das ist das Problem. Also wenn man eine Steuer auferlegen will, dann muss man den Begriff der Steuer anwenden, und dann muss man natürlich entweder in das nationale Recht gehen; aber hier gibt es eben einen Begriff in Art. 2. Das ist natürlich das größte Problem. Und die wissen das in Italien. Also ich hätte eine einfache Antwort auf diese Frage. Eigentlich geht es hier nur darum, die Steuer zu berechnen. Das ist eigentlich das, was die italienischen Steuerbehörden gesagt haben. Aber dann habe ich noch ein Problem damit. Denn z.B. in Italien wenden sie bei den Doppelbesteuerungsabkommen, in denen noch die Befreiungsmethode gilt, ihre Flat Tax weiterhin an. Wenn sie theoretisch keine Erlaubnis aus dem DBA hätten, falls es wirklich eine Einkommensteuer wäre, weil die Befreiungsmethode gilt, und sie wenden sie trotzdem an, wenn ausländische Einkünfte vorliegen, dann ist das eigentlich ein Problem. Das ist in einem bestimmten Kapitel auch beschrieben, und zwar etwas detaillierter, als ich hier Zeit hatte darzustellen. Wirklich, das ist ein Problem, und ich glaube, dass uns das irgendwie zu einer größeren Reflexion führt. Und die ist ja auch sehr eng mit den ganzen Problemen der Digital Service Taxes verbunden. Also eigentlich finde ich es wirklich traurig, dass wir nach 120 Jahren DBA immer noch so große rechtliche Probleme mit dem Begriff des Einkommens haben. Und immer noch ermöglichen die Spielereien der nationalen Gesetzgeber, dass man allein mit formalen Labels – ich weiß nicht, wie das Wort auf Deutsch lautet, aber ich glaube, Sie verstehen mich – gewissermaßen aus den DBA heraus- oder wieder hineinkommt. Aber ich glaube, wenn man das einfach so beibehält, könnte man ja sagen, dass dies nur ein Weg ist, die Steuerschuld zu berechnen. Wir haben ja auch viele objektive Systeme und Pauschalsysteme im innerstaatlichen Recht, und deshalb sagen wir nicht, dass wir außerhalb der Einkommensteuer stehen, nur weil wir die Steuer anders berechnen. Ich halte das aber wirklich für ein formalistisches Argument, das wir auch in anderen Fällen sehr häufig hören. Also die Digital Service Tax ist keine Einkommensteuer, nur weil das Gesetz sagt, dass sie keine Einkommensteuer, sondern etwas anderes ist. Über das *Non-Argument* müsste ich noch etwas weiter nachdenken, denn daran hatte ich tatsächlich nicht gedacht. Irgendwie habe ich drei Argumente in Bezug auf Art. 4 Abs. 1 Satz 2 vorgebracht, und eigentlich könnte dieses Argument nur eines davon etwas abschwächen. Aber trotzdem: Wenn es um deemed remittances geht und man die Praxis im Vereinigten Königreich kennt, dann ist das viel wichtiger, als wir denken. Das wird sehr häufig angewendet, und nicht nur wegen Fehlern der Steuerzahler. Es kommt sehr häufig vor, dass ein Steuerzahler einen Fehler macht und glaubt, etwas sei noch nicht remitted, obwohl es als deemed remitted gilt und deshalb besteuert wird. Und in diesen Fällen glaube ich, dass es eigentlich unmöglich ist, Art. 4 Abs. 1 Satz 2 anzuwenden.

Und Herr *Gunter Mayr*: Ich kann jetzt nicht zurückgehen, aber die Tabelle stammt vom EU Tax Observatory. Ich glaube, die Daten sind von 2022. Das heißt nicht, dass ich mich irgendwie davon distanzieren möchte – ich suche gerade das Wort auf Deutsch –, aber meine einzige Absicht war wirklich, zu zeigen, wie wenige Steuerzahler die verschiedenen Regime tatsächlich nutzen, um damit ein Argument gegen diejenigen Aktivisten vorzubringen, die versuchen, uns davon zu überzeugen, dass diese Präferenzregime gewissermaßen die Zukunft der europäischen Einkommensteuer seien. Das österreichische System kenne ich sehr gut, und zwar aus einem sehr simplen Grund: Ich habe eine Tabelle erstellt, und Österreich beginnt auf Deutsch mit „Ö“, auf Spanisch aber mit „A“ für Austria. Deshalb habe ich das österreichische Regime einmal und dann noch einmal recherchiert. Und im dritten Kapitel sind die Inhalte, die Sie beschrieben haben, meines Erachtens korrekt dargestellt. Die gesamte Entstehungsgeschichte des Regimes kenne ich allerdings nicht. Es ist wichtig, sie zu kennen, aber die Parameter des Regimes – sofern man überhaupt noch von einem echten Regime sprechen kann – sind dort, glaube ich, korrekt beschrieben. Aber das war nur eine eher allgemeine Beobachtung. Das war nicht meine eigentliche Absicht.

Prof. Dr. *Heribert M. Anzinger*, Ulm

Eine Frage eher zum Schmunzeln, aber durchaus auch zum Weiterdiskutieren in der Mittagspause, angestiftet auch durch die Bemerkungen von *Matthias Valta*: Herr *Báez*, Sie haben in Ihrem Vortrag die Sonderregime für hochvermögende Personen verfassungsrechtlich kritisch gewürdigt und die Frage aufgeworfen, ob sich diese Ungleichbehandlungen rechtfertigen lassen. Gerade bei diesen Regimen leuchtet mir allerdings ein, weshalb Staaten wie Italien einen solchen Ansatz wählen. Die mit dem Zuzug verbundenen Konsum- und Imageeffekte, zusätzliche Nachfrage im Dienstleistungsbereich, Standortattraktivität und mögliche Sekundärinvestitionen liegen durchaus auf der Hand. Mailand „leuchtet" mehr. In diesem Zusammenhang musste ich an den Wiener Opernball denken und an *Richard Lugner*, der über Jahre hinweg prominente Gäste eingeladen hat. Überträgt man das gedanklich, könnte man sich fragen, was wäre, wenn Österreich für die Gagen solcher Gäste eine Steuerbefreiung einführen würde: Wien würde leuchten, der Opernball würde an Attraktivität gewinnen und möglicherweise weitere Investitionen anziehen. Das ließe sich aus dieser Perspektive durchaus rechtfertigen. Das führt mich allerdings zu einer zweiten, ernsteren Frage: Bewegen wir uns damit möglicherweise im Bereich einer mittelbaren Beihilfe? Wäre etwa die Bundestheater-Gesellschaft nicht staatlich organisiert, könnte man fragen, ob eine solche steuerliche Begünstigung nicht mittelbar einzelnen Marktteilnehmern zugutekäme. Wo verläuft hier die Grenze? Ab wann ist der Zusammenhang so weit gelöst, dass keine beihilfenrechtliche Relevanz mehr besteht? Sie haben den Begriff der mittelbaren Beihilfe selbst angesprochen, um eine Abgrenzung vorzunehmen. Vielleicht können Sie dazu noch kurz Stellung nehmen – andernfalls nehmen wir die Frage einfach mit in die Mittagspause.

Prof. Dr. *Daniel Blum*, Innsbruck/Wien

Vielen herzlichen Dank Herr *Báez* für den extrem inspirierenden Vortrag. Ganz kurz eine Idee, eine intra-DBA-systematische Überlegung ergänzend zur Ausführung von *Ekkehart Reimer*: Ich habe große Sympathien für die Lösung, die darin besteht zu sagen: Die abkommensautonome Schranke besagt lediglich, es darf keine Besteuerung ausschließlich aus innerstaatlichen Quellen des jeweiligen Staates, der von sich behauptet, der Ansässigkeitsstaat zu sein, sein. Alles darüber hinaus ist sozusagen „fair game." Müsste nicht in diesem Fall des italienischen Präferenzregimes die Gretchenfrage sein: Wie hältst Du es mit der Anrechnung? Wenn ich im nationalen Steuerrecht einer Person Ansässigkeit zuschreibe, die auch Wirkung für das Abkommensrecht entfalten soll, dann muss ich als Staat muss konsequenterweise unter Art. 23 des Abkommens auch die Folgen tragen. Wenn eine vermögende natürliche österreichische Person mit Immobiliarvermögen in Österreich nach Italien zuzieht, wäre in weiterer Folge zu fragen, ob Italien die nach dem Abkommen in Österreich zu Recht erhobene Steuer auf die Mieteinkünfte auf die 200.000 € Pauschalsteuer anrechnet. Soweit ich das italienische System verstehe, wäre das gerade nicht möglich. Vielmehr müsste länderweise in eine „Normalbesteuerung" optiert werden. Die Frage der Anrechnung, bzw. der Wahrnehmung der eigenen Pflichten als Ansässigkeitsstaat, können m.E. ein abkommensautonomes intrasystematisches Argument dafür sein, dass die Pauschalbesteuerung gerade nicht zur Einstufung als ansässige Person im abkommensrechtlichen Sinn führt.

Univ.-Prof. Dr. *Alexander Rust*, Wien

Eine kurze Bemerkung zu „außerordentliche Umstände erfordern außerordentliche Maßnahmen". Dieses Beispiel verwende ich häufig in meinen Vorlesungen, um zu zeigen, dass auch steuerrechtliche Vorschriften Menschenleben retten können. Nach Luxemburg pendeln täglich rund 220.000 Personen, die im benachbarten Belgien, Deutschland oder Frankreich wohnen und in Luxemburg arbeiten. Nach den Doppelbesteuerungsabkommen zwischen Luxemburg und seinen Nachbarstaaten dürfen diese Personen grundsätzlich nur in Luxemburg besteuert werden; die Ansässigkeitsstaaten haben die Einkünfte aus nichtselbständiger Arbeit freizustellen. Voraussetzung dafür ist allerdings, dass die Arbeit physisch in Luxemburg ausgeübt wird. Werden die Arbeitnehmer dagegen im Wohnsitzstaat tätig, so darf ausschließlich der Wohnsitzstaat die Einkünfte aus nichtselbständiger Arbeit besteuern. Für die Arbeitnehmer ist aufgrund der niedrigeren Steuersätze eine ausschließliche Besteuerung in Luxemburg attraktiver. Im Jahr 2020 brach die Corona-Epidemie aus und den Arbeitnehmern wurde nahegelegt, von zu Hause aus im Homeoffice zu arbeiten. Gerade in Luxemburg arbeiten viele Personen in einem Großraumbüro, wodurch es zu zahlreichen Coronainfektionen während der Arbeitstätigkeit gekommen wäre. Viele Grenzpendler hätten das Gesundheitsrisiko allerdings auf sich genommen, da sie etwa aufgrund von Unterhaltspflichten oder abzubezahlenden Kreditverträgen auf das in Luxemburg höhere Nettoeinkommen angewiesen waren. In dieser gefährlichen Situation handelten die Steuerverwaltungen schnell und effizient. Sie schlossen für die Zeit der Coronaepidemie Verständigungsverfahren ab, in denen der Arbeitsort als im Staat des Arbeitgebers fingiert wurde – auch wenn der Arbeitnehmer tatsächlich zu Hause im Wohnsitzstaat arbeitete.[2] Dadurch wurden die Ausbreitung des Corona-Virus eingeschränkt und viele Menschenleben gerettet. Dogmatisch wäre natürlich eine Änderung der Doppelbesteuerungsabkommen wünschenswert gewesen, ich denke aber, dass man in einer solchen Notstandssituation der pragmatischen Lösung über eine Verständigungsvereinbarung seinen Segen geben sollte.

Prof. Dr. DDr. h.c. *Michael Lang*, Wien

Es ist wichtig zu unterscheiden: Gegen den Inhalt der von den beiden Staaten vereinbarten Maßnahme ist überhaupt nichts zu sagen. Mir fehlt die Expertise, um zu beurteilen, ob sie tatsächlich etwas zur Pandemiebekämpfung beigetragen hat. Aber das ist nicht mein Punkt. Mir geht es um die Umsetzung: Diese verdient Kritik. Die Pandemie ist im Großen und Ganzen rechtsstaatlich gut bewältigt worden. In beiden Staaten sind auf gesetzlicher Ebene die Grundlagen für die notwendigen Maßnahmen geschaffen worden. Die Verfassungsgerichte haben ihre Kontrollfunktion wahrgenommen und die Gesetzgeber korrigiert, wenn die Freiheitseinschränkung zu weit gegangen ist. Nur im DBA-Recht ist völlig am Gesetzgeber vorbei agiert worden. Da hat der Rechtsstaat plötzlich nichts mehr gegolten. Dies ist höchst betrüblich. Dafür fehlt mir jegliches Verständnis.

Prof. Dr. *Andrés Báez Moreno*, München/Madrid

Telegraphisch, Herr *Anzinger*, ich weiß es nicht. Wirklich, diese mittelbare Beihilfe ist für mich immer noch schwierig, und deswegen habe ich die Frage irgendwie umgangen und etwas später die Selektivität eingebaut. Eigentlich habe ich da einen gewissen Ausweg gefunden, und deswegen habe ich im Vortrag gesagt: Das bleibt offen, weil es Gründe dafür und auch Gründe dagegen gibt. Also ganz telegraphisch und ehrlich: Ich weiß es noch nicht. Aber ich würde es gerne bald wissen. Das ist eine schwierige Frage.

2 S. etwa die Verständigungsvereinbarung zur Besteuerung von Grenzpendlern mit Luxemburg v. 3.4.2020, BMF v. 6.4.2020 – IV B 3 - S 1301-LUX/19/10007 :002, IStR 2020, 394.

Herr *Blum*, systematisch bin ich mit Ihnen einverstanden. Das Problem – und auch hier wieder sehr telegraphisch; darüber könnten wir stundenlang diskutieren – ist, wie ich am Anfang schon gesagt habe, dass ich immer noch ein sehr formalistischer Jurist bin und immer noch an Art. 31 Abs. 1 i.V.m. dem möglichen Wortsinn als Grenze der Auslegung glaube. Für mich ist es deshalb wirklich problematisch, die Auslegung von nationalem Recht oder von Doppelbesteuerungsabkommen ohne den möglichen Wortsinn oder die Grenzen des möglichen Wortsinns zu konstruieren und vorzunehmen. Deswegen bleibe ich in meiner gewohnten Sicherheits- oder Komfortzone, an die ich auch als Jurist glaube. Aber natürlich gibt es auch systematische Gründe, die berücksichtigt werden könnten.

Arbeitnehmermobilität im Zusammenspiel der beteiligten Staaten

Silke Bruns
Ministerialdirigentin, Bundesministerium der Finanzen, Berlin

I. Betrachtungsgegenstand

Der Beitrag befasst sich mit der Arbeitnehmermobilität im Zusammenspiel der beteiligten Staaten aus dem Blickwinkel eines Staatenvertreters und gibt einen Einblick in die Fragestellungen und Rahmenbedingungen, die relevant sind bei bi- und multilateralen Verhandlungen über die Aufteilung der Besteuerungsrechte für Arbeitnehmereinkünfte zwischen den Staaten.

Deutschland grenzt direkt an acht Staaten an, sieben davon sind EU Mitgliedstaaten. Bei benachbarten Staaten mit einer gemeinsamen Grenze gibt es in der Regel eine Vielzahl an Arbeitnehmern, die in einem der Staaten wohnen und regelmäßig über die Grenze zur Arbeit pendeln bzw. für einen Arbeitgeber tätig sind, der in einem benachbarten Staat ansässig ist. Innerhalb der EU wird das grenzüberschreitende Arbeiten zudem durch u.a. die Arbeitnehmerfreizügigkeit befördert. Hinzukommen können noch die Aussicht auf attraktive Arbeitsbedingungen wie ein höheres Gehalt, eine geringere Abgabenlast, beziehungsweise attraktive Lebens- und Wohnbedingungen in dem einen oder anderen angrenzenden Staat. Dabei ist im Hinblick auf diese Aspekte aus deutscher Perspektive die relevante Ausgangslage in jeder Grenzregion unterschiedlich. Dies im Hinblick auf das Verhältnis von In- und Outbound-Bewegungen, der Differenz der Steuerbelastung im Vergleich zwischen den angrenzenden Staaten und die Homeoffice-Kompatibilität der in der Grenzregion vorhandenen Branchen. Die Digitalisierung der Arbeitswelt und der Wirtschaft dehnen die Relevanz des Betrachtungsgegenstands über die Grenzregionen hinaus aus.

Für das Zusammenspiel zwischen den Staaten ist das Thema für die Vorbereitung der Gesetzgebung relevant, insbesondere in Gestalt von DBA-Verhandlungen unter Berücksichtigung beziehungsweise mit Auswirkungen auf das innerstaatliche Recht, einschließlich der Regelungen über die beschränkte Steuerpflicht. Administrative Aspekte sind ebenfalls zu bedenken. Zum einen die praktische Anwendbarkeit der zukünftigen beziehungsweise bestehenden DBA-Regelungen. Zum anderen gilt es Sorge zu tragen, dass Verteilungsnormen in DBA derart ausgestaltet werden, dass deren Tatbestandsvoraussetzungen feststellbar und überprüfbar sind.

Die inhaltliche Kernfrage und Aufgabe ist, die Aufteilung der Besteuerungsrechte zwischen den Staaten zu regeln, d.h. welcher Staat wann und in welchem Umfang sein Besteuerungsrecht ausüben darf. Die Ziele, die die Staatenvertreter dabei verfolgen sind vielschichtig. Doppelbesteuerungen wie auch doppelte Nichtbesteuerungen sind zu vermeiden. Auch unerwünschte Gestaltungen sollen verhindert werden und Sekundareffekte sind zu bedenken, wie beispielsweise potentielle Auswirkungen auf die Konkurrenz der Arbeitgeber und Regionen um Arbeitnehmer und das damit verbundene Thema des sog. Brain-Drains. In der Gesundheitsbranche wird teilweise auch mit steuerlichen Mitteln um Arbeitnehmer geworben. In grenzüberschreitenden Sachverhalten stellt sich die grundlegende Frage, ob ein aus dem Ausland einpendelnder Beschäftigter die entsprechenden Vorteile des Arbeitgeber-Staats verlieren soll oder ob diese punktuell für diesen Beschäftigen in dessen Ansässigkeitsstaat „importiert“ werden sollen. In der IT-Branche ermöglicht die Art der Tätigkeit in der Regel mobiles Arbeiten bis zu hundert Prozent. Dies verschärft das Risiko, dass gerade Schwellen- und Entwicklungsländer ihre in den Bereichen ausgebildeten Arbeitskräfte in diesen Branchen verlieren – oder, als andere Seite der Medaille, erweitert den Arbeitsmarkt für Menschen, die in Staaten mit einer grundsätzlich hohen Quote an Arbeitssuchenden leben, ohne dass diese ihre Heimat verlassen müssen. Ein weiteres Ziel aus Staatenperspektive ist, dass die DBA-Regelungen für alle Beteiligten möglichst einfach zu administrieren sind. Inwieweit und mit welcher Maßgabe auch die – positiven oder negativen – Auswirkungen auf die Steuerbelastung der einzelnen Steuerpflichtigen zu berücksichtigen sind, ist neben einer steuersystematischen Frage auch eine politische Frage, die nicht zu vernachlässigen ist.

Im Folgenden werden bestehende DBA-Regelungen dargestellt und analysiert. Aufbauend auf den Erfahrungen in der Verhandlungs- und Verwaltungspraxis soll untersucht werden, ob diese eine mögliche Antwort auf die bestehenden Herausforderungen in der zum Teil stark veränderten Arbeits- und Lebenswelt bieten können. Dies als Basis für eine Erörterung eines potentiellen weitergehenden Handlungsbedarfs über die bestehenden Regelungen und Konzepte hinaus. Denn die Herausforderungen, für die eine Regelung Antworten bieten sollte, sind noch vielfältiger geworden: Arbeitnehmer auf Dienst- bzw. Geschäftsreise sowie Arbeitnehmer-Entsendungen und Montagefälle; langfristig Auslandsentsandte mit gewissen Bezügen zum früheren Lebensmittelpunkt; Grenzpendler mit oder ohne (zeitweisem) Homeoffice; Arbeitnehmer mit längeren Phasen von Remote-Tätigkeit (Arbeiten aus der Ferne) ohne tätigkeitsbezogenen Anlass, wie insbesondere sog. „*Workation*“, oder bei Flucht und Vertreibung; tätigkeitsbezogenes mobiles Arbeiten in die Ferne einschließlich bis zu 100 % Fernarbeit; mobile Tätigkeit wie insbesondere im Personen- und Gütertransport; digitale Nomaden.

II. Aufteilung der Besteuerungsrechte zwischen den Staaten

Ausgangspunkt für die Aufteilung der Besteuerungsrechte zwischen den Staaten mittels einer Regelung in Doppelbesteuerungsabkommen ist die Frage nach dem Nexus bei der Besteuerung von Arbeitnehmern im Sinne der Wahl rechtserzeugender Tatsachen. Am Wohnsitz des Arbeitnehmers partizipiert dieser an den von Steuergeldern und öffentlichen Mitteln finanzierten öffentlichen Leistungen und Gütern. Am Arbeitsort wird die Arbeit tatsächlich ausgeübt und regelmäßig ein Mehrwert, ein wirtschaftlicher Erfolg geschaffen. Der für den Arbeitsmarkt maßgebliche Staat schafft die Voraussetzungen für diesen und der (wirtschaftliche) Arbeitgeber stellt den Arbeitsplatz zur Verfügung. Dass bei diesem (oder einer seiner Betriebsstätten) die Lohnkosten abzugsfähig sind, ist ein Aspekt, der im Hinblick auf die Arbeitnehmerbesteuerung derzeit nur im Rahmen der Rückausnahme der sog. 183-Tage-Regelung, also nur sekundär, eine Rolle spielt.

1. OECD/VN-Konzept

Das OECD-Musterabkommen und die VN-Verhandlungsgrundlage bauen jeweils auf diesen Überlegungen auf. Grundsätzlich wird dem Ansässigkeitsstaat des Arbeitnehmers das Besteuerungsrecht zugewiesen. Dieses wird ergänzt um ein Besteuerungsrecht des Staates, in dem der Arbeitnehmer tatsächlich seine Tätigkeit ausübt. Dies für den Teil seiner Einkünfte, der auf die Zeiten der Tätigkeiten in diesem anderen Staat entfallen. Die Sonderregelung der 183-Tage-Klausel sieht einen umfassenden und ausschließlichen Rückfall des Besteuerungsrechts an den Ansässigkeitsstaat des Arbeitnehmers vor, wenn der Nexus zum Tätigkeitsstaat nur gering ist. Das ist der Fall, wenn die Anzahl der Tätigkeitstage im anderen Staat zu gering ist, weil er nicht länger als 183 Tage im Kalenderjahr dort tätig ist, und zugleich der Sitz des wirtschaftlichen Arbeitgebers beziehungsweise der Sitz der Betriebsstätte, der die Arbeitnehmervergütungen trägt, dort nicht belegen ist.

Weiter relevant ist, welche Methode zur Vermeidung der Doppelbesteuerung seitens des jeweiligen Staats angewendet wird. Die Anrechnungsmethode, mit der das Besteuerungsniveau auf das des Ansässigkeitsstaats des Arbeitsnehmers gegebenenfalls hochgeschleust wird, oder die Freistellungsmethode mit Progressionsvorbehalt, bei dem der andere Staat im Wesentlichen das Besteuerungsniveau bestimmt.

2. Bestehende Sonderregelungen – Grenzgängerregelungen und de minimis Regelungen

Deutschland hat zu unterschiedlichen Zeitpunkten mit jeweils unterschiedlichen Zielsetzungen Sonderregelungen in Doppelbesteuerungsabkommen vereinbart.

a) Luxemburg

Im deutsch-luxemburgischen Doppelbesteuerungsabkommen[1] findet sich in Art. 15 Abs. 1a eine Bagatellregelung zugunsten des eigentlichen/überwiegenden Tätigkeitsstaats. Eine frühere Konsultationsvereinbarung wurde 2023 erweitert und in das Doppelbesteuerungsabkommen integriert.

1 Abkommen v. 23.4.2012 zwischen der Bundesrepublik Deutschland und dem Großherzogtum Luxemburg zur Vermeidung der Doppelbesteuerung und Verhinderung der Steuerhinterziehung auf dem Gebiet der Steuern und vom Einkommen und vom Vermögen, geändert durch das Protokoll v. 6.7.2023.

Damit gilt ab 2024, dass bei Grenzgängern, die an maximal 34 Tagen nicht am üblichen Arbeitsort arbeiten, auch für diese Tage der eigentliche Tätigkeitsstaat das Besteuerungsrecht behält. Dadurch soll eine Aufteilung vermieden werden, wenn ein Arbeitnehmer eine geringe Anzahl an Tagen im Homeoffice oder mobil arbeitet.

Damit Deutschland als eigentlicher Tätigkeitsstaat sein Besteuerungsrecht nach dem deutsch-luxemburgischen Doppelbesteuerungsabkommen auch umfassend ausüben kann, wurden entsprechende DBA-Bagatellklauseln mit dem Gesetz zur Stärkung von Wachstumschancen, Investitionen und Innovation sowie Steuervereinfachung und Steuerfairness (Wachstumschancengesetz) vom 27.3.2024 gesetzgeberisch flankiert. In § 49 Abs. 1 Nr. 4 Buchst. a EStG wurde die beschränkte Steuerpflicht erweitert. Die nichtselbständige Arbeit gilt dabei auch als im Inland ausgeübt oder verwertet, soweit die Tätigkeit im Ansässigkeitsstaat des Steuerpflichtigen oder in einem oder mehreren anderen Staaten ausgeübt wird und ein mit dem Ansässigkeitsstaat abgeschlossenes Doppelbesteuerungsabkommen oder eine zwischenstaatliche Vereinbarung für diese im Ansässigkeitsstaat oder in einem oder mehreren anderen Staaten ausgeübte Tätigkeit Deutschland ein Besteuerungsrecht zuweist. Die Anwendung für Einkünfte aus einer an Bord eines Schiffes im internationalen Verkehr ausgeübten nichtselbständigen Arbeit ist ausdrücklich ausgeschlossen.

In Kombination mit der Freistellungsmethode bedeutet die Bagatellregelung, dass der Ansässigkeitsstaat insoweit auf sein Besteuerungsrecht verzichtet obwohl der Arbeitnehmer dort ansässig ist und in den Tagen dort seine Tätigkeit ausübt. Es ist eine Abkehr vom OECD-Konzept. Der andere Staat (eigentlicher Tätigkeitsstaat) besteuert die Einkünfte auch für Tage, bei dem kein maßbebender Nexus zu diesem Staat besteht. Das Besteuerungsniveau wird maßgeblich durch den eigentlichen/überwiegenden Tätigkeitsstaat bestimmt. Letztgenannter Effekt ist in der Praxis auch häufig Grund für die Befürwortung der Regelung seitens der Betroffenen.

In der Praxis haben sich die folgenden Herausforderungen gezeigt: Der betroffene Arbeitnehmer hat ständig seinen Aufenthalt darstellbar festzustellen und die Tage, in denen er in einem anderen Staat als dem eigentlichen Tätigkeitsstaat arbeitet, zu zählen. Da Arbeitnehmer teilweise an einem Tag in mehreren Staaten tätig sind, ist festzulegen und nachzuhalten, wann ein Tag als einer der 34 Tage zu zählen ist. Will der Tätigkeitsstaat das Besteuerungsrecht für die Bagatelltage ausüben, muss dieses im innerstaatlichen Recht als beschränkte Steuerpflicht geregelt werden. Bei Anwendung der Freistellungsmethode können Dreiecksfälle eine besondere Herausforderung darstellen, weil der Ansässigkeitsstaat gänzlich auf sein Besteuerungsrecht verzichtet. Und nicht zuletzt stellen Bagatellregelungen eine Herausforderung für den Lohnsteuerabzug dar, weil am Anfang des Jahres noch nicht sicher ist, ob ein Arbeitnehmer innerhalb der 34-Tage-Grenze bleiben wird.

Aufgrund des Verzichts des Ansässigkeitsstaats auf Besteuerungsrechte abweichend vom OECD-Muster und weil die Wirkweise der Regelung in Grenzgebieten die Konkurrenz um qualifizierte Arbeitnehmer verschärfen kann, erscheint sie – ohne Fiskalausgleich – regelmäßig nur als Bagatellregelung geeignet zu sein. Als solche gibt sie nur eine Antwort auf regelmäßige Grenzgänger, die ab und zu in ihrem Ansässigkeitsstaat, z.B. im Homeoffice, arbeiten oder in einem Drittstaat tätig sind, z.B. auf einer Geschäftsreise oder Fortbildung. Zudem würden auch großzügigere Tagegrenzen die recht aufwendige Erfassung und Überprüfung, wo der Arbeitnehmer seine Tätigkeit ausübt, erfordern. Soll die Regelung mehr als nur eine Bagatellregelung sein, kann hinterfragt werden, ob sie tatsächlich Verwaltungsaufwand reduziert.

b) Österreich

Im deutsch-österreichischem Doppelbesteuerungsabkommen[2] befindet sich in Art. 15 Abs. 6 eine Grenzgängerregelung, die dem Ansässigkeitsstaat des Arbeitnehmers das ausschließliche Besteuerungsrecht zuweist. Der andere Staat hat kein Besteuerungsrecht. Die Regelung ist nur in einem definierten Grenzgebiet anwendbar. Vor dem Hintergrund der Erfahrungen während der Covid-19-Pandemie und der dauerhaften Veränderung der Arbeitswelt insbesondere durch die Möglichkeiten beziehungsweise den Wunsch, Tätigkeiten im Homeoffice auszuüben, wurde die Grenzgängerregelung im deutsch-österreichischen Doppelbesteuerungsabkommen mit dem Änderungsprotokoll vom 21.8.2023, anwendbar ab dem 1.1.2024, modernisiert und so weit wie möglich vereinfacht. Der Arbeitnehmer muss im Grenzgebiet ansässig sein und seine Tätigkeit überwiegend im Grenzgebiet ausüben. 45 Tage pro Kalenderjahr darf der Ar-

2 Abkommen v. 24.8.2000 zwischen der Bundesrepublik Deutschland und der Republik Österreich zur Vermeidung der Doppelbesteuerung auf dem Gebiet der Steuern und vom Einkommen und vom Vermögen und zur Verhinderung der Steuerverkürzung und -umgehung, geändert durch das Protokoll vom 21.8.2023.

beitnehmer außerhalb des Grenzgebiets tätig sein. Wo der Arbeitgeber ansässig ist, ist irrelevant. Das Grenzgebiet umfasst alle Gemeinden, deren Gebiet mindestens teilweise nicht mehr als 30 Kilometer von der gemeinsamen Grenze von Deutschland und Österreich entfernt liegt.

In Kombination mit der Freistellungsmethode bedeutet die Grenzgängerregelung, dass der Ansässigkeitsstaat das alleinige und ausschließliche Besteuerungsrecht hat. Der andere Staat verzichtet auf sein Besteuerungsrecht für Tage, an denen der Arbeitnehmer seine Tätigkeit dort ausübt. Es ist eine Abkehr vom zweiten Prinzip des OECD-Konzepts, dem Vorrang des Besteuerungsrechts des Tätigkeitsstaats vor dem des Ansässigkeitsstaats. Auf dieses wird gegenseitig verzichtet.

Ziel der Regelung ist, eine möglichst einfache, für alle Beteiligten leicht zu administrierende Regelung zu finden. In dem Sinne gibt sie Antwort auf jegliches, grenzüberschreitendes und mobiles Arbeiten, sofern es überwiegend innerhalb des Grenzgebiets stattfindet und der Arbeitnehmer im Grenzgebiet ansässig ist.

In der Praxis haben sich die folgenden Herausforderungen gezeigt: Feststellung der Ansässigkeit der Grenzzone und weiterhin verbliebenes Erfordernis, die Tätigkeitstage außerhalb der Grenzzone (u.a. in Drittstaaten) zu erfassen und die Konsequenzen bei Nichtanwendbarkeit der Regelung nachzuvollziehen. Auch, wenn es sich erst im Laufe des Kalenderjahrs herausstellt, ob die Voraussetzungen erfüllt wurden oder nicht. Da die Regelung aber möglichst einfach ausgestaltet wurde, stellt sich der Verwaltungsaufwand in der Praxis als angemessen dar.

Der gegenseitige Verzicht auf das Besteuerungsrecht als Tätigkeitsstaat basiert auf der Annahme, dass die Steuerbelastung auf beiden Seiten der Grenze vergleichbar ist, die Grenzgängerströme relativ ausgeglichen sind und der Anwendungsbereich aufgrund der geographischen Eingrenzung überschaubar ist. Auch im Verhältnis zu Staaten, bei dem die Annahmen nicht vergleichbar sind und als Regelung, die nicht geographisch beschränkt ist, ist die Lösung steuertechnisch gangbar, beantwortet aber nicht abschließend die Aufteilung des Steuersubstrats zwischen den Staaten. Die Frage, ob die Aufteilung der Besteuerungsrechte angemessen ist oder eine Kompensation (Quellensteuerrecht oder Fiskalausgleich zwischen den Staaten) erforderlich ist, ist jeweils zu beantworten.

Die Regelung gibt eine umfassende Antwort auf die Anforderungen aufgrund der Arbeitnehmerfreizügigkeit in der Europäischen Union. Da der Ansässigkeitsstaat das ausschließliche und umfassende Besteuerungsrecht für die Arbeitnehmereinkünfte hat, ist und kann dieser auch die persönlichen Umstände und Leistungsfähigkeit umfassend und abschließend berücksichtigen.

Die Steuerbelastung des Arbeitnehmers wird bei der Regelung im deutsch-österreichischem Doppelbesteuerungsabkommen ausschließlich vom Ansässigkeitsstaat bestimmt. Dies kann meiner Ansicht nach aber auch gut begründet werden, da Arbeitnehmer im Wesentlichen in Ansässigkeitsstaat an den von Steuergeldern und öffentlichen Mitteln finanzierten öffentlichen Leistungen und Gütern partizipieren. Auch unter dem Aspekt der Gleichbehandlung mit den Mitbürgern, die im gleichen Staat leben, ist dieser Ansatz gut begründbar. Die Regelung kann aufgrund ihrer Belastungsneutralität des Arbeitsorts, d.h. dem Umstand, dass die Höhe der Steuerbelastung grundsätzlich unabhängig davon ist, wo der Arbeitnehmer die Arbeit ausübt, zudem die Flexibilisierung der Arbeitswelt mit allen Vorteilen und Herausforderungen befördern.

c) Frankreich

Die Grenzgängerregelung in Art. 13 Abs. 5 und Art. 13a des deutsch-französischen Doppelbesteuerungsabkommens[3] ist (noch) nicht so modern und einfach ausgestaltet wie die Regelung im deutsch-österreichischen Doppelbesteuerungsabkommen. Es gelten dem Kern nach aber vergleichbare Prinzipien. Wesentlicher Unterschied ist, dass zwischen Deutschland und Frankreich ein Fiskalausgleich vereinbart wurde. Der jeweilige Ansässigkeitsstaat des Arbeitnehmers muss dem anderen Staat im Hinblick auf Arbeitnehmer, auf die die Grenzgängerregelung Anwendung findet, 1,5 % des Bruttogehalts als Kompensation zahlen.

Bei der Betrachtung der Aufteilung der Besteuerungsrechte im engeren Sinne kann im Hinblick auf die Wirkung und die grundsätzlichen Erwägungen und Herausforderungen in der Praxis auf die Ausführungen zum deutsch-österreichischen Doppelbesteuerungsabkommen verwiesen werden (partielle Abweichung vom OECD-Konzept). Die Handhabung in

3 Abkommen v. 21.7.1959 zwischen der Bundesrepublik Deutschland und der Französischen Republik zur Vermeidung der Doppelbesteuerung und über gegenseitige Amt- und Rechtshilfe auf dem Gebiete der Steuern vom Einkommen und vom Vermögen sowie der Gewerbesteuern und der Grundsteuern, zuletzt geändert durch das Zusatzabkommen v. 20.12.2001 und dem BEPS-MLI.

der Praxis ist aufgrund der umfangreicheren Tatbestandsmerkmale der Regelung lediglich etwas aufwendiger.

Die Fiskalkompensation bewirkt jedoch, dass die Regelung im Ergebnis dem Grunde nach den Wertungen des OECD-Musters entspricht. Der Ansässigkeitsstaat hat das Besteuerungsrecht und der Tätigkeitsstaat erhält ebenfalls einen Teil des Steuersubstrats. Dies erfolgt lediglich mittels zweier Regelungsebenen (Aufteilung der Besteuerungsrechte und Fiskalausgleich). Der Anteil des Tätigkeitsstaats wird zudem einfacher und daher anders berechnet. Auch hängt er bei der konkreten Regelung zwischen Deutschland und Frankreich nicht vom Umfang der tatsächlichen Tätigkeit im anderen Staat ab.

Praktische Herausforderung dieses Regelungskonzepts ist die Vereinbarung und Bestimmung des Umfangs des Fiskalausgleichs. Auch gäbe es bei potentiellen Auslegungs- und Anwendungsfragen keine gemeinsame Instanz, diese im Streitfall zu klären, da kein Streitbeilegungsmechanismus und auch keine gemeinsame höhere Instanz existiert. Auch könnte aus systematischen Gründen hinterfragt werden, dass der Weg, der zwischen Deutschland und Frankreich gefunden wurde, eine Verdoppelung des Regelungsgegenstands auf zwei unterschiedlichen Regelungsebenen bedeutet, d.h. eine zusätzliche Korrekturebene in Gestalt eines Fiskalausgleichs, weil die eigentliche Regelungsebene, d.h. die Verteilungsnorm im Doppelbesteuerungsabkommen nicht dem von den Staaten gewünschten Ergebnis entspricht. Genau diese beiden Ebenen ermöglichen es aber gerade, die Verteilungsnorm in Doppelbesteuerungsabkommen so einfach wie möglich auszugestalten.

Wie die Grenzgängerregelung im deutsch-österreichischen Doppelbesteuerungsabkommen bietet die Regelung – soweit sie Anwendung findet – eine verwaltungsunaufwendige Antwort für Grenzpendler, grenzüberschreiend tätige Arbeitnehmer, mobil arbeitende Arbeitnehmer, Homeoffice und Workation. Das Grundkonzept der Regelung – wenn es nicht nur im Grenzgebiet Anwendung finden würde – würde auch die Herausforderung der Besteuerung digitaler Nomaden vereinfachen, da es dann ausschließlich auf eine zu bestimmende Ansässigkeit ankäme und der Ort der Arbeit unmaßgeblich wäre. Eine räumliche Ausdehnung, bzw. manche der Arbeitsformen könnten aber eine Herausforderung für die Bestimmung und Anwendung eines potentiellen Fiskalausgleichs darstellen.

d) Schweiz

In Art. 15a des deutsch-schweizerischen Doppelbesteuerungsabkommens[4] befindet sich eine Grenzgängerregelung, die zunächst grundsätzlich dem Ansässigkeitsstaat des Arbeitnehmers das Besteuerungsrecht zuweist. Dieses wird ergänzt durch ein Quellenbesteuerungsrecht des anderen Staats in der Höhe von 4,5 % auf das Bruttogehalt des Arbeitnehmers. Diese Quellensteuer rechnet der Ansässigkeitsstaat des Arbeitnehmers an. Der Anwendungsbereich ist nicht auf eine Grenzregion begrenzt, die Regelung beinhaltet aber strenge Voraussetzungen, wie viele Tage der der Arbeitnehmer in dem einen oder anderen Staat arbeitet. Enthalten ist z.B. eine Beschränkung, dass Homeoffice-Tage auf 80 % der Arbeitstage begrenzt sind.

Die Regelung entspricht dem Grunde nach den Grundgedanken des OECD-Konzepts. Unterschied ist, dass der andere Staat, d.h. der Nicht-Ansässigkeitsstaat des Arbeitnehmers, ein Quellenbesteuerungsrecht auf Bruttobasis erhält anstelle eines Besteuerungsrechts, das sich nach dem tatsächlichen zeitlichen Umfang der dortigen Tätigkeit richtet und auf Nettobasis berechnet wird. Anders als im deutsch-französischen Doppelbesteuerungsabkommen ergibt sich die Aufteilung des Steuersubstrats zwischen den Staaten abschließend aus den Verteilungsnormen des Doppelbesteuerungsabkommens.

In der Praxis haben sich die folgenden Herausforderungen gezeigt: Feststellung und Prüfung der Voraussetzungen, ob ein Arbeitnehmer unter die Grenzgängerregelung fällt oder nicht. Dies wird dadurch verschärft, dass die Anwendung oder Nichtanwendung der Regelung bei einer maßgeblichen Anzahl von Arbeitnehmern zu einer spürbaren Differenz in der Steuerbelastung führt. Daraus folgt auch eine große Gestaltungsanfälligkeit im Zusammenhang mit der Regelung. Sobald aber geklärt ist, dass die Grenzgängerregelung Anwendung findet, ist diese jedoch für alle Beteiligten einfach zu administrieren. Arbeitnehmer und Arbeitgeber haben lediglich mit der jeweiligen Steuerverwaltung ihres eigenen Ansässigkeitsstaats zu tun.

Vergleichbar mit der Fiskalkompensation der Regelung im deutsch-französischen Doppelbesteuerungsabkommen stellt die Vereinbarung und

4 Abkommen vom 11.8.1971 zwischen der Bundesrepublik Deutschland und der Schweizerischen Eidgenossenschaft zur Vermeidung der Doppelbesteuerung auf dem Gebiet der Steuern und vom Einkommen und vom Vermögen, zuletzt geändert durch das Protokoll v. 21. August 2023.

Bestimmung der Höhe des Quellensteuersatzes eine Herausforderung dar. Abweichend von den Regelungen im deutsch-österreichischen und deutsch-französischen Doppelbesteuerungsabkommen ist es im Verhältnis zur Schweiz für die Verteilungsnorm maßgeblich, wer der „andere" Staat ist. Daraus ergeben sich Fragestellungen, für die eine Lösung zu finden sind, wenn man dieses Regelungskonzept als Antwort auch für insbesondere Arbeitnehmer, die (fast) ausschließlich mobil arbeiten, sowie für digitale Nomaden nutzen will.

III. Grenzüberschreitende Abgrenzung des Anwendungsbereichs im Sozialversicherungsrecht

Das Wesen einer (Sozial-)Versicherung ist, dass diese sich aus Beitragsleistungen finanziert und in den Staaten und Jurisdiktionen auf unterschiedliche Weise und in unterschiedlichem Umfang steuerlich gefördert bzw. direkt mit Steuergeldern mitfinanziert wird. Grenzüberschreitend ergeben sich insbesondere drei Fragestellungen: Welches Recht regelt die Einzahlungsphase, welches Recht regelt die Leistungsphase und welches Recht bestimmt über die steuerliche Förderung der Beitragsleistungen und die potentielle staatliche Mitfinanzierung?

Will man die Regelungen des Sozialversicherungsrechts bei den Erwägungen zur Abgrenzung der Besteuerungsrechte bei Arbeitnehmern heranziehen, sind wichtige Unterschiede zu berücksichtigen. Das System der Sozialversicherung basiert auf den Prinzipien einer Versicherung. In grenzüberschreitenden Fällen ist daher die Zielsetzung, die Versicherungsbeiträge und -leistungen in ein kohärentes System zu bringen. Dabei sind sozialversicherungsspezifische Herausforderungen zu lösen, z.B. das unterschiedliche Leistungsniveau in den Staaten, die unterschiedliche Ausgestaltung der Beitragszahlungen und unterschiedlich hohe potentielle Mitfinanzierung der Versicherungen durch die öffentliche Hand. In der EU besteht zudem für das Sozialversicherungsrecht ein Koordinierungsauftrag, das im Bereich der (direkten) Steuerrecht nicht existiert. Auch ist zu bedenken, dass in beiden Rechtsgebieten verwendete Begriffe häufig eine unterschiedliche Bedeutung haben. Das Sozialversicherungsrecht basiert stark auf den Begriffstraditionen des Arbeitsrechts.

Sollte das Ziel gesetzt werden, dass die jeweilige grenzüberschreitende Koordinierung der Systeme möglichst gleich geregelt werden soll, um Verwaltungsaufwand für die Arbeitgeber und die öffentlichen Verwaltungen zu reduzieren, wären die dargestellten jeweiligen Prinzipien und Unterschiede zu berücksichtigen. In einem ersten Schritt wären die jeweiligen roten Linien beider Systeme festzustellen, um darauf aufbauend analysieren zu können, welches System in seinen Regelungszielen eine größere Flexibilität – und in welchen Grenzen – erlaubt, um sich dem anderen System anpassen zu können.

IV. Fazit und Ausblick

Steuerpolitische Kernfragen sind, welcher Staat die Höhe der Steuerbelastung des Arbeitnehmers bestimmen soll und wie das Steuersubstrat zwischen den Staaten aufgeteilt werden soll. Der Umstand, dass sich in manchen Branchen die Ausübung der Tätigkeit vom Ort der Tätigkeit emanzipiert hat, sollte ein Anlass sein zu überprüfen, ob die Ziele und Wertungen auch heute noch zur selben Antwort für die Verteilungsnorm in Doppelbesteuerungsabkommen führen.

Ein aktuell sehr im Fokus stehendes steuerpolitisches Ziel ist, steuerliche Regelungen möglichst einfach auszugestalten ohne das Schutzniveau gegen Steuerkriminalität und ungewollte Steuergestaltungen abzusenken.

Gesellschafts- und Wirtschaftspolitisch könnte das Ziel formuliert werden, dass steuerliche Regelungen kein Hindernis darstellen sollen, dass Arbeitgeber und Arbeitnehmer die W-Fragen (wer, wo, wie lange und wie) die Arbeit am effizientesten und effektivsten organisieren können. Auch könnten demographische und arbeitsmarktpolitische Aspekte in Betracht gezogen werden.

Steuertechnisch und steuersystematisch sind einfach zu administrierende Lösungen denkbar, wie z.B. ein ausschließliches Besteuerungsrecht des Ansässigkeitsstaats des Arbeitnehmers. Hier kann auf die praktischen Erfahrungen und Erkenntnisse der diversen Grenzgängerregelungen und ihrer jeweiligen Herausforderungen aufgebaut werden. Zu klären wären Art und Umfang einer potentiellen Kompensation für den anderen Staat, wobei festzustellen ist, wer der „andere“ Staat ist (insbesondere tatsächlicher Tätigkeitsstaat oder Ansässigkeitsstaat des juristischen oder wirtschaftlichen Arbeitgebers), und wie diese Kompensation auszugestalten wäre.

Eine Lösung sollte international konsentiert und prinzipienbasiert sein, damit sie allgemein und mit ihren Folgen für alle Betroffenen (Arbeitnehmer, Arbeitgeber, Steuerverwaltungen, Regierungen, Bund, Länder und Kommunen) akzeptiert werden kann. Denn jede Änderung hat unterschiedliche Wirkungen für die einzelnen Betroffenen. Der gesellschaftspolitische Wille, das Thema nachhaltig weiterzuverfolgen, muss gegeben sein und die Lenkungswirkungen der denkbaren Regelungsoptionen müssen analysiert und bewertet werden.

Ein praktischer Startpunkt könnte eine umfassende Analyse des Themenkreises, einschließlich des Sozialversicherungsrechts, im Rahmen des inklusiven Formats bei der OECD und, darauf aufbauend, beispielsweise die Entwicklung von Musterregelungen für Doppelbesteuerungsabkommen sein, und/oder eine Befassung auf EU-Ebene mit dem Ziel, die Arbeitnehmerfreizügigkeit innerhalb der EU zu weiter zu befördern. Parallel dazu könnten, angepasst auf das jeweilige bilaterale Verhältnis und die jeweilige Grenzregion, spezifische Regelungen erstmals vereinbart oder, falls erforderlich, vereinfacht werden.

Grenzüberschreitende Arbeitnehmermobilität aus Unternehmenssicht und Arbeitgeberpflichten

Werner Stuffer
Syndikus-Steuerberater, Leiter Steuern
ZF Friedrichshafen AG[1]

1 Der folgende Beitrag wurde gemeinsam mit *Sandra Peterson*, Syndikus-Steuerberater, ZF Friedrichshafen AG, erstellt; ich danke für ihre Mitwirkung.

I. Einleitung

1. Vorbemerkung

Dieser Beitrag ist aus Sicht der (deutschen) Unternehmenspraxis verfasst. Soweit landesspezifische Aspekte thematisiert werden, wird schwerpunktmäßig auf die Rahmenbedingungen innerhalb der Europäischen Union, des Europäischen Wirtschaftsraums und insbesondere Deutschlands eingegangen. Reflektiert werden eigene Erfahrungen sowie Erkenntnisse aus Erfahrungsberichten weiterer Unternehmen, die sich sowohl im Rahmen von Verbandsarbeit, bilateralen Austauschen als auch internationalen Netzwerktreffen ergeben haben.

2. Die Bedeutung grenzüberschreitender Arbeitnehmermobilität

In den vergangenen Jahren und Jahrzehnten waren internationales Wachstum und fortschreitende Globalisierung von Märkten bzw. Unternehmen Auslöser und Antrieb für internationale Zusammenarbeit und grenzüberschreitende Personaleinsätze. Dienstreisen und Entsendungen von Beschäftigten waren notwendige Maßnahmen, um die Unternehmenskultur in die ausländischen Konzerngesellschaften zu tragen, Wissen auszutauschen, Talente zu entwickeln und neue Absatzmärkte zu eröffnen. Spätestens mit der Covid-19-Pandemie wurde das Profil der grenzüberschreitenden bzw. vollständig internationalen Arbeitnehmermobilität nochmal deutlich erweitert.

Solch internationales Arbeiten machte und machen die Betreuung sowohl im Heimatland der Arbeitnehmer bzw. Arbeitgeber als auch in den jeweiligen Einsatzländern/Heimatländern der Arbeitnehmer komplex. Die betreuenden Abteilungen, vor allem Personal- und Steuerabteilungen, stehen vor immer umfangreicheren Herausforderungen. Neben der Erfüllung zahlreicher Anforderungen im Zusammenhang mit Einreise- und Aufenthaltsbestimmungen des jeweiligen Einsatzlandes sind weitere wesentliche Aspekte zu beachten, wie das arbeitsvertragliche Regelwerk in beiden Ländern, die Bestimmung der anwendbaren sozialversicherungsrechtlichen Rechtsordnung während der Dauer des Auslandseinsatzes, die Anwendung und Abstimmung steuerlicher Vorschriften sowohl im Hinblick auf Lohn- als auch Einkommensteuer in beiden bzw. allen betroffenen Ländern, Steuerausgleichsmechanismen und nicht zu vergessen Betriebsstätten-/Ort-der-Geschäftsleitungs-Fragen usw. In jeder Sachverhaltskonstellation gibt es unterschiedliche Regelungen, die zu beachten sind, um den Arbeitnehmereinsatz in jeder Hinsicht rechtskonform abzubilden. Damit ist arbeitgeberseitig auch das Ziel verbunden, die Fürsorgepflicht bestmöglich zu erfüllen. Jeder Arbeitnehmer auf einem Auslandseinsatz soll sich in seinem Einsatzland auf die Erfüllung seiner beruflichen Tätigkeit dort konzentrieren können und sich nicht von den komplexen administrativen Rahmenbedingungen darin beeinträchtigt fühlen. Die Erfüllung dieser administrativen Aufgaben erfordert auf Seiten der Arbeitgeber nicht zuletzt wegen der zunehmenden Variationen von grenzüberschreitenden Arbeitseinsätzen und der damit verbundenen wachsenden Komplexität stetig größeren Personal- bzw. Zeitaufwand, verbunden mit steigenden Kosten für Auslandseinsätze.

3. Arbeitnehmermobilität im Wandel

Aufgrund der Covid-19-Pandemie galten im Zeitraum von Frühjahr 2020 bis Mitte 2022 in unterschiedlicher Form beispiellose Maßnahmen zur Eindämmung der weiteren Verbreitung des Virus, die von Regierungen verhängt oder empfohlen wurden, darunter Reisebeschränkungen und Einschränkungen der Geschäftstätigkeit. Infolge dieser von außen auferlegten Beschränkungen mussten Unternehmen sehr schnell handeln, um Arbeitnehmern, deren Tätigkeiten es zuließen, das Arbeiten in privaten Wohnräumen oder sonstigen nicht-betrieblichen Örtlichkeiten sowohl im In- als auch im Ausland zu ermöglichen. Es stellte sich heraus, dass Unternehmen dazu in der Lage waren, ohne dass es zu größeren Unterbrechungen ihrer Geschäftsaktivitäten kam.

Mit dem Ziel, die Unternehmen zu unterstützen, veröffentlichte die OECD im April 2020[2] Leitlinien zur Neutralisierung der möglichen steuerlichen Folgen von Home-Office-Tätigkeiten im grenzüberschreitenden Kontext und überarbeitete diese im Januar 2021[3]. Dadurch war ein pragmatischer Umgang mit der unerwarteten und beispiellosen Situation möglich.

Die weitgehende Unsicherheit in den äußeren Rahmenbedingungen hielt allerdings über die Jahresmitte 2022 hinausgehend an, als in vielen Ländern zwar die pandemiebedingten Sonderregelungen ausliefen, es aber

2 OECD (2020), „OECD Secretariat analysis of tax treaties and the impact of the COVID-19 crisis“, OECD Policy Responses to Coronavirus (COVID-19), OECD Publishing, Paris, https://doi.org/10.1787/947dcb01-en.

3 OECD (2021), „Updated guidance on tax treaties and the impact of the COVID-19 pandemic“, OECD Policy Responses to Coronavirus (COVID-19), OECD Publishing, Paris, https://doi.org/10.1787/df42be07-en.

nicht zu einer Rückkehr zur Präsenzarbeit in Büroräumen wie in Zeiten vor der Pandemie kam. Viele Arbeitnehmer hatten sich mit der Arbeit von zu Hause bzw. außerhalb der Büroräumlichkeiten arrangiert und die damit verbundenen Vorteile, wie z.B. die Einsparung von Fahrzeiten und den damit verbundenen Kosten ebenso wie der dadurch gewonnenen zusätzlichen Freizeit, zu schätzen gelernt. Die Arbeitnehmerschaften forderten, weiterhin (auch grenzüberschreitend) mobil arbeiten zu können. Mögliche Szenarien entwickelten sich schnell von zunächst aus privaten Gründen vom Arbeitnehmer initiierter kurzzeitiger mobiler Arbeit als Verlängerung eines privaten Urlaubsaufenthalts im Ausland ohne Kostenübernahme durch den Arbeitgeber hin zu mittel- und längerfristigen Konstellationen von mehreren Monaten bis hin zu dauerhaften Modellen, wie die Einstellung von Arbeitnehmern im Ausland oder der dauerhafte Rückumzug in ein ausländisches Heimatland unter Beibehaltung des inländischen Arbeitsvertrags.

Viele Unternehmen akzeptierten die Forderungen der Arbeitnehmerschaft als „neue Normalität“ und führten Rahmenbedingungen insbesondere für kurzzeitiges mobiles Arbeiten ein, um den Wünschen bzw. Forderungen der Arbeitnehmer nach mehr Flexibilität so weit wie möglich, aber abgesichert entgegenzukommen. Diese Rahmenfestlegungen waren (und sind es insbesondere für längerfristige Konstellationen immer noch) aufgrund bestehender Unsicherheiten u.a. im Hinblick auf landesspezifische, steuerrechtliche Regelwerke regelmäßig mit Einschränkungen verbunden, die die Minimierung von u.a. potentiellen Steuerrisiken für die Unternehmen zum Ziel hatten bzw. haben.

Vor diesem Hintergrund entwickelte sich die Arbeitnehmermobilität insgesamt stetig weiter. Die moderne Arbeitswelt bringt neue Formen von grenzüberschreitenden Konstellationen hervor. Neben den klassischen Auslandseinsatzformen wie tage- oder wochenweisen Dienstreisen, Entsendungen, bei denen es sich meist um wenige Monate dauernde Arbeitseinsätze im Ausland im Interesse des entsendenden Arbeitgebers handelt, oder Versetzungen, als längerfristige Einsätze von in der Regel mehreren Jahren im häufig überwiegenden Interesse des aufnehmenden Unternehmens, über internationale lokale Anstellungen oder globale Rollen in Matrixorganisationen finden sich inzwischen auch Einsatzformen wie virtuelle oder hybride Arbeitseinsätze.

Virtuelle Auslandseinsätze stellen sich so dar, dass die arbeitsvertragliche Anbindung mit dem heimatlichen Arbeitgeber bestehen bleibt und der Arbeitnehmer sein Heimatland physisch überwiegend nicht verlässt.

Wohnsitz (und damit erster steuerlicher Anknüpfungspunkt) und Mittelpunkt der Lebensinteressen (üblich zur Bestimmung der Ansässigkeit nach Doppelbesteuerungsabkommen „DBA") verbleiben im Heimatland. Es werden lediglich Dienstreisen z.B. im Rahmen von Besprechungen oder Workshops zur ausländischen Gesellschaft durchgeführt. Der Arbeitnehmer wird jedoch im Interesse eines ausländischen Arbeitgebers tätig, der den Nutzen aus den Arbeitsergebnissen zieht, ebenso wie er die Verantwortung und das Risiko trägt. Konsequenterweise wird die Vergütung wirtschaftlich von dem ausländischen Arbeitgeber getragen. Die fachliche Berichtslinie geht zum ausländischen Arbeitgeber, die disziplinarische Weisungsfunktion bleibt beim heimatlichen Unternehmen.

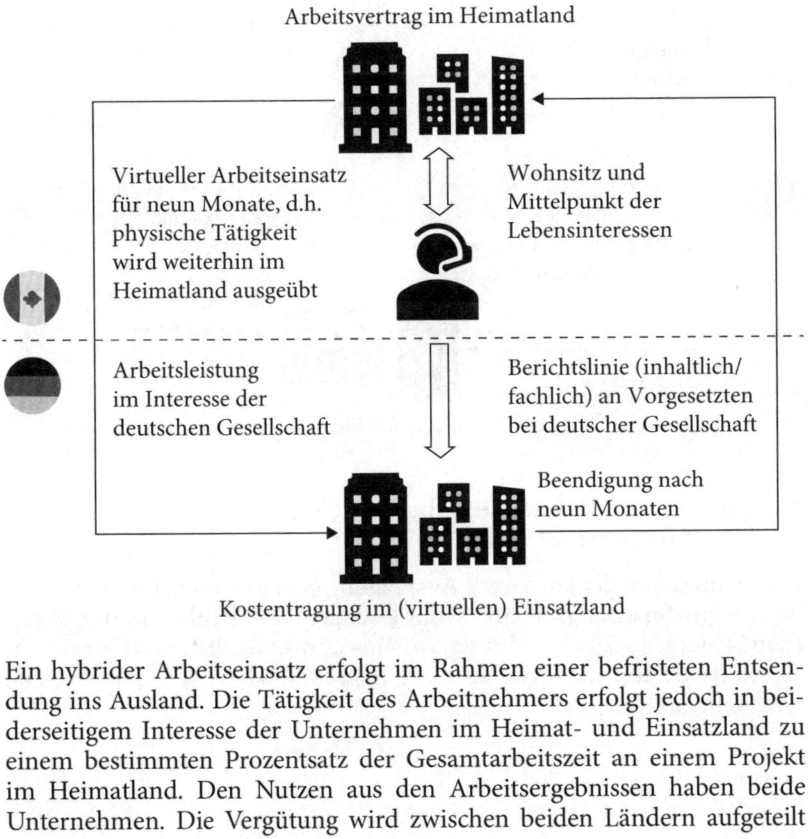

Ein hybrider Arbeitseinsatz erfolgt im Rahmen einer befristeten Entsendung ins Ausland. Die Tätigkeit des Arbeitnehmers erfolgt jedoch in beiderseitigem Interesse der Unternehmen im Heimat- und Einsatzland zu einem bestimmten Prozentsatz der Gesamtarbeitszeit an einem Projekt im Heimatland. Den Nutzen aus den Arbeitsergebnissen haben beide Unternehmen. Die Vergütung wird zwischen beiden Ländern aufgeteilt und anteilig wirtschaftlich getragen. Während der Dauer der Entsendung ist der Arbeitnehmer in dem ausländischen Unternehmen weisungsgebunden und auch organisatorisch dort eingegliedert. Während der Projekttätigkeit besteht Weisungsgebundenheit an das Unternehmen im Heimatland.

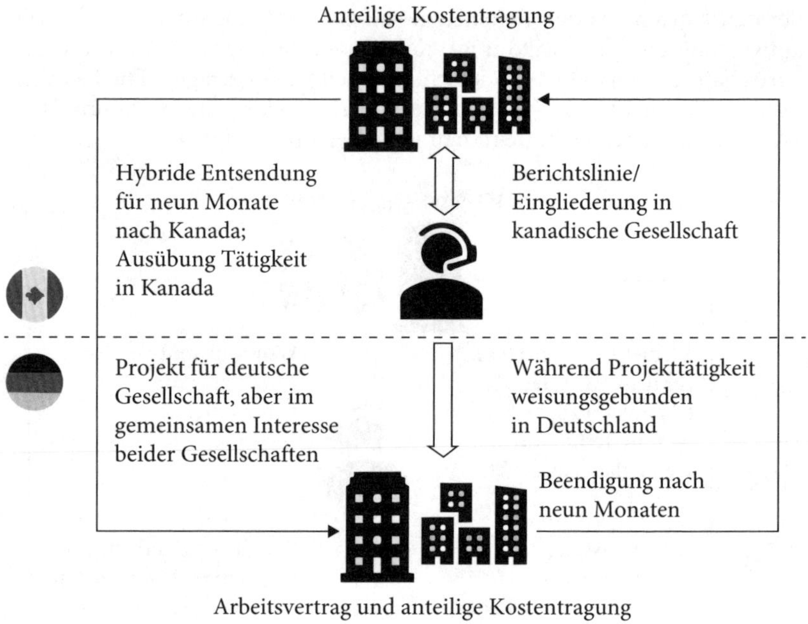

4. Spannungsfeld der grenzüberschreitenden Arbeitnehmermobilität

Unabhängig von der konkreten Ausprägung geht jede grenzüberschreitende Arbeitnehmertätigkeit mit Anforderungen bzw. Risiken in den Bereichen Steuern, Sozialversicherung, Arbeits- und Aufenthaltsrecht sowie Datenschutz einher; nationale als auch internationale Bestimmungen sind zu beachten.

a) Talente und Arbeitsumgebung

aa) Belegschaft und Wandel

Arbeitnehmer fordern aus den verschiedensten Gründen flexiblere Arbeitsmöglichkeiten im Hinblick auf Arbeitszeiten und Arbeitsorte. Die Nachfrage reicht von ein paar Tagen der Verlängerung am Urlaubsort, der Ferienwohnung bis hin zu längeren oder dauerhaften Aufenthalten.

Auch aus Arbeitgebersicht wird es zunehmend erforderlich, sich mit dauerhaft grenzüberschreitend tätigen Arbeitnehmern auseinanderzusetzen, z.B. bei der Einstellung von Talenten im Ausland.

Im Hinblick auf mögliche Arbeitsorte sind im wahrsten Sinn keine Grenzen mehr gesetzt. Mobile Arbeit wird nicht mehr nur grenznah, sondern weltweit gefordert.

bb) Arbeitsplatz

Die Ergebnisse einer Studie des ifo-Instituts aus dem Jahr 2024[4] legen nahe, dass die künftige Büroauslastung aufgrund der zwischenzeitlichen Etablierung von strukturierten hybriden Arbeitsmodellen mit (festen) Präsenztagen im Büro kombiniert mit Arbeit im häuslichen Arbeitszimmer bzw. mobiler Arbeit sinken wird. Unternehmen mit ausgeprägter Home-Office-Kultur sehen daher vor, Büroflächen zu reduzieren. Mit den modernen Arbeitsweisen verändert sich auch die Bedeutung von Büros. Sie werden vom reinen Arbeitsplatz zu „Räumen für persönlichen Austausch". Dem widerspricht auch nicht der aktuelle Trend, Mitarbeiter wieder stärker „ins Büro" zu holen. Eine umfassende „im Büro"-Vollzeitbeschäftigung wird nicht mehr die Regel werden.

b) Recht

aa) Arbeitsrecht

Bei kurzzeitiger mobiler Arbeit, auch wenn sie grenzüberschreitend ausgeübt wird, ergeben sich keine Änderungen für das inländische Arbeitsverhältnis. Am Beispiel Deutschland: Die Beschäftigten bleiben weiterhin in Deutschland angestellt und folglich gelten auch für das mobile Arbei-

4 *Krause/Trumpp/Dichtl/Kiese/Rutsch*, Neue Arbeitswelt, neue Arbeitsorte: Auswirkungen von Homeoffice auf den Büroimmobilienmarkt, ifo Schnelldienst 3/2024 77. Jahrgang 13.3.2024; https://www.ifo.de/publikationen/2024/aufsatz-zeitschrift/neue-arbeitswelt-neue-arbeitsorte.

ten im Ausland die Regelungen des deutschen Arbeitsvertrags sowie die darin enthaltenen Rechte und Pflichten (z.B. in Bezug auf Arbeitszeiten, Verhalten im Krankheitsfall). Auch das Weisungsrecht verbleibt beim Arbeitgeber in Deutschland.

Zusätzlich sind die Beschäftigten verpflichtet, sich mit den jeweils geltenden zwingend anwendbaren lokalen Bestimmungen vor Ort vertraut zu machen (z.B. gesetzliche Feiertage, Höchstarbeitszeiten) und die lokal geltenden Arbeitszeit- und Arbeitsschutzbedingungen zu beachten. Im Rahmen der Fürsorgepflichten des Arbeitgebers werden den Beschäftigten dafür z.B. landesspezifische Merkblätter zur Verfügung gestellt.

Bei längerer mobiler Arbeit im Ausland kann es aufgrund des Wechsels des gewöhnlichen Arbeitsortes zu einem Wechsel des anwendbaren Arbeitsrechts kommen. In dem Fall gilt nicht mehr das Recht des Landes, in dem der Arbeitsvertrag abgeschlossen wurde, sondern das Recht des Tätigkeitsstaates. Aus Arbeitgebersicht gilt es dies – abhängig von der Anzahl der mobil im Ausland arbeitenden Beschäftigten – zu vermeiden, weil ansonsten eine nicht mehr handhabbare, unübersichtliche und uneinheitliche arbeitsrechtliche Landschaft entsteht.

bb) Einreise, Aufenthalts- und Arbeitserlaubnis

Arbeitnehmer, die Staatsbürger eines Mitgliedstaates der Europäischen Union (EU) bzw. des Europäischen Wirtschaftsraums (EWR) oder der Schweiz sind, dürfen sich innerhalb der EU frei bewegen, in jeden Mitgliedstaat einreisen, sich dort aufhalten und grundsätzlich auch arbeiten.

Sind Arbeitnehmer hingegen keine Bürger eines EU- oder EWR-Mitgliedstaates oder der Schweiz, gestalten sich Einreise, Aufenthalt bzw. Erwerbstätigkeit schwieriger. So benötigen Drittstaatenangehörige üblicherweise einen Aufenthaltstitel.[5] Bei der Beschaffung eines Aufenthaltstitels wie einem Visum, einer Aufenthaltserlaubnis oder einer Blaue Karte EU, die jeweils nur befristet ausgestellt werden, unterstützen regelmäßig die Arbeitgeber zeit- und kostenintensiv. Auch solchen Arbeitnehmern grenzüberschreitendes mobiles Arbeiten zu ermöglichen, wird durch die abweichenden Anforderungen oftmals erschwert und verzögert.

5 Bundesministerium für Migration (Stand: 22.12.2025), https://www.bmi.bund.de/DE/themen/migration/aufenthaltsrecht/einreise-und-aufenthalt/einreise-und-aufenthalt-node.html.

Aus diesem Grund lassen viele Unternehmen mit Sitz in der EU mobiles Arbeiten nur innerhalb EU, EWR und der Schweiz zu. Mobiles Arbeiten in Drittländern, wie z.B. Indien oder den USA, wird aufgrund der einreiserechtlichen Anforderungen und der mit Nichterfüllung verbundenen Risiken, wie z.B. den Folgen einer illegalen Beschäftigung, regelmäßig ausnahmslos ausgeschlossen.

c) Compliance – Besteuerung und Gehaltsabrechnung

Bei internationaler Arbeitnehmermobilität nimmt die Sicherstellung steuerlicher Compliance im Hinblick auf Unternehmenssteuern, Lohnsteuer bzw. Abrechnungsthemen bis hin zur individuellen Arbeitnehmerbesteuerung großen Raum ein. Im Rahmen der Gehaltsabrechnung spielt auch die sozialversicherungsrechtliche Einordnung eine große Rolle. Die Herausforderung besteht darin, die Einordnungen aufgrund unterschiedlicher rechtlicher Regelungen so aufeinander abzustimmen, dass weder der einzelne Arbeitnehmer noch der Arbeitgeber aufgrund des grenzüberschreitenden tätig Werdens möglichst nicht mit wesentlichen zusätzlichen Kosten belastet wird.

Da die Anforderungen der einzelnen Rechtsgebiete international nicht einheitlich geregelt sind, insbesondere bei grenzüberschreitenden Sachverhalten aber gesamthaft geprüft werden müssen, besteht seitens der Unternehmen Einigkeit, dass auf Basis harmonisierter nationaler Regelungen ein international abgestimmtes Regelwerk erforderlich ist. Die Erwartungen aus der Praxis an die internationalen Institutionen sind daher entsprechend hoch.

II. Erwartungen an internationale Institutionen

1. Planungssicherheit

Aus Unternehmenssicht geht es bei der Planungssicherheit schwerpunktmäßig um die Vermeidung der Begründung von Betriebsstätten. Im Fokus sind insbesondere sog. Mikro-Betriebsstätten, unabhängig, ob diese in Gestalt einer festen Geschäftseinrichtung oder einer Vertreterbetriebsstätte entstehen. Die Vermeidung von Betriebsstätten aufgrund der Tätigkeit von einzelnen grenzüberschreitend tätigen Beschäftigten, die aufgrund ihrer Funktion eine wahrgenommene besondere strategische bzw. kritische Bedeutung für ein Unternehmen haben, ist oberste Priorität vieler Unternehmen. Beschäftigte in den Bereichen Forschung und Entwicklung, Vertrieb oder Einkauf sind in dieser Hinsicht besonders kritisch und daher im Einzelfall abzuwägen.

Ein zweiter Schwerpunkt ist die Vermeidung der Verlagerung des Orts der Geschäftsleitung im Zusammenhang mit mobiler Arbeit von Mitgliedern der obersten Leitungsebene einer Gesellschaft. Das Vorliegen einer festen Geschäftseinrichtung bzw. einer Leitungsniederlassung ist individuell zu beurteilen und abhängig von der Definition des Führungspersonals, z.B. C-Level vs. Führungskräfte der mittleren oder unteren Ebene und dem Verantwortungsbereich (intern/extern ausgerichtet). Verlagert sich der Ort der Geschäftsleitung, führt das zu einer Vielzahl von Verpflichtungen des arbeitgebenden Unternehmens im jeweiligen Ausland (s. ausführlich dazu unter III. Arbeitgeberpflichten).

Einen Aspekt der Begründung einer Betriebsstätte aufgrund Home-Office-Tätigkeiten hat die OECD in der Aktualisierung 2025 des OECD-Musterabkommens aufgenommen, die am 19.11.2025 auf der Homepage der OECD veröffentlicht wurde.[6] Die inhaltlichen Aktualisierungen 2025 des OECD-Musterkommentars wurde in den vergangenen Jahren von der Working Party Nr. 1 der OECD erarbeitet und am 18.11.2025 durch den OECD-Rat genehmigt. Die Änderungen werden in eine überarbeitete Fassung des OECD-Musterkommentars aufgenommen.

Die Aktualisierung enthält u.a. zwei Änderungen der Kommentierung zu Art. 5, insbesondere auch die lang erwarteten Anpassungen der Kommentierung zu Art. 5 Abs. 1 in Bezug auf die Begründung von Betriebsstätten aufgrund fester Geschäftseinrichtung durch mobil tätige Arbeitnehmer in Ländern außerhalb des Ansässigkeitslandes des Arbeitgebers.

Die Anpassungen der Kommentierung zu Art. 5 Abs. 1 präzisieren die Umstände, unter denen die Tätigkeit in der (ausländischen) Wohnung eines Arbeitnehmers oder an einem sonst geeigneten Ort im Ausland zu einem festen Geschäftssitz des arbeitgebenden Unternehmens, das in einem anderen Land ansässig ist, führen kann.

Die bisherigen Abs. 18 und 19 im OECD-MK wurden vollständig gestrichen und dafür zwanzig neue Absätze (44.1 bis 44.21) aufgenommen, die zwei neue, wesentliche Kriterien einbringen: das Vorliegen von unternehmerischen (vs. privaten) Gründen für die Nutzung eines Home-Office und die Einführung eines zeitlichen Schwellenwertes von 50 Prozent be-

6 OECD (2025), The 2025 Update to the OECD Model Tax Convention, OECD Publishing, Paris, https://doi.org/10.1787/5798080f-en.

zogen auf die gesamte Arbeitszeit in einem beliebigen 12-Monatszeitraum zur Bestimmung der erforderlichen Dauerhaftigkeit einer festen Geschäftseinrichtung.

Dennoch ist diese Kommentaranpassung nur ein erster Schritt. Neben den ausstehenden weiteren Klarstellungen im Zusammenhang mit Betriebsstätten, wie z.B. der Begründung von Vertreter- oder Geschäftsleitungsbetriebsstätten, ist ebenso eine Konkretisierung der Kriterien zum Vorliegen von vorbereitenden und Hilfstätigkeiten gefordert. Außer dem Themenkomplex der Betriebsstätten stehen weitere Aspekte zur Präzisierung an, u.a. die wichtige Frage bei der Gewinnzuordnung, sog. „Exit-Besteuerung“ (aus Unternehmenssicht Fragen zu Entstrickungen, wenn wesentliche Unternehmensfunktionen in Folge der geographischen Veränderungen aufgrund von Arbeitnehmermobilität neu allokiert werden) sowie nach der Zuweisung von Besteuerungsrechten für Vergütungen aus nichtselbständiger Arbeit (Art. 15 OECD-Musterabkommen).

2. Überprüfung der Besteuerungsgrundsätze

Neben der vielfach geführten Diskussion um die Begründung von Betriebsstätten und die etwaige Besteuerung von Unternehmen im Ausland, sind die seit Jahrzehnten bestehenden Grundsätze der Besteuerung von Arbeitseinkommen im Zusammenhang mit den modernen Arbeitswelten kritisch zu hinterfragen. Die zu „statischen“ Zeiten entwickelten Grundsätze passen zwar nach wie vor zu den klassischen Einsatzformen, wie Entsendungen oder Versetzungen (s. oben unter I.2.). Sie passen aber nicht mehr zu der dynamischen Entwicklung heutiger Arbeitswelten und den infrastrukturellen Veränderungen (z.B. wo eine Grenzzone noch durch die „Postkutsche“ definiert wurde bzw. die heute übliche Internet-Anbindung nicht sichergestellt war). Daher ist nicht weniger als eine grundlegende Überarbeitung der Zuweisung der Verpflichtung zum Steuerabzug auf Arbeitseinkommen unter Berücksichtigung der Tatsache, dass der Ort der physischen Tätigkeitsausübung in der Praxis vielfach keine Bedeutung mehr hat bzw. sich kurzfristig verändern kann, erforderlich.

3. Einfache Verwaltung

Wie bereits dargestellt beansprucht die rechtssichere Abwicklung von grenzüberschreitend mobil Beschäftigten immer mehr Kapazitäten in den Unternehmen. Eine Reduzierung oder Vereinfachung und insbesondere auch die Harmonisierung der bürokratischen Anforderungen über Ländergrenzen hinweg ist daher unabdingbar, um Auslandseinsätze für die Unternehmen handhabbar zu halten.

Aufwendige und zum Teil in der Praxis als unrealistisch wahrgenommene Dokumentationserfordernisse und Überwachungspflichten sind auch den Arbeitnehmern, die diese Aufzeichnungen maßgeblich unterstützen müssen, kaum zu vermitteln, stoßen auf Unverständnis und damit auch auf Widerwillen. Für Arbeitgeber ist es praktisch unmöglich, jeden einzelnen Arbeitnehmer so zu überwachen, wie es notwendig wäre, um jederzeit dazu auskunftsfähig zu sein, an welchem Ort genau und wie lange der Arbeitnehmer seine Tätigkeit ausgeübt hat.

Beispielhaft s. dazu die aktuellen Ansätze der deutschen Finanzverwaltung ausführlich unter IV. 2 Aufteilung von Arbeitslohn, IV. 3 Definition Arbeitszeit/Arbeitstag und IV. 4 Arbeitslohn nach DBA. Für die Unternehmenspraxis bedeuten diese aktuell verfolgten Ansätze erheblichen administrativen Mehraufwand für ein nicht quantifiziertes steuerliches Mehrergebnis.

Aus praktischer Sicht begrüßenswert sind Lösungen, die es Unternehmen ermöglichen, die „Internationalität" ihrer Arbeitnehmerschaft einfach zu verwalten. Anstelle von z.B. Registrierungsprozessen für lohn- und sozialversicherungsrechtliche Zwecke, die in zeitlich aufeinanderfolgenden Schritten bei verschiedenen Stellen ablaufen, wäre eine Zusammenschaltung der verschiedenen Behörden wünschenswert, so dass eine einmalige Erfassung der notwendigen Daten ausreichend ist. Die Daten gehen gleichzeitig bei allen beteiligten Stellen zur weiteren Bearbeitung ein. Eine weitere erhebliche Erleichterung für die Unternehmenspraxis wäre eine „one-stop shop"-Lösung, wie beispielsweise die Ermöglichung des Einbehalts und der Abführung von Steuerabzugs- und Sozialversicherungsbeiträgen im Ansässigkeitsland bzw. Steuerwohnsitzland des Arbeitnehmers.

4. Beschränkung von Auswirkungen auf Verrechnungspreise

Ein weiteres nicht zu vernachlässigendes Anliegen aus Sicht der Unternehmenspraxis ist die Vermeidung von umfassenden Auswirkungen aufgrund internationaler Arbeitnehmermobilität auf die Verrechnungspreispraxis. Allgemein werden mögliche Auswirkungen der Anstellung von Arbeitnehmern in einem anderen Land als dem Ansässigkeitsland des Arbeitgebers und dadurch gegebenenfalls ausgelöste Gewinnzuordnungen befürchtet.

5. Einheitliche Auslegung

Große Schwierigkeiten bereitet der Praxis der Umstand, dass es keine international verbindlichen Definitionen und Beispiele gibt, die über alle Länder hinweg einheitlich verstanden und ausgelegt werden.

Ein Beispiel ist die Auslegung des Begriffs der Ansässigkeit nach den Doppelbesteuerungsabkommen (DBA). Das Schreiben des Bundesfinanzministerium (BMF) vom 12.12.2023[7] zur Behandlung des Arbeitslohns nach den DBA, das ohne vorherige Verbändeanhörung veröffentlicht wurde, führt zu einem veränderten Blick der Finanzverwaltung auf die Bestimmung der Ansässigkeit bei grenzüberschreitenden Sachverhalten (BMF, Rz. 7 ff.), der sich auch bereits auf das Lohnsteuerabzugsverfahren auswirkt (s. auch unter IV.4). Unter Berufung auf BFH-Rechtsprechung wird ausgeführt, dass persönliche und wirtschaftliche Beziehungen nach objektiven Anhaltspunkten gegeneinander abzuwägen sind. Die Gewichtung soll gleichrangig erfolgen. Das war grundsätzlich auch bisher schon so, nur dass die persönlichen Beziehungen dennoch als ausschlaggebend angesehen wurden, so dass die Ansässigkeit in weitgehend internationaler Übereinstimmung als in dem Land befindlich angesehen wurde, in dem sich die Familie des Arbeitnehmers während des Auslandseinsatzes aufhielt. Diese Einschätzung gilt international nach wie vor, so dass künftig vermehrt Qualifikationskonflikte und steuerliche Mehrbelastungen zu erwarten sind, weil seitens Deutschlands die Bedeutung des Kriteriums „Familie“ einseitig weniger stark gewichtet wird[8].

Ein zweites Beispiel aus demselben BMF-Schreiben vom 12.12.2023 ist die in Rz. 18 enthaltene widerlegbare Vermutung, dass die Ansässigkeit erst bei einer Dauer des Auslandseinsatzes von mehr als fünf Jahren in das Einsatzland wechselt. Diese Annahme ist dahingehend praxisfremd, da die üblichen Einsatzzeiten von klassischen Einsatzformen zwischen zwei und drei Jahren betragen. Aus Sicht der deutschen Finanzverwaltung würde

7 BMF v. 12.12.2023 – IV B 2 - S 1300/21/10024 :005, Steuerliche Behandlung des Arbeitslohns nach den Doppelbesteuerungsabkommen, https://www.bundesfinanzministerium.de/Content/DE/Downloads/BMF_Schreiben/Internationales_Steuerrecht/Allgemeine_Informationen/2023-12-12-steuerliche-behandlung-arbeitslohn-doppelbesteuerungsabkommen.pdf?__blob=publicationFile&v=3.

8 EY-Stellungnahme (Stand: 3.5.2024) zum BMF-Schreiben v. 12.12.2023 zur steuerlichen Behandlung des Arbeitslohns nach den Doppelbesteuerungsabkommen, Tz. 2.1.3 Einseitiger Blick zugunsten der Ansässigkeit in Deutschland bzw. Tz. 2.1.4 Inkongruenzen und doppelte Besteuerung.

es damit so gut wie nie mehr zu einem Wechsel der Ansässigkeit kommen. Das wiederum kann ebenfalls zu Besteuerungskonflikten führen, da andere Staaten eine vergleichbare zeitliche Grenze regelmäßig bei deutlich unter fünf Jahren ziehen.[9] Wobei die Auslegung in beide Richtungen gelten muss, so dass sich künftig auch weniger oft die Ansässigkeit aus dem Ausland nach Deutschland verlagern dürfte.

Als ein weiteres Beispiel sei hier noch die bisher nicht existente Definition der Arbeitnehmergruppe von Führungskräften bzw. leitenden Angestellten genannt. Das kann dazu führen, dass im internationalen Kontext manche Länder die Vergütung teils als Einkünfte aus nichtselbständiger Arbeit, teils als Einkünfte aus selbständiger Arbeit ansehen. Durch die Anwendung unterschiedlicher Zuordnungsregelungen aufgrund unterschiedlicher Artikel in den Steuerabkommen folgt daraus eine mögliche doppelte Versteuerung der Vergütung.

Zur Vereinfachung der einheitlichen Rechtsanwendung weltweit ist die gemeinsame Erarbeitung von Definitionen und Beispielen für eine einheitliche Auslegung der – langfristig – vorzunehmenden Änderungen des OECD-Musterabkommens auf internationaler Ebene erforderlich.

6. Gemeinsame Entwicklung von Rahmenbedingungen

Eine langjährig etablierte Form der grenzüberschreitenden Arbeitnehmertätigkeit sind Grenzgänger. Das OECD-Musterabkommen in seiner aktuellen Fassung sieht keine eigenen Regelungen zu Grenzgängern vor. Deutschland hat mit seinen Nachbarstaaten Frankreich, Österreich und Schweiz DBA abgeschlossen, die entweder direkt im Artikel zu Einkünften aus unselbständiger Arbeit (Art. 13 Abs. 5 DBA Frankreich; Art. 15 Abs. 6 DBA Österreich) oder in einem dazu ergänzenden Artikel (Art. 15a DBA Schweiz) Sonderregelungen für die Zuweisung des Besteuerungsrechts für grenznah wohnende, aber im Nachbarland tätige Arbeitnehmer enthalten. Durch den Aufenthalt im Nachbarland nur für die Dauer der Ausübung der beruflichen Tätigkeit wird dort weder ein Wohnsitz noch ein gewöhnlicher Aufenthalt noch eine Ansässigkeit begründet. Das Besteuerungsrecht wird deshalb – entgegen dem allgemein geltenden Tätigkeitsstaatsprinzip – ausschließlich dem Wohnsitzstaat zugewiesen. Hier

9 EY-Stellungnahme (Stand: 3.5.2024) zum BMF-Schreiben v. 12.12.2023 zur steuerlichen Behandlung des Arbeitslohns nach den Doppelbesteuerungsabkommen, Tz. 2.1.3 Einseitiger Blick zugunsten der Ansässigkeit in Deutschland bzw. Tz. 2.1.4 Inkongruenzen und doppelte Besteuerung.

hören die Gemeinsamkeiten allerdings auf, denn alle drei Regelungen weichen voneinander ab – mit Frankreich und Österreich gibt es eine Grenze von 45 Arbeitstagen, die für die Eigenschaft als Grenzgänger unschädlich angesehen werden, mit der Schweiz sind es 60 Arbeitstage. In Bezug auf Frankreich und Österreich sind Grenzzonen zu beachten, in Bezug auf die Schweiz besteht bereits seit 1994 keine Grenzzone mehr. Dafür wurde nur mit der Schweiz die Vereinbarung über einen Quellensteuerabzug von 4,5 % im Tätigkeitsstaat getroffen.

Keine wesentliche Erleichterung in der praktischen Anwendung bringen die jeweils von den zuständigen Behörden zusätzlich geschlossenen Konsultationsvereinbarungen[10] zur einheitlichen Anwendung und Auslegung der einzelnen Grenzgängerregelungen. Auch diese vereinbarten Auslegungshilfen mit den drei Nachbarländern enthalten zu gleichen Aspekten wie z.B. der Definition von Arbeitstagen, Behandlung von Reisetagen bei mehrtägigen Dienstreisen, Berücksichtigung von Wochenend- und Feiertagen, inhaltlich voneinander abweichende Regelungen. Zudem sind diese Auslegungshilfen im Rahmen der Rechtsprechung nicht verbindlich.

Neben den Grenzgängern gibt es auch noch Grenzpendler. Ein Grenzpendler wohnt ebenfalls in einem Nachbarland und hält sich ebenfalls nur zur Ausübung seiner beruflichen Tätigkeit in Deutschland auf. Das Besteuerungsrecht für Einkünfte aus in Deutschland ausgeübter nichtselbständiger Tätigkeit liegt in diesen Fällen – mangels einer ausdrücklichen Grenzgängerregelung im anzuwendenden DBA – beim Tätigkeits-

10 BMF v. 28.12.2021 – IV B3-S 1301-FRA/19/10018 :001: Deutsch-französisches Doppelbesteuerungsabkommen v. 21.7.1959 i.d.F. des Zusatzabkommens v. 31.3.2015 (DBA-Frankreich), Zweifelsfragen bei der steuerlichen Behandlung der Einkünfte aus unselbständiger Arbeit, insbesondere von Grenzgängern, Künstlern und Sportlern und aus öffentlichen Kassen (Art. 13, 13 b und 14 DBA-Frankreich); BMF v. 20.10.2023 - IV B 3 - S 1301-AUT/19/10006 :008: Abkommen zwischen der Bundesrepublik Deutschland und der Republik Österreich zur Vermeidung der Doppelbesteuerung auf dem Gebiet der Steuern vom Einkommen und vom Vermögen und zur Verhinderung der Steuerverkürzung und -umgehung (DBA-Österreich), Konsultationsvereinbarung zu Zweifelsfragen hinsichtlich der Auslegung der Grenzgängerregelung nach Art. 15 Abs. 6 und Art. 19 Abs. 1a DBA-Österreich; Verordnung zur Umsetzung von Konsultationsvereinbarungen zwischen der Bundesrepublik Deutschland und der Schweizerischen Eidgenossenschaft (Deutsch-Schweizerische Konsultationsvereinbarungsverordnung - KonsVerCHEV) v. 20.12.2010, Abschnitt 3 Grenzgängerbesteuerung.

staat (Deutschland), in dem der Grenzpendler beschränkt steuerpflichtig ist.

Zur einheitlichen Behandlung gleicher Sachverhalte ist aus Praxissicht daher eine international abgestimmte, übergeordnete Regelung mit einheitlichen Definitionen und Vorgaben, diese spezielle Art der grenzüberschreitenden Arbeitnehmertätigkeit zwischen Nachbarländern betreffend, wünschenswert.

Zu den neuen Formen der grenzüberschreitenden Arbeitnehmermobilität gab es mangels weltweit anerkannter Rahmenbedingungen in den letzten Jahren mehrere bilaterale Vereinbarungen zur Regelung des Umgangs, insbesondere aufgrund von Home-Office-Tätigkeiten im Wohnsitzland des Arbeitnehmers.

Erwähnenswert ist die zwischen der Schweiz und Frankreich getroffene Vereinbarung aus Juni 2023[11]. Danach sollen Tätigkeiten im Home-Office im Ansässigkeitsland des Arbeitnehmers als beim Arbeitgeber im anderen Land ausgeübt gelten, soweit der Anteil der Arbeit im Home-Office nicht mehr als 40 % der jährlichen Gesamtarbeitszeit beträgt. Im Gegenzug leistet das Land des Arbeitgebers eine Kompensation von 40 % der fälligen Steuern aufgrund der Home-Office-Tätigkeit an das Ansässigkeitsland des Arbeitnehmers.

Die Niederlande und Belgien haben im November 2023[12] eine Vereinbarung zur Auslegung von Art. 5 des geltenden Steuerabkommens in Bezug auf mobile Arbeit getroffen. Die Prüfung des Vorliegens einer festen Geschäftseinrichtungs-Betriebsstätte erfolgt in Abhängigkeit der Dauer und der Freiwilligkeit bzw. Verpflichtung durch den Arbeitgeber:

- Gelegentlich (< 50 %) oder strukturell, aber freiwillig soll nicht zur Begründung einer Betriebsstätte führen.

---

11 Schweizerische Eidgenossenschaft: Zusatzabkommen zum geänderten Abkommen v. 9.9.1966 zwischen der Schweiz und Frankreich zur Vermeidung der Doppelbesteuerung auf dem Gebiet der Steuern vom Einkommen und vom Vermögen und zur Vermeidung von Steuerbetrug und Steuerflucht (zusammen ein Protokoll), Art. 10 Zusatzprotokoll zum Abkommen über die Ausübung unselbständiger Erwerbstätigkeit in Form von Telearbeit. https://www.fedlex.admin.ch/eli/fga/2023/2746/de.

12 Amtsblatt des Königreichs der Niederlande: Vereinbarung zwischen den zuständigen Behörden der Niederlande und Belgiens über die Auslegung Art. 5 des Doppelbesteuerungsabkommens (Betriebsstätte) bei Arbeitnehmern im Homeoffice v. 23.11.2023, Amtsblatt 2023, 33856.

- Strukturelles Arbeiten im Home-Office mit der Möglichkeit, auch an einem anderen Arbeitsplatz tätig zu werden, führt wahrscheinlich nicht zur Begründung einer Betriebsstätte.
- Strukturelles und verpflichtendes Arbeiten im Home-Office führt zur Begründung einer Betriebsstätte.

Diese Vereinbarung ist durch die Veröffentlichung der Aktualisierung 2025 des OECD-Musterabkommens am 19.11.2025[13] grundsätzlich überholt. Eine der Aktualisierungen zu Art. 5 betrifft die kurzzeitige grenzüberschreitende mobile Arbeit einschließlich der Einführung eines 50-%-Schwellenwertes. Mit der Änderung des OECD-Musterkommentars wird klargestellt, wann grenzüberschreitende mobile Arbeit, beispielsweise von einem Home-Office aus, eine Steuerpflicht für Unternehmen in Form einer festen Geschäftseinrichtung (Art. 5 Abs. 1 OECD-MA) begründen kann.

Im Interesse einer gemeinsamen (Weiter-)Entwicklung von einheitlichen, übergreifenden Rahmenbedingungen sollten weitere einseitige Festlegungen bzw. bilaterale Vereinbarungen mit immer unterschiedlichen Inhalten vermieden werden.

Notwendig ist die Entwicklung eines internationalen Konsenses auf der Basis von internationalen Kompromissen. Gleichzeitig sind auch die jeweiligen nationalen Institutionen aufgefordert, die neuen Realitäten anzuerkennen und dementsprechend ihre nationalen Regelwerke anzupassen.

III. Arbeitgeberpflichten

Die Reduzierung von administrativem Aufwand und vor allem Verlässlichkeit im Hinblick auf potentielle Registrierungs-, Einbehaltungs- und Meldepflichten in einem anderen Land als dem Ansässigkeitsland des Arbeitgebers ist aus Unternehmenssicht wesentlich im Hinblick auf die weitergehende praktische Umsetzung von grenzüberschreitender mobiler Arbeit. Wird durch die grenzüberschreitende Arbeitnehmertätigkeit eine Betriebsstätte begründet, sind im In- und Ausland umfangreiche Arbeitgeberpflichten zu beachten. Aber auch ohne die Begründung eines steuerlichen Anknüpfungspunktes in Gestalt einer Betriebsstätte haben Arbeitgeber regelmäßig unterschiedliche Pflichten zu erfüllen.

13 OECD (2025), The 2025 Update to the OECD Model Tax Convention, OECD Publishing, Paris, https://doi.org/10.1787/5798080f-en.

Dabei sind immer auch landesspezifische haftungs- und steuerstrafrechtliche Risiken für Arbeitgeber zu berücksichtigen. Aufgrund der uneinheitlichen landesspezifischen Vorgaben weltweit ist es selbst Konzernen, die global agieren, nahezu unmöglich, ohne enormen Zeit- und Kostenaufwand in jedem Land eine rechtsichere Abwicklung sicherzustellen. Grundsätzlich betrachtet fungieren Arbeitgeber als Erfüllungsgehilfen der Finanzverwaltungen, in dem sie im Rahmen der Arbeitnehmerbesteuerung regelmäßig Lohnsteuern ermitteln, einbehalten, anmelden und abführen. Aus Unternehmenssicht sollten sich z.B. im Rahmen von Jahre später erfolgenden Betriebsprüfungen keine nachlaufenden Auswirkungen auf die Arbeitgeber ergeben, sondern die Finanzverwaltungen auf den jeweiligen Steuerpflichtigen zurückgreifen.

Wie unter I.3 dargestellt findet sich die grenzüberschreitende Arbeitnehmermobilität in einem Spannungsfeld aus verschiedensten Rechtsgebieten und Rahmenbedingungen wieder. Die Bewältigung von wachsendem Verwaltungsaufwand stellt die Unternehmen vor immer größere Herausforderungen, die einen erhöhten Personal-, Zeit- bzw. Kosteneinsatz erforderlich machen. Je nach Land, in dem mobil gearbeitet werden will, sind für alle Rechtsgebiete lokal bestehende Anforderungen an ausländische Arbeitgeber zu prüfen und deren Einhaltung zu gewährleisten.

Nachfolgend sind die wesentlichen steuerlichen Arbeitgeberpflichten zusammengestellt, die es grundsätzlich immer und in jedem Land zu prüfen gilt, damit das mobile Arbeiten dort steuerlich gesehen rechtssicher ausgeübt werden kann. Ergänzend werden zusätzlich notwendige Arbeitgeberpflichten aufgenommen, die erfüllt werden müssen, damit der grenzüberschreitende Arbeitnehmereinsatz unter Beachtung aller nationaler Vorgaben rechtssicher aufgesetzt werden kann.

1. Registrierungspflichten

Ausländische Arbeitgeber sind regelmäßig dazu verpflichtet, sich in den verschiedenen Ländern, in denen ihre Arbeitnehmer jeweils mobil tätig werden, für steuerrechtliche und sozialversicherungsrechtliche Zwecke behördlich registrieren zu müssen.

Aufgrund der landesspezifisch festgelegten Registrierungsprozesse für ausländische Arbeitgeber ist für jeden Einzelfall gesondert zu prüfen, wie der Prozess im betreffenden Land abläuft. In manchen Ländern muss der Prozess vor der Aufnahme einer Tätigkeit bereits vollständig durchlaufen sein. In der Regel wird der Prozess über den Sozialversicherungsträger und/oder das lokal zuständige Finanzamt abgewickelt.

a) Steuerrechtliche Registrierungen

aa) Körperschaftsteuerliche Registrierung

Aus deutscher Sicht unterliegen ausländische Unternehmen mit ihren inländischen Einkünften in Deutschland grundsätzlich der beschränkten Einkommen- oder Körperschaftsteuerpflicht nach § 49 Abs. 1 Nr. 2 EStG bzw. § 2 KStG. Unter anderem betrifft das Unternehmen, die über eine inländische Betriebsstätte bzw. einen inländischen Vertreter verfügen (Einzelunternehmen) oder die in Deutschland weder einen Sitz noch ihre Geschäftsleitung haben (Körperschaften). Demnach sind auch ausländische Unternehmen grundsätzlich dazu verpflichtet, ihre ertragsteuerlichen Verpflichtungen in Deutschland zu erfüllen. Dafür ist die Beantragung einer Steuernummer erforderlich. Sofern Arbeitnehmer beschäftigt werden, ist zusätzlich eine Betriebsnummer zu beantragen.

Ein anderes Vorgehen erwartet ausländische Unternehmen in Norwegen. Beschäftigt ein ausländischer Arbeitgeber Arbeitnehmer in Norwegen, ist der Arbeitgeber unabhängig davon, dass keine Unternehmenssteuerpflicht vorliegt und somit auch unabhängig vom Vorliegen einer Betriebsstätte stets verpflichtet, auch eine Körperschaftsteuererklärung einzureichen. Unterbleibt die Einreichung, kann dies mit einem Bußgeld geahndet werden[14].

bb) Umsatzsteuerliche Registrierung

Unternehmen müssen sich ggf. auch im anderen Land registrieren lassen, wenn sie Umsätze (d.h. Lieferungen ausführen, Dienstleistungen erbringen oder innergemeinschaftliche Erwerbe durchführen) erbringen, deren Leistungsort im anderen Land liegt und für die die Steuerschuld nicht auf den Leistungsempfänger übergeht. Als Folge der umsatzsteuerlichen Registrierung sind die jeweiligen Umsätze gegenüber dem Finanzamt zu erklären und zu versteuern. Die Steuerschuld geht über, wenn der Leis-

14 Industrie- und Handelskammer Bodensee-Oberschwaben: Norwegen (Stand: 22.12.2025). https://www.ihk.de/bodensee-oberschwaben/international/entsendung-ins-ausland/laender-außerhalb-der-eu/norwegen-4186830#:~:text=bundesweiten%20IHK%2DFinder.-,Registrierung%20im%20Handelsregister,oder%20%C3%BCberlassen%2C%20ben%C3%B6tigen%20diese%20Organisationsnummer.

tungsempfänger Unternehmer oder eine juristische Person des öffentlichen Rechts ist. Es obliegt dann dem Leistungsempfänger die Umsatzsteuer von der Gegenleistung (Basis: Nettobetrag) zu berechnen und bei dem für ihn zuständigen Finanzamt anzumelden.

cc) Arbeitgeber-Registrierung zur Erfüllung von Abzugsverpflichtungen

In Deutschland ist grundsätzlich derjenige zum Einbehalt von Lohnsteuer verpflichtet, der als „inländischer Arbeitgeber“ anzusehen ist. Unter diese Definition fallen nach § 38 Abs. 1 Satz 1 Nr. 1 EStG Arbeitgeber, die in Deutschland einen Wohnsitz oder gewöhnlichen Aufenthalt, die Geschäftsleitung, den Sitz, eine Betriebsstätte oder einen ständigen Vertreter haben. Bei einer internationalen Arbeitnehmerentsendung wird das in Deutschland ansässige aufnehmende Unternehmen zum inländischen Arbeitgeber, wenn es den Arbeitslohn für die ihm geleistete Arbeit wirtschaftlich trägt oder nach dem Fremdvergleichsgrundsatz hätte tragen müssen (§ 38 Abs. 1 Satz 2 EStG).

Arbeitgeber sind in Deutschland gem. § 41a Abs. 1 Satz 2 EStG gesetzlich dazu verpflichtet, die Lohnsteuer-Anmeldung elektronisch an die Finanzbehörden zu übermitteln. Dafür ist eine Authentifizierung verbunden mit einem elektronischen Zertifikat erforderlich. Das Zertifikat wird bereitgestellt, nachdem eine Registrierung bei ELSTER erfolgt ist. Die Zustellung des Zertifikats erfolgt mit einer Verzögerung von bis zu zwei Wochen nach abgeschlossener Registrierung[15].

Beabsichtigt nun ein im Ausland ansässiges Unternehmen, in Deutschland wohnhafte Arbeitnehmer einzustellen, müsste es für diese Arbeitnehmer in Deutschland das Lohnsteuerabzugsverfahren nach § 38 EStG durchführen. Dazu sind jedoch nur inländische Arbeitgeber verpflichtet. Ein solcher läge vor, wenn die in Deutschland eingestellten und tätigen Arbeitnehmer eine Betriebsstätte des ausländischen Unternehmens begründen. Diese Beurteilung ist unter Berücksichtigung nationaler und internationaler Regelungen durchzuführen. Organisatorisch wird der Lohnsteuerabzug durch einen inländischen Dienstleister durchgeführt werden müssen, um die lokalen Anforderungen an die Gehaltsabrechnung rechtssicher zu erfüllen. Die Beauftragung von externen Dienstleistern bedeutet finanziellen und personellen Mehraufwand auf Seiten des Unternehmens,

15 ELSTER: Arbeitgeber (Stand: 22.12.2025). https://www.elster.de/elsterweb/infoseite/arbeitgeber.

da die letztendliche Verantwortung für die rechtsichere Abwicklung beim Unternehmen verbleibt. Dieser Aufwand potenziert sich entsprechend, in je mehr verschiedenen Ländern vereinzelt Personen angestellt werden.

b) Sozialversicherungsrechtliche Registrierung

Innerhalb der EU ist die Anwendung der sozialversicherungsrechtlichen Vorschriften harmonisiert. Bei Beschäftigungen in Mitgliedstaaten der EU (sowie EWR und Schweiz) gilt der Grundsatz, dass Beschäftigte, die in einem Mitgliedstaat arbeiten, auch nur in diesem Staat den Regelungen der sozialen Sicherheit unterliegen. Das gilt unabhängig davon, in welchem Land der rechtliche Arbeitgeber seinen Sitz hat. Grundlage ist Art. 21 Abs. 1 EU-Durchführungsverordnung VO (EG) 987/09[16].

Nach dieser EU-Regelung hat ein ausländischer Arbeitgeber seine Beschäftigten, die z.B. in Deutschland tätig werden, in Deutschland zur Sozialversicherung anzumelden und Beiträge zu entrichten – so als ob der Arbeitgeber einen Sitz in Deutschland hätte. Beispielhaft wird nachfolgend der in Deutschland einzuhaltende Registrierungsprozess dargestellt.

Eine sozialversicherungspflichtige Beschäftigung in Deutschland ist nur mit einer Betriebsnummer des Arbeitgebers möglich. Diese Betriebsnummer wird auf Antrag von der Agentur für Arbeit vergeben. Nur wenn diese Nummer vorliegt, ist eine Registrierung für das Meldeverfahren bei den deutschen Sozialversicherungsträgern möglich.

Hat der Beschäftigte sich eine deutsche Krankenkasse ausgesucht, bei der er versichert sein möchte, muss der Arbeitgeber ihn dort anmelden. Die Anmeldung von Beschäftigten erfolgt über ein spezielles Online-Anmeldeverfahren. Das kann über ein Abrechnungsprogramm sein, über das ein Datenaustausch mit den Krankenkassen möglich und zulässig ist. Ist kein solches Abrechnungsprogramm vorhanden, muss die Anmeldung über das SV-Meldeportal erfolgen. Dafür ist wiederum eine Steuernummer er-

16 Rechtsportal der Deutschen Rentenversicherung (Stand: 22.12.2025). Verordnung (EG) Nr. 987/2009 des Europäischen Parlaments und des Rates v. 16.9.2009 zur Festlegung der Modalitäten für die Durchführung der Verordnung (EG) Nr. 883/2004 über die Koordinierung der Systeme der sozialen Sicherheit. https://rvrecht.deutsche-rentenversicherung.de/SharedDocs/rvRecht/05_Normen_und_Vertraege/03_Vertragsrecht/01_Europarecht/0000_Koordinierung/16_VO_EG_Nr_0987_2009/euvo_2009_987.html.

forderlich. Diese müssen ausländische Arbeitgeber beim Finanzamt Neubrandenburg beantragen[17].

Im Vergleich dazu sieht der Registrierungsprozess in Frankreich eine „one-stop shop“-Lösung[18] vor. Zur Anmeldung als ausländischer Arbeitgeber von Beschäftigten in Frankreich, die auch dem französischen Sozialversicherungssystem unterliegen, ist eine einzige Anmeldung ausreichend, um dem Arbeitgeber die rechtlich sichere Erfüllung seiner organisatorischen, rechtlichen, sozialversicherungsrechtlichen und steuerrechtlichen Verpflichtungen nachzukommen, da alle zuständigen Behörden über die „one-stop shop“-Lösung zusammengeschlossen sind.

Aus Unternehmenssicht wünschenswert ist eine weiter vereinfachende und kombinierte Lösung mindestens innerhalb der EU, ggf. auch in weiterem Kreise, die es erlaubt, grenzüberschreitend mobile Arbeitnehmer nur im jeweiligen Ansässigkeitsland des (rechtlichen) Arbeitgebers zu registrieren, dort Steuer- und Sozialversicherungsbeiträge ermitteln und abführen zu müssen, und anschließend auf behördlicher Ebene eine entsprechende Umverteilung auf die Länder erfolgt, in denen die Arbeitnehmer leben und arbeiten. Steuerlich gesehen könnte man auch auf diesen Schritt verzichten und die Versteuerungspflicht für Arbeitslohn auf den einzelnen Steuerpflichtigen, den Arbeitnehmer, übertragen. In dem Fall ist allerdings kein Gleichklang mit dem Sozialversicherungsrecht möglich, da die Beiträge grundsätzlich monatlich abzuführen sind. Allerdings ist es nach Art. 21 Verordnung (EG) Nr. 987/2009 vom 16.9.2009 möglich, dass Arbeitgeber und Arbeitnehmer eine Vereinbarung treffen, nach der der Arbeitnehmer die sozialversicherungsrechtlichen Pflichten des Arbeitgebers übernimmt. Ein solches Modell stößt jedoch an seine Grenzen, wenn Arbeitnehmer ihre Pflichten nicht wahrnehmen und der Arbeitgeber sich dementsprechend unvorhersehbaren Haftungsrisiken aussetzt.

17 Die Techniker Firmenkunden (Stand: 22.12.2025). Sozialversicherung: Kein Firmensitz in Deutschland? So melden Sie Mitarbeitende korrekt an. https://www.tk.de/firmenkunden/service/fachthemen/ausland/mitarbeitende-anmelden-ohne-deutschen-firmensitz-2088296.

18 Urssaf Foreign Companies (Stand: 22.12.2025). https://www.foreign-companies.urssaf.eu/index.php/en/enterprise/my-administrative-procedures/i-am-recruiting-staff-in-france.

2. Rechtliche Registrierungspflichten

Neben den steuer- und sozialversicherungsrechtlichen Registrierungspflichten bestehen zum Teil auch weitergehende Verpflichtungen z.B. zur Anmeldung von ausländischen Unternehmen in lokalen Handelsregistern.

Beispiel dafür ist Norwegen[19]. Ein Unternehmen, das beabsichtigt, in Norwegen wirtschaftlich tätig zu werden – das schließt die Beschäftigung von Arbeitnehmern dort ein –, benötigt eine Organisationsnummer. Diese Organisationsnummer dient zur Identifizierung bei den norwegischen Behörden. Dafür ist ein verpflichtender Eintrag als Arbeitgeber in das zentrale norwegische Firmenregister erforderlich. Die Pflicht zur Eintragung besteht unabhängig von Einsatzort, Dauer des Einsatzes und der Höhe des zu erwartenden Umsatzes. Die Registrierung ist online über ein Portal des norwegischen Handelsregisters vorzunehmen. Damit verbunden ist zudem eine persönliche Registrierung des Arbeitnehmers (ID-Check).

3. Einhaltung der Vorgaben landesspezifischer Steuergesetzgebungen

a) Laufende und jährliche lokale Steueranmeldungs-/Erklärungsverfahren (Lohnsteuer, Ertragsteuer, Umsatzsteuer)

Arbeitgeber in Deutschland sind gem. § 108 GewO verpflichtet, Arbeitnehmern eine Entgeltabrechnung zu übermitteln. Die erforderlichen Inhalte sind in § 108 Abs. 3 Satz 1 GewO geregelt. Die rechtssichere und vollständige Erstellung einer Entgeltabrechnung erfordert sorgfältiges Arbeiten unter Beachtung vieler Detailanforderungen. Eine falsche Abrechnung verursacht zeit- und ggf. kostenintensiven Korrekturaufwand. Auch wenn unzutreffend ermittelte und einbehaltene Lohnsteuer im laufenden Verfahren einfach korrigiert werden kann, funktioniert das für Sozialversicherungsbeiträge ggf. nicht ohne Antrag auf Erstattung bzw. können zu niedrig einbehaltene Beiträge nur drei Monate rückwirkend korrigiert und die Differenz vom Arbeitnehmer einbehalten werden. Andernfalls wird der Arbeitgeber mit beiden Anteilen voll belastet.

---

19 Industrie- und Handelskammer Bodensee-Oberschwaben: Norwegen (Stand: 22.12.2025). https://www.ihk.de/bodensee-oberschwaben/international/entsendung-ins-ausland/laender-außerhalb-der-eu/norwegen-4186830#:~:text=bundesweiten%20IHK%2DFinder.-,Registrierung%20im%20Handelsregister,oder%20%C3%BCberlassen%2C%20ben%C3%B6tigen%20diese%20Organisationsnummer.

Aufgrund der Komplexität von Entgeltabrechnungen für grenzüberschreitend tätige Arbeitnehmer wird diese Aufgabe häufig an externe Dienstleister mit entsprechendem Spezialwissen ausgelagert. Damit ist regelmäßig ein Verlust von Kontrolle und Flexibilität verbunden, wohingegen die Verantwortung dennoch beim (ausländischen) Arbeitgeber verbleibt. Neben der Erstellung der Entgeltabrechnung sind steuerliche Aufbewahrungspflichten zu beachten. Für Entgeltunterlagen beträgt diese sechs Jahre (§ 41 Abs. 1 Satz 9 EStG).

b) Melde-, Einbehaltungs- und Abführungsverpflichtungen nach landesspezifischen Rechtsvorschriften

In Deutschland sind Arbeitgeber gesetzlich verpflichtet, die vom Arbeitslohn einbehaltene Lohnsteuer fristgerecht anzumelden und abzuführen. Die Lohnsteuer-Anmeldung ist elektronisch zu übermitteln (§ 41a Abs. 1 Satz 2 und 3 EStG). Die Übermittlung der Daten kann sowohl durch einen externen Dienstleister/Steuerberater erfolgen, der für Mandanten die Steueranmeldungen übermittelt, als auch durch den Arbeitgeber, der für sich selbst die Daten der Lohnsteuer-Anmeldung übermittelt. Unabhängig davon, wer übermittelt, ist ein elektronisches Zertifikat Voraussetzung (s. oben III.1.a) cc)).

In diesem Prozess sind auch haftungs- und steuerstrafrechtliche Grundsätze nicht zu vernachlässigen.

So haftet ein inländischer Arbeitgeber nach deutschen Steuervorschriften für die von ihm zu ermittelnde, einzubehaltende und abzuführende Lohnsteuer (§ 42d Abs. 1 EStG). Bei der Feststellung des Umfangs der persönlichen Steuerpflicht des einzelnen Arbeitsnehmers sowie bei der lohnsteuerlichen Behandlung der Gehaltsbestandteile von grenzüberschreitend tätigen Arbeitnehmern ist besondere Sorgfalt erforderlich. Arbeitnehmer, die lediglich in Deutschland tätig werden, ohne einen Wohnsitz zu begründen, unterliegen regelmäßig der beschränkten Steuerpflicht mit der Folge, dass der Lohnsteuerabzug abgeltende Wirkung hat (§ 50 Abs. 2 Satz 1 EStG). Alle Gehaltsbestandteile, die der Tätigkeit im Inland zuzuordnen sind, sind in die lohnsteuerliche Betrachtung einzubeziehen und nach deutschen Grundsätzen lohnsteuerlich zu bewerten. Das gilt insbesondere auch für Gehaltsbestandteile, die der Arbeitnehmer ggf. von einer anderen Konzerngesellschaft bezieht (Arbeitslohn von dritter Seite, § 38 Abs. 1 Satz 3 EStG). Insbesondere bei späteren lohnsteuerlichen Betriebsprüfungen können sich Feststellungen in Bezug auf die (un)vollständige Erfassung von Gehaltsbestandteilen zu hohen Steuernachzahlungen entwickeln, die in der Regel von den Arbeitgebern getragen werden.

Bei Fälligkeitssteuern wie beispielsweise der Lohnsteuer und der Umsatzsteuer führen sowohl ein aktives Tun in Form einer Falschabgabe als auch ein Unterlassen in Form der Nichtabgabe von steuerlichen Anmeldungen in Deutschland grundsätzlich zum Tatbestand der Steuerhinterziehung gem. § 370 Abs. 1 Nr. 1 und 2 AO), soweit dadurch Steuern verkürzt werden. Gleiches gilt, wenn Steuern aufgrund fehlender oder mangelhafter Meldungen nicht, nicht in voller Höhe oder nicht rechtzeitig festgesetzt werden (§ 370 Abs. 4 Satz 1 AO). Diese Grundsätze gelten auch für Taten, die außerhalb des Geltungsbereiches der AO begangen werden (§ 370 Abs. 7 AO). Wird nun also aus welchen Gründen auch immer unbeabsichtigt ein nicht ausreichender oder falscher Lohnsteuerabzug vorgenommen, führt das für jeden Arbeitgeber trotz aller Bemühungen aufgrund der Komplexität der unterschiedlichen zu berücksichtigenden landesspezifischen Rahmenbedingungen sehr schnell in einen strafrechtlich relevanten Bereich, obwohl die Arbeitgeber lediglich als Erfüllungsgehilfen der Finanzverwaltungen im Hinblick auf die Lohnsteuerbeitreibung agieren und dafür nicht mit Haftungs- bzw. Steuerstrafverfolgungsrisiken bedroht werden sollten.

Neben der Registrierung für sozialversicherungsrechtliche Zwecke (s. oben III.1.b) obliegen Arbeitgebern weitere Pflichten, insbesondere die fristgerechte Übermittlung von Beitragsnachweisen an den bzw. die verschiedenen Sozialversicherungsträger (sofern mehrere Arbeitnehmer in Deutschland beschäftigt werden, die sich alle für unterschiedliche Krankenkassen entscheiden) sowie die fristgerechte Beitragszahlung. Die Nachweisübermittlung ist ausschließlich online über systemgeprüfte Abrechnungsprogramme oder über Ausfüllhilfen wie das SV-Meldeportal möglich. Der Beitragsnachweis muss spätestens am fünftletzten Bankarbeitstag des Monats bei der Krankenkasse des versicherten Beschäftigten eingegangen sein. Die Beiträge sind spätestens am drittletzten Bankarbeitstag des Monats fällig, in dem die Beschäftigung ausgeübt wird.[20] Diese Unterlagen sind sogar für die Dauer von zehn Jahren aufzubewahren.

20 Die Techniker Firmenkunden (Stand: 22.12.2025). Sozialversicherung: Kein Firmensitz in Deutschland? So melden Sie Mitarbeitende korrekt an. https://www.tk.de/firmenkunden/service/fachthemen/ausland/mitarbeitende-anmelden-ohne-deutschen-firmensitz-2088296.

4. Doppelte Steuerbelastung

Begründen international tätige Arbeitnehmer eine Betriebsstätte – mit Ausnahme von zweifelsfrei und angemeldeten Betriebsstätten – im Ausland, führt das für ihren Arbeitgeber neben den kaum zu erfüllenden Deklarationspflichten zu einem hohen Risiko einer doppelten Steuerbelastung aufgrund von unterschiedlichen Gewinnermittlungs- bzw. Aufteilungsgrundsätzen.

5. Zusatzaufwand im Unternehmen

Ein steuerlicher Anknüpfungspunkt führt neben den unter III. 1 bis 3 dargestellten Arbeitgeberpflichten regelmäßig auch zu einem erheblichen zeitlichen und finanziellen Zusatzaufwand für die erforderlichen System- und Prozessumstellungen in den Lohn- und Finanzbuchhaltungssystemen des Arbeitgebers. Das Lohnsteuerabzugsverfahren ist ein Massenverfahren, bei dem eine Detailprüfung auf Ebene des Arbeitnehmers in der geforderten Detailtiefe für Arbeitgeber nicht umsetzbar ist.

IV. Ausgewählte Ansätze der deutschen Finanzverwaltung aus Unternehmenssicht

1. Betriebsstätte

Mit Schreiben vom 5.2.2024[21] hat das Bundesministerium für Finanzen (BMF) in den Anwendungserlass zur Abgabenordnung (AEAO) u.a. Ausführungen zum Vorliegen einer Betriebsstätte (AEAO zu § 12) aufgenommen. Demnach muss für das Vorliegen einer Betriebsstätte regelmäßig eine nicht nur vorübergehend bestehende Verfügungsmacht über die Einrichtung vorliegen. Eine umfassende Übertragung der Aufgaben eines Unternehmens auf einen selbständig tätigen Dritten reicht grundsätzlich (noch) nicht aus, um in dessen Räumen eine Betriebsstätte zu begründen. Eine solche könnte aber bei bestimmten nachhaltigen Tätigkeiten vor Ort (etwa Überwachung, insbesondere bei Personenidentität

---

21 BMF v. 5.2.2024 – IV D 1 - S 0062/23/10003 :001, Änderung des Anwendungserlasses zur Abgabenordnung (AEAO), https://www.bundesfinanzministerium.de/Content/DE/Downloads/BMF_Schreiben/Weitere_Steuerthemen/Abgabenordnung/AO-Anwendungserlass/2024-02-05-aenderung-des-anwendungserlasses-zur-abgabenordnung-AEAO.pdf?__blob=publicationFile&v=1.

der Leistungsorgane von Auftraggeber und Auftragnehmer) begründet werden (Tz. 2 Nr. 2 und Nr. 3).

Ebenso wurden spezifische Hinweise mit Bezug auf Tätigkeiten von Arbeitnehmern im Home-Office aufgenommen. Demnach begründen solche Home-Office-Tätigkeiten in der Regel keine Betriebsstätte (auch keine feste Geschäftseinrichtung nach Art. 5 Abs. 1 OECD-MA), da der Arbeitgeber typischerweise keine ausreichende Verfügungsgewalt über die privaten Räumlichkeiten des Arbeitnehmers hat (Tz. 2 Nr. 4).

Im Hinblick auf grenzüberschreitende Tätigkeiten befürwortet Deutschland somit auch im internationalen Kontext tendenziell eine hohe Hürde für die Begründung einer Betriebsstätte aufgrund fester Geschäftseinrichtung durch die Ausübung von Arbeitstätigkeiten in einem Home-Office. Von der Unternehmenspraxis wird diese Einordnung sehr begrüßt, schafft sie doch Sicherheit im Hinblick auf die nationale und internationale Anwendung aus deutscher Perspektive.

Weiter nimmt das BMF in dem Schreiben aber auch eine Abgrenzung zu Sachverhalten vor, in denen ein Arbeitnehmer Leitungsfunktionen ausübt und dadurch seinem Arbeitgeber eine Verfügungsmacht an dem Ort der Tätigkeitsausübung vermitteln soll (Tz. 2 Nr. 6 und Nr. 7). Diese Einschätzung ist aus Sicht der Unternehmen nicht geeignet, um Rechtsicherheit zu schaffen. Weder sind die Begrifflichkeiten Leitungsfunktionen bzw. Leitungspersonal definiert, noch sind Hinweise zu einer zeitlichen Anwendungsregel enthalten. Beides sind jedoch wesentliche Punkte für die Praxis. Eine allgemein akzeptierte Definition sowohl national als auch international ist noch zu finden.

2. Aufteilung von Arbeitslohn

In der aktuellen Verständigungsvereinbarung (VV) aus dem Jahr 2024[22] zwischen Luxemburg und Deutschland wurde vereinbart, dass die tat-

22 BMF v. 15.1.2024 – IV B 3 - S 1301-LUX/23/10001 :001, Abkommen v. 23.4.2012 i.d.F. des Änderungsprotokolls v. 6.7.2023 zwischen der Bundesrepublik Deutschland und dem Großherzogtum Luxemburg zur Vermeidung der Doppelbesteuerung und der Verhinderung der Steuerhinterziehung auf dem Gebiet der Steuern vom Einkommen und vom Vermögen (DBA-Luxemburg), Verständigungsvereinbarung zwischen der Bundesrepublik Deutschland und dem Großherzogtum Luxemburg v. 11.1.2024, https://www.bundesfinanzministerium.de/Content/DE/Standardartikel/Themen/Steuern/Internationales_Steuerrecht/Staatenbezogene_Informationen/Laender_A_Z/Luxem

sächlich ausgeübte Arbeitszeit auf minutengenauer Basis zu ermitteln sein soll (Tz. I.2b). Diese Anforderung ist aus praktischer Sicht nicht ohne immensen administrativen Aufwand umsetzbar und kaum einem Arbeitnehmer, der für die minutengenaue Aufzeichnung verantwortlich ist, vermittelbar. Ein praxisorientierter Ansatz ist wünschenswert, wenn diese Aufgabe der Aufteilung von Arbeitslohn auf die Arbeitgeber übertragen wird. Aber auch wenn die Finanzverwaltung selbst eine solche Aufteilung vornehmen würde, müsste die Datengrundlage dennoch vom Steuerpflichtigen, also vom Arbeitnehmer, selbst kommen.

Die Forderung der Unternehmenspraxis ist eindeutig: keine Aufteilung von Arbeitseinkommen nach Arbeitsminuten oder -stunden. Vorschläge aus der Praxis orientieren sich im Interesse einer einfachen Verwaltung weg von Aufteilungsregelungen und hin zu z.B. der Zuweisung des vollen Besteuerungsrechts für Arbeitseinkommen an das Land

- des rechtlichen oder wirtschaftlichen Arbeitgebers, verbunden mit einem jährlichen betraglichen Ausgleich durch das Land des Arbeitgebers an den Ansässigkeitsstaat des Arbeitnehmers (Modell Schweiz/Frankreich; s. oben unter II.6.) oder
- in dem der Arbeitnehmer ansässig ist, verbunden mit einem (pauschalen) Steuereinbehalt im Land des rechtlichen oder wirtschaftlichen Arbeitgebers (Modell Grenzgänger Schweiz-Deutschland). Bei einem Einbehalt von Steuern an der Quelle werden aus Sicht der Unternehmenspraxis pauschale Steuersätze gegenüber einer Ermittlung auf Grundlage von Verhältnisrechnungen bevorzugt.

Das Land, in dem/von dem aus die (mobile) Arbeit ausgeübt wird, profitiert im Gegenzug von täglichen/regelmäßigen Konsumausgaben und Umsatzsteuereinnahmen der sich dort aufhaltenden mobil tätigen Arbeitnehmer.

Mit einem solchen Ansatz werden gleichzeitig viele der einkommensteuerlichen Fragestellungen gelöst und es kommt in etwaigen Veranlagungsverfahren nicht Jahre später zu abweichenden Bewertungen und Aufteilungen.

---

burg/2024-01-15-Luxemburg-Abkommen-DBA-Verstaendigungsvereinbarung-Anwendung-Auslegung-DBA.pdf?__blob=publicationFile&v=1.

3. Definition von Arbeitstag/Arbeitszeit

Art. 14 Abs. 1a DBA Luxemburg beinhaltet eine Bagatellregelung von 34 Tagen im Kalenderjahr für grenzüberschreitend Beschäftigte[23]. Bedeutet für in Deutschland ansässige Arbeitnehmer, die ihren üblichen Arbeitsort in Luxemburg haben, dass eine Tätigkeit z.B. im Home-Office von 34 Arbeitstagen im Kalenderjahr nicht zu einem Wechsel der Zuweisung des Besteuerungsrechts für den anteiligen Arbeitslohn führt. Gleiches würde bei einer Home-Office Tätigkeit von 25 Tagen und neun Dienstreisetagen in Drittländer gelten. Das Besteuerungsrecht für die Vergütung aus nichtselbständiger Arbeit verbleibt jeweils bei Luxemburg.

Bezüglich des Vorliegens eines Arbeitstages im Sinne dieser Bagatellgrenze wurde im Protokoll zum Abkommen festgelegt[24]: „Die Arbeit gilt nur dann als an einem Arbeitstag in einem Staat oder Gebiet ausgeübt, wenn die Person an dem jeweiligen Arbeitstag für mindestens 30 Minuten in diesem Staat oder Gebiet ihre Tätigkeit ausübt." Bedeutet für die Praxis, dass eine Ausübung der beruflichen Tätigkeit, die 30 Minuten überschreitet, zu einem vollen Arbeitstag führt, der bei der Ermittlung der 34 Tage zu berücksichtigen ist[25].

Tatsächlich Arbeitszeit ausgeübt wird auch an Wochenenden oder Feiertagen, wenn diese durch den Arbeitgeber vergütet wird. Eine solche Vergütung soll auch vorliegen, wenn Arbeitszeitausgleich gewährt wird[26]. Das Lesen und Beantworten von E-Mails an Wochenendtagen oder Feier-

---

23 Gesetz zu dem Protokoll v. 6.7.2023 zur Änderung des Abkommens v. 23.4.2012 zwischen der Bundesrepublik Deutschland und dem Großherzogtum Luxemburg zur Vermeidung der Doppelbesteuerung und Verhinderung der Steuerhinterziehung auf dem Gebiet der Steuern vom Einkommen und vom Vermögen (Deutsch-luxemburgisches Steuerabkommen) v. 8.12.2023, Art. 7 Abs. 2, https://www.recht.bund.de/bgbl/2/2023/334/VO.html.

24 Gesetz zu dem Protokoll v. 6.7.2023 zur Änderung des Abkommens v. 23.4.2012 zwischen der Bundesrepublik Deutschland und dem Großherzogtum Luxemburg zur Vermeidung der Doppelbesteuerung und Verhinderung der Steuerhinterziehung auf dem Gebiet der Steuern vom Einkommen und vom Vermögen (Deutsch-luxemburgisches Steuerabkommen) v. 8.12.2023, Art. 13 Nr. 9, https://www.recht.bund.de/bgbl/2/2023/334/VO.html.

25 Verständigungsvereinbarung zwischen der Bundesrepublik Deutschland und dem Großherzogtum Luxemburg v. 11.11.2024 – IV B 3 - S 1301-LUX/23/10001 :001, Tz. III.3.

26 Verständigungsvereinbarung zwischen der Bundesrepublik Deutschland und dem Großherzogtum Luxemburg v. 11.11.2024 – IV B 3 - S 1301-LUX/23/10001 :001, Tz. I. 2a.

tagen führt somit auch zu einem für die Bagatellgrenze zu berücksichtigenden Arbeitstag, sofern eine Vergütung dafür erfolgt. Ob damit auch die Vergütung über das vereinbarte monatliche Bruttoentgelt oder nur eine zusätzliche Vergütung gemeint ist, ist nicht bekannt.

Aus Sicht der Unternehmenspraxis sind daher eindeutige, einheitliche und allgemein verbindliche Definitionen erforderlich, um eine korrekte Abwicklung solcher Sachverhalte zu ermöglichen.

4. Arbeitslohn nach DBA

Wie bereits unter II.5 ausgeführt beinhaltet das BMF-Schreiben vom 12.12.2023 mit Bezug auf die Bestimmung der Ansässigkeit nach DBA wesentliche Verschärfungen, die zu unverhältnismäßig erhöhten Dokumentationspflichten, einem signifikant höheren Risiko für Doppelbesteuerungen und damit zu zusätzlichem bürokratischem und kostenintensivem Mehraufwand auf Seiten der Arbeitgeber führen.

Die geänderte Sichtweise der Finanzverwaltung insbesondere zur Feststellung des Mittelpunkts der Lebensinteressen erfordert eine wesentlich umfangreichere Einzelfallprüfung als bisher notwendig – für jedes Veranlagungsjahr (auch rückwirkend) und bereits im Rahmen des Lohnsteuerabzugsverfahrens. Dabei sind Informationen abzufragen, die ausschließlich die private Sphäre der Arbeitnehmer betreffen, wie die private Vermögenssituation bzw. -verteilung. Auch im Rahmen der jährlichen Einkommensteuerveranlagung führen solch umfassende Einzelfallprüfungen zu einer – aus Unternehmenssicht zu vermeidenden – Erhöhung des zeitlichen Aufwands und damit auch der Gebühren.

Eine zweite wesentliche Verschärfung betrifft die Bestimmung des wirtschaftlichen Arbeitgebers, die regelmäßig bei der Überlassung von Arbeitnehmern, grenzüberschreitenden Berichtslinien, klassischen Entsendungen oder ähnlichen Einsatzformen erforderlich ist. Neben den lohnsteuerlichen Pflichten eines wirtschaftlichen Arbeitgebers sind auch die Auswirkungen auf die persönliche Besteuerung der Arbeitnehmer zu prüfen. Bevor das Besteuerungsrecht für Arbeitslohn zugeordnet werden kann, muss häufig in einem ersten Schritt der wirtschaftliche Arbeitgeber festgelegt werden. Im BMF-Schreiben vom 12.12.2023 sind ausführliche Hinweise zum wirtschaftlichen Arbeitgeber enthalten, in deren Rahmen deutlich erweiterte Arbeitgeberpflichten definiert wurden, konkret Auskunfts- und Beweismittelbeschaffungspflichten gem. § 90 Abs. 2 AO. Künftig sind die Interessenlage, die Höhe der weiterbelasteten Kosten sowie die Aufteilung des Arbeitslohns auf Mitarbeiterebene zu dokumentieren und darzulegen. Was sich in der Theorie einfach vorstellen lässt, stellt die Unternehmenspraxis vor enorme Herausforderungen. Je nach Anzahl der grenzüberschreitend tätigen Arbeitnehmer ist die Erstellung einer solchen Arbeitgeber-Bescheinigung für jeden einzelnen Mitarbeiter kaum umzusetzen. Weder ist die Datenlage in erforderlicher Granularität auf Knopfdruck verfügbar, noch können die Daten dem einzelnen Arbeitnehmer zugeordnet werden. Auch wenn eine Eingliederung in den inländischen Betrieb des Unternehmens nicht gegeben ist und das aufnehmende ausländische Unternehmen somit nicht Arbeitgeber wird und keine Verpflichtung zur Lohnsteuerabführung in Deutschland besteht, hat das Unternehmen dennoch nach Auffassung der Finanzverwaltung die zusätzliche Dokumentation zu erstellen und als „Gegenbeweis" vorzuhalten. Darüber hinaus obliegt es dem Unternehmen, künftig auch dem Arbeitnehmer selbst, eine detaillierte Kostenübersicht zu erstellen. Die Bescheinigung muss die gesamte Kostenallokation nach Fremdvergleichsgrundsätzen unter Einbeziehung aller im Zusammenhang mit dem Auslandseinsatz entstandenen Kosten (Einzel- und Gemeinkosten) umfassen. Außerdem muss das Unternehmen eine Beurteilung nach innerstaatlichem Steuerrecht vornehmen und sämtliche Vergütungsbestandteile und sonstigen Lohnkosten ausweisen. Die Konkretisierung muss nach Kosten erfolgen, die

- im wirtschaftlichen Zusammenhang mit der gesamten Arbeitnehmertätigkeit im Entsendezeitraum stehen und
- den Gewinn des aufnehmenden oder des entsendenden Unternehmens gemindert haben, unabhängig davon, ob sie Bestandteil der Vergütung des Arbeitnehmers sind und ob sie im Zusammenhang mit der Auslandstätigkeit selbst stehen.

Zu berücksichtigen sind somit alle Lohn- und Lohnnebenkosten sowie Lohnverwaltungskosten. Neben der Tatsache, dass die Bescheinigung aller einzelnen Kostenbestandteile nicht nur zu einem erheblichen administrativen Aufwand führen wird, stellt sich die Frage nach dem Mehrwert einer Beurteilung nach jeweils innerstaatlichem Recht (ausländischem Recht). Die Beurteilung der Vergütungsbestandteile für Zwecke der Besteuerung hat in Deutschland grundsätzlich nach deutschen Grundsätzen zu erfolgen. Eine abweichende Behandlung nach ausländischem Recht kann im Rahmen der Veranlagung zur Einkommensteuer von der zuständigen Instanz nicht nur kaum geprüft werden, sondern trägt zudem kaum zur Sachverhaltsaufklärung bei.

Nach zahlreicher Kritik aus der Unternehmenspraxis und von Verbänden gab es einen überarbeiteten Entwurf vom 21.8.2025, zu dem bis Ende September 2025 Stellung genommen werden konnte. Am 19.12.2025 wurde das geänderte BMF-Schreiben veröffentlicht.[27] Eine Berücksichtigung der Einwände bzw. Anregungen aus der Praxis insbesondere bezüglich Bestimmung der Ansässigkeit bzw. Arbeitgeber-Bescheinigungen ist nicht erfolgt. Aus unternehmenspraktischer Sicht ist das nicht nachvollziehbar. Seitens Finanzverwaltung werden Arbeitgebern – als ihren Erfüllungshilfen – immer mehr Aufgaben übertragen, für deren Erfüllung Systeme kurzfristig und auf Arbeitgeberkosten angepasst werden müssen, deren Mehrwert aber nicht erkennbar ist.

V. Fazit

Grenzüberschreitende und internationale Arbeitnehmermobilität ist gekommen, um zu bleiben. Sie entwickelt sich in rasantem Tempo und bringt regelmäßig neue Varianten hervor, die Arbeitgeber im In- und Ausland vor neue Herausforderungen stellen. Die Vielzahl von Rechtsgebieten, deren Regelungen für eine rechtssichere Abwicklung im Einzelfall aufeinander abzustimmen sind, sowie zusätzliche Auflagen aufgrund umfassender Dokumentations- und Bescheinigungspflichten stehen einem pragmatischen Umgang mit diesen flexiblen Arbeitsformen im Weg. Auf internationaler Ebene sind mit der Anpassung des OECD-Musterkommentars zu Art. 5 Abs. 1 im November 2025 und dem multilateralen Rahmenübereinkommen über die Anwendung von Art. 16 Abs. 1 VO (EG) 883/04 bei gewöhnlicher grenzüberschreitender Telearbeit (anwendbar seit dem 1.7.2023) erste Schritte gemacht, viele weitere müssen folgen – auch in den nationalen Gesetzgebungen bzw. der Interpretation durch nationale Finanzverwaltungen, um die grenzüberschreitende Arbeitnehmermobilität zu dem zu machen, was sie sein sollte – eine große Chance sowohl für Arbeitnehmer als auch Unternehmen global präsent zu sein

27 BMF v. 19.12.2025 – IV B 2 - S 1300/00510/012/002, BMF-Schreiben zur steuerlichen Behandlung des Arbeitslohns nach den Doppelbesteuerungsabkommen v. 12.12.2023; Änderung des BMF-Schreibens, https://www.bundesfinanzministerium.de/Content/DE/Downloads/BMF_Schreiben/Internationales_Steuerrecht/Allgemeine_Informationen/2025-12-19-steuerliche-behandlung-des-arbeitslohns.pdf?__blob=publicationFile&v=3.

und die sich daraus ergebenden Möglichkeiten wirtschaftlich bestmöglich zu nutzen. Die EU ist gefordert, innerhalb des europäischen Binnenmarkts dies praxistauglich zu unterstützen. Fragen der Zuordnung von Besteuerungsrechten auf Arbeitseinkünfte dürfen nicht auf dem Rücken der Arbeitgeber ausgetragen werden. Arbeitgeber als Erfüllungsgehilfen beim Steuerabzug müssen sich auf einheitliche, klare und „massentaugliche" Verfahren verlassen können.

Diskussion

zu den Referaten von *Silke Bruns* und *Werner Stuffer*

Prof. Dr. *Roman Seer*, Bochum

Ich glaube, beide Beiträge haben die Problematik der internationalen Arbeitnehmerbesteuerung wirklich auf den Punkt gebracht und gezeigt, was es für eine Vielfalt hat. Vor allem auch der letzte Beitrag von Ihnen, Herr *Stuffer*, hat deutlich gemacht, dass das Gut der Steuerplanungssicherheit extrem hoch ist. Ich sehe aus deutscher Sicht ein großes Problem: Wir haben zwar auf der einen Seite die sehr vernünftige Lohnsteueranrufungsauskunft. Die ist aber dezentral ausgestaltet, d.h. bei jeder Betriebsstätte. Es kann sein, dass ein Konzern für dieselbe Fragestellung 38 – ich sage das einfach mal so – Lohnsteueranrufungsauskünfte zur selben Fragestellung mit dem Risiko unterschiedlicher Antworten einholen muss. Diese nationalen (dezentralen) Antworten sind aber nicht synchronisiert mit dem Nachbarstaat oder den involvierten Nachbarstaaten. Das heißt, aus meiner Sicht, dass es ein grenzüberschreitendes Lohnsteueranrufungsauskunftswesen bräuchte, dies aber auf einer zentralisierten Ebene, die dem One-Stop-Shop-Prinzip folgt. Das würde etwas bringen für die Praxis, um mit diesen Fällen in der gewünschten pragmatischen Weise auch fertig zu werden. Ich würde mir das auch so vorstellen, die Finanzverwaltung – das mag Sie, Frau *Bruns*, nicht so begeistern – entweder durch eine recht enge Fristsetzung unter Druck zu setzen, oder/und die Arbeitgeber wie folgt zu entlasten: Sobald sie eine Lohnsteueranrufungsauskunft rechtzeitig gestellt haben, ist die Verantwortlichkeit des jeweiligen Unternehmens und dessen Leitungsorgane insoweit reduziert, als dass sie eine vertretbare Lösung verfolgen können und insoweit Strafbarkeitsrisiken ausgeschlossen werden. Das wäre das, was ich mir vorstellen würde. Und dann könnte man, glaube ich, in der gewünschten Art und Weise eines fairen Umgangs miteinander zu vernünftigen Lösungen kommen.

Prof. Dr. DDr. h.c. *Michael Lang*, Wien

Vielen herzlichen Dank für die beiden inspirierenden und anregenden Vorträge. Zwei Bemerkungen dazu: Herr *Stuffer* hat gemeint, dass die Kommentaränderungen der OECD zu Art. 5 OECD-MA Rechtssicherheit bringen werden. Ich kenne die Änderungen inhaltlich noch nicht. Was immer aber auch ihr Inhalt sein wird: Rechtssicherheit werden sie nicht bringen. Denn die deutsche und die österreichische Rechtsprechung sind sich – auch mit der Judikatur des Schweizer Bundesgerichts – einig, dass geänderte OECD-Kommentare nur für die Auslegung der danach abgeschlossenen DBA Bedeutung haben können. Sollten die Verwaltungen versuchen, die neuen Kommentarauffassungen dennoch auf schon zuvor abgeschlossene DBA „anzuwenden", wird dies sicher die Gerichte beschäftigen, und es ist abzusehen, dass die Gerichte diese Auffassung nicht teilen werden.

Noch eine Bemerkung zu den von Herrn *Stuffer* verteidigten bloß auf Verwaltungsebene akkordierten DBA-Änderungen während der Pandemie. Ich habe als Österreicher sicher ein großes Verständnis für pragmatische Lösungen. Aber hier geht es um den hohen Wert des Rechtsstaates, der als außer Kraft gesetzt betrachtet wurde. Im konkreten Fall waren die Maßnahmen aus dem Blickwinkel der Wirtschaft nicht nachteilig. Wenn man allerdings diese Maßnahmen begrüßt, verliert man jede moralische Legitimität, eine warnende Stimme zu erheben, wenn sich die Verwaltung einmal zu Lasten der Wirtschaft über das Gesetz hinwegsetzt. Und daher handelt es sich hier nicht – anders als *Gunter Mayr* meint – um eine Diskussion zwischen Praxis und Wissenschaft: Der Rechtsstaat muss uns allen im Steuerrecht ein Anliegen sein, unabhängig davon, ob wir beruflich aus der Verwaltung, den Unternehmen, der Beratung, der Gerichtsbarkeit oder der Wissenschaft kommen. Es geht nicht an, evident rechtswidrige Konsultationsvereinbarungen abzuschließen.

Prof. DDr. *Gunter Mayr*, Wien

Also zu den Corona-Sofortmaßnahmen: Wir sind tatsächlich tagelang im Parlament gesessen, um Unternehmern irgendwie weiterzuhelfen, die von heute auf morgen die Betriebe zusperren mussten. Unsere Verwaltungsvereinbarungen hinsichtlich Homeoffice waren da ein völlig untergeordnetes Thema, das für den Pandemiezeitraum eine rasche und praktikable Klärung brauchte. Dazu stehe ich auch. Der entscheidende Punkt ist ein anderer: Das Homeoffice ist ja geblieben. Und was haben die Staaten aus dem Ganzen insofern gelernt? Ich habe in der Früh den Beispielsfall mit Kufstein – München gebracht, außerhalb einer Grenzgängerregelung. Mit der Grenzgängerregelung haben wir eine gute Lösung gefunden, allerdings natürlich auf eine Grenzregion von 30 km beschränkt. Ich glaube, die 30 km stammen noch aus Zeiten, in denen man mit der Pferdekutsche zur Arbeit fuhr. Der ICE schafft es mittlerweile, dass man in einer Stunde von Kufstein nach München kommt. Im DBA Deutschland-Österreich ist auch kein Grenzausgleich vereinbart. Interessant ist natürlich dann, was Deutschland mit der Schweiz vereinbart hat, mit einem ganz starken Fokus auf die Ansässigkeit. Die Pauschalbesteuerung von 4,5 % muss halt eine pauschale Hausnummer bleiben, unabhängig davon, wie oft die jetzt in Deutschland im Home-Office bleiben oder auch nicht. Also gerade jetzt auf die Corona-Regelungen anspielend, also da könnte man das natürlich hinterfragen, ob man mit so pauschalen Regelungen arbeiten will oder nicht. Und wonach bemisst sich denn ein Grenzausgleich? Im Verhältnis zu der Schweiz sind wir in einer ganz ähnlichen Situation wie Deutschland. Wir haben im Westen die Vorarlberger, die in die Schweiz rein pendeln oder nach Liechtenstein, wo das Lohn-Niveau entsprechend höher ist. Dann haben wir ausgeglichene Verhältnisse mit Deutschland. Und dann haben wir unsere östlichen Nachbarn, von denen ungefähr 200.000 nach Österreich reinkommen aus Ungarn, Slowakei und Tschechien. Also wir sehen die Herausforderung einer sehr heterogenen Nachbarschaft, für die sich sehr schwer eine einheitliche Lösung finden lässt.

Prof. Dr. *Johanna Hey*, Köln

Ich kann daran anknüpfen. Frau *Bruns*, Herr *Stuffer* sind, glaube ich sich einig darüber, dass die Besteuerung grenzüberschreitender Arbeitsverhältnisse vor allen Dingen eines sein muss: praktikabel. Dann stellt sich die Frage: Was sind die fiskalischen Auswirkungen auf die beteiligten Staaten und bedarf es eines Grenzausgleichs? Und wenn ich das nochmals zusammenführe mit dem, was Herr *Lang* heute Morgen gesagt hat. Es gibt nicht den einen einzigen Anknüpfungspunkt, sondern verschiedene, aber umso mehr ist diese Aufteilungsfrage eine des zwischenstaatlichen Ausgleichs, die nicht auf der Ebene der Mitwirkungspflichten der Arbeitgeber ausgetragen werden muss. Wenn man das akzeptiert, stellt sich primär die Frage nach Vereinfachung. Und dazu habe ich eine Frage an Herrn *Stuffer*, Sie haben erwähnt, dass Sie mit den sozialversicherungsrechtlichen Regeln der VO (EG) Nr. 883/2004 eigentlich ganz gut leben können und das höre ich auch von Arbeitsrechtlern, dass sie sagen, das ist eigentlich relativ einfach. Also fragt man sich, warum die sozialversicherungsrechtliche Regel nicht auch im Steuerecht zur Anwendung gebracht werden kann. Aber ich habe Frau *Bruns* so verstanden, dass Sie sagen, das sei zu kompliziert und nicht wünschenswert. Trotzdem ist das Petitum, diese beiden Regelungen zusammenzubringen, aus meiner Sicht sehr ernst zu nehmen, weil das für die Arbeitgeber eine deutliche Vereinfachung brächte. Ich habe nicht verstanden, warum das gar nicht gehen soll.

Silke Bruns, **Berlin**

Gerne knüpfe ich daran an. Die sozialversicherungsrechtliche Regelung ist konzeptionell das, was wir als die Bagatellregel im DBA mit Luxemburg vereinbart haben. Im DBA sind jedoch nur 34 Tage als Bagatellgrenze vereinbart, in der EU gibt es für das Sozialversicherungsrecht eine Option, die die Vereinbarung einer Schwelle von 50 % erlaubt. Das bedeutet für steuerliche Sachverhalte, dass man sich mit dieser Regelung den ganzen von mir im Vortrag beschriebenen Herausforderungen einer Bagatellregelung, wie wir sie im DBA Luxemburg vereinbart haben, verstärkt bedenken muss. Deswegen kann ich es tatsächlich nicht ganz nachvollziehen, warum eine 50-%-Regelung, d.h. bei Erfüllen der Voraussetzungen ein ausschließliches Besteuerungsrecht des Quellenstaates für steuerliche Sachverhalte als große Vereinfachung angesehen wird. Zudem stellt sich die Frage: Welcher Staat ist das denn dann? Der Staat, in dem der wirtschaftliche Arbeitgeber ansässig ist, oder der Staat, in dem die Lohnsteuer einbehalten wird, oder der Staat, in dem der Arbeitnehmer am meisten tätig ist, oder einen Arbeitsplatz zur Verfügung gestellt bekommt? Das müsste eigentlich der Staat sein, der DBA-Vertragsstaat, aber nicht der Ansässigkeitsstaat ist, und aus irgendeinem Grund ist der Nexus dort: weil dort gearbeitet wird oder weil dort der Lohn ausgezahlt wird? Daher kann ich diese 50-%-Regelung, wenn sie auf das Steuerrecht übertragen werden soll, nicht ganz greifen. Und das Naheliegendste, was uns eben lag, war zu sagen: Das ist ja eigentlich so wie DBA Luxemburg die Minimus-Regelung. Auch ich bin für einfache Regelungen – ich glaube, da sind wir uns wirklich alle einig –, klare Regelungen, die auch Rechtssicherheit geben. Darum geht es ja im Kern: Welchem Staat wird das Besteuerungsrecht zugewiesen und wie läuft dann der Ausgleich zwischen den Staaten? Es gibt verschiedene Modelle: dem Ansässigkeitsstaat oder dem anderen Staat? Steuerfachlich sehe ich beim Ansässigkeitsstaat wesentlich mehr Vorteile. Zum einen, weil der Arbeitnehmer sich dort sowieso melden muss. Dort bestehen familiäre Beziehungen, z.B. wenn man verheiratet ist. Auch können Arbeitnehmer mehr als nur eine Einkunftsart haben. Also all die Aspekte, die dafür sprechen, dass man den Ansässigkeitsstaat nicht gänzlich ignorieren kann. Das spricht für mich dafür, dass, wenn Vereinfachung angestrebt werden soll, zunächst beim Ansässigkeitsstaat angeknüpft wird und in einem zweiten Schritt überlegt wird, wie das Verhältnis zwischen den Staaten geregelt wird, d.h. wieviel Steuersubstrat der andere Staat erhalten soll und wie dies geregelt werden kann. Will ich es andersherum angehen, das heißt ich würde zunächst von einem Besteuerungsrecht des anderen Vertragsstaats, d.h. dem Staat, der nicht der Ansässigkeitsstaat ist, anknüpfen, ergibt dies schwierige und herausfordernde Folgefragen: aus dem politisch-systematischen und steuersystematischen Blickwinkel. Und, wie geschildert, wäre zu definieren, wer dieser andere Staat ist. In der Bagatellregelung mit Luxemburg ist dies der weitaus überwiegende Tätigkeitsstaat. Erhöhe ich die Schwelle, gäbe es dies Anknüpfung nicht mehr. Und ich sehe es auch nicht als einfacheres Modell, denn auch die 50-%-Schwelle muss ich berechnen, Tage zählen. Auch Dreiecksfälle sind schwer zu lösen, wenn das Ansässigkeitsprinzip gänzlich aufgegeben wird.

Zwischenruf N.N.: Wäre es dann ein Weg, dass das Sozialversicherungsrecht dem Steuerrecht angepasst werden sollte?

Weiter Silke Bruns, Berlin: Das Interesse, die Regelungen möglichst anzupassen kann ich nachvollziehen, und ja, vielleicht ist das ein Weg. Ich bin kein Sozialversicherungsrechtler, aber wie ich es verstehe, besteht die wesentliche Herausforderung für das Sozialversicherungsrecht, zu erreichen, dass Einzahlungsstaat – Leistungsstaat derselbe sind. Wenn das korrekt ist, dürfte es gegebenenfalls unproblematisch sein, dass dies der Ansässigkeitsstaat des Arbeitnehmers ist.

Dann noch ganz kurz: Eine EU-weit koordinierte Lohnsteuerauskunft wäre sicherlich ein großer Schritt in Richtung eines Mehr an Rechtssicherheit. Die Herausforderungen haben Sie, Prof. *Seer*, treffend geschildert. Gut wäre es daher, wenn die Wurzel der Schwierigkeiten geklärt wird, d.h., wenn die Regel, wer Arbeitgeber ist, möglichst eindeutig ist. Deswegen geht mein erster Blick auf die DBA-Regelungen.

Zuletzt ganz kurz zu der Frage nach den Konsultationsvereinbarung während der Corona-Pandemie: Wichtig war, dass die Grundlage dafür, dass Arbeitnehmer an einem anderen Ort, insbesondere im Homeoffice gearbeitet haben, staatliche Anordnungen waren. Und wir mussten schnell handeln. Eine DBA-Revision mit allen relevanten Staaten wäre nicht mit der erforderlichen Schnelligkeit möglich gewesen. Verhandeln, Paraphieren, Übersetzungen mit Sprachabgleich, Einholung der Zeichnungsbefugnis des Bundespräsidenten und anschließendes Gesetzgebungsverfahren, um den völkerrechtlichen Vertrag in nationales Recht zu übertragen, ist nicht innerhalb von ein paar Wochen möglich. Vielleicht wäre begleitend zu den Konsultationsverfahren möglich gewesen, ein Gesetzgebungsverfahren mit einem sog. unechten Treaty Override gesetzlich regeln können – unecht, weil der andere Staat mit dem Inhalt einverstanden war. Aber auch das hätte zusätzlich Zeit gekostet und die Regelungen hätten dann ja auch wieder mit einem erneuten Gesetzgebungsverfahren aufgehoben werden müssen. Zu allerletzt: Die Thematik der Betriebsstätten wird morgen diskutiert. Da will ich jetzt nichts vorwegnehmen.

Werner Stuffer, **Amsterdam**

Ich würde mal mit dem „einfacheren“ Thema beginnen und der ersten Frage von Herrn Prof. *Seer*, Frage Lohnsteueranrufungsauskunft. Bin 100 % bei Frau *Bruns*. Die Wurzel müsste man erst lösen. Denn Lohnsteueranrufungsauskunft, selbst mit One-Stop-Shop wäre immer nur eine Notfalllösung, die enorm viele Kapazitäten innerhalb der Finanzverwaltung, aber auch auf unserer Seite bindet. Und die Hoffnung, dort – selbst mit engen Fristen – schnelle Lösungen zu kriegen, die habe ich ehrlich gesagt bei ähnlichen, vergleichbaren Themen aufgegeben. Da findet die Finanzverwaltung immer wieder Möglichkeiten zu sagen: Ja, aber da fehlt mir noch eine Information, deswegen beginnt die Frist nicht & etc. Wir kennen dies aus anderen Streitbeilegungsprozessen. Der Ansatz, die Idee ist sehr gut. Ich glaube, dass man bei der Umsetzung Schwierigkeiten aus den verschiedensten Bereichen in der Praxis haben wird. Dies betrifft auch die verschiedenen Fragen, die Frau *Bruns* bereits angesprochen hat. Der Punkt, wo ich persönlich einfach anderer Meinung bin als Frau *Bruns*, ist die Frage mit der Anbindung oder Nicht-Anbindung an die Sozialversicherung. Mir geht es nicht darum, ein Konzept aus der Sozialversicherung zu übernehmen. Aber ich glaube, dass die entscheidende Frage für eine effektive Vereinfachung ist: Schaffen wir es, möglichst weitgehend einen Gleichlauf zwischen Sozialversicherung und Lohnsteuerabführung herzustellen? Dazu gibt es genügend Beispiele bereits im nationalen Recht. Die unterschiedliche Behandlung von geldwerten Vorteilen mit unterschiedlichen Bemessungsgrundlagen für Zwecke der Lohnsteuer bzw. Sozialversicherung. Dies ist eine enorme Herausforderung mit Risiken und Kosten für Arbeitgeber. Diese Themen müssen wir vereinfachen und angleichen. Das Gleiche gilt im internationalen Umfeld. Das Zweite ist – und da sehe ich es mehr als eine Vereinfachungsregelung – die Minimus-Regelung. Egal, in welche Richtung man es ausgestaltet, von meiner Seite aus lösungsoffen – Abführung im Ansässigkeitsstaat oder Quellenstaat. Aber wir brauchen eine einfache Lösung. Allein die von Frau *Bruns* angesprochene Frage „wer ist Arbeitgeber“ zeigt die Komplexität. Arbeitgeber brauchen eine pragmatische, einfache und rechtssichere Lösung.

Prof. Dr. Dr. h.c. *Wolfgang Schön*, München

Ein ganz herzlicher Dank für die Vorträge, die – zusammen mit dem, was wir heute morgen gehört haben – die Problematik ja sehr deutlich vor Augen geführt haben. Erlauben Sie mir nur zwei, drei Bemerkungen.

Zum Thema Sozialversicherung: Auch das ist nicht die Lösung aller Rätsel. Zumal im internationalen Sozialrecht eine Vereinheitlichungstendenz steckt, die sich als schwierig erweisen kann. Mir sind mehrere Fälle bekannt, in denen eine Person mit hauptamtlicher Tätigkeit im europäischen Ausland eine Nebentätigkeit in Deutschland annehmen wollte mit der Folge, dass der deutsche Arbeitgeber Einzahlungen in die ausländische Sozialversicherung hätte leisten müssen, was jeweils sofort zur völligen Überforderung der Personalabteilung geführt hat. Diese Dinge sind schon ein bisschen schwierig und können dann auch auf Ebene der Verwaltung, auch der Verwaltung in den Unternehmen nicht immer geleistet werden. Herr *Stuffer*, Sie haben ein Unternehmen mit 150.000 Beschäftigten. Da geht das vielleicht, aber bei vielen anderen geht es nicht.

Frau *Bruns*, ich finde, Sie haben ganz wunderbar herausgearbeitet, dass es vielleicht wirklich nicht darum geht, diesen einen Wohnsitzstaat und Tätigkeitsstaat oder diesen einen Wohnsitzstaat und den anderen Staat, den Sitzstaat des Arbeitgebers, dem Staat der Lohnsteuerzahlung, vielleicht sogar einfach den Staat, wo die Kosten als Betriebsausgaben abzugsfähig sind, zu unterscheiden. Der Tätigkeitsstaat verschwindet immer weiter. Wenn man die Frage stellen muss, ob das Beantworten von E-Mails am nächsten Tag noch eine halbe Stunde von der Arbeitszeit am Montag abgezogen wird, kann das nicht funktionieren. Und auch auf die Frage, ob es gerechter ist, im Ansässigkeitsstaat oder im Quellenstaat besteuert zu werden, höre ich keine eindeutige Antwort mehr – und die gibt es wahrscheinlich auch gar nicht.

Wäre es nicht vielleicht sinnvoll zu sagen: Wir machen ein flexibles System. Im Prinzip ist der Wohnsitzstaat des Arbeitnehmers zuständig. Dies ist die Rückfallpostion, wenn zwischen zwei Staaten symmetrische Wanderungsbewegungen stattfinden. Dann macht jeder zu Hause seine Einkommensteuererklärung, jeder erhält seine privaten Abzüge, jeder kann Verluste verrechnen. Aber in den Situationen, in denen, worauf Herr *Mayr* zu Recht hinweist, 200.000 Arbeitnehmer von der einen Seite kommen, aber nichts in die andere Richtung geht, würde man sich auf eine Quellenbesteuerung mit Ausgleichsmechanismus einigen. Das führt in eine Abstufung. Man sollte in jedem Fall aber sicherstellen, dass der Arbeitnehmer nicht durch den Rost fällt. Mir ist der Fall einer Wissenschaftlerin bekannt, die im außereuropäischen Ausland gearbeitet hat und während der Corona-Pandemie jahrelang ihren Unterricht online erteilen musste. Sie wurde im außereuropäischen Ausland natürlich zur Lohnsteuer herangezogen, weil sie für die dortige Universität gearbeitet hat. Und dann musste sie in Deutschland feststellen: Sie ist wegen ihrer Tätigkeit im Inland steuerpflichtig und es gibt wegen der Tatsache, dass sie noch nicht einmal ausländische Einkünfte nach § 34d EStG erzielt hat, sondern im Inland gearbeitet hat, auch keine Anrechnung der ausländischen Steuer. Das muss dann doch nicht sein.

Prof. Dr. *Heribert M. Anzinger*, Ulm

Anknüpfend an meine Vorredner möchte ich die Überlegung von *Johanna Hey* aufgreifen, ob man die verschiedenen Regelungsebenen nicht stärker aufeinander beziehen kann, und dabei zugleich das von *Wolfgang Schön* geschilderte Beispiel sowie das, was *Gunter Mayr* zu den unterschiedlichen Grenzgängerregelungen ausgeführt hat, mitdenken. Mir scheint, dass ein wesentlicher Teil der gegenwärtigen Schwierigkeiten daraus resultiert, dass weiterhin stark an die physische Anwesenheit angeknüpft wird, während Arbeitsleistung und Wertbeitrag zunehmend ortsunabhängig erbracht werden. Wenn Tätigkeiten faktisch losgelöst vom Ort ausgeübt werden können, stellt sich die Frage, ob es sachgerecht ist, weiterhin primär dem Tätigkeitsort zu folgen. So kompliziert kann eine praxistaugliche Lösung eigentlich nicht sein: Sie sollte auf beiden Seiten handhabbar sein und nicht in kleinteilige Aufteilungs- und Nachweisfragen ausfransen. Denkbar wäre deshalb, die Besteuerung systematisch einheitlicher aufzuziehen und zugleich das Zusammenspiel mit dem Sozialversicherungsrecht mitzudenken, damit Lohnsteuerabzug und sozialversicherungsrechtliche Zuordnung nicht auseinanderlaufen. Gerade hier könnte man sich an dem Gedanken eines „Once Only"-Ansatzes orientieren, verstanden als regulative Leitidee einer einheitlichen Begriffsbildung und konsistenter Anknüpfungspunkte: Zentrale Tatbestandsmerkmale sollten nur einmal definiert und dann über die beteiligten Regelungsbereiche hinweg kohärent verwendet werden, statt mehrfach und mit unterschiedlichen Bedeutungen neu angesetzt zu werden. Ich habe die Hoffnung, dass hierfür zumindest in Deutschland Bewegung möglich ist, weil neue Systematisierungsansätze erkennbar sind; vielleicht lassen sich auch aus europäischen Erfahrungen Impulse gewinnen, um zu praktikableren und konsistenteren Lösungen zu kommen.

Prof. Dr. *Matthias Schüppen*, Stuttgart

Herr *Anzinger*, ich halte das für vollkommen illusionär, dass man Steuerrecht und Sozialversicherung zusammenführen könnte. Da bin ich also ganz bei Herrn *Schön*. Das ist in keinster Weise realistisch, weil es völlig unterschiedliche Systeme sind und unterschiedlich handelnde Personen und Institutionen. Also man sollte solche Hirngespinste nicht weiterverfolgen. Das Gleiche gilt für die Frage, ob man Rechtssicherheit durch gesetzliche Regelungen erlangen kann: Nein, kann man nicht. Das Ganze ist sehr kompliziert und mit jedem Versuch, Herr *Stuffer*, das detaillierter zu regeln, schafft man neue Probleme. Das kennen wir ja zur Genüge. Man wird keine Rechtssicherheit durch Gesetze erlangen und man sieht ja auch: Die Probleme, die Sie aufführen, sind alles Probleme des Verwaltungsvollzugs. Genau wie Ihr schönes Strafrechtsbeispiel mit den sieben Mitarbeitern und den Strafverfahren gegen alle Vorstandsmitglieder. Man braucht einen vernünftigen und praktikablen Verwaltungsvollzug. Das ist in erster Linie eine Frage der Person, aber in zweiter Linie auch eine Frage der Verfahren und da bin ich ganz bei Herrn *Seer*. Da es letztlich eine Frage des Verwaltungsvollzugs ist, braucht man pragmatische Möglichkeiten für die Steuerpflichtigen, entsprechende Anfragen zu stellen und sich durch diese Anfragen zu exkulpieren. Und das ist der einzige Weg aus meiner Sicht für die Unternehmen, das zu lösen. Alles andere ist leider Illusion.

Prof. Dr. *Sabine Kirchmayr*, Wien

Ich habe ein Forschungsprojekt zum Sozialbetrug geleitet. Das betrifft Unternehmen, die am anderen unteren Ende einer „Vertrauens-Skala" liegen. Der Sozialbetrug findet besonders intensiv bei Entsendungsfällen statt. Aus dem Projekt habe ich gelernt, dass völlig unabhängig davon, wo die Besteuerungsrechte von Arbeitnehmern nach DBA liegen, in sehr vielen Fällen die Selbstveranlagung der Arbeitnehmer schlicht und ergreifend nicht funktioniert. In praktischer Hinsicht sieht man: Ohne Lohnsteuerabzug wird es schwierig. Ohne Lohnsteuer würde man in vielen Fällen einfach bei einer tatsächlichen „Nichtbesteuerung" landen. Man sollte daher bei „Abkommensüberlegungen" immer den Dritten im Bunde mitdenken, nämlich den Arbeitgeber als Abzugsverpflichteten für die Lohnsteuer. Es gibt Unternehmen mit 100 Mitarbeitern ohne Steuerabteilung. Drei Arbeitnehmer sitzen vielleicht in verschiedenen Ländern im Ausland. Wenn die Konsequenz die Selbstveranlagung ist, dann sage ich: Ja, da wünsche ich den Fisci viel Glück, damit sie zu ihrem Geld kommen. Oder aber es kommt zu einer Lohnversteuerung in den einzelnen Ländern und das führt zu einem hohen administrativen Aufwand beim Arbeitgeber. Ich glaube, dass auch verbindliche Lohnsteuerauskünfte nur bedingt weiterhelfen. Man muss bei internationalen „Steuerfällen" immer den Arbeitgeber als „Dritten" mitdenken, der die Besteuerung des Arbeitnehmers administriert. Und ohne diesen Wirt wird die Rechnung schlicht und ergreifend nicht stimmen.

***Silke Bruns*, Berlin**

Sie sprechen das Modell an, das wir für Grenzgänger mit der Schweiz vereinbart haben. Wenn es Anwendung findet, ist es wirklich einfach. Der Arbeitnehmer hat nur mit seinem Ansässigkeitsstaat zu tun und der Arbeitgeber nur mit dem Staat, in dem er ansässig ist. Das ist ein System, das in der Praxis bewährt funktioniert. Mir sind keine Beschwerden bekannt, dass das System, wenn es Anwendung findet, zu kompliziert ist. Die einzige Herausforderung ist die Frage, ob die Regelung eingreift, weil sie nur auf Grenzpendler Anwendung findet und manche Arbeitnehmer, je nach konkretem Sachverhalt, aus Gründen der Steuerbelastung nicht unter die Regelung fallen wollen. Damit die Regelung Anwendung findet, muss der Arbeitnehmer ein Grenzgänger sein. Relevant sind der Ort und wie viele Tage wo gearbeitet wird. Das kann in der Praxis herausfordernd sein. Dann zu der Frage, ob man sich bei der Arbeitnehmerbesteuerung nicht ganz von der Ansässigkeit lösen kann. Das könnte aus den folgenden Gründen problematisch sein: Wir betrachten die Besteuerung einer natürlichen Person, eines Arbeitnehmers. Wir betrachten hier nicht die Besteuerung der Gewinne eines Unternehmens. Da sehe ich schon Unterschiede. Bei der Besteuerung des Arbeitnehmers sehe ich persönlich einen gewissen „Vorrang", wenn ich mich entscheiden müsste zwischen entweder dem Ansässigkeitsstaat oder dem anderen Staat. Zum einen aus Gründen der Einfachheit. Der Ansässigkeitsstaat ist ein bekanntes Konzept, wer oder was der andere Staat ist, ist nicht klar greifbar. Dazu hatte eben auch schon Prof. *Schön* ausgeführt. Darauf, wer dieser andere Staat ist, müsste sich erstmal geeinigt werden. Dann kommen Steuerbelastungsgesichtsaspekte, Steuergerechtigkeitsgesichtsaspekte und auch die Frage nach dem Budget der Staaten hinzu. Der Staat, in dem ein Arbeitnehmer wohnt, wird auf jeden Fall einen Teil des Steuersubstrats einfordern. Bei der Besteuerung von Betriebsstätten, sieht es anders aus. Deutschland ist traditionell schon immer gegen die Begründung von Mikrobetriebsstätten. Das potentiell zuzuordnende Steuersubstrat rechtfertigt in diesen Fällen nicht den Verwaltungsaufwand für alle Beteiligten. In diesen Fällen geht es aber um die Besteuerung eines Unternehmens, der Unternehmensgewinne. Und so kann das Gesamtbild vielleicht auch wieder in die Waage kommen. Wenn der Ansässigkeitsstaat in solchen Fällen den Arbeitnehmer besteuern darf, ist vielleicht die Bereitschaft größer, auf die Annahme von Arbeitnehmer-Mikrobetriebsstätten zu verzichten. Für mich sind diese Aspekte relevant und auch die Frage, warum Arbeitnehmer besteuert werden. Nicht, weil ein Unternehmen Gewinn generiert bzw. dessen Wertschöpfung. Zuletzt noch ganz kurz zur Frage der Rechtssicherheit im Zusammenhang mit der neuen OECD-Kommentierung zu Arbeitnehmerbetriebsstätten. Ohne der Diskussion morgen vorzugreifen, folgende kurze Anmerkung: Wenn es so sein sollte, dass Ausführungen im OECD-Kommentar eindeutig etwas anderes aussagen als die BFH-Rechtsprechung bei uns in Deutschland, werden sich sicherlich die Fragen stellen, ob wir davon abweichen müssen oder ob gesetzlicher Handlungsbedarf besteht, um dem Inhalt auch in Deutschland Wirksamkeit zu geben. Eine derartige gesetzliche Regelung würde ich auch nicht als Overriding der BFH-Rechtsprechung bezeichnen. Der BFH legt den für den konkreten Fall relevanten Gesetzeswortlaut verbindlich aus – und das ist auch seine Aufgabe. Wenn dann der Gesetzgeber entscheidet, das Gesetz zu ändern, um ein anderes Ergebnis zu erreichen als es der aktuelle Wortlaut tut, dann ist das meiner Ansicht nach keine Überschreibung des BFH, sondern die Entscheidung, wie der aktuelle Wortlaut auszulegen ist, wird gerade respektiert. Sagt der Wortlaut nicht das, was der Gesetzgeber will, ergibt sich gesetzgeberischer Handlungsbedarf. Gleiches gilt, wenn es dann tatsächlich so wäre, dass Aussagen in dem OECD-Kommentar nicht mit dem aktuellen Wortlaut der deutschen gesetzlichen Regelungen in Einklang stünden. Auch, um Rechtssicherheit zu gewährleisten. Aber das sind sehr abstrakte Ausführungen. Ich will keine Gerüchte in die Welt setzen. Warten Sie erst einmal morgen ab.

***Werner Stuffer*, Amsterdam**

Ich würde vielleicht nochmals kurz auf den Beitrag von Ihnen eingehen, Herr Prof. *Schüppen*: Ich bin 100 % bei Ihnen. Verwaltungsvollzug ist letztendlich die entscheidende Stellschraube, ob Themen vernünftig laufen oder nicht laufen. Ich mache das Geschäft jetzt seit knapp 40 Jahren und davon 10 Jahre in der Finanzverwaltung. Ich habe gute Erfahrungen gemacht in der Zusammenarbeit, sowohl als Prüfer wie auch als Steuerpflichtiger. Dass es immer wieder den sog. „wild gewordenen Betriebsprüfer“ gibt, ist nicht auszuschließen. Und wie man den immer in den Griff kriegt, das ist die Frage. Aber vom Grundsatz her und in der Masse der Fälle wird es entsprechend positiv laufen. Das Gleiche gilt auch für die Frage ob eine Kommentaränderung zu Rechtssicherheit führt, ja oder nein. Auch an der Stelle bedarf es eines Prüfers, der von sich aus hergeht und sagt: Die Vereinbarungen, die die Finanzverwaltungen getroffen haben oder in der Auslegung über die OECD mitentschieden haben, bin ich nicht bereit anzuwenden. Ja, theoretisch kann er das, aber praktisch glaube ich werden dies relativ wenige Fälle sein. Deswegen Theorie und Praxis, Herr Prof. *Lang*, Sie haben mit Sicherheit Recht. Will ich überhaupt nicht infrage stellen, aber ich glaube, dass die Praxiswirkung begrenzt ist. Zum Vorschlag von Herrn Prof. *Schön*: wie gesagt: Von meiner Seite egal, von welcher Seite man es aufzieht. Die Grundsatzfrage zu regeln, d.h. sei es Tätigkeitsstaat, sei es Ansässigkeitsstaat und dann Quellensteuer als Vorweglösung ist glaube ich der richtige Weg. Das ist einfach ein praktikabler Ansatz, der zumindest mal aus Arbeitgebersicht den Arbeitgeber aus der Pflicht und dem Risiko nimmt. Und die Frage der finalen Zuordnung des Besteuerungsrechts für Arbeitseinkommen ist wie gesagt aus meiner Sicht ohnehin eine andere Diskussion, die man in einem politischen Umfeld lösen muss. Aber auch an der Stelle habe ich die Hoffnung, dass zumindest innerhalb der EU – immer noch als einen gemeinsamen Binnenmarkt – müsste man in der Lage sein, Lösungen zu finden.

***Ludmilla Maurer*, Frankfurt**

Im Rahmen der Prüfung, ob die Tätigkeit eines in Deutschland tätigen Mitarbeiters als solche eines ständigen Vertreters i.S.v. § 13 AO qualifiziert und das ausländische Unternehmen damit im Inland zum Lohnsteuerabzug nach § 38 Abs. 1 Satz 1 Nr. 1 EStG verpflichtet ist, kommt es in der Praxis oft zu Unsicherheiten. Das gilt insbesondere für den Fall, dass ein ausländisches Unternehmen einen einzigen Mitarbeiter in Deutschland beschäftigt, der – ohne dazu berechtigt zu sein, Verträge im Namen des Unternehmens zu unterzeichnen – vom Homeoffice aus tätig wird. Insoweit stellt sich immer die Frage, ob seine Tätigkeit ausreichend ist, als solche eines ständigen Vertreters zu qualifizieren und das ausländische Unternehmen aus diesem Grund als inländischer Arbeitgeber zum Lohnsteuerabzug im Inland verpflichtet ist. Das wird von Finanzämtern in Deutschland – selbst bei vergleichbaren Tätigkeiten – unterschiedlich gesehen. Aus diesem Grund wäre eine Klarstellung durch die Finanzverwaltung, so z.B. durch Aufnahme zusätzlicher Beispiele in den Lohnsteuer-Richtlinien (R 38.3 Abs. 3 LStR), wünschenswert.

***Silke Bruns*, Berlin**

Ich glaube, das nehme ich einfach mal mit.

Alterssicherungssysteme – Grenzüberschreitende Mobilität von Ruheständlern (unter Berücksichtigung sozialversicherungsrechtlicher Aspekte)

Dr. *Sabine Schmidjell-Dommes*[1]
Bundesministerium für Finanzen, Wien

1 Die Autorin dankt Mag. *Manfred Pöltl*, Leiter der Abteilung für Internationale Angelegenheiten der Sozialversicherung im Bundesministerium für Arbeit, Soziales, Gesundheit, Pflege und Konsumentenschutz.

I. Problemstellung

Zum Stichtag Dezember 2024 erhalten rund 2,6 Mio. Menschen in Österreich Pensionen und Renten (Leistungen aus der Sozialversicherung (Pensionsversicherung und Unfallversicherung), Beamt:innenpensionen (Ruhe- und Versorgungsgenüsse) und Renten der Sozialentschädigung (Kriegsopferversorgung, Opferfürsorge und Heeresentschädigung).[2] Die Finanzierung wird durch ein Umlageverfahren des sog. „Generationenvertrages" mit Beiträgen der Versicherten sowie der jeweiligen Dienstgeber und aus Steuermitteln gedeckt. Im Jahr 2024 beliefen sich die Altersaufwendungen der gesetzlichen Pensionsversicherung in Österreich auf knapp 78,6 Mrd. €.[3] Aus einer parlamentarischen Anfrage der FPÖ an die Grünen im Jänner 2025 geht hervor, dass jede 10. Pensionsleistung, somit rund 300.000 Pensionsleistungen, an Personen im Ausland geleistet wurden.[4]

Die Frage, welcher Staat für die Leistung an Ruheständler zuständig ist, richtet sich nach sozialversicherungsrechtlichen bzw. unionsrechtlichen Grundsätzen: Bei der Krankenversicherung hebt ein Versicherungsträger die Krankenversicherungsbeiträge ein und muss daher auch die Kosten der Krankenversicherung tragen, währenddessen – zumindest innerhalb der EU und im Verhältnis zu wenigen anderen Staaten – in einem anderen Staat aushilfsweise Sachleistungen für den Versicherungsträger übernommen werden. Demgegenüber ist im Rahmen der Alterssicherung jeder Versicherungsträger für die Zahlung „seiner" Ruhebezüge verantwortlich. Somit ist der Staat für die Zahlung von Ruhebezügen zuständig, in dem auch die Beiträge geleistet wurden. Personen, die daher in einem Staat beschäftigt waren und dort Pensionsbeiträge zu leisten hatten, erhalten, vereinfacht gesagt und bei Erfüllung weiterer Voraussetzungen, die Pensionsleistung von der Pensionsversicherung dieses Staates. Für steuerliche Zwecke ist in zeitlicher Hinsicht zwischen der Beitragsleistung während der Ausübung der Aktivtätigkeit und dem Bezug des Ruhegehalts nach Übertritt in den Ruhestand zu unterscheiden: Je nach Aus-

2 Siehe „Pensionen – STATISTIK AUSTRIA – Die Informationsmanager", abgerufen am 4.2.2026.

3 *Mayrhuber*, WIFO Research Briefs 8/2025, Finanzierungsstruktur der Pensionsversicherung in Österreich. Zwischen Versicherung und Sozialpolitik, 1.

4 Anfragebeantwortung durch den Bundesminister für Soziales, Gesundheit, Pflege und Konsumentenschutz *Johannes Rauch* zu der schriftlichen Anfrage (80/J) betreffend Auslands-Pensionen, Auslands-Pensionen (75/AB) | Parlament Österreich, abgerufen am 4.2.2026.

gestaltung des nationalen Rechts eines Staates sind die Beiträge zu Ruhestandsversorgungssystemen gänzlich, zum Teil, oder gar nicht steuerlich berücksichtigungs- bzw. abzugsfähig. Das Ruhegehalt wird nach Übertritt in den Ruhestand entweder gänzlich besteuert, nur zum Teil besteuert oder gänzlich steuerfrei belassen. Grundsätzlich sollten die steuerliche Behandlung der Beitragsleistung und des Ruhebezugs aus steuerpolitischer Sicht kohärent ausgestaltet sein, d.h. die steuerliche Behandlung der Beiträge zur Ruhestandsversorgung sollte im Einklang mit der späteren Besteuerung des Ruhebezugs stehen: Sind Beiträge zur Alterssicherung steuerlich berücksichtigungsfähig, sollten die daraus resultierenden Ruhebezüge steuerpflichtig sein (ET, „exempt taxed“). Bleiben die Beiträge steuerlich unberücksichtigt, sollten die Ruhebezüge steuerfrei bleiben (TE, „taxed exempt“).[5] Ein innerhalb eines Staates kohärent ausgestaltetes System mit Einmalbesteuerung kann durch grenzüberschreitende Mobilität der Arbeitnehmer bzw. der Ruhebezugsbezieher beeinträchtigt werden, wenn nichtharmonisierte Rechtsordnungen mehrerer Staaten aufeinandertreffen und Ruhegehaltsbezieher hinsichtlich der Beitragsleistung und des Ruhebezugs steuerlichen Regelungen mehrerer Staaten unterliegen, die nicht aufeinander abgestimmt wurden. Denn die Besteuerung der Ruhebezüge erfolgt nach Maßgabe des nationalen Recht des jeweils besteuerungsberechtigten Staates und den Regelungen des anwendbaren Doppelbesteuerungsabkommens und kann unterschiedlich ausgestaltet sein. In der Regel wird entweder im Ansässigkeitsstaat des Ruhebezugsempfängers (Art. 18 OECD-MA), im Kassenstaat, aus dem die Ruhebezüge stammen (Art. 19 OECD-MA), oder im Quellenstaat der Sozialversicherungspension (s. z.B. die Musterbestimmung im OECD-MK 2025 zu Art. 18 Rz. 27), besteuert, flankiert mit der Befreiung der Einkünfte im Ansässigkeitsstaat des Ruhegehaltsbeziehers oder der Anrechnung der Steuer des Kassenstaats auf die darauf entfallende Steuer im Ansässigkeitsstaat. Die Zuteilung des Besteuerungsrechts für Ruhebezüge an einen anderen als den Kassenstaat führt zwangsläufig zum Aufeinandertreffen nicht abgestimmter Systeme und kann daher zu Doppelbesteuerung oder Doppelnichtbesteuerung führen.

Der vorliegende Beitrag soll die steuerliche Behandlung der Beitragsleistung zur Ruhestandsvorsorge und des Ruhebezugs in der 1. Säule unter Berücksichtigung der sozialversicherungsrechtlichen Koordinierung der Systeme beleuchten und sich daraus ergebende Konfliktbereiche aufzei-

5 Siehe dazu im Detail *Dommes*, Pensionen im Recht der Doppelbesteuerungsabkommen, Linde 2012, 25 ff.

gen. Das Hauptaugenmerk soll – schon wegen der Verknüpfung zum Sozialversicherungsrecht – auf Sozialversicherungspensionen gelegt werden, wenngleich in der Praxis eine Vielzahl von unterschiedlichen Ruhestandsmodellen und -bezügen bestehen. Schließlich sollen Überlegungen angestellt werden, welche Aspekte zur Harmonisierung beitragen können.

II. Begrifflichkeiten

Hinsichtlich der Begrifflichkeiten im Zusammenhang mit Ruhebezügen scheint es im deutschsprachigen Raum größere Unterschiede zu geben. Während in Österreich der Begriff der „Pension“ sämtliche Formen von Ruhegehältern für unselbständig und selbständig Beschäftigte[6] abdeckt, wird in Deutschland – soweit ersichtlich – der Begriff „Pension“ nur für Ruhegehälter der Beamte verwendet. Ehemals unselbständig Beschäftigte erhalten in Deutschland jedoch eine „Rente“. Der Begriff „Rente“ wird in Österreich wiederum primär im Zusammenhang mit Leistungen der Unfallversicherung verwendet.

Wird im vorliegenden Beitrag der Begriff „Pension“ verwendet (etwa Sozialversicherungspension), soll kein Fokus auf Beamte allein gelegt werden, sondern alle Vergütungen im Zusammenhang mit ehemaligen Beschäftigungsformen von früherer unselbständiger Arbeit gleichermaßen adressieren. Durch den im OECD-MA verwendeten Begriff des „Ruhegehalts“ wird eine Brücke zwischen den Spezialitäten des deutschen und österreichischen Sprachgebrauchs geschlagen. Im folgenden Beitrag wird daher, wenn möglich, auf diesen neutralen Begriff des „Ruhegehalts“ bzw. „Ruhebezugs“ an einen Ruhegehaltsempfänger, Ruhebezugsbezieher bzw. Ruheständler zurückgegriffen.

III. Alterssicherungssysteme

Die OECD fasste in einer Übersicht die verschiedenen, weltweit bestehenden Alterssicherungssysteme zusammen:[7]

6 Beamte erhalten allerdings einen „Ruhegenuss“.

7 OECD (2025), Pensions at a Glance 2025: OECD and G20 Indicators, OECD Publishing, Paris, https://doi.org/10.1787/e40274c1-en.

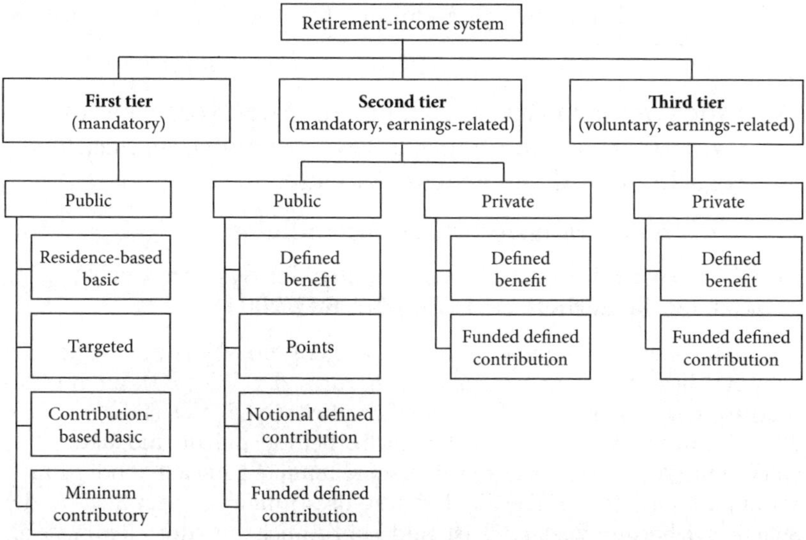

Die Kategorisierung erfolgt nach der Art der Beitragsleistung in Form von Pflichtbeiträgen, einkommensabhängigen Pflichtbeiträgen ggf. unter Berücksichtigung der Beitragsjahre und freiwilligen, einkommensabhängigen Beiträgen. In diesen drei Kategorien wird sodann nach der Finanzierung durch staatlich/öffentliche Mittel und private Mittel unterschieden. Öffentliche Ruhebezugssysteme knüpfen die Leistung einerseits an Ansässigkeit ohne vorherige Beitragsleistung (Garantiepension, reine staatliche Unterstützung), mit einem Ausgleich für Mindestpensionen und/oder auf Beitragsbasis. Häufig bestehen die jeweiligen Varianten auch in verschiedenen Kombinationen und Mischversionen.

In vielen Staaten – wie z.B. in Österreich – finden sich Alterssicherungssysteme auf Basis eines Umlageverfahrens, finanziert durch Arbeitnehmer- bzw. Arbeitgeber-Beiträge der jeweils aktiven Generation. Der Ruhebezug wird häufig auf einem Konto dargestellt, wodurch die jeweiligen Ruhegehälter in unmittelbarer Relation zu den geleisteten Beiträgen und Beitragsjahren stehen. Reichen die aktuell geleisteten Beiträge nicht aus, um die Ruhegehälter zu finanzieren, sind Zuschüsse durch den Staat aus Steuermitteln erforderlich. Daneben finden sich – primär in angloamerikanischen Ländern – kapitalgedeckte Pensionssysteme, in denen jeder Arbeitnehmer Beiträge leistet und darauf basierend Pensionszahlungen, ähnlich einer privaten Pensionsversicherung, erhält. Zwischen diesen groben Kategorien bestehen verschiedenste Mischformen, die sich im Detail unterscheiden.

IV. Pflichtversicherungsbeiträge zur Altersvorsorge im grenzüberschreitenden Kontext – sozialversicherungsrechtliche und steuerliche Aspekte

1. Sozialversicherungsrechtliche Behandlung

a) EU-Verordnung zur Koordinierung der Systeme der sozialen Sicherheit (VO (EG) Nr. 883/2004)

Innerhalb der EU (sowie Island, Liechtenstein, Norwegen und der Schweiz) besteht ein Regelungswerk in Form der VO (EG) zur Koordinierung der Systeme der Sozialen Sicherheit (i.d.F. VO (EG) Nr. 883/2004),[8] um sozialversicherungsrechtliche Beitragspflicht und daraus resultierende Ansprüche bei grenzüberschreitenden Tätigkeiten oder Ruhestand zu koordinieren. Die VO legt fest, dass immer nur ein Staat in der Sozialversicherung zuständig ist und somit auch nur dort Beiträge zur Altersvorsorge zu leisten sind. Es ist dabei jedoch kein Ziel der VO, die verschiedenen Sozialversicherungssysteme, die in den MS bestehen, zu harmonisieren, aneinander anzugleichen oder durch ein einheitlich bestehendes System zu ersetzen. Die VO enthält Regelungen zur „gesetzlichen Sozialversicherung" und stellt damit auf das Sozialversicherungsrecht eines Staates (insbesondere Kranken-, Unfall-, Arbeitslosen- und Pensionsversicherung) ab. Welche Leistungen unter die VO fallen, richtet sich dabei nach dem Charakter der Leistungen und nicht nach der nationalen Qualifikation. Leistungen, die unter die VO fallen, finden sich in den Erklärungen, die durch die MS abgegeben wurden.[9]

Welcher Personenkreis konkret sozialversicherungspflichtig ist und welche Leistungen die jeweilige Sozialversicherung zu erbringen hat, richtet sich nach dem anwendbaren nationalen Recht und obliegt der Entscheidung der MS selbst. Die VO gilt nur für gesetzliche Systeme. Systeme der zweiten und dritten Säule (betriebliche und freiwillige Pensionsvorsorge) sind durch die VO daher in der Regel nicht umfasst (Ausnahme z.B. gesetzliche Systeme der 2. Säule in der Schweiz).

8 Verordnung (EG) Nr. 883/2004 des Europäischen Parlaments und des Rates v. 29.4.2004 zur Koordinierung der Systeme der sozialen Sicherheit.

9 Declarations made by Member States in accordance with Article 9 of Regulation (EC) No 883/2004.

Nach der VO sollen Personen grundsätzlich nur in einem MS einer Sozialversicherungspflicht unterliegen. Dies soll vor allem der Vereinfachung dienen und Doppelbeitragsleistungen vermeiden. Art. 11 Abs. 1 der VO sieht dementsprechend vor, dass Personen, für die diese VO gilt, den Rechtsvorschriften nur eines MS unterliegen sollen. Als Grundsatz soll das Sozialversicherungsrecht des Staates gelten, in dem die Arbeit tatsächlich ausgeübt wird (Art. 11 Abs. 3 lit. a; lex loci laboris).

Werden Tätigkeiten in zwei oder mehr MS ausgeübt, enthält Art. 13 der VO Kriterien, nach denen der zuständige Staat bestimmt wird. Wird im Wohnstaat ein wesentlicher Teil der Tätigkeit (Richtwert: 25 % Arbeitszeit und/oder Entgelt) ausgeübt, so ist dieser zuständig (Art. 13 Abs. 1 lit. a). Wird nicht der wesentliche Teil der Tätigkeit in einem Staat ausgeübt, kommt Art. 13 Abs. 1 lit. b Ziff. i zur Anwendung und die Rechtsvorschriften des Staates greifen, in dem der Arbeitgeber seinen Sitz hat. Für Beamte bestehen Sondervorschriften, wonach der Ort der beschäftigenden Verwaltungseinheit maßgeblich ist. Bei selbständig Erwerbstätigen ist ebenfalls der Wohnstaat zuständig, wenn dort ein wesentlicher Teil der Tätigkeit ausgeübt wird, ansonsten der Staat, wo der Mittelpunkt der Tätigkeiten liegt.

Gibt es mehrere MS, in denen ein sozialversicherungsrechtlicher Anknüpfungspunkt besteht, so sieht die VO eine Art „Tie Breaker" vor, damit nur die Rechtsvorschriften eines MS zur Anwendung gelangen und die Personen somit nur in einem einzigen MS einer Sozialversicherungspflicht unterliegen.

Pflichtversicherungsbeiträge können auch anfallen, wenn der Steuerpflichtige bereits in den Ruhestand übergetreten ist. In Österreich besteht allerdings lediglich die Verpflichtung, Beiträge für die Krankenversicherung zu leisten, die Pensionsversicherung ist davon ausgenommen. Manche MS erheben Solidaritätsbeiträge, die auf jede Art von Pension fällig werden.

b) Sozialversicherungsabkommen

Mit Drittstaaten, auf die die VO keine Anwendung findet, können die Staaten bilaterale Sozialversicherungsabkommen abschließen.[10] Diese Abkommen enthalten Zuständigkeitsregelungen und legen fest, welches So-

10 Eine Übersicht über die von Österreich abgeschlossenen Sozialversicherungsabkommen findet sich unter Abkommensübersicht+BMASGPK+Dez+2025.pdf.

zialversicherungsrecht in grenzüberschreitenden Konstellationen anzuwenden ist. Hinsichtlich des sachlichen Anwendungsbereichs unterscheiden sich die Abkommen: Während die Abkommen mit europäischen Staaten in der Regel Bestimmungen zur Pensionsversicherung, Krankenversicherung und Unfallversicherung enthalten, regeln Abkommen mit außereuropäischen Staaten lediglich die Pensionsversicherung. Andere Leistungszweige werden kaum erfasst. Durch Abkommen können natürlich neue Leistungsverpflichtungen der Versicherungsträger entstehen (Zusammenrechnung der Versicherungszeiten).

Es wird nicht nur die Zuständigkeit für die Einhebung von Beiträgen, sondern auch zur Erbringung von Geld- oder Sachleistung durch einen Versicherungsträger geregelt, wodurch mitunter finanzielle Belastungen der Versicherungsträger entstehen können. Beiträge zur Altersvorsorge werden in den Sozialversicherungsabkommen durch Zuständigkeitsregelungen adressiert, etwa welches nationale Recht in einer bestimmten Konstellation anwendbar sein soll und nach dem Recht welches Staates daher Beiträge zu leisten sind (z.B. im Fall von Entsendung in einen anderen Vertragsstaat).

2. Steuerliche Behandlung

a) Besteuerungsrecht an den zugrunde liegenden Einkünften

Sind nach dem Recht eines Staates Pflichtbeiträge zur Altersvorsorge zu leisten, stellt sich die Frage der steuerlichen Berücksichtigung. Die steuerliche Behandlung von Beiträgen zur Altersvorsorge hängt vom jeweiligen nationalen Recht ab. Die Ausgestaltung der Rechtsordnungen ist unterschiedlich und reicht von vollständiger steuerlicher Berücksichtigung durch Abzugsfähigkeit oder Anerkennung als Sonderausgabe bis hin zur gänzlichen steuerlichen Nichtberücksichtigung. Grundsätzlich bestehen auf internationaler Ebene keine Harmonisierung der Systeme oder Vorgaben zur steuerlichen Behandlung der Beiträge. Unionsrechtliche Grundfreiheiten im Sinne einer Gleichbehandlung bzw. Nichtdiskriminierung sind zu beachten.

In der Regel besteht ein unmittelbarer Zusammenhang zwischen der Erzielung von Einkünften und der Leistung von Beiträgen zur Altersvorsorge, etwa wenn es sich um Pflichtversicherungsbeiträge in die gesetzliche Ruhestandsvorsorge handelt. Nach der österreichischen Rechtsprechung ist die Frage, ob ein Steuerpflichtiger pflichtversichert war und die geforderten und bezahlten Beiträge daher Pflichtversicherungsbeiträge waren, ausschließlich nach Sozialversicherungsrecht zu beurteilen (VwGH[11]):

„Die Pensionsversicherung im Rahmen der österreichischen gesetzlichen Sozialversicherung ist grundsätzlich ein System der Pflichtversicherung mit Pflichtbeiträgen, auch wenn einzelne Elemente der Freiwilligkeit im Bereich der Höher- und Weiterversicherung gegeben sind. Eine ausländische Sozialversicherung entspricht daher nur dann einer inländischen gesetzlichen Sozialversicherung, wenn zumindest grundsätzlich eine Pflichtversicherung mit Pflichtbeiträgen vorliegt. [...] Pensionseinkünfte aufgrund freiwillig entrichteter Beiträge zu einer ausländischen Sozialversicherung [werden] vom Tatbestand des § 25 (1) Z 3 lit. c EStG nicht erfasst [...].“[12]

Die steuerliche Berücksichtigung von Altersvorsorgebeiträgen hängt in einem ersten Schritt vom Vorhandensein entsprechender Einkünfte im gleichen Staat ab, die nach den Regelungen der DBA auch dort besteuert werden dürfen und somit als „Substrat“ zur Gegenrechnung zur Verfügung stehen.[13] Einkünfte aus nichtselbständiger Arbeit werden in Österreich im Rahmen der unbeschränkten Steuerpflicht nach dem Welteinkommensprinzip erfasst, die in § 98 Abs. 1 Z 4 EStG verankerte beschränkte Steuerpflicht für Einkünfte aus unselbständiger Arbeit sieht eine steuerliche Erfassung bei Ausübung oder Verwertung im Inland vor. Bestehen in zwei oder mehreren Staaten steuerliche Anknüpfungspunkte, so sollen die DBA das Besteuerungsrecht an den Einkünften zwischen den jeweiligen Vertragsstaaten aufteilen. Nach Art. 15 OECD-MA wird das Besteuerungsrecht an Einkünften aus nichtselbständiger Arbeit zwischen Ansässigkeits- und Tätigkeitsstaat aufgeteilt: Für Einkünfte aus nichtselbständiger Arbeit gilt das Tätigkeitsstaatsprinzip. Demnach darf grundsätzlich der Staat die Einkünfte besteuern, in dem die Tätigkeit ausgeübt wird, wenn dort entweder ein Arbeitgeber besteht oder die Tätigkeit über einen längeren Zeitraum von mehr als 183 Tagen ausgeübt wird. Nach den Grundregeln des Art. 15 Abs. 1 i.V.m. Abs. 2 lit. b OECD-MA sind in einem Vertragsstaat ansässige Arbeitnehmer, die bei einem Arbeitgeber im anderen Vertragsstaat tätig werden, grundsätzlich im Arbeitgeberstaat zu besteuern. Der Ansässigkeitsstaat des Arbeitnehmers hat die Vergütung – abhängig vom jeweiligen Methodenartikel – unter Progres-

11 VwGH v. 18.3.1991 – 90/14/0265.

12 VwGH v. 14.12.2006 – 2005/14/0099.

13 Mitunter kann auch ein geringeres Einkommen, das unter bestimmte Besteuerungsgrenzen fällt und dadurch keine Steuerleistung nach sich zieht, zur Nichtberücksichtigung führen.

sionsvorbehalt freizustellen oder die im anderen Vertragsstaat erhobenen Steuern anzurechnen.

Im Gegensatz zum Aufteilungsmechanismus des Art. 15 ist gem. Art. 19 OECD-MA bei Einkünften aus dem öffentlichen Dienst der Kassenstaat besteuerungsberechtigt. Art. 7 OECD-MA teilt bei Unternehmensgewinnen dem Betriebsstättenstaat ein Besteuerungsrecht zu. Es wird ersichtlich, dass nach den Regelungen der DBA – je nach Ausgestaltung der Verteilungsnorm – verschiedene Staaten besteuerungsberechtigt sein können.

b) Steuerliche Berücksichtigung der Beiträge zur Pflichtversicherung zur Ruhestandsvorsorge

Werden Arbeitnehmereinkünfte gemäß den Bestimmungen eines anwendbaren DBA im Ansässigkeitsstaat besteuert und fallen dort auch die Beiträge zur Ruhestandsvorsoge an, steht einer steuerlichen Berücksichtigung der Beiträge nach Maßgabe des jeweiligen nationalen Rechts nichts entgegen. Nach österreichischem nationalen Recht etwa sind Beiträge des Versicherten zur Pflichtversicherung in der gesetzlichen Sozialversicherung gem. § 16 Abs. 1 Z 4a öEStG als Werbungskosten abzugsfähig. Gemäß § 4 Abs. 4 Z 1 lit. a öEStG gelten Beiträge des Versicherten zur Pflichtversicherung in der gesetzlichen Kranken-, Unfall- und Pensionsversicherung im Fall einer betrieblichen Tätigkeit als Betriebsausgaben.

Mitunter teilen die DBA die Einkünfte aus nichtselbständiger oder selbständiger Arbeit einem Staat zur Besteuerung zu, währenddessen die Beiträge zur Pensionsversicherung auf Grundlage der gesetzlichen Sozialversicherung in einem anderen Staat geleistet werden müssen. Stimmt jedoch der Staat, in dem die für die Beiträge zur Ruhestandsvorsorge Anlass gebenden Einkünfte abkommensrechtlich besteuert werden dürfen, nicht mit dem Staat überein, in dem die Beiträge anfallen, besteht regelmäßig keine steuerliche Harmonisierung zwischen Besteuerung und Abzugsfähigkeit. Es bleibt daher dem Zufall überlassen, ob die beiden nationalen Steuersysteme kohärent zueinander passen und eine Doppelnichtberücksichtigung (oder ggf. Doppelberücksichtigung) vermeiden.

Übersicht über verschiedene Konstellationen zur Veranschaulichung von Beitragsleistung und Besteuerung von Einkünften aus nichtselbständiger Arbeit gem. Art. 15 OECD-MA:

	Jurisdiktion A Arbeitgeber	Jurisdiktion B Ansässigkeitsstaat
Konstellation 1 (Tätigkeitsausübung in einem einzigen Staat):		– Beitragsleistung an Versicherungsträger (Art. 11 Abs. 3 VO (EG) Nr. 883/2004) – Besteuerungsrecht (Art. 15 OECD-MA)
Konstellation 2 (Tätigkeitsausübung in mehreren Staaten, wesentlicher Teil im WS-Staat):	– Besteuerungsrecht (Art. 15 OECD-MA)	– Beitragsleistung an Versicherungsträger (Art. 13 Abs. 1 lit. a VO (EG) Nr. 883/2004) – Besteuerungsrecht (Art. 15 OECD-MA)
Konstellation 3 (Tätigkeitsausübung in mehreren Staaten, kein wesentlicher Teil im WS-Staat):	– Beitragsleistung an Versicherungsträger (Art. 13 Abs. 1 lit. b Ziff. i VO (EG) Nr. 883/2004) – Besteuerungsrecht (Art. 15 OECD-MA)	– Besteuerungsrecht (Art. 15 OECD-MA)

Werden – wie in Konstellation 1 dargestellt – die Pflichtversicherungsbeiträge nach den Rechtsvorschriften des Staates geleistet, dem auch ein Besteuerungsrecht an den Aktivbezügen zusteht, so sollte die steuerliche Berücksichtigung der Beiträge grundsätzlich kohärent mit der Besteuerung der späteren Ruhebezüge ausgestaltet sein, weil nur das Recht eines Staates maßgeblich ist. Kommt es aber – wie in Konstellation 2 und 3 dargestellt – zu einem Auseinanderfallen des Staates, in dem Sozialversicherungsbeiträge und insbesondere Pflichtversicherungsbeiträge zur Altersvorsorge geleistet werden, und des Staates, in dem die Einkünfte aus nichtselbständiger Arbeit nach den Regelungen des DBA besteuert werden dürfen, kann es zu einer steuerlichen Nichtberücksichtigung der Beiträge kommen, wenn einerseits die rechtlichen Vorschriften in diesem Staat keine Berücksichtigung vorsehen oder andererseits nicht genug Steuersubstrat besteht, um eine steuerliche Berücksichtigung zu ermöglichen. Schließlich kann eine steuerliche Berücksichtigung auch untersagt sein, wenn die Zahlung an eine ausländische Versicherungseinrichtung erfolgt.

Nach der österreichischen Rechtslage sind Beiträge an eine ausländische gesetzliche Sozialversicherung dann abzugsfähig, wenn eine Vergleichbarkeit mit der inländischen gesetzlichen Sozialversicherung gegeben ist. Dabei wird darauf abgestellt, ob die geleisteten ausländischen Versicherungsbeiträge aufgrund der jeweils geltenden dortigen Rechtslage in voller Höhe einkommensmindernd berücksichtigt werden könnten (§ 16 Abs. 1 Z 4 lit. f öEStG).[14] Ob eine tatsächliche Berücksichtigung erfolgte, ist nicht relevant. Allerdings ist die Bestimmung sowie vergleichbare im Zusammenhang mit betrieblichen Einkünften grundsätzlich von dem Telos getragen, dass ein unmittelbarer Zusammenhang mit im Inland steuerpflichtigen Einkünften besteht. Wenn nun aber aufgrund eines DBA kein Besteuerungsrecht besteht, können Pflichtversicherungsbeiträge dennoch im Inland zum Abzug gebracht werden, vorausgesetzt es besteht ausreichend Substrat zur Gegenrechnung? Unter anderem mit dieser Frage hat sich der VwGH in den letzten Jahren in mehreren Erkenntnissen beschäftigt: Im Erkenntnis des VwGH vom 16.11.2021,[15] erzielte eine in Österreich unbeschränkt steuerpflichtige Person Einkünfte aus Vermietung und Verpachtung sowie Einkünfte aus selbständiger Arbeit in Österreich, aber auch Einkünfte aus Gewerbebetrieb als Einzelunternehmer eines in Deutschland ansässigen Unternehmens, wo nur beschränkte Steuerpflicht bestand. Nach den Regelungen des DBA Österreich – Deutschland war unstritti-

14 VwGH v. 16.11.2021 – Ra 2020/15/0077; so auch VwGH v. 20.10.2016 – Ra 2016/13/0038; VwGH v. 23.10.1997 – 96/15/0234; VwGH v. 14.12.2006 – 2005/14/0099; dazu auch BFG v. 19.1.2018 – RV/6100488/2017.

15 Dazu etwa *Beiser*, Österreichische Pflichtversicherungsbeiträge für ausländische Einkünfte sind in Österreich abzugsfähig, SWK 2022, 366; *Neumüller*, VwGH zur steuerlichen Berücksichtigung von Sozialversicherungsbeiträgen für ausländische Einkünfte, SWI 2022, 380; *Platzer*, VwGH zur Abzugsfähigkeit von Pflichtbeiträgen zur gesetzlichen Sozialversicherung, PV-Info 2022, 15; *Schmidjell-Dommes*, Rechtsprechung zum Internationalen Steuerrecht: VwGH – Teil 1: Niederlassungsfreiheit gebietet bei im Ausland beschränkt Steuerpflichtigen die steuerliche Berücksichtigung von österreichischen Pflichtbeiträgen zur Sozialversicherung i.Z.m. DBA-befreiten Einkünften, SWI 2023, 55; *Sutter*, Steuerliche Berücksichtigung grenzüberschreitender Pflicht-Vorsorgeaufwendungen – An der Schnittstelle von Sozialversicherungs- und Steuerrecht in Europa, in FS Zorn, Körperschaften im Steuerrecht, Wien LexisNexis 2022, 563 (571).

gerweise ausschließlich Deutschland an den gewerblichen Einkünften besteuerungsberechtigt, währenddessen der Ansässigkeitsstaat Österreich die Einkünfte unter Progressionsvorbehalt zu befreien hatte. Aufgrund der VO (EG) Nr. 883/2004 wurde der Steuerpflichtige ausschließlich im Wohnsitzstaat Österreich zur Sozialversicherung herangezogen, und zwar nicht nur im Hinblick auf die in Österreich steuerpflichtigen, sondern auch für die in Deutschland zu besteuernden und sonach in Österreich DBA-befreiten Einkünfte. Der Steuerpflichtige machte die auf die deutschen Einkünfte bezogenen Sozialversicherungsbeiträge steuerlich als Betriebsausgabe gem. § 4 Abs. 4 Z 1 lit. a EStG, wo nicht zwischen in- und ausländischen Versicherungsbeiträgen unterschieden wird, in Österreich geltend. Der VwGH hielt mit Verweis auf die Rechtsprechung des EuGH[16] zunächst fest, dass es die Niederlassungsfreiheit gebietet, auch jene Sozialversicherungsbeiträge zum Abzug zu bringen, die in Zusammenhang mit einer wirtschaftlichen Betätigung in einem anderen Mitgliedstaat stehen, auch wenn hinsichtlich der Einkünfte aufgrund der Anwendung eines DBA kein Besteuerungsrecht besteht.[17] Der VwGH betont sowohl im Hinblick auf die Pflichtversicherungsbeiträge bezüglich Kranken-, Unfall- und Arbeitslosenversicherung sowie Pensionsversicherung die grundsätzliche gegenüber dem Quellenstaat nachrangige Berücksichtigungspflicht durch den Ansässigkeitsstaat.[18] Bei den Pflichtbeiträgen zur Kranken-, Unfall- und Arbeitslosenversicherung handelt sich um die Berücksichtigung von „persönlichen Verhältnissen", wofür im Zweifel der Ansässigkeitsstaat zuständig ist.[19] Hinsichtlich der Pflichtbeiträge zur Pensionsversicherung kann offenbleiben, ob es sich um „persönliche Verhältnisse" im unionsrechtlichen Sinne handelt, da sie in jedem Fall „eine Einkunfts- und damit Steuerquelle" darstellen, „weshalb die solchen Pensionen zu-

16 EuGH v. 12.12.2002 – C-385/00 – de Groot.

17 VwGH v. 16.11.2021 – Ra 2020/15/0077 Rz. 27.

18 Die Abzugsfähigkeit von Sozialversicherungsbeiträgen davon abhängig zu machen, dass die Beiträge im Mitgliedstaat der Besteuerung entrichtet werden, verstößt gegen die Grundfreiheiten, vgl. EuGH v. 19.11.2009 – C-314/08 – Filipiak.

19 VwGH v. 16.11.2021 – Ra 2020/15/0077 Rz. 25 mit Verweis auf EuGH v. 12.6.2003 – C-234/01 – Gerritse; EuGH v. 11.8.1995 – C-80/94 – Wielockx; *Lang*, RIW 2005, 336 ff. Bereits in der Rs. Wielockx erblickte der EuGH die Verpflichtung des Quellenstaates, Gebietsfremden den Abzug von Altersvorsorgeaufwendungen zu gewähren, auch wenn ungewiss ist, ob der Quellenstaat letzten Endes auch an den Pensionseinkünften besteuerungsberechtigt sein wird.

grunde liegenden Beitragszahlungen insofern vorweggenommene Erwerbsaufwendungen darstellen und abzugsfähig sind."[20] Im vom Gericht zu entscheidenden Fall waren allerdings sämtliche Pflichtversicherungsbeiträge gem. § 4 Abs. 4 lit. a EStG als Betriebsausgaben in Österreich als Ansässigkeitsstaat abzugsfähig. Die steuerliche Wirksamkeit darf ihnen durch eine in einem DBA bestehende Befreiungsmethode nicht genommen werden. Nach *Sutter* müssen die Rechtsordnungen des Ansässigkeits- und Quellenstaates als „kommunizierende Gefäße begriffen werden" und insgesamt ein unionsrechtskonformes Ergebnis gewährleisten.[21]

Im Detail betrachtet differenzierte der VwGH zwischen Kranken- Unfall- und Arbeitslosenversicherung einerseits und Pensionsversicherungsbeiträgen andererseits: Hinsichtlich der Kranken-, Unfall- und Arbeitslosenversicherung gebietet es die Niederlassungsfreiheit, auch jenen Teil, welcher der gewerblichen Tätigkeit im Rahmen des in Deutschland gelegenen Gewerbebetriebes (Einzelunternehmen) zugeordnet werden kann und dort keine steuerliche Berücksichtigung gefunden hat, von dem in Österreich zu besteuernden Einkommen in Abzug zu bringen.[22] Dabei wird offengelassen, ob sich diese Verpflichtung ebenfalls aus den Grundfreiheiten der EU ergibt: Das Erkenntnis stellt nämlich auf die Besonderheit der Pensionsversicherungsbeiträge ab, die daraus resultiert, dass die Versicherungsbeiträge letzten Endes nach Übertritt in den Ruhestand zu Pensionseinkünften führen. Im Revisionsfall konnte jedoch dahingestellt bleiben, ob die Pensionsversicherungsbeiträge unter die „persönlichen Verhältnisse" fallen und aus diesen Gründen zu berücksichtigen sind.[23] Denn grundsätzlich – sofern sich der Sachverhalt in Zukunft nicht ändert – sind die Pensionen aus der gesetzlichen Sozialversicherung unter Art. 18 Abs. 2 DBA Österreich-Deutschland zu subsummieren und der Kassenstaat ist an den Sozialversicherungspensionen ohnedies besteue-

20 VwGH v. 16.11.2021 – Ra 2020/15/0077 Rz. 30.

21 *Sutter*, Steuerliche Berücksichtigung grenzüberschreitender Pflicht-Vorsorgeaufwendungen – An der Schnittstelle von Sozialversicherungs- und Steuerrecht in Europa, in FS Zorn, Körperschaften im Steuerrecht, Wien LexisNexis 2022, 563 (571).

22 Als Folge dessen können aber diese Sozialversicherungsbeiträge bei der für Zwecke des Progressionsvorbehalts erforderlichen – nach österreichischem Recht vorzunehmenden – Ermittlung des Gewinnes des in Deutschland gelegenen Gewerbebetriebes nicht (zusätzlich) in Abzug gebracht werden.

23 VwGH v. 16.11.2021 – Ra 2020/15/0077 Rz. 29.

rungsberechtigt.[24] Dafür müsste aber schon zum Beitragszeitpunkt bekannt sein, welcher Staat Jahre oder Jahrzehnte später an den Ruhegehältern besteuerungsberechtigt sein wird und wie die Regelungen des jeweils anwendbaren DBA konkret ausgestaltet sind. Offen bleibt, ob die Rechtsprechung differenziert ausfallen würde, wenn das jeweils anwendbare DBA eine andere Aufteilung der Besteuerungsrechte vorsieht und etwa – OECD-MA-konform – nur der Ansässigkeitsstaat besteuerungsberechtigt ist.[25]

Der VwGH argumentiert im Fall der Pensionsbeiträge nicht mit unionsrechtlichen Erwägungen, sondern vielmehr mit dem Sachlichkeitsgebot: Werden die Einkünfte aber steuerlich nicht erfasst, wie dies im konkreten Fall infolge der Anwendung der Freistellungsmethode erfolgt ist, muss dennoch die „einkommensmindernde Berücksichtigung der Pensionsbeiträge über eine entsprechende Zuordnung zu den inländischen Einkünften gewährleistet sein."[26] Da nach den Feststellung des BFG keine Berücksichtigung im Quellenstaat erfolgen konnte, „muss daher die einkommensmindernde Berücksichtigung der Pensionsbeiträge auch schon auf der Grundlage des originär-innerstaatlichen Rechts in Österreich gewährleistet werden, weshalb den [...] Pflichtbeiträgen zur Pensionsversicherung

24 Kritisch dazu aber *Sutter* in FS Zorn, 563 (577 f.), wonach zwischen den Pflichtversicherungsbeiträgen zur Pensionsversicherung und den Aktiveinkünften ein unmittelbarer Zusammenhang bestehe, da die Aktiveinkünfte für die Pensionsversicherungsbeiträge letztlich verantwortlich sind und damit einen engeren Bezug zu diesen aufweisen als zu den künftigen Pensionen, deren Besteuerung in der späteren Zukunft zum Beitragszeitpunkt völlig ungewiss ist. „Der Ansässigkeitsstaat sollte daher auch für eine steuerliche Berücksichtigung der Pensionsbeiträge als Aufwendungen der persönlichen Sphäre die Letztverantwortung tragen, d.h. eine steuerliche Berücksichtigung sicherstellen, wenn er dies auch im ausschließlichen Inlandsfall täte." In diese Richtung auch *Schmidjell-Dommes*, Rechtsprechung zum Internationalen Steuerrecht: VwGH – Teil 1: Niederlassungsfreiheit gebietet bei im Ausland beschränkt Steuerpflichtigen die steuerliche Berücksichtigung von österreichischen Pflichtbeiträgen zur Sozialversicherung i.Z.m. DBA-befreiten Einkünften, SWI 2023, 55.

25 Allerdings wurde durch die Rs. Bechtel (EuGH v. 22.7.2017 – C-20/16) klargestellt, dass Beiträge zur Altersvorsorge- und Krankenversicherung, die von den in einem anderen Mitgliedstaat als dem Wohnsitzmitgliedstaat erzielten Einkünften einbehalten werden, im Wohnsitzstaat berücksichtigt werden müssen. Der Umstand, dass das DBA keine Besteuerungsrechte vorsieht, kann nicht als Rechtfertigungsgrund für den Ausschluss von der Abzugsfähigkeit herangezogen werden.

26 VwGH v. 16.11.2021 – Ra 2020/15/0077 Rz. 31.

ihre steuerliche Wirksamkeit durch Anwendung der DBA-Freistellungsmethode nicht genommen werden darf.“[27]

Fraglich kann freilich noch sein, warum der Quellenstaat, aus dem die Einkünfte stammen und in dessen unmittelbarem Zusammenhang die Aufwendungen stehen, keine steuerliche Berücksichtigung der Pflichtbeiträge zulässt. Zumindest ist unionsrechtlich geklärt, dass der Quellenstaat diskriminierungsfrei einen Abzug von unmittelbar in Zusammenhang stehenden Pflichtbeiträgen zu gewähren hat.[28] *Sutter* wirft die Frage auf, ob für die Absetzbarkeit im Quellenstaat nur auf die bestehende ausländische Rechtslage oder auch auf die gerichtliche Durchsetzbarkeit unionsrechtlicher Ansprüche abzustellen ist.[29] Offenbar hält aber das Gericht die potentielle Verletzung von Unionsrecht durch den Quellenstaat für unbeachtlich. Diese zunächst geteilte Verantwortlichkeit zur Berücksichtigung mündet letzten Endes in eine Letztverantwortung des Ansässigkeitsstaates, die m.E. nur innerhalb der EU im Rahmen der Niederlassungs- bzw. Dienstleistungsfreiheit gelten kann. Im DBA Deutschland findet sich diesbezüglich in Art. 15 Abs. 7 im Übrigen eine Sonderregelung, wonach Beiträge einer unselbständig tätigen Person an eine im anderen Vertragsstaat errichtete und dort anerkannte Vorsorgeeinrichtung in gleicher Weise zu behandeln sind wie Beiträge an eine im erstgenannten Staat errichtete Einrichtung, sofern bereits vor Aufnahme der unselbständigen Tätigkeit Beiträge an die Einrichtung entrichtet wurden. Darüber hinaus ist in der österreichischen Rechtsprechung ungeklärt, ob unionsrechtliche Gründe auch für Pensionsbeiträge gelten, wo der VwGH mit dem Sachlichkeitsgebot argumentierte. Selbst wenn die Rechtslage im Ansässigkeitsstaat kohärent ausgestaltet ist und im umgekehrten Fall beschränkt Steuerpflichtige Aufwendung insoweit geltend machen können, als sie mit in Österreich steuerpflichtigen Einkünften in wirtschaftlichem Zusammenhang stehen, so könnte – womöglich abseits des Unionsrechts – trotz ausgewogener Aufteilung der Besteuerungsbefugnis – eine Berücksichtigung erforderlich sein.

---

27 VwGH v. 16.11.2021 – Ra 2020/15/0077 Rz. 32; s. dazu auch *Beiser*, Österreichische Pflichtversicherungsbeiträge für ausländische Einkünfte sind in Österreich abzugsfähig, SWK 2022, 366.

28 EuGH v. 6.12.2018 – C-480/19 – Montag; dazu auch *Schmidjell-Dommes*, SWI 2023, 55 (59).

29 *Sutter* in FS Zorn, 563 (582).

Um die Umsetzung der VwGH-Judikatur zu vereinfachen, wäre es erforderlich, in DBA eine Sonderregelung für Sozialversicherungspensionen aufzunehmen, die stets dem Quellenstaat ein Besteuerungsrecht einräumt. Sodann wäre der österreichische Besteuerungsanspruch ungeachtet eines allfälligen Wegzugs des Ruhegehaltsbeziehers ins Ausland gesichert, weil nach den Regelungen aller relevanten DBA der Quellenstaat Österreich besteuerungsberechtigt wäre. Gleichzeitig würde eine kohärente Berücksichtigung der Behandlung der Beiträge mit der Behandlung der Ruhebezüge erfolgen.

In weiterer Folge kam der VwGH in seinem Erkenntnis vom 29.3.2022[30] zum Ergebnis, dass ausländische Pflichtbeiträge auch dann im Ansässigkeitsstaat steuerlich abzugsfähig sind, wenn die Beitragshöhe das inländische Beitragsniveau übersteigt.

Der bisherigen Rechtsprechungslinie folgte der VwGH sodann in seinem Erkenntnis vom 29.9.2022:[31] Eine Letztverantwortung zur Berücksichtigung von Pflichtversicherungsbeiträgen (Pensions-, Kranken- und Unfallversicherung) liegt auch dann beim Ansässigkeitsstaat, wenn im Quellenstaat ebenfalls eine unbeschränkte Steuerpflicht besteht, sofern keine Berücksichtigung im Quellenstaat nach dem dort geltenden Recht erfolgen kann. Die unionsrechtlichen Grundfreiheiten gebieten es, die Beiträge im Ansässigkeitsstaat in Abzug zu bringen, falls im Quellenstaat keine Berücksichtigung erfolgen kann. „Für Pflichtbeiträge zur Pensionsversicherung ergebe sich schon aus innerstaatlichem Recht, dass sie im Rahmen der unbeschränkten Steuerpflicht zum Abzug zuzulassen sind, wenn im Quellenstaat keine steuerliche Berücksichtigung erfolgt.“ Ob eine Berücksichtigung im EU-ausländischen Quellenstaat erfolgen kann, ist durch das jeweilige Gericht unter erhöhter Mitwirkung des Steuerpflichtigen zu eruieren. Dabei genügt es, dass das ausländische Recht die Abzugsfähigkeit dem Grunde nach zulässt, auch wenn faktisch etwa aufgrund bereits eingetretener Verjährung kein Abzug mehr erfolgen kann. Freilich kann es herausfordernd sein, auf behördlicher oder gerichtlicher Ebene das ausländische nationale Recht im Hinblick auf mögliche Abzugsregelungen zu untersuchen, insbesondere wenn das ausländische

30 VwGH v. 29.3.2022 – Ro 2020/15/0002.

31 VwGH v. 29.9.2022 – Ra 2021/15/0005; *Schmidjell-Dommes*, VwGH – Teil 2: Pflichtversicherungsbeiträge i.Z.m. DBA-befreiten Einkünften eines im In- und Ausland unbeschränkt Steuerpflichtigen sind vorrangig im DBA-Ausland zu berücksichtigen, Rechtsprechung zum Internationalen Steuerrecht, SWI 2023, 193 ff.

Recht nicht auf Deutsch oder Englisch abgefasst oder übersetzt wurde. Grundsätzlich können Angaben des Steuerpflichtigen als Indiz oder Beweis zur steuerlichen Behandlung im Ausland herangezogen werden, das Gericht kann selbst ermitteln oder das Finanzamt mit Ermittlungen beauftragen. Wenn es den österreichischen Gerichten und Behörden nicht gelingen sollte, die ausländische Rechtslage zu ermitteln, könnte m.E. die Einholung von weiteren Informationen im Wege der Amtshilfe erfolgen. Im vorliegenden vom VwGH zu entscheidenden Fall im Verhältnis zu Deutschland waren zumindest die sprachlichen Barrieren überschaubar. So stellte der VwGH im vorläufig letzten Erkenntnis vom 24.10.2024[32] zu dieser Thematik mit Beschluss fest, dass im konkret zu entscheidenden Fall im Quellenstaat Deutschland die Möglichkeit bestanden hätte, die Beiträge steuerlich zum Abzug zu bringen. Dem Umstand der unbeschränkten oder beschränkten Steuerpflicht im Ausland scheint das Gericht keine Bedeutung beizumessen. Im Ergebnis erlangt dieser Umstand aber Relevanz wegen möglicherweise restriktiverer Abzugsmöglichkeiten im Quellenstaat. Daher waren im vorliegenden Fall nur jene Beiträge in Österreich abzugsfähig, die nicht schon in Deutschland steuerlich Berücksichtigung fanden oder hätten können.

Zusammenfassend kann also festgestellt werden, dass Altersvorsorgebeiträge im Ansässigkeitsstaat – aufgrund einer dort bestehenden sekundären Berücksichtigungspflicht – eine steuerliche Berücksichtigung erfahren müssen, auch wenn der Ansässigkeitsstaat die zugrunde liegenden Einkünfte aufgrund der im DBA normierten Befreiungsmethode nicht besteuern darf, sofern der Quellenstaat keine Berücksichtigung zulässt.[33] Aus Pensionsversicherungsbeiträgen resultieren letzten Endes Sozialversicherungspensionen, die im konkret vom Gericht zu entscheidenden Fall gem. Art. 18 Abs. 2 DBA Österreich-Deutschland ausschließlich im Kassenstaat besteuert werden dürfen (abstrakte Symmetrie).

Bezüge aus Pensionskassen sind nach österreichischem nationalen Recht gem. § 25 Abs. 1 Z 2 lit. b öEStG zu 75 % steuerfrei, da sie im Beitragszeitpunkt aus versteuertem Einkommen geleistet werden. Nur 25 % der Pensionskassenbezüge werden steuerlich erfasst. Werden Bezüge aus ausländischen Pensionskassen bezogen, so ist durch den Steuerpflichtigen

32 VwGH v. 24.10.2024 – Ra 2023/15/0048; *Schmidjell-Dommes*, Rechtsprechung zum Internationalen Steuerrecht: VwGH neuerlich zur steuerlichen Berücksichtigung von Pflichtversicherungsbeiträgen i.Z.m. DBA-befreiten Einkünften, SWI 2025, 474.

33 Siehe inzwischen daher auch öLStR 2002, Rz. 244a.

die bereits vorgenommene Besteuerung der Beiträge (z.B. durch eine Bestätigung der Pensionskasseneinrichtung über das Vorliegen von Arbeitnehmerbeiträgen) nachzuweisen, um in den Genuss der partiellen Steuerbefreiung zu kommen. Darüber hinaus stellt die Rechtsprechung darauf ab, dass es sich um Pflichtbeiträge handelt.[34]

3. Sonderregelungen zur Behandlung von Beiträgen in Doppelbesteuerungsabkommen

Die DBA behandeln die Abzugsfähigkeit von Sozialversicherungszahlungen in aller Regel nicht, die im OECD-MA befindlichen Standardklauseln Art. 18 und 19 beinhalten nur die Aufteilung der Besteuerungsrechte. Der OECD-MK enthält in der Kommentierung zu Art. 18[35] jedoch eine optionale Bestimmung, die keine Verteilungsnorm im klassischen Sinn, sondern vielmehr eine Regelung zur diskriminierungsfreien Einkommensermittlung darstellt. Das primäre Ziel dieser Regelung ist, Beiträge an eine anerkannte ausländische Pensionskasse der gleichen steuerlichen Behandlung zu unterziehen wie Beiträge an eine inländische Pensionskasse. Somit soll eine steuerliche Gleichbehandlung im Gaststaat, in dem eine Tätigkeit ausgeübt wird, erfolgen, wenn Beiträge aufgrund einer Ruhestandsvorsorge im Heimatstaat anfallen. Zusätzlich wurde auch eine Variante aufgenommen, wenn die die Ruhebezüge auszahlende Pensionskasse in einem dritten Staat errichtet ist. Ein Vorteil der optionalen Bestimmung liegt in der Harmonisierung der steuerlichen Behandlung zum Beitragszeitpunkt. Allerdings kann nicht Vorsorge dafür getroffen werden, dass zum Zeitpunkt des Ruhegehaltsbezugs die steuerliche Behandlung mit jener zum Beitragszeitpunkt korreliert, um damit intertemporale Doppelnichtbesteuerung bzw. Doppelbesteuerung zu verhindern.

Soweit ersichtlich enthalten allerdings nur wenige Abkommen eine der Sonderregelung des OECD-MK vergleichbare Klausel. Auch in den österreichischen DBA sind vergleichbare Bestimmungen äußerst selten, so etwa in Art. 18 Abs. 5 DBA Österreich-USA und Art. 15 Abs. 7 DBA Österreich-Deutschland. Innerhalb der EU ist die Gleichbehandlung grund-

34 BFG v. 27.2.2024 – GZ RV/1100317/2020. Dahinter steht womöglich die Überlegung, dass Pflichtbeiträge nach ausländischem Recht stets steuerlich berücksichtigt werden können, während freiwillige Beiträge aus bereits versteuertem Einkommen geleistet werden.

35 OECD-Musterkommentar 2025, Art. 18 Rz. 37; s. dazu *Dommes*, Pensionen im Recht der DBA, 85.

sätzlich durch die Grundfreiheiten und die Rechtsprechung sichergestellt.[36]

V. Ruhegehälter im grenzüberschreitenden Kontext – sozialversicherungsrechtliche und steuerliche Aspekte

1. Ruhegehälter im Rahmen des zwischenstaatlichen Sozialversicherungsrechtes

a) EU-Verordnung zur Koordinierung der Systeme der sozialen Sicherheit (VO (EG) Nr. 883/2004)

Grundsätzlich richten sich Ansprüche gegen einzelne Versicherungsträger im Bereich der Altersvorsorge nach dem Recht des Staates, in dem die Versicherungszeiten erworben wurden. Jeder Mitgliedstaat bleibt daher für seine Ansprüche verantwortlich und kein Versicherungsträger übernimmt Leistungspflichten eines Trägers aus einem anderen Mitgliedstaat. Dementsprechend richtet sich auch die Frage der Anspruchsberechtigung für einen Ruhebezug, also ab welchem Alter und in welcher Höhe Ruhebezüge ausbezahlt werden, nach dem jeweiligen nationalen Recht.

Ein Pensionsantrag sollte grundsätzlich im Wohnsitzstaat gestellt werden und dieser leitet dann nach dem Prinzip der Antragsgleichstellung das zwischenstaatliche Pensionsverfahren ein (Art. 50 Abs. 1 VO (EG) Nr. 883/2004). Es ist also nicht notwendig, in allen Staaten, in denen Beiträge erworben wurden, einen eigenen Antrag zu stellen. Wurden Pensionsversicherungszeiten in mehreren Staaten zurückgelegt, werden die Versicherungszeiten grundsätzlich zusammengerechnet (Art. 6 VO (EG) Nr. 883/2004). Die in Betracht kommenden Versicherungsträger werden kontaktiert und die Versicherungszeiten auf Trägerebene ausgetauscht. Die anspruchsberechtigte Person durchläuft somit ein möglichst einfaches Verfahren.

b) Sozialversicherungsabkommen

Die durch Österreich abgeschlossenen Sozialversicherungsabkommen unterscheiden sich häufig, jedoch enthalten alle Abkommen Bestimmungen zu Ruhegehältern. Der sachliche Anwendungsbereich betrifft regel-

36 Siehe z.B. EuGH v. 3.10.2002 – C-136/00 – Danner; EuGH v. 23.4.2009 – C-544/07 – Rüffler.

mäßig die jeweilige nationale Pensionsversicherung der ersten Säule.[37] Inhaltlich finden sich dann beispielsweise Regelungen zum Leistungsexport, also zur Möglichkeit der Auszahlung von Ruhegehältern bei ausländischem Wohnsitz, sowie zur Zusammenrechnung von Versicherungszeiten. Durch die Zusammenrechnung von Versicherungszeiten erhalten Personen die Möglichkeit, aus zwei Staaten Versicherungsleistungen zu erhalten, auch wenn die Versicherungszeit in einem Staat für sich genommen nicht ausreichen würde.[38] Ob, ab welchem Alter und in welcher Höhe ein Anspruch auf Ruhebezug besteht, richtet sich nach dem jeweiligen nationalen Recht. Im Fall der Zusammenrechnung von Versicherungszeiten wird die Höhe des Ruhebezugs dennoch nur anhand der in einem Staat entrichteten Beiträge berechnet.

c) Beitragspflicht durch Ruheständler

In der Regel unterliegen Ruheständler keiner umfassenden Beitragspflicht zur Sozialversicherung. In Österreich besteht etwa für Ruheständler nur eine Beitragspflicht in die Krankenversicherung, nicht aber in die Pensionsversicherung. Wie auch im Fall von Beiträgen durch aktiv Beschäftigte ist die Praxis der Staaten hinsichtlich der Beitragsleistungen durch Ruheständler unterschiedlich, zum Teil ist ein Sozialversicherungsbeitrag zu leisten, zum Teil erfolgt eine Finanzierung ausschließlich durch Steuern.

Die Art. 23 bis 25 VO (EG) Nr. 883/2004 legen fest, welcher Staat in der Krankenversicherung für Pensionisten zuständig ist. Nur dieser Staat kann Beiträge einheben, sofern eine Beitragspflicht im nationalen Recht dieses Staates vorgesehen ist. Grundsätzlich ist der Wohnsitzstaat zuständig, sofern in diesem ein Anspruch auf Ruhegehalt besteht (Art. 23) oder, wenn kein Anspruch im Wohnsitzstaat besteht, ein anderer Staat, der ein Ruhegehalt leistet (Art. 24). Sachleistungen aus der Krankenversicherung werden dann vom Träger des Wohnsitzstaates für Rechnung des zuständigen Trägers im anderen Mitgliedstaat erbracht, als ob die betreffende Person Anspruch nach den Rechtsvorschriften dieses Mitgliedstaats hätte.

---

37 Siehe z.B. Art. 2 Abs. 1 lit. a Abkommen zwischen der Republik Österreich und Japan über soziale Sicherheit, BGBl. III 134/2025.

38 In Österreich beträgt die Mindestversicherungszeit beispielsweise 15 Jahre.

Wenn Krankenversicherungsbeiträge im Ansässigkeitsstaat geleistet werden und auch Leistungspflicht in diesem Staat besteht, sollte die wirtschaftliche Last bei dem Staat liegen, der auch die Beiträge vereinnahmt. Kommt aber der Staat, der die Ruhebezüge zu zahlen hat, zum Zug, auch die Sachleistungen zu finanzieren, so wird häufig der Staat wirtschaftlich belastet, der aber selbst kein Besteuerungsrecht an den Ruhebezügen hat (s. dazu später). Andererseits ist die Abzugsfähigkeit der Beiträge dann möglich, wenn auch die Rente im Ansässigkeitsstaat besteuert werden darf und somit Substrat zur Gegenrechnung zur Verfügung steht.

2. Ruhegehälter im Rahmen des zwischenstaatlichen Steuerrechts

a) Besteuerung im Ansässigkeits- oder Quellenstaat?

Die Frage, ob ganz allgemein eine Besteuerung von Ruhegehältern im Quellen- oder Ansässigkeitsstaat oder einem anderen Staat erfolgen soll, beschäftigt die Fachwelt schon sehr lange und ist nach wie vor Gegenstand von Debatten. Schon im Jahr 1892 verwarf *Schanz* das Prinzip der Besteuerung im Ansässigkeitsstaat, im Staat der Staatsangehörigkeit oder im Staat der physischen Präsenz zugunsten einer Besteuerung im Staat der „wirtschaftlichen Zugehörigkeit“. „Wirtschaftliche Zugehörigkeit“ fuße dabei entweder auf Konsum oder wirtschaftlicher Aktivität. Sie entspricht den „beiden Anforderungen einer innerlich begründeten und zugleich wirksamen Abgrenzung am meisten“.[39] Ähnliche Überlegungen wurden auch im 1923 Report on Double Taxation by the Financial Committee of the League of Nations angestellt: Eine Aufteilung der Besteuerungsrechte möge sich nach den „Interessen“ des Steuerpflichtigen in unterschiedlichen Jurisdiktionen orientieren. 1925 wurde sodann eine generelle Quellenbesteuerung – über Ruhegehälter hinausgehend – breiter vertreten und schon 1928 wurde präzisiert, dass Einkünfte aus nichtselbständiger Arbeit, sofern es sich nicht um Angestellte im öffentlichen Dienst handelt, grundsätzlich im Tätigkeitsstaat besteuert werden sollen.[40] Wenn man sich nun der Praktikabilität eines allgemeinen Quellenbesteuerungsrechtes für Ruhegehälter nähern möchte, stellt sich die Frage nach dem

39 *Schanz*, Zur Frage der Steuerpflicht, 9, Finanz Archiv 2, 1892, S. 484.
40 *Schwartz*, Taxation of Remote Workers – Is the Allocation of Taxation Rights in Line with the Benefit Principle?, World Tax Journal, 2023, Vol. 15, No. 4.

potentiellen Quellenstaat:[41] Um die Quelle festzustellen, muss der „Ursprung“ einer Zahlung festgestellt werden. Da jedenfalls eine enge Verknüpfung zwischen Ruhegehalt und früherer unselbständiger Arbeit besteht, könnte auf den Staat als Quellenstaat abgestellt werden, in dem die aktive Tätigkeit, für die ein Ruhegehalt bezogen wird, ausgeübt wurde. Häufig wird es sich dabei auch um den Ansässigkeitsstaat des Arbeitgebers handeln. Diese Überlegungen weitergedacht, kommt man aber recht schnell auf die Idee, dass es nicht nur die unselbständige Arbeit oder die Ansässigkeit des Arbeitgebers sein muss, sondern dass es wohl auch vor allem darauf ankommen müsste, in welchem Staat die Beiträge zur Ruhestandsvorsorge steuerlich berücksichtigungsfähig waren. Durch diese Anknüpfung an einen Quellenstaat könnte man auch sicherstellen, dass jener Staat letzten Endes ein Besteuerungsrecht erhält, der auch die finanzielle Last der Steuermindereinnahme zu tragen hatte. Von einem ähnlichen Gedanken getragen ist aber auch argumentierbar, den Ansässigkeitsstaat der Altersvorsorgeeinrichtung als Quellenstaat zu definieren. Dieser Staat hat die finanzielle Last der Ruhebezüge zu tragen, schon daraus könnte geschlossen werden, dass nur dieser Staat der „richtige“ Quellenstaat sei. Schließlich wird in der Literatur auch ins Treffen geführt, dass theoretisch auch der Staat, in dem die Investitionen durch die Altersvorsorgeeinrichtung getätigt wurden, als Quellenstaat in Betracht komme.[42] Neben dieser Grundsatzfrage, welche Staat der „richtige“ Quellenstaat sein mag, ist allen Quellenstaatszenarien die Komplexität der Anwendung gemeinsam: In vielen Fällen werden Ruheständler mehr als einen, womöglich eine Vielzahl an Quellenstaaten haben. Das Konzept des „richtigen“ Quellenstaates müsste flächendeckend durch die Staaten auf gleiche Weise umgesetzt sein, damit es bei der Aufteilung der Besteuerungsrechte zu keinem Konflikt kommt. Sodann sind Ruheständler aber gefordert, ihren steuerlichen Pflichten in all diesen Quellenstaaten nachzukommen. Sozialversicherungsrechtlich wird ein Ruhegehalt durch den Versicherungsträger ausgezahlt, bei dem auch die Einzahlungen erfolgt sind. Ruheständler sind daher jedenfalls gefordert, sich mit ihren Ansprüchen direkt oder – auf Basis der VO (EG) Nr. 883/2004 indirekt – an den jeweiligen Versicherungsträger zu wenden. Daher wäre

41 Siehe dazu im Detail auch *Dommes*, Pensionen, 69 f.

42 Vgl. *Kemmeren* in Lang/Pistone/Schuch/Staringer, Source vs. Residence, 253 (274).

es aus Praktikabilitätsüberlegungen naheliegend, in diesem Staat auch die Quelle des Ruhegehalts zu erkennen. Den steuerlichen Pflichten könnte durch eine Abzugssteuer des Versicherungsträgers begegnet werden.

b) Sozialversicherungspensionen im OECD-MA

Der OECD-MK kommt zum Schluss, dass erhebliche administrative und verwaltungstechnische Schwierigkeiten bestehen, den Quellenstaat festzustellen.[43] Daher sieht Art. 18 OECD-MK bereits seit 1963 vor, dass grundsätzlich der Ansässigkeitsstaat des Ruhegehaltsempfängers an den Ruhegehältern für frühere unselbständige Arbeit besteuerungsberechtigt sein soll. Art. 18 OECD-MA setzt damit das Prinzip der Besteuerung im Ansässigkeitsstaat des Ruhegehaltsempfängers um. Neben administrativen Überlegungen soll demnach auch die Leistungsfähigkeit des Ruheständlers für eine Besteuerung im Ansässigkeitsstaat sprechen.[44] Ob der Ansässigkeitsstaat tatsächlich besteuert oder eine gänzliche Befreiung gewährt, eine Flat Tax für Pensionisten zur Anwendung gelangt oder – wie etwa in Österreich – die Tarifbesteuerung greift, obliegt dem nationalen Recht des besteuerungsberechtigten Ansässigkeitsstaates.

Die im OECD-MA vorgesehene ausschließliche Besteuerung im Ansässigkeitsstaat statt dem Quellenstaat hat zur Folge, dass die steuerliche Behandlung zum Zeitpunkt der Leistung der Pflichtversicherungsbeiträge nicht mit der steuerlichen Behandlung des Ruhebezugs korreliert und es daher zu Doppel- bzw. Doppelnichtbesteuerung kommen kann. Nach der Rechtsprechung des VwGH sind finanzielle Nachteile aufgrund der Nichtabzugsfähigkeit von Pflichtbeiträgen zum Zeitpunkt der Beitragsleistung nach dem Recht eines ausländischen Staates jedoch i.d.R. nicht diskriminierend: Im konkret zu entscheidenden Fall wurde die Rechtslage in Österreich als nicht diskriminierend gewertet, die finanziellen Nachteile resultierten vielmehr aus Unterschieden zwischen dem ausländischen (im konkreten Fall dem deutschen) und dem österreichischen Steuerrecht:

43 OECD-Kommentar 2025, Art. 18 Rz. 17 ff.; dazu auch *Andreoni*, Cross-Border Tax Issues of Pensions, Intertax 2006, 245 (249 f.).

44 OECD-Kommentar 2025, Art. 18 Rz. 17.

„Allerdings garantiert der EG-Vertrag einem Unionsbürger nicht, dass die Verlagerung seiner Tätigkeit in einen anderen Mitgliedstaat als demjenigen, in dem er bis dahin gewohnt hat, hinsichtlich der Besteuerung neutral ist. Auf Grund der Unterschiede im Steuerrecht der Mitgliedstaaten kann eine solche Verlagerung je nach dem Einzelfall auch Vor- oder Nachteile bei der Besteuerung haben (vgl das Urteil des EuGH vom 12. Juli 2005, C-403/03, Schempp).“[45]

In sachlicher Hinsicht umfasst Art. 18 OECD-MA „Ruhegehälter und ähnliche Vergütungen“. Primärer Anwendungsbereich des Art. 18 OECD-MA ist die grenzüberschreitende Zahlung eines „Ruhegehaltes“. Der Begriff „Ruhegehalt“ ist im OECD-MA nicht definiert. Grundsätzlich sind zur Abgrenzung von Ruhegehältern zu anderen Vergütungen für frühere unselbständige Arbeit die Eigenschaften der Zahlung vor dem Hintergrund der Umstände des Einzelfalls zu untersuchen.[46] Dabei spielt m.E. auch das nationale Recht des Staates, in dem der Pensionsanspruch begründet wurde, eine zentrale Rolle.[47] Die Einordnung im Staat der Auszahlung hat wohl großes Gewicht, muss aber auch nicht ungeprüft vom Ansässigkeitsstaat übernommen werden.

In aller Regel beinhaltet die Verteilungsnorm des Art. 18 auch Sozialversicherungspensionen für frühere unselbständige Arbeit[48] sowie alle anderen Vergütungen, die zur Altersvorsorge für frühere unselbständige Arbeit gezahlt werden. Somit sind etwa auch Firmenpensionen vom Anwendungsbereich erfasst.

45 VwGH v. 14.12.2006 – 2005/14/0099.

46 Dazu näher *Dommes*, Pensionen, 31 ff.

47 In Österreich sind etwa Pensionen aus einer ausländischen gesetzlichen Sozialversicherung, die einer inländischen gesetzlichen Sozialversicherung entspricht, Einkünfte aus nichtselbständiger Arbeit gem. § 25 EStG. § 25 EStG ist jedoch nur auf solche Pensionen anwendbar, bei denen die Beiträge als Werbungskosten absetzbare Pflichtbeiträge darstellen. Freiwillig geleistete Versicherungsbeiträge können nicht den Tatbestand des § 25 EStG erfüllen (VwGH v. 14.12.2006 – 2005/14/0099). Nach der Rechtsprechung des BFG (BFG v. 21.10.2024 – RV/7104445/2020) ist für die abkommensrechtliche Einordnung eines Ruhegehaltes gem. Art. 3 Abs. 2 OECD-MA ein Rückgriff auf nationales Recht erforderlich. Allerdings wird dem nationalen Recht des Quellenstaates keine Beachtung geschenkt, sondern es komme vorrangig auf das Recht des Ansässigkeitsstaates des Ruhegehaltsempfängers an (im konkreten Fall österreichisches nationales Recht).

48 Siehe dazu *Dommes*, Pensionen im Recht der DBA, 54; OECD-Kommentar 2025, Rz. 24.

Abzugrenzen sind Ruhegehälter nach Art. 18 von solchen, die für eine frühere Tätigkeit im öffentlichen Dienst („für die diesem Staat oder der Gebietskörperschaft geleisteten Dienste“) von einem Vertragsstaat, einer seiner Gebietskörperschaften oder aus einem von diesem Staat, oder der Gebietskörperschaft errichteten Sondervermögen gezahlt werden und unter Art. 19 Abs. 2a OECD-MA fallen. Diese sollen im Kassenstaat, also dem Staat, in dem die auszahlende Stelle ansässig ist, besteuert werden. In welchem Staat die zum Ruhebezug führende Tätigkeit ausgeübt wurde, ist unbeachtlich. Auch auf die Ansässigkeit des Einkünfteempfängers kommt es grundsätzlich nicht an (wohl freilich aber für die Anwendung des jeweiligen DBA). Im OECD-MA, das in dieser Hinsicht weitgehend in die bilateral abgeschlossenen DBA übernommen wurde, wird somit nach dem früheren Arbeitgeber unterschieden. Ist der Staat im weitesten Sinn der Arbeitgeber, so soll nicht ein anderer Staat die daraus resultierenden Vergütungen (Aktiv- und Ruhebezug) besteuern können. Durch das Kassenstaatsprinzip soll den Regeln der internationalen Courtoisie und gegenseitigen Achtung souveräner Staaten Rechnung getragen werden“.[49] Man ortet offenkundig unplanbare Widrigkeiten und Risiken, könnten Staatsbedienstete der Steuerhoheit eines anderen Staates unterliegen. In ähnlicher Weise haben auch Diplomaten einen steuerlichen Sonderstatus. Bei Ruhebezügen aufgrund einer früheren privatwirtschaftlichen Tätigkeit ist insbesondere der Aspekt des Eingriffs in die Souveränität eines anderen Staates offenkundig unproblematisch.

Dagegen fallen Ruhebezüge für frühere selbständige Arbeit grundsätzlich nicht unter Art. 18 OECD-MA.[50] Selbst wenn es sich dabei um Sozialversicherungspensionen handelt, so vermag Art. 18 nicht zu greifen, da die Vergütung eben für selbständige und nicht unselbständige Arbeit geleistet wird. Nach der österreichischen Verwaltungspraxis soll Art. 21 OECD-MA („andere Einkünfte“) zur Anwendung gelangen.[51]

---

49 OECD-Kommentar 2010, Art. 19 Rz. 1; kritisch *Lang*, IStR 2005, 289 (294); dazu auch *Dommes*, Pensionen im Recht der DBA, 121.

50 OECD-Kommentar 2025, Art. 18 Rz. 7 sowie Rz. 26; s. auch BMF EAS 3447 v. 23.8.2023, Ruhebezüge von selbständigen Ärzten.

51 BMF EAS 3447 v. 23.8.2023, Ruhebezüge von selbständigen Ärzten.

Übersicht über verschiedene Konstellationen zur Veranschaulichung von Beitragsleistung und Besteuerung von Ruhebezügen gem. Art. 18 OECD-MA (aufbauend auf der Übersicht unter IV.2.b)):

	Jurisdiktion A Früherer Arbeitgeberstaat Neuer Ansässigkeitsstaat	Jurisdiktion B Früherer Ansässigkeitsstaat
Konstellation 1 (Tätigkeitsausübung in einem einzigen Staat):	– **Besteuerungsrecht (Art. 18 OECD-MA)**	– Beitragsleistung an Versicherungsträger (Art. 11 Abs. 3 VO (EG) Nr. 883/2004) – Besteuerungsrecht (Art. 15 OECD-MA)
Konstellation 2 (Tätigkeitsausübung in mehreren Staaten, wesentlicher Teil im WS-Staat):	– Besteuerungsrecht (Art. 15 OECD-MA) – **Besteuerungsrecht (Art. 18 OECD-MA)**	– Beitragsleistung an Versicherungsträger (Art. 13 Abs. 1 lit. a VO (EG) Nr. 883/2004) – Besteuerungsrecht (Art. 15 OECD-MA)
Konstellation 3 (Tätigkeitsausübung in mehreren Staaten, kein wesentlicher Teil im WS-Staat):	– Beitragsleistung an Versicherungsträger (Art. 13 Abs. 1 lit. b Ziff. i VO (EG) Nr. 883/2004) – Besteuerungsrecht (Art. 15 OECD-MA) – **Besteuerungsrecht (Art. 18 OECD-MA)**	– Besteuerungsrecht (Art. 15 OECD-MA)

Übersicht über verschiedene Konstellationen zur Veranschaulichung von Beitragsleistung und Besteuerung von Ruhebezügen gem. Art. 18 OECD-MA in Dreistaatenkonstellation:

	Jurisdiktion A Arbeitgeber	Jurisdiktion B Früherer Ansässigkeitsstaat	Jurisdiktion C Neuer Ansässigkeitsstaat
Konstellation 1 (Tätigkeitsausübung in einem einzigen Staat):		– Beitragsleistung an Versicherungsträger (Art. 11 Abs. 3 VO (EG) Nr. 883/2004) – Besteuerungsrecht (Art. 15 OECD-MA)	– **Besteuerungsrecht (Art. 18 OECD-MA)**
Konstellation 2 (Tätigkeitsausübung in mehreren Staaten, wesentlicher Teil im WS-Staat):	– Besteuerungsrecht (Art. 15 OECD-MA)	– Beitragsleistung an Versicherungsträger (Art. 13 Abs. 1 lit. a VO (EG) Nr. 883/2004) – Besteuerungsrecht (Art. 15 OECD-MA)	– **Besteuerungsrecht (Art. 18 OECD-MA)**
Konstellation 3 (Tätigkeitsausübung in mehreren Staaten, kein wesentlicher Teil im WS-Staat):	– Beitragsleistung an Versicherungsträger (Art. 13 Abs. 1 lit. b Ziff. i VO (EG) Nr. 883/2004) – Besteuerungsrecht (Art. 15 OECD-MA)	– Besteuerungsrecht (Art. 15 OECD-MA)	– **Besteuerungsrecht (Art. 18 OECD-MA)**

c) Optionale Sonderregelungen zur Behandlung von Ruhegehältern im OECD-MK

Die im OECD-MK den Staaten zur Auswahl gestellten optionalen Sonderregelungen sind vielfältig: Neben der Musterbestimmung des Art. 18 OECD-MA werden im OECD-MK Sonderregelungen zur Einräumung eines allgemeinen oder spezifischen Quellenbesteuerungsrechtes für Ruhegehälter vorgeschlagen.[52] Dadurch könne sich die Besteuerung im Quellenstaat besser an der Höhe des Ruhegehaltes orientieren, Billigkeitserwägungen berücksichtigen und damit letztlich gerechter sein.[53] Wie bereits dargelegt, kann es jedoch schwierig sein, den Staat festzulegen, aus dem die Ruhegehälter „stammen".

Die optionalen Regelungen sehen etwa ein begrenztes oder unbegrenztes Quellenbesteuerungsrecht vor.[54] Mitunter wird ein Quellenbesteuerungsrecht auch davon abhängig gemacht, dass der Ansässigkeitsstaat sein ihm zugeteiltes Recht auf Besteuerung nicht ausübt und der Quellenstaat folglich einspringt, um Doppelnichtbesteuerung zu vermeiden. Quellenstaat ist jener, aus dem die Ruhegehälter „stammen".

Weiters wird eine Regelung zur allgemeinen Quellenbesteuerung von Sozialversicherungspensionen vorgeschlagen.[55] Wann Zahlungen aufgrund der Sozialversicherungsgesetzgebung eines Vertragsstaates geleistet werden, richtet sich nach dem nationalen Recht dieses Staates. Die Aufnahme einer solchen Regelung erscheint m.E. insbesondere sinnvoll, um die Steuerbelastung an die Höhe des Ruhegehalts anzupassen und damit die Leistungsfähigkeit des Steuerpflichtigen zu berücksichtigen. Denn bestehen eklatante Unterschiede hinsichtlich des Steuerniveaus im Ansässigkeits- und Quellenstaat, kann ein Ruhebezug in Relation zu hoch oder zu niedrig besteuert werden. Freilich nicht in Betracht gezogen werden kann das Preisniveau im Ansässigkeitsstaat, das aber ohnedies bereits nicht mit der Höhe des Ruhegehalts korreliert.

52 OECD-Kommentar 2025, Art. 18, Rz. 15 ff.
53 OECD-Kommentar 2025, Art. 18, Rz. 18.
54 OECD-Kommentar 2025, Art. 18, Rz. 15.
55 OECD-Kommentar 2025, Art. 18, Rz. 24.

Übersicht über verschiedene Konstellationen zur Veranschaulichung von Beitragsleistung und Besteuerung von Sozialversicherungspensionen im Kassenstaat:

	Jurisdiktion A Früherer Arbeitgeberstaat Neuer Ansässigkeitsstaat	Jurisdiktion B Früherer Ansässigkeitsstaat
Konstellation 1 (Tätigkeitsausübung in einem einzigen Staat):	– **Ggf. Anrechnungsmethode**	– Beitragsleistung an Versicherungsträger (Art. 11 Abs. 3 VO (EG) Nr. 883/2004) – Besteuerungsrecht (Art. 15 OECD-MA) – **Besteuerungsrecht Sonderregelung Sozialversicherungspension**
Konstellation 2 (Tätigkeitsausübung in mehreren Staaten, wesentlicher Teil im WS-Staat):	– Besteuerungsrecht (Art. 15 OECD-MA) – **Ggf. Anrechnungsmethode**	– Beitragsleistung an Versicherungsträger (Art. 13 Abs. 1 lit. a VO (EG) Nr. 883/2004) – Besteuerungsrecht (Art. 15 OECD-MA) – **Besteuerungsrecht Sonderregelung Sozialversicherungspension**
Konstellation 3 (Tätigkeitsausübung in mehreren Staaten, kein wesentlicher Teil im WS-Staat):	– Beitragsleistung an Versicherungsträger (Art. 13 Abs. 1 lit. b Ziff. i VO (EG) Nr. 883/2004 – Besteuerungsrecht (Art. 15 OECD-MA – **Besteuerungsrecht Sonderregelung Sozialversicherungspension**	– Besteuerungsrecht (Art. 15 OECD-MA)

Schließlich enthält die Kommentierung der OECD eine Sonderregelung, die eine Steuerbefreiung von Ruhegehältern im Ansässigkeitsstaat vorsieht, sofern die Ruhegehälter auch im Quellenstaat steuerfrei wären, würden sie an eine dort ansässige Person ausgezahlt werden.[56] Dadurch soll verhindert werden, dass Ruhegehälter, die nicht auf eine Besteuerung

56 OECD-Kommentar 2025, Art. 18, Rz. 22.

ausgerichtet sind, im Ansässigkeitsstaat aufgrund von systematischen Unterschieden besteuert werden. Etwa könnten die Beiträge in einem Staat während der Aktivzeit nicht zum Abzug zugelassen worden sein und die daraus resultierenden Ruhebezüge sollen in der Folge steuerfrei belassen werden. Diese systembedingte Steuerbefreiung soll infolge eines Ansässigkeitswechsels beibehalten und auf Abkommensebene implementiert werden.

VI. Fazit

Doppelbesteuerungsabkommen und Sozialversicherungsrecht sind nicht harmonisiert. Doppelbesteuerungsabkommen sollen Doppelbesteuerung und Doppelnichtbesteuerung vermeiden. Die VO (EG) Nr. 883/2004 soll die doppelte Beitragsleistung und die Nichtbeitragsleistung vermeiden. Die Staaten betreiben unterschiedliche Systeme, um Sozialversicherungsleistungen zu finanzieren. Das Spektrum reicht von unmittelbarer Finanzierung durch Sozialversicherungsbeiträge bis hin zur Finanzierung durch Steuern.[57] Steuerpolitisch stellt sich die Frage, ob die Finanzierung der Alterssicherung beim Anfall der Beiträge und bei der Besteuerung eine Rolle spielen soll: Erfolgt die Finanzierung der Ruhegehälter über Steuereinnahmen, so scheint ein unmittelbarer Konnex zur nachträglichen Besteuerung des Ruhegehaltes zu bestehen. Ein vielleicht nicht unmittelbarer, aber zumindest mittelbarer Konnex besteht aber auch im Fall eines Umlageverfahrens, wenn die arbeitende Bevölkerung durch Beiträge die Ruhebezüge der im Ruhestand befindlichen Bevölkerung finanziert und der Staat im Fall einer finanziellen Lücke einspringen muss.

Um eine diskriminierungsfreie Berücksichtigung von Beiträgen zur Ruhestandsvorsorge sicherzustellen, wenn der Staat der Beitragsleistung nicht mit dem Staat korreliert, in dem die Einkünfte besteuert werden dürfen, können Sonderregelungen in die DBA aufgenommen werden, die die Abzugsfähigkeit der Beiträge in Abhängigkeit der jeweiligen nationalen Rechtsordnungen regeln. Darüber hinaus könnte mit dem Sachlichkeitsgebot argumentiert und dem Ansässigkeitsstaat eine sekundäre Berücksichtigungsverpflichtung angeordnet werden.

---

57 Durch die unterschiedliche Finanzierung von Sozialversicherungsleistungen kann es ebenfalls zu Doppelbeitragsleistungen sowie gänzlicher Nichtleistung von Sozialversicherungsbeiträgen bei Ruheständlern kommen, s. im Detail *Spiegel/Rennuy/Weerepas*, Social Security and Tax Law in Cross-Border Cases, MoveS Legal Report. 2022, 49 ff.

Der Vermeidung einer intertemporalen Doppelbesteuerung, also im Zeitablauf eintretende Doppel- oder Doppelnichtbesteuerung aufgrund unterschiedlicher steuerlicher Behandlung der Beiträge zur Ruhestandsvorsorge, kann prinzipiell durch ein flächendeckendes Quellenbesteuerungsrecht im Staat des Versicherungsträgers, der auch sozialversicherungsrechtlich zur Auszahlung des Ruhebezugs verpflichtet ist, begegnet werden. Der Anspruch des Quellenstaates auf Besteuerung von Sozialversicherungspensionen könnte auch vor dem Hintergrund der Finanzierung aus staatlichen Mitteln eine Rechtfertigung finden. Zudem richtet sich auch die Höhe der Pension nach dem nationalen Sozialversicherungsrecht, eine Besteuerung im Quellenstaat würde womöglich eine adäquate Besteuerung ermöglichen. Die Staaten müssten daher vom OECD-MA abweichen und für Sozialversicherungspensionen – ggf. auf Basis der im OECD-MK bestehenden optionalen Sonderbestimmung – ein (ausschließliches) Besteuerungsrecht im Kassenstaat vorsehen. Ob sich die Staaten auf ein solches Quellenbesteuerungsrecht einigen können, wird freilich von mehreren Faktoren und auch den bilateralen Strömen der Ruheständler abhängen. Letzten Endes bringt ein solches Quellenbesteuerungsrecht die steuerliche Behandlung der Ruhegehälter zumindest innerhalb der EU häufig in Einklang mit der sozialversicherungsrechtlichen Leistungspflicht und einer steuerlichen Berücksichtigungsmöglichkeit zum Beitragszeitpunkt.

Gegenüberstellung unterschiedlicher Ruhestandsbezugssysteme:

	Jurisdiktion A (ET)	**Jurisdiktion B (TE)**
2005: Aktiveinkünfte		
Bruttoeinkünfte aus nichtselbständiger Arbeit	4000 €	4000 €
Pflichtpensionsbeiträge (diese können aber zwischen A und B variieren)	480 (12 %)	480 (12 %)
Davon abzugsfähig	480	0
Steuersatz	20 %	20 %
Nettoeinkommen	3520	4000
Steuerbelastung	**704**	**800**

	Jurisdiktion A (ET)	Jurisdiktion B (TE)
2025: Übertritt in den Ruhestand		
Sozialversicherungspension Brutto	2500 €	2500 €
Steuersatz	20 %	0
Nettopension	2000	2500
Steuerbelastung	**500**	**0**
Gesamtsteuerlast	**1204**	**800**

Aktivtätigkeit in Staat A – Ruhestand in Staat B – intertemporale Doppelnichtbesteuerung:

	Jurisdiktion A (ET)	Jurisdiktion B (TE)
2005: Aktiveinkünfte		
Bruttoeinkünfte aus nichtselbständiger Arbeit	4000 €	
Pflichtpensionsbeiträge (diese können aber zwischen A und B variieren)	480 (12 %)	
Davon abzugsfähig	480	
Steuersatz	20 %	
Nettoeinkommen	3520	
Steuerbelastung	**704**	
2025: Übertritt in den Ruhestand		
Sozialversicherungspension Brutto		2500 €
Steuersatz		0
Nettopension		2500
Steuerbelastung		**0**
Gesamtsteuerlast		**704**

Aktivtätigkeit in Staat B – Ruhestand in Staat A – intertemporale Doppelbesteuerung:

	Jurisdiktion A (ET)	Jurisdiktion B (TE)
2005: Aktiveinkünfte		
Bruttoeinkünfte aus nichtselbständiger Arbeit		4000 €
Pflichtpensionsbeiträge (diese können aber zwischen A und B variieren)		480 (12 %)
Davon abzugsfähig		0
Steuersatz		20 %
Nettoeinkommen		4000
Steuerbelastung		**800**
2025: Übertritt in den Ruhestand		
Sozialversicherungspension Brutto	2500 €	
Steuersatz	20 %	
Nettopension	2000	
Steuerbelastung	**500**	
Gesamtsteuerlast	**1300**	

Grenzüberschreitende Mobilität von Selbständigen (insbesondere Künstler, Sportler, Influencer)

Prof. Dr. *Kasper Dziurdź*
Universität Maastricht

I. Einleitung

Die heutige Welt ist durch eine zunehmende Digitalisierung und Mobilität geprägt. Nicht nur Arbeitnehmer und Personen im Ruhestand, sondern auch Selbständige sind daher zunehmend mobil bzw. wird deren Mobilität durch steuerliche Präferenzregime teilweise auch gefördert. Bestimmte Berufsgruppen, nämlich Künstler und Sportler, werden schon lange als besonders mobil eingeschätzt. Für diese sehen Doppelbesteuerungsabkommen (DBA) daher eine Sonderregelung vor. Andere Berufsgruppen unterliegen bisher keinen Sonderregelungen, selbst wenn diese durch den stetigen Wandel der Berufswelt mobiler geworden sind. Gleichzeitig entstehen neue Berufsgruppen, deren Einordnung in bestehende Schemen Schwierigkeiten bereiten kann. Sind Influencer nur Künstler der modernen Welt oder ist dies eine neue Berufsgruppe, die ebenso nach abkommensrechtlichen Sonderregelungen verlangt? Sind Sonderregelungen für bestimmte mobile Berufsgruppen überhaupt noch zeitgemäß, denn sind nicht alle Selbständigen heutzutage weitgehend mobil? Dieser Beitrag widmet sich der grenzüberschreitenden Mobilität von Selbständigen und diesen Fragen, mit einem Fokus auf das DBA-Recht sowie auf die abkommensrechtliche Besteuerung der Künstler, Sportler und Influencer.

II. Mobilität von Selbständigen

Die zunehmende Digitalisierung der Wirtschaft ermöglicht es vielen Selbständigen, ihre Arbeit fast überall auszuüben. Damit ist es bei vielen Berufen nicht mehr von Bedeutung, in welchem Staat der Selbständige lebt oder sich aufhält. Die Tätigkeit weist eine nur geringe Ortsgebundenheit auf. Eine Programmiererin benötigt oft nur einen Computer mit Internetzugang. Eine Streamerin kann ihr Studio an nahezu jeden beliebigen Ort verlegen. Zwar setzen z.B. Infrastruktur, persönliche Kontakte oder Zeitverschiebungen der freien Ortswahl bestimmte Grenzen. Im Kern besteht aber eine hohe potentielle Mobilität.

Bei einer geringen Ortsgebundenheit der Tätigkeit und damit einer hohen potentiellen Mobilität hängt die tatsächliche Mobilität der Person von individuellen Faktoren ab, wie den familiären Bindungen, wirtschaftlichen und rechtlichen Rahmenbedingungen oder persönlichen Präferenzen. Die tatsächliche Mobilität kann hoch sein, wenn der Selbständige die Ansässigkeit verlegt oder als digitaler Nomade an ständig wechselnden Orten arbeitet. Sie kann aber auch niedrig sein, wenn der Selbständige mit digitalen Technologien vorwiegend zuhause arbeitet. Dann besteht ein grenzüberschreitender Bezug nicht mehr in der physischen Präsenz im Ausland, sondern z.B. darin, dass die selbständige Arbeit an eine ausländische Person erbracht oder im Ausland verwertet wird.

„Remote Work" ist ein Beispiel für eine hohe potentielle Mobilität. Unter „Remote Work" kann die Ausübung einer Tätigkeit außerhalb fester geschäftlicher Räumlichkeiten verstanden werden, also aus der Ferne, meist mithilfe digitaler Technologien. Es handelt sich um eine bestimmte Arbeitsweise, die durch räumliche Flexibilität geprägt ist. Sie umfasst jene Selbständigen, die ihre Arbeit vorwiegend zuhause ausüben und z.B. über digitale Plattformen ihre Dienstleistungen weltweit anbieten, genauso wie digitale Nomaden, die ihre selbständige Arbeit an vielen unterschiedlichen Orten ausüben.[1]

1 Vgl. *Pignatari*, The Taxation of ‚Digital Nomads' and the ‚3 W's': Between Tax Challenges and Heavenly Beaches, Intertax 2023, 384 (394), wonach jeder digitaler Nomade ein Remote Worker ist, aber nicht jeder Remote Worker ein digitaler Nomade. Vgl. zudem *Kostić*, A Common Autonomous International Tax Understanding of Employment and Its Potential Relevance for the Future Re-

Demgegenüber gibt es Berufsgruppen mit ortsgebundenen Tätigkeiten, bei denen die Anwesenheit an einem bestimmten Ort erforderlich ist. Eine Ärztin behandelt ihre Patienten typischerweise in einer Arztpraxis. Eine international erfolgreiche Musikerin ist bei einer Tour in zahlreichen Staaten und Konzerthallen unterwegs. Zwar kann die Digitalisierung die Ortsgebundenheit aufweichen, etwa durch Telemedizin oder Live-Übertragungen, mit denen ein weltweites Publikum über das Internet erreicht werden kann. Im Kern besteht aber eine hohe Bindung zwischen der Arbeit und einem bestimmten Ort.

Bei einer ortsgebundenen Tätigkeit hat damit die Art der Tätigkeit wesentlichen Einfluss auf die tatsächliche Mobilität der Person bzw. wo sich diese Person aufhält, um der Tätigkeit nachzugehen. Dabei existieren innerhalb ortsgebundener Tätigkeiten unterschiedliche Grade der Ortsbindung. Eine selbständige Tätigkeit kann an einem einzigen Ort ausgeübt werden (z.B. in einer Arztpraxis) oder an einer Vielzahl verschiedener Orte (z.B. in Konzerthallen weltweit). Im letztgenannten Fall kann die Tätigkeit an jedem Einsatzort von kürzerer oder längerer Dauer sein. Je kürzer die Aufenthalte, desto häufiger die möglichen Ortswechsel – und desto höher die grenzüberschreitende Mobilität.

Unterschiedliche Dimensionen der Mobilität können unterschiedliche steuerliche Folgefragen mit sich bringen. Entscheidend ist, welche steuerlichen Themen sich stellen und ob darauf durch eine bestimmte Aufteilung der Besteuerungsrechte auch DBA-rechtlich reagiert werden sollte. Um sich dem Thema der Mobilität bei Selbständigen zu nähern, geht dieser Beitrag zunächst kurz auf Art. 14 und Art. 7 ein, jene beiden abkommensrechtlichen Regelungen, die im Normalfall auf Selbständige anwendbar sind. Danach wird die Sonderregelung für besonders mobile Künstler

form of the Taxation of Employment Income under Tax Treaties, in Kostić/Báez Moreno/Chand/Tenore, Mobility of Individuals and Workforces, 2024, 81 (87 ff.), der in diesem Zusammenhang die Bedeutung der richtigen Terminologie betont und zwischen vier Gruppen unterscheidet: (1) klassische digitale Nomaden, die ständig unterwegs sind, an einem Ort meist nur wenige Wochen bleiben und zum Ansässigkeitsstaat nur noch eine geringe, oft nur formale Bindung haben; (2) Halb-Nomaden, die längere Zeitabschnitte (z.B. mehrere Monate lang) in einem anderen Staat arbeiten, aber zum Ansässigkeitsstaat weiterhin eine enge Bindung haben; (3) Personen, die regelmäßig ihre Ansässigkeit für mindestens ein Jahr verlegen und sich im Hinblick auf ihre Lebensführung sonst kaum von der lokalen Bevölkerung unterscheiden; und (4) Personen, die dauerhaft in einem Staat leben und als Remote Worker global über das Internet arbeiten, ohne zu reisen.

und Sportler in Art. 17 näher analysiert, um die konkrete Form der erfassten Mobilität sowie die steuerlichen Themen zu diskutieren, denen mit dieser Regelung begegnet werden soll. Dabei wird auch darauf eingegangen, inwieweit Influencer unter Art. 17 fallen können. Anschließend geht der Beitrag auf eine neue Regelung speziell für Dienstleistungen ein, die auch für Selbständige von Bedeutung sein kann. Schließlich werden mögliche Optionen zur (zukünftigen) DBA-rechtlichen Aufteilung der Besteuerungsrechte mit deren Vor- und Nachteilen abgewogen.

Vorweg ist zu erwähnen, dass das Phänomen der Influencer mit vielen unterschiedlichen steuerlichen Themen assoziiert wird, z.B. mit: (i) der Verlegung der Ansässigkeit in ein Niedrigsteuerland, was bei nur formaler Gestaltung bzw. bei Beibehaltung der ursprünglichen Ansässigkeit und der damit verbundenen unbeschränkten Steuerpflicht auch in einer Steuerhinterziehung enden kann; (ii) dem Vorliegen vieler unterschiedlicher Einkunftsquellen, in der Regel auch aus dem Ausland und häufig als Sachleistungen oder Gratisprodukte, was die vollständige steuerliche Erfassung im Staat der Ansässigkeit erschweren kann; (iii) der Möglichkeit, die Tätigkeit von überall aus auszuüben, was wiederum die Verlegung der Ansässigkeit begünstigen oder die betreffende Person zu einem digitalen Nomaden machen kann; oder (iv) die Tatsache, dass Influencer oft ein weltweites (bzw. wegen deren Mobilität ein woanders lebendes) Publikum haben und nicht dort besteuert werden, wo ihre Follower sind. Viele dieser steuerlichen Themen sind aber keine Eigenheit der Influencer, sondern können auch bei anderen Selbständigen wie Künstler, Sportler, Content Creator[2] oder Remote Worker vorkommen. Produktplatzierungen, Testimonials, Sponsoring, Merchandising, Affiliate-Marketing, Lizenzierung von Inhalten, Abonnements oder Spenden sind keine grundsätzlich neuen Formen der Einkünfteerzielung, selbst wenn sich ihre konkrete Umsetzung insbesondere durch die Integration in persönliche Inhalte verändert hat. Musikkonzerte und Sportveranstaltungen wurden auch früher über Rundfunk weltweit übertragen, ohne zu einer Besteuerung der Künstler und Sportler in den „Zuhörer- oder Zuseher-Staaten“ als Quellenstaaten zu führen, so dass eine Besteuerung in den „Follower-Staaten“ ebenso nicht zwingend ist. Vielen der steuerlichen Herausforderungen kann zudem außerhalb der DBA-rechtlichen Regelungen begegnet werden, wie durch Meldepflichten für Betreiber digitaler Plattfor-

2 Ein Influencer ist häufig auch ein Content Creator, aber nicht jeder Content Creator, der informative oder unterhaltende Inhalte für digitale Plattformen erstellt, gilt automatisch als Influencer.

men.[3] Schließlich kann auch die Mobilität der Influencer – wie jene vieler Berufsgruppen – unterschiedlich ausgeprägt sein, was wiederum bei der Abwägung der möglichen Optionen zur DBA-rechtlichen Aufteilung der Besteuerungsrechte berücksichtigt werden muss.

III. Selbständige Arbeit (Art. 14)

Art. 14 OECD-MA enthielt bis zum Jahr 2000 eine Regelung für Personen, die Einkünfte aus einem freien Beruf oder aus sonstiger selbständiger Tätigkeit beziehen. Nach Art. 14 Abs. 1 können die Einkünfte nur im Ansässigkeitsstaat besteuert werden, außer die Person erwirtschaftet die Einkünfte im anderen Vertragsstaat durch eine feste Einrichtung, die ihr gewöhnlich zur Verfügung steht. Dann können die Einkünfte im anderen Vertragsstaat besteuert werden, soweit diese der festen Einrichtung zugerechnet werden können.

Der Ausdruck „freier Beruf" umfasst laut Art. 14 Abs. 2 insbesondere die selbständig ausgeübte wissenschaftliche, literarische, künstlerische, erzieherische oder unterrichtende Tätigkeit sowie die selbständige Tätigkeit der Ärzte, Rechtsanwälte, Ingenieure, Architekten, Zahnärzte und Buchsachverständigen. Was eine sonstige selbständige Tätigkeit ist, wird nicht näher definiert.[4] Dieser Begriff ist insbesondere gegenüber den Unternehmensgewinnen nach Art. 7 abzugrenzen. Es stellt sich dabei die Frage, inwieweit nach Art. 3 Abs. 2 auf innerstaatliche Begriffsdefinitionen zurückgegriffen werden darf.[5]

Auch der Begriff der festen Einrichtung wird – anders als der Begriff der Betriebsstätte – nicht definiert. Obwohl beide Begriffe dieselbe Funktion haben, nämlich, die Besteuerung im anderen Vertragsstaat nur bei Überschreitung einer gewissen Intensitätsgrenze zu ermöglichen, bestehen im Detail Unterschiede. So besteht z.B. bei der festen Einrichtung keine feste zeitliche Grenze für Selbständige, die bei Bauausführungen oder Monta-

3 Vgl. z.B. Richtlinie (EU) 2021/514 v. 22.3.2021 zur Änderung der Richtlinie 2011/16/EU über die Zusammenarbeit der Verwaltungsbehörden im Bereich der Besteuerung, auch bekannt als DAC7.

4 Im OECD-MA 1963 musste die sonstige selbständige Tätigkeit der freiberuflichen Tätigkeit „ähnlich" sein; diese Voraussetzung ist im OECD-MA 1977 entfallen.

5 Siehe dazu z.B. *Hemmelrath* in Vogel/Lehner, DBA, 7. Aufl. 2021, Art. 14 Rz. 12 f. (für eine abkommensautonome Auslegung); *Wassermeyer* in Wassermeyer, DBA, EL 86 März 2002, Art. 14 OECD-MA Rz. 11 ff. (für einen Rückgriff auf das innerstaatliche Recht).

gen tätig sind,[6] sowie keine Ausnahme für Hilfs- oder Vorbereitungstätigkeiten.[7] Auch das Konzept einer Vertreterbetriebsstätte ist der festen Einrichtung fremd.[8] Art. 14 Abs. 1 UN-MA ermöglichte zudem bis zum Jahr 2025 auch dann eine Besteuerung im anderen Vertragsstaat, wenn der Freiberufler oder Selbständige zwar keine feste Einrichtung hat, sich dort aber mindestens 183 Tage aufhält. Diese Regelung orientiert sich zwar im Kern an der Dienstleistungsbetriebsstätte nach Art. 5 Abs. 3 Buchst. b UN-MA, unterscheidet sich aber in den relevanten Kriterien (z.B. bezüglich der Frage, ob der Aufenthalt oder die Tätigkeit berücksichtigt und ob dabei die 183-Tage-Grenze erreicht oder überschritten werden muss).

Laut einem OECD-Bericht bestehen entweder keine praktischen Unterschiede zwischen Art. 14 und Art. 7 oder, falls solche Unterschiede bestehen, gibt es dafür keine sachlich nachvollziehbare Rechtfertigung.[9] Daher ist Art. 14 im Jahr 2000 aus dem OECD-MA gestrichen worden. Dieser Schritt wurde im UN-MA erst im Jahr 2025 nachvollzogen. Auch deshalb findet sich die Regelung weiterhin in zahlreichen DBA wieder.

IV. Unternehmensgewinne (Art. 7)

Ohne Art. 14 fallen die Einkünfte der Freiberufler und sonstigen Selbständigen unter Art. 7 und werden damit wie alle anderen Unternehmensgewinne behandelt. Damit können die Einkünfte nur im Ansässigkeitsstaat besteuert werden, außer die Tätigkeit wird im anderen Vertragsstaat durch eine dort gelegene Betriebsstätte ausgeübt. In diesem Fall können die Einkünfte im Betriebsstättenstaat besteuert werden, soweit diese der Betriebsstätte zugerechnet werden können. Art. 5 definiert den Begriff der Betriebsstätte abkommensautonom, also ohne einen Rückgriff auf das innerstaatliche Recht.

Um sicherzugehen bzw. klarzustellen, dass nach dem Entfall von Art. 14 OECD-MA die selbständigen Einkünfte unter Art. 7 fallen, wurde im Jahr 2000 auch die Definition der Unternehmensgewinne angepasst. Insbesondere legt Art. 3 Abs. 1 Buchst. c OECD-MA nunmehr fest, dass der Ausdruck „Unternehmen" die Ausübung einer Geschäftstätigkeit bedeutet; nach Art. 3 Abs. 1 Buchst. h OECD-MA schließt der Ausdruck „Geschäfts-

6 Art. 5 Abs. 3 OECD-MA.
7 Art. 5 Abs. 4 OECD-MA.
8 Art. 5 Abs. 5 und 6 OECD-MA.
9 OECD, Issues in International Taxation No. 7 – Issues Related to Article 14 of the OECD Model Convention (2000), Rz. 4.

tätigkeit“ auch die Ausübung einer freiberuflichen oder sonstigen selbständigen Tätigkeit ein.

Die Einbeziehung der Freiberufler und Selbständigen unter Art. 7 OECD-MA hat unterschiedliche Auswirkungen. So werden nicht nur mitunter schwierige Abgrenzungsfragen zwischen Art. 14 und Art. 7 vermieden, sondern auch der Begriff der Betriebsstätte wird im Abkommen selbst definiert, was die Auslegung im Einzelfall erleichtern kann. Die Zurechnung der Gewinne zur Betriebsstätte erfolgt grundsätzlich nach dem „Authorized OECD Approach“,[10] was im Jahr 2010 auch ausdrücklich und umfassend in Art. 7 OECD-MA verankert wurde. Zudem ist das Betriebsstätten-Diskriminierungsverbot nach Art. 24 Abs. 3 OECD-MA nunmehr jedenfalls auch bei selbständigen Einkünften anwendbar.[11]

Gleichzeitig verdeutlicht die Gleichbehandlung der Einkünfte aus selbständiger Arbeit und der Unternehmensgewinne, dass viele Themen der Digitalisierung und Mobilität sowie die DBA-rechtlichen Reaktionen darauf so gut wie alle Berufsgruppen und Steuerpflichtige betreffen können. Würde z.B. der Betriebsstättenbegriff angesichts digitaler Geschäftsmodelle erweitert, um Quellen- bzw. Marktstaaten auch ohne physische Präsenz ein Besteuerungsrecht zu gewähren, hätte dies Auswirkungen auf die abkommensrechtliche Aufteilung der Besteuerungsrechte nach Art. 7 bei Selbständigen und Gewerbetreibenden sowie natürlichen Personen und Körperschaften gleichermaßen.

V. Künstler und Sportler (Art. 17)

1. Reichweite

Art. 17 erfasst Einkünfte aus einer von einem Künstler oder Sportler in dieser Eigenschaft persönlich ausgeübten Tätigkeit. Übt ein in einem Vertragsstaat ansässiger Künstler oder Sportler diese Tätigkeit im anderen Vertragsstaat aus, dann dürfen die Einkünfte im anderen Vertragsstaat besteuert werden (Tätigkeitsortprinzip). Bei unselbständigen Personen

10 Vgl. OECD, Report on the Attribution of Profits to Permanent Establishments, 2008; OECD, 2010 Report on the Attribution of Profits to Permanent Establishments, 2010; OECD, Additional Guidance on the Attribution of Profits to a Permanent Establishment, BEPS Action 7, 2018.

11 Zur Frage, ob das Diskriminierungsverbot nach Art. 24 Abs. 3 auch bei Art. 14 anwendbar ist, s. *Dziurdź*, Non-Discrimination and Permanent Establishment under Article 24(3) of the OECD Model, in Maisto, The Non-Discrimination Provision in the OECD Model, 2025, 147 (153 f.) m.w.N.

greift daher keine 183-Tage-Regel.[12] Bei selbständigen Personen ist für die Besteuerung im Tätigkeitsstaat keine Betriebsstätte (oder feste Einrichtung) erforderlich.

Art. 17 nennt Beispiele für Künstler, nämlich Bühnen-, Film-, Rundfunk- und Fernsehkünstler sowie Musiker. Die Regelung beschränkt sich dabei nicht nur auf klassische künstlerische Tätigkeiten oder auf ein bestimmtes künstlerisches Niveau. Es kommt auf den Unterhaltungscharakter an.[13] In der englischen Sprachfassung wird dies durch den Begriff „entertainer" verdeutlicht, den man mit Unterhaltungskünstler übersetzen kann. Gleichzeitig muss der Künstler eine Darbietung erbringen, entweder unmittelbar vor Publikum oder mittelbar über Medien wie Radio, Fernsehen oder Internet.[14] Künstler, die ein Werk herstellen, wie z.B. Maler, Bildhauer, Fotografen, Schriftsteller oder Komponisten, fallen nicht unter Art. 17, selbst wenn deren Werke öffentlich ausgestellt, vorgetragen oder aufgeführt werden.[15] Nicht erfasst ist auch Verwaltungs- oder Unterstüt-

12 Art. 15 Abs. 2 OECD- und UN-MA.

13 Vgl. z.B. OECD-MK 2025, Art. 17 Rz. 3, wonach Art. 17 auch auf Einkünfte aus Tätigkeiten anwendbar ist, die einen politischen, sozialen, religiösen oder wohltätigen Charakter haben, sofern ein Unterhaltungscharakter vorhanden ist; zudem OECD-MK 2025, Art. 17 Rz. 6.

14 Im OECD-MA 1963 sprach die englische Sprachfassung noch von „public entertainers"; dies wurde im OECD-MA 1977 auf „entertainers" geändert, um an die französische Sprachfassung anzugleichen. Siehe dazu *Parolini*, Historical Development of Article 17 OECD Model: From the League of Nations to the 2010 OECD Model, in Maisto, Taxation of Entertainers and Sportspersons Performing Abroad, 2016, 55 (68 f.). Laut einem OECD-Bericht soll aber ein öffentlicher Auftritt keine zwingende Voraussetzung für die Anwendung von Art. 17 sein. Vgl. OECD, Issues Related to Article 17 of the OECD Model Tax Convention, 2014, Rz. 31; kritisch *Stockmann* in Vogel/Lehner, DBA, 7. Aufl. 2021, Art. 17 Rz. 22. Vgl. i.d.Z. BFH v. 30.5.2018 – I R 62/16, wonach Art. 17 nicht jegliche Form persönlich ausgeübter Künstlertätigkeit erfasst, sondern nur Vergütungen für Tätigkeiten solcher Künstler, Sportler und Artisten, die unmittelbar oder mittelbar (über Medien) in der Öffentlichkeit auftreten und dabei Darbietungen erbringen, die künstlerischen oder unterhaltenden Charakter haben; die Tätigkeiten müssen durch den Auftritt vor Publikum veranlasst sein.

15 Vgl. z.B. *Stockmann* in Vogel/Lehner, DBA, 7. Aufl. 2021, Art. 17 Rz. 23; *Wassermeyer/Schwenke* in Wassermeyer, DBA, Art. 17 OECD-MA Rz. 21 und 23 (EL 145 März 2019); *Cordewener* in Reimer/Rust, Klaus Vogel on Double Taxation Conventions, 5. Aufl. 2022, Art. 17 Rz. 35.

zungspersonal wie Kameraleute, Produzenten, (Film-)Regisseure,[16] Choreographen oder technisches Personal.[17] Die Unterscheidung zwischen Personen vor und hinter der Bühne oder Kamera gilt ungeachtet dessen, dass z.B. auch Filmregisseure Bekanntheit genießen und hohe Vergütungen erhalten können.[18]

Art. 17 nennt keine Beispiele für die erfassten Sportler. Laut dem OECD-Kommentar umfasst Art. 17 nicht nur die traditionelle Leichtathletik (z.B. Läufer, Springer, Schwimmer), sondern auch Golfer, Jockeys, Fußballspieler, Cricketspieler und Tennisspieler sowie Rennfahrer.[19] Tourniertätigkeiten, die vor allem ein hohes Maß an Geschicklichkeit oder mentaler Leistung erfordern, nämlich Billard, Snooker, Schach und Bridge, werden üblicherweise als unterhaltend angesehen und Art. 17 zugeordnet.[20] Auch eSports, also der Wettkampf mit Videospielen vor einem Live- oder Online-Publikum, ist keine Sportart im klassischen Sinn, fällt aber wegen des Unterhaltungscharakters unter Art. 17, wobei sich auch die Vergleichbarkeit mit anderen Sportarten durch die notwendige physische Fitness, das Training sowie die regelbasierten Wettbewerbe argumentieren lässt.[21]

16 Vgl. auch BFH v. 8.4.1997 – I R 51/96 zu einem Theater- und Opernregisseur, der nicht unter Art. 17 fällt, da Art. 17 nur für vortragende Künstler gilt, die unmittelbar oder allenfalls mittelbar über die Medien in der Öffentlichkeit oder vor Publikum auftreten.

17 OECD-MK 2025, Art. 17 Rz. 3.

18 Vgl. *Sandler*, Artistes and Sportsmen (Article 17 OECD Model Convention), in Lang/Pistone/Schuch/Staringer, Source vs. Residence, 2008, 215 (222).

19 OECD-MK 2025, Art. 17 Rz. 5. Um dies deutlicher zu machen, wurde in der englischen Sprachfassung im Jahr 1992 der Ausdruck „athlete" auf „sportsman" (seit dem Jahr 2014: „sportsperson") geändert. Allerdings wird in der Literatur angezweifelt, ob diese Änderung nur klarstellend war, s. z.B. *Sandler*, Artistes and Sportsmen (Article 17 OECD Model Convention), in Lang/Pistone/Schuch/Staringer, Source vs. Residence, 2008, 215 (221).

20 OECD-MK 2025, Art. 17 Rz. 6.

21 Vgl. *Tetłak*, Taxation of Entertainers and E-sportspersons under Article 17 of the OECD Model in the Digital Era, in Kostić/Báez Moreno/Chand/Tenore, Mobility of Individuals and Workforces, 2024, 223 (226 ff.); *Overbeek/Molenaar*, The Emergence of Esports, Bulletin for International Taxation 2019, 106 (108 f.); *Steinhauser*, Besteuerung international tätiger E-Sportler, SWI 2019, 574 (580 f.).

Art. 17 wirft zahlreiche Abgrenzungs- und Auslegungsfragen auf.[22] So stellt sich die Frage, welche Einkünfte zu einer persönlich ausgeübten Tätigkeit als Künstler oder Sportler zählen, z.B. bei Sponsoring[23] oder bezahltem Training, das nicht in der Öffentlichkeit stattfindet.[24] Oft ist auch schwierig zu beurteilen, was eine künstlerische oder sportliche Tätigkeit ist. Bei einem Gastredner auf einer Konferenz, z.B. bei einem ehemaligen Politiker, der für einen Vortrag ein Honorar erhält, soll der notwendige Unterhaltungscharakter fehlen.[25] Auch ein Modell, das in dieser Eigenschaft tätig ist, also z.B. Kleidung während einer Modenschau oder Fotosession präsentiert, ist laut dem OECD-Kommentar nicht als Künstler tätig.[26] Dies

22 Vgl. für eine jüngere Übersicht *Agarwal*, A Proposal to Address Key Tax Treaty Issues for Non-Resident Entertainers and Sportspersons, Bulletin for International Taxation 2025, 399 (400 ff.).

23 Vgl. z.B. OECD-MK 2025, Art. 17 Rz. 9; *Stockmann* in Vogel/Lehner, DBA, 7. Aufl. 2021, Art. 17 Rz. 50 ff.

24 Laut dem OECD-Kommentar ist auch Training eine persönlich ausgeübte Tätigkeit der Künstler und Sportler, die nach Art. 17 im Tätigkeitsstaat besteuert werden kann. Dies gilt auch dann, wenn der Künstler oder Sportler im Tätigkeitsstaat nur trainiert und keine öffentlichen Auftritte absolviert. Voraussetzung ist aber, dass die Vorbereitungs- oder Trainingszeit vergütet wird. Vgl. OECD-MK 2025, Art. 17 Rz. 9.1; dazu OECD, Issues Related to Article 17 of the OECD Model Tax Convention, 2014, Rz. 33 ff. Zu dieser Ergänzung und anderen Änderungen, die im Jahr 2014 vorgenommen wurden, s. auch *Sasseville*, The 2014 Changes to Article 17 of the OECD Model Tax Convention, in Maisto, Taxation of Entertainers and Sportspersons Performing Abroad, 2016, 85 (94 ff.); *Molenaar*, Entertainers and Sportspersons Following the Updated OECD Model (2014), Bulletin for International Taxation 2015, 37 (42 ff.); *Molenaar*, New Options to Restrict Article 17 for Artistes and Sportsmen, Intertax 2016, 972 (975 ff.). Vgl. zudem BFH v. 30.5.2018 – I R 62/16 zu Probentätigkeiten sowie BFH v. 20.3.2025 – VI R 25/23, wonach es unerheblich ist, ob die Proben einen konkreten Auftrittsbezug aufweisen oder lediglich allgemein der Erhaltung und Verbesserung der künstlerischen Betätigung dienen.

25 OECD-MK 2025, Art. 17 Rz. 3. Vgl. z.B. auch öVwGH v. 22.3.2018 – Ro 2017/15/0045 zur fehlenden Künstlereigenschaft bei einem „Keynote Speaker“ für Firmenveranstaltungen; im konkreten Fall war die Informationsweitergabe wesensbestimmend, an der eine unterhaltende Vermittlung nichts änderte.

26 OECD-MK 2025, Art. 17 Rz. 3. Vgl. zur italienischen Perspektive auch *Palmitessa*, Tax Treaty Qualification of Payments Made to Models Performing in Fashion Shows and Photo Sessions: A Commentary on Italian Supreme Court Decision No. 21865/2018, European Taxation 2019, 298 (298 ff.).

wird aber von einigen Staaten anders gesehen.[27] Sobald ein Modell die Grenze zur unterhaltenden Tätigkeit überschreitet, ist Art. 17 aber selbst dann anwendbar, wenn die unterhaltende Tätigkeit einen Werbezweck hat.[28] Nicht unter Art. 17 fallen Trainer sowie Schiedsrichter. Dies gilt auch für professionelle Fußballschiedsrichter, die wie die Fußballspieler regelmäßig trainieren und vor einem Publikum auf dem Fußballplatz stehen. Fußballschiedsrichter nehmen nicht am sportlichen Wettkampf teil und treten daher nicht als Sportler gegen andere Sportler an, sondern ermöglichen lediglich anderen Personen – den Fußballspielern –, einen sportlichen Wettkampf zu bestreiten.[29]

In der Literatur wird die Frage diskutiert, ob neuere Berufsgruppen wie jene der Influencer DBA-rechtlich Künstler sind und daher unter Art. 17 fallen.[30] Ein Influencer ist eine Person, die durch ihre Reichweite in den sozialen Medien sowie das Vertrauen und die Bindung zu ihrer Community in der Lage ist, die Meinungen, Trends oder Kaufentscheidungen ihrer Follower maßgeblich zu beeinflussen. Dabei ist die Tätigkeit auf eine öffentliche Präsentation eigener Inhalte, wie Texte, Fotos oder Videos, ge-

---

27 Vgl. OECD-MK 2025, Art. 17 Rz. 15 bezüglich Frankreich und die Türkei sowie die Positionen der Nicht-Mitgliedstaaten in Art. 17 Rz. 3 f. bezüglich Argentinien, Brasilien, Malaysia und Nigeria.

28 Vgl. öVwGH v. 30.6.2015 – 2013/15/0266 zu einem Auftritt von Paris Hilton, die für Werbezwecke engagiert wurde; dazu z.B. *Lang/Siller/Zolles*, Austria: Entertainers under Article 17, in Kemmeren et al., Tax Treaty Case Law around the Globe 2016, 2017, 245 (245 ff.); *Julien/Spies*, Article 17 OECD MC in the Age of Influencers, SWI 2023, 81 (86 ff. mit weiterer Literatur in Fn. 53).

29 Vgl. BFH v. 20.12.2017 – I R 98/15, DStR 2018, 449; kritisch *Lang*, Are Football Referees Sportspersons?, in Monsenego/Bjuvberg, International Taxation in a Changing Landscape, 2019, 179 (183 ff.); zudem *Rust*, Is a soccer referee a sportsperson? Do all the activities of a company organizing concerts fall within the ambit of Article 17? in Lang et al., Tax Treaty Case Law around the Globe 2019, 2020, 295 (295 ff.).

30 Vgl. z.B. *Kostikidis*, Influencer Income and Tax Treaties, Bulletin for International Taxation 2020, 359; *Molenaar/Grams*, Influencer Income and Tax Treaties: A Response, Bulletin for International Taxation 2020, 550; *Höppner*, Zur Besteuerung von Influencern in Inbound-Sachverhalten, PIStB 2021, 22 (28 ff.); *Julien/Spies*, Article 17 OECD MC in the Age of Influencers, SWI 2023, 81; *Tetłak*, Taxation of Entertainers and E-sportspersons under Article 17 of the OECD Model in the Digital Era, in Kostić/Báez Moreno/Chand/Tenore, Mobility of Individuals and Workforces, 2024, 223 (231 ff.); *Molenaar*, Taxing the Income of Influencers, in Kostić/Báez Moreno/Chand/Tenore, Mobility of Individuals and Workforces, 2024, 251 (255 ff.).

richtet. So kann z.B. jemand, der als Content Creator Inhalte für Streaming-Plattformen produziert, sich selbst als Protagonist oder Moderator in Szene setzen und zum Influencer werden. Genauso können Sportler, Schauspieler, Politiker, Unternehmer, Journalisten, Wissenschaftler oder selbst Kinder, die Spielzeuge vor der Kamera auspacken und testen, Influencer sein. Jede Person, die online sichtbar ist und andere beeinflusst, kann als Influencer gelten.

Genauso wenig, wie pauschal gesagt werden kann, dass Influencer vorwiegend der Produktwerbung[31] oder der Erhöhung der Reichweite[32] dienen und daher keine Künstler sind, sind Influencer nicht automatisch Künstler nach Art. 17, nur weil das Publikum ihnen folgt, um sich (auch) zu unterhalten. Entscheidend für die Einordnung ist der Charakter der ausgeübten Tätigkeit und ob diese Tätigkeit eine Darbietung mit ausreichendem Unterhaltungscharakter ist. Die Schwierigkeit der Einordnung ergibt sich aus der Vielfalt an Tätigkeiten, die ein Influencer ausüben kann. Typische Influencer-Tätigkeiten wie die Weitergabe von Informationen über Orte, Produkte oder Dienstleistungen sowie das Teilen persönlicher Meinungen und der Einblicke in das persönliche Alltagsleben sagen isoliert gesehen nichts über das Vorliegen einer Darbietung oder den Unterhaltungscharakter einer Darbietung aus, weil es auch darauf ankommt, wie diese Informationen und Inhalte eingebettet und präsentiert werden. Bei der Veröffentlichung von Texten und Fotos[33] fehlt es be-

31 Vgl. *Molenaar/Grams*, Influencer Income and Tax Treaties: A Response, Bulletin for International Taxation 2020, 550 (550 f.), die davon ausgehen, dass Influencer vorwiegend für Waren und Dienstleistungen werben und der Unterhaltungscharakter nur sekundär sei, aber auch eingestehen, dass dies nicht immer zutreffen muss und die Abgrenzung schwierig sein kann (mit Hinweis auf OECD-MK 2025, Art. 17 Rz. 3, wonach Schauspieler in einem Fernsehwerbespot sehr wohl unter Art. 17 fallen). Vgl. allerdings auch *Molenaar*, Taxing the Income of Influencers, in Kostić/Báez Moreno/Chand/Tenore, Mobility of Individuals and Workforces, 2024, 251 (256 f.), wonach Influencer wie Schauspieler unter Art. 17 fallen.

32 Vgl. *Höppner*, Zur Besteuerung von Influencern in Inbound-Sachverhalten, PIStB 2021, 22 (30), der argumentiert, dass Influencer primär die Erhöhung ihrer Follower-Zahl, Bekanntheit und Reichweite bezwecken, um auf diese Weise Vergütungen aus Werbeverträgen für sich zu generieren, so dass Art. 17 grundsätzlich ausscheidet, da die Tätigkeiten nur teilweise künstlerisch bzw. unterhaltend sind.

33 Vgl. *Tetłak*, Taxation of Entertainers and E-sportspersons under Article 17 of the OECD Model in the Digital Era, in Kostić/Báez Moreno/Chand/Tenore, Mobility of Individuals and Workforces, 2024, 223 (233); *Roeleveld/Tetłak*,

reits an der nach Art. 17 notwendigen Darbietung.[34] Ob ein Unterhaltungscharakter vorliegt, hängt davon ab, ob der unterhaltende Aspekt der Darbietung andere Zwecke, wie z.B. einen informativen Zweck, in den Hintergrund drängt.[35] Ein werbender Zweck schließt allerdings eine unterhaltende Darbietung durch einen Influencer nicht aus.[36] Umgekehrt werden aber z.B. investigative oder informative Inhalte nicht zur einer unterhaltenden Darbietung nach Art. 17, nur weil diese von einer vertrauenswürdigen oder bekannten Person auf eine interessante, ansprechende, professionelle oder abwechslungsreiche Art präsentiert werden und damit (auch) unterhaltsam sind. Was bei einem Gastredner auf einer Konferenz gilt – eine unterhaltsam vorgetragene oder spannende Rede ist nicht au-

Global Tax Treaty Commentaries (1.3.2025), Art. 17 Abschn. 5.1.1.4.; a.A. *Julien/Spies*, Article 17 OECD MC in the Age of Influencers, SWI 2023, 81 (98 ff.), die auch die Veröffentlichung von Fotos wie z.B. von Selfies als eine Darbietung sehen, die unter Art. 17 fallen kann.

34 In diesem Zusammenhang stellt sich auch die Frage, inwieweit andere (technische) Tätigkeiten, die jedenfalls keine Darbietungen sind – wie die Recherche von Trends und Themen, die Planung und Vorbereitung der Inhalte oder die Bearbeitung von Vorschaubildern und Videos – getrennt behandelt werden können. Vgl. dazu *Julien/Spies*, Article 17 OECD MC in the Age of Influencers, SWI 2023, 81 (97 f.).

35 Vgl. *Tetłak*, Taxation of Entertainers and E-sportspersons under Article 17 of the OECD Model in the Digital Era, in Kostić/Báez Moreno/Chand/Tenore, Mobility of Individuals and Workforces, 2024, 223 (233), wonach nur untergeordnete Bildungs- oder Informationszwecke einer unterhaltenden Darbietung nicht entgegenstehen; zudem *Cordewener* in Reimer/Rust, Klaus Vogel on Double Taxation Conventions, 5. Aufl. 2022, Art. 17 Rz. 32, wonach die Darbietung vor allem dazu dienen muss, das Publikum zu unterhalten, wobei andere Zwecke (z.B. Informations-, Bildungs- oder Werbezwecke) dem Unterhaltungscharakter nicht per se entgegenstehen, solange diese nur untergeordnet bleiben. Ob der Unterhaltungscharakter überwiegen muss oder es für Art. 17 ausreicht, dass die Darbietung Unterhaltungscharakter hat, ist aber nicht eindeutig geklärt. Vgl. *Julien/Spies*, Article 17 OECD MC in the Age of Influencers, SWI 2023, 81 (95 f. und 102), die bei Online-Videos mit werbendem Inhalt Argumente für eine Einordnung unter Art. 17 sehen, sofern die Videos nicht ausschließlich informativ oder werblich sind, sondern unterhaltende Elemente enthalten.

36 Vgl. öVwGH v. 30.6.2015 – 2013/15/0266 zu einem Auftritt von Paris Hilton, die für Werbezwecke engagiert wurde; sowie OECD-MK 2025, Art. 17 Rz. 3 zum Schauspieler in einem Fernsehwerbespot.

tomatisch Unterhaltung für Zwecke von Art. 17 –,[37] muss auch im Internet gelten.

Viele Influencer treten bewusst vor Publikum auf und inszenieren sich bzw. ihre Inhalte, um Aufmerksamkeit, Reaktionen und Emotionen zu erzeugen.[38] Dies kann auf eine Weise erfolgen, dass von einer Unterhaltung gesprochen werden kann und andere Aspekte in den Hintergrund treten. Andere Influencer hingegen berichten, dokumentieren, informieren oder beraten unterhaltend, aber ohne eine dramaturgische Gestaltung, die den unterhaltenden Charakter der Darbietung in den Vordergrund rücken würde. Auch wenn dies kein befriedigendes Ergebnis ist: Ob bzw. inwieweit ein Influencer eine künstlerische Tätigkeit ausübt, muss im Einzelfall auf Basis der konkreten Tätigkeit beurteilt werden.[39]

2. Rechtfertigungen

Art. 17 sieht eine Regelung für Künstler und Sportler vor, da diese beiden Berufsgruppen als besonders mobil eingeschätzt werden. Diese Mobilität wird als ein Grund gesehen, warum die Besteuerung im Ansässigkeitsstaat besondere Schwierigkeiten bereiten kann. Im Vordergrund steht die Befürchtung, dass Künstler und Sportler durch die vielen Tätigkeiten, Auftritte und Einkunftsquellen im Ausland ihre Einkünfte im Ansässigkeitsstaat nicht deklarieren. Dem Ansässigkeitsstaat kann es gleichzeitig schwerfallen, von den ausländischen Tätigkeiten zu erfahren bzw. relevante Informationen über die Tätigkeiten zu erhalten, so dass eine Besteuerung im Ansässigkeitsstaat nicht als gegeben angenommen werden

37 Vgl. OECD-MK 2025, Art. 17 Rz. 3; öVwGH v. 22.3.2018 – Ro 2017/15/0045.

38 Vgl. auch *Molenaar,* Taxing the Income of Influencers, in Kostić/Báez Moreno/Chand/Tenore, Mobility of Individuals and Workforces, 2024, 251 (256 f.), der die Tätigkeit der Influencer mit jener der Schauspieler vergleicht, da diese speziell für ihre Follower performen, selbst wenn sie aus dem Alltagsleben berichten; differenzierend *Julien/Spies,* Article 17 OECD MC in the Age of Influencers, SWI 2023, 81 (94 f.).

39 So im Ergebnis auch *Tetłak,* Taxation of Entertainers and E-sportspersons under Article 17 of the OECD Model in the Digital Era, in Kostić/Báez Moreno/Chand/Tenore, Mobility of Individuals and Workforces, 2024, 223 (234); *Julien/Spies,* Article 17 OECD MC in the Age of Influencers, SWI 2023, 81 (102); *Roeleveld/Tetłak,* Global Tax Treaty Commentaries (1.3.2025), Art. 17 Abschn. 5.1.1.4.; a.A. *Kostikidis,* Influencer Income and Tax Treaties, Bulletin for International Taxation 2020, 359 (364 ff. und 376), der sich für die grundsätzliche Einordnung unter Art. 17 ausspricht.

kann.[40] Während bei der 183-Tage-Regel[41] davon ausgegangen wird, dass dem Tätigkeitsstaat bei kurzfristigen Tätigkeiten die notwendigen Informationen für eine effektive Besteuerung oft fehlen und daher eine Besteuerung im Ansässigkeitsstaat zu bevorzugen ist,[42] ist dies bei publikumswirksamen Tätigkeiten der Künstler und Sportler genau umgekehrt. Art. 17 soll durch die Besteuerungsmöglichkeit im Tätigkeitsstaat eine gewisse Mindestbesteuerung der Einkünfte sicherstellen.[43]

Insbesondere gut verdienende Künstler und Sportler können zudem ihre Ansässigkeit in Niedrigsteuerländer verlegen, einschließlich jener Staaten, die für diese Berufsgruppen Präferenzregime anbieten.[44] Abermals kann

---

40 Vgl. OECD, Issues in International Taxation No. 2 – Thin Capitalisation & Taxation of Entertainers, Artistes and Sportsmen, 1987, The Taxation of Income Derived from Entertainment, Artistic and Sporting Activities, Rz. 16 und 19. Laut dem OECD-Bericht fällt es dem Ansässigkeitsstaat schwer, die ausländischen Aktivitäten der ansässigen Künstler und Sportler zu identifizieren. Zudem wird davon berichtet, dass gerade Künstler und Sportler ihre ausländischen Einkünfte häufig nicht im Ansässigkeitsstaat erklären. Daher soll – den Prinzipien von Art. 17 folgend – eine effektive Besteuerung im Tätigkeitsstaat gewährleistet werden. Vgl. zudem BFH v. 18.7.2001 – I R 26/01, wonach Sinn und Zweck der Regelung darin besteht, das Besteuerungsrecht für bestimmte Berufsgruppen, die aufgrund der mit der Berufstätigkeit typischerweise verbundenen Mobilität und vielfachen Einnahmemöglichkeiten im Wohnsitzstaat hinsichtlich der Einkünfte aus der Auslandstätigkeit oftmals nur schwer steuerlich erfasst werden können, dem Tätigkeitsstaat zuzuweisen, für den die praktischen Schwierigkeiten der steuerlichen Erfassung dieser Einkünfte in der Regel geringer sind.

41 Art. 15 Abs. 2 OECD- und UN-MA.

42 Vgl. OECD, Issues in International Taxation No. 4 – Model Tax Convention: Four Related Studies (1992), The 183 Day Rule: Some Problems of Application and Interpretation, Rz. 6: „[I]n practice it may not be possible [for the State of work] to tax people working for a short duration, either because of lack of information or because the costs of collection would be exorbitant compared to the return." Allerdings ist die 183-Tage-Regel bei einem im Tätigkeitsstaat ansässigen Arbeitgeber oder einer dortigen Betriebsstätte, die die Vergütungen trägt, nicht anwendbar, weil dann sehr wohl ein Steuerabzug im Tätigkeitsstaat praktikabel erscheint. Art. 17 mag ebenso davon ausgehen, dass bei einer künstlerischen oder sportlichen Veranstaltung ein inländischer Veranstalter greifbar sein wird, der einen Steuerabzug im Tätigkeitsstaat vornehmen kann.

43 Vgl. OECD, Issues Related to Article 17 of the OECD Model Tax Convention, 2014, Rz. 5.

44 Ibid.

eine Besteuerung im Tätigkeitsstaat einer solchen Steuerplanung entgegenwirken und eine gewisse Besteuerung sicherstellen. Die Verlegung der Ansässigkeit ändert nichts an der Besteuerung im Tätigkeitsstaat.

Außerdem wird die Besteuerung im Abzugswege als besonders einfach gesehen.[45] Die Steuererhebung wird ausgelagert, nämlich an jene Person, die im Gegensatz zum Künstler oder Sportler eine stärkere Anknüpfung zum Inland aufweist und die Zahlungen direkt oder indirekt an den Künstler oder Sportler leistet, z.B. der inländische Veranstalter. Damit ist die Steuererhebung selbst dann möglich, wenn der Künstler oder Sportler nur schwer greifbar ist, weil sich dieser nur wenige Tage im Tätigkeitsstaat aufhält. Bei einer (häufig anzuwendenden) Bruttobesteuerung ist es zudem nicht notwendig, sich mit der Frage zu beschäftigen, welche Aufwendungen der konkreten Tätigkeit zuzurechnen sind.

Immer wieder wird auch betont, dass Künstler und Sportler in relativ kurzer Zeit – z.B. bei nur einem Auftritt oder Wettkampf – sehr hohe Einkünfte erzielen können und daher eine Besteuerung im Tätigkeitsstaat erfolgen soll.[46] Allerdings ist fraglich, inwieweit Art. 17 diesen Zweck tatsächlich (noch)[47] reflektiert. Auf der einen Seite erzielen die meisten Künstler und Sportler gar keine hohen Einkünfte. Auf der anderen Seite gibt es auch abseits der Künstler und Sportler Personen, die in relativ kurzer Zeit hohe Einkünfte erzielen können. Vor diesem Hintergrund scheint Art. 17 vor allem der Vermeidung von Steuerhinterziehung (durch Nichterklärung der Einkünfte im Ansässigkeitsstaat)[48] und Umgehung (z.B.

45 Ibid.

46 Vgl. z.B. *Sandler*, Artistes and Sportsmen (Article 17 OECD Model Convention), in Lang/Pistone/Schuch/Staringer, Source vs. Residence, 2008, 215 (220), der Art. 17 als Anti-Missbrauchsregelung betrachtet, die im Wesentlichen sehr mobile und sehr gut verdienende natürliche Personen erfassen will.

47 Vgl. *Tetłak*, Tax Treatment of Team Performances under Art. 17 of the OECD Model Convention, World Tax Journal 2010, 262 (279), wonach ursprünglich Künstler und Sportler substantielle Beträge innerhalb relativ kurzer Zeit verdienen konnten, dies mittlerweile aber nicht nur auf Künstler und Sportler zutrifft.

48 Vgl. OECD, Issues in International Taxation No. 2 – Thin Capitalisation & Taxation of Entertainers, Artistes and Sportsmen, 1987, The Taxation of Income Derived from Entertainment, Artistic and Sporting Activities, Rz. 6, wo auch die Nichterklärung von Einkünften niedrig verdienender Künstler und Sportler betont wird.

durch eine Ansässigkeitsverlegung in ein Niedrigsteuerland)[49] entgegenwirken zu wollen.

3. Nachteile und Kritik

Art. 17 adressiert bestimmte Gruppen von Steuerpflichtigen, andere Gruppen aber nicht. Jene Annahme, dass Künstler und Sportler besonders mobil sind, ihre steuerlichen Pflichten weniger ernst nehmen und daher einer DBA-rechtlichen Sonderbehandlung bedürfen, ist eine pauschale Vermutung, die im Einzelfall nicht zutreffen muss.[50] Mehr noch, die meisten international tätigen Künstler und Sportler wollen ihre steuerlichen Pflichten erfüllen und kämpfen mit den Nachteilen, die Art. 17 mit sich bringt.[51]

Auch im Hinblick auf die steuerliche Erfassung und den Informationsaustausch haben sich die Zeiten geändert.[52] Heutzutage ist es nicht mehr so schwierig, die ausländischen Tätigkeiten der Künstler und Sportler in Erfahrung zu bringen. Konzerte und Sportveranstaltungen werden i.d.R. auch im Internet angekündigt, die öffentlichen Aktivitäten können *de facto* weltweit verfolgt werden. Zudem ist der grenzüberschreitende Informationsaustausch effektiver als noch vor vielen Jahrzehnten, als Art. 17 eingeführt wurde. Selbst wenn Schwierigkeiten auftreten sollten, ist es

49 Vgl. OECD, Issues Related to Article 17 of the OECD Model Tax Convention, 2014, Rz. 5, wo dies als ein relevanter Aspekt bei hoch verdienenden Künstlern und Sportlern erwähnt wird.

50 Vgl. auch kritisch *Nitikman*, Article 17 of the OECD Model Treaty – An Anachronism? Intertax 2001, 268 (268 f.), wonach nicht klar ist, warum bei Künstlern und Sportlern ein größeres Risiko der Nichterklärung von Einkünften besteht als bei anderen Steuerpflichtigen; die meisten Berichte stützen sich allenfalls auf anekdotische statt auf empirische Belege.

51 So *Molenaar*, Discussion of Daniel Sandler's Paper on Article 17 OECD Model Convention, in Lang/Pistone/Schuch/Staringer, Source vs. Residence, 2008, 247 (249).

52 Vgl. bereits *Grams*, Artist Taxation: Art. 17 of the OECD Model Treaty – a Relic of Primeval Tax Times?, Intertax 1999, 188 (189); *Graf/Bisle*, Besteuerung beschränkt steuerpflichtiger Sportler, IStR 2006, 44 (48 f.); *Parolini*, Ten Good Reasons To Remove Article 17 from the OECD Model Convention, in Arnold, Tax Treaties after the BEPS Project, 2018, 233 (239 ff.); jüngst auch *Agarwal*, A Proposal to Address Key Tax Treaty Issues for Non-Resident Entertainers and Sportspersons, Bulletin for International Taxation 2025, 399 (405).

nicht klar, warum sich diese auf Künstler und Sportler beschränken und nicht auch bei anderen Berufsgruppen bestehen.[53]

Zwar mag die Erhebung der Steuer durch eine Abzugsteuer einfach erscheinen, damit sind aber zahlreiche Nachteile verbunden, insbesondere das Risiko einer exzessiven Besteuerung.[54] Im Rahmen einer Bruttobesteuerung können selbst niedrige Steuersätze zu einer hohen effektiven Steuerbelastung führen. Zwar kann der Tätigkeitsstaat die Möglichkeit einer Nettobesteuerung vorsehen bzw. verpflichten die EU-Grundfreiheiten zu einer Nettobesteuerung.[55] Dies führt aber zu zusätzlichen administrativen Belastungen wie z.B. durch die notwendige Aufteilung der Aufwendungen oder eine Veranlagung der Einkünfte.

Die meisten Künstler und Sportler sind zudem keine „Top-Verdiener".[56] Die Besteuerung im Tätigkeitsstaat verursacht somit administrative Belastungen, denen oft nur geringe Steuereinnahmen gegenüberstehen.[57] Vor diesem Hintergrund sehen einzelne Staaten eine Einkunftsgrenze für die Anwendung von Art. 17 vor.[58] Andere machen vom DBA-rechtlichen

53 Vgl. i.d.S. *Roeleveld/Tetłak*, Global Tax Treaty Commentaries (1.3.2025), Art. 17 Abschn. 1.2.3.1.1.

54 Vgl. z.B. *Molenaar*, Obstacles for International Performing Artists, European Taxation 2002, 149 (149 ff.).

55 Vgl. zu den EU-rechtlichen Vorgaben z.B. *Rust*, The Influence of EU Law on the Design of Domestic Tax Law for Entertainers and Sportspersons, in Maisto, Taxation of Entertainers and Sportspersons Performing Abroad, 2016, 37 (37 ff.); *Dziurdź*, Bemessungsgrundlage und Steuersatz von Quellensteuern aus gemeinschaftsrechtlicher Sicht, in Lang/Schuch/Staringer, Quellensteuern, 2010, 47 (47 ff.).

56 Vgl. *Molenaar*, Obstacles for International Performing Artists, European Taxation 2002, 149 (149); *Molenaar/Grams*, Die Illusion der gerechten und ertragreichen Besteuerung von international tätigen Künstlern und Sportlern, IStR 2005, 762 (766).

57 Siehe z.B. OECD, Issues in International Taxation No. 4 – Model Tax Convention: Four Related Studies, 1992, The 183 Day Rule: Some Problems of Application and Interpretation, Rz. 6; zudem *Molenaar/Grams*, Die Illusion der gerechten und ertragreichen Besteuerung von international tätigen Künstlern und Sportlern, IStR 2005, 762 (765 f.), wonach der geringe „Wert der Steuerquelle" und der damit verbundene hohe Verwaltungsaufwand das System selbst in Frage stellen.

58 Insbesondere die USA verwenden in ihren DBA eine De-minimis-Regel. Vgl. Art. 16(1) US-MA 2016. Auch der OECD-Kommentar enthält ein Muster für einen solche Regel. Vgl. OECD-MK 2025, Art. 17 Rz. 10.1 ff. Vgl. dazu auch *Roeleveld/Tetłak*, Global Tax Treaty Commentaries (1.3.2025), Art. 17

Besteuerungsrecht innerstaatlich keinen Gebrauch.[59] Bei großen internationalen Sportveranstaltungen werden die Staaten, in denen die Veranstaltungen stattfinden, von den Sportverbänden üblicherweise aufgefordert, auf ihr Besteuerungsrecht zu verzichten, was aber wiederum zu neuen Ungleichbehandlungen führt und die Frage nach der Rechtfertigung für eine solche Sonderbehandlung aufwirft.[60]

VI. Dienstleistungen (Art. 12AA)

1. Reichweite

Während Art. 7, 14 und 17 ein fester Bestandteil der Abkommenspraxis sind, führt das UN-MA 2025 eine neue Regelung ein, die die Besteuerung fast aller Dienstleistungen betrifft und damit auch für Selbständige von Bedeutung sein kann: Art. 12AA. Nach dieser Regelung kann der andere Vertragsstaat die Einkünfte aus Dienstleistungen auch ohne eine physische Präsenz besteuern. Anknüpfungspunkt ist nämlich die Zahlung und ob diese aus dem anderen Vertragsstaat stammt. Wo die Dienstleistungen physisch erbracht werden, ist ohne Belang. Genauso wenig setzt Art. 12AA eine bestimmte Intensitätsgrenze voraus.[61] Damit erweitert Art. 12AA den bisherigen Art. 12A UN-MA für technische Dienstleistungen[62] auf fast alle Dienstleistungen, die von selbständigen Personen bzw. Unternehmen erbracht werden. Sowohl Art. 12A als auch Art. 14, der bislang

---

Abschn. 3.2.1.4.; *Molenaar*, Minimum Threshold for Entertainers and Sportspersons in Article 17 of the OECD Model, Bulletin for International Taxation 2016, 224 (226 ff.); *Tetłak*, Taxation of International Sportsmen, 2014, 249 ff.

59 Dies trifft seit dem Jahr 2007 auf die Niederlande zu. Vgl. *Molenaar*, Entertainers and Sportspersons Following the Updated OECD Model (2014), Bulletin for International Taxation 2015, 37 (40 f.); *Molenaar/Grams*, Scorpio and the Netherlands: Major Changes in Artiste and Sportsman Taxation in the European Union, European Taxation 2007, 63 (67 f.).

60 Vgl. näher *Tetłak*, Taxation of International Sportsmen, 2014, 248 f.

61 Vgl. UN-MK 2025, Art. 12AA Rz. 2.

62 Vgl. dazu z.B. *Báez Moreno*, The Taxation of Technical Services under the United Nations Model Double Taxation Convention: A Rushed – Yet Appropriate – Proposal for (Developing) Countries?, World Tax Journal 2015, 267; *Malan*, New Article 12A of the UN Model Regarding Fees for Technical Services: Ahead of Its Time or a Step Too Far?, Bulletin for International Taxation 2019, 58; *Orzechowski-Zölzer*, The Taxation of Fees for Technical Services on the Basis of Article 12A UN Model Convention, 2024.

die Einkünfte aus selbständiger Arbeit erfasste, werden aus dem UN-MA gestrichen.

Art. 12AA ermöglicht keine uneingeschränkte Besteuerung, sondern limitiert diese mit einem bestimmten Prozentsatz vom Bruttobetrag. Art. 12AA sieht zudem einen Betriebsstättenvorbehalt vor, so dass bei Ausübung der Tätigkeit durch eine im anderen Vertragsstaat gelegene Betriebsstätte Art. 7 greift und die uneingeschränkte Besteuerung ermöglicht.[63] Insbesondere Art. 17 UN-MA sowie Art. 12B UN-MA für automatisierte digitale Dienstleistungen bleiben bestehen und haben Vorrang.[64] Sofern daher eine Person eine künstlerische oder sportliche Tätigkeit im anderen Vertragsstaat ausübt, geht Art. 17 vor und bietet dem Tätigkeitsstaat ein uneingeschränktes Besteuerungsrecht. Sofern bzw. soweit eine Person nicht als Künstler oder Sportler tätig ist, greift dagegen Art. 12AA und ermöglicht dem anderen Vertragsstaat, aus dem die Zahlungen stammen, eine prozentmäßig begrenzte Besteuerung vom Bruttobetrag.

Art. 12AA hat einen weiten Anwendungsbereich.[65] Die Regelung erfasst so gut wie alle Arten von Dienstleistungen, unabhängig davon, ob diese an andere Unternehmen (B2B) oder Privatpersonen (B2C) erbracht werden.[66] Dienstleistungen sind gegenüber dem Verkauf von Waren[67] abzugrenzen, die nicht in den Anwendungsbereich fallen.[68] Ebenso sind die

63 Art. 12AA Abs. 4 UN-MA 2025.

64 Vorrang gegenüber Art. 12AA haben zudem Art. 8, 12C, 15, 16, 18 und 19 UN-MA 2025.

65 Vgl. auch Art. 12AA Abs. 3 UN-MA 2025 und UN-MK 2025, Art. 12AA Rz. 52 f., wonach der undefinierte Begriff der Dienstleistung abkommensautonom interpretiert und eine weite Bedeutung haben soll.

66 Art. 12A Abs. 3 lit. c UN-MA 2017 und 2021 sah dagegen eine Ausnahme für Zahlungen für technische Dienstleistungen vor, sofern diese durch eine natürliche Person zum persönlichen Gebrauch erfolgten.

67 Im Sinne von Verkauf bzw. Erwerb von materiellen oder immateriellen Vermögenswerten.

68 Im UN-MK 2025 wird diese Abgrenzung nur im Zusammenhang mit Versicherungsprämien angesprochen. Beträge, die für einen Renten- oder Versicherungsvertrag mit einem wesentlichen Anlagebestandteil gezahlt werden, fallen nicht unter die Definition der Versicherungsprämien nach Art. 12C Abs. 3 lit. a UN-MA 2025 und sind auch keine Entgelte für Dienstleistungen nach Art. 12AA Abs. 3 UN-MA 2025, da es sich dabei um den Erwerb von Vermögenswerten statt um Dienstleistungen handelt.

Vermietung und Lizenzierung sowie das Verleihen von Geld ausgenommen.[69]

Bei Dreieckssachverhalten kann Art. 12AA zu doppelten Quellen führen. Wenn z.B. ein Künstler oder Sportler grenzüberschreitend tätig ist, die Zahlungen für diese Tätigkeit aber aus einem anderen (Dritt-)Staat stammen, würde Art. 17 im DBA zwischen dem Ansässigkeitsstaat und dem Tätigkeitsstaat die Besteuerung im Tätigkeitsstaat ermöglichen (Tätigkeitsortprinzip). Zugleich würde aber Art. 12AA im DBA zwischen dem Ansässigkeitsstaat und dem Drittstaat die Besteuerung in dem Drittstaat erlauben, aus dem die Zahlungen stammen. Das Thema der doppelten Quellen ist zwar kein Spezifikum von Art. 12AA, sondern eine Folge davon, dass DBA bilaterale Abkommen sind. Dennoch wird das Problem durch die neue Regelung samt der Beibehaltung von Art. 17 verstärkt.

2. Rechtfertigungen

Art. 12AA ist eine Antwort auf die Veränderungen der Wirtschaft, insbesondere im Dienstleistungssektor. Während traditionell eine wesentliche Teilnahme am Wirtschaftsleben ohne physische Präsenz bzw. physische Ausübung einer Tätigkeit in einem Staat schwierig bis praktisch unmöglich war, führt die zunehmende Digitalisierung der Wirtschaft und die damit verbundene Etablierung neuer, auch digitaler Geschäftsmodelle dazu, dass die physische Präsenz praktisch an Bedeutung verliert. Dies bedeutet, dass Steuerpflichtige auch ohne physische Präsenz in einem anderen Staat wesentliche wirtschaftliche Tätigkeiten ausüben bzw. substantielle Dienstleistungen erbringen können sowie vom dortigen Markt und der Infrastruktur profitieren. Daher soll diesen Marktstaaten, in denen die Dienstleistungen verwendet oder konsumiert werden, auch ohne physische Präsenz ein Besteuerungsrecht zustehen.[70] Der Ursprung der Zahlung wird als ein praktikables Kriterium gesehen, um den Marktstaat näherungsweise zu bestimmten.[71]

69 Vgl. UN-MK 2025, Art. 12AA Rz. 54 f.

70 Vgl. UN-MK 2025, Art. 12AA Rz. 2; zudem wird in Rz. 4 auf die Digitalisierung der Wirtschaft, in Rz. 5 auf die zunehmende Möglichkeit für multinationale Unternehmen, eine Vielzahl an grenzüberschreitenden Dienstleistungen aus der Ferne zu erbringen, und in Rz. 9 auf neue Geschäftsmodelle verwiesen.

71 Vgl. UN-MK 2025, Art. 12AA Rz. 4. Demnach wird die Anknüpfung an jenen Staat, in dem die Dienstleistung verwendet oder konsumiert wird, als Alternative zum Kriterium der physischen Präsenz bzw. dem Ort der Dienstleistungs-

Ein weiteres Argument für die Einführung von Art. 12AA liegt in der Tatsache, dass die Zahlungen für die bezogenen Dienstleistungen die Bemessungsgrundlage beim Zahlenden schmäleren (Stichwort „Base Erosion").[72] Dieser bereits von der 183-Tage-Regel[73] bekannte[74] – im Kern aber nicht überzeugende[75] – Gedanke wird somit auf Dienstleistungen übertragen.[76] Weil der Zahlende die Zahlung im anderen Vertragsstaat als Betriebsausgabe geltend machen kann, soll dieser andere Staat ein Besteuerungsrecht an der Zahlung bzw. an den Einkünften haben, die der Zahlungsempfänger erzielt.

Nicht zuletzt wird die neue Regelung damit begründet, dass eine Abzugsteuer auf Brutto-Basis eine einfache, zuverlässige und effiziente Art der

---

erbringung gesehen. Dies sei grundsätzlich jener Staat, in dem die zahlende Person ansässig ist oder eine Betriebsstätte hat.

72 Vgl. UN-MK 2025, Art. 12AA, Rz. 4 und 6.

73 Art. 15 Abs. 2 Buchst. b und c OECD- und UN-MA.

74 Vgl. z.B. *Arnold*, Threshold Requirements for Taxing Business Profits under Tax Treaties, Bulletin for International Fiscal Documentation 2003, 476 (489), der den Base-Erosion-Gedanken daraus ableitet.

75 Vgl. *Dziurdź*, Betriebsstätte als „wirtschaftlicher Arbeitgeber" oder worin liegt der Sinn und Zweck der 183-Tage-Regel?, IStR 2014, 876 (877 ff.) m.w.N.; *Dziurdź/Pötgens*, Cross-Border Short-Term Employment, Bulletin for International Taxation 2014, 404 (404 ff.); *Dziurdź*, Article 15 of the OECD Model: The 183-Day Rule and the Meaning of „Borne by a Permanent Establishment", Bulletin for International Taxation 2013, 122 (123 f.); *Dziurdź*, Kurzfristige Arbeitnehmerüberlassung im Internationalen Steuerrecht, 2013, 78 ff.

76 UN-MK 2025, Art. 12AA Rz. 4 verweist stattdessen auf Art. 12 und 16 UN-MA. Demnach sollen Zahlungen für die Benutzung oder das Recht auf Benutzung gewerblicher, kaufmännischer oder wissenschaftlicher Ausrüstungen (Art. 12) sowie Vergütungen der Aufsichtsräte, Verwaltungsräte und leitenden Angestellten in einer obersten Führungsposition (Art. 16) den gleichen Grundsätzen unterliegen. Gerade im letzteren Fall ist dies aber zweifelhaft, weil lediglich auf die Ansässigkeit (und nicht auf das Vorliegen einer etwaigen Betriebsstätte, die die Vergütungen trägt) abgestellt wird und der UN-Kommentar diese Regelung damit begründet, dass es manchmal schwierig sein kann, festzustellen, an welchem Ort die Tätigkeiten ausgeübt werden, so dass vom Tätigkeitsortprinzip abgegangen wird bzw. unterstellt wird, dass die Tätigkeiten im Ansässigkeitsstaat der Gesellschaft ausgeübt werden. Vgl. UN-MK 2025, Art. 16 Rz. 2 mit Verweis auf OECD-MK 2025, Art. 16 Rz. 1. Vgl. allerdings auch *Arnold*, The Taxation of Income from Services under Tax Treaties: Cleaning Up the Mess, Bulletin for International Taxation 2011, 59 (63), der den Base-Erosion-Gedanken bei Art. 16 dennoch als überzeugender erachtet.

Steuererhebung ist.[77] Dies ist insbesondere für Entwicklungsländer von Bedeutung, auf die das UN-MA speziell abzielt.

3. Nachteile und Kritik

Art. 12AA ist nicht ohne Nachteile und Kritik, stellt aber auch die prinzipielle Frage, in wieweit ein Vertragsstaat bzw. Marktstaat ohne physische Präsenz ein Besteuerungsrecht haben soll, und zwar bei allen Arten von Dienstleistungen. Auf der einen Seite sollen Kunden und Konsumenten eine Besteuerung im Marktstaat rechtfertigen, unabhängig davon, wo die Dienstleistungen erbracht werden. Auf der anderen Seite wird gerade dieser Gedanke hinterfragt.[78] Eine alternative Vorschrift im UN-Kommentar hält daher am physischen Ausübungsort der Dienstleistung fest,[79] analog zu Art. 17 für Künstler und Sportler.

Der Gedanke, dass eine Besteuerung bei steuerlichem Abzug der Zahlung erfolgen soll, wird durch Art. 12AA nicht konsequent umgesetzt. Zum einen sind Situationen denkbar, in denen ein Abzug im anderen Vertragsstaat geltend gemacht wird, aber nach Art. 12AA keine Besteuerung erfolgt, z.B. bei dem Verkauf von Wirtschaftsgütern, die einen Betriebsausgabenabzug begründen. Zum anderen sind Situationen denkbar, in denen kein Abzug erfolgt, aber eine Besteuerung nach Art. 12AA möglich ist, z.B. bei Privatpersonen, die keinen steuerlichen Abzug geltend machen, sowie bei Dreieckssachverhalten, wenn die Zahlungen einer Betriebsstätte in einem Drittstaat zuzurechnen sind.[80]

Vor allem problematisch ist aber die vorgesehene Bruttobesteuerung, die zu einer exzessiven Besteuerung führen kann.[81] Art. 12AA soll eine Vereinfachungswirkung erzielen und schwierige Abgrenzungsfragen zwischen unterschiedlichen Arten von Dienstleistungen vermeiden. Dies impliziert, dass ein einheitlicher Quellensteuersatz für alle erfassten Dienstleistungen im DBA vereinbart werden soll. Damit werden aber sowohl Dienstleistungen mit einer hohen als auch solche mit einer nur niedrigen Gewinnmarge gleich behandelt. Bei Letzteren kann selbst ein relativ niedriger Steuersatz auf Bruttobasis zu einer exzessiven Besteuerung füh-

77 Vgl. UN-MK 2025, Art. 12AA Rz. 12.
78 Vgl. UN-MK 2025, Art. 12AA Rz. 15 f.
79 Vgl. UN-MK 2025, Art. 12AA Rz. 109.
80 Vgl. UN-MK 2025, Art. 12AA Rz. 110.
81 Vgl. UN-MK 2025, Art. 12AA Rz. 19.

ren. Anders als bei automatisierten digitalen Dienstleistungen nach Art. 12B[82] sieht Art. 12AA keine Option auf Nettobesteuerung vor.

VII. Optionen zur Aufteilung der Besteuerungsrechte

1. Abwägungsfragen

Mobilität hat bei Selbständigen viele Formen und Facetten. Mit unterschiedlichen Mobilitätsformen können wiederum unterschiedliche steuerliche Themen verbunden sein. Ob und wenn ja, wie diese DBA-rechtlich adressiert werden sollen, ist nicht einfach zu beantworten. Jede potentielle Lösung bringt Vor- und Nachteile mit sich. Daher stellen sich zahlreiche Abwägungsfragen.[83] Kann das Risiko einer Nicht- oder Niedrigbesteuerung durch eine Besteuerung im Tätigkeits-, Zahlungs- oder Ansässigkeitsstaat besser vermieden werden als mit anderen Maßnahmen? Welcher Zusammenhang besteht zwischen einer bestimmten Mobilitätsform, bestimmten steuerlichen Problemen und bestimmten Berufsgruppen? Ist die Öffentlichkeitswirksamkeit der Tätigkeit für die Steuererhebung von Bedeutung? Führt eine bestimmte Aufteilung der Besteuerungsrechte zu exzessiven Steuerbelastungen, z.B. durch eine Bruttobesteuerung? Welche Verwaltungsbelastungen ergeben sich für Steuerpflichtige und die Finanzverwaltung und wie ist das Verhältnis zu den erwarteten Steuereinnahmen? Wie können administrative Belastungen minimiert werden, ohne die gewünschte Besteuerung in einem bestimmten Vertragsstaat bzw. die Einmalerfassung der Einkünfte zu gefährden? Ist die vorgesehene Aufteilung der Besteuerungsrechte aus Sicht der Vertragsstaaten ausgewogen bzw. „gerecht"?[84]

82 Vgl. Art. 12B Abs. 3 UN-MA 2021 und 2025.

83 Vgl. *Molenaar/Tenore/Vann*, Red Card Article 17?, Bulletin for International Taxation 2012, 127 (137), wonach laut *Vann* die Entwicklung allgemeiner Grundsätze zur Besteuerung hochwertiger Dienstleistungen erfordert, dass eine Vielzahl miteinander konkurrierender Erwägungen gegeneinander abgewogen wird.

84 Vgl. auch *Tetłak*, Taxation of Entertainers and E-sportspersons under Article 17 of the OECD Model in the Digital Era, in Kostić/Báez Moreno/Chand/Tenore, Mobility of Individuals and Workforces, 2024, 223 (225), die auf die wahrgenommene Ungerechtigkeit bei der Aufteilung der Besteuerungsrechte hinweist, wenn Künstler und Sportler ohne Art. 17 nicht im Tätigkeitsstaat besteuert würden; zudem *Tetłak*, Tax Treatment of Team Performances under Art. 17 of the OECD Model Convention, World Tax Journal 2010, 262 (289 f.), wonach einige Staaten sehr pragmatisch sind und ihren „gerechten"

Im Folgenden werden mögliche Antworten auf diese Fragen anhand von vier Optionen diskutiert: (1) eine Beibehaltung von Art. 17; (2) eine Abschaffung von Art. 17; (3) eine Erweiterung von Art. 17; sowie (4) die Einführung einer zahlungsbezogenen Besteuerung im anderen Vertragsstaat nach dem Vorbild von Art. 12AA UN-MA 2025.

2. Beibehaltung von Art. 17

Mobilität ist heutzutage kein Thema der Künstler und Sportler mehr, sondern erstreckt sich auf viele Berufsgruppen. Bei der Art der Mobilität gibt es aber Unterschiede. Künstler und Sportler üben eine Tätigkeit aus, die typischerweise ortsgebunden ist. Gleichzeitig besteht diese Bindung zu vielen unterschiedlichen Einsatzorten und die wesentliche Tätigkeit wird dort nur kurzfristig ausgeübt. Künstler und Sportler, die in Art. 17 gesondert behandelt werden, weisen daher eine besonders hohe tatsächliche Mobilität auf. Es kann zwar andere Selbständige geben, die ähnliche Merkmale aufweisen, es ist aber fraglich, ob man diese Ähnlichkeit anhand einer bestimmten Berufsgruppe festmachen kann.

Eine Beibehaltung von Art. 17 ergibt aber nur dann Sinn, wenn die besonderen Merkmale der Mobilität auch zu besonderen steuerlichen (Erfassungs-)Problemen führen, nämlich die Nicht- oder Niedrigbesteuerung im Ansässigkeitsstaat, die durch eine Besteuerung im Tätigkeitsstaat besser adressiert werden kann als mit anderen Maßnahmen. Dabei besteht wieder eine Besonderheit. Künstler und Sportler üben ihre Tätigkeit öffentlichkeitswirksam und oft für einen inländischen Veranstalter aus, so dass es dem Tätigkeitsstaat trotz der kurzfristigen Aufenthaltsdauer leichterfallen kann, von der Tätigkeit zu erfahren und die Steuerhebung insbesondere durch eine Abzugsteuer sicherzustellen. Zwar mögen z.B. Trainer, Regisseure, Kameraleute, Choreographen oder digitale Nomaden ebenfalls nur kurzfristig im Tätigkeitsstaat anwesend sein, deren Tätigkeit ist aber oft nicht öffentlichkeitswirksam, was die Erfassung erschweren kann. Zwar mögen bestimmte Personen wie Gastredner auf einer Konferenz, Modells oder Influencer, die im Einzelfall die relevante Grenze zur unterhaltenden Darbietung nicht überschreiten, ebenfalls öffentlichkeitswirksam auftreten, letztlich wird aber jede Sondervorschrift bestimmte Grenzen ziehen müssen und in Randbereichen unscharf sein. Gleichzeitig müssen bei einer beabsichtigten Beibehaltung von Art. 17

Anteil am Einkommen von Künstlern und Sportlern erhalten möchten, wenn diese in sehr kurzer Zeit erhebliche Gewinne erzielen.

die diskutierten Nachteile abgewogen werden, wie jene der Bruttobesteuerung durch eine Abzugsteuer, die eine steuerliche Erfassung im Tätigkeitsstaat oft erst praktikabel macht, aber zur exzessiven Besteuerung führen kann.

3. Abschaffung von Art. 17

Viele Gründe, die für eine Beibehaltung von Art. 17 sprechen, können bei geänderten Verhältnissen oder bei einer anderen Abwägungsentscheidung auch für eine Abschaffung sprechen. Zunächst kann hinterfragt werden, ob die Mobilität der Künstler und Sportler wirklich noch derart anders ist, wie zuvor dargestellt.[85] Gibt es diese Unterschiede in dieser Form nicht mehr, verschwimmen daher die Grenzen zwischen den Berufsgruppen, verliert die Abgrenzung der Künstler und Sportler ihre Rechtfertigung. Art. 17 müsste dann konsequenterweise abgeschafft – oder auf andere Berufsgruppen erweitert – werden.

Selbst wenn aber Künstler und Sportler im Hinblick auf ihre Mobilität weiterhin anders sind, stellt sich die Frage, ob damit weiterhin besondere steuerliche Probleme verbunden sind, die es bei anderen Berufsgruppen so nicht gibt, bzw. ob die steuerlichen Probleme durch eine Besteuerung im Tätigkeitsstaat besser gelöst werden können als mit anderen Maßnahmen oder bei anderen Berufsgruppen. Im Hinblick auf den grenzüberschreitenden Informationsaustausch wurden wesentliche Fortschritte erzielt. Auch bei anderen Selbständigen, wie jenen, die vorwiegend zuhause arbeiten und über digitale Plattformen ihre Dienstleistungen weltweit anbieten, stellen sich Erfassungsprobleme. Jene Nachteile, die mit Art. 17 verbunden sind, können in einer Gesamtbetrachtung für die Abschaffung der Sonderregelung sprechen.[86] Aus einer Besteuerung vorrangig

85 Siehe z.B. *Escribano*, A New Model Tax Convention for a World of Increasing Remote Work and Mobility of Individuals, World Tax Journal 2024, 379 (410), wonach Remote Worker heute mindestens über die gleichen Mobilitätsmöglichkeiten wie Künstler und Sportler verfügen. Vgl. zudem *Tetłak*, Tax Treatment of Team Performances under Art. 17 of the OECD Model Convention, World Tax Journal 2010, 262 (286), die zum Ergebnis gelangt, dass eine Sonderregelung für Künstler und Sportler nicht mehr gerechtfertigt ist.

86 Zu berücksichtigen wäre, dass die Abschaffung der Sonderregelung für Künstler und Sportler auch zur Abschaffung der Anti-Missbrauchsregelung in Art. 17 Abs. 2 führen würde, auf die in diesem Beitrag nicht eingegangen wird. Zu dieser Frage s. z.B. *Agarwal*, A Proposal to Address Key Tax Treaty Issues for Non-Resident Entertainers and Sportspersons, Bulletin for International Taxation 2025, 399 (405 ff.).

im Ansässigkeitsstaat würden sich zudem zahlreiche Vorteile ergeben. So müsste sich der Selbständige mit nur einem Steuerrecht und einer Finanzverwaltung auseinandersetzen,[87] der Ansässigkeitsstaat kann die persönlichen Verhältnisse besser berücksichtigen[88] und exzessive Steuerbelastungen werden durch eine Nettobesteuerung vermieden.

4. Erweiterung von Art. 17

Ist die Mobilität – anders als früher – ein Thema vieler Berufsgruppen, könnte Art. 17 auch auf solche anderen Berufsgruppen erweitert werden. Art. 17 könnte insbesondere jene anderen Berufsgruppen erfassen, die dieselben (relevanten) Merkmale wie Künstler und Sportler aufweisen. Zudem kann die Ausgewogenheit der Aufteilung der Besteuerungsrechte aus dem Gleichgewicht geraten, wenn eine stärkere Bindung zum Tätigkeits- als zum Ansässigkeitsstaat besteht, die Einkünfte aber nicht im Tätigkeitsstaat besteuert werden können. Bei den digitalen Nomaden vermeiden i.d.R. die Grenzen der Betriebsstätte, festen Einrichtung und 183-Tage-Regel eine Besteuerung im Tätigkeitsstaat. Zum Ansässigkeitsstaat besteht aber oft keine feste Bindung mehr, die eine dortige alleinige Besteuerung rechtfertigen würde. Daher stellt sich die Frage, ob der Tätigkeitsstaat auch dann besteuern sollte, wenn sich der Steuerpflichtige dort nur kurzfristig und ohne eine Betriebsstätte aufhält.[89] Dies könnte durch einen erweiterten Art. 17 geschehen.

87 Siehe z.B. OECD, Issues in International Taxation No. 4 – Model Tax Convention: Four Related Studies, 1992, The 183 Day Rule: Some Problems of Application and Interpretation, Rz. 6, wo die Tatsache, dass es für Steuerpflichtige leichter ist, sich mit nur einem Steuersystem auseinanderzusetzen, als Grund für die Beibehaltung der 183-Tage-Regel nach Art. 15 Abs. 2 genannt wird; zudem OECD-MK 2025, Art. 18 Rz. 1, wo Art. 18 u.a. mit der gleichen Begründung gerechtfertigt wird.

88 Siehe i.d.S. OECD-MK 2025, Art. 18 Rz. 1.

89 Vgl. im Hinblick auf Arbeitnehmer *Escribano*, A New Model Tax Convention for a World of Increasing Remote Work and Mobility of Individuals, World Tax Journal 2024, 379 (410 und 412); *Kostić*, In Search of the Digital Nomad – Rethinking the Taxation of Employment Income Under Tax Treaties, World Tax Journal 2019, 189 (209 ff.); *Kostić*, A Common Autonomous International Tax Understanding of Employment and Its Potential Relevance for the Future Reform of the Taxation of Employment Income under Tax Treaties, in Kostić/Báez Moreno/Chand/Tenore, Mobility of Individuals and Workforces, 2024, 81 (87 und 89).

In der Literatur wird vorgeschlagen, alle Einkünfte natürlicher Personen aus persönlichen Dienstleistungen durch Art. 17 zu erfassen, weil nicht nur Künstler und Sportler sehr mobil sind und hohe Einkünfte aus kurzfristigen Aufenthalten erzielen können, sondern auch viele andere Personen. Dieser Vorschlag wird mit einer Einkunftsgrenze verbunden, um erst bei höheren Einkünften unter Art. 17 zu fallen, was administrativen Belastungen begegnet.[90] Ein solcher Vorschlag impliziert, dass die Publikumswirksamkeit für die Steuererfassung im Tätigkeitsstaat keine wesentliche Überlegung mehr ist. Unabhängig davon, wie mobil oder öffentlichkeitswirksam natürliche Personen bzw. Berufsgruppen tatsächlich sind, würde das Tätigkeitsortprinzip anwendbar sein, sobald die Einkunftsgrenze in einem Staat überschritten wird. Dies müsste auch mit den damit verbundenen Nachteilen abgewogen werden. Eine Einkunftsgrenze erfordert eine Zuordnung der Einkünfte zum Tätigkeitsstaat, um zu ermitteln, ob die Einkunftsgrenze überschritten wurde. Dies führt zu mehr Verwaltungsbelastungen als nur die Tage der physischen Anwesenheit zu zählen oder das Fehlen einer Betriebsstätte festzustellen. Auch sonst sind mit Einkunftsgrenzen zahlreiche Folgefragen verbunden, wie etwa die Anpassung der Grenzen an die Inflation, zumal DBA oft jahrzehntelang in Geltung bleiben.[91] Ein solcher Vorschlag ist letztlich mit einer Abschaffung von Art. 17 und einer Änderung der Schwellen der Betriebsstätte und der 183-Tage-Regel für natürliche Personen gleichzusetzen.[92] Je weiter man Art. 17 fassen will, umso eher stellt sich die Frage, ob man nicht doch die Sondervorschrift abschaffen und die Schwellen der Betriebsstätte und 183-Tage-Regel diskutieren oder eine Besteuerung unabhängig vom Ausübungsort einführen sollte.

---

90 *Sandler*, Artistes and Sportsmen (Article 17 OECD Model Convention), in Lang/Pistone/Schuch/Staringer, Source vs. Residence, 2008, 215 (239 ff.); dazu *Molenaar*, Discussion of Daniel Sandler's Paper on Article 17 OECD Model Convention, in Lang/Pistone/Schuch/Staringer, Source vs. Residence (2008), 247 (247 ff.). Vgl. auch *Tetłak*, Tax Treatment of Team Performances under Art. 17 of the OECD Model Convention, World Tax Journal 2010, 262 (279 ff.), die mögliche Alternativen ausführlich diskutiert.

91 Vgl. auch *Tetłak*, Tax Treatment of Team Performances under Art. 17 of the OECD Model Convention, World Tax Journal 2010, 262 (281 ff.); *Arnold*, Threshold Requirements for Taxing Business Profits under Tax Treaties, Bulletin for International Fiscal Documentation 2003, 476 (487 f.).

92 So im Ergebnis auch *Sandler*, Artistes and Sportsmen (Article 17 OECD Model Convention), in Lang/Pistone/Schuch/Staringer, Source vs. Residence, 2008, 215 (240 FN. 60).

5. Anknüpfung an die Zahlung

Die wachsende Mobilität zeigt sich bei vielen Selbständigen dadurch, dass die Tätigkeit überall erbracht werden kann. Eine physische Präsenz in einem bestimmten Staat ist für die Tätigkeitsausübung nicht mehr erforderlich. In diesen Fällen kann infrage gestellt werden, ob dem Tätigkeitsstaat überhaupt ein Besteuerungsrecht zukommen soll. Wenn es für die Ausübung einer Tätigkeit irrelevant ist, wo der Steuerpflichtige diese ausübt, dann ist deren Ausübung in einem Staat keine Rechtfertigung mehr dafür, die Einkünfte dort zu besteuern.[93] Die zunehmende Mobilität kann daher als Argument herangezogen werden, dass es auf den Ort der Arbeitsausübung gar nicht mehr ankommen sollte.[94]

Art. 12AA UN-MA 2025 ist eine Antwort auf diese fortschreitende Entwicklung. Da viele Dienstleistungen keine ausgeprägte physische Präsenz an einem bestimmten Ort erfordern bzw. auch ohne physische Präsenz erbracht werden können, kommt es nach Art. 12AA für die Besteuerung nicht mehr darauf an, wo die Dienstleistungserbringung physisch erfolgt oder ob eine Betriebsstätte im anderen Vertragsstaat vorliegt.[95] Stattdessen wird darauf abgestellt, ob die Zahlung aus dem anderen Vertragsstaat stammt. Anders als Art. 14 Abs. 1 Buchst. c UN-MA 1980, der eine ähnliche Regelung für Einkünfte aus selbständiger Arbeit enthielt,[96] beinhal-

---

93 Vgl. z.B. im Hinblick auf Arbeitnehmer *Kostić*, In Search of the Digital Nomad – Rethinking the Taxation of Employment Income Under Tax Treaties, World Tax Journal 2019, 189 (205 f.).

94 Vgl. bereits *Kirsch*, The Role of Physical Presence in the Taxation of Cross-Border Personal Services, Boston College Law Review 2010, 993 (993 ff.); im Hinblick auf Arbeitnehmer auch *Pistone/Tenore*, General Report, in Kofler et al., Mobility of Work, 2024, Abschn. 8.2.

95 Auch für auf Arbeitnehmer wird eine solche limitierte Besteuerung unabhängig vom Ort der Arbeitsausübung vorgeschlagen; s. z.B. *Escribano*, A New Model Tax Convention for a World of Increasing Remote Work and Mobility of Individuals, World Tax Journal 2024, 379 (410 ff.); *Schwartz*, Taxation of Remote Workers – Is the Allocation of Taxing Rights in Line with the Benefit Principle?, World Tax Journal 2023, 639.

96 Art. 14 Abs. 1 lit. c UN-MA 1980: „… such income may also be taxed in the other Contracting State … if the remuneration for [the] activities in the other Contracting State is paid by a resident of that Contracting State or is borne by a permanent establishment or a fixed base situated in that Contracting State and exceeds in the fiscal year … (the amount is to be established through bilateral negotiations)." Im UN-MA 2001 war diese Regelung nicht mehr enthalten. Laut dem UN-MK 2001, Art. 14 Rz. 8, wurde diese Regelung aus dem UN-MA entfernt, weil die De-minimis-Grenze im Laufe der Zeit durch Infla-

tet Art. 12AA UN-MA 2025 keine De-minimis-Grenze, so dass auch geringfügige Zahlungen denselben steuerlichen Folgen unterliegen.

Allerdings ergibt sich aus dem fortschreitenden Trend, dass viele Tätigkeiten so gut wie überall erbracht werden können, kein zwingendes Argument dafür, den Ort der Leistungserbringung zu ignorieren.[97] Für das Abstellen auf die physische Präsenz sprechen praktische Überlegungen. In vielen Bereichen ist ungeachtet der Veränderungen der Wirtschaft weiterhin eine physische Präsenz erforderlich, um Leistungen erbringen zu können. Zudem ist die physische Präsenz ein relativ greifbares und objektives Kriterium, was zur Rechtssicherheit für Steuerpflichtige und Finanzverwaltungen beiträgt. Eine natürliche Person kann zur selben Zeit nur an ein einem Ort körperlich anwesend sein,[98] dabei aber Dienstleistungen erbringen, die unzähligen Staaten zugutekommen. Ob eine feste Geschäftseinrichtung besteht und eine Person dort ein Unternehmen betreibt, lässt sich vor Ort feststellen. Wohnsitz, gewöhnlicher Aufenthalt und Ort der Geschäftsleitung sind allesamt Kriterien der Ansässigkeit, die auf physischer Präsenz beruhen. Die physische Nähe zu ei-

tion an Bedeutung verliert und lediglich die Menge potentiell wertvoller Dienstleistungen begrenzen würde, die der Vertragsstaat importieren kann (dies wohl unter der Annahme, dass in einem Vertragsstaat ansässige Personen weniger Dienstleistungen erbringen würden, um unter der De-minimis-Grenze zu bleiben und damit eine Besteuerung im anderen Vertragsstaat zu vermeiden); zudem war die Regelungen in nur wenigen DBA zu finden.

97 A.A. z.B. *Beretta*, „Work on the Move“: Rethinking Taxation of Labour Income under Tax Treaties, International Tax Studies, Nr. 2 2022, 25 ff., der u.a. wegen der zunehmenden Möglichkeit, bestimmte Tätigkeiten überall auszuüben („work-from-anywhere“), die Bedeutung der physischen Präsenz als Kriterium für die Aufteilung der Besteuerungsrechte hinterfragt und für eine vorrangige Besteuerung im Ansässigkeitsstaat plädiert, gleichzeitig aber vorschlägt, bei der 183-Tage-Regel die Grenze auf nur 90 Tage zu verringern, so dass gerade häufiger nach dem Tätigkeitsortprinzip besteuert werden könnte; dazu auch *Pignatari*, The Taxation of ‚Digital Nomads‘ and the ‚3 W's‘: Between Tax Challenges and Heavenly Beaches, Intertax 2023, 384 (393 ff.), der richtigerweise bemerkt, dass dieser Vorschlag lediglich das für eine Quellenbesteuerung erforderliche Ausmaß der physischen Präsenz verringert, und selbst eine 70-Tage-Grenze vorschlägt.

98 Vgl. OECD-MK 2025, Art. 15 Rz. 5 (laut UN-MK 2025, Art. 15 Rz. 3 auch für das UN-MA relevant), wonach die Zählung der Tage der physischen Anwesenheit unkompliziert ist, da die betreffende Person entweder in einem Staat anwesend ist oder nicht; zudem kann die Anwesenheit vom Steuerpflichtigen relativ leicht dokumentiert werden, wenn die Steuerbehörden entsprechende Nachweise verlangen.

nem Staat bietet Gelegenheit, die Erhebung der Steuer sicherzustellen. Ohne physische Anknüpfung ist ein Steuerpflichtiger schwerer greifbar. Es gibt daher gute Gründe dafür, abkommensrechtlich weiterhin auf die tatsächliche Mobilität und damit auf den tatsächlichen Ausübungsort abzustellen bzw. von diesem Prinzip nur abzugehen, wenn besondere Gründe dafür sprechen, wie insbesondere die Vermeidung exzessiver Verwaltungsbelastungen.[99] Die Tatsache, dass das Betriebsstättenprinzip und Art. 17 gegenüber Art. 12AA UN-MA 2025 Vorrang haben, verdeutlicht zudem die weiterhin bestehende Bedeutung der physischen Präsenz für die DBA-rechtliche Aufteilung.

Es stellt sich aber auch die Frage, ob Art. 12AA zusätzlich zu jenem Ziel beitragen kann, das Art. 17 zugrunde liegt, nämlich der Vermeidung der Nicht- oder Niedrigbesteuerung. Wie ausgeführt soll Art. 17 sicherstellen, dass die Einkünfte der Besteuerung unterliegen, selbst wenn der Künstler oder Sportler diese nicht im Ansässigkeitsstaat erklärt oder der Ansässigkeitsstaat ein Niedrigsteuerland ist. Dieses Ziel kann durch eine Besteuerung im Tätigkeitsstaat nur dann erreicht werden, wenn die Tätigkeit im anderen Vertragsstaat ausgeübt wird. Dies ist bei einem Künstler oder Sportler traditionell der Fall. So mancher Influencer kann dagegen das weltweite Publikum von zuhause aus erreichen. Auch bei anderen Berufsgruppen oder Arbeitsweisen (Stichwort „Remote Work") kann eine hohe potentielle Mobilität in einer Tätigkeit allein im Ansässigkeitsstaat resultieren. In solchen Fällen kann Art. 17 das Ziel, eine Besteuerung der Einkünfte sicherzustellen, mangels einer grenzüberschreitenden Tätigkeit nicht erreichen – der Ansässigkeitsstaat ist der Tätigkeitsstaat, Art. 17 ist mangels einer Tätigkeit im anderen Staat nicht anwendbar.

Wenn allerdings die Zahlungen aus dem Ausland stammen, kann die Besteuerung im anderen Vertragsstaat wegen der aus diesem Staat stammenden Zahlung ein geeignetes Mittel sein, um einer Nicht- oder Niedrigbesteuerung im Ansässigkeits- und zugleich Tätigkeitsstaat entgegenzuwirken. Soweit die Zahlungen, die z.B. der im Ansässigkeitsstaat tätige Influencer erhält, aus dem Ausland stammen, könnte Art. 12AA mit der limitierten Besteuerung an der Quelle eine gewisse Mindestbesteuerung sicherstellen.

99 Vgl. z.B. die 183-Tage-Regel nach Art. 15 Abs. 2 sowie Art. 16 OECD- und UN-MA.

VIII. Schlussbemerkungen

Mobilität hat bei Selbständigen viele Dimensionen. Obwohl die Mobilität zunimmt, ist eine hohe Mobilität nicht unbedingt was Neues, nicht alle Selbständigen sind gleichermaßen mobil, und die zunehmende Mobilität bringt nicht automatisch einen Reformbedarf bei den abkommensrechtlichen Regelungen mit sich. Entscheidend ist, welche Formen der Mobilität welche steuerlichen Themen mit sich bringen. Sind die steuerlichen Problemfelder identifiziert und abgegrenzt und werden diese als relevant erachtet, stellt sich die Frage, ob eine bestimmte bzw. andere Aufteilung der Besteuerungsrechte in einem DBA besser zur Lösung dieser Probleme beitragen kann als alternative Maßnahmen. Dabei sind Abwägungsentscheidungen erforderlich, nämlich welchen Zielen mehr Bedeutung beigemessen wird und welche Nachteile dafür in Kauf genommen werden. Gerade bei Art. 17, der die persönlich ausgeübten Tätigkeiten der besonders mobilen Künstler und Sportler erfasst, werden diese Fragen kontrovers diskutiert. Aufgrund der Vielfalt an steuerlichen Themen und möglichen Auswirkungen gibt es nicht die eine richtige Antwort oder Lösung auf die vielen Fragen und Herausforderungen, die sich durch die zunehmende Mobilität der Selbständigen stellen. All das steht unter dem Wunsch der Vertragsstaaten, dass die vereinbarte Aufteilung der Besteuerungsrechte ausgewogen und „gerecht" sein soll. Was das bedeutet, kann wiederum unterschiedlich gesehen werden.

Diskussion

zu den Referaten von Dr. *Sabine Schmidjell-Dommes* und Prof. Dr. *Kasper Dziurdź*

Prof. Dr. *Nikolaus Zorn*, Wien

Vielen Dank für die beiden spannenden Vorträge von Frau *Schmidjell-Dommes* und Herrn *Dziurdź*. Ich möchte zuerst auf die von der Frau *Schmidjell-Dommes* erwähnten VwGH-Entscheidungen vom 29.9.2022 – Ra 2021/15/0005 und vom 16.11.2021 – Ra 2020/15/0077 eingehen. Es geht dabei um Konstellationen, in denen eine in Österreich ansässige Person sowohl in Deutschland als auch in Österreich arbeitet und Einkünfte erzielt. Wird eine Person innerhalb der EU in zwei oder mehr Mitgliedstaaten beruflich tätig, ist sie nach den Regelungen der unionsrechtlichen Verordnung zur Koordinierung der Systeme der sozialen Sicherheit Nr. 883/2004 dem System der sozialen Sicherheit nur eines Mitgliedstaats zu unterwerfen. In den erwähnten Fällen war Österreich für die Sozialversicherung der betroffenen Personen zuständig, also für die Pflichtversicherung in der Kranken-, Unfall- und Pensionsversicherung. Es besteht Pflichtversicherung, die Beiträge richten sich nach der Höhe der gesamten Aktiveinkünfte. In Österreich werden diese Pflichtbeiträge zur Sozialversicherung als Betriebsausgaben bzw. Werbungskosten behandelt, weil sie zwingende Folge der Aktiveinkünfte sind. In Deutschland sind solche Beiträge Sonderausgaben. In den genannten Fällen hatte der jeweilige Steuerpflichtige vom gesamten in Deutschland und Österreich erzielte Einkommen Pflichtbeiträge zur Sozialversicherung an die österreichische Sozialversicherungsanstalt zu entrichten. Die Pflichtbeiträge zur österreichischen Sozialversicherung resultierten also teilweise aus Einkünften, die nach dem DBA in Deutschland zu versteuern waren, und teilweise aus Einkünften, die in Österreich zu versteuern waren. Strittig wurde, ob auch jene Quote der gesamten Sozialversicherungspflichtbeiträge, die auf die in Deutschland zu besteuernden Einkünfte entfielen, von den in Österreich zu besteuernden Einkünften abziehbar sind. Die auf die österreichischen Einkünfte entfallende Quote der Sozialversicherungsbeiträge war ja ohnedies unstrittig im Rahmen der Betriebsausgaben bzw. Werbungskosten uneingeschränkt beim österreichischen Einkommen absetzbar. Die sachgerechte und unionsrechtlich richtige Lösung würde darin liegen, dass jeder Staat jene Quote der Sozialversicherungspflichtbeiträge einkommensmindernd berücksichtigt, die auf den von ihm zu besteuernden Einkommensteil entfällt. Der EuGH hat im Urteil vom 6.12.2018 – C-480/17 – Montag, zum Ausdruck gebracht, dass auch bei beschränkt Steuerpflichtigen Pflichtbeiträge – strittig waren damals Pflichtbeiträge zur berufsständischen Altersversorgung – insoweit einkommensmindernd berücksichtigt werden müssen, als sie auf die im Rahmen der beschränkten Steuerpflicht zu besteuernden Einkünfte entfallen. Diese sachgerechte und unionrechtskonforme Lösung ist praktizierbar, wenn eine in Österreich ansässige Person – zufälligerweise – auch in Deutschland einen Wohnsitz hat. Dann ist die Person nämlich auch in Deutschland unbeschränkt steuerpflichtig und kann im Rahmen der Sonderausgaben als unbeschränkt Steuerpflichtige weitestgehend den in Rede stehenden Anteil an den in einem anderen Staat – hier in Österreich – gezahlten Sozialversicherungspflichtbeiträgen absetzen, wie sich das etwa in der Entscheidung des VwGH vom 24.10.2024 – Ra 2023/15/0048 gezeigt hat. Ein Problem ergibt sich aber, wenn die Person lediglich in Österreich ihren Wohnsitz hat und in Deutschland nur beschränkt steuerpflichtig ist. Diesfalls bietet das deutsche EStG nur äußerst eingeschränkte bzw. keine Möglichkeiten, ausländische Sozialversicherungsbeiträge, die mit deutschen Einkünften zusammenhängen, in Deutschland abzusetzen. In dieser letztgenannten Konstellation stellt sich nun für die VwGH die Frage: Man kann zwar aufgrund des EuGH-Urteils „Montag" davon ausgehen, dass richtigerweise die auf in Deutschland zu besteuernde Einkünfte entfallende Quote der österreichischen Sozialversicherungspflichtbeiträge in Deutschland absetzbar sein müsste, tatsächlich lässt das deutsche EStG dies aber nicht zu. Im österreichischen Einkommensteuerverfahren soll man nun aber dem Steuerpflichtigen nicht vorwerfen, er hätte in Deutschland den Rechtszug beschreiten und unter Hinweis auf das EuGH-Urteil „Montag" vorbringen müssen, dass die deutsche Rechtslage unionsrechtswidrig sei, um letztlich vielleicht ein EuGH-Vorabentscheidungsverfahren zu erreichen. Daher kam der VwGH zur Lösung, dass die Letztverantwortung zur Absetzbarkeit der Sozialversicherungspflichtbeiträge den Ansässigkeitsstaat Österreich trifft. Man kann es dem Steuerpflichtigen nicht anlasten, wenn er eine nationale Rechtsordnung eines anderen Mitgliedstaates dort nicht im Rechtsweg als unionsrechtswidrig bekämpft hat. Wenn das deutsche Recht den Abzug der Pflichtbeiträge, die auf die in Deutschland zu besteuernden Einkünften entfallen, nicht zulässt, dann sollen sie subsidiär im Ansässigkeitsstaat Österreich abziehbar sein.

Und ich habe auch noch eine kurze Frage an Herrn Kollegen *Dziurdź*: Sie haben in Zusammenhang mit den beschränkt steuerpflichtigen

Künstlern und Sportlern etc. immer von Bruttobesteuerung gesprochen. Kann es für solche Vorgänge innerhalb der EU eigentlich überhaupt noch eine zwingende Bruttobesteuerung geben? Aus mehreren Urteilen des EuGH, insbesondere EuGH v. 3.10.2006 – C-290/04 – Scorpio, ergibt sich, dass es den beschränkt steuerpflichtigen Sportlern etc. unbenommen ist, ihre Betriebsausgaben an der Quelle berücksichtigen zu lassen, jedenfalls soweit die Aufwendungen unmittelbar mit der zu besteuernden Tätigkeit zusammenhängten. Vielen Dank.

Mag. Dr. *Stefanie Geringer*, Wien/Brünn

Vielen Dank für die beiden spannenden Vorträge. Ich hätte eine daran anknüpfende Frage für *Kaspar Dziurdź*. Vielen Dank zunächst für die verschiedenen Optionen, die Du aufgezeigt hast, wie man das System weiterdenken könnte. Ich möchte hierzu ggf. noch eine weitere anstoßen bzw. gern Deine Gedanken dazu hören. Der in Art. 12A UN-MA vorgesehenen Bruttobesteuerung liegt die Idee zugrunde, dass „Entwicklungsländer" einfache Möglichkeiten der Steuererhebung brauchen. Ein Bruttobesteuerungssystem ist für sie leichter administrierbar. Inspiriert von einem Kooperationsmodell im Zollrecht zwischen südafrikanischen Staaten wurde in der Literatur der Vorschlag geäußert, dass Ansässigkeitsstaaten, insbesondere reichere Länder, die Steuern für „Entwicklungsländer" mit erheben. Vermutlich wäre dies als Nettosystem gedacht, wobei den „Entwicklungsländern" letztlich ihr Steueranteil überwiesen werden sollte. Die steuererhebenden Staaten würden einen gewissen Prozentsatz zur Abgeltung ihrer Aufwendungen erhalten. Dieses System würde das Problem der Administrierbarkeit auf Ebene der „Entwicklungsländer" in Hinblick auf eine mögliche Nettobesteuerung wohl systematisch sauberer lösen, hätte aber natürlich andere (vor allem auch politische) Herausforderungen. Dessen ungeachtet, sollte dieses Modell auch weitergedacht werden?

***Albert Rädler*, Brüssel**

Das Thema Gleichlauf oder „Alignment" von Sozialversicherung und Einkommensteuer ist ein dickes Brett. Wir haben uns bei der Kommission ebenfalls mit dieser Frage beschäftigt. Es gibt viele Situationen mit Gleichlauf, die also vollkommen unproblematisch sind. Wir haben andererseits Situationen, in denen die Einkommensteuerpflicht und die Sozialversicherungspflicht auseinanderfallen: Dies kann zugunsten des Bürgers erfolgen, wenn die niedrigere Einkommensteuer auf die niedrigere Sozialversicherung trifft. Und sie kann zuungunsten des Bürgers erfolgen. Nehmen wir z.B. folgenden Fall: Eine Person ist in Deutschland ansässig und wird nach Dänemark entsendet. Die Entsendung führt zu einem Weiterbestehen der Sozialversicherungspflicht in Deutschland. In Dänemark wird die Person einkommensteuerpflichtig – jetzt muss man aber wissen, dass die Sozialversicherungspflicht in Dänemark weitgehend steuerfinanziert ist und somit letztendlich unser Bürger die Sozialversicherung doppelt zahlt. Dieser Fall kann vereinzelt tatsächlich auftreten, aber normalerweise schlagen sich diese Wirkungen sofort in den Mobilitätsstatistiken nieder. Noch ein weiteres Beispiel, das regional sehr große Aufmerksamkeit erfahren hat. Es geht um Kurzarbeitergeld, das während der Corona-Pandemie an Grenzpendler aus Frankreich, die in Deutschland arbeiten, gezahlt wurde, also Lohnersatzzahlungen. Die Lohnersatzzahlungen werden in Deutschland ausgezahlt, netto von der Lohnsteuer. Die Lohnsteuer wird also nicht erhoben, sondern ein Abzug fingiert. Und das DBA mit Frankreich weist das Besteuerungsrecht für diese Sozialleistungen nach Frankreich. Die betroffenen Personen unterlagen somit einer vollen effektiven Doppelbesteuerung – es konnte mangels Erhebung keine Lohnsteuer angerechnet werden. Das hat aufgrund der signifikanten Zahl von französischen Grenzpendlern hohe Wellen geschlagen und wurde vor nicht langer Zeit vom Bundessozialgericht zugunsten der Steuerpflichtigen gelöst. Für die Frage des Gleichlaufes der Einkommensteuer und Sozialversicherung können einzelne Probleme durch gezielte Maßnahmen gelöst werden, ein umfassender Gleichlauf erscheint ungleich schwieriger zu bewerkstelligen. Einen interessanten Ansatz bildet Art. 14 Abs. 3 des DBA Niederlande: Einkünfte aus nichtselbständiger Arbeit, die von einer in einem grenzüberschreitenden Gewerbegebiet befindlichen festen Geschäftseinrichtung, durch die die gemeinsame Grenze zwischen den Vertragsstaaten verläuft, getragen werden, werden nur im Ansässigkeitsstaat der natürlichen Person besteuert. Ist die Person jedoch im anderen Vertragsstaat sozialversicherungspflichtig, so können die Einkünfte im anderen Staat besteuert werden, d.h. es wird ein Gleichlauf von Einkommensteuer und Sozialversicherung erzielt.

Prof. Dr. *Andrés Báez Moreno*, München/Madrid

Vielen Dank für die beiden Beiträge. Meine Frage geht an Prof. *Dziurdź*. Acht der zehn erfolgreichsten spanischen YouTuber sind in Andorra ansässig. Und das liegt natürlich nicht nur an der Schönheit der Berge. Nun haben wir vor den Gerichten ein großes Problem bei der Qualifikation der Einkünfte, die diese YouTuber von Google AdSense erhalten, sowohl für Zwecke der Doppelbesteuerungsabkommen als auch für das innerstaatliche Recht. Ich habe hier eine kurze Beschreibung des Systems: Der YouTuber erhält von Google Zahlungen abhängig von der Anzahl der von den Nutzern angesehenen Wiedergabestunden seiner Videos oder von den von den Nutzern getätigten Klicks. Meine Frage wäre also: Handelt es sich dabei um künstlerische oder sportliche Einkünfte i.S.d. Art. 17 OECD-Musterabkommens? Oder handelt es sich um Einkünfte aus Dienstleistungen oder sogar um Lizenzgebühren? Denn aus dem Mustervertrag mit Google ergibt sich eindeutig, dass die Inhalte Google exklusiv, weltweit und unentgeltlich lizenziert werden. Vielen Dank.

Dr. *Sabine Schmidjell-Dommes*, Wien

Zur Wortmeldung von Hofrat *Zorn*: Wenn der andere Staat Unionsrecht verletzt, indem er die Abzugsfähigkeit notorisch nicht zulässt, und es eine Vielzahl von Steuerpflichtigen betrifft, stelle ich mir die Frage: Muss man sich das als Ansässigkeitsstaat tatsächlich gefallen lassen? Müsste nicht das nationale Gericht einmal ein Vorabentscheidungsersuchen an den EuGH veranlassen? Oder der Staat wartet, bis ein Verfahren von der Kommission eingeleitet wird. Ansonsten bleibt es bei diesem unionsrechtswidrigen Zustand, der durch den Ansässigkeitsstaat ausgebügelt wird.

Zum Vortrag von Prof. *Dziurdź*; Ein Problem, das sich aus steuerpolitischer Sicht im Zusammenhang mit Influencern stellt, ist die Frage des Tätigkeitsstaates und ob das Ergebnis ein steuerpolitisch wünschenswertes ist. Der „normale“ Künstler reist herum, hat eine Bühne, stellt sich dort hin und man weiß, wo er tätig ist. Der Influencer sitzt hinter seinem Laptop, kann von überall arbeiten, keiner weiß es bzw. ist es womöglich auch nicht relevant für die Wertschöpfung. Und dort, wo er sitzt und seine Performance macht, dort wird dann letzten Endes nach dem Art. 17 OECD-MA das Besteuerungsrecht zugeteilt. Womöglich bestehen 1.000.000 Follower in 30 verschiedenen Staaten, die schauen sich das an und dort wird auch ein Teil der Wertschöpfung kreiert und dennoch ist irgendein anderer Staat, wo der Influencer seinen Laptop aufgeklappt hat, besteuerungsberechtigt. Und das ist eigentlich ganz spannend. Ja, ich bin gespannt, was Prof. *Dziurdź* dazu sagt. Danke.

Prof. Dr. *Kasper Dziurdź*, Maastricht

Zunächst zum Thema der Bruttobesteuerung. Ja, ganz richtig, innerhalb der EU müsste es im Ergebnis eine Nettobesteuerung geben. Das EuGH-Urteil Scorpio ist richtigerweise erwähnt worden. Aber außerhalb der EU gilt das wiederum nicht. Zudem müssen auch im Rahmen einer Nettobesteuerung an der Quelle die Betriebsausgaben, die unmittelbar mit der Tätigkeit zusammenhängen, ermittelt sowie dem Abzugspflichtigen mitgeteilt werden. Das legt wiederum die Marge offen und mag nicht immer gewünscht sein. Aber selbst bei Mitteilung der relevanten Betriebsausgaben kann das potentielle Risiko einer Haftung dazu führen, dass der Abzugspflichtige nur eine Bruttobesteuerung durchführen möchte. Oft bedeutet dies, dass Künstler und Sportler erst recht in die Veranlagung gehen müssen, um eine Nettobesteuerung zu erreichen. Dies bedingt wiederum eine Auseinandersetzung mit den verschiedenen Steuerrechtslagen und ist letztlich auch mit Kosten verbunden.

Die Bruttobesteuerung hat für Entwicklungsländer Vorteile. Das ist auch der Grund, warum Art. 12AA UN-MA 2025 eine Bruttobesteuerung an der Quelle ermöglicht. Interessanterweise gibt es bei automatisierten digitalen Dienstleistungen nach Art. 12B UN-MA eine Option auf Nettobesteuerung, bei Art. 12AA UN-MA 2025 aber nicht. Letztlich ist das Thema der Bruttobesteuerung eine Abwägungsentscheidung. Zwar ist die Steuererhebung einfacher, bringt aber Nachteile, wie eben das Risiko einer exzessiven Besteuerung. Selbst ein Reisekostenersatz kann nach Art. 12AA UN-MA 2025 einer Quellenbesteuerung unterliegen. Aber auch bei der Steuererhebung im Rahmen einer Bruttobesteuerung kann es praktische Probleme geben. Art. 12AA gilt auch bei Dienstleistungen, die an Privatpersonen erbracht werden. Privatpersonen, die für diese Dienstleistungen bezahlen, werden aber kaum einen Quellensteuerabzug durchführen. Allenfalls kommen Zahlungsdienstleister oder andere Intermediäre in Betracht, um vom Besteuerungsrecht Gebrauch zu machen. Innerstaatlich kann in solchen Fällen auf das Besteuerungsrecht auch verzichtet werden. Eine Alternative zur Quellenbesteuerung wäre, dass der Ansässigkeitsstaat die Steuer erhebt und an den anderen Vertragsstaat überweist, eine Art Steuerausgleich. Für Steuerpflichtige ist dies vorteilhaft, weil sie nur in einem Staat besteuert werden. Ob das für die Finanzverwaltungen der Entwicklungsländer einfacher ist, ist eine andere Frage. Zudem stellt sich die Frage: Wie weit will man mit diesem Lösungsansatz gehen? Ist das nur eine Lösung für Künstler, Sportler oder Influencer? Warum nicht für alle Selbständigen oder alle Unternehmen? Warum nicht für Arbeitnehmer? Warum besteuert man nicht immer nur im Ansässigkeitsstaat und verzichtet auf die Quellenbesteuerung, um dann einen Steuerausgleich vorzunehmen?

YouTuber, Influencer, das Thema ist sehr vielfältig. Es gibt die Influencer, die zu Hause produzieren, es gibt aber auch jene, die z.B. Reise-Influencer sind und deren Tätigkeit gerade dadurch gekennzeichnet ist, dass sie reisen. Das Thema der Ansässigkeitsverlegung nach Andorra kann bedeuten, dass die YouTuber dort formal ansässig sind, in Wirklichkeit ihre Zeit aber trotzdem überwiegend im früheren Ansässigkeitsstaat verbringen. Dies ist dann ein Sachverhaltsthema, ob die Ansässigkeit tatsächlich verlegt bzw. im früheren Ansässigkeitsstaat aufgegeben wurde. Google AdSense ist ein wichtiger Bestandteil der Einnahmen. Es gibt aber z.B. auch Sponsoringverträge, Merchandising oder Lizenzierung von Namen und Marke, also letztlich viele verschiedene Einnahmequellen. Ob jetzt konkret Google AdSense unter Art. 12 oder Art. 17 fällt, traue ich mich ad hoc nicht zu beurteilen, auch weil ich mir über die konkreten Lizenzbedingungen nicht im Bilde bin, die zwischen der Person und YouTube (bzw. Google) vereinbart werden. YouTube ist aber ein gutes Beispiel dafür, dass dies kein reines Influencer-Thema ist. Ähnlich wie das klassische Fernsehen ist YouTube sehr vielfältig. Es gibt z.B. auch journalistische Formate, Dokumentationen oder Wissenschaftskanäle. Jede Person, selbst wenn diese nicht vor der Kamera steht und kein Influencer, Künstler oder Sportler ist, kann Content Creator sein und ab einer gewissen Reichweite über Google AdSense an den Werbeeinnahmen beteiligt werden. Art. 12AA UN-MA würde zumindest eine Besteuerung im Quellenstaat sicherstellen, aus dem die Zahlungen stammen, falls es sich dabei um keine Lizenzgebühren nach Art. 12 handelt und auch keine Tätigkeit nach Art. 17 vorliegt. Natürlich muss aber eine solche Regelung in das Abkommensnetzwerk aufgenommen werden, woran nicht jeder (Quellen-) Staat ein Interesse haben wird.

Prof. Dr. *Yuri Matsubara*, Tokyo

Vielen herzlichen Dank für so wunderschöne Vorträge. Meine erste Frage bzw. Anmerkung geht an *Sabine*. Ich komme aus Japan und bin eine dort steuerlich ansässige Person. Deswegen möchte ich kurz die Situation in Japan erklären. In Japan gibt es auch Steuer-DBA sowie ein Rentenabkommen-Netzwerk und es hat gut funktioniert in der Vergangenheit. Aber vor kurzem sind viele japanische Senioren ausgewandert, z.B. auf die Philippinen oder nach Indonesien (Bali) oder Thailand. Und der Unterschied zwischen europäischen Ländern und solchen asiatischen Ländern ist: Sie haben ein gutes Steuersystem, sie haben insbesondere ein gutes Einkommensteuersystem übernommen, aber leider Gottes ist das Renten- oder Sozialversicherungssystem noch mittelmäßig. Deswegen genießen japanische Auswanderer zuerst ein schönes Ausland und haben eine schöne Zeit, aber danach merken sie langsam, wenn sie krank geworden sind oder Ähnliches, dass das japanische Sozialsystem doch besser und vertrauenswürdiger ist. Deshalb kommen sie zurück, das ist Realität.

Und noch ein anderer Punkt: Weil in Japan mittlerweile Fachkräftemangel herrscht, nehmen wir viele ausländische Arbeitskräfte auf. Das sagen mir nicht Politiker, das hat nicht politische Gründe, aber wir nehmen jetzt Arbeitskräfte auf im viert- oder fünftgrößten Umfang weltweit. Diese Arbeitskräfte arbeiten normalerweise in kleinen Unternehmen und die Arbeitgeber mögen nicht gerne Sozialbeiträge bezahlen. Sie können es sich vorstellen. Was passiert in der Zukunft? Ich nehme an, dass DBA und Sozialabkommen sich ähnlich sein werden wie ein Vetter, aber nicht gleich. Das hat früher bereits Prof. *Vogel* eindeutig so beschrieben.

Abschließend noch eine Anmerkung zum Vortrag von *Kasper*: Das war auch sehr interessant. Daran anknüpfend möchte ich noch kurz etwas zur Rechtslage in Japan in Bezug auf Influencer sagen. Die meisten Influencer, die im Ausland ansässige Influencer sind, sind ziemlich jung. Das ist der Kontrast zu Rentnern. Und die Influencer verdienen und sparen ja gerne Geld und investieren z.B. in Krypto. Nach dem gegenwärtigen japanischen Steuerrecht werden solche Einkünfte aber nur einkommensteuerrechtlich erfasst. Es gibt dagegen noch keine Regelungen im Körperschaft-, Umsatz- und Erbschaftsteuerrecht. Es ist fraglich, wie solche Regelungen ausgestaltet sein könnten. Aber das wäre eine Thematik für künftige Tagungen. Vielen Dank.

Dr. *Sabine Schmidjell-Dommes*, Wien

Zu diesem Punkt, der jetzt aufgeworfen wurde, dass es Staaten gibt, wo die Krankenversicherung einfach umfassender ist. Innerhalb der EU spielt es jetzt keine so große Rolle, weil dieser Schutz dann immer besteht, wenn man innerhalb der EU krankenversichert war, aber natürlich ist die Frage relevant für Ruheständler, die in einen Drittstaat ziehen. Es gibt ein Doppelbesteuerungsabkommen, das Besteuerungsrecht an diesen Ruhebezügen liegt dann im Ansässigkeitsstaat. Denkbar wäre, dass das Steuerniveau dort deutlich niedriger ist, die Kaufkraft ist vielleicht viel höher mit einer österreichischen oder deutschen Pension. Und dann stellt sich aber schon auch die Frage: Will ich denn dort tatsächlich sozialversichert sein? Weil da gibt es dann in vielen Fällen kein Sozialversicherungsabkommen, weil unsere Kollegen im Sozialministerium festgestellt haben, es macht keinen Sinn ein Abkommen abzuschließen, weil dort gibt es nicht diesen umfassenden Schutz. Und daher passen die Systeme nicht zusammen.

Die Anknüpfung der Körperschaftsteuerpflicht unter dem Blickwinkel grenzüberschreitender Mobilität

Prof. Dr. *Claus Staringer*
Wirtschaftsuniversität Wien

I. Themenstellung

Das Generalthema „Grenzüberschreitende Mobilität im Steuerrecht" kann für Unternehmen vieles bedeuten. So kann die Migration der Unternehmenstätigkeit zum Steuertatbestand werden, was zu Fragen rund um die Wegzugsbesteuerung führt.[1] Ebenso könnte unter der Überschrift „Mobilität" auch untersucht werden, unter welchen Voraussetzungen eine Jurisdiktion ausländische Unternehmen im Inland zur Steuerpflicht heranzieht. Dies ist die Frage nach der Reichweite beschränkter Steuerpflicht, wie sie in den letzten Jahren durch die Diskussion um den dafür erforderlichen Nexus zum Inland geprägt ist.[2] Aber dies sind nur zwei mögliche Ausschnitte aus dem Thema „Mobilität". In einem weiteren Sinn verstanden ist der Themenkreis rund um die „Mobilität" von Unterneh-

1 Dazu *Hohenwarter-Mayr*, Entstrickungsbesteuerung und Wegzugsbesteuerung, in diesem Band.
2 Dazu *Reimer*, Unilaterale Anknüpfungspunkte der Besteuerung grenzüberschreitender Mobilität im Rechtsvergleich, in diesem Band.

men nahezu unerschöpflich, weil es eine Selbstverständlichkeit geworden ist, dass sich die Tätigkeit von Unternehmen in einer globalisierten Wirtschaft über sämtliche Grenzen hinweg immer weiter internationalisiert hat. Dies zieht naturgemäß vielfältigste Steuerthemen nach sich, die mit dem Phänomen „Mobilität" verbunden werden können.

Ich möchte das Thema „Grenzüberschreitende Mobilität" im Unternehmenssteuerrecht jedoch bewusst enger verstehen und mich auf die Kriterien konzentrieren, an die das Unternehmenssteuerrecht die persönliche unbeschränkte Körperschaftsteuerpflicht von Unternehmen knüpft. Es geht somit darum, unter welchen Voraussetzungen eine Steuerrechtsordnung „ihre" Unternehmen einer Besteuerung mit dem Welteinkommen unterwirft. Anders gewendet geht es um die Frage, welche Unternehmen ein Staat für Zwecke der Unternehmensbesteuerung als „seine" betrachtet. Die Terminologie ist dabei vielfältig: Im deutschsprachigen Umfeld ist neben den *verba legalia* „unbeschränkte Steuerpflicht" der Ausdruck „Ansässigkeit" verbreitet, wiewohl dies genaugenommen der Rechtsbegriff für die persönliche Abkommensberechtigung nach einem DBA ist. Insbesondere in der internationalen Debatte verschwimmen die Begriffsgrenzen noch mehr, da mit dem englischen Begriff der „Residence" oftmals sowohl die Anknüpfung der innerstaatlichen Steuerpflicht als auch die DBA-Berechtigung einer Gesellschaft umschrieben wird. Unbeschadet begrifflicher Feinheiten ist das Thema „Residence" aber international in jedem Fall hochaktuell: So hat die International Fiscal Association eines der Generalthemen ihres Jahreskongresses 2025 der „Residence for Corporate Income Tax Purposes" gewidmet.[3] Die dazu eingelangten Branch Reports,[4] die in einem umfangreichen General Report systematisiert sind,[5] geben Material für den internationalen Rechtsvergleich über die Bedeutung von „Residence". Der vorliegende Beitrag soll sich jedoch nicht dem internationalen Rechtsvergleich widmen, sondern eine vertiefte Analyse der – in diesem Punkt weitgehend vergleichbaren – nationalen Rechtsordnungen in Deutschland und Österreich versuchen. Der wirtschaftlichen Realität dieser Volkswirtschaften entsprechend soll es dabei um Kapitalgesellschaften (somit im Wesentlichen AG und GmbH) gehen, da

3 IFA, Residence for Corporate Income Tax Purposes, CDFI 2025/109a.

4 Z.B. die Nationalberichte für Deutschland und Österreich von *Mehlhaf*, CDFI 2025/109a, 457 (457 ff.) sowie *Heber/Wagner*, CDFI 2025/109a, 195 (195 ff.).

5 *Pinto Nogueira*, General Report Subject 1: Residence for Corporate Income Tax Purposes, CDFI 2025/109a, 19 (19 ff.).

dies – jedenfalls im grenzüberschreitenden Zusammenhang – die bestimmenden Rechtsformen für international tätige Unternehmen sind.

In einem Satz: Ich möchte mich in der Folge damit befassen, was die Anknüpfung der Körperschaftsteuerpflicht an „Residence" unter dem Blickwinkel grenzüberschreitender Mobilität bedeutet. Dazu sollen zunächst die Anknüpfungsmerkmale des nationalen Rechts dargelegt werden (unten Abschnitt II), um anschließend deren „Mobilität" (also ihre Eignung zur grenzüberschreitenden Verlegung in einen anderen Staat) näher zu untersuchen (unten Abschnitte III und IV). Folge einer solchen Verlegung ist oftmals die steuerliche Doppelansässigkeit der Gesellschaft, zu der ich kurz aktuelle Probleme streifen möchte (unten Abschnitt V). Den Abschluss bildet ein Blick auf die konzeptionelle Kritik an der Besteuerung nach der „Residence" und die Gegenkritik dazu (unten Abschnitte VI und VII), was zum Ausblick auf die mögliche weitere Entwicklung führt (unten Abschnitt VIII).

II. Die Anknüpfung der unbeschränkten Körperschaftsteuerpflicht

1. Die Formel „Sitz oder Geschäftsleitung im Inland"

Sowohl im deutschen wie auch im österreichischen Körperschaftsteuerrecht hat die persönliche Anknüpfung der unbeschränkten Körperschaftsteuerpflicht an die Formel „Sitz oder Geschäftsleitung im Inland" eine sehr lange Rechtstradition. Diese Formel war schon im KStG 1920 enthalten, wo ganz bewusst eine zweifache Anknüpfung gewählt worden war. Neben dem formalen Kriterium des „Sitzes" sollte alternativ auch die an tatsächliche Gegebenheiten anknüpfende „Geschäftsleitung" zur Körperschaftsteuerpflicht führen.[6] Man kann dies so verstehen, dass bereits das KStG 1920 mit dieser alternativen Anknüpfung einen gewissen Schutz vor allzu leichter Umgehung der Körperschaftsteuerpflicht eingebaut hat: Von Anbeginn des modernen Körperschaftsteuerrechts an konnte allein durch die Errichtung im Ausland die universelle Steuerpflicht vom Inland aus geleiteter Gesellschaften nicht vermieden werden.

6 § 1 dKStG 1920 hatte dies noch negativ formuliert: „Liegt der Sitz und der Ort der Leitung im Ausland, so beschränkt sich die Steuerpflicht auf das Einkommen aus inländischem Grundbesitz und aus einem Gewerbebetriebe, für den im Inland eine Betriebstätte unterhalten wird." Die unbeschränkte Steuerpflicht bestand somit nur dann nicht, wenn weder Sitz noch Geschäftsleitung im Inland lagen.

Die mit dem KStG 1920 verankerte Anknüpfungsformel „Sitz oder Geschäftsleitung im Inland“ ist seit mehr als 100 Jahren unverändert. Sämtliche nachfolgenden Körperschaftsteuergesetze in Deutschland und Österreich haben sie bis heute beibehalten.[7] Diese Kontinuität ist bemerkenswert: Denn es ist offenkundig, dass das heutige wirtschaftliche und rechtliche Umfeld von Kapitalgesellschaften in vielerlei Hinsicht kaum mit jenem zu vergleichen ist, das dem KStG 1920 vor Augen gelegen hatte. Namentlich hat die internationale Verflechtung des Wirtschaftslebens im 21. Jahrhundert ein – jedenfalls für frühere Verhältnisse – ungeahntes Ausmaß angenommen. Nichtsdestotrotz hat sich das Körperschaftsteuerrecht bei der „Lokalisierung“ von Unternehmen beständig gezeigt. Entwicklungen wie Internationalisierung, Globalisierung, Freihandel, Digitalisierung etc. haben das internationale Unternehmenssteuerrecht zwar an vielen Stellen verändert, auf der elementaren Ebene der Anknüpfung der persönlichen Steuerpflicht „inländischer“ Unternehmen jedoch nicht. Ein solches „inländisches“ Unternehmen liegt nach wie vor nur dann vor, wenn es „Sitz oder Geschäftsleitung“ im Inland hat. Es ist daher für die persönliche Körperschaftsteuerpflicht z.B. ohne Bedeutung, wo die wirtschaftliche Hauptaktivität einer Gesellschaft liegt, wo sie ihr wesentliches Einkommen erzielt, ob sie im Inland eine besondere physische „Substanz“ oder das Inland für die Gesellschaft eine wie auch immer geartete sonstige wirtschaftliche Bedeutung hat (wie z.B. durch die Notierung an einer inländischen Börse, die der Gesellschaft Marktkapitalisierung verschafft).

Die Anknüpfung an Sitz oder Geschäftsleitung hat seit jeher auch den Gleichklang mit dem Abkommensrecht hergestellt. Art. 4 Abs. 1 OECD-MA knüpft die persönliche DBA-Berechtigung (d.h. den Status als „*resident of a Contracting State*“ für Zwecke des DBA) an die Steuerpflicht mit dem Welteinkommen nach innerstaatlichem Recht, wenn sie aufgrund von „*domicile, residence, place of management or any other criterion of a similar nature*“ besteht. Da sowohl der Ort der Geschäftsleitung als auch der Sitz einer Kapitalgesellschaft nach h.A. unter diesen Katalog des Art. 4 Abs. 1 OECD fallen,[8] bestand für den nationalen Gesetzgeber nie ein Anlass, die innerstaatliche Anknüpfung der Steuerpflicht nach dem KStG mit Blick auf den DBA-Schutz zu hinterfragen.

7 Vgl. § 1 Abs. 1 dKStG sowie § 1 Abs. 2 öKStG.
8 Vgl. nur *Ismer/Blank* in Vogel/Lehner, DBA^{7}, 2021, Art. 4 Rz. 110 m.w.N.

2. Der „Sitz“ von Kapitalgesellschaften

Mit dem „Sitz“ ist für Zwecke der Körperschaftsteuerpflicht der Satzungssitz bzw. statutarische Sitz im Sinne des Gesellschaftsrechts gemeint. Dies ergibt sich bereits aus den entsprechenden Legaldefinitionen des Sitzes im deutschen und österreichischen Recht (§ 11 AO bzw. § 27 Abs. 1 BAO). Einen spezifisch „steuerlichen Sitz“ gibt bei dieser Regelungstechnik nicht, vielmehr richtet sich der Inhalt des Sitz-Begriffs allein nach dem jeweiligen Gesellschaftsrecht. Damit sind die inhaltlich-materiellen Anforderungen an den Sitz im Ergebnis niedrig. Denn ein nach Gesellschaftsrecht zulässiger Sitz liegt bereits dann vor, wenn die Gesellschaft an ihm immerhin eine gewisse Mindestpräsenz (etwa im Sinne von postalischer Erreichbarkeit) aufweist, die die Zuständigkeit eines bestimmten inländischen Gerichts bewirkt.[9] Dies passt damit zusammen, dass die Gesellschaft an ihrem Sitz geklagt werden können muss.[10] Keineswegs ist es aber erforderlich, dass die Gesellschaft ihre Geschäftstätigkeit umfänglich an diesem Sitz entfaltet oder von dort tatsächlich geleitet wird. Insoweit besteht daher bei der Wahl des statutarischen Sitzes schon im Gesellschaftsrecht Gestaltungsspielraum. Lediglich ein rein fiktiver Sitz, mit dem die Gesellschaft tatsächlich überhaupt nichts zu tun hat, ist unzulässig.[11]

Das geringe Präsenz- bzw. Substanzerfordernis dieses Sitz-Begriffes könnte die Frage aufwerfen, ob ein solcher weitgehend formal geprägter Sitz tatsächlich ein *„other criterion of a similar nature“* ist, an das Art. 4 Abs. 1 OECD-MA die DBA-Berechtigung einer Gesellschaft knüpft. Denn die *„similar nature“* verlangt – jedenfalls nach wohl herrschender Ansicht – einen territorialen Bezug zum betreffenden Staat, wie er auch den übrigen im OECD-MA genannten Kriterien (*„domicile, residence, place of management“)* zugrunde liegt.[12] Das Schrifttum[13] hat dabei stets bejaht,

9 *Eckert/Schopper* in Eckert/Schopper, AktG-ON, 2021, § 5 AktG Rz. 5; *Koch* in Koch[20], 2026, § 5 AktG Rz. 4.

10 *Kalss* in Doralt/Nowotny/Kalss[3], 2021, § 5 AktG Rz. 6.

11 *Kalss* in Doralt/Nowotny/Kalss[3], 2021, § 5 AktG Rz. 13; *Koch* in Koch[20], 2026, § 5 AktG Rz. 8.

12 *Ismer/Blank* in Reimer/Rust (Hrsg.), Klaus Vogel on Double Taxation Conventions[5], 2022, Art. 4 Rz. 61.

13 Z.B. *Tumpel/Luketina* in Aigner/Kofler/Tumpel, DBA[2], 2019, Art. 4 Rz. 8; *Pohl* in Schönfeld/Ditz (Hrsg.), DBA[3], 2025, Art. 4 Rz. 43; ausführlich *Staringer*, Die Ansässigkeit aufgrund des Wohnsitzes, des ständigen Aufenthalts, des Ortes der Geschäftsleitung oder eines anderen ähnlichen Merkmals nach

dass der statutarische Sitz nach deutschem oder österreichischem Recht einen dafür ausreichenden territorialen Bezug aufweist. Denn immerhin kann der Sitz nicht völlig frei (gleichsam fiktiv) gewählt werden und muss sich insbesondere an einem Ort des Inlands befinden. Der statutarische Sitz geht in diesen beiden Rechtsordnungen eben über eine ortsungebundene Rechtswahl für die Gesellschaft hinaus. Damit kann nach h.A. auch ein solcher Sitz die DBA-Ansässigkeit nach Art. 4 Abs. 1 OECD-MA begründen.[14] Genau dies führt in weiterer Folge zum Thema der Doppelansässigkeit, wenn sich der Ort der Geschäftsleitung (*place of management*) in einem anderen Staat befindet (dazu unten Abschnitt V).

3. Der „Ort der Geschäftsleitung" von Kapitalgesellschaften

Anders als der Sitz ist der Ort der Geschäftsleitung ein originär steuerrechtliches Konzept. Er ist sowohl im deutschen wie auch im österreichischen nationalen Steuerrecht als Mittelpunkt der geschäftlichen Oberleitung definiert.[15] Dies bringt zum Ausdruck, dass es dabei nicht auf die Gesamttätigkeit des Unternehmens ankommt (also an welchem Ort sich die Geschäftstätigkeit materialisiert, wie etwa bei Kunden, Märkten, Produktionsstätten, Mitarbeitern etc.), sondern wo die Leitungsfunktion der Gesellschaft zu verorten ist. Insoweit bestehen bei diesem steuerrechtlichen Konzept zwar gewisse Parallelen zum Verwaltungssitz des Gesellschaftsrechts (wie er unter Geltung der Sitztheorie für das Gesellschaftsstatut maßgebend ist), der ebenfalls auf die „Verwaltung" (im Sinne von Leitung) blickt.[16] Auch wenn dies begrifflich nicht notwendig ist, so werden in den meisten Fällen Ort der Geschäftsleitung und Verwaltungssitz daher zusammenfallen. Jedenfalls besteht im Steuerrecht für den Begriff des Orts der Geschäftsleitung eine umfangreiche, aufgrund der Einzelfallbezogenheit stark kasuistische Rechtsprechung der Steuergerichte.[17]

Art. 4 Abs. 1 OECD-MA, in Lang/Schuch/Staringer (Hrsg.), Die Ansässigkeit im Recht der Doppelbesteuerungsabkommen, 2008, 67 (75) m.w.N.

14 Nach dem UN-MA ist dies von vornherein klar, da dort Art. 4 Abs. 1 den place of incorporation ausdrücklich als die Ansässigkeit begründendes Merkmal nennt.

15 Vgl. § 10 dAO sowie § 27 Abs. 2 öBAO.

16 Vgl. z.B. *Wicke*[5], 2024, § 4a GmBHG Rz. 5.

17 Vgl. dazu z.B. den Überblick über die Judikatur bei *Hohenwarter-Mayr* in Kofler et al., (Hrsg.), WU-KStG[3], 2022, § 1 KStG Rz. 48; sowie bei *Drüen* in Frotscher/Drüen, (Hrsg.), 2023, § 1 KStG Rz. 74 ff.

In der rechtsgestaltenden Praxis wird das Konzept des Orts der Geschäftsleitung mitunter kritisiert, weil es oft schwierig wäre, den Ort der Geschäftsleitung rechtssicher zu planen. In der Tat ist die Feststellung einer inländischen Geschäftsleitung in vielen Streitfällen die wohl „schärfste Waffe“ der Finanzverwaltung gegen den Einsatz von Auslandsgesellschaften in der Steuerplanung.[18] Zudem wird mit Blick auf Entwicklungen wie Digitalisierung, Videokonferenzen, Home Office etc. vorgebracht, der Ort der Geschäftsleitung ließe sich zunehmend gar nicht mehr verlässlich festmachen.[19] Solche Probleme mag es in der Praxis geben. Sie sind aber m.E. nicht entscheidend. Wesentlich ist nämlich, dass der – zugegebenermaßen unbestimmte – Gesetzesbegriff des Ortes der Geschäftsleitung justiziabel ist. Gerade die reichhaltige Judikatur zu diesem Thema zeigt, dass Gerichte durchaus in der Lage sind, an sie zum Thema Ort der Geschäftsleitung herangetragene Fälle zu entscheiden. Solche Entscheidungen mögen im Einzelfall nicht leichtfallen. Das Konzept des Ortes der Geschäftsleitung wegen solcher Einzelfallprobleme insgesamt über Bord zu werfen, erscheint jedoch nicht notwendig.

III. Die Mobilität der Geschäftsleitung von Kapitalgesellschaften

Im geschilderten steuerlichen Rechtsrahmen erweist sich die Verlegung der Geschäftsleitung einer Kapitalgesellschaft in anderen Staat als faktische Maßnahme. Bei dieser geht es weniger um deren rechtliche Zulässigkeit (weil die Gesellschaft nicht daran gehindert ist, ihre Geschäftsleitung faktisch zu verlegen), sondern vielmehr um die Rechtsfolgen einer solchen Verlegung.

Die Diskussion um diese Rechtsfolgen wird traditionell im internationalen Gesellschaftsrecht intensiv geführt.[20] Konzeptionell stehen einander dabei die kollisionsrechtlichen Modelle von Sitztheorie und Gründungstheorie gegenüber: Während die Sitztheorie für das Gesellschaftsstatut auf den Verwaltungssitz blick (von dem sie auch ihren Namen ableitet), knüpft die Gründungstheorie dafür an die Errichtung der Gesellschaft

18 *Bendlinger*, Der Ort der Geschäftsleitung als scharfe Waffe gegen die Flucht oasenfreudiger Steuerbürger, SWI 2024, 58 (58).

19 So etwa zuletzt *Heber/Wagner*, Ansässigkeitskriterien im Körperschaftsteuerrecht, SWI 2025, 503 (508).

20 Steuerliche Fragen i.Z.m. einer Wegzugsbesteuerung bleiben im vorliegenden Beitrag ausgeklammert.

(i.d.R. manifestiert durch ihre Eintragung in entsprechenden Registern). Die praktischen Unterschiede beider Theorien für den „Wegzug" einer im Inland errichteten Gesellschaft durch Verlegung ihrer Geschäftsleitung[21] ins Ausland sind erheblich, da die Sitztheorie im Ergebnis zum Untergang der Gesellschaft als inländische Kapitalgesellschaft führt, während die Gründungstheorie ihren Fortbestand in der bisherigen Rechtsform ermöglicht.[22] Die sich daraus ergebende mobilitätshemmende Wirkung der Sitztheorie ist seit langem bekannt.

Es war daher eine wesentliche Entwicklung, dass der EuGH in seiner Judikatur zur Niederlassungsfreiheit die Sitztheorie zumindest für EU- oder EWR-Fälle überwunden hat. Im Gefolge der über die letzten knapp 25 Jahre ergangenen Entscheidungen *Centros, Überseering*, und *Inspire Art* können heute durch Verlegung ihrer Geschäftsleitung ins Inland „zuziehende" Gesellschaften ihre Rechtspersönlichkeit (und damit ihre Rechtsform) jedenfalls dann rechtssicher aufrechterhalten, wenn ihr Herkunftsstaat der Gründungstheorie folgt.[23] Dies hat der Mobilität von Gesellschaften in Europa – namentlich in Fällen unter Beteiligung von Deutschland und Österreich, die traditionell beide der Sitztheorie gefolgt waren – einen entscheidenden Schub gegeben. Man kann die zugrunde liegende Rechtsprechung des EuGH dabei als bewusst liberal (bzw. integrationsfördernd) ansehen. Denn die unter Umständen unmittelbar nach Gründung (so wie insbesondere im Fall *Centros*) erfolgte Verlegung der Geschäftsleitung in einen anderen Mitgliedstaat entspricht de facto einer durch formale Gründung im Ausgangsmitgliedstaat ausgeübten Rechts-

---

21 Wenn man diesen – was dem Regelfall entspricht – mit dem Verwaltungssitz gleichsetzt.

22 Dazu für viele *Ratka/Rauter/Völkl*, Unternehmens- und Gesellschaftsrecht II3, 2017,)77 f.; *Artmann/Rüffler*, Gesellschaftsrecht[2], 2020, Rz. 56 ff.; *Weber*, Unternehmens- und Gesellschaftsrecht[5], 2024, 79 f.

23 Vgl. EuGH v. 9.3.1999 – C-212/97 – Centros; EuGH v. 5.11.2002 – C-208/00 – Überseering; EuGH v. 30.9.2003 – C-167/01 – Inspire Art; dem z.B. für Österreich folgend OGH v. 15.7.1999 – 6Ob 123/99b. Bislang nicht entschieden ist dies für den „Zuzug" aus einem der Sitztheorie folgenden Staat. In solchen Fällen hat die Judikatur dem Wegzugsstaat bislang gestattet, die Gesellschaft aus Anlass des Wegzugs untergehen zu lassen (vgl. EuGH v. 16.12.2008 – C-210/06 – Cartesio; ebenso bereits EuGH v. 27.9.1988 – 81/87 – Daily Mail), wobei eine derart strenge Sicht der Sitztheorie selten sein wird.

wahlfreiheit, die der EuGH unter keinerlei Umgehungsvorbehalt gestellt hat.[24]

Für das Körperschaftsteuerrecht war für solche ausländischem Gesellschaftsrecht unterliegenden, aber von Deutschland oder Österreich aus geleiteten EU-Kapitalgesellschaften stets klar, dass sie im Inland unbeschränkt steuerpflichtig waren. Dies ergab sich für Österreich aus der Einordnung solcher Gesellschaften unter die „juristischen Personen privaten Rechts“[25] bzw. für Deutschland aus einem entsprechend auf ausländische Gesellschaften erweiterten Kreis der „Kapitalgesellschaften“.[26] Schwieriger war dies in der Vergangenheit in Drittstaatsfällen (einschließlich das praktisch wichtigen Falls vom Inland aus geleiteter UK-Gesellschaften, nachdem diese infolge des Brexit ihr Niederlassungsrecht in der EU verloren hatten), zumal dort das Internationale Privatrecht von Deutschland und Österreich weiterhin (bzw. in den Brexit-Fällen wieder) der Sitztheorie anhängt. Im Ergebnis führt in solchen Drittstaatsfällen der „Zuzug“ der Geschäftsleitung aus der Sicht des Zuzugsstaats zum zivilrechtlichen Untergang als Kapitalgesellschaft, was daher zumindest zur Frage führen konnte, ob solche Gebilde dennoch der Körperschaftsteuer unterliegen können. Mittlerweile ist die Körperschaftsteuersubjektivität solcher zugezogener Drittstaatsgesellschaften bestätigt, sofern sie mit einer inländischen Kapitalgesellschaft strukturell vergleichbar sind. Für Deutschland ergab sich dies bereits aus dem 2006 erlassenen SEStEG,[27]

24 In seiner späteren Judikatur zu den sog. „Danish Holding Cases“ hat der EuGH die Umgehungsabwehr zu einem – über alle Rechtsgebiete hinweg geltenden – allgemeinen Rechtsgrundsatz des Unionsrechts erklärt (vgl. EuGH v. 26.2.2019 – C-115/16 – N-Luxembourg 1, C-118/16 – X-Denmark, C-119/16 – C-Denmark, C-299/16 – Z Denmark). Offenkundig von Umgehung getriebene Fälle wie Centros sind damit nur dadurch in Einklang zu bringen, indem man den vom EuGH proklamierten allgemeinen Rechtsgrundsatz normspezifisch versteht. Wenn die umgangene Norm (in Fällen wie Centros somit die Gründungsvorschriften eines Mitgliedstaates für seine Kapitalgesellschaften wie insbesondere das Mindestkapital) ihre Umgehung daher i.E. zulässt, kann auch der allgemeine unionsrechtliche Rechtsgrundsatz der Missbrauchsabwehr dies nicht verhindern. Auf diese Weise ist dieser allgemeine Rechtsgrundsatz nicht mehr, aber auch nicht weniger als eine Aufforderung zur sorgfältigen Interpretation der in Rede stehenden Norm.

25 § 1 Abs. 2 Z 1 öKStG.

26 § 1 Abs. 1 Z 1 dKStG.

27 Dazu z.B. *Drüen* in Frotscher/Drüen, KSt/GewSt/UmwSt, § 1 KStG Rz. 18 (172. Lfg. 2024).

was später auch vom BFH bestätigt wurde.[28] In Österreich erfolgte die endgültige Klärung erst durch das AbgÄG 2023, wobei die Rechtsprechung insoweit wohl von einer bloßen Klarstellung ausgeht.[29]

IV. Die Mobilität des Sitzes von Kapitalgesellschaften

Lange Zeit weniger mobilitätsfreundlich hat sich – auch in Europa – der gesellschaftsrechtliche Rechtsrahmen für die Verlegung des statutarischen Sitzes von Kapitalgesellschaften gezeigt. Thema ist dort, ob die Verlegung dieses Sitzes (die i.d.R. eine Löschung im Gründungsstaat samt Neu-Registrierung im Aufnahmestaat bedingt), somit die nachträgliche Korrektur der mit der Gründung erfolgten Rechtswahl der Gesellschaft, unter Nutzung der Niederlassungsfreiheit des Unionsrechts identitätswahrend möglich ist. Unbeschadet der Zulassung im Einzelfall für „normale" Kapitalgesellschaften durch die Rechtsprechung einzelner Mitgliedstaaten[30] war eine rechtssichere identitätswahrende Sitzverlegung zunächst das Privileg der Societas Europaea (SE).[31] Erst Jahre später hat der EuGH mit der Rechtssache *Polbud* den Schutz der Niederlassungsfreiheit für die Sitzverlegung innerhalb der EU (oder des EWR) bestätigt.[32] In weiterer Folge hat die Mobilitäts-Richtlinie der EU[33] ein koordiniertes Registerverfahren im Wegzugs- und Zuzugs-Mitgliedstaaten geschaffen, bei dessen Einhaltung die identitätswahrende Sitzverlegung (die von der Richt-

28 BFH v. 13.10.2021 – I B 21/31.

29 VwGH v. 17.1.2024 – Ro 2021/13/0019; dazu ausführlich *Staringer*, Doppelt ansässig, aber ohne grundsätzliche Bedeutung – zum Jersey-Limited-Beschluss des VwGH, SWI 2024, 154 (154 ff.) m.w.N. zum früheren Meinungsstand; zum AbgÄG 2023 auch *Kofler*, Zugezogene Drittstaatsgesellschaften, Typenvergleich und unbeschränkte Körperschaftsteuerpflicht nach dem AbgÄG 2023, in Kofler/Mitterlehner/Mitterlehner (Hrsg.), Das internationale Steuerrecht in der Praxis, FS Bendlinger, 2024, 56 (56 ff.); weiters *Staringer*, Die Körperschaftsteuerpflicht doppelt ansässiger Kapitalgesellschaften, in Beiser/Hohenwarter-Mayr/Mayr/Kirchmayr-Schliesselberger (Hrsg.), Körperschaften im Steuerrecht, FS Zorn, 2022, 549 (549 ff.).

30 So etwa für Österreich OGH v. 10.4.2014 – 6 Ob 224/13.

31 Vgl. Art. 8 Verordnung (EG) Nr. 2157/2001 des Rates v. 8.10.2001 über das Statut der Europäischen Gesellschaft (SE).

32 EuGH v. 25.10.2017 – C-106/16 – Polbud; zuvor bereits EuGH v. 12.7.2012 – C-378/10 – VALE zur grenzüberschreitenden Umwandlung.

33 Richtlinie (EU) 2019/2121 des Europäischen Parlaments und des Rates v. 27.11.2019 zur Änderung der Richtlinie (EU) 2017/1132 in Bezug auf grenzüberschreitende Umwandlungen, Verschmelzungen und Spaltungen, ABl. L 321 v. 12.12.2019, S. 1.

linie als „Grenzüberschreitende Umwandlung" verstanden wird) auf sicherem Boden durchgeführt werden kann.[34] Die nationale Umsetzung der Richtlinie in Deutschland und Österreich ist mittlerweile erfolgt.[35]

Aus der Perspektive des Steuerrechts ist von Bedeutung, dass die Mobilitäts-Richtlinie ausschließlich die Verlegung des statutarischen Sitzes der Gesellschaft in den Blick nimmt. Nur wenn dieser in einen anderen Mitgliedstaat verlegt wird, liegt begrifflich eine Sitzverlegung (bzw. grenzüberschreitende Umwandlung) vor. Ob die Geschäftsleitung der Gesellschaft ebenfalls (mit-)verlegt wird oder im Gründungsstaat der Gesellschaft verbleibt, spielt für die Richtlinie trotz der oftmals gerade an den Ort der Geschäftsleitung anknüpfenden Steuerfolgen für die Gesellschaft keine Rolle.[36] Dies zeigt den auf das Gesellschaftsrecht gerichteten Fokus der Richtlinie. Dementsprechend sind die konkreten Steuerfolgen einer „bloßen" Sitzverlegung (also einer Verlegung nur des statutarischen Sitzes unter Fortführung des bisherigen Ortes der Geschäftsleitung) oft gering. Zwar mag der „Zuzugsstaat" die Gesellschaft kraft ihres neuen Sitzes (der eine neue Rechtsform zur Folge hat) in seine nationale unbeschränkte Steuerpflicht aufnehmen (dies in der Annahme, dass dieser Staat – wie Deutschland und Österreich – dafür den bloßen statutarischen Sitz ausreichen lässt). Nach den traditionellen Standards des DBA-Rechts (namentlich der Tie-Breaker-Regel des Art. 4 Abs. 3 OECD-MA i.d.F. vor der Revision 2017; dazu unten Abschnitt V) bleiben aber die weitreichenden abkommensrechtlichen Besteuerungsrechte des Ansässigkeitsstaates weiterhin beim Staat der Geschäftsleitung. Der bloße statutarische Sitz der Gesellschaft mag daher für die gesellschaftsrechtliche Rechtsform der Gesellschaft entscheidend sind, wesentliche Besteuerungsrechte werden dem Sitzstaat dadurch aber in aller Regel nicht verschafft. Konsequenterweise wird daher im „Wegzugsstaat" der bloßen Sitzverlegung auch kaum eine Wegzugsbesteuerung stattfinden, wenn die Geschäftsleitung in diesem Staat verbleibt.[37] So ist diese Konstellation etwa für die ATAD kein Fall der Wegzugssteuer.[38]

---

34 Dieses Verfahren ist durch die Mobilitäts-Richtlinie auch auf andere Formen grenzüberschreitender Umstrukturierungen (Verschmelzung, Spaltung, Ausgliederung) erstreckt worden.

35 In Deutschland im UmwG bzw. in Österreich im EU-UmgründungsG.

36 Vgl. Art. 86b Z 2 der Mobilitäts-Richtlinie.

37 Dazu ausführlich *Staringer*, Steuerfragen der Sitzverlegung, in Aschauer et al. (Hrsg.), Internationale Umgründungen, 2024, 134 (141 ff.).

38 Vgl. Art. 5 Abs. 1 lit. c ATAD. Danach löst die „Verlegung des Steuersitzes" im Regelfall keine Wegzugsbesteuerung aus. Die englische Fassung („transfer

Insoweit war daher von Anfang an unklar, ob die von der Mobilitäts-Richtlinie in ihrer Präambel geäußerte Sorge vor dem Einsatz der Sitzverlegung (oder anderen grenzüberschreitenden Umstrukturierungen) zu *„missbräuchliche oder betrügerischen Zwecken"*[39] auch den steuerlichen Missbrauch im Sinn hat. Die Richtlinie enthält nämlich keinen klaren Hinweis auf das Steuerrecht als spezifisches Risikogebiet.[40] Worin genau ein solches steuerliches Missbrauchsrisiko bestehen würde, ist auch keineswegs klar: Denn entweder hat die Sitzverlegung – wie geschildert – bei bloßer Verlegung des Satzungssitzes in der Regel ohnedies keine praktischen Steuerfolgen oder sie führt bei Mitverlegung der Geschäftsleitung ohnedies – nach der ATAD für die Mitgliedstaten verpflichtend – zur Wegzugssteuer für ins Ausland abwandernde stille Reserven. Insgesamt ist somit nicht klar, ob die Richtlinie die Mitgliedstaaten tatsächlich zu einer spezifischen steuerlichen Missbrauchsabwehr anhalten will. Angesichts der von der Richtlinie der geplanten Transaktion vorgelagerten und damit präventiven Missbrauchskontrolle, die das Nichtvorliegen von Missbrauch zur vom zuständigen Registergericht zu prüfenden Genehmigungsvoraussetzung der Sitzverlegung macht (was konzeptionell im Steuerrecht ansonsten unbekannt ist), spricht daher jedenfalls vieles dafür, bei der gerichtlichen Kontrolle von Steuermissbrauch im Sinne einer Verhältnismäßigkeit Zurückhaltung zu üben.[41] Umso unbefriedigender ist es, wenn der nationale Gesetzgeber in Österreich bei der Umsetzung der Richtlinie den Steuermissbrauch geradezu als einen der Hauptanwendungsfälle der Missbrauchskontrolle hochstilisiert.[42] Die Gründe für die-

---

of tax residence") zeigt nämlich, dass es sich um die Verlagerung der steuerlichen Ansässigkeit der Gesellschaft handeln muss, bei der der Wegzugsstaat sein Besteuerungsrecht an zukünftigen Veräußerungsgewinnen der verlegten Gesellschaft verliert (vgl. dazu *Hayden*, Grenzüberschreitender Formwechsel, 2018, 75 ff.). Dies ist jedenfalls unter Geltung von einer Art. 4 Abs. 3 OECD-MA i.d.F. vor 2017 nachgebildeten DBA-Lage bei der Verlegung des bloßen Satzungssitzes nicht der Fall. Gleiches gilt auch unter Art. 4 Abs. 3 OECD-MA i.d.F. ab 2017, da die Gesellschaft diesfalls mangels Einigung der Vertragsstaaten zunächst gar nicht abkommensberechtigt ist und daher auch nicht vor inländischer Besteuerung geschützt sein kann.

39 ErwGr. 35 der Mobilitäts-Richtlinie.

40 Vgl. *Staringer* in Aschauer et al., Internationale Umgründungen, 2024, 149 f.

41 So *Schön*, Missbrauchskontrolle im Europäischen Umwandlungsrecht, in Hoffmann-Becking/Hommelhof (Hrsg.), FS Krieger, 2020, 879 (907).

42 Kritisch *Staringer*, Die Gerichtskontrolle der Steuerumgehung bei internationalen Umgründungen, AVR 2023, 165 (168 ff.).

sen Generalverdacht von Steuermissbrauch liegen im Dunkeln.[43] Jedenfalls ist eine solche Regelung, die das Gericht geradezu nötigt, bei jeder grenzüberschreitenden Umstrukturierung das (Nicht-)Vorliegen von Steuermissbrauch gezielt zu prüfen, im deutschen Recht aus guten Gründen nicht enthalten.[44]

V. Doppelansässigkeit als Folge der Mobilität der Ansässigkeitskriterien

In jedem Fall gilt aber, dass sich der Rechtsrahmen für die Verlegung von Sitz und/oder Geschäftsleitung einer Kapitalgesellschaft innerhalb der EU heute in den allermeisten Fällen als im Grundsatz mobilitätsfreundlich erweist. Für in Drittstaaten errichtete Gesellschaften trifft dies zwar für das Gesellschaftsrecht nicht in gleicher Weise zu, aber immerhin für Zwecke des Steuerrechts sind auch solche Gesellschaften nach ihrem „Zuzug" als Körperschaftsteuersubjekte anerkannt, sofern sie nur mit inländischen Kapitalgesellschaften strukturell vergleichbar sind (dazu bereits oben Abschnitt III).

Es liegt auf der Hand, dass diese „neue Mobilität" – die in Wahrheit gar nicht so „neu" ist[45] – oftmals zur Doppelansässigkeit führt, wenn im konkreten Fall als Ergebnis der Verlegung Sitz und Geschäftsleitung in verschiedenen Staaten liegen. Damit werden Steuerfragen doppelt ansässiger Kapitalgesellschaften zur logischen Folge des geschilderten mobilitätsfreundlichen Rechtsrahmens. Im nationalen Steuerrecht sind die sich daraus ergebenden Probleme der Doppelansässigkeit mittlerweile seit langem bekannt und daher – in der einen oder anderen Weise – in aller Regel bewältigt. Dies gilt auch für den zur Doppelansässigkeit führenden Verlegungsvorgang selbst, gegen dessen allfällige fiskalisch nachteilige Folgen auf Besteuerungsrechte für Alt-Zeiträume die Mitgliedstaaten der EU heute durch eine strenge Wegzugsbesteuerung geschützt sind.[46] Ins-

43 Vgl. im Einzelnen *Staringer*, AVR 2023, 170 ff.

44 Vgl. § 316 (Verschmelzung), § 329 (Spaltung) und § 343 (Sitzverlegung) dUmwG sowie die Erläuterungen zum Gesetzestext in BT-Drucks. 371/22, 120 f. Dort wird etwa explizit der Schutz von Gläubigern und Arbeitnehmern als Grund für die Missbrauchskontrolle genannt, ansonsten aber nur pauschal auf die ErwGr. 35 und 36 der Richtlinie verwiesen, wo von Steuerrecht nicht explizit die Rede ist.

45 Vgl. zum Thema bereits *Staringer*, Besteuerung doppelt ansässiger Kapitalgesellschaften, 1999.

46 Vgl. nur Art. 5 ATAD.

gesamt ist daher für die allermeisten nationalen Steuerrechtsordnungen – so jedenfalls Deutschland und Österreich – das Phänomen doppelt ansässiger Körperschaften mittlerweile Routine.

Ein gänzlich anderes Bild vermittelt aber die im Gefolge des BEPS-Projekts der OECD im Jahr 2017 vorgenommene Revision von Art. 4 Abs. 3 OECD-MA. Anstelle der dort bis dahin enthaltenen Tie-Breaker-Regelung, die bei Doppelansässigkeit einer Gesellschaft die Rolle des Ansässigkeitsstaates für Zwecke eines DBA dem Staat des Ortes der tatsächlichen Geschäftsleitung (*place of effective management* – POEM) zugewiesen hatte, hängt seit der Revision 2017 die DBA-Berechtigung solcher doppelt ansässigen Gesellschaften von der vorherigen Einigung der Vertragsstaaten in einem Verständigungsverfahren (*mutual agreement procedure* – MAP) ab.[47] Mit anderen Worten werden solche Gesellschaften durch das OECD-MA i.d.F. 2017 zunächst einmal vom Schutz vor Doppelbesteuerung durch die Vertragsstaaten pauschal ausgeschlossen, erst die bilaterale Einigung der zuständigen Behörden (*competent authorities* – CA) beider Staaten kann der Gesellschaft Abkommensschutz verschaffen. Die Gründe für diese Änderung des OECD-MA liegen weitgehend im Dunklen.[48] Eine mögliche Erwägung könnte die Sorge vor im Einzelfall drohenden Schwierigkeiten bei der Feststellung des POEM sein, vor

47 Die Bestimmung lautet wie folgt: „Where by reason of the provisions of paragraph 1 a person other than an individual is a resident of both Contracting States, the competent authorities of the Contracting States shall endeavour to determine by mutual agreement the Contracting State of which such person shall be deemed to be a resident for the purposes of the Convention, having regard to its place of effective management, the place where it is incorporated or otherwise constituted and any other relevant factors. In the absence of such agreement, such person shall not be entitled to any relief or exemption from tax provided by this Convention except to the extent and in such manner as may be agreed upon by the competent authorities of the Contracting States."

48 Eine mit der Neufassung von Art. 4 Abs. 3 OEDC-MA ab 2017 vergleichbare Regelung war zwar bereits seit 2008 im Musterkommentar der OECD als Alternative zur Alt-Fassung von Art. 4 Abs. 3 OEDC-MA angeboten worden, warum diese Alternative aber nun zur Grundregelung geworden ist, ist nicht geklärt; vgl. *Rust*, Doppelt ansässige Kapitalgesellschaften im internationalen Steuerrecht, SWI 2017 647 (650); weiters die historische Analyse bei *Boel*, Dual Resident Companies – On the Crossroad between the Limits to Tax Planning and Legal Protection, 2026, in Druck.

denen die Neuregelung im Ergebnis kapituliert.[49] Der historische Hintergrund des BEPS-Projekts legt es aber nahe, dass es vielmehr um einen gegen doppelt ansässige Gesellschaften gerichteten Generalverdacht der Steuerumgehung geht, insbesondere durch Nutzung einer doppelten DBA-Berechtigung für die DBA-Netzwerke sowohl des Geschäftsleitungs- wie auch des Sitzstaates mit jeweils dritten Staaten.[50] Dass der Kommentar zum OECD-MA dafür seit längerem selbst eine Lösung des letzten Problems zur Hand hatte,[51] war der OECD offenkundig nicht sicher genug.[52] Stattdessen wird nun durch Art. 4 Abs. 3 OECD-MA i.d.F. 2017 von vornherein verhindert, dass solche Auslegungsfragen des OECD-MA überhaupt entstehen können. Dies geschieht auf dem Rücken der doppelt ansässigen Gesellschaft, die ohne die individuelle „Genehmigung" der Vertragsstaaten keinerlei DBA-Schutz hat.

Es ist daher keine Überraschung, dass Art. 4 Abs. 3 OECD-MA i.d.F. 2017 im Schrifttum auf erhebliche Kritik gestoßen ist. Denn sie trägt die seit langem bekannten (nach wie vor ungelösten) Probleme des Verständigungsverfahrens, die schon bei punktuellen DBA-Streitigkeiten zwischen den Vertragsstaaten in der Praxis oft Schwierigkeiten bereiten, in die fundamentale Frage der persönlichen DBA-Berechtigung hinein.[53]

---

49 Vgl. z.B. *Blum/Wallig*, Anti-Abuse Rules and Tax Treaties: Dual Resident Entities, in Kofler et al. (Hrsg.), Anti-Abuse Rules and Tax Treaties, 2024, 45 (46 f.).

50 Dazu z.B. *Bräumann/Tumpel*, The Tiebreaker for Dual Resident Companies, the Holding Period für Intercompany Dividends and the Modifications to Article 13 (4) of the OECD Model, in Lang et al. (Hrsg.), Base Erosion and Profit Shifting (BEPS), 2016, 303 (308 ff.).

51 Vgl. Nr. 8.2. des OECD-Kommentars zu Art. 4 OECD-MA: „It also excludes companies and other persons who are not subject to comprehensive liability to tax in a Contracting State because these persons, whilst being residents of that State under that State's tax law, are considered to be residents of another State pursuant to a treaty between these two States." Nach dieser Ansicht soll die doppelt ansässige Gesellschaft von vornherein keine Abkommensberechtigung für das DBA-Netz jenes Staates beanspruchen können, der unter einer Tie-Breaker-Regel mit einem dritten Staat der „Loser State" ist.

52 Zur Kritik an dieser Position des OECD-Kommentars bereits *Staringer*, Besteuerung doppelt ansässiger Kapitalgesellschaften, 1999, 152; weiters *Rust*, SWI 2017, 652 f.

53 Dazu bereits *Lang*, Der Vorschlag der OECD zur Neuregelung der Abkommensberechtigung doppelt ansässiger Gesellschaften (Art. 4 Abs. 3 OECD-MA), in Blocher/Gelter/Pucher (Hrsg.), FS Christian Nowotny, 2015, 762 (762 ff.); *Staringer/Moldaschl*, The Role of Competent Authorities under Arti-

Insbesondere besteht für die Vertragsstaaten in einem solchen Verfahren traditionellerweise kein Einigungszwang.[54] Selbst wenn eine im konkreten DBA enthaltene Schiedsklausel letztlich zu einer Einigung verpflichten sollte,[55] kann das Ergebnis der Einigung (also wo die Gesellschaft nun DBA-ansässig sein soll) von der Gesellschaft abkommensrechtlich nicht bekämpft werden.[56] Ob die Gesellschaft ihre gegenteilige Position (d.h. wenn sie anderer Auffassung als die Verständigungs- oder Schiedslösung ist) dann auf dem innerstaatlichen Rechtsweg geltend machen kann, hängt davon ab, ob die nationalen Gerichte eine Befugnis zur Rechtskontrolle über die erzielte Verständigungs- oder Schiedslösung haben. Dies ist am Ende eine Frage des innerstaatlichen Verfahrensrechts.[57] Selbst wenn eine solche Bekämpfung möglich sein sollte, bleibt dann immer noch das Problem, dass weder das OECD-MA noch der Kommentar klare inhaltliche Kriterien für die Lösung des Ansässigkeitskonflikts vorgeben.[58] Es ist daher nicht gesichert, ob in dieser Lage überhaupt fest-

---

cle 4 (3) of the OECD Model Convention, in Kofler et al. (Hrsg.), Tax Treaties and Procedural Law, 2020, 87 (87 ff.).

54 Anders jedoch unter Geltung der EU Tax Disputes Resolution Directive für DBA zwischen EU-Mitgliedstaaten.

55 Ob eine solche Schiedsklausel in den Fällen des Art. 4 Abs. 3 OECD-MA i.d.F. 2017 überhaupt Anwendung finden kann, ist aber für sich umstritten; dafür *Lang*, Mutual Agreement Procedure and Article 4 (3) of the OECD Model Convention, in Debelva (Hrsg.), Liber amicorum Luc De Broe, 2024, 335 (335 ff.); skeptisch hingegen *Maisto* et al., Dual Residence of Companies under Tax Treaties, ITAXS – International Tax Studies, 2018, 53 ff.; weiters *Ismer/Blank* in Vogel/Lehner, DBA[7], 2021, Art. 4 Rz. 263.

56 Ebenso *Lang* in FS Christian Nowotny, 2015, 776.

57 Für eine solche Rechtskontrolle z.B. für Österreich *Lang* in FS Christian Nowotny, 2015, 776. Technisch ist diesfalls der nach § 48 Abs. 2 öBAO zur innerstaatlichen Umsetzung des Verständigungs- oder Schiedsverfahrens ergehende Feststellungsbescheid zu bekämpfen. Im Anwendungsbereich der EU Tax Disputes Resolution Directive für DBA zwischen EU-Mitgliedstaaten (in Österreich umgesetzt durch das EU-Besteuerungsstreitbeilegungs-G) wird eine solche Rechtskontrolle für Schiedslösungen dadurch unterbunden, dass der Gesellschaft vor Erlassung des Feststellungsbescheids ein obligatorischer Rechtsmittelverzicht abverlangt wird (vgl. § 59 Z 2 EU-BStBG). Da der Feststellungsbescheid jedoch zugleich der Zustimmung des Steuerpflichtigen bedarf (§ 59 Z 1 EU-BStBG), hat dieser i.E. ein Ablehnungsrecht, mit dem er Umsetzung der Schiedslösung insgesamt verhindern kann.

58 Der Wortlaut von Art. 4 Abs. 3 OECD-MA i.d.F. 2017 („having regard to its place of effective management, the place where it is incorporated or otherwise constituted and any other relevant factors“) lässt dies durch den Bezug auf

gemacht werden kann, wann eine von den beteiligten Staaten gefundene Einigung rechtswidrig ist, d.h. dem wohl jedenfalls gebotenen inneren Ziel von Art. 4 Abs. 3 OECD-MA i.d.F. 2017 widerspricht, der Gesellschaft am Ende doch die DBA-Berechtigung im „richtigen" Staat zu verschaffen.[59] Dies rundet das Bild dieser rechtsstaatlich insgesamt hochbedenklichen Regelung ab.

Es ist daher zu hoffen, dass sowohl Deutschland als auch Österreich bei der Übernahme von Art. 4 Abs. 3 OECD-MA i.d.F. 2017 in ihr jeweiliges Abkommensnetz zurückhaltend sind.[60] Die Entwicklung bleibt abzuwarten. So hat etwa Österreich zu der korrespondierenden Bestimmung im von der OECD organisierten *Multilateral Instrument* (MLI) zwar einen Vorbehalt abgegeben,[61] was aber nicht vor entsprechenden Verhandlungswünschen von DBA-Partnerstaaten schützt.[62] Auch für Deutschland, das die Inhalte des MLI vorrangig bilateral verhandelt,[63] ist das Bild ähnlich: Zwar ist Art. 4 Abs. 3 OECD-MA i.d.F. 2017 nicht Teil der deutschen DBA-Verhandlungsgrundlage, bilaterale Ausnahmen von dieser Grundlage sind aber stets möglich.[64] Eine vermittelnde Alternative, die insbesondere von Österreich angestrebt wird, ist in diesem Zusammen-

„any other relevant factors" und das Fehlen jeglicher Hierarchie der möglichen Merkmale i.E. bewusst offen; kritisch dazu z.B. *Ismer/Blank* in Vogel/Lehner, DBA[7], 2021, Art. 4 Rz. 256.

59 Vgl. zu diesem Problem z.B. *Staringer/Moldaschl*, in Kofler et al., Tax Treaties and Procedural Law, 2020, 87 (97 ff.).

60 Dies angesichts einer weltweit offenbar zunehmenden Beliebtheit der Regelung. Nach einer kürzlich durchgeführten Studie sollen mehr als die Hälfte der weltweit im Zeitraum 2018-2024 neu abgeschlossenen Abkommen Art. 4 Abs. 3 OECD-MA i.d.F. 2017 übernommen haben; vgl. *Traut/Weiss de Resende*, State Practice on Corporate Tiebreakers: Procedural Fairness, Ease of Administration and Robustness to Avoidance, in West/Messina (Hrsg.), Taxing Corporates: 2025 and beyond, 2026.

61 BGBl. III Nr. 93/2018; zuletzt geändert durch BGBl. III Nr. 145/2023.

62 So etwa nach den DBA mit China, Japan oder Chile, ebenso existieren einige Alt-Abkommen mit vergleichbaren Regelungen, dazu im Überblick *Staringer/Seiler*, Die persönliche und sachliche Abkommensberechtigung in den österreichischen DBA, in Lang/Schuch/Staringer (Hrsg.), Die österreichische DBA-Politik, 2013, 79 (96 ff.).

63 Vgl. jedoch das BEPS-MLI-Anwendungsgesetz v. 19.6.2024 (BGBl. 2024 I Nr. 205).

64 Vgl das 2017 geschlossene DBA mit Armenien. Vergleichbare Regelungen in deutschen Alt-Abkommen finden sich in den DBA mit Estland, Kanada, Lettland, Liberia, Litauen, Neuseeland, Thailand, Türkei und den USA, weiters in ähnlicher Form auch mit Australien und den Philippinen.

hang die sog. „englische Klausel“, nach der bei doppelt ansässigen Gesellschaften grundsätzlich weiterhin der POEM das maßgebende Tie-Breaker-Kriterium ist, die allerdings die DBA-Ansässigkeit dann unter Vorbehalt eines erfolgreichen MAP stellt, wenn „Zweifel bestehen“.[65] Dies verschiebt die Problematik des Art. 4 Abs. 3 OECD-MA i.d.F. 2017 somit auf die Fälle eines „Zweifels“, bei denen jedoch offenbleibt, um welche konkreten Zweifel es dabei geht, wie stark sie sein müssen oder wer sie überhaupt hat.[66]

VI. Die Kritik an der Besteuerung nach der Ansässigkeit

Die bisherigen Ausführungen haben gezeigt, dass ein an die Ansässigkeit (*Residence*) anknüpfendes Körperschaftsteuersystem in einem gewissen Maß gestaltungsoffen ist. So ist es den Gründern einer Kapitalgesellschaft schon zu Beginn überlassen, in welchem Staat sie den statutarischen Sitz der Gesellschaft ansiedeln. Auch der Ort der Geschäftsleitung lässt insoweit Gestaltung zu, als er nicht mehr am Ort des statutarischen Sitzes der Gesellschaft liegen muss. Beide Kriterien können jedenfalls von der wirtschaftlichen Tätigkeit der Gesellschaft, wie sie sich z.B. in Produktionsstätten oder Absatzmärkten manifestiert, losgelöst sein. Nach welchem Recht eine Gesellschaft errichtet wird und von wo aus sie geleitet wird, ist nicht notwendigerweise eine von der Geschäftstätigkeit vorgegebene operative Frage. Dies verstärkt sich dadurch noch weiter, als – insbesondere im Binnenmarkt der Europäischen Union – sowohl Sitz als auch Geschäftsleitung mit den Jahren zunehmen mobil geworden sind, ohne dass dies den Bestand der Gesellschaft in Gefahr bringen würde. Die ursprünglich erfolgte Wahl des Sitzes oder der Geschäftsleitung in einem Mitgliedstaat lässt sich daher später durch Verlegung eines der beiden Elemente (oder beider) in einen anderen Mitgliedstaat nachträglich korrigieren bzw. an neue Gegebenheiten anpassen.[67]

Diese „Mobilität“ der Ansässigkeit (sei es von Anfang an oder durch spätere Verlegung) ist aus fiskalischer Sicht nicht ohne Gefahren. Denn zu

65 Zurückgehend auf Art. 4 Abs. 4 des DBA Österreich-UK (BGBl. III Nr. 32/2019); weitere solche Abkommen sind die DBA mit Neuseeland, Belarus, Korea und Oman.

66 Dazu ausführlich *Lang*, Tie-Breaker für doppelt ansässige Gesellschaften: Im Zweifel keine Abkommensberechtigung, SWI 2026, 342.

67 Dazu z.B. *Kolozs*, Corporate Tax Residence and Mobility in the European Union, in Traversa (Hrsg.), Corporate Tax Residence and Mobility, 2017, 91 (91 ff.).

Ende gedacht kann sie zur beliebigen Wahl (oder der späteren Verlagerung) der Körperschaftsteuerpflicht in jenen Steuerjurisdiktionen führen, in denen sich die Gesellschaft bzw. die dahinterstehenden Entscheidungsträger am wohlsten fühlen. Im US-amerikanischen Schrifttum ist dazu ein Schlagwort geprägt worden: „*Corporate Income Tax is essentially elective*".[68] Es ist nicht überraschend, dass diese Kritik an bloßer *Corporate Residence* als Anknüpfung der Körperschaftsteuer als erstes gerade in den USA entstanden ist, da nach dortigem Recht die besonders leicht gestaltbare Errichtung der Gesellschaft (*Incorporation*) traditionell das einzige Anknüpfungsmerkmal der persönlichen Körperschaftsteuerpflicht ist.[69] In anderen Systemen, die neben der Errichtung (bzw. dem Sitz der Gesellschaft) auch an die Geschäftsleitung anknüpfen, stellt sich die Thematik einer de facto frei wählbaren Ansässigkeit zwar nicht in gleicher Schärfe. Das dahinterstehende Problem ist jedoch das gleiche: In einer globalisierten Wirtschaft ist die *Corporate Residence* einer Gesellschaft immer öfter losgelöst von wirtschaftlicher Tätigkeit, Märkten, Aktionären etc.[70] Da nun die bestehende „Weltsteuerordnung" (die ihren Ausdruck z.B. im OECD-MA findet) dem Ansässigkeitsstaat weitreichende Besteuerungsrechte zuweist (insbesondere für den Residualgewinn, oftmals keinen festen Einrichtungen in Quellenstaaten zugeordnet werden kann), ist die Lokalisierung der *Corporate Residence* von entscheidender

68 *Shaviro*, The David R. Tillinghast Lecture: The Rising of Tax Electivity of U.S. Corporate Residence, 64 Tax L. Rev. 377 (2011); *Marian*, Jurisdiction to Tax Corporations, 54 B.C. L. Rev. 1613 (2013); in diese Richtung auch bereits *Graetz*, The David R. Tillinghast Lecture: Taxing International Income: inadequate Principles, Outdated Concepts, and Unsatisfactory Policies, 54 Tax L. Rev. 261 (2001); für Kanada *Couzin*, Corporate Residence and International Taxation, 2002.

69 Zur „Rettung" des geltenden US-Systems wurden daher auch Vorschläge für eine Reform der Ansässigkeitskriterien im US-Recht unterbreitet, die i.E. der Gestaltbarkeit der Ansässigkeit durch die bloße Incorporation eingrenzen sollen, vgl. *Fleming/Peroni/Shay*, Defending Worldwide Taxation With A Shareholder-Based Definition of Corporate Residence 2016 BYU L. Rev. 1681, 2017).

70 *Brauner*, You Play, You Pay! Mobility, Territory, And Exclusive Source Taxation In The 21st Century (March 10, 2025), SSRN: https://ssrn.com/abstract=5173329 oder http://dx.doi.org/10.2139/ssrn.5173329; zuletzt erneut *Brauner*, Comfortably Numb: Should the Reign of Residence over the International Tax Regime Continue in the Twenty-First Century?, in Dagan/Mason (Hrsg.), Taxing People – The Next One Hundred Years, 2026, 23; vgl. auch die ähnlichen Überlegungen zur Besteuerung natürlicher Personen bei *Brauner*, Taxing People, Not Residents, 2025, U. Ill. L. Rev. 809.

Bedeutung für die Steuerlast international tätiger Unternehmen. Damit bevorzugt im Ergebnis ein auf Ansässigkeit basierendes Steuersystem jene Unternehmen, die sich ihren Ansässigkeitsstaat aussuchen können. In der Tat ist gerade bei multinationalen Unternehmen eine solche Verlagerung ihrer *Residence* festzustellen, um diesen Vorteil zu nutzen.[71] Schon das Wort „*Multinationals*" bringt deutlich zum Ausdruck, dass solche Unternehmen wirtschaftlich kaum noch an einen bestimmten Staat gebunden sind.[72] Bei solcher Perspektive zeigen sich die in den letzten Jahren intensiv geführten steuerpolitischen Debatten, in denen Quellenstaaten einen stärkeren Steuerzugriff auf die Gewinne ausländischer Unternehmen fordern, in einem anderen Licht: Denn der anhaltende Kampf um eine Verschiebung der Verteilung von DBA-Besteuerungsrechten („*Source vs Residence*") zugunsten von Quellenstaaten oder das – mittlerweile gescheiterte – Multilaterale Abkommen der OECD zu Pillar 1 (Amount A), mit dem für sehr große, besonders profitable Unternehmen eine Formelaufteilung ihres Residualgewinns geplant war,[73] sind in gewisser Weise nur Symptome eines Steuersystems, das an *Corporate Residence* anknüpft. Ist die Anknüpfung an *Corporate Residence* daher die eigentliche Krankheit unserer Steuer-Zeit, die es zu heilen gilt?

In der Tat führt das *Residence*-basierte System der Körperschaftsteuer einige traditionelle steuerpolitische Rechtfertigungen an ihre Grenzen:[74] So gelangt man unter dem Gesichtspunkt wirtschaftlicher Leistungsfähigkeit rasch zur Frage, warum die ökonomische Leistungskraft einer Gesellschaft nicht an ihrer tatsächlichen Unternehmenstätigkeit festgemacht werden soll, sondern an ihrer bloß punktuellen Leitungsfunktion (oder gar am Ort ihrer Registrierung). Auch wenn man die Bedeutung der Leitungsebene für den Unternehmenserfolg hochhalten will, so ist es kaum

71 Dies wurde besonders anschaulich durch die zahlreichen früheren Inversions von US-Corporates, bei denen der bloße Wechsel der Ansässigkeit der Konzernspitze (meist eine Holdinggesellschaft mit Sitz außerhalb der USA) erhebliches Steuergestaltungspotential bot.

72 Vgl. nur die Worte von *Graetz*, 54 Tax L. Rev. 320 (2001): „But in the case of corporations, the idea of residence is largely an effort to put flesh into fiction, to find economic and political substance in a world occupied by legal niceties. It is no accident that we call corporations doing business around the world „multinationals.".

73 OECD, Multilateral Convention to Implement Amount A of Pillar One, 2023.

74 Vgl. z.B. *Brauner*, Taxing Corporations as They Are, in West/Messina (Hrsg.), Taxing Corporates: 2025 and beyond, 2026.

möglich, diesen Erfolg konkreten einzelnen Leitungsentscheidungen verlässlich zuzurechnen. Ebenso schwierig sind nutzentheoretische Überlegungen: Ist der vom Staat der Leitung (oder des Sitzes) der Gesellschaft gestiftete Nutzen tatsächlich groß genug, um den Steuerzugriff auf den gesamten Residualgewinn zu rechtfertigen? Ähnlich problematisch ist ein Rückgriff auf die Kapitalexportneutralität als klassische Rechtfertigung universeller Besteuerung. Denn damit mag traditionell die weltweite Besteuerung auf dem Steuerniveau des Ansässigkeitsstaates begründet werden. Warum dieses Steuerniveau durch die Wahl der Ansässigkeit aber mehr oder weniger frei festgelegt werden kann, lässt sich auf diese Weise nicht erklären. Insgesamt ist daher im wissenschaftlichen Schrifttum – auch über die USA hinaus – häufig ein Bild zu finden, das die *Residence Taxation* in einer Krise sieht.[75]

VII. Die Zukunft der Besteuerung nach der Ansässigkeit

Was spricht nun trotz alldem für die Beibehaltung der Anknüpfung der Körperschaftsteuer an *Residence*? Zunächst ist hier der nüchterne Blick auf die Rechtswirklichkeit zu richten. Ein fundamentaler steuerpolitischer Wechsel von der seit langer Zeit fest etablierten *Residence Taxation* zur *Source Taxation* scheint kaum realistisch. Erst recht gilt dies angesichts des Umstands, dass ein solcher Systemwechsel, wenn er denn tatsächlich erfolgreich umgesetzt werden sollte, nicht nur punktuell (d.h. nur in einzelnen Staaten) stattzufinden hätte, sondern de facto global. Ein Nebeneinander so grundsätzlich verschiedener Anknüpfungen wie an *Residence* oder *Source* für die Körperschaftsteuerpflicht würde zwangsläufig zu permanenten Streitigkeiten zwischen Staaten führen, die jeweils für sich glauben, das „richtige" System anzuwenden. Im Gegensatz dazu hat das heutige System der *Residence Taxation* den nicht zu unterschätzenden Vorteil, dass der Ansässigkeitsstaat die Rolle eines *One Stop Shop* einnehmen kann, der sich nicht nur die zentrale administrative Anlaufstelle für das Unternehmen bildet, sondern vor allem auch – sei es durch Befreiung von Auslandseinkünften oder die Anrechnung von Auslandssteuern – die Hauptlast der Vermeidung von Doppelbesteuerung trägt. Die in der Welt der *Residence Taxation* bestehende klare Rollenverteilung

75 Aus der europäischen Diskussion z.B. *Traversa*, Corporate Tax Residence at the Crossroads between International Competition and Convergence: Outlining the Debate, in Traversa (Hrsg.), Corporate Tax Residence and Mobility, 2017, 3 (21 ff.).

zwischen Ansässigkeits- und Quellenstaat umfasst auch diese Dimensionen.

Davon abgesehen wäre auch keineswegs klar, was ein Konzept der *Source Taxation* eigentlich im Detail bedeutet, da dabei dem Quellenstaat konzeptionell nicht bloß – wie derzeit – konkret umrissene Quellensteueransprüche zugewiesen würde, sondern dieser einen „fairen" Anteil am Residualgewinn (der eben nach klassischer Lesart keiner Quelle im jeweiligen Staat zurechenbar ist) erhalten soll. Praktisch gedacht wäre ein solches territoriales Modell wohl nur unter Geltung einer formelhaften Aufteilung des Gesamtgewinns möglich, die mittelbar auch Quellenstaaten eine Teilhabe am Residualgewinn verschafft.[76] Dies löst das Problem der „richtigen" Verteilung von Besteuerungsrechten aber nicht, sondern verlagert die Diskussion nur auf eine andere Ebene, nämlich auf die Festlegung der Formel. Die Erfahrungen mit einem solchen *Formulary Apportionment* (auch bekannt als *Unitary Taxation*) mahnen zum Realismus. So ist das von der EU-Kommission vor Jahren vorgeschlagene Projekt einer Formelaufteilung des nach unionsweiten Regeln ermittelten Körperschaftsgewinns (bekannt als *Common Consolidated Corporate Tax Base – CCCTB*)[77] schon in seinen Anfängen daran gescheitert, dass die Mitgliedstaaten von einer Einigung über die Aufteilungsformel weit entfernt waren. Spätere Vorschläge der Kommission (wie die ohne Konsolidierung konzipierte *Common Corporate Tax Base – CCTB*[78] oder das Nachfolgeprojekt *BEFIT*[79]) haben diese Lektion gelernt und von vornherein auf das Element der Formelaufteilung verzichtet.[80] Auch das immer wieder genannte US-amerikanische System des *Formulary Apportionment* ist hier wohl kein gutes Beispiel, weil es „nur" auf Ebene der *State Income Tax* besteht und zudem in den USA gerade dieses System über jene tiefe historische Verankerung verfügt, die bei einem Systemwechsel fehlen würde.

76 So auch *Brauner* in West/Messina, Taxing Corporates: 2025 and beyond.

77 Siehe den Vorschlag für eine CCCTB-Richtlinie COM(2016) 683 final (25.10.2016).

78 COM(2016) 685 final (25.10.2016).

79 Vorschlag für eine Richtlinie des Rates zur Schaffung eines Rahmens für die Unternehmensbesteuerung in Europa (BEFIT), COM(2023) 532 final (12.9.2023).

80 Nach Art. 45 Abs. 9 des BEFIT-Vorschlages hätte die Kommission zwar bis Mitte 2035 Zeit, eine solche Aufteilungs-Formel vorzuschlagen. Dies erscheint jedoch aus heutiger Sicht politisch unrealistisch.

Zudem lässt sich die *Residence Taxation* auch jenseits von Praktikabilität und politischer Machbarkeit konzeptionell begründen. In seinem Kern ist dieses System nämlich ein Wettbewerbsmodell, bei dem die verschiedenen Steuerjurisdiktionen zueinander in Wettbewerb treten. Ein solches Wettbewerbsmodell sucht seine Logik nicht in einer systematischen Rechtfertigung des Steuerzugriffs durch Ansässigkeits- oder Quellenstaat, sondern im Streben nach ökonomischen Wettbewerbsgleichgewichten.[81] In einer – wie geschildert – in hohem Maße mobilen Unternehmenswelt ist die Etablierung von Sitz und/oder Geschäftsleitung einer Gesellschaft in einem bestimmten Staat zugleich auch die Annahme des Angebotes, dass dieser Staat als Rechts- und Wirtschaftsstandort macht. Häufig – wenn auch nicht ausschließlich – geht es dabei um den Steuerstandort, der mit der Festlegung der Ansässigkeit genutzt wird. Der auf diese Weise entstehende Steuerwettbewerb ist oft gescholten worden, weil er zu einem *„race to the bottom"* der Steuersätze führen kann, in dem sich Jurisdiktionen mit immer niedrigeren Steuerbelastungen gegenseitig unterbieten.[82] Eine solche rein fiskalische Perspektive ist jedoch (zu) eng gefasst, weil die Attraktivität eines Steuerstandorts sich oft nicht nur aus der reinen Höhe der Steuerbelastung ableitet, sondern auch aus vielen qualitativen Faktoren einer Steuerrechtsordnung, wie etwa Rechtsstaatlichkeit, einer leistungsstarken Steuerverwaltung, dem effektiven Rechtsschutz durch Gerichte sowie der Verlässlichkeit und Umsicht der Steuergesetzgebung. Zudem sind den Dynamiken eines tatsächlich ruinösen Steuerwettbewerbs von vornherein dadurch Grenzen gesetzt, dass moderne Wohlfahrtsstaaten zur Finanzierung ihrer Staatsaufgaben (wie z.B. leistungsfähigen Systemen für Soziales und Gesundheit, Altersvorsorge, Bildung, öffentliche Infrastruktur etc. etc.) auf entsprechende Steuereinnahmen angewiesen sind. Das „Angebot" eines Steuerstandorts ist daher immer ein Gesamtpaket, dessen Ausgestaltung im Detail (also etwa, ob es mehr oder weniger „unternehmensfreundlich" ist) seit jeher eine der Grundaufgaben steuerlicher Verteilungspolitik ist. All dies begleitet die Diskussion rund um den internationalen Steuerwettbewerb seit langem.[83] Tatsächlich ist die bestehenden „Weltsteuerordnung" durch das

81 Vgl. zum Gedanken einer wettbewerbsbasierten Steuerkoordinierung ausführlich *Schön*, International Tax Coordination for a Second-Best World (Part I), WTJ 2009, 67 (84 ff.).

82 Zum Steuerwettbewerb für viele z.B. *Hey* in Tipke/Lang, Steuerrecht^{25}, 2024, Rz. 7.65 ff m.w.N.

83 Umfassend z.B. die Beiträge in *Schön* (Hrsg.), Tax Competition in Europe, 2003, EATLP International Tax Series.

bewusste Zulassen eines solchen Steuerwettbewerbs gekennzeichnet, solange dieser – was naturgemäß eine Unschärfe hat – „fair" bleibt.[84]

In der jüngeren Vergangenheit ist ein wesentlicher Punkt hinzugetreten, der die Rechtfertigung des Steuerwettbewerbs und damit auch jene der *Residence Taxation* weiter stützt: Dieser Wettbewerb akzeptiert auch regulierend wirkende Grenzen, deren Ziel es ist, ihn insgesamt „gesünder" zu machen. So lassen sich viele Entwicklungen der letzten Jahre als Schutzmaßnahmen gegen die Auswüchse der *Residence Taxation* begreifen: Für die Signatarstaaten des 2016 geschlossenen MLI ist die Aufnahme von Abwehrmaßnahmen gegen die ungerechtfertigte Nutzung ihrer DBA-Netzwerke durch in ihrem Gebiet Ansässige obligatorisch geworden, was in den meisten Fällen zur Einführung eines *Principal Purpose Test* (*PPT*) nach dem Vorbild des Art. 29 Abs. 9 OECD-MA in die DBA geführt hat. Für das innerstaatliche Recht der Mitgliedstaaten der EU gilt (zumindest für Körperschaften) Gleiches nach dem ebenfalls 2016 verabschiedeten Art. 6 der ATAD, so dass heute in der gesamten EU (ebenso wie in vielen Drittstaaten) allgemeine Missbrauchsabwehrregeln bestehen müssen.[85] In die gleiche Richtung geht auch die später ergangene Rechtsprechung des EuGH, die die Abwehr von Rechtsmissbrauch – nicht nur, aber auch im Steuerrecht – zu einem allgemeinen Rechtsgrundsatz des Unionsrechts erklärt hat.[86] Dass solche Entwicklungen für manche Mitgliedstaaten – wie Deutschland und Österreich keine Überraschung sind, weil ihr nationales Recht eine lange Tradition in der steuerlichen Umgehungslehre hat,[87] verfestigt nur das Bild, dass die Ansässigkeit einer Gesellschaft sowie damit erhofften Steuerfolgen eben doch nicht völlig frei gestaltbar sind.

---

84 Zum Versuch der Unterscheidung von „fairem" und „unfairem" Steuerwettbewerb z.B. *Hey* in Tipke/Lang, Steuerrecht^{25}, 2024, Rz. 7.68.

85 Dass die unionsweite Harmonisierung der Missbrauchsbekämpfung im Steuerrecht angesichts der Komplexität des Themas keine einfache Übung ist, darf nicht überraschen; vgl. z.B. EuGH v. 3.4.2025 – C-228/24 – Nordcurrent group UAB; dazu *Lang*, Das Urteil Nordcurrent: Verwirrende EuGH-Rechtsprechung zum Rechtsmissbrauch im Steuerrecht, SWI 2026, 166; weiters *Szudoczky*, The General Anti-Abuse Rule of the Parent-Subsidiary Directive – CJEU Renders First Interpretation, SWI 2025, 262.

86 EuGH v. 26.2.2019 – C-115/16 N-Luxembourg 1, C-118/16 X-Denmark, C-119/16 C-Denmark, C-299/16 Z Denmark.

87 Vgl. nur den historischen Abriss bei *Staringer*, GAAR-dians of the Tax Galaxy – A 100-year GAAR Journey from Germany to Austria and Back to the EU, Intertax 2019, 986.

Zudem hat die Rechtsentwicklung gezeigt, dass sie mit der – im geschilderten Rahmen – dennoch möglichen Nutzung von Niedrigsteuergebieten umgehen kann: So ist die Globale Mindeststeuer, auch wenn sie von den Betroffenen wegen ihres hohen Compliance-Aufwands oft verflucht wird (und auch noch nicht sicher ist, ob sie am Ende tatsächlich „global" wirken wird),[88] gesamthaft betrachtet eine Bestätigung der *Residence Taxation.* Indem diese Mindeststeuer das „Ausweichen" in Niedrigsteuerländer (das regelmäßig durch die dortige *Residence* von Gesellschaften bewirkt wird) im Ergebnis vom Belastungsergebnis her zumindest teilweise neutralisiert (weil durch das Konzept der Mindeststeuer eine – in welchem Staat auch immer eintretende – Mindestbelastung von 15 % sichergestellt wird), fällt die Gestaltungsanfälligkeit der *Corporate Residence* entsprechend geringer ins Gewicht. Dies ist im Kern nichts anderes als eine den Steuerwettbewerb beschränkende Maßnahme,[89] die aber die *Residence Taxation* als Wurzel dieses Wettbewerbs unberührt lässt.

Aber auch jenseits der Mindeststeuer (die nur große Unternehmen über 750 Mio. € Jahresumsatz erfasst) suchen Quellenstaaten unter bestehendem oder allenfalls zu änderndem (DBA-)Recht beständig nach Mitteln und Wegen zu einem größeren Anteil am Steuersubstrat ausländischer Unternehmen, um so der *Residence Taxation* ihre Schärfe zu nehmen. Dies zeigen die nicht zur Ruhe kommenden Diskussionen rund um den Begriff der Betriebstätte i.S.v. Art. 5 OECD-MA, der mit dem MLI in mehreren Punkten zugunsten der Quellenstaaten verändert wurde.[90] Auch die ungebrochene Häufigkeit von Streitfällen in diesem Bereich ist ein Beleg dafür, dass Quellenstaaten der *Residence Taxation* Grenzen setzen wollen. Nichts anderes gilt für das notorisch streitanfällige Transfer Pricing verbundener Unternehmen. Vom großen Ganzen her gedacht ist an solchen

88 Vgl. dazu die jüngste politische Einigung mit den USA auf ein Side-by-Side-System, das von der Globalen Mindeststeuer abweichende nationale Regelungen unter bestimmten Voraussetzungen als mit dieser hinreichend vergleichbar ansieht; im Detail dazu OECD/G20 Inclusive Framework zu BEPS, Tax Challenges Arising from the Digitalisation of the Economy – Global Anti-Base Erosion Model Rules (Pillar Two), Side-by-Side Package, https://www.oecd.org/content/dam/oecd/en/topics/policysub-issues/global-minimum-tax/side-by-side-package.pdf; weiters die Bekanntmachung der EU-Kommission v. 12.1.2026 – C/2026/253.

89 Dazu für viele z.B. *Cánepa Savio,* Pillar Two and Tax Competition, in Bendlinger/Schoueri (Hrsg.), The Global Minimum Tax – Selected Issues on Pillar Two, 2024, 138 (138 ff.).

90 Vgl. den gesamten Teil IV des MLI („Umgehung des Betriebstättenstatus").

Bestrebungen von Quellenstaaten nichts falsch – sie sind nichts anderes als der Versuch, mit dem Grundmodell der *Residence Taxation* besser zurechtzukommen, ohne dieses Modell zur Gänze über Bord zu werfen.[91]

Grob vereinfacht gesagt ist der Befund, dass sich – trotz der konzeptionellen Schwächen (oder aus der Sicht der Quellenstaaten: Härten) der *Residence Taxation* – die steuerpolitische Realität gelernt hat, in diesem Grundmodell zu leben. Dies schließt es keineswegs aus, für die Zukunft nach weiteren Begrenzungen der Ansässigkeitsbesteuerung zu suchen, um so deren politische Akzeptanz zu verbessern. Aber das Streben nach Verbesserungen für Quellenstaaten ist eine Sache, eine Totalaufgabe eines tief verwurzelten Systems ein andere. Dies spiegelt sich auch in den Gedankenexperimenten der Wissenschaft wider: So hat eine internationale Forschungsgruppe das Thema „*Taxing Profit in a Global Economy*" vor einigen Jahren umfassend aufgearbeitet[92]. Dabei wurden im Kern zwei Reformoptionen unterbreitet: einerseits eine grundsätzliche Beibehaltung des Status Quo der *Residence Taxation*, allerdings unter neu gedachter (formelhafter) Teilhabe der Quellenstaaten am Residualgewinn,[93] andererseits ein fundamentaler Wechsel zu einem am Cashflow anknüpfenden Bestimmungslandprinzip für die Körperschaftsteuer.[94] Letztere Option würde diese Steuer – ähnlich wie die Umsatzsteuer – stark konsumorientiert ausrichten.[95]

VIII. Fazit und Ausblick

Wenn oben das Bild im Raum stand, dass die *Residence Taxation* – aus der Sicht ihrer Kritiker – eine „Krankheit" wäre, deren „Symptome" die zum Dauerzustand gewordenen Diskussionen über die Verteilung von Besteuerungsrechten zwischen *Residence* und *Source* sind, dann stellt sich dieses Bild bei konservativer (oder nüchterner) Betrachtung am Ende

91 Auch die von einigen europäischen Staaten eingeführten Digitalsteuern sind dafür ein – wenn auch eher grob geschnitztes – Beispiel.

92 *Devereux/Auerbach/Keen/Oosterhuis/Schön/Vella*, Taxing Profit in a Global Economy, 2021.

93 „Residual Profit Allocation by Income (RPAI)", vgl. *Devereux/Auerbach/Keen/Oosterhuis/Schön/Vella*, Taxing Profit in a Global Economy 189 ff.

94 „Destination Based Cash Flow Taxation (DBCFT)", vgl. *Devereux/Auerbach/Keen/Oosterhuis/Schön/Vella*, Taxing Profit in a Global Economy 287 ff.

95 Dies befürwortend z.B. *Anderwald*, Von „Residence" und „Source" zur „Origin" und „Destination" – die Verschiebung der internationalen Besteuerungsprinzipien, SWI 2021, 298 (305).

doch anders dar: Wenn die *Residence Taxation* (oder zumindest ihre Auswüchse) tatsächlich eine „Krankheit“ sein sollte, dann hat sie mit den in der jüngeren Vergangenheit verbesserten Maßnahmen zur Regulierung des ungezügelten Steuerwettbewerbs gewissermaßen ihre „Therapie“ gefunden. Die vorhandenen Heilmittel mögen noch nicht perfekt sein, aber sie gehen in die richtige Richtung.

Was ist nun für die weitere Zukunft realistisch zu erwarten? Angesichts des vorliegenden Befunds ist eine völlige Abkehr vom Grundmodell der *Residence Taxation* für die Besteuerung von Unternehmen nicht in Sicht. Vielmehr sprechen die Entwicklungen der jüngeren Zeit dafür, dass die Staatengemeinschaft dieses Grundmodell beibehalten, aber weiter an Verbesserungen arbeiten wird.[96] Im Zentrum wird dabei das Thema der Verteilung des Residualgewinns stehen. Ist dies Problem einmal gelöst – was für sich allerdings noch ein weiter Weg sein dürfte –, besteht für einen fundamentalen Systemwechsel kein Anlass mehr. Insoweit dürfte wieder einmal der klassische Spruch gelten: Die Nachricht über den Tod der *Residence Taxation* war stark übertrieben.[97]

96 Ebenso konservativ i.E. auch *Arnold*, A Tax Policy Perspective on Corporate Residence, 2003, Canadian Tax Journal 51:4 1559 (1566); weiters *Ismer*, History and Emergence of the Corporate Residence Concept in Europe: A Comparative Approach, in Traversa (Hrsg.), Corporate Tax Residence and Mobility, 2017, 27 (72); zuletzt *Allen*, Corporate Residence: Necessary or Outdated in Global Tax Policy?, in West/Messina (Hrsg.), Taxing Corporates: 2025 and beyond, 2026.

97 Nach dem bekannten Zitat von *Mark Twain* „The report of my death has been greatly exaggerated“, erschienen im New York Journal v. 2.6.1897 (auch verwendet von *Arnold*, 2003, Canadian Tax Journal 51:4 1560, dort allerdings bezogen auf den Tod der Körperschaftsteuer insgesamt). Mit diesem Ausspruch trat *Mark Twain* Gerüchten über seinen Gesundheitszustand entgegen, die während seiner damaligen neunjährigen Europareise entstanden waren (auf dieser Reise verbrachte er rund 2 1/2 Jahre in Wien, dem diesjährigen Tagungsort der DStjG). Er verstarb 1910.

Mobile Arbeitswelt und Betriebsstätte

Dr. *Solvejg Glatz*
Richterin am Finanzgericht, Hannover

I. Einführung in die Fragestellung

Während es einst üblich war, dass Arbeitnehmer auch ihre eigentlich örtlich ungebundenen „klassischen" Schreibtischtätigkeiten weit überwiegend in den Geschäftsräumen ihrer Arbeitgeber ausübten und nur in Ausnahmefällen und zu „Randzeiten" von ihrer Privatwohnung aus beruflich tätig wurden, hat sich die Arbeitswelt spätestens mit der Corona-Pandemie gewandelt. Das neben dem Büroarbeitsplatz an einzelnen Tagen der Woche regelmäßig genutzte Homeoffice oder der dauerhafte Telearbeitsplatz in der Privatwohnung des Arbeitnehmers sind mittlerweile „salonfähig" und viel verbreiteter geworden. Gerade für Familien, deren Mitglieder an verschiedenen Orten beruflich tätig sind, bietet dies viele Vorteile. Hinzu kommt die Forderung vor allem der jüngeren Arbeitnehmergeneration nach flexibleren Arbeitsmodellen: Auch mobiles Arbeiten (von verschiedenen Orten aus und nicht zwingend in der Privatwohnung) oder aber die stärkere Verbindung von Arbeit und Erholung (der sog. „Workation") sind daher inzwischen fester Bestandteil der „New Work"-Arbeitswelt.

Aus steuerrechtlicher Sicht ist im Zusammenhang mit diesen „New Work"-Szenarien insbesondere von Interesse, ob die Arbeitgeberunternehmen durch die zunehmende Mobilität ihrer Arbeitnehmer an deren Tätigkeitsorten Betriebsstätten begründen. Hintergrund sind die verschiedenen steuerrechtlichen Konsequenzen, die an die Existenz einer Betriebsstätte anknüpfen:

- So begründet im Inbound-Fall die Existenz einer inländischen Betriebsstätte die beschränkte Steuerpflicht für die Einkünfte aus Gewerbebetrieb (§ 49 Abs. 1 Nr. 2 Buchst. a Einkommensteuergesetz – EStG – ggf. i.V.m. § 8 Abs. 1 Körperschaftsteuergesetz – KStG). Gleichsam knüpfen im Outbound-Fall die Steuerermäßigungen bei grenzüberschreitend erzielten Einkünften aus Gewerbebetrieb an die Existenz einer Betriebsstätte an (§ 34d Nr. 2 Buchst. a EStG).
- Für ein Unternehmen wirkt die Existenz einer inländischen Betriebsstätte gewerbesteuerbegründend (§ 2 Abs. 1 Satz 3 Gewerbesteuergesetz – GewStG).
- Ferner sind Arbeitgeber beim Bestehen einer inländischen Betriebsstätte als sog. inländische Arbeitgeber (§ 38 Abs. 1 Satz 1 Nr. 1 EStG) zum Lohnsteuerabzug für ihre Arbeitnehmer verpflichtet.[1]
- Gleichsam ist die Betriebsstätte i.S.d. § 12 Abgabenordnung – AO – von Bedeutung für die Dokumentationspflichten des § 90 Abs. 3 AO, die an Geschäftsvorfälle i.S.d. § 1 Abs. 4 Außensteuergesetz – AStG – und damit auch an die zwischen einem Unternehmen und dessen Be-

1 Der eigenständige Betriebsstättenbegriff des § 41 Abs. 2 EStG betrifft die Aufzeichnungspflichten und damit Durchführung des Lohnsteuerabzugs, nicht aber die Pflicht zur Erhebung. Letztere knüpft an den allgemeinen Betriebsstättenbegriff des § 12 AO an.

triebsstätte bestehenden anzunehmenden schuldrechtlichen Beziehungen (§ 1 Abs. 4 Satz 1 Nr. 2 AStG) anknüpfen.

- Schließlich greift abkommensrechtlich u.a. der Verteilungsartikel für Unternehmensgewinne (Art. 7 Abs. 1 OECD-Musterabkommen – OECD-MA) im Rahmen seiner Gewinnabgrenzung auf die (abkommensrechtliche) Betriebsstätte i.S.d. Art. 5 Abs. 1 OECD-MA zurück.

Vor diesem Hintergrund widmet sich die folgende Betrachtung – ausgehend von dem innerstaatlichen und abkommensrechtlichen Betriebsstätten-Begriff (II.) – der Frage, ob und inwieweit in den „New Work"-Szenarien eine Betriebsstättenbegründung in Betracht kommt (III.). Hierbei liegt der Schwerpunkt der Betrachtung auf dem Kriterium der Verfügungsmacht. Die Ausführungen schließen mit einem Exkurs zum ständigen Vertreter bzw. zur Vertreterbetriebsstätte (IV.).

II. Der Begriff der Betriebsstätte im innerstaatlichen deutschen Recht und im Abkommensrecht

Gemäß § 12 AO versteht man unter einer Betriebstätte (nach nationalem deutschen Recht) jede feste Geschäftseinrichtung oder Anlage, die der Tätigkeit eines Unternehmens dient.

Das OECD-Musterabkommen definiert den Ausdruck „Betriebstätte" in Art. 5 Abs. 1 OECD-MA als eine feste Geschäftseinrichtung, durch die die Geschäftstätigkeit eines Unternehmens ganz oder teilweise ausgeübt wird.

Die beiden Begriffe sind zwar nicht deckungsgleich; sie weisen jedoch viele Übereinstimmungen auf. Sofern es nicht auf die Unterschiede ankommt, soll daher im Folgenden nicht zwischen den beiden Begriffen differenziert werden.

Definitionsgemäß erfordert die Betriebsstättenbegründung:

- eine (Geschäfts-)Einrichtung[2],
- die (örtliche und zeitliche) Festigkeit dieser Einrichtung,

---

2 Der im innerstaatlichen Recht daneben separat genannte sachliche Anknüpfungspunkt der Anlage stellt einen Unterfall der Geschäftseinrichtung dar, *Musil* in Hübschmann/Hepp/Spitaler, § 12 AO Rz. 8 (Aug. 2018); *Drüen* in Tipke/Kruse, § 12 AO Rz. 4 (Sept. 2023); *Achsnich* in BeckOK, § 12 AO Rz. 70 (17.10.2025); *Glatz* in Koenig, 6. Aufl. 2026, § 12 AO Rz. 40; *Gersch* in Klein, 18. Aufl. 2024, § 12 AO Rz. 2, und wird hier daher nicht gesondert betrachtet.

- das „ungeschriebene“ Tatbestandsmerkmal der Verfügungsmacht des Unternehmens über die Einrichtung sowie
- einen Zusammenhang zwischen der Unternehmenstätigkeit und der Einrichtung: Bei § 12 AO wird ein „Dienen“ der Einrichtung für die Unternehmenstätigkeit gefordert, Art. 5 OECD-MA setzt eine Ausübung der Unternehmenstätigkeit „durch“ die Einrichtung voraus.

Zusätzlich darf – im Fall der abkommensrechtlichen Betriebsstätte – keines der (negativen) Tatbestandsmerkale des Art. 5 Abs. 4 OECD-MA erfüllt sein (vgl. hierzu unter III.5.).

III. Übertragung auf die mobile Arbeitswelt

Ausgehend von diesem Verständnis der Betriebsstätte soll im Folgenden untersucht werden, in welchen der genannten „New Work“-Szenarien die Begründung einer Betriebsstätte des Arbeitgeberunternehmens am Tätigkeitsort seines Arbeitnehmers in Betracht kommt.

1. Einrichtung

Der Einrichtungsbegriff ist verhältnismäßig weit.[3] Er umfasst jeden körperlichen Gegenstand (Sache) und jede Zusammenfassung von körperlichen Gegenständen (Sachgesamtheit), die geeignet sind, Grundlage einer Unternehmenstätigkeit zu sein.[4] Darunter fallen insbesondere Räumlichkeiten, d.h. Gebäude, einzelne Räume oder auch nur Raumteile. Auch Bau- oder Wohnwagen werden erfasst.

Aus diesem Grund wird regelmäßig keines der „New Work“-Szenarien an dem Einrichtungsbegriff scheitern: Sowohl die Privatwohnung oder auch nur die Arbeitsecke, das Ferienhaus, die Wohnung des Lebenspartners, das Hotelzimmer oder selbst der Wohnwagen sind Einrichtungen.[5] Einzig vielleicht der im Rahmen seines „Workation“ am Strand arbeitende Arbeitnehmer würde schon an dieser Stelle aus der Betriebsstätten-

---

3 Vgl. BFH v. 17.9.2003 – I R 12/02, BStBl. II 2004, 396; *Glatz* in Koenig, 6. Aufl. 2026, § 12 AO Rz. 36.

4 BFH v. 30.10.1996 – II R 12/92, BStBl. II 1997, 12; BFH v. 3.2.1993 – I R 80/91, I R 81/91, BStBl. II 1993, 462; BFH v. 17.9.2003 – I R 12/02, BStBl. II 2004, 396.

5 So auch *Peter/Hierl*, DStR 2024, 1394 (1395); *Becker/Nitzschke*, IStR 2025, 449 (451).

begründung ausscheiden, es sei denn, er nutzt hierfür einen einrichtungsbegründenden Laptop.[6]

Dabei wird an dieser Stelle bewusst von einer „Einrichtung“ und nicht – entsprechend dem Wortlaut der beiden Betriebsstättendefinitionen – von einer „Geschäftseinrichtung“ gesprochen. Betrachtet man nämlich – wie hier – das Tatbestandsmerkmal der Einrichtung getrennt von dem Verfügungsmachtkriterium, so erscheint es sachgerecht, bei dem sachlichen Anknüpfungskriterium für die Betriebsstättenbegründung nur von einer „Einrichtung“ zu sprechen. Rein begrifflich könnte man ansonsten *prima facie* auch schon daran zweifeln, ob es sich bei der Privatwohnung des Arbeitnehmers oder einem Hotelzimmer überhaupt um eine *Geschäfts*einrichtung handeln kann. Der Vergleich mit der gleichwertigen Tatbestandsalternative der „Anlage“ im § 12 AO verdeutlicht indes, dass der „Geschäfts“-Präfix im Rahmen der Geschäftseinrichtungsprüfung nicht überbewertet werden darf. Vielmehr manifestiert sich in diesem Präfix eher das (hier separat behandelte) Verfügungsmachterfordernis. Denn erst die Verfügungsmacht macht die Einrichtung zu einer (über die Unternehmenstätigkeit dem Unternehmen zuzurechnenden) Geschäftseinrichtung.[7]

2. Festigkeit

Wesentlich häufiger erweist sich hingegen das Festigkeitskriterium als ein Ausschlusskriterium für die Betriebsstättenbegründung in „New Work“-Szenarien. Hierbei ist zwischen der örtlichen und der zeitlichen Komponente der Festigkeit zu unterscheiden.

a) Örtliche Festigkeit

Die örtliche Festigkeit ist gegeben, wenn eine feste Verbindung der Einrichtung mit der Erdoberfläche besteht[8] oder sich die Einrichtung für eine gewisse Dauer an einem bestimmten Ort befindet.[9] Immobilien erfül-

6 Vgl. BFH v. 17.9.2003 – I R 12/02, BStBl. II 2004, 396.

7 Dementsprechend war es im Tulpenhändler-Fall (BFH v. 28.7.1993 – I R 15/93, BStBl II 1994, 148) bei genauer Betrachtung auch nicht das Tatbestandsmerkmal der Einrichtung, sondern das Erfordernis der Verfügungsmacht, von dem der BFH im Fall der Privatwohnung des Einzelunternehmers suspendiert hat.

8 BFH v. 3.2.1993 – I R 80/91, I R 81/91, BStBl. II 1993, 462; BFH v. 30.10.1996 – II R 12/92, BStBl. II 1997, 12; BFH v. 2.4.2014 – I R 68/12, BStBl. II 2014, 875; *Drüen* in Tipke/Kruse, § 12 AO Rz. 7; *Musil* in Hübschmann/Hepp/Spitaler, § 12 AO Rz. 11.

9 BFH v. 9.10.1974 – I R 128/73, BStBl. II 1975, 203; BFH v. 13.2.1974 – I R 218/71, BFHE 111, 416; *Heinsen* in Gosch, § 12 AO Rz. 9 (Juni 2019).

len diese Voraussetzung ob ihrer Verankerung im Erdboden stets. Aber auch die bloße Belegenheit an derselben Stelle genügt.[10] So kann selbst der Wohnwagen „örtlich fest" sein, wenn seine örtliche Verwurzelung eine gewisse Beständigkeit erkennen lässt.[11] Da auch in den meisten der „New Work"-Szenarien die Arbeitnehmer überwiegend in Immobilien tätig werden, ist das Merkmal der örtlichen Festigkeit zumeist unproblematisch gegeben.[12]

b) Zeitliche Festigkeit

Die Festigkeit muss aber auch in zeitlicher Hinsicht bestehen, d.h. die Nutzung der Geschäftseinrichtung muss auf eine gewisse Dauer angelegt sein. Während die Literatur[13] einer abstrakten Mindestdauer eher skeptisch gegenübersteht,[14] geht die Praxis von einer Mindestdauer von sechs Monaten aus. Für den abkommensrechtlichen Betriebsstättenbegriff wurde diese Praxis auch erst kürzlich (wieder) vom BFH bestätigt.[15] Danach entsteht in der Regel erst nach sechs Monaten eine ausreichend intensive Bindung des Unternehmens zum Betriebsstättenstaat, wobei sich die Frist nicht bloß auf die Nutzungsmöglichkeit (dort: die Anmietung des Büroraumes) der Einrichtung, sondern auch auf die darin ausgeübte unternehmerische Tätigkeit beziehen muss.[16]

Dementsprechend ist im Fall des Workation regelmäßig eine Betriebsstättenbegründung zu verneinen.[17] Für die Bemessung der Sechsmonatsfrist ist dabei gerade bei Rund- oder Weltreisen zu bedenken, dass jede Ortsveränderung die erforderliche Mindestfrist von sechs Monaten er-

---

10 BFH v. 30.10.1996 – II R 12/92, BStBl. II 1997, 12; BFH v. 8.3.1988 – VIII R 270/81, BFH/NV 1988, 735.

11 *Drüen* in Tipke/Kruse, § 12 AO Rz. 9 (Sept. 2023); *Heinsen* in Gosch AO/FGO § 12 AO Rz. 9 (Juni 2019); *Musil* in Hübschmann/Hepp/Spitaler, § 12 AO Rz. 11 (Aug. 2018).

12 *Peter/Hierl*, DStR 2024, 1394 (1395); *Thiede*, BB 2024, 2460 (2461 f.); *Becker/Nitzschke*, IStR 2025, 449 (451).

13 Vgl. *Heinsen* in Gosch, § 12 AO Rz. 10 (Juni 2019); *Drüen* in Tipke/Kruse, § 12 AO Rz. 10 (Sept. 2023); *Peter/Hierl*, DStR 2024, 1394 (1395); *Sixt/Sturm*, beck.digitax 2024, 82 (83).

14 So auch noch BFH v. 9.10.1974 – I R 128/73, BStBl. II 1975, 203.

15 BFH v. 18.12.2024 – I R 39/21, BFHE 288, 170; vgl. auch bereits BFH v. 28.6.2006 – I R 92/05, BFHE 214, 295 = BStBl. 2007, 100; BFH v. 19.5.1993 – I R 80/92, BFHE 171, 297 = BStBl. II 1993, 655.

16 BFH v. 18.12.2024 – I R 39/21, BFHE 288, 170.

17 So auch *Sixt/Sturm*, beck.digitax 2024, 82 (83).

neut in Gang setzt. Allenfalls bei einem längeren Workation an einem Ort (beispielsweise die „Überwinterung" in der spanischen Ferienimmobilie) liegt die erforderliche Festigkeit vor.[18] Diese Konstellation unterscheidet sich dann jedoch nicht wesentlich vom Homeoffice, so dass eine getrennte Betrachtung nicht erforderlich erscheint. Zugleich dürfte das zeitliche Festigkeitskriterium der Grund sein, warum die meisten Arbeitgeber, die Workation-Modelle zulassen, den Workation in der Regel auf einen Zeitraum von wenigen Wochen begrenzen.[19]

Gleichsam fehlt auch dem mobilen Arbeiten an vielen verschiedenen und ständig wechselnden Orten die erforderliche zeitliche Festigkeit.[20] Eine Betriebsstättenbegründung auf Dienst- oder Geschäftsreisen – sei es in Hotels, in Zügen oder Flughafen-Lounges – scheidet also aus.

Anders verhält es sich hingegen beim Telearbeitsplatz und dem regelmäßig tageweise genutzten Homeoffice.

Für den Fall der Telearbeit ergibt sich die zeitliche Festigkeit unproblematisch aus der dauerhaften (quasi ununterbrochenen) Ausübung der geschuldeten Tätigkeit in der Privatwohnung des Arbeitnehmers.

Etwas umstrittener ist die Situation, wenn der Arbeitnehmer zwar regelmäßig jede Woche, aber jeweils nur einzelne Tage im Homeoffice tätig wird und die Arbeit an den übrigen Arbeitstagen in Geschäftsräumen des Arbeitgebers verrichtet. So erteilt der OECD-Musterkommentar der Betriebsstättenbegründung im zwar regelmäßig, aber nur tageweise genutzten Homeoffice eine Absage.[21]

Berücksichtigt man jedoch die Rechtsprechung des BFH zu Marktständen auf Wochenmärkten[22], gelangt man auch in den Fällen der regelmäßigen, aber nur tageweisen Homeoffice-Tätigkeit ebenso unproblematisch zu der erforderlichen zeitlichen Festigkeit. Gesteht man nämlich dem Marktstand auf dem wöchentlich stattfindenden Markt eine hinreichende Dauerhaftigkeit zu, ist kein Grund ersichtlich, dies im Fall des re-

18 Vgl. *Thiede*, BB 2024, 2460 (2462).
19 Vgl. *Thiede*, BB 2024, 2460 (2464).
20 Vgl. *De Broe/Bettens*, Intertax 2024, 748 (750).
21 Art. 5 OECD-MK Rz. 18.
22 RFH v. 11.10.1939 – VI B 15/39, RStBl. 1939, 1095; zum Wochenmarkthändler BFH v. 9.10.1974 – I R 128/73, BStBl. II 1975, 203; nicht hingegen lediglich einmal jährlich stattfindenden Weihnachtsmärkten vgl. BFH v. 17.9.2003 – I R 12/02, BStBl. II 2004, 396.

gelmäßig (auch nur einen Tag wöchentlich im Homeoffice tätigen[23]) Arbeitnehmers anders zu handhaben.

An dem Merkmal der *Festigkeit* scheitert die Homeoffice-Betriebsstätte damit nur in den Fällen, in denen der Arbeitnehmer – wie in präpandemischen Zeiten (beispielsweise zur parallelen Beaufsichtigung von Handwerkerarbeiten oder Betreuung kranker Kinder) – nur vereinzelt und anlassbezogen im Homeoffice tätig wird.

Da sich die verbleibenden „New Work"-Szenarien, für die eine Betriebsstättenbegründung in Betracht kommt, der Telearbeitsplatz und die (regelmäßige) Homeoffice-Tätigkeit, lediglich hinsichtlich der Häufigkeit der Nutzung der Privatwohnung unterscheiden, gelten die Ausführungen zum Homeoffice im Übrigen auch für den Telearbeitsplatz entsprechend. Aus diesem Grund sollen beide „New Work"-Ausprägungen im Folgenden gemeinsam betrachtet werden.

3. Zusammenhang zwischen Einrichtung und Unternehmenstätigkeit

Was den erforderlichen Zusammenhang zwischen der Einrichtung und der Unternehmenstätigkeit angeht, so weichen die Formulierungen in den beiden Betriebsstättenbegriffen voneinander ab. Dies erfordert eine gesonderte Betrachtung der innerstaatlichen und der abkommensrechtlichen Rechtslage.

Die innerstaatliche Regelung des § 12 AO verlangt, dass die Einrichtung der Tätigkeit eines Unternehmens „dient". Von einem derartigen Dienen der Einrichtung ist auszugehen, wenn der Unternehmer diese für eine gewisse Dauer zu unternehmerischen Zwecken benutzt.[24] Dies setzt im Allgemeinen voraus, dass der Unternehmer selbst, seine Arbeitnehmer, fremdes weisungsabhängiges Personal oder Subunternehmer *in* oder *an* der Geschäftseinrichtung tätig werden.[25] Ausnahmsweise kann bei personallos operierenden Einrichtungen auch ein Tätigwerden des Unter-

23 Demgegenüber geht die österreichische Finanzverwaltung (unter ausdrücklicher Erwähnung nur eines Homeoffice-Tages pro Woche) von einer Safe-Harbor-Grenze von 25 % aus, unterhalb derer eine ausreichende Dauerhaftigkeit verneint wird, *Jann/Ursprung-Steindl*, IStR 2022, 277 (278) unter Verweis auf öVPR 2021, öBMF v. 7.10.2021 – GZ 2021-0.586.616 Rz. 262.

24 BFH v. 8.3.1988 – VIII R 270/81, BFH/NV 1988, 735; BFH v. 30.10.1996 – II R 12/92, BStBl. II 1997, 12.

25 BFH v. 30.10.1996 – II R 12/92, BStBl. II 1997, 12.

nehmens *mit* der Geschäftseinrichtung ausreichen.[26] Die (Be-)Nutzung zu unternehmerischen Zwecken muss weder einen größeren Umfang noch für das Unternehmen eine besondere Bedeutung haben.[27]

Nur der Vollständigkeit halber soll hier nicht unerwähnt bleiben, dass insbesondere der III. Senat des BFH ein „unmittelbares Dienen" verlangt. Bei näherer Betrachtung schließt sich an den Obersatz der entsprechenden Entscheidungen dann aber stets die Prüfung der Verfügungsmacht an. Der III. Senat verortet dieses ungeschriebene – oder besser: nicht ausdrücklich so bezeichnete – Tatbestandsmerkmal der Verfügungsmacht somit lediglich an anderer Stelle als vor allem der I. Senat.

Demnach dürfte die von dem Arbeitnehmer als Homeoffice genutzte Privatwohnung (oder Teile davon) zweifellos der Unternehmenstätigkeit dienen.[28] Für den innerstaatlichen Betriebsstättenbegriff (und damit insbesondere für die Fragen des Gewerbesteuerrechts) ist der erforderliche Zusammenhang zwischen der Einrichtung und der Unternehmenstätigkeit damit zu bejahen.

Es bleibt somit zu klären, ob für den abkommensrechtlichen Betriebsstättenbegriff des Art. 5 OECD-MA etwas anderes gilt. Dieser erfordert eine Ausübung der Geschäftstätigkeit *durch* die Einrichtung. Der OECD-Musterkommentar will dieses Merkmal weit verstanden wissen.[29]

Dieses abweichend formulierte Tatbestandmerkmal führt indes kaum zu einem von dem innerstaatlichen Verständnis abweichenden Ergebnis. Die wesentlichen Abweichungen ergeben sich reflexartig aus den unterschiedlichen Unternehmenstätigkeitsbegriffen des innerstaatlichen und des Abkommensrechts. Unterfallen beispielsweise die innerstaatlichen Erweiterungen und Fiktionen des Gewerbebetriebs in § 15 EStG[30] schon nicht dem abkommensrechtlichen Unternehmensbegriff, so gilt dies reflexartig auch für die entsprechenden (in diesem erweiterten oder fiktiven Gewerbebetrieb ausgeübten) Tätigkeiten. Sie bewegen sich außerhalb des abkommensrechtlichen Unternehmensbegriffs.[31] Ihre Ausübung im Homeoffice kann daher auch keine Betriebsstätte begründen. Dies dürfte

---

26 BFH v. 30.10.1996 – II R 12/92, BStBl. II 1997, 12.

27 Vgl. BFH v. 3.2.1993 – I R 80/91, I R 81/91, BStBl. II 1993, 462.

28 *Sixt/Sturm*, beck.digitax 2024, 82 (84).

29 Art. 5 OECD-MK Rz. 20.

30 Hier sind bspw. der „Sonderbereich" (§ 15 Abs. 1 Satz 1 Nr. 2 Satz 1 Halbs. 2 EStG) oder die gewerbliche Prägung (§ 15 Abs. 3 Nr. 2 EStG) zu nennen.

31 Vgl. BFH v. 28.4.2010 – I R 81/09, BStBl. II 2014, 754.

vornehmlich Unternehmen betreffen, die in der Rechtsform der Personengesellschaft geführt werden.

4. Verfügungsmacht

Teilweise als Unterfall des vorgenannten Zusammenhangs zwischen Einrichtung und Unternehmenstätigkeit (so vor allem der III. Senat) und teilweise als (ungeschriebener) Unterpunkt des Tatbestandsmerkmals der festen Geschäftseinrichtung (so vor allem der I. Senat) verlangt der BFH für die Betriebsstättenbegründung sowohl nach nationalem als auch nach Abkommensrecht zudem in ständiger Rechtsprechung, dass das Unternehmen über die Geschäftseinrichtung „Verfügungsmacht" hat. Vor dem Hintergrund des tendenziell weit gefassten Einrichtungsverständnisses kommt diesem Merkmal vornehmlich eine Begrenzungsfunktion zu.[32]

Hinter dem Verfügungsmachtkriterium verbirgt sich mithin letztlich ein Zurechnungsmechanismus, über den die Einrichtung zu einer *Geschäfts*einrichtung des konkreten Unternehmens wird.[33] Bei der Prüfung der Betriebsstättenbegründung im Homeoffice ist somit eigentlich zu fragen, ob das Homeoffice (über die im Homeoffice ausgeübte Tätigkeit) dem Unternehmen zuzurechnen ist. Diese Zurechnungsfrage, die zu Recht den Schwerpunkt der Prüfung der Homeoffice-Betriebsstätte bildet, wird von den verschiedenen Akteuren des Steuerrechts unterschiedlich beantwortet.

a) Auffassung der OECD

Folgt man der (bisherigen) Auffassung der OECD, so hängt die Betriebsstättenbegründung durch Homeoffice-Tätigkeit von den Umständen des Einzelfalls ab.[34] Der OECD-Musterkommentar von 2017 bejaht eine Verfügungsmacht des Arbeitgebers über das Homeoffice seines Arbeitnehmers aber grundsätzlich dann, wenn das Homeoffice fortlaufend für unternehmerische Tätigkeiten genutzt wird und die Nutzung auf eine Weisung des Arbeitgebers zurückgeht.[35] Keine Verfügungsmacht soll hin-

32 Vgl. zur Begrenzungsfunktion auch BFH v. 17.9.2003 – I R 12/02, BStBl. II 2004, 396.

33 Vgl. BFH v. 18.12.2024 – I R 47/21, BFHE 288, 180, das im Zusammenhang mit der Verfügungsmacht von einer „Zuordnung der Geschäftseinrichtung zum Unternehmen" spricht.

34 Art. 5 OECD-MK Rz. 18.

35 Art. 5 OECD-MK Rz. 18.

gegen vorliegen, wenn der Arbeitnehmer freiwillig aus dem Homeoffice tätig wird, obwohl ihm ein Arbeitsplatz im Büro seines Arbeitgebers zur Verfügung steht.[36] Übertragen auf die hier verwendete Terminologie erkennt die OECD somit eine Betriebsstättenbegründung in Fällen der (dauerhaften, auf Weisung des Arbeitgebers erfolgenden) Telearbeit an, verneint sie indes in den Fällen der zwar regelmäßig, aber lediglich tageweisen Homeofficetätigkeit.

Bei der Einordnung dieser Auffassung ist jedoch zu beachten, dass sie aus präpandemischen Zeiten stammt, und die praktische Relevanz der regelmäßigen Homeoffice-Tätigkeit möglicherweise nicht mehr richtig wiedergibt.[37] In diesem Punkt dürfte indes das noch für 2025 angekündigte Update des OECD-Musterkommentars Abhilfe schaffen.[38]

b) Auffassung BMF

Das deutsche Bundesministerium der Finanzen – BMF – geht in seinem 2024 überarbeiteten Anwendungserlass zur Abgabenordnung hingegen davon aus, dass der Arbeitgeber grundsätzlich keine Verfügungsmacht über die häuslichen Räumlichkeiten seines Arbeitnehmers hat.[39] Dies gelte insbesondere auch

- bei Übernahme der Kosten oder Ausstattung des Homeoffice durch den Arbeitgeber,
- bei einem Mietvertrag zwischen dem Arbeitgeber und dem Arbeitnehmer über die für das Homeoffice genutzten Räumlichkeiten oder
- bei fehlendem anderweitigen Arbeitsplatz.[40]

Insoweit vertritt die deutsche Finanzverwaltung ein strengeres Betriebsstättenverständnis als die OECD. Andererseits konzediert auch das BMF – wenngleich ohne weitere Erläuterung –, dass etwas anderes gelten kann,

36 Art. 5 OECD-MK Rz. 19.
37 Vgl. auch *Peter/Hierl*, DStR 2024, 1394 (1396).
38 Da die zwischenzeitlich veröffentlichte Aktualisierung des OECD-Musterkommentars („Update 2025“) im Zeitpunkt der Tagung noch nicht vorlag und daher auch nicht der sich anschließenden Diskussion zugrunde gelegt wurde, bleibt sie auch in diesem Beitrag unberücksichtigt.
39 AEAO 2014 zu § 12 AO, Tz. 4.
40 AEAO 2014 zu § 12 AO, Tz. 4.

wenn der Arbeitnehmer Leitungsfunktionen ausübt, die eine Verfügungsmacht des Unternehmens vermitteln.[41]

c) Literatur

Unter Auseinandersetzung mit den Auffassungen der OECD und der Finanzverwaltung verneint auch die Literatur mehrheitlich die Betriebsstättenbegründung durch (regelmäßige) Homeoffice-Tätigkeit unter Verweis auf die fehlende Verfügungsmacht.[42] Nur vereinzelt wird eine Betriebsstättenbegründung durch Tätigkeiten des Arbeitnehmers im Homeoffice für möglich gehalten.[43]

d) Maßstäbe der BFH-Rechtsprechung

Als dogmatische Grundlage für eine eigene Stellungnahme zu der Frage der Verfügungsmacht soll zunächst der Blick auf die Maßstäbe gerichtet werden, welche die höchstrichterliche Rechtsprechung zu dem Kriterium der Verfügungsmacht entwickelt hat, und anschließend der Versuch einer Systematisierung dieser Maßstäbe unternommen werden.

Seinen Ursprung hat das Verfügungsmachtkriterium in der Rechtsprechung des Reichsfinanzhof – RFH – zu den Vorgängernormen von § 12 AO.[44] Die Betriebsstättenbegründung setzte danach weder voraus, dass die entsprechende Einrichtung dem Unternehmer „gehörte" noch dass sie von ihm angemietet wurde. Vielmehr ließ der RFH es genügen, wenn der Unternehmer oder seine Angestellten über den Betriebsstättenraum insoweit verfügen konnten, als es zur Ausübung des Gewerbes erforder-

41 AEAO 2014 zu § 12 AO, Tz. 4.

42 *Becker/Nitzschke*, IStR 2025, 449 (452 f.); *De Broe/Bettens*, Intertax 2024, 748 (760); *Gerner*, IStR 2024, 564 (564 f.); *van der Ham/Bühl*, IWB 2024, 519; *Hörnicke/Rötting*, IWB 2024, 273; *Sixt/Sturm*, beck.digitax 2024, 82 (84); *Häusler*, SWI 2021, 60, 65; *Schuster/Verleger*, IWB 2020, 861; *Geils*, IWB 2019, 433; für die deutsche Rechtslage auch *Jann/Ursprung-Steindl*, IStR 2022, 277 (280).

43 *Peter/Hierl*, DStR 2024, 1394 (1398) unter Verweis auf *Wassermeyer*, DBA, Art. 5 MA Rz. 42 f.; *Aichstill/Beckenberger*, SWI 2021, 66 (72) zur österreichischen Rechtslage unter Bezugnahme auf das Konzept der „faktischen Verfügungsmacht".

44 Vgl. auch *Glatz* in Koenig, 6. Aufl. 2026, § 12 AO Rz. 59 ff.

lich war, d.h. um dort diejenigen gewerblichen Handlungen vorzunehmen, zu deren Vornahme die Geschäftseinrichtung bestimmt war.[45]

Zu einem der ersten Homeoffice-Fälle – konkret ging es um die jeweils in der Privatwohnung ausgeübten Schreibtätigkeiten des Leiters eines Regionalbüros sowie die Lagerung von kleineren Mengen an Ersatzteilen durch einen Monteur – führte der RFH in einer Entscheidung aus dem Jahr 1939 aus, dass eine „geringfügige geschäftliche Tätigkeit im Auftrag und für Rechnung des Unternehmers“ aus den Wohnungen noch keine Geschäftseinrichtung mache.[46]

Der Bundesfinanzhof – BFH – übernahm das Verfügungsmachtkriterium in sein Prüfungsprogramm und führte es fort. Verfügungsmacht für Zwecke der Betriebsstättenbegründung kann sich danach entweder aus einer Rechtsstellung – einer Rechtsposition – oder aus „anderen Umständen“ ergeben.[47]

aa) Nicht ohne weiteres entziehbare Rechtsposition

Im Ausgangspunkt ist die Verfügungsmacht damit rechtlicher Natur. Es bedarf einer Rechtsposition an der Einrichtung oder Anlage, eines „selbständigen Nutzungsanspruchs“[48], der dem Steuerpflichtigen ohne seine Mitwirkung nicht mehr ohne weiteres entzogen oder wesentlich verändert werden kann.[49] Die rein tatsächliche Nutzungsmöglichkeit genügt nicht.[50] Während die Rechtsposition die örtliche Verwurzelung (rechtlich) absichert, manifestiert sich in dem Unentziehbarkeitserfordernis die zeitliche Verstetigung der Verwurzelung. Die beiden Dimensionen der Festigkeit finden damit ihre Entsprechung in den Elementen des Verfügungsmachtkriteriums.[51]

---

45 RFH v. 4.3.1927 – I B 1/27, RStBl. 1927, 112; RFH v. 19.12.1934 – VI A 230/34, RStBl. 1935, 490.

46 RFH v. 26.9.1939 – I 272/39, RStBl. 1939, 1227.

47 BFH v. 29.4.1987 – I R 118/83, BStBl. II 1988, 168.

48 Vgl. BFH v. 7.6.2023 – I R 47/20, BFHE 280, 415; AEAO zu § 12 AO Tz. 2.

49 Vgl. BFH v. 17.3.1982 – I R 189/79, BStBl. II 1982, 624; BFH v. 8.3.1988 – VIII R 270/81, BFH/NV 1988, 735; BFH v. 11.10.1989 – I R 77/88, BStBl. II 1990, 166.

50 BFH v. 16.5.1990 – I R 113/87, BStBl. II 1990, 983; BFH v. 11.10.1989 – I R 77/88, BStBl. II 1990, 166; BFH v. 4.6.2008 – I R 30/07, BStBl. II 2008, 922.

51 Vgl. zur Zweigliedrigkeit *Glatz* in Koenig, 6. Aufl. 2026, § 12 AO Rz. 66; vgl. zu den Wechselwirkungen auch BFH v. 18.12.2024 – I R 47/21, BFHE 288, 180.

Die Rechtsposition kann „auf Eigentum oder auf entgeltlicher bzw. unentgeltlicher Nutzungsüberlassung" beruhen.[52] Bei einem einfachen Nutzungsrecht muss dieses dem Gebrauchsinhaber aber mindestens das Recht einräumen, einer Zuweisung anderer als der ihm zur Nutzung überlassenen Räume zu widersprechen.[53] Ein alleiniges Zutrittsrecht ohne Ausschlussbefugnis (Zutrittsverwehrung oder Einschränkung von Nutzungsrechten der Nutzungsberechtigten) genügt nicht.[54] Für die Unentziehbarkeit bedarf es daher zumindest eines Widerspruchsrechts gegen wesentliche Änderungen des Nutzungsrechts oder einer Ausschlussbefugnis gegenüber Dritten.

bb) „Andere Umstände"

Kann die Verfügungsmacht nicht aus einer unentziehbaren Rechtsposition abgeleitet werden, ist zu prüfen, ob „andere (Verfügungsmacht vermittelnde) Umstände" vorliegen. Hierzu hat der BFH über die Jahre eine umfangreiche Kasuistik entwickelt. Dabei finden zunehmend – als Gegenpol zur *Rechts*position – auch die tatsächlichen Umstände Eingang in die Betrachtung.

In seiner sog. Hotelentscheidung im Jahr 1993[55] führt der BFH diese Maßstabsfortentwicklung auf die „Verwurzelung" als Leitgedanken der Betriebsstätte zurück: Für die Annahme einer Betriebsstätte ist dementsprechend letztlich entscheidend, dass eine bestimmte unternehmerische Tätigkeit durch eine Geschäftseinrichtung mit einer festen örtlichen Bindung ausgeübt wird. In der örtlichen Bindung muss sich eine gewisse „Verwurzelung" des Steuerpflichtigen mit dem Ort der Ausübung der unternehmerischen Tätigkeit ausdrücken.[56]

In diesem Zusammenhang ist bemerkenswert, dass der BFH in seinen Maßstäben an dieser Stelle von der Verwurzelung *des Steuerpflichtigen* und nicht des Unternehmens spricht. Ob dies absichtlich geschieht, erscheint indes fraglich. Denn wenngleich zumindest im Fall der Einkommensteuer der Steuerpflichtige das maßgebliche Steuersubjekt ist, stellt § 12 AO (wie auch Art. 5 OECD-MA) in sei-

52 BFH v. 3.2.1993 – I R 80/91, I R 81/91, BStBl. II 1993, 462; BFH v. 18.3.2009 – III R 2/06, BFH/NV 2009, 1457.

53 Vgl. BFH v. 17.3.1982 – I R 189/79, BStBl. II 1982, 624.

54 BFH v. 13.9.2000 – X R 174/96, BStBl. II 2001, 734.

55 BFH v. 3.2.1993 – I R 80/91, I R 81/91, BStBl. II 1993, 462.

56 BFH v. 3.2.1993 – I R 80/91, I R 81/91, BStBl. II 1993, 462; vgl. auch BFH v. 4.6.2008 – I R 30/07, BStBl. II 2008, 922; BFH v. 4.7.2012 – II R 38/10, BStBl. II 2012, 782.

nem Wortlaut auf das Unternehmen ab. Hinzu kommt, dass der Betriebsstättenbegriff – gerade im Fall einer Mehrzahl von Betrieben – betriebsspezifisch ist. Die hinter der Verfügungsmacht stehende Zurechnungsfrage ordnet die Einrichtung einem Unternehmen (und nicht dem dahinterstehenden Steuersubjekt) als Zurechnungssubjekt zu. Dies gilt für Objektsteuern (wie die Gewerbesteuer) ebenso wie für Personensteuern (wie die Einkommen- oder Körperschaftsteuer). Denn auch im Fall der Personensteuern bleibt das Unternehmen (der Betrieb) das Gewinnermittlungssubjekt. Aus diesem Grund ist richtigerweise nach der Verwurzelung des konkreten Unternehmens zu fragen.

Seither lässt der BFH als „andere Umstände" eine lediglich „allgemeine rechtliche Absicherung" oder eine dauerhafte tatsächliche Nutzungsbefugnis ausreichen, wenn die Verfügungsmacht nicht bestritten wird.[57]

Beide Elemente des Verfügungsmachtbegriffs in seiner Grundform – die Rechtsposition und ihre Unentziehbarkeit – wurden also durch die Anerkennung „anderer Umstände" abgemildert:[58] Statt einer Rechtsposition genügt nunmehr auch eine allgemeine rechtliche Absicherung oder sogar nur eine dauerhafte tatsächliche Nutzungsbefugnis. In der Diktion des III. Senats des BFH entspricht dieser dauerhaften tatsächlichen Nutzungsbefugnis die Vornahme eigener betrieblicher Handlungen mit einer gewissen Nachhaltigkeit.[59]

Auch das zweite Element wurde abgemildert:[60] Statt der Unentziehbarkeit reicht für die Annahme der Verstetigung, dass die Verfügungsmacht nicht bestritten wird. Und selbst dieses abgemilderte Dauerhaftigkeitserfordernis wurde in der Variante der dauerhaften tatsächlichen Nutzungsbefugnis in der jüngsten Rechtsprechung durch einen Katalog von Indizien und Vermutungen ersetzt, welche die dauerhafte tatsächliche Nutzungsbefugnis bzw. die eigenen betrieblichen Handlungen von gewisser Nachhaltigkeit indizieren.[61] Insbesondere in der jüngsten Rechtsprechung, in der das Erfordernis des Nichtbestreitens jedenfalls auf Subsumtionsebene[62] nicht gesondert behandelt wird, scheint das zweite (zeitli-

57 BFH v. 3.2.1993 – I R 80/91, I R 81/91, BStBl. II 1993, 462; BFH v. 23.5.2002 – III R 8/00, BStBl. II 2002, 512; BFH v. 10.11.1998 – I B 80/97, BFH/NV 1999, 665; BFH v. 18.3.2009 – III R 2/06, BFH/NV 2009, 1457.

58 *Glatz* in Koenig, 6. Aufl. 2026, § 12 AO Rz. 69.

59 BFH v. 23.3.2022 – III R 35/20, BStBl. II 2022, 844.

60 *Glatz* in Koenig, 6. Aufl. 2026, § 12 AO Rz. 69.

61 *Glatz* in Koenig, 6. Aufl. 2026, § 12 AO Rz. 70.

62 Auf der Maßstabsebene wird es – jedenfalls vom III. Senat des BFH – noch ausdrücklich mit aufgeführt, BFH v. 23.5.2002 – III R 8/00, BStBl. II 2002, 512; BFH v. 18.3.2009 – III R 2/06, BFH/NV 2009, 1457.

che) Element in den unwiderlegbaren Vermutungen des ersten Elements aufzugehen. Diese Tendenz überrascht nicht, ist doch die zeitliche Verstetigung schon in dem ersten Element, der *dauerhaften* tatsächlichen Nutzungsbefugnis bzw. der Vornahme eigener betrieblicher Handlungen *mit einer gewissen Nachhaltigkeit*, enthalten.

Dass mit dieser Abmilderung keine generelle Absenkung der Schwelle zur Betriebsstättenbegründung einhergeht, hat der BFH mit seiner jüngsten Taxifahrer-Entscheidung[63] klargestellt: So darf das Erfordernis einer ausreichenden Verfügungsmacht nicht isoliert betrachtet werden; vielmehr steht es mit der örtlichen und zeitlichen Festigkeit der Geschäftseinrichtung in Wechselwirkung.[64] Eine geringere örtliche Verwurzelung muss daher stets durch eine stärkere Betonung der zeitlichen Verstetigung kompensiert werden.

e) Kritische Würdigung und eigener Vorschlag

aa) Keine unentziehbare Rechtsposition

Unter Zugrundelegung dieser Maßstäbe lässt sich die Verfügungsmacht des Arbeitgeberunternehmens in der Homeoffice-Konstellation jedenfalls nicht aus einer unentziehbaren Rechtsposition des Arbeitgebers an den privaten Räumen seines Arbeitnehmers ableiten.[65]

Denn selbst in den Ausnahmefällen, in denen Arbeitgeber und Arbeitnehmer einen Untermietvertrag über die Räumlichkeiten des Homeoffice abschließen, dürfte das daraus vermittelte schuldrechtliche Nutzungsrecht nicht zu einer *unentziehbaren* Rechtsposition erstarken.[66] Wegen der großen Nähe zur Privatsphäre seines Arbeitnehmers und unter Berücksichtigung des besonderen Abhängigkeitsverhältnisses dürfte auch selbst ein vertraglich vereinbartes Nutzungsrecht dem Arbeitgeber keine Ausschlussbefugnis hinsichtlich der zugleich als Wohnung (i.S.v. Art. 13 Grundgesetz – GG) genutzten Räumlichkeiten seines Arbeitnehmers verschaffen.[67]

---

63 BFH v. 18.12.2024 – I R 47/21, BFHE 288, 180.

64 BFH v. 18.12.2024 – I R 47/21, BFHE 288, 180.

65 *Glatz* in Koenig, 6. Aufl. 2026, § 12 AO Rz. 81.

66 Eine Rechtsposition ebenfalls verneinend BFH v. 29.4.1987 – I R 118/83, BStBl. II 1988, 168; vgl. BFH v. 19.6.1963 – I B 103/62, juris.

67 Kritisch auch *Peter/Hierl*, DStR 2024, 1394 (1397), die diesen Aspekt allerdings im Zuge der „rechtlichen Absicherung" diskutieren.

bb) Verfügungsmacht aus „anderen Umständen"?

In Ermangelung einer unentziehbaren Rechtsposition ist daher zu prüfen, ob sich die Verfügungsmacht des Arbeitgeberunternehmens im Fall des Homeoffice aus „anderen Umständen" ergeben kann.

(1) Allgemeine rechtliche Absicherung und kein Bestreiten der Verfügungsmacht

Dies wäre zu bejahen, wenn die Nutzung der privaten Räumlichkeiten des Arbeitnehmers für Zwecke der Homeoffice-Tätigkeit auf einer allgemeinen rechtlichen Absicherung beruhte und die Verfügungsmacht des Unternehmens nicht bestritten würde. Das bloße durch die Anstellung begründete berufliche Abhängigkeitsverhältnis ist dabei nach einer Entscheidung des BFH aus dem Jahr 2002 für sich genommen nicht ausreichend, um eine Verfügungsmacht begründende allgemeine rechtliche Absicherung zu begründen.[68]

Allerdings wurden die heutigen Arbeitsverträge im Zuge der Corona-Pandemie häufig durch Heimarbeitsklauseln erweitert, mit denen sich der Arbeitnehmer beim Arbeiten im Homeoffice verpflichtet, einen entsprechend geeigneten Arbeitsplatz in seinen privaten Räumlichkeiten zur Erfüllung seiner Homeoffice-Arbeit bereitzustellen. Diese arbeitsvertraglichen Regelungen wird man sicherlich als „allgemeine rechtliche Absicherung" des nicht nur vorübergehenden Nutzungsrechts im Sinne der BFH-Rechtsprechung ansehen können. Auch ein Untermietvertrag würde das Erfordernis der allgemeinen rechtlichen Absicherung erfüllen.

Ob eine Betriebsstättenbegründung dennoch an dem zweiten Element des Nichtbestreitens der Verfügungsmacht scheitert, erscheint nicht gesichert. So hat der BFH zwar eine über eine Heimarbeitsklausel vermittelte Verfügungsmacht jedenfalls 1998 noch als nicht „unbestritten" angesehen.[69] Der BFH begründete dies damit, dass auch ohne tatsächliche Zutrittsverwehrung nicht davon ausgegangen werden könne, dass der Arbeitnehmer anderen Mitarbeitern jederzeitig uneingeschränkten Zutritt zu den Räumen seiner Privatwohnung gestattet hätte.[70]

Inwieweit sich diese (zu einem in der Privatwohnung des Leiters befindlichen Regionalbüro für den Außendient eines Pharmaunternehmens er-

68 Vgl. BFH v. 23.5.2002 – III R 8/00, BStBl. II 2002, 512.
69 BFH v. 10.11.1998 – I B 80/97, BFH/NV 1999, 665.
70 BFH v. 10.11.1998 – I B 80/97, BFH/NV 1999, 665.

gangene) ältere Rechtsprechung auf die Diskussion um die Homeoffice-Betriebsstätte übertragen lässt, hängt davon ab, welche Rolle man dem Zutrittsrecht des Arbeitgebers in einer mobilen Arbeitswelt beimisst. In diesem Zusammenhang ist bemerkenswert, dass fast alle Stimmen in der Literatur auch heute noch die Verfügungsmacht von einem jederzeitigen und unbeschränkten Zutrittsrecht des Arbeitgebers abhängig zu machen scheinen.[71] Dahinter steht die Ratio, dass nur ein derart umfassendes Zutrittsrecht dem Unternehmen gestattet, die Arbeitsabläufe dergestalt zu bestimmen und koordinieren, dass sie ihm als eigene zugerechnet werden.[72]

In der früheren „analogen" Arbeitswelt mag dies auch nachvollziehbar gewesen sein. Vor dem Hintergrund der veränderten Arbeitsrealität erscheint es indes nicht (mehr) zwingend. Wenngleich es sich bei dem Verfügungsmachtkriterium um ein Zurechnungskriterium handelt, zielt dieses nicht darauf ab, die Zurechnung der Immobilie als solcher zu klären.[73] Vielmehr soll über das Kriterium der Verfügungsmacht ermittelt werden, ob das Unternehmen vermöge der in diesen Räumlichkeiten ausgeübten Tätigkeit am Ausübungsort „verwurzelt" wird. Dementsprechend kommt es auch nicht maßgeblich auf die Einflussnahmemöglichkeit des Unternehmens auf die *Räumlichkeiten*,[74] sondern auf die Einflussnahmemöglichkeit auf die in diesen Räumlichkeiten *ausgeübte Tätigkeit* an.[75] Ob diese Einflussnahmemöglichkeit eine persönliche Anwesenheit in den Räumlichkeiten (und damit ein Zutrittsrecht) voraussetzt, hängt indes von der konkret im Homeoffice ausgeübten Tätigkeit ab. Da gerade die für Homeoffice geeigneten Tätigkeiten häufig Teil eines vollständig digitalisierten Arbeitsprozesses sind, dürfte sich auch die Einflussnahmemöglichkeit des Arbeitgebers in diesen Fällen größtenteils von einem präsenzbasierten Zutrittsrecht losgelöst haben.

71 *Becker/Nitzschke*, IStR 2025, 449 (452); *De Broe/Bettens*, Intertax 2024, 748 (761); *Gerner*, IStR 2024, 564 (564 f.); *Hörnicke/Rötting*, IWB 2024, 273 (276); *Sixt/Sturm*, beck.digitax 2024, 82 (84); *Häusler*, SWI 2021, 60 (61) m.w.N.; *Schuster/Verleger*, IWB 2020, 861 (868); *Geils*, IWB 2019, 433 (435); *Freudenberger/Scharizer/Wallig*, SWI 2023, 246 (255) zur liechtensteinischen Rechtslage.

72 Vgl. BFH v. 4.6.2008 – I R 30/07, BStBl. II 2008, 922.

73 So auch BFH v. 3.2.1993 – I R 80/91, I R 81/91, BStBl. II 1993, 462.

74 So aber *Häusler*, SWI 2021, 60 (61).

75 *Glatz* in Koenig, 6. Aufl. 2026, § 12 AO Rz. 84.

Hinzu kommt, dass der BFH die abstrakt drohende Entziehung eines einfachen (von Dritten abgeleiteten) Nutzungsrechts (dort durch potentielle Zutrittsverwehrung) in seiner Spind-Entscheidung[76] jedenfalls für die Dauer der tatsächlich durchgeführten und nicht aufgekündigten Nutzungsvereinbarung als nicht schädlich angesehen hat. Übertragen auf die Heimarbeitsklausel hätte dies zur Konsequenz, dass die aus der Heimarbeitsklausel abgeleitete Verfügungsmacht jedenfalls für die Dauer der tatsächlich nachhaltig ausgeübten Homeofficetätigkeit als nicht bestritten zu behandeln wäre.

(2) Dauerhafte tatsächliche Nutzungsbefugnis

Unter Berücksichtigung gerade der BFH-Rechtsprechung der jüngsten Vergangenheit[77] ist es darüber hinaus denkbar, die Verfügungsmacht des Arbeitgeberunternehmens auch aus einer dauerhaften tatsächlichen Nutzungsbefugnis abzuleiten. Dazu müsste das Arbeitgeberunternehmen eigene betriebliche Handlungen mit einer gewissen Nachhaltigkeit in den Räumlichkeiten seines Arbeitnehmers vornehmen, die über ein bloß punktuelles Tätigwerden hinausgehen.

In Anknüpfung an die vom BFH entwickelten Maßstäbe[78] sollen dafür die folgenden drei Fragen beleuchtet werden:

(a) Wer nutzt das Homeoffice?

(b) Findet im Homeoffice eine Überwachung statt und welche Anforderungen sind an diese Überwachung zu stellen, damit sich hieraus eine Verfügungsmacht ergibt?

(c) Handelt es sich bei den vom Arbeitgeber an den Arbeitnehmer überlassenen Arbeitsmitteln, die dieser im Homeoffice nutzt, um personenbeschränkte Nutzungsstrukturen im Sinne der jüngsten BFH-Rechtsprechung?

---

76 BFH v. 7.6.2023 – I R 47/20, BFHE 280, 415.

77 BFH v. 23.3.2022 – III R 35/20, BStBl. II 2022, 844; BFH v. 7.6.2023 – I R 47/20, BFHE 280, 415; BFH v. 18.12.2024 – I R 47/21, BFHE 288, 180.

78 BFH v. 23.3.2022 – III R 35/20, BStBl. II 2022, 844; BFH v. 7.6.2023 – I R 47/20, BFHE 280, 415; BFH v. 18.12.2024 – I R 47/21, BFHE 288, 180.

(a) Wer nutzt das Homeoffice?

Die Besonderheit der Homeoffice-Betriebsstätte liegt darin, dass sich das betreffende Unternehmen – außer über seinen Arbeitnehmer – nie physisch in den betreffenden Räumlichkeiten „aufhält“. Unmittelbar wird das Homeoffice also nur von dem Arbeitnehmer selbst genutzt. Diese Nutzung erfolgt jedoch nicht (zwangsläufig) ausschließlich im Interesse des Arbeitnehmers. Auch wenn der Arbeitnehmer, weil er sich möglicherweise kaum oder gar nicht mit der Unternehmenstätigkeit identifiziert, nur seine arbeitsvertragliche Pflicht erfüllen will, fördert er mit seinem beruflichen Tätigwerden jedenfalls formal den Unternehmenszweck seines Arbeitgebers.

In dem Moment, in dem der Arbeitnehmer seine private Sphäre durch Ausübung beruflicher Tätigkeiten verlässt, ist seine berufliche Sphäre denklogisch in die betriebliche Sphäre seines Arbeitgebers eingebettet. Mangels eigener betrieblicher Sphäre führt das berufliche Tätigwerden des Arbeitnehmers im betrieblichen Interesse auch reflexartig zu eigenen betrieblichen Handlungen des Arbeitgeberunternehmens.

Mit anderen Worten: Das berufliche Abhängigkeitsverhältnis und die Einbindung des Arbeitnehmers in den Betrieb des Arbeitgebers haben zur Folge, dass das Tätigwerden des Arbeitnehmers im Homeoffice dem Unternehmen als eigene betriebliche Handlung zuzurechnen ist. Immerhin gilt das arbeitsrechtliche Weisungsrecht des Arbeitgebers, das es ihm erlaubt, die wesentlichen Arbeitsabläufe seines Arbeitnehmers zu bestimmen und zu koordinieren,[79] auch im Homeoffice.[80] Auf ein Auftreten am Markt kommt es hierbei – anders als im Rahmen von § 13 AO (vgl. hierzu unten IV.1) – nicht an. Jedenfalls bei der innerstaatlichen Betriebsstätte ist es hier auch nicht sachgerecht, bei dieser Zurechnung nach der Art der ausgeübten Tätigkeit zu differenzieren und Hilfstätigkeiten auszunehmen. Das nachhaltige regelmäßige Arbeiten im Homeoffice vermittelt dem Arbeitgeber damit die erforderliche „dauerhafte tatsächliche Nutzungsbefugnis“.

79 Vgl. BFH v. 4.6.2008 – I R 30/07, BStBl. II 2008, 922.

80 Dieses Direktionsrecht erstreckt sich nur auf die im Rahmen des Arbeitsverhältnisses ausgeübten Tätigkeiten, nicht auf die Nutzung der Privatwohnung zu Homeofficezwecken an sich; vgl. zu den Grenzen des Direktionsrechts des Arbeitgebers auch *Schürgers/Werner*, BB 2024, 628 (929 f.).

Hiergegen wird teilweise angeführt, das Tätigwerden aus dem Homeoffice erfolge ausschließlich im Interesse des Arbeitnehmers.[81] Dies kann (zu der Homeoffice-Tätigkeit als „Light"-Version der ansonsten in den Unternehmensräumlichkeiten geschuldeten Arbeitnehmertätigkeit sogleich), muss aber nicht der Fall sein. Ordnet man diesen Einwand nicht der ggf. nachgelagerten Frage der Gewinnzurechnung zu, sondern verortet ihn schon auf der Ebene der Betriebsstättenbegründung, so ist es konsequent, eine positive Feststellung des (auch) betrieblichen Interesses an der konkreten (Homeoffice-)Tätigkeit zu fordern.[82] Zu diesem Zweck erscheint es sachgerecht, darauf abzustellen, ob die konkret im Homeoffice ausgeübten Tätigkeiten (wesentlich) identisch mit denjenigen Tätigkeiten sind, die der konkrete Arbeitnehmer sonst in den Räumlichkeiten seines Arbeitgeberunternehmens ausüben würde. Denn kann eine derartige (wesentliche) Identität der Tätigkeiten festgestellt werden, ist nicht ersichtlich, dieser (wesentlich) identischen Tätigkeit einerseits eine Verwurzelung der Unternehmenstätigkeit vermittelnde Wirkung zuzusprechen, wenn sie regelmäßig in den (Büro-)Räumlichkeiten des Arbeitgeberunternehmens ausgeübt wird, eine solche Wirkung aber zu verneinen, wenn die (wesentlich) identische Tätigkeit regelmäßig im Homeoffice ausgeübt wird.

Von einer solchen (wesentlichen) Identität der Tätigkeiten dürfte insbesondere dann auszugehen sein, wenn das Arbeitgeberunternehmen fest mit einer regelmäßigen Homeoffice-Tätigkeit seiner eigentlich in seinen (Büro-)Räumlichkeiten tätigen Arbeitnehmer plant. Denn dadurch bringt der Arbeitgeber selbst zum Ausdruck, dass er von einer (wesentlichen) Identität im Sinne einer (wesentlichen) Gleichwertigkeit der Tätigkeiten ausgeht. Äußeres Beweisanzeichen hierfür kann beispielsweise ein „Hotelling"-Konzept sein, im Rahmen dessen zur Reduzierung der anzumietenden Bürofläche nicht mehr für jeden („Innendienst"-)Mitarbeiter ein eigener Arbeitsplatz bereitgehalten wird, sondern von vornherein nur ein Arbeitsplatzkontigent in einem „Pool" vorgehalten wird, das der jeweils in den Räumlichkeiten des Arbeitgebers tätige Teil der Arbeitnehmer nutzen

81 Vgl. *Häusler*, SWI 2021, 60 (61); *Jann/Ursprung-Steindl*, IStR 2022, 277 (279).

82 Dieser Ratio scheint im Grundsatz auch der OECD-MK 2017 zu folgen, wenn er im Fall einer Homeoffice-Tätigkeit *auf Weisung* des Arbeitgebers die Verfügungsmacht des Arbeitgeberunternehmens bejaht (Art. 5 OECD-MK Rz. 18), vgl. auch *Thiede*, BB 2024, 2460 (2462 f.); ein bloßes betriebliches Interesse genügt danach – anders als nach der hier vertretenen Auffassung – indes noch nicht.

kann. Denn geht das Unternehmen ausweislich seiner betrieblichen Raumplanung selbst mit einer derartigen Sicherheit davon aus, auf die Homeoffice-Räumlichkeiten seiner Arbeitnehmer „zurückgreifen“ zu können, dass es seine Büroflächen entsprechend reduziert, so ist es auch folgerichtig, gleichsam eine dauerhafte tatsächliche Nutzungsbefugnis hinsichtlich dieser Homeoffice-Räumlichkeiten zu bejahen.

Etwas anderes gilt hingegen, wenn die Homeoffice-Tätigkeit als eine „Light“-Version der ansonsten in den Unternehmensräumlichkeiten geschuldeten Arbeitnehmertätigkeit anzusehen ist und die Gestattung der Homeoffice-Tätigkeit mehr ein „Lifestyle“-Zugeständnis an den Arbeitnehmer als eine gleichwertige Alternative zum Tätigwerden in den Unternehmensräumlichkeiten darstellt. Hier erfolgt die Gestattung der Homeoffice-Tätigkeit nicht (primär) im betrieblichen Interesse, sondern mehr als Gratifikation (bspw. zur Arbeitnehmerbindung).

Dies gilt ungeachtet der Tatsache, dass die entsprechenden auf diese Homeoffice-Arbeitszeit anteilig entfallenden Aufwendungen auf Arbeitgeberseite betriebliche veranlasste Betriebsausgaben darstellen. Denn insbesondere, wenn man die „Light“-Version der Arbeitstätigkeit nicht erst auf der Ebene der Gewinnzuordnung, sondern bereits auf der Ebene der Betriebsstättenbegründung berücksichtigt, ist die bloße betriebliche Veranlassung der mit der Tätigkeit korrespondierenden Aufwendungen für die Bejahung „eigener betrieblicher Handlungen“ nicht ausreichend. Das Merkmal der „eigenen betrieblichen Handlungen“ ist tatsächlicher, nicht rechtlicher Natur.

Das Tätigwerden des Arbeitnehmers im Homeoffice „Light“ führt damit auch nicht reflexartig zu eigenen betrieblichen Handlungen seines Arbeitgeberunternehmens. Dem ist auch nicht entgegenzuhalten, dass der Arbeitnehmer das Arbeiten aus dem Homeoffice auch bei (wesentlicher) Identität der Tätigkeiten als für seine private Lebensführung vorteilhaft empfinden kann. Denn für die Frage, ob die Homeoffice-Tätigkeit dem Arbeitgeberunternehmen als eigene betriebliche Handlungen zuzurechnen ist, kommt es auf die Perspektive des Unternehmens, nicht hingegen die des Arbeitnehmers an. Die Vorteile, die dieser bei (wesentlicher) Identität von Homeoffice- und bürobasierter Tätigkeit für seine private Lebensführung wahrnimmt, sind für die Zurechnungsfrage nicht von Bedeutung. Das Tätigwerden im Homeoffice ist damit gerade nicht ausschließlich im Interesse des Arbeitnehmers.[83] Das Tätigwerden erfolgt sehr wohl im Interesse des Betriebs. Dieses betriebliche Interesse misst

83 A.A. *Häusler*, SWI 2021, 60 (61); *Jann/Ursprung-Steindl*, IStR 2022, 277 (279).

dem Ort der Ausübung der konkreten (wesentlich) identischen Tätigkeit schlicht keine Bedeutung bei – sonst würde die Homeoffice-Tätigkeit nicht gestattet. Einen Vorteil oder eine Außenwirkung am Markt setzt die Betriebsstättenbegründung nicht voraus.[84]

(b) Die Rolle der Überwachung im Homeoffice

Gelangt man hingegen (noch) nicht über die „eigenen" betrieblichen Handlungen des Unternehmens zu dessen dauerhafter tatsächlicher Nutzungsbefugnis, lohnt es sich, der Frage nach der Überwachung des Arbeitnehmers im Homeoffice durch das Unternehmen nachzugehen. Hintergrund dieser Fragestellung ist die BFH-Rechtsprechung zu der Betriebsstättenbegründung in den Räumlichkeiten eines Subunternehmers, die insoweit mit der Betriebsstättenbegründung im Homeoffice vergleichbar ist, als beide Konstellationen die Betriebsstättenbegründung in fremden Räumlichkeiten betreffen. Im Fall der Nutzung der Räumlichkeiten des Subunternehmers bejaht der BFH eigene betriebliche Handlungen des Unternehmens mit der geforderten Nachhaltigkeit, wenn das Unternehmen den Subunternehmer fortlaufend und vor allem vor Ort überwacht.[85] Eine Fernüberwachung des Subunternehmers lässt er hingegen nicht ausreichen.[86]

Eine solche Überwachung des Arbeitnehmers „vor Ort" findet im Homeoffice zwar regelmäßig nicht statt.

Dies ist gleichwohl nicht zwingend schädlich, da der Subunternehmer für Zwecke der mit der Verfügungsmacht zu klärenden Zurechnungsfrage gerade nicht mit dem Arbeitnehmer vergleichbar ist. Denn im Fall der Betriebsstättenbegründung in den Räumen des Subunternehmers manifestiert sich in dessen fortlaufenden Überwachung vor Ort durch zum Unternehmen gehörige Personen die zurechnungs- und damit verfügungsmachtbegründende Überlagerung der eigenen betrieblichen Handlungen des Subunternehmers. Die dem Unternehmen zuzurechnenden Überwachungstätigkeiten vor Ort treten als eigene betriebliche Handlungen des (Auftragsgeber-)Unternehmens neben die unternehmerischen Tätigkeiten des Subunternehmers und verleihen dem (Auftraggeber-)Un-

84 A.A. *Häusler*, SWI 2021, 60 (64); *Jann/Ursprung-Steindl*, IStR 2022, 277 (279).

85 BFH v. 23.3.2022 – III R 35/20, BStBl. II 2022, 844.

86 BFH v. 30.6.2005 – III R 47/03, BStBl. II 2006, 78.

ternehmen eine eigene „Verwurzelung", vermöge derer die beiden unternehmerischen Sphären voneinander abgrenzbar werden.

Anders verhält es sich in der typischen Homeoffice-Konstellation: Bei dem Arbeitnehmer existieren gar keine zwei konkurrierenden betrieblichen Sphären. Hier muss lediglich feststellbar sein, ob der Arbeitnehmer in seinen grundsätzlich seiner Privatsphäre zuzuordnenden Räumlichkeiten überhaupt beruflich tätig wird. Die betriebliche Zuordnung zum Arbeitgeberunternehmen ergibt sich aus den vorstehenden Ausführungen automatisch.[87] Die Ausführungen zur positiven Feststellung des betrieblichen Interesses gelten insoweit aber entsprechend.

Daher spricht einiges dafür, die Fallgruppe der „Überwachung vor Ort in den Räumlichkeiten des Subunternehmers" nur modifiziert auf die Betriebsstättenbegründung im Homeoffice zu übertragen: Das bereits erwähnte fehlende jederzeitige Zutrittsrecht und die fehlende Überwachung vor Ort sind nur schädlich, wenn sich aufgrund der Natur der ausgeübten Tätigkeit schon nicht feststellen lässt, ob der Arbeitnehmer *überhaupt seiner Arbeit nachgeht* oder aber in seiner Privatsphäre verbleibt. In solchen Konstellationen erscheint es aber wiederum realitätsfern, dass die Ermöglichung der Homeoffice-Tätigkeit im betrieblichen Interesse erfolgt und ihre Ursache nicht in einem „Lifestyle"-Zugeständnis zu suchen ist.

Im Ergebnis wäre eine Überwachung dem Grunde nach damit ausreichend für Bejahung eigener betrieblicher Handlungen des Unternehmens. Sieht man das anders und vertritt hinsichtlich des Überwachungserfordernisses eine andere Auffassung, so erklärt sich aber die Auffassung des deutschen BMF, wonach Führungspersonen eine Betriebsstätte begründen können, wenn sie dem Unternehmen Verfügungsmacht vermitteln. Denn die erforderliche Verfügungsmacht dürfte sich daraus ergeben, dass sie sich fortlaufend vor Ort „selbst" überwachen.

(c) Personenbeschränkte Nutzungsstrukturen durch dem Arbeitnehmer überlassene Arbeitsmittel?

Schließlich soll der Blick noch auf ein Verwurzelungsindiz der jüngsten BFH-Rechtsprechung, die sog. personenbeschränkte Nutzungsstruktur, gerichtet werden. Bei der personenbeschränkten Nutzungsstruktur handelt es sich um eine – *in der Einrichtung befindliche* – Sache (wie einen

87 Vgl. auch *Glatz* in Koenig, 6. Aufl. 2026, § 12 AO Rz. 85.

Spind, ein Schließfach oder ein Schreibtisch-Rollcontainer), die über bestimmte äußere Merkmale (wie bspw. ein Namensschild mit einer Verschlussvorrichtung) erkennbar nur einem beschränkten Personenkreis zur Nutzung vorbehalten ist. Ist diese personenbeschränkte Nutzungsstruktur erkennbar dem Unternehmen zur Nutzung zugewiesen, so fungiert sie – wie ein *pars pro toto* – als Indiz für die dauerhafte tatsächliche *(Mit-)Nutzungsüberlassung der gesamten Einrichtung, in der sich die Nutzungsstruktur befindet.* Dies indiziert dann wiederum die hinreichende örtliche Verwurzelung der betreffenden Unternehmenstätigkeit und damit die Verfügungsmacht des Unternehmens über die gesamte Einrichtung. Man könnte auch sagen: Die personenbeschränkte Nutzungsstruktur ist der ortsgebundene Minimalanker zur (indiziellen) Verwurzelung der ansonsten eher ortsungebundenen Unternehmenstätigkeit.

Im Homeoffice-Kontext stellt sich hier die Frage, ob die vom Arbeitgeber überlassenen im Homeoffice vom Arbeitnehmer genutzten Arbeitsmittel *für das Unternehmen* personenbeschränkte Nutzungsstrukturen darstellen.

Bei den ihrerseits mobil eingesetzten Arbeitsmitteln ist dies zu verneinen. In dem wohl häufigsten Arbeitsmittel-Beispiel, dem überlassenen Unternehmenslaptop, kann man dem (meist unternehmensgesteuerten) Passwortschutz des Rechners zwar noch die erforderliche „Personenbeschränkung" entnehmen. Gleichwohl scheitert die dauerhafte Nutzung dieses Arbeitsmittels *in der Einrichtung* aber daran, dass sich der Laptop gerade nicht dauerhaft im Homeoffice befindet, sondern vielmehr bestimmungsgemäß auch an anderen Orten eingesetzt wird. Anders dürfte es sich hier bei dem auf Dauer angelegten Telearbeitsplatz verhalten.

Bei anderen – stationären – Arbeitsmitteln, wie z.B. Bildschirmen und Druckern, dürfte die personenbeschränkte Nutzungsstruktur indes an der fehlenden Personenbeschränkung scheitern, da diese Arbeitsmittel in der Regel nicht durch eine Verschlussvorrichtung nur der unternehmerischen Nutzung vorbehalten sind.

5. Exkurs: Hilfs- und Nebentätigkeiten und Defragmentierung

Bejaht man die Verfügungsmacht des Arbeitgeberunternehmens und gelangt so zu der Begründung einer Betriebsstätte i.S.d. § 12 AO, bleibt für die Begründung auch einer abkommensrechtlichen Betriebsstätte vor dem Hintergrund des Art. 5 Abs. 4 OECD-MA noch zu fragen, ob die Einrichtung von dem Negativkatalog des § 5 Abs. 4 OECD-MA erfasst wird und daher die Begründung auch einer abkommensrechtlichen Betriebsstätte ausscheidet. Dieser Negativkatalog im Rahmen der abkommensrechtlichen Betriebsstättendefinition greift insbesondere dann ein, wenn die in der (oder genauer: „durch"[88] die) Einrichtung ausgeübte Tätigkeit vorbereitender Art ist oder eine Hilfstätigkeit darstellt (vgl. Art. 5 Abs. 4 Buchst. e OECD-MA). Vor dem Hintergrund, dass Vorbereitungs- und Hilfstätigkeiten in der Regel nicht unmittelbar der Gewinnerzielung dienen, kommt dem Negativkatalog vor allem eine Vereinfachungsfunktion zu.[89]

Nach der Rechtsprechung des BFH sind vorbereitende Tätigkeiten zeitlich der Haupttätigkeit vorgelagert, während Hilfstätigkeiten die Haupttätigkeit begleiten oder dieser nachfolgen. Die Haupttätigkeit des Unternehmens ergibt sich grundsätzlich aus dem Unternehmensgegenstand, so dass jedenfalls alle Tätigkeiten, die unter diesen Aufgabenbereich fallen, nicht zu den vorbereitenden Tätigkeiten beziehungsweise Hilfstätigkeiten zählen.[90] Dabei betont der BFH jedoch, dass die Ableitung der Haupttätigkeit aus dem Unternehmensgegenstand nicht automatisch zur Folge hat, dass jede nicht unmittelbar der Leistungserstellung von Gütern oder Dienstleistungen dienende Tätigkeit vorbereitender Art oder aber Hilfstätigkeit ist. Gerade unternehmerisch administrative Tätigkeiten zählen – jedenfalls wenn sie zentrale Unternehmensfunktionen betreffen – zur Haupttätigkeit eines Unternehmens.[91]

Ob die im Homeoffice ausgeübte Tätigkeit eine vorbereitende oder Hilfstätigkeit ist, hängt somit von dem konkreten Unternehmen und dessen Unternehmensgegenstand ab. Was für das eine Unternehmen eine Hilfstätigkeit darstellt, kann Haupttätigkeit eines anderen Unternehmens sein und umgekehrt.[92]

Handelt es sich bei der im Homeoffice ausgeübten Tätigkeit im Einzelfall um eine Hilfs- oder Nebentätigkeit, lässt sich vor dem Hintergrund des infolge des BEPS-Aktionspunkts 7 in Art. 5 OECD-MA mit dem Update

---

88 Vgl. auch die Ausführungen in BFH v. 18.12.2024 – I R 47/21, BFHE 288, 180.

89 *Wassermeyer/Kaeser* in Wassermeyer, DBA, Art. 5 OECD-MA 2017 Rz. 152 (Mai 2017).

90 BFH, Urt. v. 18.12.2024 – I R 47/21, BFHE 288, 180 unter Verweis auf BFH v. 23.1.1985 – I R 292/81, BStBl. II 1985, 417.

91 BFH v. 18.12.2024 – I R 47/21, BFHE 288, 180.

92 *Kaeser* in Wassermeyer, DBA, Art. 5 OECD-MA 2017 Rz. 189 (Juli 2021), vgl. auch *Thiede*, BB 2024, 2460 (2464).

2017 aufgenommenen Abs. 4.1 in diesem Zusammenhang allenfalls noch darüber nachdenken, ob es dem „Defragmentierungsgedanken“ und dem zugrunde liegenden Zeitgeist der Unterbindung einer gezielten Betriebsstättenvermeidung durch „Atomisierung“ der Unternehmenstätigkeit entspricht, wenn man dem Homeoffice allein unter Verweis auf die dort jeweils ausgeübten vorbereitenden oder Hilfstätigkeiten den abkommensrechtlichen Betriebsstättenstatus abspricht. Im Kontext des Art. 5 Abs. 4.1 OECD-MA käme dies vor allem dann zum Tragen, wenn sich in dem „Homeoffice-Staat“ weitere (Homeoffice-)Betriebsstätten befinden. Da jedenfalls Deutschland Art. 5 Abs. 4.1 bislang nicht in seine Abkommen übernommen hat,[93] scheidet eine normative Anknüpfung an diesen Defragmentierungsgedanken nach deutschem Recht jedoch (vorerst) aus.

Zudem erscheint nicht vollständig geklärt, wie sich der Defragmentierungsgedanke zu der zugleich wahrnehmbaren Tendenz zur Absage an Mikro-Betriebsstätten[94] verhält.

6. Zwischenfazit

Wie die vorstehenden Ausführungen verdeutlichen, scheitert die Betriebsstättenbegründung in den meisten Szenarien der mobilen Arbeitswelt (mobiles Arbeiten an verschiedenen wechselnden Orten, Workation) bereits an der zeitlichen Festigkeit. Gleiches gilt für das nur sporadisch genutzte Homeoffice. Anders verhält es sich im Fall der regelmäßigen Homeoffice-Tätigkeit oder bei dauerhafter Telearbeit. Hier ist eine Betriebsstättenbegründung des Arbeitsgeberunternehmens in der Privatwohnung seines Arbeitnehmers jedenfalls nicht ausgeschlossen. Sie ist aber ebenso wenig reflexartig zu bejahen. Ob ein Arbeitgeberunternehmen über die entsprechenden Räumlichkeiten seines Arbeitnehmers die für eine Betriebsstättenbegründung erforderliche Verfügungsmacht hat, ist höchst einzelfallabhängig.

So lässt sich eine Verfügungsmacht des Arbeitgeberunternehmens zwar nicht aus einer unentziehbaren Rechtsposition ableiten. Gleichwohl erscheinen – entgegen der wohl h.M. – „andere Umstände“ denkbar, aus denen sich im Einzelfall die Verfügungsmacht des Unternehmens ergibt. Die in diesem Zusammenhang vorzunehmende wertende Gesamtbetrachtung hat sich an dem der Betriebsstätte zugrunde liegenden Verwur-

93 Zur daher überschaubaren praktischen Relevanz vgl. *Kaeser* in Wassermeyer, DBA, Art. 5 OECD-MA 2017 Rz. 190a (Juli 2021).

94 Vgl. bspw. *Bendlinger*, SWI 2024, 214.

zelungsgedanken zu orientieren. Dabei nimmt die bereits in der Vergangenheit zu beobachtende Tendenz, bei der Feststellung der örtlichen Verwurzelung der Unternehmenstätigkeit verstärkt auf tatsächliche Umstände abzustellen, in einer mobileren Arbeitswelt noch stärker zu. Aus diesem Grund bedarf es hier gewisser Modifikation bei der Übertragung der bisherigen Rechtsprechungsgrundsätze auf die heutzutage weitestgehend digitalisierte und somit zunehmend mobilere Arbeitswelt.

So ist es fraglich, ob eine aus einer allgemeinen rechtlichen Absicherung (wie einer arbeitsvertraglichen Heimarbeitsklausel) der Nutzung abgeleitete Verfügungsmacht auch im Zeitalter weitgehend digitalisierter Arbeitsprozesse weiterhin daran scheitert, dass der Arbeitgeber kein jederzeitiges, uneingeschränktes Zutrittsrecht hat. Die in der Entscheidung aus 1998 vorgenommene Subsumtion lässt sich jedenfalls nicht unmittelbar auf die mobile Arbeitswelt übertragen.

Alternativ ist die aus einer dauerhaften tatsächlichen Nutzungsbefugnis abgeleitete Verfügungsmacht jedenfalls dann denkbar, wenn die im Homeoffice ausgeübte Tätigkeit des Arbeitnehmers (wesentlich) identisch mit dessen ansonsten in den Arbeitgeber-Räumlichkeiten ausgeübten Tätigkeit ist. Insoweit ist das berufliche Tätigwerden seines Arbeitnehmers dem Unternehmen als eigene betriebliche Handlungen zuzurechnen.

Auch die zu der Betriebsstättenbegründung in der Betriebsstätte eines Subunternehmers entwickelte Fallgruppe der fortlaufenden Überwachung vor Ort lässt sich allenfalls in modifizierter Form auf die Frage der Homeoffice-Betriebsstätte übertragen. So erscheint eine Überwachung „vor Ort“ entbehrlich, solange das Arbeitgeberunternehmen dem Grunde nach feststellen kann, ob der Arbeitnehmer im Homeoffice seiner (im Wesentlichen identischen mit seiner ansonsten in den Räumlichkeiten des Arbeitgebers ausgeübten) Tätigkeit für das Unternehmen nachgegangen ist.

Ungeachtet der bloßen Indizfunktion der personenbeschränkten Nutzungsstruktur sind Konstellationen, in denen die Verfügungsmacht durch eine solche personenbeschränkte Nutzungsstruktur indiziert wird, in den klassischen Fällen der Homeoffice-Tätigkeit hingegen nicht sehr wahrscheinlich.

Dabei entscheidet sich die Frage der Verfügungsmacht stets anhand der Gesamtumstände des Einzelfalls unter Berücksichtigung sowohl der konkreten Unternehmenstätigkeit als auch der konkret im Homeoffice ausgeübten Tätigkeit. Je weniger ortsgebunden die konkrete Unternehmstätigkeit ist, desto eher wird auch die konkret im Homeoffice durch den

Arbeitnehmer ausgeübte Tätigkeit (wesentlich) identisch mit seiner ansonsten in den Arbeitgeber-Räumlichkeiten ausgeübten Tätigkeit sein. Denn verfügt bereits die Unternehmstätigkeit ihrer Natur nach über einen lediglich geringen „Verwurzelungsgrad“, wird sie sich auch einfacher und ohne Abstriche an andere Orte, wie beispielsweise das Homeoffice, verpflanzen lassen.

IV. Exkurs: „Vertreterbetriebsstätte“

Verneint man die Betriebsstättenbegründung im Homeoffice unter Verweis auf die fehlende Verfügungsmacht nicht nur im Einzelfall, sondern schon ganz grundsätzlich, so sind die mit einer Betriebsstättenbegründung verbundenen steuerlichen Konsequenzen gleichwohl nicht gänzlich „gebannt“.

Auch dann verbleibt zu prüfen, ob der im (grenzüberschreitenden) Homeoffice arbeitende Arbeitnehmer für sein Arbeitgeberunternehmen ein ständiger Vertreter i.S.d. § 13 AO ist.[95] Denn mit Ausnahme des Gewerbesteuerrechts lassen die meisten an § 12 AO anknüpfenden materiellen Vorschriften des innerstaatlichen Rechts daneben auch § 13 AO als Anknüpfungspunkt zu, der – anders als die Betriebsstätte – gerade keinen konkreten Ortsbezug und daher erst recht keine Verfügungsmacht voraussetzt.[96]

1. Ständiger Vertreter (§ 13 AO)

Gemäß § 13 AO ist ständiger Vertreter eine Person, die nachhaltig die Geschäfte eines Unternehmens besorgt und dabei dessen Sachweisungen unterliegt.

Wie der „Vertreter“-Begriff verdeutlicht, darf die Person nicht personenidentisch mit dem Unternehmensträger sein. Ein Organ kann hingegen Vertreter sein.[97] Das Erfordernis von Personenverschiedenheit von Unternehmen und Vertreter erfüllt der im Homeoffice tätige Arbeitnehmer daher, selbst wenn er eine leitende Funktion ausübt, unproblematisch.

---

95 So auch *Gerner*, IStR 2024, 564 (570); *Schrade/Denninger*, NZA 2021, 102 (106); vgl. auch (zum Risiko eines abkommensrechtlichen abhängigen Vertreters) *Schürgers/Werner*, BB 2024, 628 (634).

96 Vgl. § 49 Abs. 1 Nr. 2 Buchst. a EStG, § 34d Nr. 2 Buchst. a EStG, § 1 Abs. 5 AStG, § 38 Abs. 1 Satz 1 Nr. 1 EStG.

97 BFH v. 23.10.2018 – I R 54/16, BStBl. II 2019, 365.

Der Geschäftsbesorgungsbegriff des § 13 AO wird weit ausgelegt und umfasst jedwede Tätigkeiten wirtschaftlicher Art[98], die in fremdem Interesse (nicht zwingend in fremdem Namen[99]) für das Unternehmen ausgeübt werden und den (fremden) Unternehmenszweck unmittelbar fördern.[100] Bloße Hilfstätigkeiten werden nicht erfasst.[101] Rechtsgeschäftliches Handeln ist nicht erforderlich, auch ein rein tatsächliches Tätigwerden genügt.[102] Gleichsam setzt die Geschäftsbesorgung auch keine ausdrückliche Vollmacht oder gesetzliche Vertretungsbefugnis voraus.[103] Wie der Vertreterbegriff aber verdeutlicht, muss das Tätigwerden nach außen „am Markt" erfolgen; rein unternehmensinternes Handeln genügt nicht.[104]

Damit erscheint es jedenfalls nicht ausgeschlossen, dass ein regelmäßig im Homeoffice tätig werdender Arbeitnehmer Geschäfte für sein Arbeitgeberunternehmen besorgt. Seine Eigenschaft als ständiger Vertreter des Arbeitgeberunternehmens hängt vor allem von der konkret ausgeübten Tätigkeit ab.[105] Hilfstätigkeiten und selbst administrative Haupttätigkeiten, die „nach außen" nicht in Erscheinung treten, dürften keine Geschäftsbesorgungen darstellen.[106] Sie vermitteln dem Arbeitgeberunternehmen im Homeoffice-Staat keine hinreichende Präsenz. Anders dürfte es sich hingegen bei solchen Arbeitnehmern verhalten, die die ureigentliche Unternehmensleistung (lediglich aus dem Homeoffice) am Markt anbieten. Hiervon umfasst sind insbesondere die dienstleistenden Unternehmen, deren Leistungen keine Anwesenheit an einem bestimmten Ort

98 *Heinsen* in Gosch, § 13 AO Rz. 5 (Nov. 2019); *Kister* in BeckOK, § 13 AO Rz. 14 (15.7.2025).

99 Vgl. BFH v. 12.4.1978 – I R 136/77, BStBl. II 1978, 494.

100 *Heinsen* in Gosch, § 13 AO Rz. 5 (Nov. 2019).

101 *Drüen* in Tipke/Kruse, § 13 AO Rz. 4 (Sept. 2023); *Kister* in BeckOK, § 13 AO Rz. 14 (15.7.2025); *Gersch* in Klein, 18. Aufl. 2024, § 13 AO Rz. 2; a.A. *Heinsen* in Gosch, § 13 AO Rz. 5 (Nov. 2019); *Sixt/Sturm*, beck.digitax 2024, 82 (86); eine Geschäftsbesorgung für Hilfstätigkeiten von untergeordneter Bedeutung verneinend, aber für dem eigentlichen Unternehmenszweck unmittelbar förderliche Hilfs- und Nebentätigkeiten bejahend *Koenig* in Koenig, 6. Aufl. 2026, § 13 AO Rz. 4.

102 Vgl. BFH v. 14.7.1971 – I R 127/68, BStBl. II 1971, 776.

103 BFH v. 12.4.1978 – I R 136/77, BStBl. II 1978, 494; *Drüen* in Tipke/Kruse, § 13 AO Rz. 3 (Sept. 2023); *Heinsen* in Gosch, § 13 AO Rz. 7 (Nov. 2019); *Kister* in BeckOK, § 13 AO Rz. 14 (15.7.2025).

104 Vgl. *Kister* in BeckOK, § 13 AO Rz. 14 (15.7.2025).

105 Ebenso *Sixt/Sturm*, beck.digitax 2024, 82 (86).

106 So wohl auch *Becker/Nitzschke*, IStR 2025, 449 (455).

verlangen. Generell dürfte hier gelten: Je näher die Tätigkeit des Arbeitnehmers an der Kernunternehmenstätigkeit liegt, desto eher stellt es eine Geschäftsbesorgung für Zwecke des § 13 AO dar.

Da die Vertretertätigkeit – anders als die durch eine Betriebsstätte ausgeübte Tätigkeit – keine Ortsbezogenheit voraussetzt und die Vertretertätigkeit im ganzen Land ausgeübt werden kann,[107] erscheint es ferner möglich, dass auch weniger ortsgebundene (aber in demselben Land ausgeübte) „New Work"-Szenarien (Workation, mobiles Arbeiten, digitale Nomaden) unter den Geschäftsbesorgungsbegriff fallen. In diesem Zusammenhang könnte man allenfalls die Frage aufwerfen, ob es zur Bejahung einer hinreichenden Präsenz im Vertreter-Staat für die an der Geschäftsbesorgung beteiligen anderen Personen erkennbar sein muss, in welchem Land sich der Vertreter des Unternehmens im Zeitpunkt der Geschäftsbesorgung aufhält. Dies dürfte zumindest nicht durchgehend gewährleistet sein. Gerade in Abgrenzung zu der (einen Ortsbezug durch sachliche Anknüpfung[108] fordernden) Betriebsstätte erscheint hier aber auch durchaus denkbar, das bloße Tätigwerden des Vertreters für die Begründung einer hinreichenden Präsenz genügen zu lassen.

Nachhaltig ist eine Geschäftsbesorgung dann, wenn sie mit einer gewissen Plan- und Regelmäßigkeit erfolgt. Das setzt grundsätzlich ein wiederholtes, mehr als kurzfristiges Tätigwerden auf der Grundlage eines im Voraus gefassten Willensentschlusses voraus.[109] Anstelle einer Mindestdauer stellt der BFH hier maßgeblich auf die Regelmäßigkeit der Tätigkeit ab.[110] Die vom BFH geforderte „(sachliche oder personelle) Inlandspräsenz von einigem Gewicht"[111] dürfte jedenfalls dann gegeben sein, wenn die Homeoffice-Tätigkeit auch als dauerhaft für Zwecke des § 12 AO anzusehen ist (vgl. insoweit die Ausführungen oben unter III.2.a). Eine regelmäßige Homeoffice-Tätigkeit ist mithin als nachhaltig anzusehen.

Schließlich dürfte sich die erforderliche Weisungsgebundenheit unproblematisch aus dem Arbeitsverhältnis ergeben,[112] so dass der im Home-

---

107 *Kaeser* in Wassermeyer, DBA, Art. 5 OECD-MA 2017 Rz. 191c (Juli 2021).

108 Vgl. BFH v. 23.3.2022 – III R 35/20, BStBl. II 2022, 844.

109 BFH v. 23.10.2018 – I R 54/16, BStBl. II 2019, 365.

110 BFH v. 23.10.2018 – I R 54/16, BStBl. II 2019, 365.

111 BFH v. 23.10.2018 – I R 54/16, BStBl. II 2019, 365; vgl. zu „dauernden Beziehung zum Inland" im Fall des § 49 EStG auch BFH v. 18.12.1990 – X R 82/89, BStBl. II 1991, 395.

112 *Gerner*, IStR 2024, 564 (566).

office tätige Arbeitnehmer – je nach Art der konkret ausgeübten Tätigkeit – durchaus als ständiger Vertreter i.S.d. § 13 AO auszusehen sein kann.[113]

Soweit man die Vertretereigenschaft des im Homeoffice tätigen Arbeitnehmers bejaht, löst dies eine Reihe steuerlicher Konsequenzen nach innerstaatlichem Recht aus: Neben der beschränkten Steuerpflicht im Inbound-Fall nach § 49 Abs. 1 Nr. 2 Buchst. a EStG (für den Outbound-Fall vgl. § 34d Nr. 2 Buchst. a EStG i.V.m. § 34c EStG) knüpft auch die Pflicht des Arbeitgeberunternehmens zum Lohnsteuerabzug nach § 38 Abs. 1 Satz 1 Nr. 1 EStG an einen im Inland bestellten ständigen Vertreter an. Für die Begründung der Gewerbesteuerpflicht reicht es hingegen nicht, dass das Unternehmen im Inland einen ständigen Vertreter bestellt hat, wenn nicht zugleich eine inländische Betriebsstätte besteht. Gleichsam dürfte der ständige Vertreter – anders als die Existenz einer Betriebsstätte – allein auch nicht die besonderen Dokumentationspflichten des § 90 Abs. 3 AO auslösen. Denn abweichend von den Regelungen zur Hilfs- und Nebenrechnung des § 3 Betriebsstättengewinnaufteilungsverordnung (BsGaV), die über § 39 Abs. 1 BsGaV entsprechend für ständige Vertreter gelten, verweist § 90 Abs. 3 AO lediglich auf die Geschäftsbeziehungen i.S.d. § 1 Abs. 4 AStG, was definitionsgemäß u.a. Geschäftsvorfälle zwischen einem Unternehmen und seiner Betriebsstätte (Nr. 2), nicht aber seinem ständigen Vertreter erfasst.

2. Vertreterbetriebsstätte (Art. 5 Abs. 5 ECD-MA)

Auch im Kontext des Vertreters bedarf es noch eines Blicks auf das Abkommensrecht. Das abkommensrechtliche Pendant, die Vertreterbetriebsstätte, richtet sich nach Art. 5 Abs. 5 OECD-MA. Danach gilt der – wenngleich nicht mit § 13 AO begriffsidentische – abhängige Vertreter mit Abschlussvollmacht oder (seit dem Update 2017) mit führender Rolle beim Abschluss von Verträgen als Unterfall der abkommensrechtlichen Betriebsstätte. Die innerstaatlichen unterschiedlichen Anknüpfungspunkte der Betriebsstätte nach § 12 AO einerseits und des ständigen Vertreters nach § 13 AO andererseits werden abkommensrechtlich somit einheitlich als verschiedene Ausprägungen des Betriebsstättenbegriffs behandelt.

Die abkommensrechtliche Vertreterbetriebsstätte erfordert einen Vertreter mit Abschlussvollmacht oder führender Rolle beim Abschluss von

113 *Becker/Nitzschke*, IStR 2025, 449 (455); *Sixt/Sturm*, beck.digitax 2024, 82 (86).

Verträgen. Während das Erfordernis einer Abschlussvollmacht den Kreis der Vertreter gegenüber dem des § 13 AO noch deutlich eingeschränkt hatte,[114] haben die Änderungen durch das Update 2017 und die damit verbundene Aufnahme auch der „faktischen Abschlussvollmacht" den in Betracht kommenden Personenkreis deutlich mehr aneinander angenähert. Da die deutschen Doppelbesteuerungsabkommen vor dieser Erweiterung bislang indes noch keinen Gebrauch gemacht haben, dürfte es aus deutscher Perspektive insoweit bei dem wesentlich engeren abkommensrechtlichen Begriffsverständnis bleiben. Ungeachtet der Erweiterung durch das Update 2017 kann auch eine abkommensrechtliche Vertreterbetriebsstätte nicht durch Personen begründet werden, die nicht nach außen in Erscheinung treten. Hier stellt sich erneut die Frage, ob dies auch einen Marktbezug zum Vertreterstaat erfordert.[115] Erachtet man nicht bereits das Tätigkeitwerden an sich als ausreichend, um eine hinreichende Präsenz im Vertreterstaat zu begründen, so dürfte die Homeoffice-Tätigkeit nur in Einzelfällen einen hinreichenden Marktbezug aufweisen und ein Marktbezugserfordernis somit in der Regel der Begründung einer Vertreterbetriebsstätte durch Homeoffice-Tätigkeit entgegenstehen.[116]

Anders als § 13 AO verlangt Art. 5 Abs. 5 OECD-MA keine nachhaltigen Geschäftsbesorgungen, sondern lediglich die gewöhnliche Ausübung der Abschlussvollmacht oder der zum Vertragsabschluss beitragenden Handlungen.[117] Insoweit der abkommensrechtliche Begriff der Vertreterbetriebsstätten hier weiter als der innerstaatliche Vertreterbegriff ist,[118] dürfte die abkommensrechtliche „Erweiterung" jedoch (mangels innerstaatlichen Besteuerungszugriffs) ins Leere laufen.

Da die Ausübung bloßer Hilfstätigkeiten im Homeoffice bereits zu einer Verneinung der Vertretereigenschaft nach § 13 AO führen,[119] dürfte der Prüfung des Art. 5 Abs. 4 OECD-MA – ungeachtet der Frage der Begriffsidentität im Einzelnen – im Rahmen des Art. 5 Abs. 5 OECD-MA faktisch keine eigene Relevanz mehr zukommen. Insoweit fehlt es schon an dem nach innerstaatlichem Recht begründeten Besteuerungszugriff.

114 *Kaeser* in Wassermeyer, DBA, Art. 5 OECD-MA 2017 Rz. 201 (Juli 2021).

115 Dies unter Verweis auf Art. 5 OECD-MK Rz. 83 fordernd *Becker/Nitzschke*, IStR 2025, 449 (455 f.).

116 So *Becker/Nitzschke*, IStR 2025, 449 (455 f.).

117 *Kaeser* in Wassermeyer, DBA, Art. 5 OECD-MA 2017 Rz. 191 (Juli 2021).

118 A.A. wohl *Sixt/Sturm*, beck.digitax 2024, 82 (87).

119 A.A. *Kaeser* in Wassermeyer, DBA, Art. 5 OECD-MA 2017 Rz. 191 (Juli 2021).

V. Zusammenfassung

Die Bejahung der Betriebsstättenbegründung im Homeoffice zieht eine Reihe steuerlicher Konsequenzen materiell- und verfahrensrechtlicher Art nach sich. Dabei ist insbesondere der mit der Betriebsstättenbegründung einhergehende Verwaltungsaufwand (bspw. umfangreichende Dokumentationspflichten nach § 90 Abs. 3 AO, Pflicht zur Erstellung einer Betriebsstättengewinnabgrenzung einschließlich einer Hilfs- und Nebenrechnung nach § 3 BsGaV) nicht aus dem Blick zu verlieren. Dies gilt umso mehr, als die Existenz einer Betriebsstätte dem Grunde nach noch keine Aussagen zu dem ihr zuzurechnenden Gewinn trifft. In den meisten Fällen, d.h. insbesondere dann, wenn der Arbeitnehmer erfolgsunabhängig einen festen Lohn erhält und nicht selbst über ein erfolgsabhängiges (bspw. ein „You eat what you kill"-)System am Unternehmensgewinn beteiligt ist, dürfte der der Homeoffice-Betriebsstätte zuzuordnende Gewinn eher überschaubar bleiben. In den meisten Fällen würde die Bejahung der Homeoffice-Betriebsstätte daher nur zu erhöhtem Bürokratieaufwand ohne wirkliche Auswirkung auf die Gewinnzuordnung führen. Zugleich verdeutlicht die Betriebsstättendiskussion im Zusammenhang mit der mobilen Arbeitswelt die Grenzen der Betriebsstätte als einziges abkommensrechtliches Instrument der grenzüberschreitenden Unternehmensgewinnabgrenzung.[120]

Vor diesem Hintergrund wäre eine positiv-rechtliche Regelung des Komplexes der Homeoffice-Betriebsstätte sehr zu begrüßen. Aufgrund der bei grenzüberschreitenden Sachverhalten stets in Rechnung zu stellenden Auswirkungen in der (oder den) anderen Steuerjurisdiktion(en) bedarf es hier jedoch einer internationalen Abstimmung. Hier bleibt zu hoffen, dass das angekündigte Update 2025 des OECD-Musterkommentars wichtige Impulse liefern wird.

Dabei sollten jedoch auch der ständige Vertreter und sein abkommensrechtliches Pendant, die Vertreterbetriebsstätte, nicht aus den Augen verloren werden. Denn wenngleich dieser keine Gewerbesteuerpflicht des Unternehmens zu begründen vermag und sich auch die Dokumentationspflichten des § 90 Abs. 3 AO nicht auf den ständigen Vertreter i.S.d. § 13 AO erstrecken, knüpfen immer noch zahlreiche innerstaatliche Vorschriften mit Betriebsstättenbezug gleichermaßen an den ständigen Vertreter an. Insoweit unterscheidet sich der mit einem ständigen Vertreter

---

120 Vgl. zu den verschiedenen Wertschöpfungsfaktoren bei digitalen Geschäftsmodellen *Brüggen/Hahn*, BB 2020, 1047.

verbundene relativ hohe administrative Aufwand (bei gleichzeitig lediglich geringer fiskalischer Relevanz) nicht wesentlich von der Betriebsstättenkonstellation. Damit sich die positiv-rechtliche Regelung der Homeoffice-Betriebsstätte nicht als Pyrrhus-Sieg erweist, erscheint eine umfassende Regelung des gesamten Komplexes der Homeoffice-Betriebsstätte unter Einbeziehung des ständigen Vertreters bzw. der Vertreterbetriebsstätte wünschenswert und zugleich erforderlich.

Diskussion

zu den Referaten von Prof. Dr. *Claus Staringer* und Dr. *Solvejg Glatz*

Prof. Dr. *Caroline Heber*, Wien

Herzlichen Dank für die zwei tollen Vorträge. Bevor ich die Diskussion eröffne, möchte ich einen Punkt zu *Claus Staringers* Kritik anmerken. Im Vortrag wurde die OECD-Arbeit nach dem Musterabkommen 2017 in Bezug auf Art. 4 Abs. 3 stark kritisiert. Vor diesem Hintergrund wirst Du, lieber *Claus*, glücklich über die österreichische Praxis zur Verhandlung von Doppelbesteuerungsabkommen sein. Österreich hat nur ein einziges DBA geschlossen, das den neuen Vorlagen folgt. Ein Verständigungsverfahren wird bei Doppelansässigkeit nur nach dem DBA mit Japan quasi automatisch eröffnet. Die anderen post-2017 geschlossenen oder neu verhandelten Doppelbesteuerungsabkommen beinhalten alle eine Kompromisslösung. Dieser zufolge wird die Ansässigkeit primär nach der tatsächlichen Geschäftsleitung bestimmt und nur dann, wenn es bei der Bestimmung der tatsächlichen Geschäftsleitung Zweifel gibt, ist der Weg ins Verständigungsverfahren offen. Ein Beispiel hierfür das DBA mit Neuseeland.

Prof. Dr. *Matthias Valta*, Düsseldorf

Ich darf mich ganz herzlich für die beiden tollen Vorträge bedanken. Mein besonderes Interesse hat der Vortrag von Frau Dr. *Glatz* gefunden, weil ich mich auch gerade erst mit der Homeoffice-Problematik beschäftigt hatte und dem Betriebstätten-Begriff. Ich fand ihre Darstellung sehr überzeugend, wie man versucht, die Festigkeit, das alte „bricks and mortar", in die neuen personenbezogenen Nutzungsstrukturen zu überführen. Bei der BFH-Rechtsprechung sind mir zwei Dinge aber noch nicht so ganz klar, da würde mich Ihre Einschätzung interessieren. Was halten sie vom Mehrwert dieses Verwurzelungstopos? Diesen finde ich ganz spannend, weil er natürlich Assoziationen weckt mit Diskursen, die ja auch Herr *Staringer* schon angebracht hat: Was steckt eigentlich hinter „Verwurzelung"? Nutzen, Nexus und so weiter? Mein Eindruck ist, dass der Verwurzelungstopos allgemein dafür genutzt wird, um den Betriebsstättenbegriff argumentativ in Richtung Typusbegriff zu ändern und ihn damit etwas aufweicht und der Gesamtwürdigung zugänglicher macht. Aber ich bin mir nicht so ganz sicher und bin da auf Ihre Einschätzung gespannt, damit ich die Funktion des Verwurzelungstopos besser verstehen kann.

Der zweite Punkt, den ich noch ansprechen wollte, ist die Frage, wie es mit den DBA-rechtlichen Konstellationen aussieht. In der Rechtsprechung des BFH scheint ein relativer Gleichlauf zu sein zwischen § 12 AO und der DBA-rechtlichen Regelung. Sie haben es ja wunderbar aufgezeigt, es gibt bis auf das „dienen" und „durch das Unternehmen" nicht so große Unterschiede. Aber müsste man dennoch nicht auch noch jeweils in das konkrete Abkommensverhältnis und die dortige Staatenpraxis schauen? Was sagt der andere Staat, gibt es da vielleicht irgendwelche Verwaltungsübereinkünfte, gibt es da vielleicht im Rahmen der Entscheidungsharmonie interessante Rechtsprechung? Haben wir da nicht zu viel „one size fits all" und müssen wir nicht etwas differenzierter vorgehen? Vielen Dank.

***Nils Obenhaus*, Hamburg/Zürich**

Zu Ihnen, Herr Professor *Staringer*, jetzt möchte ich einmal nachfragen zum Ort der Geschäftsleitung. Die Schweiz spricht da vom Ort der tatsächlichen Verwaltung. Sie haben auf Ihrer Folie notiert, dass es sich um einen eigenständigen steuerlichen Begriff handelt, und auf die umfangreiche kasuistische Rechtsprechung verwiesen. Sie haben dabei zutreffend gesagt: Wir haben einen unbestimmten Rechtsbegriff, und mit der Kasuistik kommt man grundsätzlich klar. Gleichzeitig haben Sie aber auch die Planungsunsicherheit angesprochen, die sich daraus ergibt. Und das ist für mich die Fragerichtung: Welche Tätigkeiten gehören denn zur Geschäftsleitung? Mir erscheint die Kasuistik hier doch oft ein wenig beliebig. Gerade wenn Sie sagen, die Geschäftsleitung sei etwas anderes als die unternehmerische Tätigkeit, sehe ich einen gewissen Widerspruch dazu, dass die Rechtsprechung regelmäßig formuliert: „Geschäftsleitung ist dort, wo das Tagesgeschäft geführt wird". Die Fragen, die ich mir stelle und die ich Ihnen stellen möchte, sind zwei. Erstens: Wie verhält es sich mit Delegation? Kann ich mich, indem ich Geschäftsleitungstätigkeiten delegiere, davon gewissermaßen „frei machen"? Das würde größere Unternehmen, die leichter delegieren können, gegenüber kleineren Unternehmen begünstigen, etwa bei einer Ein-Personen-GmbH, in der der Unternehmer keine andere Möglichkeit hat, als vieles selbst zu tun. Liegt die Geschäftsleitung dann am Ort der Delegation oder am Ort der delegierten Tätigkeit? Zweitens ein Gedanke zur Konkretisierung: Wenn Sie sagen, es sei ein eigenständiger steuerlicher Begriff, könnte man für die Geschäftsleitung möglicherweise auf die strafrechtliche Rechtsprechung zum faktischen Geschäftsführer zurückgreifen. Der deutsche BGH hat dazu einen Kriterienkatalog entwickelt.[1] Das gäbe zumindest einen Hinweis und eine Richtschnur für die Praxis, an der man sich orientieren könnte. Vielen Dank.

Prof. Dr. *Claus Staringer*, Wien

Ich beginne mit der Frage der Vorsitzenden zur Staatenpraxis zu Art. 4 Abs. 3 des aktuellen Musterabkommens. Dies Bestimmung erlangt global gesehen zunehmend Bedeutung. Es gibt empirische Untersuchungen, wonach angeblich mehr als die Hälfte der seit 2017 weltweit geschlossenen DBA diese Klausel übernommen haben. Ich persönlich war davon überrascht, es ist also kein totes Abkommensmuster. In Österreich und auch in Deutschland hat man von Anfang an hingegen immer beteuert, dass man diese Klausel kritisch sieht. Österreich hat z.B. zur entsprechenden Bestimmung des MLI einen Vorbehalt abgegeben. Dies ist allerdings kein Hindernis, eine solche Klausel bilateral auszuverhandeln, wie es z.B. im neuen DBA Japan geschehen ist. Die von Dir angesprochenen Fälle folgen dem englischen Muster, wo das Verständigungsverfahren eine Ersatzlösung für den Fall des Bestehens von Zweifeln ist. Der Punkt ist aber, dass der Widerstand gegen Art. 4 Abs. 3 OECD-MA n.F. enden wollend sein könnte, wenn ein anderer Vertragsstaat Wert auf diese Bestimmung legt. Das wird die Zukunft zeigen.

Nun zur Frage zum Ort der Geschäftsleitung. Die Planungsunsicherheit wird nicht weggehen. Zu den von Ihnen konkret angesprochenen Themen: Ob man aus einer BGH-Rechtsprechung zum Strafrecht zum Thema des faktischen Geschäftsführers etwas gewinnen kann, traue ich mich nicht sagen. Tatsache ist aber, dass man sich Inspiration von überall holen kann. Es geht beim Ort der Geschäftsleitung um etwas Faktisches, daher kann die Sachverhaltslage eines Falls immer Anlass zum Nachdenken geben. Auch die Delegation von Managementaufgaben ist eine in der Praxis wichtige Frage. Jedenfalls in meiner Heimatrechtsordnung ist überwiegende Auffassung, dass es für die Geschäftsleitung ausreicht, wenn sie die Kontrolle über das Outsourcing von Managementaufgaben, das jederzeit auch widerrufen werden kann, hat. Das ist ein besonders wichtiger Aspekt, weil es natürlich einen Unterschied macht, ob man alles selber machen muss oder jemanden vor Ort mit konkreten Aufgaben betrauen

1 BGH v. 22.9.1982 – 3 StR 287/82, BGHSt 31, 118; s. bei *Dierlamm*, NStZ 1996, 153.

kann. Die Frage nach dem Tagesgeschäft ist ebenfalls eine klassische Frage. Das Wort Tagesgeschäft kommt historisch aus der Rechtsprechung des BGH zum Verwaltungssitz, wo die anschauliche klassische Formel war, wo die großen strategischen Entscheidungen des Unternehmens in die kleine Münze des Tagesgeschäfts gewechselt werden. Ich wäre vorsichtig, das im Steuerrecht allzu eng zu verstehen, nämlich vor allem das Wort Tagesgeschäft. Entscheidend ist nämlich die Frage, was Tagesgeschäft eigentlich bedeutet. Klar ist, dass es für den Ort der Geschäftsleitung nicht auf operative Alltagstätigkeiten ankommen kann, wie z.B. das Telefon läutet und jemand hebt ab. Es muss um wichtige Leitungsfunktionen gehen. Es müssen auch gar nicht alle Maßnahmen sein, sondern tatsächlich nur die wichtigen.

Dr. *Solvejg Glatz*, Hannover

Die erste Frage betraf den Verwurzelungstopos und dessen Mehrwert. Aus meiner Sicht besteht der Vorteil der Verwurzelung gegenüber der Verfügungsmacht darin, dass die Verfügungsmacht sehr auf die Einrichtung fokussiert ist, wohingegen die Verwurzelung die konkrete Unternehmenstätigkeit stärker in den Blick nimmt und damit die unternehmensspezifische Betrachtungsweise hervorhebt. Um bei dem Verwurzelungsbild zu bleiben: Der Betriebsstättenbegriff stammt ursprünglich aus einem industriellen Zeitalter. Die damals stark ortsgebundene Tätigkeit, hatte eher eine große Wurzel, das ist eher die „deutsche Eiche" unter den Wurzeln. Demgegenüber kommen wir jetzt, je weiter wir ortsungebunden, aber (im Gegensatz zu den virtuellen Tätigkeiten) „verwurzelbar" operieren, mehr in Richtung „Flugunkraut", das dann irgendwohin „gepustet" wird und dann dort seine Verwurzelung findet.

Der zweite Punkt betraf den Gleichlauf mit dem DBA und die Relevanz des abkommensrechtlichen Begriffs. Ich würde der Taxifahrerentscheidung auch eine zunehmende Vereinheitlichung des abkommensrechtlichen und des innerstaatlichen Betriebsstättenbegriffs entnehmen, weil in dieser Entscheidung die Hilfs- und Nebentätigkeiten doch sehr eng ausgelegt worden sind. Daneben bleiben natürlich noch die anderen Katalogtatbestände, die man dann im Einzelnen prüfen muss. Diese begriffliche Annäherung war grundsätzlich auch schon in der Spint-Entscheidung angelegt, in der zunächst § 12 AO geprüft wurde, obwohl es eine Abkommenssituation war, und dann hinterher festgestellt wurde, dass es in Abkommensfällen ganz genauso sei. Vor diesem Hintergrund würde ich auch von einem zunehmenden Gleichlauf ausgehen. Im Einzelfall kann sich natürlich – aber das ist dann auch wieder eher eine Reflexwirkung aus der Unternehmenstätigkeit: der Begriff ist ja im innerstaatlichen Recht noch ein bisschen weiter als im Abkommensrecht – dann noch ein verbleibender Unterschied ergeben. Was die Frage der Berücksichtigung der Perspektive des anderen Staates auf die Situation angeht: Aus Richtersicht meine ich, die Auslegung des DBA ist vom Anwenderstaat vorzunehmen. Natürlich ist die Perspektive des anderen Staats sicherlich etwas, was man in seinen Abwägungsprozess mit einbeziehen kann, wenn man zwischen zwei Auslegungsvarianten steht. Aber grundsätzlich ist erstmal die Sicht des Anwenderstaats maßgeblich.

Ludmilla Maurer, Frankfurt

In Bezug auf Workation stellt sich die Frage, wie die Nutzung von Räumlichkeiten lokaler Gesellschaften durch Mitarbeiter der ausländischen Muttergesellschaft im Hinblick auf die Begründung einer Betriebsstätte in Deutschland zu sehen ist. In der Praxis kommt häufig die folgende Situation vor: Mitarbeiter ausländischer Konzerngesellschaften kommen für Workation nach Deutschland und nutzen aufgrund von – mit einem Hotel verglichen – besserer Infrastruktur die Räumlichkeiten der lokalen Gesellschaften. Teilweise werden von den lokalen Gesellschaften hierfür Besucherräume zur Verfügung gestellt. Teilweise können die Mitarbeiter aus dem Ausland mit ihrer Zutrittskarte aus dem Heimatland auch die Räumlichkeiten der lokalen Gesellschaften betreten. Teilweise sind es so viele Besucher, dass im laufenden Kalenderjahr immer ein Mitarbeiter der ausländischen Gesellschaft vor Ort ist, auch wenn die Aufenthalte einzelner Mitarbeiter eher nur wenige Tage oder Wochen dauern. Die Frage in so einem Fall ist, ob diese Mitarbeiter für das ausländische Unternehmen eine Betriebsstätte im Inland begründen können. Und die Folgefrage dazu ist, ob man eine Betriebsstätte in so einem Fall dann vermeiden kann, wenn die Mitarbeiter ihre Zutrittskarten aus dem Heimatland in Deutschland nicht mehr nutzen können.

Prof. DDr. _Gunter Mayr_, Wien

Vielen Dank für die großartigen Vorträge, die sehr zum Denken anregen. *Claus Staringer*, Du arbeitest da mit starken Bildern und das war sehr einprägsam. Und dann auch das eher dann konservativ gehaltene Resümee. Nur zu einem der Bilder: Du hast gesagt, bei der Mobilitätsrichtlinie müssten jetzt unsere Firmenbuchrichter Steuerrecht mitprüfen, also den steuerlichen Missbrauch, und daher vor dem Nervenzusammenbruch stünden. Uns ist das so noch nicht mitgeteilt worden. Allerdings gibt es hier bei Deinem Ausflug in die Medizin ein gutes Rezept. In Zweifelsfällen könnten sie ja anregen, dass der Steuerpflichtige bei der Finanzverwaltung eine Ruling-Anfrage tätigt, weil für Missbrauch das Ruling offensteht. Zum großen Thema Homeoffice-Betriebsstätte, Frau Dr. *Glatz*, sehr interessant. Sie haben erwähnt, dass Österreich da vielleicht ein bisschen streng wäre mit den tagesweisen Nutzungen des Homeoffices von Grenzgängern. Dieses Gerücht hat sich Anfang 2023 in Deutschland etwas festgesetzt und wir sind von Seiten der deutschen Industrie mehrfach dazu angesprochen worden, gerade auch von München ausgehend, ob Mitarbeiter:innen dann in der österreichischen Grenzregion ins Homeoffice gehen könnten. Da haben sich kuriose Situationen ereignet. Ich habe es gestern schon gesagt, ich komme aus dem Bezirk Kufstein, Kiefersfelden ist dann quasi vis-à-vis auf der anderen Seite der Grenze. Freunde aus Tirol haben mir berichtet, dass sie in Kiefersfelden dann sogar Räumlichkeiten gemietet haben mit Shared Office. Wir hatten dann Anfang 2023 eine konkrete Anfrage ans Finanzministerium. Das war eine deutsche geschäftsleitende Holding und hat eine Mitarbeiterin im Rechnungswesen betroffen, die üblicherweise zwei Tage die Woche im Homeoffice in Österreich verbringt. Wir haben das recht praktikabel gelöst, natürlich auch mit Replik auf den OECD-Musterkommentar, damals aus 2017. Das war wegen des Kriteriums der Verfügungsmacht nicht ganz einfach. Wir haben auch darauf abgestellt, ob die Mitarbeiterin auch beim deutschen Arbeitgeber einen festen Arbeitsplatz zur Verfügung hat. Das war im konkreten Fall gegeben. Sie war drei Tage die Woche dann auch in Deutschland und wir konnten eine Betriebsstätte verneinen. Aber natürlich in der Konstellation betreffen gerade diese Betriebsstätten-Thematiken mehrere Staaten und Ihre Ausführungen zur Verfügungsmacht und zur Verwurzelung regen sehr zum Nachdenken an. Aber am Nachmittag wird *Achim Pross* in der Paneldiskussion über die spanenden Entwicklungen auf OECD-Ebene berichten. Letztlich sollten natürlich international abgestimmte Lösungen gefunden werden.

Dr. *Solvejg Glatz*, Hannover

Bitte haben Sie Verständnis, dass ich jetzt zur konkreten Vermeidung von Betriebsstätten nichts sagen möchte. Aber wenn ich ihre Frage ein bisschen abstrahieren darf, es geht ja im Prinzip um die Frage, ob wir die Verfügungsmacht personenübergreifend betrachten können. Nur dann würden wir ja überhaupt die Sechsmonats-Mindestschwelle überschreiten. Wenn man jetzt meinen Gedanken, dass letztlich nicht der Arbeitnehmer tätig wird, sondern sein berufliches Handeln immer in die betriebliche Sphäre eingebettet ist, konsequent weiterdenkt, dann müsste das natürlich auch personenübergreifend gelten. Wenn man da also alle zwei Wochen jemand anderen schickt, hätte ich zumindest keine großen Bauchschmerzen zu sagen: Das Unternehmen ist durch seine Tätigkeit auch im Inland verwurzelt. Aber im Übrigen möchte ich zu dem Einzelfall, was man jetzt machen muss, um dieser Verwurzelung entgegenzuwirken, keine Position beziehen.

Prof. Dr. *Claus Staringer*, Wien

Zum Thema Auskunftsbescheid bei der Sitzverlegung oder grenzüberschreitenden Umstrukturierung: Es stimmt, dass das Gericht an einen Auskunftsbescheid über das Nichtvorliegen von Missbrauch gebunden ist. Der Haken ist nur, dass ein solcher Auskunftsbescheid keiner Sachverhaltskontrolle unterliegt, das heißt, das Finanzamt stellt ihn auf der Basis des vom Steuerpflichtigen vorgetragenen Sachverhalts aus. Ob dieser vorgetragene Sachverhalt nun der Realität entspricht oder nicht, das weiß niemand. Dass ein Gericht an ein solches behördliches Vorgehen ohne Sachverhaltskontrolle gebunden ist, kommt mir schwierig und wohl am Ende auch verfassungswidrig vor. Das ist der rechtsstaatliche Schönheitsfehler. Ganz abgesehen davon, dass die Finanzverwaltung mit Anträgen auf Auskunftsbescheide belästigt wird, bei denen niemand weiß, wo eigentlich der Missbrauchsverdacht liegen soll.

Prof. Dr. *Marc Desens*, Leipzig

Auch von meiner Seite noch einmal vielen Dank für die Vorträge. Ich habe zu beiden eine Frage beziehungsweise Anmerkungen. Zunächst zu *Claus Staringer*: Ich will den Bogen noch etwas weiter spannen. In Deutschland gab es zwei Wellen, in denen wir Diskussionen über Abwehrmaßnahmen gegen unliebsame Gestaltungen hatten. Die erste Welle begann in den 1960er Jahren und mündete 1972 im AStG. Die zweite Welle kennen wir alle, nämlich die jüngere BEPS-Diskussion. Zurück zur ersten Welle: Diese begann 1964 mit dem Steueroasenbericht des BMF und betraf substanzlose Basisgesellschaften. Damals war die erste Idee, die Geschäftsleitung schärfer in den Blick zunehmen. Ist diese wirklich in der Schweiz – damals ging es meistens um Schweiz – oder vielleicht doch in Deutschland? Doch schon ein Jahr später – nämlich mit dem Steueroasenerlass der Länder (1965) – kippte die Diskussion. Als wesentlicher Anknüpfungspunkt für Abwehrmaßnahmen hat sich dann sowohl für die Verwaltung als auch für die Rechtsprechung der Gestaltungsmissbrauch (§ 42 AO) etabliert. Die Hauptursache für diese Wende war, dass man nicht die zivilrechtliche Existenz der ausländischen Gesellschaft als solche negieren wollte. Vielmehr sollten sich allein die steuerlichen Rechtsfolgen ändern. So wurde § 42 AO in Deutschland zum maßgeblichen normativen Anknüpfungspunkt; zum Teil auch die Zurechnung des wirtschaftlichen Eigentums (§ 39 AO). Im Vergleich dazu war die Geschäftsleitung über viele Jahre kein entscheidendes Kriterium für die Missbrauchsabwehr. Erst in jüngerer Zeit wurde sie in dieser Funktion wiederentdeckt, etwa als Abwehr gegen sog. NOPE-Strukturen, bei denen im Ausland ansässige Gesellschaften die Inlandsimmobilien halten, um die Gewerbesteuer zu sparen. Auch die jüngsten Strafverfolgungen der Münchner Staatsanwaltschaft gegen Private-Equity-Manager werden steuerlich im Wesentlichen mit dem (vermeintlichen) Fehlen einer Geschäftsleitung im Ausland begründet. Dieses Revival der Geschäftsleitung hat meines Erachtens schlicht den Grund, dass man mit den etablierten Bordmitteln (§ 42 AO oder § 39 AO) nicht weitergekommen ist. Mit anderen Worten: Die Negation der Geschäftsleitung als Abwehrmaßnahme gegen unliebsame Gestaltungen ist für die Verwaltung „Last Resort".

Und jetzt zu *Solvejg Glatz*: Ich fand Ihren Vortrag brillant und Ihre Argumentation überzeugend. Aber dennoch zweifele ich, weil ich vom Ergebnis nicht überzeugt sein will. Uneingeschränkt überzeugend haben Sie die gesamte BFH-Rechtsprechung zur Betriebstätte auseinandergenommen, neu strukturiert und wieder zusammengesetzt. Die Betriebstätte und ihre einzelnen Merkmale sind dabei – ebenfalls überzeugend – zu einem hochkomplexen Typusbegriff geworden. Im Rahmen einer Gesamtbetrachtung lassen sich dann die einzelnen Kriterien abklopfen, gewichten und bewerten. In der Gesamtschau kann man dann zu dem gut vertretbaren Ergebnis kommen, dass das Homeoffice des Arbeitnehmers eine Betriebstätte des Unternehmens und damit des Arbeitgebers ist. Ich komme dabei jedoch zu einem anderen Ergebnis. Mir fehlt eine hinreichende physische Verfügungsmacht des Arbeitgebers über das Homeoffice des Arbeitnehmers. Ein Beispiel: Ich arbeite im Homeoffice nicht in diesem Anzug. Ich habe gehört, dass andere sogar im Schlafanzug in ihrem Homeoffice sitzen. Das Homeoffice ist und bleibt daher stets die Privatsphäre des Arbeitnehmers. Das wäre mein entscheidendes Argument, hier eine physische Verfügungsmacht des Arbeitgebers zu verneinen.

Prof. Dr. *Roman Seer*, Bochum

Ja, also erst mal vielen Dank. Es passt ziemlich genau, was Herr *Desens* gerade anspricht. Ich möchte mich auch recht kurz halten, Frau Dr. *Glatz*. Mir hat das sehr gefallen. Trotzdem habe ich Zweifel, ob wir die Betriebsstätte nicht nach wie vor einhegen sollten und im Sinne von Herrn *Mayr* versuchen sollten, dass das international konsensfähig wird. Also dass es nicht – wie Sie so schön beschrieben haben – von der deutschen Eiche, so haben Sie es beschrieben, zum Flugsamen wird und sich damit völlig zerfasert. Und deswegen halte ich das für richtig, den Weg einzuschlagen, weil was ist denn eigentlich die Geschäftseinrichtung, die genutzt wird bei den Homeoffice-Fällen? Es ist meines Erachtens das digitale System, dass das Unternehmen zur Verfügung stellt. Der Raum, wo jemand sitzt, ist aus meiner Sicht nicht das Entscheidende und insoweit ist es für mich sogar beliebig, ob der am Strand ist, zu Hause hockt, im Garten oder wo auch immer. Und was Herr *Desens* eben gesagt hat, versuche ich auch immer in meiner Vorlesung, wenn ich Einkommensteuer lese, meinen Studenten zu erklären: Der Aufwand für ein Homeoffice ist nichts anderes, genauso wie für das Arbeitszimmer, als ein gemischter Aufwand. Ich kann dort hoffentlich weiterhin geschützt, unbeobachtet, im Bademantel sitzen. Eben hat er den Schlafanzug angesprochen. Als meine Kinder klein waren, konnte ich in der Phase mal jemanden auf den Schoß nehmen, trösten, konnte dann auf der anderen Seite dem Sohnemann, soweit ich in der Lage dazu war, noch irgendeine mathematische Aufgabe erklären und Ähnliches. Zwischendurch wird man dann irgendwann mal rausgegangen sein. Dann kamen Handwerker, Postboten und andere. Das alles kann ich in der Geschäftseinrichtung, in der festen Geschäftseinrichtung des Arbeitgebers des Prinzipals nicht tun. Und ich glaube, insoweit ist das wirklich etwas anderes und ich würde die feste Geschäftseinrichtung, über die eine Verfügungsmacht besteht, auf das digitale System, was von zu Hause aus genutzt wird, beschränken.

Prof. Dr. *Ekkehart Reimer*, Heidelberg

Im Unterschied zu *Marc Desens* und *Roman Seer* möchte ich Frau *Glatz* uneingeschränkt zustimmen. Ich glaube, die Analyse – so unangenehm sie vielleicht in den Konsequenzen werden könnte – ist analytisch genauso zwingend wie gestern *Michael Langs* Bemerkung zu den Verständigungsvereinbarungen im Homeoffice in der Corona-Zeit. Wir müssen das Recht so nehmen, wie es da steht. Und mit Blick auf die Originalfassungen, ich beziehe mich jetzt nur auf die abkommensrechtliche Seite und lasse das Innerstaatliche weg, kann man natürlich mit dem Argument „Bademantel" sagen: Geschäftseinrichtungen seien nun gerade der Gegensatz zu einer Privateinrichtung. Aber das ist nicht gemeint, denn die Originaltexte etablissement fixe d'affaire und place of business zeigen, dass es gerade nicht darum geht, dass es dieser Arbeitgeber oder Prinzipal ist, der diese Einrichtung hat oder betreibt. Sitz des Erfordernisses einer gewissen Verfügungsgewalt ist nur das Wort „durch". Die Geschäftstätigkeit muss „durch" – „through" – die Geschäftstätigkeit ganz oder teilweise ausgeübt werden. Dazu genügt, dass dieser Ort instrumentellen Charakter hat. Mehr nicht. Und deswegen ist auch das Merkmal der Verfügungsgewalt nicht zu groß zu schreiben. Es geht um die Funktionen, die durch diesen Ort ausgeübt werden. Dafür ist die Kleidung der Arbeitnehmerin oder des Arbeitnehmers irrelevant. Rechtspolitisch kann ich das Unbehagen natürlich nachvollziehen. Ich glaube, vielen hier geht es so und Frau *Glatz* selber hat das ja auch gesagt.

Woher kommen dann die Begrenzungen? Ich meine, wir müssen noch genauer auf den Art. 5 Abs. 4 OECD-MA schauen. Er kam zur Sprache, aber dort ist, glaube ich, noch mehr Musik drin. Vielleicht könnte man bei dieser specific activity exemption die Frage, ob es nur eine vorbereitende Tätigkeit oder eine Hilfstätigkeit ist, die in dieser Geschäftseinrichtung Homeoffice ausgeübt wird, wiederum von zwei Kriterien abhängig machen: zum einen von dem Wertschöpfungsbeitrag, den die konkrete einzelne Arbeitnehmerin für das große Unternehmen insgesamt erbringt. Hier fordert Art. 5 Abs. 4 gedachte Schwellenwerte. Sie können variieren, etwa in Abhängigkeit von der Zahl der Beschäftigten. Es ist ein Unterschied, ob das Unternehmen nur fünf Arbeitnehmer hat, dann ist das einzelne Homeoffice sehr relevant, oder ob das Unternehmen 500 Arbeitnehmer hat, dann kann man Art. 5 Abs. 4 für einzelne untergeordnete Arbeitnehmer und ihre Tätigkeiten leicht bejahen. Zum anderen könnte ich mir eine Auslegung von Art. 5 Abs. 4 vorstellen, die nicht allein auf das einzelne Homeoffice abstellt, sondern auf die Gesamtheit aller Homeoffices in dem anderen Vertragsstaat. Ob eine derartige Pool-Lösung noch Interpretation ist oder aber Neuverhandlungen des Abkommenstextes erfordert, möchte ich dabei offenlassen. Vielleicht übersteigt sie das, was Gerichte leisten können und sollten. Aber Ihr Vortrag, Frau *Glatz*, war ja auch kein richterlicher, sondern ein wissenschaftlicher Vortrag. Das war überzeugend, aber ebenso überzeugend wäre es, wenn jetzt auf Ebene der OECD (Elefant im Raum sind die Texte, die noch keiner kennt) bei Art. 5 Abs. 4 Leitlinien für die Homeoffices eingezogen würden. Art. 5 Abs. 4 wäre dafür der richtige Ort.

Prof. Dr. DDr. h.c. *Michael Lang*, Wien

Herzlichen Dank für die beiden tollen Vorträge. Zunächst eine Bemerkung zu Art. 4 Abs. 3 OECD-MA in der neuen Fassung. Soweit ich die österreichische Abkommenspolitik beurteilen kann, versucht man, diese Vorschrift aus guten Gründen zu vermeiden. Immer gelingt dies nicht. Mitunter sind aber auch Kompromisse problematisch. Die Vorschrift, wonach an sich der Ort der Geschäftsleitung maßgebend sein soll, nur dann nicht, wenn „Zweifel bestehen", führt zu einer Fülle von Auslegungsfragen: Wie gravierend müssen diese Zweifel sein? Wer muss sie haben? Das Finanzamt? Die im DBA genannte zuständige Behörde? Oder sind nur gemeinsame Zweifel beider Seiten relevant? Auf welchen Zeitpunkt kommt es an? Können im Rahmen einer späteren Prüfung auftretende Zweifel von Bedeutung sein? Sind dann alle Abkommensbegünstigungen rückwirkend zu versagen? Ich habe höchsten Respekt vor dem österreichischen BMF, das sich offenbar bemüht, den Art. 4 Abs. 3 OECD-MA in seiner reinen Form „wegzuverhandeln". Es wird sich allerdings erst weisen, ob die „Zweifel"-Regelung tatsächlich das kleinere Übel ist. Am besten wäre es, Art. 4 Abs. 3 OECD-MA in seiner bis 2017 bestehenden Fassung weiter bei DBA-Verhandlungen zu verwenden.

Noch eine Frage zum faszinierenden Vortrag von Frau *Glatz*: Sie haben mehrfach erwähnt, dass sie von Arbeitsvertragsklauseln ausgehen, die dem Arbeitgeber Weisungsrechte einräumen, nach denen er den Arbeitnehmer zum Homeoffice verpflichten kann. In Österreich hat nach vielen Arbeitsverträgen der Arbeitnehmer das Recht auf einen Arbeitsplatz im Unternehmen. Er kann daher gar nicht zu Homeoffice gezwungen werden. Homeoffice ist demnach Vereinbarungssache. Differenzierungen danach, auf wessen Initiative jemand Homeoffice macht, halte ich daher für problematisch: Letztlich müssen immer Arbeitgeber und Arbeitnehmer zustimmen. Wie sehen Sie das?

Prof. Dr. Dr. h.c. *Wolfgang Schön*, München

Ein herzlicher Dank für die fabelhaften Vorträge und die Diskussion. Sowohl *Claus Staringer* als auch *Gunter Mayr* haben eine Regelung angesprochen, die jetzt über das europäische Umwandlungsrecht in das nationale Gesellschaftsrecht gekommen ist. Es hat nämlich vor der Eintragung eine Missbrauchsprüfung stattzufinden, wenn es um den Formwechsel oder die Verschmelzung ins Ausland geht.

Das ist spannend, aber es hat natürlich einen völlig anderen Hintergrund. Wie so oft ging es im Gesellschaftsrecht um die Verteidigung gegen einen Unterbietungswettbewerb zwischen den Standorten, etwa im Bereich der Mitbestimmung. Aber der Sache nach, dem Text nach, kann man die Vorschrift auch auf Steuern anwenden. Wenn man aber genauer hinschaut, würde ich die Registerrichter und Firmenbuchrichter in Deutschland und in Österreich sehr beruhigen. Denn auch dieser Missbrauchsvorbehalt steht, wie alle anderen, die wir aus dem Steuerrecht kennen, natürlich unter einem Eignungs- und Erforderlichkeitsvorbehalt. Und da sind zwei Dinge zu berücksichtigen:

Erstens: Die gesellschaftsrechtliche Nichtanerkennung führt dazu, dass eine Gesellschaft gar nicht erst entsteht. Das ist immer der schärfere Eingriff im Verhältnis zu dem, was wir im Steuerrecht kennen, dass die Gesellschaft als Steuersubjekt akzeptiert wird, aber nachteilige Rechtsfolgen eintreten, z.B. Ausgaben nicht anerkannt werden oder Gewinne anders zugerechnet werden. Aber es wird im Steuerrecht nie die Existenz der Gesellschaft im unternehmensrechtlichen, im privatrechtlichen Sinne infrage gestellt. Man müsste also erläutern, warum es zur Bekämpfung des Missbrauchs erforderlich ist, die Gesellschaft gar nicht erst ins Leben treten zu lassen, beim Formwechsel, also die Gründung der Auslandsgesellschaft.

Zweitens: Man muss dann immer auch noch begründen, warum es nicht mildere Mittel gibt – bereits vorhandene Mittel oder zu schaffende Mittel, mit dem Missbrauch fertig zu werden. Und da möchte ich mal den Fall sehen, der nicht über die gesamte Batterie der europaweit harmonisierten ATAD-Regelungen, über die Verrechnungspreisregeln, über den Missbrauchsvorbehalt nach Art. 6 ATAD (gefolgt von den Umsetzungen im nationalen Steuerrecht) bewältigt werden könnte. Da bleibt meines Erachtens wirklich gar nichts mehr übrig. Im Übrigen kann man den Gesetzgeber auch auf mögliche Maßnahmen, die es noch gar nicht gibt, also gesetzliche Regelungen, die man einführen könnte, verweisen – das ist da zum Gläubigerschutz bereits entschieden worden, Herr *Mayr*, ich kann Ihnen also eine positive Auskunft geben – das kann man auch alles nachlesen in der Festschrift für *Gerhard Krieger*[2].

2 *Schön*, Missbrauchskontrolle im Europäischen Umwandlungsrecht, in Hoffmann-Becking/Hommelhoff (Hrsg.), FS Krieger, 2020, S. 879.

Dr. *Solvejg Glatz*, Hannover

Vielleicht nochmal ganz kurz: Auch ich hatte ein Störgefühl. Ich wollte vor allem aufzeigen, dass es vertretbar ist, zu einer Betriebsstätte zu kommen und dass man hier vielleicht auch gesetzgeberisch über De-Minimis-Regeln tätig werden muss. Wir haben hier auch noch gar nicht über Gewinnzurechnung gesprochen. Ich will hier nur ganz kurz mal die Nullsummentheorie erwähnen; in den meisten Fällen dürfte sich die Homeoffice-Betriebsstätte wahrscheinlich ohnehin nicht auf die Gewinnverteilung auswirken und da wäre vielleicht eine De-Minimis-Regelung auch ein sicherer Weg, um zu sagen, man kommt aus dieser ganzen Debatte irgendwie raus.

Zu der Bademantel-/IT-System-Debatte: Das Schöne an dem Verwurzelungsgriff ist, er ist tätigkeitsbezogen und, ohne Motivationspsychologin zu sein, gehe ich grundsätzlich davon aus, dass die Gedanken im Bademantel genauso gut wie im Anzug sind. Wenn es also die gedankliche Tätigkeit ist, die der Gegenstand der Unternehmenstätigkeit ist, kommt es nicht darauf an, ob sie im Bademantel ausgeübt wird oder nicht. Was die Privatsphäre in der Wohnung angeht – das hat immer so ein bisschen ein Artikel-13-Geschmäckle (Unverletzlichkeit der Wohnung) – da würde ich differenzieren: Einer Rechtsposition lässt sich Art. 13 GG immer entgegenhalten. Für die Frage, ob der Arbeitgeber steuerpflichtig wird, kann er sich aber nicht auf Art. 13 seines Arbeitnehmers berufen. Die Unverletzlichkeit der Wohnung soll den Grundrechtsträger vor staatlichen Eingriffen, nicht hingegen den Arbeitgeber vor Besteuerungszugriff schützen.

Und dann vielleicht noch ganz kurz zu der gemeinsamen Betrachtung mehrerer kleiner Mikro-Betriebsstätten: Das habe ich mich zwischendurch auch gefragt – und das war auch einer der Gründe, warum ich mich dann für die Richtung entschieden habe, in die der Vortrag dann gegangen ist: Wir können nicht einerseits eine Debatte führen, in der wir sagen, wir wollen Betriebsstättenvermeidung verhindern und daher eine Defragmentierungsregelung einführen, und andererseits dann den Standpunkt vertreten, eine Mikro-Betriebsstätte, die über den Arbeitnehmer vermittelt wird, sei kategorisch schon unter Verweis auf die Privatheit der Wohnung auszuschließen.

Und ganz kurz zum Schluss noch die Heimarbeitsklausel: Ich habe mit der Heimarbeitsklausel nicht nur das verpflichtende Homeoffice gemeint. Auch das freiwillige Homeoffice steht zur Disposition. Aber es ist arbeitsvertraglich vereinbart, dass man, wenn man von der eingeräumten Homeoffice-Möglichkeit Gebrauch macht, eine Infrastruktur, also beispielsweise einen Internetanschluss, bereithalten muss. Und ansonsten würde ich da auf die gelebte Praxis abstellen. Man darf ja nicht so tun, als seien Unternehmen jetzt Wohlfahrtsveranstaltungen. Vielmehr wollen die ja auch Gewinne erzielen. Und wenn die über sechs Monate oder mehr als sechs Monate einen Arbeitnehmer tageweise im Homeoffice haben, gehe ich davon aus, dass ein gewinnstrebendes Unternehmen auch kontrolliert, dass das, was der Arbeitnehmer im Homeoffice macht, einen wie auch immer gearteten Mehrwert liefert und der Arbeitnehmer eine arbeitsvertraglich geschuldete Leistung erbringt. Ich bin keine Arbeitsrechtlerin, hätte aber gesagt, das Weisungsrecht gilt insoweit auch im Homeoffice. Wenn ich also eine tatsächliche Situation habe, die auf eine gelebte Praxis hindeutet, dass da wirklich in Erfüllung der arbeitsvertraglichen Pflichten unternehmerischen Tätigkeiten nachgegangen wird, dann würde ich die Tatsache, dass das jetzt wenig oder gar nicht im Arbeitsvertrag ausdifferenziert ist, nicht als entgegenstehend ansehen. Das von meiner Seite, vielen Dank.

Prof. Dr. *Claus Staringer*, Wien

Noch ganz kurz zu *Wolfgang Schön*: Ich glaube, die Frage nach der Erforderlichkeit dieser Missbrauchsprüfung ist auf mehreren Ebenen das richtige Thema. Das hat auch die Richterschaft in Österreich in ihrer Stellungnahme zum Gesetzgebungsverfahren schon festgestellt, indem sie angekündigt hat, einem steuerlichen Missbrauch nur bei entsprechenden Verdachtspunkten nachgehen zu wollen. Das ist eine einfache Lösung der Praxis. Die grundlegende Frage ist aber trotzdem, warum der Gesetzgeber das Thema Steuermissbrauch bei der grenzüberschreitenden Verschmelzung, Sitzverlegung, etc. so hochstilisiert hat. Die Richtlinie spricht in der Präambel von Umgehungsgefahren dieser Vorgänge, ohne offenzulegen, wo eigentlich das Problem genau besteht. Angesichts der strengen Umsetzung in Österreich hat man das Gefühl, dass es offenbar so etwas wie eine generelle Sorge vor Steuerumgehung gibt. Worin die Bedenken im Detail konkret bestehen, ist demgegenüber nicht einfach vorzustellen. Aus gutem Grund gibt es eine so spezifisch auf Steuerrecht ausgerichtete Prüfpflicht des Gerichts nicht. Auch strukturell gedacht ist die Prüfpflicht des Gerichts neu. Man wird vorsichtig sein müssen, dass man am Ende nicht für steuerliche Gestaltungsmaßnahmen vorweg um Erlaubnis fragen muss. Das ist der Punkt. Insoweit ist die vorliegende präventive Prüfpflicht durchaus ein Sündenfall.

Verrechnungspreise und Personalfunktion

Dr. *Nadia C. Altenburg*
Rechtsanwältin, Steuerberaterin, Hamburg

I. Einleitung

Die internationale Gewinnabgrenzung – insbesondere zwischen Stammhaus und Betriebsstätte – gehört zu den umstrittensten und politischsten Themengebieten des internationalen Steuerrechts.[1] Bereits der Völker-

1 *Kroppen*, DB 2014, 2134 (2134); *Ditz/Luckhaupt*, ISR 2015, 1 (1); *Hentschel/Kraft/Moser*, Ubg 2016, 144 (144); *Ditz/Tcherveniachki*, ISR 2020, 145 (145).

bund hat sich vor über 100 Jahren mit dieser Fragestellung befasst und versucht, klare und eindeutige Kriterien für die Gewinnzuordnung zu formulieren.[2] Neben der Herausforderung, abstrakte und klare Kriterien zu entwickeln, die eine kohärente und nachvollziehbare Gewinnverteilung für alle erdenklich möglichen und sich stets weiter entwickelnden Geschäftsmodelle ermöglicht, ist die politische Dimension des Unterfangens ebenfalls zu berücksichtigen. Denn Gewinnabgrenzung bedeutet auch die Sicherstellung der steuerlichen Bemessungsgrundlage. Und so können die Bemühungen der OECD – zunächst im Rahmen des BEPS Aktionspunkt 1[3] und seit 2019[4] in der Erarbeitung der Säule 1[5] und Säule 2[6] – und der UN[7] als technische Weiterentwicklung der Besteuerungsregelungen zur besseren Besteuerung neuer Geschäftsmodelle verstanden werden. Sie können aber auch als Reaktion auf die wachsende Unzufriedenheit bestimmter Länder verstanden werden, die nach ihrer Auffassung bisher eine zu geringe Gewinnbeteiligung erfahren haben. Diese Unzufriedenheit wurde bislang durch die Nichtanwendung bzw. eine abweichende Anwendung der als geltend empfundenen Gewinnabgrenzungsregelungen zum Ausdruck gebracht, was für die Steuerpflichtigen – je nach Vorhandensein von Streitbeilegungsmechanismen – oftmals eine dauerhafte Doppelbesteuerung bedeutet(e).

Spätestens seit der Corona-Pandemie gehört es zum Alltag, dass Arbeitnehmer regelmäßig von zu Hause aus (*Home Office*) oder einem anderen Ort (*Remote Working*) außerhalb des Büros tätig werden. Der Wunsch der Arbeitnehmer nach örtlicher Flexibilität und grenzüberschreitender

---

2 *Bruins/Einaudi/Seligman/Stamp* in League of Nations, Report on Double Taxation, 1923, E.F.S. 73, F.19, S. 22.; *Carroll* in League of Nations, Taxation of Foreign and National Enterprises, Volume IV, 1933, Rz. 664.

3 OECD, Addressing the Tax Challenges of the Digital Economy, Action 1 – 2015 Final Report, 2015.

4 OECD, Programme of Work to Develop a Consensus Solution to the Tax Challenges Arising from the Digitalisation of the Economy, OECD/G20 Inclusive Framework on BEPS, 2019.

5 OECD, Update from the Co-Chairs of the Inclusive Framework on BEPS, 13 January 2025; OECD, Pillar One – Amount B: Inclusive Framework on BEPS, 2024.

6 OECD, Tax Challenges Arising from the Digitalisation of the Economy – Global Anti-Base Erosion Model Rules (Pillar Two): Inclusive Framework on BEPS, 2021.

7 Intergovernmental Negotiating Committee on the UN Framework Convention on International Tax Cooperation, Workstream II Co-Lead's Draft Options Paper, A/AC.298/CRP.27, 21.1.2026.

Mobilität stellt die Unternehmen mit Blick auf die dadurch entstehenden Compliance-Verpflichtungen und den damit verbunden Aufwand (s. sogleich unter II.2.) vor entsprechende Herausforderungen. Zur Adressierung der Unsicherheit veröffentlichte während der Corona-Pandemie die OECD entsprechende klarstellende Stellungnahmen, um einerseits die Besteuerung der Arbeitnehmer selbst und andererseits das Betriebsstättenrisiko für die Unternehmen durch die Arbeitsausübung der Arbeitnehmer aus dem Home Office steuerlich einzuordnen. Daneben trafen die Staaten mit ihren Anrainerstaaten entsprechende Konsultationsvereinbarungen, um den Äußerungen der OECD verbindliche Wirkung zu verleihen (Belgien,[8] Frankreich,[9] Luxemburg,[10] Niederlande,[11] Österreich,[12]

8 Konsultationsvereinbarung mit Belgien v. 6.5.2020, BStBl. I 2020, 524; Erste Verlängerung v. 26.5.2020, BStBl. I 2020, 538; Zweite Verlängerung v. 25.6.2020, BStBl. I 2020, 570; Dritte Verlängerung v. 28.8.2020, BStBl. I 2020, 868; Vierte Verlängerung v. 21.12.2020, BStBl. I 2020, 1365; Fünfte Verlängerung v. 23.3.2021, BStBl. I 2021, 619; Sechste Verlängerung v. 18.6.2021, BStBl. I 2021, 816; Siebte Verlängerung v. 29.9.2021, BStBl. I 2021, 1824; Achte Verlängerung v. 21.12.2021, BStBl. I 2022, 34; Neunte Verlängerung v. 25.3.2022 (bis zum 30.6.2022), BStBl. I 2022, 324.

9 Konsultationsvereinbarung mit Frankreich v. 13.5.2020, BStBl. I 2020, 535; Erste Verlängerung v. 23.10.2020, BStBl. I 2020, 1053; Zweite Verlängerung v. 15.12.2020, BStBl. I 2020, 1363; Dritte Verlängerung v. 16.3.2021, BStBl. I 2021, 348; Vierte Verlängerung v. 25.6.2021, BStBl. I 2021, 904; Fünfte Verlängerung v. 30.9.2021, BStBl. I 2021, 1826; Sechste Verlängerung v. 9.12.2021, BStBl. I 2021, 2470; Einvernehmliche Kündigung v. 5.4.2022 (zum 30.6.2022), BStBl. I 2022, 612.

10 Verständigungsvereinbarung mit Luxemburg v. 7.10.2020, BStBl. I 2020, 1051; Erste Absprache zur Fortgeltung v. 20.9.2021, BStBl. I 2021, 1800; Zweite Absprache zur Fortgeltung v. 6.12.2021, BStBl. I 2021, 2468; Einvernehmliche Kündigung v. 25.3.2022 (zum 30.6.2022), BStBl. I 2022, 326.

11 Konsultationsvereinbarung mit den Niederlanden v. 6.4.2020, BStBl. I 2020, 1055; Erste Verlängerung v. 29.10.2020, BStBl. I 2020, 1055; Zweite Verlängerung v. 11.12.2020, BStBl. I 2020, 1361; Dritte Verlängerung v. 23.3.2021, BStBl. I 2021, 617; Vierte Verlängerung v. 5.7.2021, BStBl. I 2021, 906; Fünfte Verlängerung v. 15.9.2021, BStBl. I 2021, 1798; Sechste Verlängerung v. 21.12.2021, BStBl. I 2022, 32; Einvernehmliche Kündigung v. 4.4.2022 (zum 30.6.2022), BStBl. I 2022, 607.

12 Konsultationsvereinbarung mit Österreich v. 16.4.2020, BStBl. I 2020, 480; Konsultationsvereinbarung mit Österreich v. 30.10.2020 (erste Neufassung), BStBl. I 2020, 1057; Konsultationsvereinbarung mit Österreich v. 25.1.2021 (zweite Neufassung), BStBl. I 2021, 148; Konsultationsvereinbarung mit Österreich v. 17.6.2021 (dritte Neufassung), BStBl. I 2021, 813; Konsultationsvereinbarung mit Österreich v. 29.9.2021 (vierte Neufassung), BStBl. I 2021, 1828; Konsulta-

Polen,[13] Schweiz;[14] mit Dänemark und Tschechien wurde keine Konsultationsvereinbarung abgeschlossen).

In der Aktualisierung des Musterkommentars, die am 18.11.2025 veröffentlicht wurde, stellt die OECD nun in der Kommentierung zu Art. 5 OECD-MK 2017 klar, unter welchen Umständen die Ausübung der Arbeitsleistung aus dem Home Office oder einem anderen Ort als dem vom Unternehmen zur Verfügung gestellten Arbeitsplatz eine Betriebsstätte für ein Unternehmen begründen kann. Im Ergebnis bestätigt die OECD durch die Formulierung der erforderlichen Anforderungen das wirtschaftliche Ergebnis der nachfolgenden Thesen, die bereits im September 2025 und somit vor der Veröffentlichung der Aktualisierung des OECD-MK aufgestellt wurden. Im Einzelnen:

Dieser Beitrag wurde im Nachgang zu dem Vortrag auf der 49. Jahrestagung der Deutschen Steuerjuristischen Gesellschaft e.V. im September 2025 zu dem Generalthema „Grenzüberschreitende Mobilität im Steuerrecht" verschriftlicht. Der Vortrag befasste sich mit der Frage, welcher Gewinnanspruch einer Betriebsstätte, die durch mobiles Arbeiten entstanden ist, aufgrund der ihr zuzurechnenden Personalfunktion zugeordnet werden kann. In dem Vortrag wurde die These aufgestellt, dass eine Personalfunktion nur auf Grundlage einer unternehmerischen Entscheidung des Unternehmens, nicht jedoch aufgrund privater Belange eines Arbeitnehmers zugeordnet werden kann, unabhängig von Dauer und Intensität der Tätigkeitsausübung. Da nicht alle Länder sich an den Arbeiten der OECD orientieren und auch unter Anwendung der OECD-Grundsätze Betriebsstätten durch mobiles Arbeiten begründet werden können, ist die Frage der Gewinnzuordnung weiterhin ein Thema, dass dem Grunde nach zu beleuchten ist.

---

tionsvereinbarung mit Österreich v. 14.12.2021 (fünfte Neufassung), BStBl. I 2021, 2472; Konsultationsvereinbarung mit Österreich v. 28./29.3.2022 (sechste Neufassung) (gültig bis zum 30.6.2022), BStBl. I 2022, 609.

13 Konsultationsvereinbarung mit Polen v. 12./27.11.2020, BStBl. I 2020, 568; Einvernehmliche Kündigung v. 14./21.4.2022 (zum 30.6.2022), BStBl. I 2022, 615.

14 Konsultationsvereinbarung mit der Schweiz v. 11.6.2020, BStBl. I 2020, 568; Ergänzende Konsultationsvereinbarung v. 30.11.2020, BStBl. I 2020, 1273; Ergänzende Konsultationsvereinbarung v. 27.4.2021, BStBl. I 2021, 685; Vereinbarung zum Außerkrafttreten v. 13.4.2022 (mit Ablauf des 30.6.2022), BStBl. I 2022, 614.

Die Fragen zur Gewinnabgrenzung zwischen Stammhaus und Betriebsstätte stellen sich dabei grundsätzlich und nicht nur im Zusammenhang mit Betriebsstätten, die durch Arbeitnehmer im Home Office oder einem vergleichbaren Ort begründet werden. Der Beitrag beginnt daher mit einer überblicksartigen Einführung zu dem Thema Gewinnabgrenzung zwischen Stammhaus und Betriebsstätte sowie der Bestimmung von Verrechnungspreisen bevor er den Fokus auf das Generalthema legt und auf die Besonderheiten eingeht, die sich im Zusammenhang mit einer Tätigkeit aus dem Home-Office- oder der Remote-Working-Betriebsstätte ergeben können.

II. Allgemeine Einführung

Die Frage der Aufteilung des Einkommens eines Unternehmens auf Stammhaus und Betriebsstätte ist eines der schwierigsten Probleme im Internationalen Steuerrecht. Auch Prof. Dr. *Andrés Báez-Moreno* bemängelte in seinem Vortrag am Vortag, dass es auch nach über 120 Jahren Doppelbesteuerungsabkommen immer noch Probleme bei der Bestimmung der Herkunft der Einkünfte gäbe.[15] Bereits die *League of Nations* verfasste Experten-Berichte, die sich mit der Vermeidung der Doppelbesteuerung und somit mit einer einheitlichen Bestimmung von Verrechnungspreisen im Betriebsstättenkontext befassen. Wer sich heute in das Thema der Verrechnungspreise und Gewinnabgrenzung zwischen Stammhaus und Betriebsstätten einarbeiten möchte, muss zunächst die folgende Pflichtlektüre bewältigen:

- Aus internationaler Sicht:
  - Die OECD-Verrechnungspreisleitlinien (OECD Transfer Pricing Guidelines for Multinational Enterprises and Tax Administrations, „*OECD TPGL*"),[16] die in regelmäßigen Abständen überarbeitet werden und in der aktuellen Fassung aus 2022 655 Seiten umfassen.

15 *Báez Moreno*, Präferenzregime für grenzüberschreitende Mobilität im Rechtsvergleich, in diesem Band; so auch die Einleitung des Betriebsstättenberichts – OECD, Report on the attribution of profits to permanent establishments, 2001, Part I, Rz. 22, 44; OECD, Discussion Draft on the attribution of profits to permanent establishments, 2010, S. 11.

16 In ihrer letzten Fassung aus 2022: https://www.oecd.org/en/publications/2022/01/oecd-transfer-pricing-guidelines-for-multinational-enterprises-and-tax-administrations-2022_57104b3a.html.

  - Der OECD-Bericht über die Zurechnung von Gewinnen zu Betriebsstätten, in seiner letzten Fassung aus 2010 (Bericht über die Zurechnung von Gewinnen zu Betriebsstäten von 2010, „*OECD-Betriebsstättenbericht*"), der 240 Seiten umfasst.

- Aus deutscher Sicht:
  - Die Verordnung zur Anwendung des Fremdvergleichsgrundsatzes auf Betriebsstätten nach § 1 Abs. 5 des Außensteuergesetzes (kurz BsGaV), die nur knappe 32 Seiten umfassen.
  - Die Verwaltungsgrundsätze Betriebsstättengewinnaufteilung[17] („*VWG BsGA*") mit 183 Seiten.

Der Umfang der genannten Pflichtlektüre, der sich stellenweise inhaltlich auch überschneidet, und ohne Berücksichtigung der darauf fußenden weiteren Literatur, unterstreicht dabei zwei Dinge:

- die grundsätzliche Bedeutung des Themas und
- dass das Thema nicht von Juristen beherrscht wird, die danach streben, abstrakt gültige Regeln aufzustellen.

Vor diesem Hintergrund widmet sich der Beitrag zunächst den Grundlagen der Verrechnungspreise und der Gewinnabgrenzung zwischen Stammhaus und Betriebsstätte, bevor anschließend auf die Begrifflichkeit der Personalfunktion (unter III.) und ihrer Zuordnung zu einer Betriebsstätte (unter IV.) eingegangen wird.

1. Grundlagen Verrechnungspreise

Für die Bestimmung und Überprüfung von Verrechnungspreisen ist zunächst eine Vergleichbarkeitsanalyse der vorhandenen Geschäftsbeziehung durchzuführen. Diese besteht regelmäßig aus:[18]

- der Identifizierung
  - der geschäftlichen oder finanziellen Beziehungen zwischen den verbundenen Unternehmen sowie

17 BMF v. 22.12.2016, BStBl. I 2017, 182, geändert durch BMF v. 17.12.2019, BStBl. I 2020, 84.

18 OECD TPGL 2022, S. 39, Rz. 1.33.

  - die Bedingungen und die wirtschaftlich relevanten Umstände, die diesen Beziehungen zugrunde liegen, und

- dem Abgleich der Bedingungen und der wirtschaftlich relevanten Umstände der zu überprüfenden Beziehung mit den Bedingungen und den wirtschaftlich relevanten Umständen vergleichbarer Geschäfte zwischen unabhängigen Unternehmen.

Die Bedingungen und die wirtschaftlich relevanten Umstände, die eine Vergleichbarkeitsanalyse der geschäftlichen oder finanziellen Beziehungen ermöglichen, lassen sich wie folgt kategorisieren:[19]

- die vertraglichen Bedingungen,
- die von jeder der an der Transaktion beteiligten Parteien ausgeübten Funktionen unter Berücksichtigung der eingesetzten Vermögenswerte und der übernommenen Risiken – einschließlich der Art und Weise, wie diese Funktionen mit der umfassenderen Wertschöpfung der Unternehmensgruppe, der die Parteien angehören, den Umständen der Transaktion sowie den Branchenüblichkeiten in Zusammenhang stehen,
- die Merkmale der übertragenen Wirtschaftsgüter oder der erbrachten Dienstleistungen,
- die wirtschaftlichen Verhältnisse der Parteien sowie des Marktes, auf dem die Parteien tätig sind und
- die von den Parteien verfolgten Geschäftsstrategien.

Es fällt als erstes auf, dass ein Stammhaus regelmäßig keine vertraglichen Vereinbarungen mit seiner Betriebsstätte abschließen wird, da es sich zivilrechtlich um die gleiche Person handelt (hierzu sogleich unter 2.).[20]

Für die in Frage stehende Zuordnung einer Personalfunktion zu einer Betriebsstätte ist vor allem die zweite Kategorie, also die Funktions- und Risikoanalyse der Parteien relevant. Sie zielt darauf ab, die wirtschaftlich bedeutenden Aktivitäten und Verantwortlichkeiten, die genutzten oder eingebrachten Vermögenswerte sowie die von den an den Transaktionen beteiligten Parteien übernommenen Risiken zu identifizieren.[21] Hierzu

19 OECD TPGL 2022, S. 39, Rz. 1.36.
20 OECD, Report on the attribution of profits to permanent establishments, 2010, Part I, Rz. 175.
21 OECD TPGL 2022, S. 39, Rz. 1.51.

gehört auch die Identifizierung, wo Entscheidungen getroffen werden – einschließlich Entscheidungen bezüglich der Geschäftsstrategie und der Risiken. Zu diesem Zweck kann es hilfreich sein, die Struktur und Organisation der multinationalen Unternehmensgruppe sowie deren Einfluss auf das Umfeld, in dem die Gruppe tätig ist, zu verstehen.[22]

Bei der Funktionsanalyse sind auch die Art der eingesetzten Vermögenswerte – wie etwa Sachanlagen, die Nutzung wertvoller immaterieller Vermögenswerte, Finanzanlagen usw. – sowie die Beschaffenheit dieser Vermögenswerte zu berücksichtigen, wie beispielsweise deren Alter, Marktwert, Standort, verfügbare Schutzrechte usw.[23] Zudem ist zu untersuchen, ob die Funktionen, die zu dem Geschäftsmodell gehören, stark fragmentiert und von verschiedenen Einheiten der Unternehmensgruppe ausgeübt werden, mit entsprechendem Koordinierungsaufwand.[24]

Der fremdübliche Verrechnungspreis für die Ausübung einer Funktion lässt sich nur im Zusammenspiel mit den zugehörigen Risiken bestimmen. Denn je nachdem, ob eine Funktion mit oder ohne Risiko ausgeübt wird, können sich die ausgeübten Aufgaben grundlegend unterschiedlich darstellen:[25]

Funktion	**Mit Risiko (eigene Verantwortung)**	**Ohne bzw. deutlich geringeres Risiko**
1. Produktion	Produktionsunternehmen produziert Menge auf eigenes Absatzrisiko	Auftragsfertiger produziert nach Vorgaben eines Kunden
2. Handel	Händler kauft Waren auf eigene Rechnung und verkauft sie weiter	Kommissionär oder Handelsvertreter verkauft für fremde Rechnung
3. Softwareentwicklung	Softwarefirma entwickelt ein eigenes Produkt und hofft auf Verkäufe	Entwicklungsdienstleister programmiert gegen vereinbartes Honorar

22 OECD TPGL 2022, S. 39, Rz. 1.51.

23 OECD TPGL 2022, S. 39, Rz. 1.54.

24 OECD TPGL 2022, S. 39, Rz. 1.54.

25 In der Regel werden auch die Funktionsprofile deutliche Unterschiede aufweisen, daher gilt die Tabelle nur der Verdeutlichung der Bedeutung der Risikoübernahme.

Funktion	Mit Risiko (eigene Verantwortung)	Ohne bzw. deutlich geringeres Risiko
4. Bauwesen	Bauträger errichtet Immobilien auf eigenes Risiko und verkauft sie	Bauunternehmen arbeitet als Generalunternehmer für einen Auftraggeber
5. Logistik	Spediteur bietet eigene Transportkapazitäten an und trägt Auslastungsrisiken	Subunternehmer fährt feste Touren zu vereinbarten Konditionen

Wenn wir über Funktionen sprechen, muss daher stets geprüft werden, wer die mit dieser Funktion verbundenen Risiken vertraglich und tatsächlich trägt und inhaltlich und finanziell in der Lage ist, diese Risiken zu tragen.

Die Partei, die vertraglich und tatsächlich auch die zugehörigen Risiken trägt, wird stets residualgewinn- bzw. -verlustberechtigt sein, während die risikofreie bzw. -beschränkte Ausübung lediglich zu einer kleinen, aber stabilen Marge berechtigt. Die OECD beschreibt für eine risikofreie oder risikogeminderte Vergütung dabei eine Orientierung an den Zinssätzen bestimmter staatlicher Wertpapiere als Referenzsatz, da diese Wertpapiere von Marktteilnehmern im Allgemeinen als frei von nennenswerten Ausfallrisiken betrachtet werden.[26] Für die Risikozuordnung und die damit verbundene Gewinnberechtigung ist im Rahmen des Risikokontrollansatzes stets zu fragen:

- Wer trägt ein Risiko vertraglich?
- Wer kann ein Risiko intellektuell einschätzen?
- Wer trifft Entscheidungen bzgl. eines Risikos?
- Wer kann ein Risiko finanziell tragen?

2. Besonderheiten Betriebsstätten

Für die Gewinnabgrenzung zwischen Stammhaus und Betriebsstätten ist zu berücksichtigen, dass zwischen dem Stammhaus und der Betriebsstätte tatsächlich keine separaten vertraglichen Beziehungen bestehen, da es sich zivilrechtlich um ein einheitliches Unternehmen handelt. Es stellt

26 OECD TPGL 2022, S. 39, Rz. 1.110.

sich daher die Frage, auf welcher Grundlage eine Zuordnung getroffen werden kann.

a) Begründung einer Betriebsstätte durch mobiles Arbeiten

Vor der Gewinnzuordnung stellt sich zunächst die Frage, ob überhaupt eine Betriebsstätte begründet wurde.

Aus Sicht der Unternehmen bedeutet die Begründung einer grenzüberschreitenden Betriebsstätte regelmäßig einen erheblichen Verwaltungsaufwand: Die Betriebsstätte muss angemeldet bzw. registriert werden und das Unternehmen muss eine lokale Steuernummer beantragen. Daneben muss regelmäßig eine lokale Lohnabrechnung eingerichtet werden und nach Aufsetzen und Dokumentation eines Verrechnungspreissystems zur korrekten Gewinnerfassung jedes Jahr die entsprechenden Steuererklärungen abgegeben werden.

Auch aus Sicht der Verwaltung bedeuten kleine oder temporäre Betriebsstätten vor allem Verwaltungsaufwand. Je nachdem, wie die Gewinnabgrenzung vorgenommen wird, sehen einige Staaten hierin jedoch eine Chance auf die Verbreiterung ihrer Bemessungsgrundlage, so dass die Hürden einer Betriebsstätten-Begründung nach den nationalen Vorschriften teilweise erstaunlich niedrig sind. Mit der Aktualisierung des Musterkommentars, die am 18.11.2025 veröffentlicht wurde, stellt die OECD nun in der Kommentierung zu Art. 5 OECD-MK 2017 klar, dass eine Tätigkeit im Home Office oder an einem anderen Ort als dem vom Unternehmen zur Verfügung gestellten Arbeitsplatz eine Betriebsstätte für ein Unternehmen nur dann begründen kann, wenn der Arbeitnehmer mind. 50 % seiner Jahresarbeitszeit von diesem Ort (z.B. Home Office) aus ausübt. Zusätzlich muss ein wirtschaftlicher Grund (*commercial reason*) des Unternehmens für die Ausübung der Arbeitsleistung an diesem Ort gegeben sein.[27] In der Rz. 44.21 wurden verschiedene Beispiele ergänzt, um das Zusammenspiel von Mindestarbeitszeitsausübung und Vorliegen eines wirtschaftlichen Grundes zu illustrieren.

b) Einführung des AOA

Die OECD hat für die Gewinnabgrenzung zwischen Stammhaus und seinen Betriebsstätten erstmals 2006 im Rahmen des Betriebsstättenberichts 2006 den *Authorized OECD-Approach* („AOA“) eingeführt (hierzu so-

27 Art. 5 OECD MK Rz. 44.10 f.

gleich unter III.1.).[28] Der AOA fingiert, dass es sich bei der Betriebsstätte um ein eigenständiges Unternehmen handelt und die der Betriebsstätte zuzurechnenden Gewinne jene Gewinne sind, die die Betriebsstätte unter Fremdvergleichsbedingungen – insbesondere im Geschäftsverkehr mit anderen Teilen des Unternehmens – erzielt hätte, wenn sie ein eigenständiges und unabhängiges Unternehmen wäre, das unter denselben oder ähnlichen Bedingungen dieselben oder ähnliche Tätigkeiten ausübt.[29] Bei Anwendung des AOA gelten die unter II.1. gemachten Ausführungen demnach entsprechend unter der Fiktion einer vertraglichen Austauschbeziehung zwischen Stammhaus und Betriebsstätte.

Bei diesem Ansatz wird die Betriebsstätte wie ein funktional selbstständiges Unternehmen behandelt, dessen Einkünfte dem entsprechen, was die Betriebsstätte am freien Markt hätte erwirtschaften können.[30] Die Ermittlung der selbstständigen Einkünfte der Betriebsstätte ergibt sich aus einem zweistufigen Verfahren: In einem ersten Schritt werden die der Betriebsstätte zugehörigen Personalfunktionen identifiziert und analysiert.[31] Auf Grundlage der ermittelten Personalfunktionen lassen sich der Betriebsstätte Risiken und Wirtschaftsgüter zuordnen und die unternehmensinternen wie -externen Leistungsbeziehungen identifizieren.[32] Unter Zuhilfenahme des Fremdvergleichsgrundsatzes ist sodann in einem zweiten Schritt die Vergütung der ermittelten Beziehungen festzustellen, ohne dass es auf das Gesamtergebnis des Unternehmens als Ganzes ankäme.[33]

28 OECD, Report on the attribution of profits to permanent establishments, 2006, Preface, Rz. 8.

29 OECD, Report on the attribution of profits to permanent establishments, 2001, Part I, Rz. 22, 44; OECD, Discussion Draft on the attribution of profits to permanent establishments, 2010, S. 12, Rz. 8.

30 OECD, Report on the attribution of profits to permanent establishments, 2006, Part I, Rz. 10, 16; OECD, Report on the attribution of profits to permanent establishments, 2008, Part I, Rz. 69, 80 ff.; OECD, Report on the attribution of profits to permanent establishments, 2010, Part I, Rz. 8.

31 OECD, Report on the attribution of profits to permanent establishments, 2006, Part I, Rz. 16 ff.; OECD, Report on the attribution of profits to permanent establishments, 2008, Part I, Rz. 16 ff.; OECD, Report on the attribution of profits to permanent establishments, 2010, Part I, Rz. 13 ff.

32 OECD, Report on the attribution of profits to permanent establishments, 2006, Part I, Rz. 21, 24, 36; OECD, Report on the attribution of profits to permanent establishments, 2008, Part I, Rz. 21, 24, 36; OECD, Report on the attribution of profits to permanent establishments, 2010, Part I, Rz. 18, 21, 33.

33 OECD, Report on the attribution of profits to permanent establishments, 2006, Part I, Rz. 42, 69, 74 ff.; OECD, Report on the attribution of profits to

c) Umsetzung des AOA im deutschen Recht

Der AOA wurde in Deutschland in § 1 Abs. 4 Nr. 2, Abs. 5 AStG mit dem Gesetz zur Umsetzung der Amtshilferichtlinie sowie zur Änderung steuerlicher Vorschriften vom 30.6.2013[34] umgesetzt mit dem Ziel, den AOA widerzuspiegeln. Zudem wurde das BMF zum Erlass einer entsprechenden Rechtsverordnung ermächtigt, die im Sommer 2014 in Form der Betriebsstättengewinnabgrenzungsverordnung (BsGaV) erlassen wurde.[35] Aus Sicht des deutschen Gesetzgebers bedurfte es einer vollständigen und verbindlichen, innerstaatlichen Umsetzung des OECD-Betriebsstättenberichts 2010, um die Selbstständigkeitsfiktion im Rahmen der Gewinnermittlung zu berücksichtigen.[36]

Aufgrund der Verortung des AOA in § 1 AStG und der gewählten Regelungstechnik unter Verweis auf die Abs. 1, 3 und 4 wurde direkt bei Einführung die Zielsetzung der Vorschrift hinterfragt, ob es sich um eine Einkünfteermittlungs- oder eine Einkünftekorrekturvorschrift handelt.[37] So wurde angeführt, dass insbesondere die systematische Stellung wie auch der wortlautgetragene enge Bezug zu § 1 Abs. 1 AStG den § 1 Abs. 5 AStG als eine Einkünftekorrekturvorschrift und nicht als Einkünfteermittlungsvorschrift erscheinen lassen.[38] Die fingierten schuldrechtlichen Beziehungen könnten zudem keine Einkünfteminderung bzw. -erhöhung herbeiführen, da es am Realisationstatbestand mangele und die Fiktionskette des Gesetzgebers insoweit lückenhaft sei.[39]

permanent establishments, 2008, Part I, Rz. 42, 69; OECD, Report on the attribution of profits to permanent establishments, 2010, Part I, Rz. 8, 39.

34 BT-Drucks. 17/1000, 63; BT-Drucks. 17/12532.

35 BR-Drucks. 401/14, 2.

36 BT-Drucks. 17/10000, 64.

37 *Wassermeyer*, IStR 2012, 277 (277); *Schnitger*, IStR 2012, 633 (634); *Gosch*, ISR 2018, 404 (407); *Kaeser* in Wassermeyer, DBA – Doppelbesteuerung, Werkstand: 172. EL Januar 2026, Art. 7 Rz. 693; später auch *van der Ham/Retzer*, IStR 2023, 213 (213); *Engelen/Spychalski*, ISR 2023, 133 (133); *Leucht/Hagemeier*, FR 2024, 1154 (1156).

38 *Gosch*, ISR 2018, 404 (406).

39 *Gosch*, ISR 2018, 404 (408); *Gosch*, IWB 2012, 779 (785); vgl. auch *Schaumburg/Puls* in Schaumburg/Puls, Internationales Steuerrecht, 5. Aufl. 2023, Rz. 21.67; *Ditz/Wassermeyer* in Flick/Wassermeyer/Ditz/Schönfeld, Außensteuerrecht, 116. Ergänzungslieferung Oktober 2025, § 1 AStG Rz. 13.12; *Margerie*, Gewinnermittlung und Gewinnabgrenzung bei Betriebsstätten, 2016, S. 265; *Schaumburg*, ISR 2013, 197 (198); *Neumann-Tomm*, IStR 2015, 907 (911).

Ebenso wird hingegen die Auffassung vertreten, es handele sich um eine lediglich unglücklich platzierte Einkünfteermittlungsvorschrift, deren Verortung angesichts des eindeutigen Willens des Gesetzgebers nicht von allzu großer Bedeutung sei.[40]

In der Rechtsprechung blieben beide Fragen – die Natur der Vorschrift als solche sowie der Umfang der Fiktion – zunächst unbeantwortet. Erst 2021 bestätigte der BFH die seit 2012 angebrachte Kritik auf Grundlage einer summarischen Prüfung im Rahmen des eines vorläufigen Rechtsschutzverfahren und ordnete § 1 Abs. 5 AStG als eine reine Einkünftekorrekturvorschrift ein.[41] In den Entscheidungen I R 45/22 und I R 49/23 führte er sodann umfassender aus und bestätigte, dass § 1 Abs. 5 AStG aufgrund seines Wortlauts und seiner systematischen Stellung als reine Einkünftekorrekturvorschrift zu verstehen sei.[42] Der Anwendungsbereich der § 1 Abs. 4 Satz 1 Nr. 2 AStG oder § 32 BsGaV ist somit nur dann eröffnet, wenn eine Einkünfteminderung festgestellt werden kann, die durch eine Vereinbarung nicht fremdvergleichsgerechter Bedingungen verursacht wurde.[43] Die Fiktion einer solchen kausalen Einkünfteminderung verneint der BFH somit übereinstimmend mit *Gosch*.[44] Entsprechend versagen auch jüngere finanzgerichtliche Urteile die Anwendbarkeit von § 1 Abs. 5 AStG ohne entsprechende Feststellung einer kausalen Einkünfteminderung.[45]

---

40 *Bärsch* in Herrmann/Heuer/Raupach, EStG/KStG, 338. Ergänzungslieferung März 2026, § 49 EStG Rz. 240; *Reimer* in Brandis/Heuermann, Ertragsteuerrecht, 181. Ergänzungslieferung Februar 2026, § 49 EStG Rz. 110; *Brüninghaus/van der Ham* in Vögele/Borstell/van der Ham, Verrechnungspreise, 6. Aufl. 2024, Kapitel 31 Rz. 165; *Berner*, Betriebsstättenbesteuerung nach dem AOA, 2016, S. 64; *Leonhardt*, IStR 2019, 677 (679): *Nientimp/Schwarz/Stein*, IStR 2016, 487 (489); teilweise *Ditz/Luckhaupt*, ISR 2015, 1 (2).

41 BFH v. 24.11.2021 – I B 44/21 (AdV), BStBl. II 2022, 431 Rz. 24 f.; mit Verweis auf *Gosch*, ISR 2018, 404 (406).

42 BFH v. 18.12.2024 – I R 45/22, BFH/NV 2025, 927 Rz. 14; BFH v. 18.12.2024 – I R 49/22, BFH/NV 2025, 851 Rz. 21.

43 BFH v. 18.12.2024 – I R 45/22, BFH/NV 2025, 927 Rz. 13; BFH v. 18.12.2024 – I R 49/23, BFH/NV 2025, 851 Rz. 20.

44 BFH v. 18.12.2024 – I R 45/22, BFH/NV 2025, 927 Rz. 15; BFH v. 18.12.2024 – I R 49/22, BFH/NV 2025, 851 Rz. 22.

45 FG Düsseldorf v. 12.5.2023 – 3 K 70/18 F, EFG 2023, 1705 Rz. 61 (Revision anhängig I R 38/23).

Überraschenderweise sah der Gesetzgeber bislang noch keine Anpassung (z.B. im StÄndG 2025) vor.[46] Im Ergebnis ist somit bis heute keine vollständige Umsetzung des AOA in das deutsche Recht erfolgt.

d) Gewinnzuordnung außerhalb des AOA

Außerhalb des AOA erfolgt die Gewinnzuordnung nach dem Veranlassungsprinzip, das ohne Regelung seitens des Gesetzgebers auskam und sich stattdessen aus einigen prägenden Urteilen und den Verwaltungsgrundsätzen von 1999[47] zusammensetzte. Demnach wurden der Betriebsstätte Wirtschaftsgüter nach dem Prinzip der wirtschaftlichen Zugehörigkeit zugewiesen sowie die mit den Wirtschaftsgütern in Zusammenhang stehenden Betriebseinnahmen und -ausgaben.[48] Der Betriebsstättenerlass von 1999 stellte für die Zuordnung dabei auf die Betriebsstättenfunktion ab.[49] Die Zentralfunktionen werden – sofern keine anderweitige Zuordnung erfolgt – dem Stammhauses zugeordnet, dem somit auch das Halten der dem Gesamtunternehmen dienenden Finanzmittel und Beteiligungen zuzurechnen sind, wenn sie nicht einer in der Betriebsstätte ausgeübten Tätigkeiten dienen.[50] Dass einzelne Wirtschaftsgüter innerhalb des Gesamtunternehmens eine Funktion zugewiesen bekommen können, stellte die Rechtsprechung bereits 1935 fest.[51]

So setzt auch der Betriebsstättenerlass auf eine Zuordnung von Wirtschaftsgütern, die sich nach den tatsächlichen Verhältnissen und „insbesondere Struktur, Organisation und Aufgabenstellung der Betriebsstätte im Unternehmen" richtet.[52] Eine eindeutige Zuordnung sei bei Wirtschaftsgütern möglich, die zur ausschließlichen Verwertung und Nutzung durch die Betriebsstätte bestimmt sind.[53] In dieser Aussage lässt sich eine

46 BT-Drucks. 21/1974; BT-Drucks. 21/3104.

47 BMF v. 24.12.1999, BStBl. I 1999, 1076.

48 BMF v. 24.12.1999, BStBl. I 1999, 1076, Rz. 2.2; geändert durch BMF v. 25.8.2009, BStBl. I 2009, 888.

49 BMF v. 24.12.1999, BStBl. I 1999, 1076 Rz. 2.4; geändert durch BMF v. 25.8.2009, BStBl. I 2009, 888.

50 BMF v. 24.12.1999, BStBl. I 1999, 1076 Rz. 2.4; geändert durch BMF v. 25.8.2009, BStBl. I 2009, 888.

51 RFH v. 19.12.1935 – I A 236/35, RFHE 39, 1 (4); BFH v. 1.4.1987 – II R 186/80, BStBl. II 1987, 550 Rz. 9.

52 BMF v. 24.12.1999, BStBl. I 1999, 1076 Rz. 2.4; geändert durch BMF v. 25.8.2009, BStBl. I 2009, 888.

53 BMF v. 24.12.1999, BStBl. I 1999, 1076 Rz. 2.4; geändert durch BMF v. 25.8.2009, BStBl. I 2009, 888.

eindeutige Übereinstimmung zu § 2 Abs. 3 Satz 2 Nr. 1 BsGaV erkennen, der insbesondere die Nutzung als eine Geschäftstätigkeit für die Zwecke einer Personalfunktion versteht. Diese Ähnlichkeit führt dazu, dass es zumindest bei der Zuordnung von Wirtschaftsgütern nicht unbedingt zu spürbaren Abweichungen zwischen dem Veranlassungszusammenhang und dem AOA kommt.

Aufgrund der unvollständigen Umsetzung des AOA in § 1 Abs. 5 AStG bleiben die Grundsätze des Veranlassungsprinzips weiterhin anwendbar. Das scheint im Sinne der Finanzverwaltung zu sein, deren aktuelle Bemühungen sich auf eine Überarbeitung der Grundsätze zum Betriebsstättenbegriff und -begründung beschränken.[54]

3. Zwischenfazit

Für die Gewinnabgrenzung zwischen einem Stammhaus und seiner Betriebsstätte sind die allgemeinen Vorschriften über die Verrechnungspreisbestimmung anwendbar. Während die OECD seit Einführung des AOA von fingierten Geschäftsbeziehungen zwischen Stammhaus und Betriebsstätte ausgeht und eine Zuordnung anhand der der Betriebsstätte zuordenbaren Personalfunktionen vornimmt, hat die Zuordnung von Wirtschaftsgütern und im Ergebnis von Einnahmen und Ausgaben in Deutschland weiterhin auf Grundlage des Veranlassungsprinzip zu erfolgen, die sich an den von der Betriebsstätte ausgeübten Funktionen orientiert.

III. Begriffsbestimmung der Personalfunktion

Nach dieser umfassenden Einführung stellt sich die Frage: Was ist eigentlich eine Personalfunktion, wie ist sie zuzuordnen und welche Bedeutung hat sie für die Bestimmung der Verrechnungspreise?

1. Historische Herleitung des Funktionsbegriffs

Die Frage der grenzüberscheitenden Gewinnabgrenzung beschäftigte bereits den Völkerbund. Vor 103 Jahren präsentierten Prof. *Bruins*, Prof. Senator *Einaudi*, Prof. *Seligman* und Sir *Josiah Stamp*, K.B.E., dem Financial Committee ihren Bericht zur Doppelbesteuerung, der die Vorarbeit

54 Entwurf BMF v. 13.2.2026, abrufbar unter https://www.bundesfinanzministerium.de/Content/DE/Downloads/BMF_Schreiben/Internationales_Steuerrecht/Allgemeine_Informationen/2026-02-13-ENTWURF-betriebsstaettenbegriff.html.

für die Entwicklung einer internationalen Konvention/Abkommen zur Vermeidung unerwünschter Konsequenzen der Doppelbesteuerung leistete.[55] Ihre Ergebnisse fußten auf der Auffassung, dass die Verteilung der Besteuerungsrechte der wirtschaftlichen Zugehörigkeit des zu besteuernden Vermögens folgen müssten (*Principle of Economic Allegiance*).[56] Für die Zuordnung käme es auf vier Erwägungen an: (i) der Erwerb von Vermögen, (ii) die Verortung von Vermögen, (iii) die Durchsetzbarkeit der Rechte zu dem Vermögen und (iv) die Verwendung von Vermögen.[57] Die Autoren gestanden selbst ein, dass sich nicht jede Funktion einfach zuordnen ließe, und verknüpften so erstmalig den Begriff der Funktion mit den verschiedenen Tätigkeiten eines international aufgestellten Unternehmens.[58] Gleichzeitig wurde die ebenso relevante Frage aufgeworfen, wie die Aufteilung eines an sich einheitlichen wirtschaftlichen Vorgangs in verschiedene Teilschritte, die in unterschiedlichen Ländern ausgeführt werden, mit welcher Gewinnberechtigung des einzelnen Teilschritts verbunden sei.[59]

Zehn Jahre später beschäftigte sich *Mitchell B. Caroll* im Auftrag des Völkerbundes mit der Zuordnung des steuerbaren Einkommens im Verhältnis zwischen Stammhaus und lokal ansässiger Betriebsstätte. Dabei stellte er zwei grundsätzliche Ansätze vor: einerseits die Besteuerung der Betriebsstätte auf der Grundlage getrennter Bilanzen und folglich der Behandlung der Betriebsstätte als unabhängiges Unternehmen und andererseits einem *fractional apportionment*, also einer Verteilung des Gewinns zwischen Stammhaus und Betriebsstätte nach einem zu bestimmenden Aufteilungsschlüssel.[60] Während sich der zweite Ansatz mittlerweile der Kritik ausgesetzt sieht, dass der Gewinn und Verlust einer Betriebsstätte nicht von dem Gesamtgewinn eines Unternehmens abhängen könne und eine Betriebsstätte auch Gewinne erzielen könne, auch wenn das Stamm-

55 *Bruins/Einaudi/Seligman/Stamp* in League of Nations, Report on Double Taxation, 1923, E.F.S. 73, F.19.

56 *Bruins/Einaudi/Seligman/Stamp* in League of Nations, Report on Double Taxation, 1923, E.F.S. 73, F.19, S. 22.

57 *Bruins/Einaudi/Seligman/Stamp* in League of Nations, Report on Double Taxation, 1923, E.F.S. 73, F.19, S. 23.

58 *Bruins/Einaudi/Seligman/Stamp* in League of Nations, Report on Double Taxation, 1923, E.F.S. 73, F.19, S. 23.

59 *Bruins/Einaudi/Seligman/Stamp* in League of Nations, Report on Double Taxation, 1923, E.F.S. 73, F.19, S. 53.

60 *Carroll* in League of Nations, Taxation of Foreign and National Enterprises, Volume IV, Rz. 664.

haus Verluste erwirtschaftet (und umgekehrt),[61] wurde bei dem ersten Ansatz schon 1933 kritisiert, dass es unmöglich sei, einer Funktion einen genauen Gewinnanteil zuzuordnen und daher auf empirische Ansätze zurückzugreifen sei.[62]

Der deutlich spätere Interpretationskonflikt zu Art. 7 OECD-MA zwischen dem „functionally separate entity approach" und dem „relevant business activity approach" spiegelt die bereits 1933 erkannten Lösungsansätze, wenn auch in seitdem weiterentwickelter Form, wider.[63] Der *relevant business activity approach* bestimmt die Gewinnsumme auf Ebene des Unternehmens und lässt einen Anteil daran auf die einzelnen Betriebsstätten entfallen.[64] So können Verluste anderer Betriebsstätten die Gewinnsumme für eine Sparte mindern, obwohl eine zu beurteilende Betriebsstätte eigentlich einen Gewinn erwirtschaftet hat.[65] Hierdurch können Verzerrungen entstehen, deren Ausmaß von den genauen Anwendungsansätzen der betroffenen Staaten abhängt.[66]

Vor diesem Hintergrund wird auf OECD-Ebene der *functionally separate entity approach* bevorzugt, der 2006 erstmals zum AOA erklärt wurde.[67]

Trotz ihrer zentralen Stellung war die Personalfunktion (*significant people function*) nicht von Anfang an ein Bestandteil des AOA, sondern erst ab Veröffentlichung des Betriebsstättenberichts 2006.[68] Zuvor ordnete man

---

61 OECD, Report on the attribution of profits to permanent establishments, 2008, Part I, Rz. 64.

62 *Carroll* in League of Nations, Taxation of Foreign and National Enterprises, Volume IV, Rz. 664.

63 OECD, Report on the attribution of profits to permanent establishments, 2006, Part I, Rz. 8; OECD, Report on the attribution of profits to permanent establishments, 2008, Part I, Rz. 8.

64 OECD, Report on the attribution of profits to permanent establishments, 2008, Part I, Rz. 63.

65 OECD, Report on the attribution of profits to permanent establishments, 2008, Part I, Rz. 63.

66 OECD, Report on the attribution of profits to permanent establishments, 2008, Part I, Rz. 64 ff.

67 OECD, Report on the attribution of profits to permanent establishments, 2006, Part I, Rz. 9; OECD, Report on the attribution of profits to permanent establishments, 2008, Part I, Rz. 9, 74; OECD, Report on the attribution of profits to permanent establishments, 2010, Part I, Rz. 8.

68 OECD, Report on the attribution of profits to permanent establishments, 2006, Preface, Rz. 8.

lediglich Funktionen, ab 2004 „key entrepreneurial risk-taking functions" zu.[69]

2. Definitionsansatz auf internationaler Ebene

Obwohl die OECD den Begriff der Personalfunktion in das moderne Verständnis der Betriebsstättengewinnabgrenzung eingeführt hat, definiert sie den Begriff selbst nur indirekt. So beschränken sich die Ausführungen des anlässlich der Einführung des AOA neu gefassten Musterkommentars von 2010 wie auch die der aktuellen Version aus 2017, aktualisiert in 2025, darauf, dass die *significant people functions* zu identifizieren und in der Zuordnung von Risiken und Wirtschaftsgütern zu den Betriebsstätten zu spiegeln sind.[70] Näheres enthalte der OECD-Betriebsstättenbericht aus 2010.[71]

Der Betriebsstättenbericht weist der Betriebsstätte diejenigen Funktionen zu, die von Personen in der Betriebsstätte ausgeübt werden. Ebenso weist er der Betriebsstätte jene Risiken zu, für die die für die Übernahme und/oder das Management (nach der Übertragung) der Risiken maßgeblichen wesentlichen Funktionen von Personen in der Betriebsstätte ausgeübt werden.[72] Hierzu heißt es im Betriebsstättenbericht:

„Accordingly, the authorised OECD approach attributes to the PE those risks for which the significant functions relevant to the assumption and/or management (subsequent to the transfer) of risks are performed by people in the PE and also attributes to the PE economic ownership of assets for which the significant functions relevant to the economic ownership of assets are performed by people in the PE."

Im Anschluss fährt der Betriebsstättenbericht unter Verwendung des Begriffs der *significant people functions* fort, ohne weitere Erläuterung, wann eine durch Personen ausgeübte Funktion *significant* ist. Allerdings gibt

69 OECD, Report on the attribution of profits to permanent establishments, 2001, Part I, Rz. 22, 44; OECD, Discussion Draft on the attribution of profits to permanent establishments, 2004, Part I, Rz. 56.

70 OECD (2012), Model Tax Convention on Income and on Capital 2010, Commentary on Art. 7 Rz. 20, 21; OECD (2019), Model Tax Convention on Income and on Capital 2017 (Full Version), Commentary on Art. 7 Rz. 20, 21.

71 OECD (2012), Model Tax Convention on Income and on Capital 2010, Commentary on Art. 7 Rz. 23; OECD (2019), Model Tax Convention on Income and on Capital 2017 (Full Version), Commentary on Art. 7 Rz. 23.

72 OECD, Report on the attribution of profits to permanent establishments, 2010, Part I, Rz. 15.

der Bericht vor, dass im Rahmen der Untersuchung der Betriebsstätte in einem ersten Schritt zunächst sämtliche *people functions zu* katalogisieren sind und anschließend deren *significance if any […] in generating the profits of the business* zu beurteilen ist.[73] Sie stellt somit klar, dass das Vorliegen einer *people function* nicht automatisch *significant* sein muss und mit einer Gewinnauswirkung einhergeht.

Risiken korrespondieren allgemein zu Funktionen, die den aktiven Entscheidungsprozess bezüglich der Übernahme von Risiken und deren Management betreffen.[74] So trägt beispielsweise die Betriebsstätte, nicht das Stammhaus, das Risiko für die Fahrlässigkeit der vor Ort tätigen Angestellten.[75]

Bei ihrer Begriffsbestimmung stellt die OECD nicht klar, ob ausschließlich Personal des Unternehmens eine Funktion ausüben kann. Ausführungen zur Beschäftigung von Dienstleistern enthält der Bericht nicht. Stellenweise spricht er von der Ausführung der *people functions* durch *personnel of the enterprise as a whole, personnel of the PE at the PE's location* oder *personnel on behalf of the enterprise.*[76] Für das oben erwähnte Fahrlässigkeitsbeispiel hingegen von *employees of the PE*[77] und die Funktionsweise des AOA von *significant functions […] performed by people in the PE.*[78]

Wie die OECD *people, personnel* und *employees* voneinander abgrenzt, lässt sich dem Bericht nicht entnehmen. Die Musterkommentierung deutet ein Problembewusstsein bezüglich der Einkünftezuordnung zu Betriebsstätten ohne angestelltes Personal an, verzichtet aber auf weitere Stellungnahme.[79] Die Länder, die den AOA ebenfalls in nationales Recht

73 OECD, Report on the attribution of profits to permanent establishments, 2010, Part I, Rz. 61 f.

74 OECD, Report on the attribution of profits to permanent establishments, 2010, Part I, Rz. 22.

75 OECD, Report on the attribution of profits to permanent establishments, 2010, Part I, Rz. 68.

76 OECD, Report on the attribution of profits to permanent establishments, 2010, Part I, Rz. 62, 66, 68.

77 OECD, Report on the attribution of profits to permanent establishments, 2010, Part I, Rz. 68.

78 OECD, Report on the attribution of profits to permanent establishments, 2010, Part I, Rz. 15.

79 OECD (2019), Model Tax Convention on Income and on Capital 2017 (Full Version), Commentary on Art. 5 Rz. 40.

umgesetzt haben, haben ein unterschiedliches Verständnis. So versteht Finnland die *people function* als durch *personnel* oder *employees* ausgeübte Tätigkeit.[80] Dieses Verständnis deckt sich mit dem vom *Margerie*, die auf OECD-Ebene ebenfalls eine Eingrenzung auf Personal sieht.[81] Hingegen zählt Norwegen auch *subcontractor* und *persons associated with the branch* zu dem Personenkreis der *people function.*[82]

Bedeutung hat die Frage auch bei sog. personallosen Betriebsstätten. Werden in einer Betriebsstätte nur automatisierte Funktionen ausgeübt, beispielsweise in einer Server-Betriebsstätte, kommen ihr, mangels Tätigwerden von *personnel on behalf of the enterprise* vor Ort, keine *significant people functions* zu.[83] Zur Bedeutung dieser Feststellung für die Beurteilung der Gewinnberechtigung s. unter V.4.b).

3. Das deutsche Begriffsverständnis

Die deutsche Umsetzung des AOA übersetzt *people function* mit *Personalfunktion*, auch wenn die OECD wörtlich übersetzt von *Personenfunktionen* spricht. Der Begriff der Personalfunktion ist in § 1 Abs. 5 Satz 3 Nr. 1 AStG definiert. Personalfunktionen sind demnach *Funktionen des Unternehmens, die durch ihr Personal ausgeübt werden.* § 2 Abs. 3 BsGaV konkretisiert dies als eine (i) *Geschäftstätigkeit*, die von (ii) *eigenem Personal* des Unternehmens und (iii) *für das Unternehmen ausgeübt* wird. Damit konkretisiert § 2 Abs. 3 BsGaV die Personalfunktion nach § 1 Abs. 5 Satz 3 AStG, die von „Funktionen des Unternehmens, die durch ihr Personal ausgeübt werden" spricht.

a) Geschäftstätigkeit

Trotz der teils kleinteiligen Begriffsbestimmungen unterlässt § 2 BsGaV eine Definition der Geschäftstätigkeit. Stattdessen wird der Begriff lediglich anhand einer beispielhaften Aufzählung typischer Geschäftstätigkei-

80 Vero Skatt v. 1.1.2021, General Guidance for the Attribution of Income to Permanent Establishment, Rz. 3.1 und 3.2.

81 *Margerie*, Gewinnermittlung und Gewinnabgrenzung bei Betriebsstätten, 2016, S 117.

82 https://www.skatteetaten.no/en/business-and-organisation/tax-for-businesses/tax-return/deductions/foreign-large-companies-and-groups/transfer-pricing/allocation/.

83 OECD, Report on the attribution of profits to permanent establishments, 2010, Part I, Rz. 66.

ten, die den bereits vom Völkerbund aufgestellten Kriterien ähneln (s. oben III.1.), konkretisiert. Der unbestimmte Rechtsbegriff der Personalfunktion wird also durch den unbestimmten Rechtsbegriff der Geschäftstätigkeit ersetzt.[84] Einige Stimmen legen ein wirtschaftliches Verständnis an, indem sie einerseits auf das Handeln des Unternehmens im Außenverhältnis (bspw. auf Märkten) und Innenverhältnis (bspw. Organisation und Durchführung von Produktionsprozessen) abstellen.[85]

aa) Geschäftstätigkeit i.S.d. Funktionsverlagerungsverordnung

Auch im Rahmen der Funktionsverlagerungsverordnung (FVerlV), wird eine Funktion als eine Geschäftstätigkeit definiert, die aus einer Zusammenfassung gleichartiger betrieblicher Aufgaben besteht, die von bestimmten Stellen oder Abteilungen eines Unternehmens erledigt werden, § 1 Abs. 1 Satz 1 FVerlV. Es handelt sich also um eine Zusammenfassung gleichartiger betrieblicher Aufgaben, die von bestimmten Stellen oder Abteilungen eines Unternehmens erledigt werden, ohne dass es eines Teilbetriebs im steuerlichen Sinne bedarf, § 1 Abs. 1 Satz 2 AStG.

Gegenüber der übrigen Geschäftstätigkeit des Unternehmens erfolgt eine tätigkeits- und objektbezogene Abgrenzung, die verwendete Wirtschaftsgüter und konkret verbundene Chancen und Risiken mitberücksichtigt.[86] Als Untergrenze muss die Zuordnung konkreter Zahlungsflüsse bzw. sachgerecht abgrenzbarer Gewinnauswirkungen zu der Geschäftstätigkeit möglich sein.[87] Qualitative Mindestanforderungen gibt es nicht. So zählen „Geschäftsleitung, Forschung und Entwicklung, Materialbeschaffung, Lagerhaltung, Produktion, Verpackung, Vertrieb, Montage, Bearbeitung oder Veredelung von Produkten, Qualitätskontrolle, Finanzierung, Transport, Organisation, Verwaltung, Marketing oder Kundendienst" gleichermaßen als Geschäftstätigkeiten.[88]

Mangels der Verknüpfung der Geschäftstätigkeit i.S.d. FVerlV mit dem qualitativen Merkmal der Ausführung durch Personal bzw. Personen

84 *Leonhardt/Tcherveniachki* in Flick/Wassermeyer/Ditz/Schönfeld, Außensteuerrecht, 116. Lieferung Oktober 2025, § 1 AStG Rz. 2939; *Roeder/Friedrich*, BB 2015, 1053 (1055).

85 *Leonhardt/Tcherveniachki* in Flick/Wassermeyer/Ditz/Schönfeld, Außensteuerrecht, 116. Lieferung Oktober 2025, § 1 AStG Rz. 2939; *Roeder/Friedrich*, BB 2015, 1053 (1055).

86 BMF v. 12.12.2024, BStBl. I 2025, 207 Rz. 3.90.

87 BMF v. 12.12.2024, BStBl. I 2025, 207 Rz. 3.88.

88 BMF v. 12.12.2024, BStBl. I 2025, 207 Rz. 3.89.

wird angenommen, dass zwischen dem Begriff der Geschäftstätigkeit für Zwecke der FVerlV und für die Bestimmung der Personalfunktion zu differenzieren ist.[89] Die Personalfunktion fungiere als qualitativer Anknüpfungspunkt für die Zuordnung von Wirtschaftsgütern und Risiken zu einer Betriebsstätte, weshalb einerseits auch einzelne betriebliche Aufgaben – wie die Nutzung eines Wirtschaftsguts – ausreichend für die Annahme einer Geschäftstätigkeit sein könne.[90] Andererseits bedarf es stets der Ausübung durch Personal bzw. einer Person. Das Geschäftstätigkeitsverständnis i.S.d. FVerlV ist insofern enger als es auf einen organisatorischen Teil des Unternehmens abstellt, hingegen aber auch weiter als mittlerweile bereits die teilweise Verlagerung einer Funktion einschließlich der dazugehörigen Chancen und Risiken sowie der mitübertragenen oder mitüberlassenen Wirtschaftsgüter oder sonstigen Vorteile ohne Erfordernis von Personal oder Personen ausreichend ist, § 1 Abs. 2 Satz 1 FVerlV.

Um das Tatbestandsmerkmal eines *organisatorischen Teils eines Unternehmens* zu erfüllen, wird regelmäßig auch Personaleinsatz erforderlich sein, so dass sich in der Praxis für das Begriffsverständnis tatsächlich großflächige Überschneidungen ergeben.

bb) Keine Mindestanforderungen

In Übereinstimmung mit den Ausführungen des OECD-Betriebsstättenberichts[91] kennt die Personalfunktion keine Untergrenzen bezüglich Wertschöpfung oder wirtschaftlichen Auswirkungen. Geringwertige oder unerhebliche Funktionen zählen gleichermaßen zu den Personalfunktionen, die einer Betriebsstätte zuzuordnen sind.[92] Zwar enthalten die VWG

89 So auch: *Ditz* in Wassermeyer/Andresen/Ditz, Betriebsstätten Handbuch. 2. Aufl. 2018, Kapitel 6 Rz. 154; *Bärsch* in Herrmann/Heuer/Raupach, EStG/KStG, 338. Lieferung März 2026, Anhang zu § 49 EStG, BsGaV Rz. 20; *Holm*, Die Umsetzung des Authorised OECD Approach: Die betriebsstättenbezogenen Regelungen des § 1 AStG, 2023, S. 276; *Margerie*, Gewinnermittlung und Gewinnabgrenzung bei Betriebsstätten, 2016, S. 110: *Ditz/Luckhaupt*, ISR 2015, 1 (3); a.A. *Kaeser* in Wassermeyer, DBA-Doppelbesteuerung, 171. Ergänzungslieferung September 2025, Art. 7 OECD-MA Rz. 440, 705.

90 *Ditz* in Wassermeyer/Andresen/Ditz, Betriebsstätten Handbuch, 2. Aufl. 2018, Kapitel 6 Rz. 154; *Leonhardt/Tcherveniachki* in Flick/Wassermeyer/Ditz/Schönfeld, Außensteuerrecht, 116. Lieferung Oktober 2025, § 1 AStG Rz. 2935; *Ditz/Luckhaupt*, ISR 2015, 1 (3).

91 OECD, Report on the attribution of profits to permanent establishments, 2010, Part I, Rz. 62.

92 BR-Drucks. 401/14, 45.

BsGA[93] dieses klare Bekenntnis der Verordnungsbegründung nicht ausdrücklich, aus den Regelbeispielen des § 2 Abs. 3 Satz 2 BsGaV folgt jedoch dasselbe. So erkennt die Finanzverwaltung insbesondere die Nutzung, Anschaffung, Herstellung, Verwaltung, Veräußerung, Weiterentwicklung sowie der Schutz, die Risikosteuerung und die Entscheidung, Änderungen hinsichtlich von Chancen und Risiken vorzunehmen als Geschäftstätigkeiten an.[94]

b) Eigenes Personal

Um die Betriebsstätte wie ein eigenständiges und unabhängiges Unternehmen behandeln zu können, sieht § 1 Abs. 5 Satz 3 Nr. 1 AStG vor, dass ihr die Funktionen des Unternehmens zuzuordnen sind, die durch **ihr Personal** ausgeübt werden (Personalfunktion).

In § 2 Abs. 3 BsGaV ist die Formulierung enger gewählt und es muss sich um eine Geschäftstätigkeit handeln, die vom **eigenen Personal** des Unternehmens für das Unternehmen ausgeübt wird. Als eigenes Personal gilt jede natürliche Person, die auf Grund einer gesellschaftsvertraglichen oder arbeitsvertraglichen Regelung mit dem Unternehmen für das Unternehmen tätig wird, § 2 Abs. 4 Satz 1 BsGaV.

Aus Sicht des Verordnungsgebers folgt die Beschränkung auf eigenes Personal dem AOA, der stellenweise von der Funktionsausübung durch „personnel of the enterprise" spricht.[95] Im Übrigen sei eine solche Beschränkung notwendig, um Doppel- oder Nichtberücksichtigungen einzelner Personalfunktionen aufgrund von Unklarheiten zu vermeiden.[96] Betätigungen aufgrund von Dienstleistungs- oder Werkverträgen wollte der Verordnungsgeber explizit ausgeschlossen wissen.[97] Allerdings erweitert die Finanzverwaltung das Begriffsverständnis, in dem sie auch Personen als eigenes Personal qualifiziert, die außerhalb von gesellschaftsvertraglichen oder arbeitsvertraglichen Regelungen für das Unternehmen tätig werden, wenn sie im Rahmen einer Personalüberlassung durch ein ande-

93 BMF v. 22.12.2016, BStBl. I 2017, 182; angepasst durch BMF v. 17.12.2019, BStBl. I 2020, 84.

94 BMF v. 22.12.2016, BStBl. I 2017, 182 Rz. 34; angepasst durch BMF v. 17.12.2019, BStBl. I 2020, 84.

95 BR-Drucks. 401/14, 46; OECD, Report on the attribution of profits to permanent establishments, 2010, Part I, Rz. 62.

96 BR-Drucks. 401/14, 46.

97 BR-Drucks. 401/14, 47.

res Unternehmen oder als dem Unternehmen i.S.d. § 1 Abs. 2 AStG nahestehende Person (oder deren Angestellte) tätig werden, § 2 Abs. 4 Satz 2 und 3 BsGaV.[98]

Nach *Andresen* steht der Ausschluss von Dienstleistungs- und Werkverträgen mit Dritten im Widerspruch zur Idee der Betriebsstätte als selbstständiges und unabhängiges Unternehmen und dem Wortlaut von § 1 Abs. 5 Satz 3 Nr. 1 AStG.[99] Ausfluss der Selbstständigkeit sei gerade der Abschluss solcher Verträge zur Ergänzung der eigenen Funktionen.[100] Weshalb die Finanzverwaltung diese Selbstständigkeit für überlassenes Personal aber nicht für Dienstleister anerkennen wolle, sei nicht nachvollziehbar.[101] *Greinert/Metzner* kritisieren die Ausgrenzung von Dienstleistern ebenfalls für die damit einhergehende Nichtberücksichtigung von Entscheidungen, die sich wesentlich auf das Unternehmensergebnis auswirken können, verstehen die Eingrenzung allerdings als Teil des AOA.[102]

Im Ergebnis sollte sich die Ausklammerung von Dienstleistungs- und Werkverträgen mit Dritten wirtschaftlich nicht weiter auswirken. Es ist grundsätzlich davon auszugehen, dass Geschäftstätigkeiten, die durch Dienstleister oder Auftragsfertiger erbracht werden, für sich genommen keine Residualgewinnberechtigung begründen können[103] und somit ohnehin lediglich im Rahmen einer Routinevergütung berücksichtigt werden. Hierbei wird der Aufwand für externe Dienstleistungs- und Werkverträge bei einer kostenbasierten Vergütung entsprechend ohne Kostenaufschlag als sog. Drittaufwand erstattet und eine Vermittlungsgebühr erhoben.

98 BMF v. 22.12.2016, BStBl. I 2017, 182 Rz. 37, 38; angepasst durch BMF v. 17.12.2019, BStBl. I 2020, 84.

99 *Andresen* in Wassermeyer/Andresen/Ditz, Betriebsstätten Handbuch, 2. Aufl. 2018, Rz. 4.70.

100 *Andresen* in Wassermeyer/Andresen/Ditz, Betriebsstätten Handbuch, 2. Aufl. 2018, Rz. 4.70.

101 *Andresen* in Wassermeyer/Andresen/Ditz, Betriebsstätten Handbuch, 2. Aufl. 2018, Rz. 4.69.

102 *Greinert/Metzner*, Ubg 2014, 307; zustimmend *Margerie*, Gewinnermittlung und Gewinnabgrenzung bei Betriebsstätten, 2016, S. 117.

103 OECD, Countering Harmful Tax Practices More Effectively, Taking into Account Transparency and Substance, Action 5: 2015 Final Report, Rz. 50.

c) Ausüben

Ausüben i.S.d. § 2 Abs. 3 BsGaV ist ein fragmentiertes und keinesfalls vereinnahmendes Unterfangen. So kann eine natürliche Person nacheinander mehrere Geschäftstätigkeiten ausüben und mehrere natürliche Personen gleichzeitig eine einzelne Geschäftstätigkeit hinsichtlich eines Zuordnungsgegenstandes ausüben.[104] Befinden sich die Personen im letztgenannten Fall nicht alle in derselben Betriebsstätte, wirft dies neue Fragen für die Zuordnung der zugehörigen Personalfunktion auf. Es kommt zur Funktionsaufteilung, so dass im Rahmen der Bestimmung der Gewinnberechtigung zu entscheiden ist, welches Gewicht, welcher Funktionsausübung zuzuordnen ist (s. dazu unter IV.2.).

IV. Zuordnung der Personalfunktion

Stehen die Personalfunktionen nach Durchführung der Funktions- und Risikoanalyse fest, sind sie dem Stammhaus oder einer Betriebsstätte zuzuordnen.

Während die BsGaV für die Zuordnung zu einer Betriebsstätte auf den geographischen Ausübungsort abstellt (s. sogleich), lassen sich derart konkrete Aussagen von der OECD nicht feststellen. Zwar könnte sich aus Aussagen wie „performed by people *in*[105] the PE“[106] oder „functions performed *at*[107] that fixed place“[108] eine geographische Orientierung ableiten lassen, eine allgemeine Ausrichtung auf eine geographische Orientierung lässt sich aber nicht finden. Stattdessen wird auch der sachliche Bezugspunkt betont. So heißt es:[109]

„The functional analysis must also determine which of the identified activities and responsibilities of the enterprise are associated with the PE, and to what extent. Additionally, it has to be determined *in what capacity functions are per-*

104 BMF v. 22.12.2016, BStBl. I 2017, 182, Rz. 36; angepasst durch BMF v. 17.12.2019, BStBl. I 2020, 84.
105 Hervorhebung durch die Verfasserin.
106 OECD, Discussion Draft on the attribution of profits to permanent establishments, 2010, Part I, Rz. 15.
107 Hervorhebung durch die Verfasserin.
108 OECD, Discussion Draft on the attribution of profits to permanent establishments, 2010, Part I, Rz. 60.
109 OECD, Discussion Draft on the attribution of profits to permanent establishments, 2010, Part I, Rz. 60.

formed[110], i.e. as a service performed for another part of the enterprise or as a function of the PE on its own.“

Es wird ausdrücklich betont, dass der Umfang der Tätigkeiten sowie die Frage, in welcher Eigenschaft die Tätigkeiten ausgeübt werden, eine maßgebende Rolle spielt. Insofern ist nicht davon auszugehen, dass die OECD von einer rein geographischen Orientierung ausgeht, sondern auch an sachliche Bezugspunkte anknüpft. Aus deutscher Sicht kommt es für die Zuordnung zu der Betriebsstätte hauptsächlich auf ihren geographischen Ausübungsort an, § 4 Abs. 1 Satz 1 BsGaV. Weist eine Personalfunktion keinen sachlichen Bezug zur Geschäftstätigkeit ihres Ausübungsorts auf und wurde sie dort weniger als 30 Tage innerhalb eines Wirtschaftsjahres ausgeübt, ist sie dort zuzuordnen, wo sie den sachlich engsten Bezug aufweist, § 4 Abs. 1 Satz 2, Abs. 2 Alt. 2 BsGaV. Dieselbe Zuordnungsmechanik greift, wenn die Personalfunktion weder in der Betriebsstätte noch im übrigen Unternehmen ausgeübt wird, § 4 Abs. 2 Alt. 1 BsGaV. Führen weder Ausübungsort noch sachlicher Bezug zu einer eindeutigen Zuordnung, ist jede Zuordnung zulässig, sofern sie § 4 Abs. 1 und Abs. 2 BsGaV nicht widerspricht, § 4 Abs. 3 BsGaV.

Diese Grundsätze haben unmittelbare Bedeutung für die Zuordnung von Personalfunktionen, die von Mitarbeitern ausgeübt werden, die im Home Office oder *remote* tätig sind. Vor diesem Hintergrund ist das Kriterium der sachlichen Zuordnung und der Beurteilungsspielraum des Unternehmens genauer zu untersuchen.

1. Sachlicher Zusammenhang mit der Geschäftstätigkeit der Betriebsstätte

Der Verordnungsgeber stellt in § 4 Abs. 1 Satz 2 Nr. 1 BsGaV auf die Geschäftstätigkeit der Betriebsstätte ab. Dies erscheint insofern zirkelschlüssig, als die Personalfunktion selbst in § 2 Abs. 3 BsGaV als Geschäftstätigkeit definiert wird (s. oben III.3.a)). Die Zuordnung wird dabei negativ ausgeschlossen, wenn es sowohl an dem sachlichen Bezug als auch an einer Mindestausübungsdauer der Personalfunktion von 30 Tagen im Wirtschaftsjahr fehlt. Mithin genügt es für die Annahme eines sachlichen Zusammenhangs bereits, wenn eine Personalfunktion an mehr als 30 Tagen innerhalb eines Wirtschaftsjahres in einer Betriebsstätte ausgeübt wird.[111]

110 Hervorhebung durch die Verfasserin.
111 BR-Drucks. 401/14, 56; BMF v. 22.12.2016, BStBl. I 2017, Rz. 72.

Die *Geschäftstätigkeit der Betriebsstätte* ist demnach ein Auffangbegriff für sämtliche innerhalb der Betriebsstätte ausgeübten Tätigkeiten, was die Zuordnungsschwelle gerade mit Blick auf mobiles Arbeiten sehr niedrig ansetzt (s. dazu Abschnitt V.).

Die Gewichtung des Ausübungsorts soll aus Sicht des Verordnungsgebers zu einfach überprüfbaren Ergebnissen führen und damit Streitigkeiten vorbeugen.[112] Angesichts keiner vergleichbaren Gewichtung innerhalb des AOA gibt es Kritik an dieser Entscheidung, die zu Konfliktpotential mit anderen Staaten führe.[113]

2. Beurteilungsspielraum des Unternehmens

Die niedrige Zuordnungsschwelle des § 4 Abs. 1 BsGaV wird im Rahmen des § 4 Abs. 3 BsGaV einem anderem Lösungsansatz zugeführt: Über § 4 Abs. 3 BsGaV erhält das Unternehmen einen eigenständigen Beurteilungsspielraum, wenn eine Personalfunktion nicht eindeutig zugeordnet werden kann und die Zuordnung den Abs. 1 und 2 nicht widerspricht. Der eigene Beurteilungsspielraum des Unternehmens erfährt drei Begrenzungen: (i) Die Zuordnung muss so weit wie möglich der Vorgehensweise von § 4 Abs. 1 und Abs. 2 BsGaV entsprechen, (ii) anteilige Zuordnungsergebnisse sind unzulässig und (iii) die Zuordnung muss spätestens mit Erstellung der Hilfs- und Nebenrechnung nachvollziehbar sein und ggf. anhand eindeutiger Aufzeichnungen begründet werden können.[114] In der Begründung zu § 4 Abs. 3 BsGaV führte der Verordnungsgeber noch aus, dass die Zuordnung des Unternehmens entweder mit dem Ergebnis von § 4 Abs. 1 oder Abs. 2 BsGaV übereinstimmen müsse und nicht zu einem gänzlich neuem Ergebnis führen dürfe.[115]

3. Funktionsaufteilung

Unter Berücksichtigung der zunehmenden Globalisierung und der fragmentierten Ausübung hochintegrierter Geschäftsmodelle kommt es in der Praxis regelmäßig vor, dass Personalfunktionen an mehr als einem Ort zeitgleich ausgeübt werden, was zu Schwierigkeiten in der Zuordnung führt.[116] In solchen Fällen ist nach Auffassung der deutschen Finanzver-

112 BR-Drucks. 401/14, 55.
113 *Heinsen* in Gosch, 2025, § 1 AStG Rz. 1269.
114 BMF v. 22.12.2016, BStBl. I 2017, 182 Rz. 75.
115 BR-Drucks. 401/14, 56.
116 BMF v. 22.12.2016, BStBl. I 2017, 182 Rz. 42.

waltung die Personalfunktion derjenigen Betriebsstätte zuzuordnen, in der nach qualitativen Gesichtspunkten der bedeutendste Anteil ausgeführt wird.[117] Dies entspricht im Ergebnis auch der Sichtweise der OECD, die ebenfalls danach fragt, in welcher Eigenschaft eine Funktion in einer Betriebsstätte ausgeübt wird: als Dienstleistung für einen anderen Teil des Unternehmens oder in eigener Verantwortung.[118]

Lässt sich die Personalfunktion in einzelne Schritte unterteilen, empfiehlt die Finanzverwaltung, die Bedeutung mithilfe einer Skala von eins bis fünf zu bewerten und für die einzelnen Betriebsstätten zu addieren, um den qualitativen Schwerpunkt herauszuarbeiten.[119] Dies entspricht im Ergebnis der Durchführung einer Business Process Analyse, die mit einer RACI-Analyse (R = Responsible [Verantwortlich/Durchführend], A = Accountable [Rechenschaftspflichtig/Genehmigend], C = Consulted [Konsultiert/Beratend] und I = Informed [Informiert] unterlegt wird.[120] Sollte zwischen den möglichen Zielorten kein qualitativer Schwerpunkt erkennbar sein, kann die Zuordnung ausnahmsweise anhand von quantitativen Gesichtspunkten, bspw. Lohnkosten, erfolgen.[121] Dass die Finanzverwaltung eine anteilige Zuordnung im Rahmen des § 4 Abs. 3 BsGaV ausschließt, ist entsprechend konsequent.

In der Praxis dürfte sich die Anwendung dennoch als herausfordernd gestalten. Komplexe Hierarchien innerhalb eines Unternehmens trennen die Ausführung einer Tätigkeit von deren Delegation an den Ausführenden und Überwachung. Nicht einmal Delegation und Überwachung müssen in derselben Person liegen, wenn es bspw. ein gesondertes Team zur Qualitätskontrolle gibt. *Kaeser* will die Ausübung daran abgrenzen, ob die Person den durch die konkrete Funktion verfolgten Zweck selbst zu erreichen hat.[122] Laut *Margerie* muss die ausführende Person die Verantwortung tragen und die entsprechenden Kompetenzen innehaben, sowie

117 BMF v. 22.12.2016, BStBl. I 2017, 182 Rz. 42.

118 OECD, Report on the attribution of profits to permanent establishments, 2010, Part I, Rz. 60.

119 BMF v. 22.12.2016, BStBl. I 2017, 182, Rz. 42, 294.

120 *Dombrowski*, Betriebsstättenbesteuerung vor und nach der Umsetzung des AOA: eine Analyse unter besonderer Berücksichtigung von Vertreterbetriebsstätten, 2019, S. 93 ff.; *Nientimp/Stein/Schwarz/Holinski*, BB 2017, 407.

121 BMF v. 22.12.2016, BStBl. I 2017, 182 Rz. 42.

122 *Kaeser* in Wassermeyer, DBA-Doppelbesteuerung, 172. Ergänzungslieferung Januar 2026, Art. 7 OECD-MA Rz. 442, 705; zustimmend *Holm*, Die Umsetzung des Authorised OECD Approach: Die betriebsstättenbezogenen Regelungen des § 1 AStG, 2023, S. 277.

autorisiert sein, um die dazugehörigen Entscheidungen treffen zu können.[123] Verantwortung meint in diesem Zusammenhang die Verpflichtung zur Ausführung einer Tätigkeit, Kompetenz, die Fähigkeit und das Wissen, eine zugewiesene Aufgabe ausführen zu können.[124]

Wie aber gestaltet sich die Verortung von Verantwortung in Management-Strukturen, gerade bei räumlich getrennten Weisungsgebern und Weisungsnehmern? *Kaeser* differenziert zunächst danach, ob beide Personen tatsächlich mit derselben Tätigkeit betraut sind, was bei der Überwachung der Ausführung nicht vorliege.[125] Hat der Weisungsgeber nicht nur die bloße Überwachung, sondern auch Anleitung und Koordination inne, käme ihm die betreffende Tätigkeit in Eigenverantwortung zu, den Weisungsnehmern hingegen die Ausführung.[126] In solchen Konstellationen ist dem Weisungsgeber nur der anweisende Anteil der Tätigkeit, nicht dessen Ausführung zuzuordnen.[127]

Die Ausführungen lassen erahnen, welchen Dokumentationsaufwand ein Unternehmen erfüllen muss, um rechtssicher in den Anwendungsbereich des eigenen Beurteilungsspielraums des § 4 Abs. 3 BsGaV zu gelangen.

V. Home-Office-Betriebsstätte und Personalfunktion

Die obigen Ausführungen sind nun auf Betriebsstätten anzuwenden, die durch Ausübung einer Tätigkeit im Home Office oder durch *Remote Working* begründet wurde.

Wie eingangs ausgeführt geht die OECD mittlerweile davon aus, dass solche Betriebsstätten nur noch dann begründet werden können, wenn der Mitarbeiter seine Arbeitsleistung mindestens zu 50 % von diesem Ort (z.B. Home Office) aus ausübt. Zusätzlich muss ein wirtschaftlicher Grund (*commercial reason*) des Unternehmens für die Ausübung der Arbeitsleis-

123 *Margerie*, Gewinnermittlung und Gewinnabgrenzung bei Betriebsstätten, 2016, S. 112.

124 *Margerie*, Gewinnermittlung und Gewinnabgrenzung bei Betriebsstätten, 2016, S. 111.

125 *Kaeser* in Wassermeyer, DBA-Doppelbesteuerung, 172. Ergänzungslieferung Januar 2026, Art. 7 OECD-MA Rz. 442, 705.

126 *Kaeser* in Wassermeyer, DBA-Doppelbesteuerung, 172. Ergänzungslieferung Januar 2026, Art. 7 OECD-MA Rz. 442, 705.

127 *Holm*, Die Umsetzung des Authorised OECD Approach: Die betriebsstättenbezogenen Regelungen des § 1 AStG, 2023, S. 277.

tung an diesem Ort gegeben sein.[128] In der Rz. 44.21 wurden verschiedene Beispiele ergänzt, um das Zusammenspiel von Mindestarbeitszeitsausübung und Vorliegen eines wirtschaftlichen Grundes zu illustrieren.

Der aktuelle Entwurf eines BMF-Schreibens zu den Grundsätzen der Verwaltung für den Betriebsstättenbegriff und die -begründung im innerstaatlichen und internationalen Steuerrecht lässt erkennen, dass die deutsche Finanzverwaltung eine Übernahme des OECD-Ansatzes auf abkommensrechtlicher Ebene plant.[129] Für das nationale Verständnis verbleibt das BMF bei der Auffassung, dass es mangels Verfügungsmacht regelmäßig an den Voraussetzungen für das Bestehen einer Betriebsstätte scheitert.[130] Da die Doppelbesteuerungsabkommen keine Besteuerungsrechte begründen können, bedeutet das, dass im Inbound-Fall keine Betriebsstätte gegeben ist, sondern allein die nationalen Kriterien für die Prüfung maßgeblich sind.

Nicht alle Länder folgen dem OECD-Ansatz, so dass es weiterhin Länder geben wird, die eine Betriebsstätte auch bei rein „privater" Ausübung einer Tätigkeit annehmen werden. Daneben stellt sich die Frage, ob die privat veranlasste Ausübung von Aufgaben von Mitarbeitern mit Leitungsfunktion ebenfalls keine Betriebsstätte begründet oder hier andere Grundsätze anzuwenden sind. Jedenfalls für den Fall, dass ein Unternehmen lediglich von einer Person geführt wird, soll es Auswirkungen haben, wenn diese ihre Tätigkeit von einem anderen Ort als dem Sitz des Unternehmens erbringt.[131] Es sind mithin folgende Grundkonstellation denkbar:

- Mitarbeiter arbeitet aus privaten Gründen über 50 % seiner Arbeitszeit aus dem Home Office:
  - Mitarbeiter übt keine Leitungsfunktion aus,
  - Mitarbeiter übt Leitungsfunktion aus.

128 Art. 5 OECD MK Rz. 44.10 f.

129 Entwurf BMF v. 13.2.2026, Tz. 5.4, abrufbar unter https://www.bundesfinanzministerium.de/Content/DE/Downloads/BMF_Schreiben/Internationales_Steuerrecht/Allgemeine_Informationen/2026-02-13-ENTWURF-betriebsstaettenbegriff.html.

130 Entwurf BMF v. 13.2.2026, Tz. 5.1, abrufbar unter https://www.bundesfinanzministerium.de/Content/DE/Downloads/BMF_Schreiben/Internationales_Steuerrecht/Allgemeine_Informationen/2026-02-13-ENTWURF-betriebsstaettenbegriff.html.

131 Art. 5 OECD MK Rz. 44.20.

Selbstverständlich können dutzende weitere Beispiele gebildet werden und so ist der Umfang der Verrechnungspreisliteratur mit Untersuchung einzelner Fallkonstellationen leicht nachvollziehbar. An dieser Stelle soll jedoch nur der Grundgedanke erörtert werden.

1. Funktions- und Risikoanalyse

In einem ersten Schritt ist zu untersuchen, welche Aufgabe der Mitarbeiter in seinem Home Office ausführt. Nach den obigen Ausführungen wurde deutlich, dass es sich trotz des Begriffes „Personalfunktion" vorrangig um die Identifizierung der Geschäftstätigkeit, die durch eine Person ausgeführt wird, handelt. Somit ist klar, dass nicht jede Person für sich genommen eine Personalfunktion darstellt bzw. genauer gesagt diese Funktion jedenfalls nicht in eigener Verantwortung ausübt. Denn liegt die Verantwortung für eine Geschäftstätigkeit bei einer anderen Person, kann es sich bei der Ausübung der Tätigkeit im Home Office nur um eine Dienstleistung zugunsten der verantwortlich ausgeübten Funktion handeln.

Hieraus ergibt sich, dass in einem ersten Schritt die Geschäftstätigkeit zu identifizieren ist, die der Mitarbeiter im Home Office ausübt, und einem zweiten Schritt zu untersuchen ist, ob er diese Tätigkeit auch in eigener Verantwortung oder als Teil einer Funktion erbringt.

2. Funktionszuordnung

Im Anschluss an die Funktions- und Risikoanalyse sind die Funktionen den verschiedenen Teilen des Unternehmens zuzuordnen. Grundsätzlich sollte dabei jede Funktion nur einmal in Hauptverantwortung ausgeübt werden. Lediglich zuarbeitenden Mitarbeitern fehlt es, ähnlich wie Dienstleistern, an dieser Hauptverantwortung, weshalb sie entsprechend einzuordnen sind. Dementsprechend kann auch nur dem Teil des Unternehmens, dem die eigenverantwortliche Ausübung der Geschäftstätigkeit zuzuordnen ist, eine Residualgewinnberechtigung zugeordnet werden, während den anderen Teilen des Unternehmens eine risikofreie bzw. beschränkte Gewinnberechtigung zusteht.

3. Anwendung auf die Fallbeispiele

Hieraus ergibt sich, dass die Aufgaben eines Mitarbeiters, die er privat veranlasst aus dem Home Office erbringt, bei Begründung einer Betriebsstätte höchstens zu einer Routinevergütung berechtigen.

Meines Erachtens kann sich kein anderes Bild ergeben, wenn ein Mitarbeiter mit Leitungsfunktion unregelmäßig seine Aufgaben aus privaten Gründen aus dem Home Office erbringt. Etwas anderes ergibt sich jedoch, wenn der Mitarbeiter mit Leitungsfunktion seine Aufgaben regelmäßig (über 50 %) aus dem Home Office erbringt und darin somit eine Entscheidung des Unternehmens (*commercial reason*) zu sehen ist. Die Annahme eines *commercial reason* aufgrund der Ausübung einer Leitungsfunktion entspricht m.E. den Ausführungen der OECD zu Personen, die allein- oder hauptverantwortlich das Geschäft des Unternehmens aus dem Home Office heraus führen und somit eine Home-Office-Betriebsstätte begründen können.[132] Hier ist also im Einzelfall zu prüfen, ob eine Person mit Leitungsfunktion, die zu über 50 % aus dem Home Office tätig ist, allein- oder hauptverantwortlich ist. In diesem Falle ist anhand der qualitativen Aufgaben und dem tatsächlichen zeitlichen Umfang zu entscheiden, an welchem Ort die Verantwortung für eine Tätigkeit zu verorten ist.

4. Verprobung des Ergebnisses

Die oben ausgeführten Thesen stehen lassen sich wirtschaftlich mit der Aktualisierung des OECD Musterkommentars, den Grundsätzen zur Besteuerung personalloser Betriebsstätten und den Ausführungen des FHTP zu externen Dienstleistern verproben:

a) Aktualisierung des OECD MK 2025

aa) Home-Office-Tätigkeit aus privater Veranlassung/ ohne Leitungsfunktion

Mit seinen klarstellenden Erläuterungen hat die OECD in der Aktualisierung des OECD MK vom 18.11.2025 bestätigt, dass die private Entscheidung von Mitarbeitern, ihre Aufgaben an einem anderen Ort als dem ihn durch das Unternehmen zur Verfügung gestellten Arbeitsplatz auszuüben, nicht zur Begründung einer Betriebsstätte führen kann.[133] Eine Betriebsstätte kann für das Unternehmen nur dann begründet werden, wenn der Arbeitnehmer mindestens 50 % seiner Jahresarbeitszeit von diesem Ort (z.B. Home Office) aus ausübt und zusätzlich ein wirtschaftlicher Grund (*commercial reason*) des Unternehmens für die Ausübung

132 Art. 5 OECD MK Rz. 44.20.
133 Art. 5 OECD MK Rz. 44.10 f.

der Arbeitsleistung an diesem Ort gegeben ist.[134] Damit geht die OECD davon aus, dass Mitarbeiter im Home Office aus privater Veranlassung zu gar keiner Gewinnberechtigung – nicht einmal einer Routinevergütung – führen sollen.

bb) Home-Office-Tätigkeit und Leitungsfunktion

Diskutiert man die häusliche Tätigkeit des Mitarbeiters mit Leitungsfunktion, stellt sich nicht nur die Frage der Home-Office-Betriebsstätte, sondern auch die der Geschäftsleitungsbetriebsstätte, abkommensrechtlich als *place of management* aus Art. 5 Abs. 2 Buchst. a DBA-MA bekannt. Obwohl die OECD ihren Standpunkt zur Home-Office-Betriebsstätte mit der jüngst erfolgten Aktualisierung klargestellt hat, ließ sie das Verhältnis zum *place of management* offen.

Das Risiko, eine Geschäftsleitungsbetriebsstätte durch Tätigwerden eines Geschäftsführers von zuhause aus zu begründen, setzt denklogisch voraus, dass der Geschäftsführer bzw. der Mitarbeiter mit Leitungsfunktion ebenjene Funktion aus dem Home Office heraus ausübt. Aufgrund der Ausübung einer Leitungsfunktion aus dem Home Office führt nach meinem Verständnis die Identität mit dem Unternehmenswillen stets auch zu einem *commercial reason* (s. dazu bereits unter V.3.).[135] Damit beweist sich die Geschäftsleitungsbetriebsstätte als ein Unterfall der Home-Office-Betriebsstätte – die Home-Office-Betriebsstätte mit Leitungsfunktion. Fehlt es aufgrund der Mindestarbeitszeit (temporäres Kriterium) oder dem *commercial reason* (qualitatives Kriterium) bereits an dem Vorliegen einer Home-Office-Betriebsstätte, ist der Sonderfall der Geschäftsleitungsbetriebsstätte ausgeschlossen.

In ihren Klarstellungen weist die OECD darauf hin, dass für die Home-Office-Betriebsstättenbegründung durch eine Person, die allein- oder hauptverantwortlich die Geschäfte führt, andere als die zuvor gesetzten Maßstäbe gelten.[136] Diesem Gedanken folgend ist für die Betriebsstättenbegründung nicht nur anhand der Leitungsfunktion als solcher, sondern auch dem eigenverantwortlichen Ausmaß zu differenzieren. Es sind folgende Konstellationen denkbar:

---

134 Art. 5 OECD MK Rz. 44.10 f.

135 A.A. *Weber/Bühl*, ISR 2026, 31 (33), die über die Leitungsfunktion hinaus einen commercial reason fordern.

136 Art. 5 OECD MK Rz. 44.20.

- Das Unternehmen hat nur einen Mitarbeiter mit Leitungsfunktion, der
  (a) zu mehr als 50 % aus dem Home Office arbeitet oder
  (b) zu weniger als 50 % aus dem Home Office arbeitet.
- Das Unternehmen hat mehrere Mitarbeiter mit Leitungsfunktion, einer davon arbeitet
  (c) zu mehr als 50 % aus dem Home Office oder
  (d) zu weniger als 50 % aus dem Home Office.

Soweit das Unternehmen nur einen Mitarbeiter mit Leitungsfunktion hat, liegt unabhängig von dem zeitlichen Ausmaß seiner Home-Office-Tätigkeit stets eine Home-Office-Betriebsstätte sowie eine Geschäftsleitungsbetriebsstätte vor. In beiden Fällen konstituiert die nicht nur kurzfristige Ausübung der Leitungsfunktion aus dem Home Office einen *commercial reason*, der gemeinsam mit der erfüllten Mindestarbeitszeitvoraussetzung in (a) bereits dem Wortlaut nach eine Home-Office-Betriebsstätte begründet. Aufgrund der alleinigen Ausübung der Leitungsfunktion durch den Mitarbeiter, liegt ein besonders stark ausgeprägter *commercial reason* i.S.d. der Tz. 44.20 des OECD MK zu Art. 5 vor, der die Unterschreitung der zeitlichen Anforderungen in (b) überwinden kann.[137]

Verfügt das Unternehmen hingegen über mehrere Mitarbeiter mit Leitungsfunktion, führt deren Ausübung zwar weiterhin für jeden der Mitarbeiter zu einem *commercial reason.* Aufgrund der mehrfachen Ausübung fehlt es jedoch an der besonders starken Ausprägung, die das Kriterium der Mindestarbeitszeit in Szenario (d) überwinden könnte. Ausschließlich (c) führt zur Begründung einer Home-Office- wie einer Geschäftsleitungsbetriebsstätte.

b) Personallose Betriebsstätten

Folgt man der in § 2 Abs. 3 und Abs. 4 BsGaV vertretenen Auffassung und lässt Personal, das aufgrund von Dienst- und Werkverträgen für eine im Übrigen personallose Betriebsstätte tätig wird, unberücksichtigt, be-

137 Hier entspricht die Auffassung der OECD auch dem Verständnis des BMF-Entwurfs v. 13.2.2026, Tz. 5.2, abrufbar unter https://www.bundesfinanzministerium.de/Content/DE/Downloads/BMF_Schreiben/Internationales_Steuerrecht/Allgemeine_Informationen/2026-02-13-ENTWURF-betriebsstaettenbegriff.html.

stehen keinerlei Personalfunktionen, anhand derer der Betriebsstätte ein Wirtschaftsgut zuzuordnen werden könnte.[138] Dieses Ergebnis stimmt mit dem Regelbeispiel der OECD überein, das einer Server-Betriebsstätte mangels Personalfunktion vor Ort nur ein kleiner bis kein Gewinn zugesteht.[139]

So sah es auch der deutsche Verordnungsgeber, der für personallose Betriebsstätten zunächst nur diesen Abschnitt vor Augen hatte.[140] Gemäß § 5 BsGaV folgt die Zuordnung materieller Wirtschaftsgüter stets einer Personalfunktion, so dass personallosen Betriebsstätten nicht einmal das Wirtschaftsgut zustünde, aus dem sie bestehen. Seit 2019 verweist die deutsche Finanzverwaltung daher nun für die Zuordnung von Wirtschaftsgütern und Zurechnung von Gewinnen zu personallosen Betriebsstätten auch auf Rz. 75 des OECD-Betriebsstättenberichts 2010.[141] Diese Textstelle bespricht die Zuordnung materieller Wirtschaftsgüter allein aufgrund ihres Nutzungsorts.[142] Damit macht sich die Finanzverwaltung § 1 Abs. 5 Satz 2 Halbs. 2 AStG zu Nutze, der ein Abweichen von der Selbstständigkeitsfiktion gestattet, falls „die Zugehörigkeit der Betriebsstätte zum Unternehmen" eine andere Behandlung erfordert. Im Rahmen des BMF-Schreibens vom 17.12.2019[143] macht sich die Finanzverwaltung beide Lösungsansätze zu eigen, so dass personallosen Betriebsstätten zumindest die materiellen Wirtschaftsgüter zuzuordnen sind, die sie begründen.

Auch hier steht einer Betriebsstätte ohne Personalfunktion, ähnlich wie der Home-Office-Betriebsstätte eines Mitarbeiters ohne Leitungsfunktion, demnach kein bzw. nur ein kleiner Gewinn zu.

c) Ausführungen des FHTP

Im Rahmen der Formulierung der Substanzanforderungen für die Berechtigung der Inanspruchnahme präferenzieller Steuerregime hat sich

138 *Leonhardt/Tcherveniachki* in Flick/Wassermeyer/Ditz/Schönfeld, Außensteuerrecht, 116. Ergänzungslieferung Oktober 2025, § 1 AStG Rz. 2939.6; *Ditz/Tcherveniachki*, ISR 2020, 145 (149).

139 OECD, Report on the attribution of profits to permanent establishments, 2010, Part I, Rz. 66.

140 BR-Drucks. 401/14, 46.

141 BMF v. 17.12.2019, BStBl. I 2020, 84.

142 OECD, Report on the attribution of profits to permanent establishments, 2010, Part I, Rz. 75.

143 BMF v. 17.12.2019, BStBl. I 2020, 84.

das *Forum on Harmful Tax Practices* (FHTP) am Rande ebenfalls zu der Gewinnberechtigung bei der Inanspruchnahme von Dienstleistern und Auftragnehmern geäußert. Das FHTP geht davon aus, dass ein uneingeschränktes Outsourcing an unverbundene Parteien grundsätzlich nur bedingt Möglichkeiten bietet, nennenswerte Vorteile für den Auftraggeber zu erlangen, ohne selbst wesentliche Tätigkeiten auszuüben. Denn Unternehmen werden regelmäßig nicht ihr gesamtes Spektrum an Forschungs- und Entwicklungstätigkeiten (F&E) an eine unverbundene Partei auslagern.[144] Das FHTP geht somit davon aus, dass Auftragsforschung und vergleichbare Dienstleistungen jedenfalls nicht zur Schaffung von Werten führen, die eine Residualgewinnberechtigung begründen können.

5. Fazit

Die privat veranlasste Ausübung einer Tätigkeit aus dem Home Office oder einem anderen Ort als dem von dem Unternehmen zur Verfügung gestellten Arbeitsplatz kann nicht zu einer Verortung der verantwortlichen Personalfunktion zu einer hierdurch begründeten Betriebsstätte führen. Während die OECD die Begründung einer Betriebsstätte bereits dem Grunde nach ablehnt, bestätigt die Herleitung der Funktionszuordnung, dass – mit Ausnahme von der Ausübung von Leitungsfunktionen – regelmäßig nur eine Funktionsausübung mit reduziertem Funktions- und Risikoprofil vorliegen kann (Dienstleistung in Form einer Zuarbeit), die lediglich zu einer Routinevergütung berechtigt.

Sofern die Ausübung der Tätigkeit im Home Office auf einer unternehmerischen Entscheidung beruht, verlassen wir den Bereich der Sonderfragen zu *Global Mobility* und es stellen sich die regulären Gewinnabgrenzungsfragen, wie sie typischerweise bei Matrixstrukturen oder anderen fragmentierten Geschäftsmodellen auftreten. In diesen Fällen ist unter Verweis auf IV.3. eine entsprechende Aufteilung und Gewichtung der Funktionen vorzunehmen.

Vor diesem Hintergrund bleibt nur erneut darauf hinzuweisen, mit welchen Verwaltungsaufwand die Annahme von Home-Office-Betriebsstätten einhergeht mit der Hoffnung, dass sich möglichst viele Länder der Auffassung der OECD anschließen.

144 OECD, Countering Harmful Tax Practices More Effectively, Taking into Account Transparency and Substance, Action 5: 2015 Final Report, Rz. 50.

Entstrickungs- und Wegzugsbesteuerung

Univ.-Prof. Dr. *Daniela Hohenwarter-Mayr*, LL.M.
Universität Wien

I. Hinführung zum Thema

Ist das Generalthema einer Tagung der „Mobilität im Steuerrecht" gewidmet, darf eine Auseinandersetzung mit Regelungen der „Entstrickungs- und Wegzugsbesteuerung" nicht fehlen, gelten diese doch gemeinhin als Mobilitätshemmnisse. Dies zeigt nicht nur ein Blick in das Fachschrifttum;[1] auch in Tagesmedien und auf Online-Plattformen wird das Thema aufgegriffen und es wird bisweilen hitzig darüber diskutiert, wie Deutschland mit der Wegzugsteuer seine Bürger an der „Republikflucht" hindert, Mauern 2.0 errichtet und Ähnliches.[2] Hinzu kommt, dass die Zahl deutscher Auswanderer bis 2015 konstant bei rund 140.000 pro Jahr lag, sich mit knapp 270.000 Personen im Jahr 2024 jedoch nahezu verdoppelt hat,[3] wenngleich es die meisten nur vorübergehend in die Ferne zog; zum Studium oder für einen befristeten Arbeitseinsatz.[4] Ungeachtet dessen liegt die Anzahl der Auswanderer in der Tendenz steigend über jener der Rückkehrer. Dieser Zuwachs erklärt die zunehmende Breitenwirkung des Themas. Darüber hinaus hat jüngst auch eine vom FISC-Unterausschuss des Europäischen Parlaments in Auftrag gegebene Studie die beschränkende Wirkung der unterschiedlichen Formen von „Exit Taxes" in

1 Bspw. *Schnitger*, FR 2025, 208 (212 f.); Abschlussbericht der Expertenkommission „Vereinfachte Unternehmensteuer", Besteuerung der Unternehmen – Einfacher und Effizienter, 2. Aufl. 2024, S. 148 f.; *Schanz*, Deutsche Unternehmen auf den Weltmärkten – Steuerliche Hemmnisse, Studie im Auftrag der Vereinigung der Bayrischen Wirtschaft e.V., 2023, S. 26 f., abrufbar unter https://cms-cdn.lmu.de/media/04-som/tax/downloads/231025-studie-deutsche-unternehmen-auf-den-weltmaerkten_steuerliche-hemmnisse-final.pdf (letzter Abruf 10.6.2026).

2 *Siems*, Wie Deutschland seine Bürger an der „Republikflucht" hindert, Welt, veröffentlicht am 17.8.2025, abrufbar unter https://www.welt.de/debatte/plus689df40eb7e38d4fabb233ac/Wegzugsteuer-Wie-Deutschland-seine-Buerger-an-Republikflucht-hindert.html (letzter Abruf 10.6.2026); *Schönfeld/Sendke*, IStR 2025, 498 (498).

3 Statistisches Bundesamt, Wanderungen zwischen Deutschland und dem Ausland von 1950 bis 2024, wobei sich die Zahlen auf die Fortzüge Deutscher beziehen, abrufbar unter https://www.destatis.de/DE/Themen/Gesellschaft-Umwelt/Bevoelkerung/Wanderungen/Tabellen/wanderungen-zwischen-deutschland-und-dem-ausland-jahr-02.html (letzter Abruf 10.6.2026).

4 *Sackmann*, So viele Auswanderer wie nie: Das sind die Menschen, die Deutschland verlassen, FOCUS online v. 29.8.2025, abrufbar unter https://www.focus.de/finanzen/news/so-viele-auswanderer-wie-nie-das-sind-die-menschen-die-deutschland-verlassen_18277cd8-c700-402f-bb4a-5dc8ec26cf2a.html (letzter Abruf 10.6.2026).

den Mitgliedstaaten auf die langfristige Mobilität von Arbeitnehmern hervorgehoben.[5]

Das Thema bewegt und ist mitunter emotional aufgeladen. Gerade deshalb gilt es die Entstrickungs- und Wegzugsbesteuerung aus wissenschaftlich-dogmatischer Sicht zu beleuchten, die ihnen zugrunde liegenden Regelungen zu systematisieren und auf ihre Vereinbarkeit mit höherrangigem Recht zu prüfen. Rechtspolitische Überlegungen vermögen schließlich nur dann sinnvoll angestellt zu werden, wenn die rechtlichen Handlungsspielräume bekannt und die Grenzen aufgezeigt sind. Das Grundproblem liegt dabei auf der Hand: *„taxpayers go global, taxes stay local“*.[6] Um dieses Spannungsfeld auszuloten, bedarf es zunächst einer thematischen Eingrenzung sowie Abgrenzung der verwendeten Begrifflichkeiten.

II. Terminologische Abgrenzung und thematische Eingrenzung

Wenngleich Deutschland und Österreich mitunter durch ihre gemeinsame Sprache getrennt sind,[7] herrscht zumindest hinsichtlich der Begrifflichkeiten „Entstrickungs- und Wegzugsbesteuerung“ weitgehende Einigkeit. In diesem Sinne kann, wie *Roland Wacker* bereits auf der Jahrestagung 2017 in Wien herausgearbeitet hat, die „Entstrickung“ im weiteren Sinne als Oberbegriff verstanden werden, der auch den Wegzug des Steuerpflichtigen umfasst.[8] Im Kern geht es jeweils um die Aufdeckung und Besteuerung von stillen Reserven, mithin die Realisierung von latenten Wertsteigerungen in Wirtschaftsgütern des Betriebs- oder Privatvermögens, in Konstellationen, in denen die steuerliche Erfassung dieser Zuwächse zu einem späteren Zeitpunkt aufgrund von Veränderungen in den gegenwärtigen tatsächlichen und rechtlichen Umständen gefährdet ist oder wegfällt. Als Zielgröße ist daher die Abwendung einer sonst drohenden Nichtbesteuerung von Wertzuwächsen, die innerhalb der eigenen

---

5 *Eberhartinger/Figari/Fleischanderl/Petutschnig/Pistone/Zagler*, Tax Barriers and Cross-Border Workers: Tackling the Fragmentation of the EU Tax Framework, 2025, PE 772.637, S. 15 ff.

6 *Pohl*, IStR 2002, 541 (541).

7 In Anlehnung an den Aphorismus „Was Deutschland und Österreich voneinander trennt, ist die gemeinsame Sprache“; dazu *Sedlaczek*, Nicht alles Gute kommt von Kraus, Wiener Zeitung 22.7.2011, abrufbar unter https://www.wienerzeitung.at/h/nicht-alles-gute-kommt-von-kraus (letzter Abruf 10.6.2026).

8 *Wacker* in Lang (Hrsg.), Europäisches Steuerrecht, DStjG 41 (2018), 423 (424 f.); BT-Drucks. 16/2710, 26 und 52; BT-Drucks. 16/3369, 14.

Steuerhoheit entstanden sind, zu identifizieren. Mit der grenzüberschreitenden Entstrickung im weiteren Sinne sind folglich alle Sachverhalte mit Auslandsbezug angesprochen, die nach Maßgabe des originär innerstaatlichen Rechts in seinem Zusammenwirken mit Vorschriften der Doppelbesteuerungsabkommen und/oder gegebenenfalls aufgrund des Geltungsanspruchs von primärem oder sekundärem Unionsrecht den inländischen Besteuerungszugriff auf vorhandene stille Reserven entfallen lassen oder beschränken.[9] Dies betrifft zunächst die Fälle der gegenständlichen oder objektbezogenen Entstrickung, welche aus der grenzüberschreitenden Überführung oder Verlagerung von Wirtschaftsgütern des Betriebsvermögens, ganzer Betriebe oder Betriebsstätten ins Ausland hervorgehen. Sie kann zudem weiter untergliedert werden in die Kategorien der aktiven oder passiven Entstrickung, die danach differenziert, ob die Entstrickung dem unmittelbaren oder mittelbaren Einflussbereich des Steuerpflichtigen zuzurechnen oder das Ergebnis eines Gesetzgebungsaktes ist.[10]

Neben der objektbezogenen Entstrickung ist zudem die Kategorie der subjektbezogenen oder persönlichen Entstrickung als Ausfluss einer grenzüberschreitenden Verlegung der Ansässigkeit von natürlichen oder juristischen Personen auszumachen. Sie erfasst somit den Wegfall oder die Beschränkung der Steuerpflicht aufgrund einer Veränderung der rechtlichen Qualifikation der persönlichen Umstände des Steuerpflichtigen i.S.e. Änderung seiner territorialen Anknüpfungspunkte zum besteuernden Staat. Beiden Konstellationen ist nach *Wolfgang Schön* eine „horizontale" Verschiebung von Steuersubstrat zwischen verschiedenen Steuerjurisdiktionen bei fortwährender Identität des Steuersubjekts gemein.[11]

Da sich steuerliche Kategorien meist nicht trennscharf bilden lassen, sind auch Mischtatbestände denkbar, in denen eine Verschränkung von objekt- und subjektbezogenen Tatbeständen vorliegt; etwa in Konstellationen des persönlichen Wegzugs von Steuerpflichtigen, verbunden mit dem Wechsel in die beschränkte Steuerpflicht und gleichzeitiger Verlagerung einzelner Wirtschaftsgüter ins Ausland bei grundsätzlicher Beibehaltung eines Betriebs im Inland.[12] Sowohl subjektive als auch objektive Elemente

9 *Wacker* in DStjG 41 (2018), 423 (426).

10 *Wacker* in DStjG 41 (2018), 423 (426).

11 *Schön* in Hennrichs (Hrsg.), Umstrukturierung und Steuerrecht, DStjG 43 (2020), 563 (565).

12 *Wacker* in DStjG 41 (2018), 423 (426).

tragen Unternehmensumwandlungen und Umstrukturierungen in sich. Diesfalls tritt mitunter eine vertikale Dimension hinzu, wenn es – wie bei grenzüberschreitenden Einbringungen oder Sacheinlagen – zur Verdoppelung der steuerlichen Zugriffsebenen beim erwerbenden Rechtsträger und beim Einbringenden kommt.[13] Unentgeltliche Übertragungen von steuerhängigen Wirtschaftsgütern, die neben der horizontalen Verschiebung von Steuersubstrat zwischen zwei Jurisdiktionen ebenso eine Zurechnungsänderung und damit einen Steuersubjektwechsel aufweisen, lassen sich als weitere Subkategorie benennen.

Angesichts der bereits in diesem kurzen Abriss skizzierten Vielzahl an möglichen Problemfeldern, wird die Notwendigkeit einer thematischen Einschränkung offensichtlich. Der Fokus des Beitrags soll auf die Regelungen des EStG, allen voran § 4 EStG, und des AStG sowie die österreichischen Parallelvorschriften gelegt werden. Fragen der Entstrickung bei Umwandlungen waren Gegenstand der Hamburger Jahrestagung und werden daher ausgeblendet.[14] Desgleichen wird auf eine eigenständige Darstellung der Entstrickungs- und Wegzugsregelungen im KStG verzichtet, zumal diese entweder ohnehin auf die Vorschriften des EStG verweisen oder diesen in Tatbestand und Rechtsfolge entsprechen. Im Mittelpunkt stehen ferner Grundsatzfragen und damit die Grundtatbestände der Entstrickungs- und Wegzugsbesteuerung. Dabei ist der steuerliche Zugriff von Staaten im Zusammenhang mit der grenzüberschreitenden Mobilität ihrer Bürger kein Phänomen unserer Zeit. Allerdings hat sich die Ausgestaltung des Zugriffs und vor allem die normative Zielsetzung der zugrunde liegenden Regelungen geändert.

III. Vom „Abfahrtgeld" zur „Exit Tax" – ein Blick in die Geschichte

Bereits im Jahr 1827 hat sich der k. und k. Finanzbeamte *Joseph Linden* in seiner Arbeit mit dem Titel *„Das Abfahrtgeld, mit Rücksicht auf die bestehenden Freizügigkeits-Verträge"* intensiv mit den verschiedenen Arten von Abfahrtgeldern und deren Rechtsgrundlagen auseinandergesetzt. Letztere lassen sich bis über das Jahr 1591 hinaus zurückverfolgen.[15] Das Zivil-Abfahrtgelt galt als Gebühr, die *„von dem in das Ausland […] über-*

13 *Schön* in DStjG 43 (2020), 563 (565).

14 Dazu *Schön* in DStjG 43 (2020), 563 (563 ff.).

15 *Linden*, Das Abfahrtgelt, mit Rücksicht auf die bestehenden Freizügigkeits-Verträge, 1827, S. 1.

gehende[n] reinen Vermögen eines hierländigen Staatsbürgers entrichtet werden muß".[16] Diese Gebühr wurde vom anlässlich der Auswanderung mitgeführten Vermögen bemessen, wobei die Auswanderung aus dem Reichsgebiet bis in die 1840er Jahre hinein genehmigungspflichtig war.[17] Eine Erleichterung brachte diesbezüglich das kaiserliche Patent von 1785, das die Entrichtung eines Abfahrtgeldes nur noch im Falle der zwischenstaatlichen Reziprozität vorsah.[18] Inhaltlich entsprach dieses Reziprozitätserfordernis Art. 18 lit. c der Deutschen Bundesakte vom 8.6.1815,[19] wonach den Untertanen der deutschen Bundesstaaten nicht nur die Befugnis zur Auswanderung in einen anderen Staat des deutschen Bundes eingeräumt wurde,[20] sondern damit auch die „*Freiheit von aller Nachsteuer (jus detractus, gabella emigrationis) [verbunden war], insofern das Vermögen in einen anderen deutschen Bundesstaat [überging] und mit diesem Staat nicht besondere Verhältnisse durch Freizügigkeits-Verträge [bestanden]*".[21] Der Sukkus der nachfolgenden Entwicklungen zur Personen- und Vermögensfreizügigkeit fand in Österreich letztlich Eingang in Art. 4 des Staatsgrundgesetzes von 1867 über die allgemeinen Rechte der Staatsbürger.[22] Bis auf Abs. 2 ist diese Norm nach wie vor Teil der österreichischen Verfassungsrechtsordnung.[23] Darin wird die Auswanderungsfreiheit garantiert und die „*Erhebung von Abfahrtsgeldern*" auf den Fall der zwischenstaatlichen Gegenseitigkeit limitiert. Ähnliche Entwicklungslinien sind für auch Deutschland auszumachen, wenn etwa in der

16 *Linden*, Das Abfahrtgelt, 1827, S. 1. Vom Zivil-Abfahrtgeld wurde das Militär-Abfahrtgeld unterschieden, das anlässlich eines Wechsels von der Militär- in die Ziviljurisdiktion entrichtet werden musste.

17 *Pöschl* in Korinek et al., Österreichisches Bundesverfassungsrecht, 5. Aufl. 2002, zu Art. 4 StGG Rz. 1 m.w.N.

18 Kaiserliches Patent v. 14.3.1785, Justizgesetzsammlung 1785, S. 396; dazu *Linden*, Das Abfahrtgelt, 1827, S. 2 ff. i.V.m. 34 f.; *Pöschl* in Korinek et al., Verfassungsrecht, 5. Aufl. 2002, Art. 4 StGG Rz. 1.

19 Zitiert nach LI LA SgRV 1815/1; abrufbar unter www.e-archiv.li/D42785 (letzter Abruf 10.6.2026).

20 Art. 18 lit. b Z 1 Deutsche Bundesakte.

21 Art. 18 lit. c Deutsche Bundesakte.

22 Staatsgrundgesetz v. 21.12.1867, über die allgemeinen Rechte der Staatsbürger für die im Reichsrathe vertretenen Königreiche und Länder, RGBl. Nr. 142/1867; zur Entwicklung *Pöschl* in Korinek et al., Verfassungsrecht, 5. Aufl. 2002, zu Art. 4 StGG Rz. 1 ff. m.w.N.

23 Art. 149 Abs. 1 österreichisches Bundes-Verfassungsgesetz.

Frankfurter Reichsverfassung aus 1849 in Art. 136 die Auswanderungsfreiheit garantiert und die Erhebung von „*Abzugsgeldern*" verboten wird.[24]

Die Auswanderung als Anknüpfungspunkt für eine Steuererhebung begegnet beiden Staaten sodann gegen Ende des Ersten Weltkriegs 1918 wieder; dies in den Gesetzen gegen die Steuerflucht.[25] Dabei orientierte sich das zeitlich etwas später erlassene österreichische Gesetz gegen die Steuerflucht ausdrücklich am deutschen Pendant.[26] Im Ergebnis wurde jeweils eine befristete erweiterte unbeschränkte Personalsteuerpflicht bzw. Einkommen- und Vermögensteuerpflicht angeordnet. Beide Gesetze waren der Befürchtung geschuldet, dass sich sonst viele Bürger durch Auswanderung der drohenden hohen Steuerbelastungen zur Finanzierung der Kriegsfolgelasten entziehen könnten. Ungeachtet dessen wurde in der Begründung zum österreichischen Gesetz eine Nähe zum Abfahrtsgeld ausdrücklich zurückgewiesen. Die Form der Besteuerung sei weder als Abfahrtsgeld i.S.d. Art. 4 StGG zu verstehen noch solle sie die Auswanderung als solche verhindern.[27]

Die Idee einer „Fluchtsteuer" wurde in Deutschland im Zuge der Weltwirtschaftskrise im Jahr 1931 in Gestalt der „Reichsfluchtsteuer" wieder aufgegriffen;[28] dies mit dem klaren Ziel, die Kapitalflucht durch Wegzug einzudämmen.[29] Ab der Machtergreifung der Nationalsozialisten 1933 wurden die Erhebungsgrundsätze der Reichsfluchtsteuer deutlich ausgeweitet und verschärft, meist im Zusammenwirken mit und im Gefolge

24 Verfassung des deutschen Reiches v. 28.3.1849; *Düring/Rudolf*, Texte zur deutschen Verfassungsgeschichte, 2. Aufl. 1979, S. 19.

25 In Deutschland das Gesetz über die Steuerflucht v. 26.7.1918 (RGBl. Nr. 100/1918, S. 951 ff.), das durch die verfassunggebende Nationalversammlung 1919 ergänzt wurde (RGBl. Nr. 119/1919, S. 583 ff.); und in Österreich das Gesetz gegen die Steuerflucht v. 19.12.1918 (StGBl. Nr. 122/1918, S. 185 ff.).

26 102 Blg. d. Provisorischen Nationalversammlung – Regierungsvorlage, S. 9, „dem deutschen Beispiel folgend".

27 102 Blg. d. Provisorischen Nationalversammlung – Regierungsvorlage, S. 9.

28 4. VO des Reichspräsidenten zur Sicherung von Wirtschaft und Finanzen und zum Schutze des inneren Friedens v. 8.12.1931 (RGBl. I Nr. 79/1931, S. 699 ff. insb. 731 ff.); das Gesetz gegen die Steuerflucht aus dem Jahr 1918 wurde davor im August 1925 im Lichte der zunehmenden Geld- und Kapitalentwertung aufgehoben; s. *Mußgnug*, Die Reichsfluchtsteuer 1931–1953, 1993, S. 11.

29 Vgl. *Mußgnug*, Die Reichsfluchtsteuer, 1993, S. 17 ff. Die Steuer war allerdings nicht auf die Erfassung von stillen Reserven ausgerichtet, sondern erfasste das gesamte Vermögen ab einem bestimmten Schwellenwert mit 25 %.

von anderen steuerrelevanten Gesetzen.[30] Im Zuge der Übernahme der reichsdeutschen Steuergesetze in Österreich im Jahr 1938 fand die Reichsfluchtsteuer auch auf österreichischem Gebiet Anwendung.[31] Der Missbrauch, der mit diesem Gesetz und anderen Steuergesetzen im Unrechtsregime des Nationalsozialismus betrieben wurde, ist wissenschaftlich dokumentiert und steht außer Frage.[32]

Nach Aufhebung der Reichsfluchtsteuer – in Deutschland 1953,[33] in Österreich wurde sie bereits davor nicht mehr erhoben – tritt allerdings eine Zäsur ein. Sämtliche der nachfolgenden Formen von Entstrickungs- und Wegzugsteuern weisen eine andere Ausgestaltung und damit Zielrichtung als die zuvor existierenden historischen Vorläuferbestimmungen auf.[34] Ihnen gemein ist die Abgrenzung und Aufteilung von Besteuerungszuständigkeiten in Bezug auf Wertzuwächse, die als stille Reserven in einem Wirtschaftsgut ruhen, sowie die Absicherung der steuerlichen Erfassung dieser latenten Gewinne in dem Staat, in dessen Steuerhoheit sie entstanden sind. Deutlich wird dies im betrieblichen Bereich, in Österreich gem. § 6 Z 6 öEStG[35] und in Deutschland, wenn man einen Blick auf die Rechtsprechung des BFH zur finalen Entnahme wirft.[36] Dieses Bestreben kommt ebenso im außerbetrieblichen Bereich zum Ausdruck, wie ein nachbarschaftlicher Rechtsvergleich der Entstrickungs- und Wegzugsteuerregelungen verdeutlichen soll. Dabei rückt gleich zu Beginn eine Gemeinsamkeit in den Vordergrund: die in beiden Staaten vorzufindende Differenzierung zwischen Entstrickungs- und Wegzugsregelungen des Betriebsvermögens und jenen des Privatvermögens.

30 Ausführlich *Mußgnug*, Die Reichsfluchtsteuer, 1993, insb. S. 30 ff.

31 1. VO zur Einführung steuerrechtlicher Vorschriften im Lande Österreich v. 14.4.1938 (RGBl. I Nr. 57/1938, S. 389 ff., Abschnitt II, §§ 13 bis 15) i.V.m. der VO zur Durchführung der Reichsfluchtsteuer im Land Österreich v. 14.4.1938 (RGBl. I Nr. 60/1038, S. 403 f.).

32 Vgl. jeweils m.w.N. *Mußgnug*, Die Reichsfluchtsteuer, 1993, S. 44 ff.; *Banken*, Hitlers Steuerstaat – Die Steuerpolitik im Dritten Reich, 2018, S. 487 ff.; *Voß*, Steuern im Dritten Reich – Vom Recht zum Unrecht unter der Herrschaft des Nationalsozialismus, 1995, S. 146 ff.

33 Gesetz zur Aufhebung überholter steuerrechtlicher Vorschriften v. 23.7.1953 (BGBl. I Nr. 40/1953, S. 689).

34 I.d.S. auch *Lampert* in Greil/Hummel, 2025, § 6 AStG Rz. 18 m.w.N.

35 ErlRV. zum öEStG 1972, 474 BlgNR XIII. GP, S. 59.

36 Bspw. BFH v. 16.7.1969 – I 266/65, BStBl. II 1970, 175.

IV. Systematisierung der Entstrickungs- und Wegzugsregelungen im nachbarschaftlichen Rechtsvergleich

1. Wegzug und Entstrickung von Betriebsvermögen: Gemeinsamkeiten, Unterschiede und Grundsatzfragen

a) Entstrickungstatbestand

aa) Deutsche Perspektive

Ausgangspunkt für die Wegzugs- und Entstrickungsbesteuerung ist in beiden Staaten die allgemeine Gewinnermittlungsvorschrift des § 4 EStG. In beiden Staaten wird der Gewinn nach wie vor als Unterschiedsbetrag zwischen dem Betriebsvermögen am Schluss des Wirtschaftsjahres und dem Betriebsvermögen am Schluss des vorangegangenen Wirtschaftsjahres, vermehrt um den Wert der Entnahmen und vermindert um den Wert der Einlagen, definiert.[37] Anders als in Österreich normiert dann aber das deutsche EStG seit dem SEStEG 2006[38] bereits in der Grundvorschrift mit § 4 Abs. 1 Satz 3 Halbs. 1, dass der *„Ausschluss oder die Beschränkung des Besteuerungsrechts der Bundesrepublik Deutschland hinsichtlich des Gewinns aus der Veräußerung oder der Nutzung eines Wirtschaftsguts“ „[e]iner Entnahme für betriebsfremde Zwecke [...] gleich [steht]“*. Mittels Entnahmefiktion wird im Zusammenspiel mit den Bewertungsregelungen des § 6 Abs. 1 Nr. 4 Satz 1 Halbs. 2 EStG die Realisation der stillen Reserven in den entstrickten Wirtschaftsgütern bzw. der Gewinnausweis bei Nutzungsüberlassungen angeordnet.[39] Inwiefern es sich bei dieser Regelung – so wie der Gesetzgeber des SEStEG meinte – bloß um eine Klarstellung[40] handelt oder damit ein Entstrickungstatbestand konstitutiv formuliert wurde,[41] darüber lässt sich im Lichte der BFH-Rechtsprechung zur Aufgabe der „finalen Entnahmetheorie“[42] strei-

37 § 4 Abs. 1 Satz 1 dEStG und § 4 Abs. 1 Satz 1 und 2 öEStG.

38 Gesetz über steuerliche Begleitmaßnahmen zur Einführung der Europäischen Gesellschaft und zur Änderung weiterer steuerrechtlicher Vorschriften v. 7.12.2006, BGBl. I Nr. 57/2006, S. 2782.

39 Für viele *Meyer* in Hüttemann/Schön, Unternehmenssteuerrecht, 2024, Rz. 3.59 m.w.N.

40 BT-Drucks. 16/2710, 28.

41 So die h.A. jeweils m.w.N. *Bode* in Kirchhof/Seer, 25. Aufl. 2026, § 4 EStG Rz. 106; *Loschelder* in Schmidt, 45. Aufl. 2026, § 4 EStG Rz. 241; *Drüen* in Brandis/Heuermann, Ertragsteuerrecht, 174. Lfg. 2024, § 4 EStG Rz. 486c.

42 BFH v. 17.7.2008 – I R 77/06; BFH v. 28.10.2009 – I R 99/08.

ten. Ganz offensichtlich mit dem Ziel, weiteren Zweifeln den Boden zu entziehen,[43] wurde § 4 Abs. 1 EStG mit dem JStG 2010[44] um ein „Regelbeispiel"[45] in Satz 4 ergänzt: Danach liegt *„ein Ausschluss oder eine Beschränkung des Besteuerungsrechts hinsichtlich des Gewinns aus der Veräußerung eines Wirtschaftsguts [...] insbesondere vor, wenn ein bisher einer inländischen Betriebsstätte des Steuerpflichtigen zuzuordnendes Wirtschaftsgut einer ausländischen Betriebsstätte zuzuordnen ist*". Die Zweifelsfragen rund um die Formulierung des Tatbestandes in § 4 Abs. 1 Satz 3 und 4 EStG sind hinlänglich bekannt und sollen an dieser Stelle auch nicht weiter vertieft werden.[46] Ausgangspunkt für die nachfolgenden Ausführungen ist die *lex lata*, die insgesamt eine umfassende Entstrickungsregel normiert. Darüber dürfte – mittlerweile auch bestätigt durch die Rechtsprechung des BFH[47] – weitgehend Einigkeit bestehen.[48] Ihr Zweck erschöpft sich in der steuerlichen Erfassung und Absicherung jener stillen Reserven in Wirtschaftsgütern, die in der deutschen Besteuerungshoheit durch eine territoriale Verknüpfung in persönlicher oder sachlicher Hinsicht angewachsen sind.[49] Ist der Tatbestand des § 4 Abs. 1 Satz 4 EStG erfüllt, brauche es keine nochmalige Prüfung der Voraussetzungen von Satz 3. Dies habe der Gesetzgeber mit dem JStG 2010 *„unmissverständlich normiert*".[50]

Um dieses Besteuerungsrecht an den stillen Reserven umfassend abzuschöpfen, erfolgt die Bewertung der Entnahme mit dem gemeinen Wert nach § 6 Abs. 1 Nr. 4 Satz 1 Halbs. 2 EStG und nicht mit dem sonst vorgesehenen Teilwert. Zumindest textlich besteht darin ein feiner Unter-

43 *Reddig* in Herrmann/Heuer/Raupach, 314. Lfg. 2022, § 4 EStG Rz. 212.

44 Jahressteuergesetz 2010 v. 8.12.2010, BGBl. I 62/2010, S. 1768.

45 BT-Drucks. 17/3549, 15 und 25.

46 *Drüen* in Brandis/Heuermann, Ertragsteuerrecht, 174. Lfg. 2024, § 4 EStG Rz. 476 ff.; weiters *Ditz* in Wassermeyer/Andresen/Ditz, Betriebsstätten Handbuch, 2. Aufl. 2018, Rz. 6.21 ff.; *Desens*, DStR 2022, 1588 (1589 ff.); *Wacker* in DStjG 41 (2018), 423 (431 ff.); kritisch *Schön* in DStjG 43 (2020), 563 (577 ff.).

47 BFH v. 26.3.2025 – I R 5/24, I R 99/15.

48 Vgl. *Meyer* in Hüttemann/Schön, Unternehmenssteuerrecht, 2024, Rz. 3.62; *Drüen* in Brandis/Heuermann, Ertragsteuerrecht, 174. Lfg. 2024, § 4 EStG Rz. 486c; *Loschelder* in Schmidt, 45. Aufl. 2026, § 4 EStG Rz. 244.

49 BT-Drucks. 17/3549, 15 und 17 i.V.m. BT-Drucks. 16/2710, 25 f.

50 BFH v. 26.3.2025 – I R 5/24, I R 99/15 Rz. 21 mit Literaturhinweisen.

schied zur österreichischen Rechtslage und den Vorgaben der ATAD.[51] Sowohl nach der österreichischen Schwestervorschrift des § 6 Z 6 lit. a öEStG als auch im Anwendungsbereich der ATAD[52] ist der aus dem internationalen Steuerrecht stammende Fremdvergleichswert als Bewertungsmaßstab heranzuziehen.[53] Auf diese Weise soll eben in jedem Fall das volle Besteuerungsrecht abgesichert werden. Bei einem Ansatz des Teilwerts wäre dies nicht erreichbar.

Weitestgehende Übereinstimmung besteht in beiden Staaten – trotz Unterschieden im Wortlaut und im systematischen Aufbau der Vorschriften – hinsichtlich der erfassten Fälle einer Entstrickung. So sei § 4 Abs. 1 Satz 3 Halbs. 1 i.V.m. Satz 4 EStG mit Blick auf die jüngere Judikatur in Summe als allgemeiner „Gefährdungstatbestand“ zu verstehen, der die Rechtsfolgen der Entnahmefiktion immer dann eintreten lässt, wenn die spätere Besteuerung der in den betroffenen Wirtschaftsgütern ruhenden stillen Reserven anlässlich einer späteren Veräußerung – beurteilt zum Zeitpunkt des grenzüberschreitenden Zuordnungs- oder Steuerhoheitswechsels – abstrakt gefährdet erscheint.[54] Verliert der Steuerpflichtige aufgrund seines Wegzugs seine inländische Ansässigkeit und kommt es dadurch zu einem Zuordnungswechsel von Wirtschaftsgütern, liege ein Ausschluss des Besteuerungsrechts vor.[55] Dies gelte gleichermaßen bei einem objektbezogenen Zuordnungswechsel von Wirtschaftsgütern zu ausländischen Betriebsstätten durch Überführung oder einer kompletten Verlagerung von Betrieben bzw. Betriebsteilen in Staaten, mit denen Be-

51 Richtlinie (EU) 2016/1164 des Rates v. 12.7.2016 mit Vorschriften zur Bekämpfung von Steuervermeidungspraktiken mit unmittelbaren Auswirkungen auf das Funktionieren des Binnenmarkts (ATAD), ABl. L 193/1.

52 Art. 5 Abs. 6 ATAD.

53 Die Unterschiede dürften zwar marginal sein, bei bloß vorübergehenden Nutzungsüberlassungen kann die Bewertung mit dem gemeinen Wert jedoch zu Schwierigkeiten führen (vgl. *Drüen* in Brandis/Heuermann, Ertragsteuerrecht, 174. Lfg. 2024, § 4 EStG Rz. 488a); zum Gewinnausweis in diesen Konstellationen s. BMF v. 22.12.2016 – IV B 5 - S 1341/12/10001-03, 2016/1066571 Rz. 20.

54 M.w.N. *Drüen* in Brandis/Heuermann, Ertragsteuerrecht, 174. Lfg. 2024, § 4 EStG Rz. 486c; *Reddig* in Herrmann/Heuer/Raupach, 314. Lfg. 2022, § 4 EStG Rz. 211; *Meyer* in Hüttemann/Schön, Unternehmenssteuerrecht, 2024, Rz. 3.62; kritisch *Ummen/Hensel*, IStR 2026, 109 (113 ff.).

55 Vgl. *Meyer* in Kirchhof/Kulosa/Ratschow in BeckOK, 24. Ed. 2025, § 4 EStG Rz. 664.

freiungs-DBA bestehen.[56] Von einer Einschränkung sei demgegenüber bereits dann auszugehen, wenn die Wirtschaftsgüter zwar weiterhin der inländischen Steuerhoheit unterfallen, jedoch die ausländische Steuer des Zuzugsstaats anzurechnen ist;[57] entweder aufgrund einer DBA-Anrechnungsverpflichtung oder als Form der „Selbst-Beschränkung“[58] nach innerstaatlichem Recht.[59] Eine Einschränkung soll auch dann vorliegen, wenn anstelle der Anrechnung nach § 34c Abs. 1 EStG der Abzug der ausländischen Steuer von der Bemessungsgrundlage beansprucht wird.[60] Desgleichen sei die Überführung von Wirtschaftsgütern im Ausland von einer Anrechnungs- in eine Befreiungsbetriebsstätte als Einschränkung zu werten.[61] Im Ergebnis werden daher neben der Überführung von Wirtschaftsgütern ins Ausland sämtliche Vorgänge, die zu einem Ausschluss oder einer Beschränkung des deutschen Besteuerungsrechts führen, mit den Rechtsfolgen der Gewinnrealisierung versehen. Dies gilt im Einklang mit der jüngsten Rechtsprechung des BFH ebenso für die „passive Entstrickung“.[62] Der Wortlaut von § 4 Abs. 1 Satz 3 EStG sei weit und verzichte bewusst auf ein willentliches Handeln des Steuerpflichtigen als tatbestandliche Voraussetzung. Ebenso wenig zwingen die Systematik und die Gesetzeshistorie dazu, Fälle passiver Entstrickungen auszunehmen.[63]

---

56 *Meyer* in Kirchhof/Kulosa/Ratschow in BeckOK, 24. Ed. 2025, § 4 EStG Rz. 660; *Reddig* in Herrmann/Heuer/Raupach, 314. Lfg. 2022, § 4 EStG Rz. 212.

57 *Drüen* in Brandis/Heuermann, Ertragsteuerrecht, 174. Lfg. 2024, § 4 EStG Rz. 486c m.w.N.

58 Zum Begriff *Pohl* in Brandis/Heuermann, Ertragsteuerrecht, 179. Lfg. 2025, § 6 AStG Rz. 60.

59 Vgl. *Meyer* in Kirchhof/Kulosa/Ratschow in BeckOK, 24. Ed. 2025, § 4 EStG Rz. 661 m.w.N.

60 Vgl. *Drüen* in Brandis/Heuermann, Ertragsteuerrecht, 174. Lfg. 2024, § 4 EStG Rz. 486c.

61 *Reddig* in Herrmann/Heuer/Raupach, 314. Lfg. 2022, § 4 EStG Rz. 214; *Wacker* in DStjG 41 (2018), 423 (444); a.A. *Schön*, in DStjG 43 (2020), 563 (599).

62 BFH v. 19.11.2025 – I R 41/22 Rz. 15 ff. m.w.N.; BFH v. 19.11.2025 – I R 6/23 Rz. 13; a.A. *Meyer* in Hüttemann/Schön, Unternehmenssteuerrecht, 2024, Rz. 3.63; *Reimer* in Kube/Reimer (Hrsg.), Geprägte Freiheit 2020/21, HFSt 15, 2021, 137 (insb. 145 f.); *Kessler/Spychalski*, IStR 2019, 193 (199 ff.).

63 BFH v. 19.11.2025 – I R 41/22 Rz. 17 ff.

Die passive Entstrickung stellt folglich einen regulären Anwendungsfall der Bestimmung dar.[64]

bb) Österreichische Perspektive

Ähnliche Interpretations- und Abgrenzungsfragen wie in Deutschland sind auch für die österreichische Rechtslage auszumachen, wiewohl die Entstrickungs- und Wegzugsteuer für den betrieblichen Bereich in den Bewertungsvorschriften des § 6 öEStG, konkret in dessen Ziff. 6, verankert ist.[65] An dieser Stelle besteht die Norm in ihren Kernelementen seit dem EStG 1972.[66] „*Werden Wirtschaftsgüter eines im Inland gelegenen Betriebes (Betriebsstätte) ins Ausland in einen anderen Betrieb (Betriebsstätte) überführt, oder werden im Inland gelegene Betriebe (Betriebsstätten) ins Ausland verlegt, sind die ins Ausland überführten Wirtschaftsgüter mit den Werten anzusetzen, die im Falle einer Lieferung an einen vom Steuerpflichtigen völlig unabhängigen Betrieb angesetzt worden wären*“.[67] Die damit verbundene Rechtsfolge der Veräußerungsfiktion ist tatbestandlich allerdings auf Konstellationen beschränkt, in denen der ausländische Betrieb demselben Steuerpflichtigen gehört,[68] eine Identität des Steuerpflichtigen als Mitunternehmer des ausländischen und/oder des inländischen Betriebs vorliegt,[69] der steuerpflichtige Betriebsinhaber wesentlich (d.h. zu mehr als 25 %) an der empfangenden Körperschaft und *vice versa* beteiligt ist[70] oder die in- und ausländische Betriebe einer

64 In der Erfassung passiver Entstrickungen selbst erkennt der BFH keinen Verstoß gegen Art. 3 Abs. 1 GG, BFH v. 19.11.2025 – I R 41/22 Rz. 26.

65 Als Bewertungsvorschrift gilt § 6 Z 6 öEStG für alle betrieblichen Einkunftsarten, betrifft daher natürliche Personen, Personengesellschaften und Körperschaften mit betrieblichen Einkünften gleichermaßen. § 6 Z 6 öEStG ist auch als Grundlage für die Umsetzung der OECD-Verrechnungspreisgrundsätze zu verstehen; vgl. *Mayr/Fritz-Schmied* in Doralt/Kirchmayr/Mayr/Zorn [nachfolgend D/K/M/Z], EStG Kommentar, 25. Lfg. 2025, § 6 EStG Rz. 380 und 385.

66 BGBl. I Nr. 440/1972.

67 § 6 Z 6 lit. a Satz 1 öEStG.

68 § 6 Z 6 lit. a Satz 1 TS 1 öEStG; mithin bei Identität des Steuerpflichtigen als Unternehmer.

69 § 6 Z 6 lit. a Satz 1 TS 2 öEStG; wenn also der Steuerpflichtige (als Einkommenszurechnungssubjekt i.S.d. Transparenzprinzips) Mitunternehmer des in- und/oder ausländischen Betriebs ist.

70 § 6 Z 6 lit. a Satz 1 TS 3 öEStG. Ungeachtet der textlichen Begrenztheit soll die Bestimmung ihrem Normzweck entsprechend auch jene Fälle erfassen, in denen ein ausländischer Einzel- oder Mitunternehmer eine solche wesentliche

gemeinsamen Geschäftsführung bzw. Kontrolle unterliegen.[71] Als „Überführen“ gilt dabei das Ausscheiden aus dem Betriebsvermögen des ursprünglichen Betriebs oder der ursprünglichen Betriebsstätte und der Transfer der Wirtschaftsgüter ins Ausland sowie die Änderung der funktionalen Zuordnung weg vom inländischen hin zum ausländischen Betriebsvermögen.[72] Erfasst sind daher Vorgänge der Lieferung oder der sonstigen Leistung ebenso wie Entnahmen und Einlagen.[73] Auf den Verlust oder die Beschränkung von Besteuerungsrechten kommt es diesfalls nicht an. Im Unterschied zur deutschen Rechtslage[74] wird die Betriebs(stätten)verlegung in Österreich gemeinsam mit der Überführung von einzelnen Wirtschaftsgütern geregelt.[75] Die Bestimmungen zur Überführung von Wirtschaftsgütern gelten darüber hinaus sinngemäß für sonstige Leistungen. Im Verhältnis von Kapitalgesellschaften zu ihren Gesellschaftern ist zusätzlich das KStG zu beachten, was mitunter diffizile Abgrenzungsfragen aufwirft.[76] Ähnlich wie in Deutschland § 4 Abs. 1 Satz 3 und 4 EStG gilt die Norm des § 6 Z 6 öEStG auch im Rahmen der beschränkten Steuerpflicht.[77]

Im Zuge des AbgÄG 2015[78] wurde der Überführungstatbestand des § 6 Z 6 lit. a öEStG mit § 6 Z 6 lit. b öEStG um einen finalen Entstrickungstatbestand erweitert.[79] Seither hat eine Aufdeckung der stillen Reserven durch Ansatz des Fremdvergleichswertes auch dann zu erfolgen, wenn *„sonstige Umstände“* eintreten, die *„im Verhältnis zu anderen Staaten“* zu einer *„Einschränkung des Besteuerungsrechts der Republik Österreich“* an den jeweiligen Wirtschaftsgütern führen. Den Empfehlungen der Steuer-

---

Beteiligung hält, s. *Mayr/Fritz-Schmied* in D/K/M/Z, 25. Lfg. 2025, § 6 EStG Rz. 385 m.w.N.

71 § 6 Z 6 lit. a Satz 1 TS 4 öEStG; mithin Überführung zwischen Betrieben verbundener Unternehmen.

72 Verstanden als Konkretisierung des subjektiven Willens des Steuerpflichtigen, vgl. *Ehgartner* in Jakom, 2026, § 6 EStG Rz. 150; VwGH v. 19.3.2008 – 2005/15/0076; *Zorn* in Ehrke-Rabel/Hirschler/Petritz/Sutter, Einkommensteuer, 41. Lfg. 2008, § 6 EStG Rz. 17; *Spies*, ÖStZ 2015, 283 (285 m.w.N.).

73 So bereits ErlRV. zum EStG 1972, 474 der BlgNR XIII. GP, S. 59.

74 § 16 Abs. 3a EStG (Entstrickung durch Betriebsverlegung).

75 § 6 Z 6 lit. a öEStG, wobei die Regelungen zur Betriebsveräußerung analog anzuwenden sind; dazu VwGH v. 19.3.2008 – 2005/15/0076.

76 *Mayr/Fritz-Schmied* in D/K/M/Z, 25. Lfg. 2025, § 6 EStG Rz. 385.

77 Für Österreich *Mechtler/Spies*, SWI 2016, 504 (505 ff.); für Deutschland *Wacker* in DStjG 41 (2018), 423 (443).

78 BGBl. I Nr. 163/2015.

79 *Staringer* in Bertl et al. (Hrsg.), Wertmaßstäbe, 2019, 173 (177).

reformkommission 2014 folgend,[80] sollten so bestehende Lücken geschlossen und ausweislich der Gesetzesmaterialien ein *„generelles Entstrickungskonzept“* im betrieblichen Bereich verankert werden.[81] Nicht bloß der Verlust, sondern auch die Einschränkung des Besteuerungsrechts wird mit der Entstrickungsbesteuerung sanktioniert. Ähnlich wie das Verhältnis von § 4 Abs. 1 Satz 3 und 4 in Deutschland mit Auslegungszweifeln verbunden war und ist, sorgte in Österreich das Zusammenspiel der Buchstaben a und b von § 6 Z 6 für Diskussionen; allerdings in umgekehrter Richtung[82] (für unionsrechtlichen Überlegungen s. V.4.). Der Normtext zeichnet jedoch im Lichte der Entstehungsgeschichte und im Einklang mit dem gesetzgeberischen Willen[83] ein klares Auslegungsergebnis vor: Systematisch konsequent erfasst die lit. b all jene Fälle, die nicht bereits als Überführung i.S.d. lit. a erfasst sind. Bezugnehmend auf die Überführungsbestimmung der lit. a belegt sie dafür als final konzipierte Entstrickungsnorm „sonstige“ Umstände mit den Entstrickungsfolgen,[84] sofern diese nicht als Überführung von Wirtschaftsgütern vom In- ins Ausland oder umgekehrt qualifizieren.[85]

Der Begriff der *„Umstände“* wird vor diesem Hintergrund und im Sinne der allgemeinen Wortbedeutung weit verstanden.[86] Neben aktiven Handlungen des Steuerpflichtigen, Handlungen anderer Personen und Vermögensübergängen von Todes wegen,[87] können ebenso rein rechtliche Vorgänge einen tatbestandsrelevanten Umstand i.S.d. § 6 Z 6 lit. b öEStG begründen.[88] Erfasst sind deshalb sowohl aktive als auch passive Entstri-

80 Bericht der Steuerreform-Kommission 2014, S. 140 ff.; abrufbar unter https://epub.bka.gv.at/obvbkabib/download/pdf/10638144 (letzter Abruf 10.6.2026).

81 ErlRV. zum AbgÄG 2015, 896 BlgNR XXV. GP, S. 1 und 4; vgl. *Mayr/Fritz-Schmied* in D/K/M/Z, 25. Lfg. 2025, § 6 EStG Rz. 388 m.w.N.

82 *Mechtler/Spies*, RdW 2016, 697 (703 f.).

83 ErlRV. zum AbgÄG 2015, 896 BlgNR XXV. GP, S. 4.

84 Arg. „sind ebenfalls mit den nach lit. a maßgebenden Werten anzusetzen“.

85 Wie hier *Wild*, taxlex 2016, 4 (5).

86 Umfassend *Mechtler/Spies*, StAW 2016, 135 (136 ff. m.w.N.).

87 Für Beispiele s. *Mechtler/Spies*, RdW 2016, 697 (700 ff.); *Atzmüller/Wiesner/Zangerl-Reiter* in Wiesner/Grabner/Knechtl/Wanke, Einkommensteuergesetz, Stand 1.6.2024, § 6 EStG Rz. 82.

88 „[R]echtliche Vorgänge (wie den Abschluss eines DBA oder dessen Änderung)“ nennen die Gesetzesmaterialien dabei ausdrücklich als Fälle eines „Umstands“, die bei Einschränkung des Besteuerungsrechts zur Anwendung von § 6 Z 6 lit. b öEStG führen sollen. ErlRV. zum AbgÄG 2015, 896 BlgNR XXV. GP, S. 4. Den Hintergrund dafür bildet wiederum die seit 2014 im

ckungen. In Bezug auf passive Entstrickungen als Folge des Inkrafttretens neuer oder geänderter DBA will man diese Konsequenz in Österreich allerdings künftig durch entsprechende Vereinbarungen vermeiden. Danach soll der Neuabschluss bzw. die Änderung eines DBA die Ausübung von Besteuerungsrechten hinsichtlich der bis zum Inkrafttreten des DBA entstandenen stillen Reserven in vorhandenen Wirtschaftsgütern unberührt lassen.[89] Inhaltlich entspricht dies der von Österreich und Deutschland in der Bemerkung („observation") zu Rz. 3.1 des OECD-Musterkommentars zu Art. 13 vertretenen Position.[90] Nach der gegenwärtigen österreichischen Verwaltungspraxis soll diese Auffassung allerdings auch ohne ausdrückliche Verankerung bei anzunehmender Gegenseitigkeit gelten.[91] Folgt der andere Vertragsstaat dem österreichischen Verständnis, soll im Inkrafttreten des DBA keine Einschränkung von Besteuerungsrechten liegen.

Ungeachtet dessen ist der Wortlaut der Bestimmung denkbar weit und würde bei einem exzessiven Verständnis auch bloß originär innerstaatliche Änderungen in der Besteuerung wie Steuersatzsenkungen erfassen. Eine derart uferlose und damit auch verfassungsrechtlich bedenkliche Ausdehnung lässt sich allerdings vermeiden, indem bei der Interpretation der „*Umstände*" „*das Verhältnis zu anderen Staaten*" stärker gewichtet wird. In diesem Sinne braucht es zumindest eine Form des Zusammenwirkens mit einem anderen Staat an der Einschränkung der Besteuerungsrechte.

OECD-MK zu Art. 13 OECD-MA vertretene Sichtweise, wonach ein Vertragsstaat bei Änderung oder Neuabschluss eines DBA das Recht hat, auch jene stillen Reserven in Wirtschaftsgütern zu besteuern, die vor dem Inkrafttreten des Abkommens entstanden sind (OECD, Model Tax Convention on Income and Capital 2017 – Full Version, 2019, Rz. 3.1 zu Art. 13); vgl. *Schilcher*, SWI 2016, 160 (163).

89 *Mayr/Mair* in Kirchmayr/Mayr/Hirschler (Hrsg.), Aktuelle Fragen der Konzernbesteuerung, 2016, 47 (49 Fn. 13).

90 OECD, Model Tax Convention on Income and Capital 2017 – Full Version, 2019, Rz. 32.1 zu Art. 13.

91 Dabei wird bereits aus der Verwendung des OECD-MA 2014 als Basis für die konkreten Vertragsverhandlungen auf das übereinstimmende Verständnis geschlossen. ÖBMF in EAS 3434 v. 24.1.2022 (DBA Argentinien) und öBMF in EAS 3402 v. 8.6.2018 (DBA Japan). Allerdings kann aus dem Stillschweigen eines Staates nicht ohne weiteres auf dessen Zustimmung geschlossen werden (vgl. *Lang* in Lüdicke/Mellinghoff/Rödder [Hrsg.], FS Gosch, 2016, 235 (247 m.w.N.), weshalb diese Auslegung – auch wenn sie zugunsten des Steuerpflichtigen wirkt – angreifbar ist. Kritsch vor dem Hintergrund von Art. 18 B-VG und Art. 5 F-VG auch *Mechtler/Spies*, RdW 2016, 697 (701).

Schließlich muss der „Umstand" auch kausal für die Einschränkung des Besteuerungsrechts sein. Solcherart kommen *Mechtler/Spies* zum Ergebnis, dass mit dem Tatbestandsmerkmal *„im Verhältnis zu anderen Staaten"* nur jene Fälle erfasst werden, in denen der andere Staat durch den Umstand entweder das in Österreich eingeschränkte Besteuerungsrecht – gemessen am Völkervertragsrecht oder orientiert an international anerkannten Prinzipien wie dem Welteinkommens- und Territorialitätsprinzip – gewinnt oder sich dieses (bereits zuvor bestehende) Besteuerungsrecht an den Wertsteigerungen des entstrickten Vermögens zumindest weiterhin sichert.[92]

Letztlich ist das Vorliegen einer Einschränkung des Besteuerungsrechts jeweils durch einen Vorher/Nachher-Vergleich im Einzelfall festzustellen. Zunächst muss Österreich vor Eintritt des Umstandes ein Besteuerungsrecht an den stillen Reserven der betroffenen Wirtschaftsgüter zugekommen sein,[93] das infolge des Umstands und zugleich auch kausal dadurch eingeschränkt wird, so dass seine potentielle Ausübung in der Zukunft rechtlich gefährdet ist. Überzeugend ist dabei jene Auffassung, die das Besteuerungsrecht als abstraktes Recht versteht, das durch einen Umstand im Verhältnis zu anderen Staaten seiner Art nach qualitativ reduziert wird.[94] Erforderlich ist demnach – ähnlich wie in Deutschland – ein Absinken von einem höheren Besteuerungsrang auf einen niedrigeren.[95]

---

92 *Mechtler/Spies*, StAW 2016, 135 (139 ff. insb. 144). Unilaterale Entlastungsmaßnahmen durch die Exekutive i.S.d. § 48 BAO sollen davon nach *Mechtler/Spies* allerdings nicht erfasst sein. Meines Erachtens wäre hier jedoch zwischen Maßnahmen auf Basis der Verordnung zu § 48 Abs. 5 BAO und Einzelmaßnahmen zu unterscheiden, die im Ermessen der Behörden liegen. Denn mit der Verankerung als Verordnung ist das Ermessen der Behörde beschränkt, setzt aber zugleich ein Zusammenwirken mit einem anderen Staat „zur Ausgleichung der in- und ausländischen Besteuerung oder zur Erzielung einer den Grundsätzen der Gegenseitigkeit entsprechenden Behandlung" voraus. Darüber hinaus orientiert sich die Verordnung materiell an der Wirkungsweise von Doppelbesteuerungsabkommen aus der Sicht des Ansässigkeitsstaats. Auf diese Wiese würde auch ein Gleichklang zur deutschen Rechtslage bezogen auf unilaterale Entlastungsmaßnahmen vorliegen.

93 Vom Bestehen eines Besteuerungsrechts ist dann auszugehen, wenn ein nationaler Tatbestand zur Substanzbesteuerung vorhanden ist, an dessen Wahrnehmung Österreich auch völkervertragsrechtlich nicht gänzlich gehindert ist, *Mechtler/Spies*, StAW 2016, 135 (146).

94 *Mechtler/Spies*, StAW 2016, 135 (152 f.).

95 Eine Verminderung in qualitativer Hinsicht ist etwa darin zu sehen, wenn ein vollumfängliches Besteuerungsrecht mit einer Anrechnungsverpflichtung ver-

b) Steuererhebung und Besteuerungsaufschub

aa) Deutsche Perspektive

Sowohl in Deutschland als auch in Österreich löst die Verwirklichung eines Entstrickungstatbestandes die sofortige Aufdeckung der in den entstrickten Wirtschaftsgütern ruhenden stillen Reserven und deren Erfassung im Einkommen des Steuerpflichtigen aus. Eine sofortige Erhebung der auf die latenten Wertsteigerungen entfallenden Steuer ausschließlich in grenzüberschreitenden Fällen würde jedoch selbst nach der im Zeitverlauf zunehmend großzügiger gewordenen Rechtsprechung des EuGH zur „Exit Tax" als unverhältnismäßige Beschränkung der Niederlassungsfreiheit gegen EU-Primärrecht verstoßen.[96] Maßnahmen zur Abschwächung der mit einer sofortigen Fälligkeit der Steuer einhergehenden Liquiditätsbelastungen sind angezeigt.

Deutschland hat hierfür bei entsprechendem EU/EWR-Bezug der Entstrickung die Ausgleichspostenmethode des § 4g EStG vorgesehen. Sofern das Besteuerungsrecht hinsichtlich des Gewinns aus der Veräußerung des Wirtschaftsgutes zugunsten eines Mitgliedstaates der EU oder des EWR mit umfassender Amts- und Vollstreckungsamtshilfe[97] beschränkt oder ausgeschlossen wird, hat der unbeschränkt oder beschränkt Steuerpflichtige das Recht, auf Antrag die Neutralisierung des Entstrickungsgewinnes durch Bildung eines passiven Ausgleichspostens in Höhe der als Unterschiedsbetrag zwischen Buchwert und gemeinem Wert am Tag der fiktiven Entnahme aufgedeckten stillen Reserven zu erwirken.[98] Beim Ausgleichsposten handelt es sich nach h.A. um einen steuerrechtlichen Merkposten, der in seiner Wirkung einer Bilanzierungshilfe

---

bunden wird, die Besteuerung unter Anrechnungsverpflichtung durch eine vollständige Befreiung ersetzt wird oder ein vollumfängliches Besteuerungsrecht gänzlich entfällt. Für diese Feststellung ist jeweils das nationale Recht und die anwendbaren Doppelbesteuerungsabkommen heranzuziehen.

96 Insb. die Rs. Verder Lab Tec (EuGH v. 21.5.2015 – C-657/13, ECLI:EU:C:2015:331) und DMC (EuGH v. 23.1.2014 – C-164/12, ECLI:EU:C:2014:20); dazu noch V.4.

97 § 4g Abs. 1 Satz 1 i.V.m. § 36 Abs. 5 Satz 1 EStG; *Loschelder* in Schmidt, 45. Aufl. 2026, § 36 EStG Rz. 28.

98 *Kolbe* in Herrmann/Heuer/Raupach, 333. Lfg. 2025, § 4g EStG Rz. 16 f.; *Meyer* in Kirchhof/Kulosa/Ratschow, BeckOK 24. Ed. 2026, § 4g EStG Rz. 52 ff.

vergleichbar ist[99] und auch „§ 4 Abs. 3“-Gewinnermittlern zusteht.[100] Er ist für jedes Wirtschaftsgut getrennt auszuweisen[101] und hat sodann, beginnend mit dem Jahr der Bildung, ratierlich über fünf Jahre gewinnerhöhend aufgelöst zu werden. Der Gewinnaufschub wird auf diese Weise auf fünf Jahre verteilt und die nachteiligen Folgen einer sofortigen Besteuerung abgemildert. Eine vorzeitige Auflösung des Ausgleichspostens wird durch Verweis auf die Ereignisse in § 36 Abs. 5 Satz 4 EStG angeordnet, darüber hinaus, wenn der künftige Steueranspruch aus der ratierlichen Auflösung des Ausgleichspostens gefährdet erscheint und der Steuerpflichtige dem Verlangen auf Leistung einer Sicherheit nicht nachkommt[102] oder er seine Mitwirkungspflichten i.S.d. § 4g Abs. 5 EStG verletzt.[103] Der Re-Import von Wirtschaftsgütern, für die ein Ausgleichsposten gebildet wurde, unterliegt seit dem ATADUmsG 2021[104] keiner Sonderbestimmung mehr. Es gelten vielmehr die allgemeinen Grundsätze der Ent- bzw. Verstrickung. Bestehende Ausgleichsposten sind fortzuführen und sukzessive aufzulösen; die Gründe für eine sofortige Auflösung gelten weiter.[105] Mit der Ausgleichspostenmethode weicht der deutsche Gesetzgeber rechtstechnisch von der in Art. 5 Abs. 2 ATAD verankerten Ratenzahlung ab (zu den unionsrechtlichen Überlegungen noch V.4.). Schließlich wird nicht die auf den Entstrickungsgewinn entfallende Steuerschuld verteilt, sondern der zugrunde liegende Gewinn.[106]

---

99 *Drüen* in Brandis/Heuermann, Ertragsteuerrecht, 176. Lfg. 2025, § 4g EStG Rz. 11; *Reddig* in Kirchhof/Seer, 25. Aufl. 2026, § 4g EStG Rz. 3; BT-Drucks. 16/3369, 5.

100 § 4g Abs. 4 EStG; zur konkreten Wirkungsweise *Reddig* in Kirchhof/Seer, 25. Aufl. 2026, § 4g EStG Rz. 41; *Drüen* in Brandis/Heuermann, Ertragsteuerrecht, 176. Lfg. 2025, § 4g EStG Rz. 21.

101 Somit kann auch das Wahlrecht für jedes Wirtschaftsgut gesondert ausgeübt werden, vgl. *Meyer* in Kirchhof/Kulosa/Ratschow, BeckOK 24. Ed. 2026, § 4g EStG Rz. 59 f.

102 § 4g Abs. 2 Satz 2 Halbs. 2 EStG; dazu und zum unionsrechtlich indizierten Erfordernis der Einzelfallprüfung *Meyer* in Kirchhof/Kulosa/Ratschow, BeckOK 24. Ed. 2026, § 4g EStG Rz. 81 ff. m.w.N.

103 *Drüen* in Brandis/Heuermann, Ertragsteuerrecht, 176. Lfg. 2025, § 4g EStG Rz. 23.

104 Gesetz zur Umsetzung der Anti-Steuervermeidungsrichtlinie v. 25.6.2021, BGBl. I Nr. 37/2021, S. 2035.

105 Dazu *Reddig* in Kirchhof/Seer, 25. Aufl. 2026, § 4g EStG Rz. 34 f.

106 Auf das Konzept der Ratenzahlung wird nur im Fall der fiktiven Betriebsaufgabe anlässlich der Verlegung eines Betriebs oder Teilbetriebs in einen anderen EU/EWR-Staat nach Maßgabe von § 16 Abs. 3a EStG zurückgegriffen

bb) Österreichische Perspektive

Im Unterschied zur deutschen Rechtslage kann die aufgrund der Überführung oder Entstrickung entstandene Steuerschuld nach Maßgabe von § 6 Z 6 lit. c öEStG auf Antrag in Raten entrichtet werden. Das Wahlrecht auf Steuerstundung durch Ratenzahlung gilt für die Überführung von Wirtschaftsgütern innerhalb *eines* Betriebs desselben Steuerpflichtigen oder die Verlegung von Betrieben und Betriebsstätten in einen anderen EU/EWR-Staat, steht aber ebenso in den Fällen der Einschränkung des Besteuerungsrechts i.S.d. § 6 Z 6 lit. b öEStG gegenüber EU/EWR-Staaten zu. Keine Ratenzahlung ist – vor dem Hintergrund des im österreichischen EStG nach wie vor geltenden engen Betriebsbegriffs diskriminierungsfrei[107] – bei Überführungen zwischen unterschiedlichen Betrieben desselben Steuerpflichtigen oder zwischen zwei Konzerngesellschaften vorgesehen.[108] Während bei Wirtschaftsgütern des Anlagevermögens die Entrichtung der Steuer im Einklang mit den Vorgaben der ATAD über einen Zeitraum von fünf Jahren normiert ist,[109] gilt für das Umlaufvermögen ein Zeitraum von zwei Jahren, bei gleichzeitigem Fehlen von Regelungen zur vorzeitigen Fälligstellung offener Raten.[110]

Diese Rechtslage besteht im Wesentlichen seit dem AbgÄG 2015, mit dem das bis dahin geltende liberalere „Nichtfestsetzungskonzept“ im betrieblichen Bereich abgeschafft wurde. Im Nachgang zur Entscheidung in

(§ 36 Abs. 5 Satz 1 EStG); vgl. *Loschelder* in Schmidt, 45. Aufl. 2026, § 36 EStG Rz. 28 ff. m.w.N.

107 Siehe *Mayr/Gensluckner* in D/K/M/Z, 23. Lfg. 2022, § 6 EStG Rz. 354 ff. m.w.N.

108 Auch bei Überführungen zwischen zwei Betrieben desselben Steuerpflichtigen im Inland würde es i.R.d. Entnahme- und Einlagebewertung zu einer Aufdeckung der stillen Reserven kommen (allerdings durch den systematisch vorgezeichneten Ansatz des Teilwerts anstelle des gemeinen Werts, was allerdings den insoweit unterschiedlichen Situationen geschuldet ist; vgl. *Hohenwarter-Mayr*, RdW 2010, 538 [541]). Gleichwohl liegt insoweit eine Parallele zur deutschen Rechtslage vor, als auch die Regelung des § 4g EStG bei unternehmensübergreifenden Überführungen oder Überführungen in selbständige Tochtergesellschaften oder Personengesellschaften keine Anwendung findet; *Heinicke* in Schmidt, 45. Aufl. 2026, § 4g EStG Rz. 2.

109 § 6 Z 6 lit. d öEStG. Von 2016 bis 2018 betrug der Zahlungszeitraum sieben Jahre, wurde zur Umsetzung von Art. 5 Abs. 2 ATAD mit dem JStG 2018 (BGBl. I Nr. 62/2018) auf fünf Jahre verkürzt.

110 § 6 Z 6 lit. e öEStG.

der Rs. *Hughes de Lasteyrie du Saillant*[111] hatte der österreichische Gesetzgeber zunächst mit dem AbgÄG 2004[112] ein System eines Steueraufschubs bis zur tatsächlichen Realisation der entstrickten Wirtschaftsgüter flächendeckend auf sämtliche Entstrickungstatbestände des Ertragsteuerrechts einschließlich jener des UmgrStG ausgerollt.[113] Im betrieblichen Bereich hat sich dieses Konzept jedoch als gestaltungsanfällig erwiesen und war mit Vollzugsdefiziten verbunden.[114] Nach zunächst bloß punktuellen Verschärfungen wurde das System daher 2015 im betrieblichen Bereich gänzlich zurückgenommen; auch als Reaktion auf die Entscheidungen in den Rs. *DMC* und *Verder LabTec*,[115] die den Weg der ratierlichen Steuererhebung geebnet haben. Parallel zur deutschen Rechtslage kann auch in Österreich die Ratenzahlung für jedes Wirtschaftsgut (jede Betriebsstätte oder jeden Betrieb) separat beantragt werden.[116] Die Regelung des § 6 Z 6 öEStG gilt spiegelbildlich für passive Wirtschaftsgüter und erlaubt mithin die Aufdeckung von stillen Lasten.[117] Derartige Verluste sind bei der Einkünfteermittlung in voller Höhe zu berücksichtigen. Treffen positive Entstrickungsbeträge auf Verluste, können diese nach dem Günstigkeitsprinzip verrechnet werden.[118] Letztlich muss für Zwecke der Ermittlung der Raten die Steuerschuld auf das gesamte Einkommen nach § 33 öEStG ermittelt werden. Der daraus ableitbare Durchschnittsteuersatz ist sodann auf die im Einkommen enthaltenen Beträge i.S.d. § 6 Z 6 öEStG anzuwenden, woraus sich die Höhe jener Steuerschuld ergibt, die einer Ratenzahlung zugänglich ist. Auf Entstrickungsverluste ist das Ratenzahlungskonzept nicht anwendbar, ist das Recht auf Ratenzahlung doch tatbestandlich auf das Bestehen einer den entstrickten Wirtschaftsgütern zuzuordnenden Abgabenschuld beschränkt. Auch für sonstige Leistungen gilt das Ratenzahlungskonzept – gedeckt durch

111 EuGH v. 11.3.2004 – C-9/02, ECLI:EU:C:2004:138 – Hughes de Lasteyrie du Saillant.
112 BGBl. I Nr. 180/2004.
113 Zur Rechtslage vor 1.1.2016 s. *Mayr/Fritz-Schmied* in D/K/M/Z, 25. Lfg. 2025, § 6 EStG Rz. 392 ff.; EStR 2000 Rz. 2517a ff.
114 Bericht der Steuerreform-Kommission 2014, S. 141 f.; *Mayr* in DStjG 41 (2018), S. 64 f.
115 EuGH v. 21.5.2015 – C-657/13, ECLI:EU:C:2015:331 – Verder LabTec; EuGH v. 23.1.2014 – C-164/12, ECLI:EU:C:2014:20 – DMC.
116 EStR 2000 Rz. 2518c.
117 Vgl. *Ehgartner* in Jakom, 2026, § 6 EStG Rz. 157.
118 EStR 2000 Rz. 2518n f.

die Rechtsprechung des EuGH in der Rs. *SGI* – nicht.[119] Insofern besteht ein Gleichklang zur deutschen Rechtslage, die für Gewinne aus der fiktiven Nutzungsüberlassung ebenso keinen Ausgleichsposten zulässt.[120] Eine Verzinsung der Raten erfolgt nicht, und für die vorzeitige Fälligstellung von offenen Raten für Wirtschaftsgüter des Anlagevermögens hat sich auch der österreichische Gesetzgeber an den Tatbeständen der ATAD orientiert.[121] Ergo stimmen sie weitgehend mit jenen der deutschen Schwestervorschrift des § 36 Abs. 5 Satz 4 EStG überein; gleichwohl verzichtet Österreich auf die Stellung von Sicherheiten als Regelfall.[122] Da die Steuerschuld als solche mit dem Abgabenbescheid des Entstrickungsjahres festgesetzt wird, sind spätere Wertänderungen des Wirtschaftsguts im Ausland nicht zu berücksichtigen und beeinflussen die Raten nicht.[123] Das Ratenzahlungskonzept gilt im Übrigen ähnlich wie nunmehr in Deutschland unabhängig von einem späteren Re-Import der Wirtschaftsgüter. Die Raten laufen unter diesen Umständen unverändert weiter und das erneut „zugezogene" Wirtschaftsgut wird mit seinem Fremdvergleichswert angesetzt.

cc) Einordnung von Unterschieden und Gemeinsamkeiten

Übereinstimmend beschränken beide Staaten ihre Maßnahmen zur Abmilderung der entstrickungsbedingten Liquiditätsbelastung auf die EU und den EWR.[124] Die Sofortbesteuerung im Verhältnis zu Drittstaaten mag man vor dem Hintergrund der Rs. *DMC* kritisch hinterfragen,[125] immerhin hat der EuGH darin die Vorschriften zur Einbringung von

---

119 EuGH v. 21.1.2010 – C-311/08, ECLI:EU:C:2010:26 – SGI; vgl. *Hohenwarter-Mayr*, RdW 2010, 538 (543).

120 Siehe *Kolbe* in Herrmann/Heuer/Raupach, 333. Lfg. 2025, § 4g EStG Rz. 16.

121 § 6 Z 6 lit. d öEStG.

122 Eine Bestimmung wie § 36 Abs. 5 Satz 3 Halbs. 2 EStG existiert in Österreich nicht.

123 ErlRV. zum AbgÄG 2015, 896 BlgNR XXV. GP, S. 4; *Mayr/Fritz-Schmied* in D/K/M/Z, 25. Lfg. 2025, § 6 EStG Rz. 393/4.

124 In Deutschland wird zudem noch auf das Bestehen einer umfassenden Amtshilfe- und Vollstreckungsamtshilfe abgestellt. Auf dieses Zusatzkriterium konnte in Österreich mittlerweile verzichtet werden, weil auf abkommensrechtlicher Ebene derartige Amts- und Vollstreckungsamtshilfevereinbarungen mit allen EWR-Staaten vorliegen; ErlRV. zum JStG 2018, 190 BlgNR XXVI. GP, S. 7.

125 *Pinetz/Schaffer*, ÖStZ 2016, 377 (377 ff.).

Personengesellschaftsanteilen abweichend vom Argumentationsansatz in der Rs. *Stahlwerk Ergste Westig*[126] als vorrangigen Anwendungsfall der Kapitalverkehrsfreiheit gewürdigt. Wirft man allerdings einen Blick auf den Normzweck von § 6 Z 6 lit. a öEStG sowie § 4 Abs. 1 Satz 3 und 4 EStG, stellt also auf den „Gegenstand der Norm“ zur Abgrenzung der anwendbaren Grundfreiheit ab, ist vor dem Hintergrund der EuGH-Judikatur[127] ein Vorrang der Niederlassungsfreiheit anzunehmen,[128] der eine gleichzeitige Berufung auf die Kapitalverkehrsfreiheit ausschließt. Allfällige Beschränkungen der Kapitalverkehrsfreiheit sind als unvermeidbare Konsequenz oder Reflex hinzunehmen, rechtfertigen aber keine eigenständige Prüfung.[129] Zweifel an der vorrangigen Anwendbarkeit der Niederlassungsfreiheit treten allerdings mit Blick auf die von der Auffangnorm des § 6 Z 6 lit. b öEStG erfassten sonstigen Entstrickungsfälle auf. Immerhin kann die Norm im Zusammenhang mit Erbschaften, unentgeltlichen Übertragungen oder dem Abschluss eines DBA auch Konstellationen treffen, die als Kapitalverkehr qualifizieren (s. noch V.4.c)). Damit verbunden rückt wiederum die Kapitalverkehrsfreiheit verstärkt ins Blickfeld. Im Falle einer parallelen Anwendbarkeit von Kapitalverkehrsfreiheit und Niederlassungsfreiheit könnten dann aber ebenso Drittstaatssachverhalte durch die Kapitalverkehrsfreiheit vor den Konsequenzen einer Sofortbesteuerung geschützt sein. Nichtsdestoweniger greift die Be-

126 EuGH v. 6.11.2007 – C-415/06, ECLI:EU:C:2007:651 – Stahlwerk Ergste Westig; dazu bereits *Hohenwarter*, Verlustverwertung im Konzern, 2010, S. 281 ff.

127 Hinsichtlich der Überführung von betrieblich genutzten Wirtschaftsgütern und der Verlagerung von Geschäftstätigkeiten oder der selbständigen Ausübung einer wirtschaftlichen Tätigkeit EuGH v. 6.9.2012 – C-38/10, ECLI:EU:C:2012:521 – Komm./Portugal, Rz. 23; EuGH v. 29.11.2011 – C-371/10, ECLI:EU:C:2011:785 – National Grid Indus (NGI); EuGH v. 21.5.2015 – C-657/13, ECLI:EU:C:2015:331 – Verder LabTec, Rz. 32 ff.; EuGH v. 16.4.2015 – C-591/13, ECLI:EU:C:2015:230 – Komm./Deutschland, Rz. 52 ff.; EuGH 18.7.2013 – C-261/11, ECLI:EU:C:2013:480 – Komm./Dänemark, Rz. 24 ff.; EuGH 14.9.2017 – C-646/15, ECLI:C:EU:2017:682 – Trustees of the P Panayi Accumulation & Maintenance Settlements (nachfolgend Panayi), Rz. 24 ff.; zur Nichtanwendbarkeit der Kapitalverkehrsfreiheit auf Maßnahmen der klassischen Wegzugsbesteuerung auch *Spies*, Die Kapitalverkehrsfreiheit in Konkurrenz zu den anderen Grundfreiheiten, 2015, S. 121 ff. und 360 ff.

128 I.E. auch *Mechtler/Spies*, RdW 2016, 697 (706); für Deutschland *Desens*, FR 2022, 681 (684).

129 EuGH v. 16.2.2023 – C-707/20, ECLI:EU:C:2023:101 – Gallaher, Rz. 61.

stimmung des § 6 Z 6 lit. b öEStG nur im betrieblichen Kontext. Voraussetzung für ihre Anwendbarkeit ist die Erfassung der betroffenen Wirtschaftsgüter als Betriebs(stätten)vermögen, was die tatsächliche Verfügungsmacht bzw. den sicheren Einfluss miteinschließt. Durch einen Umstand i.S.d. § 6 Z 6 lit. b öEStG wird die Zuordnung zu einem steuerhängigen Betrieb(stätten)vermögen – meist im Zusammenspiel mit Betriebsstättenregelungen in DBA – ähnlich einer Entnahme gelöst, womit sich wiederum ein Bogen zur Abgrenzungslogik der Rs. *Stahlwerk Ergste Westig* spannen lässt. In diesen Spezialfällen ist die Entstrickung zwar nicht kausal an die unmittelbare Ausübung eines Niederlassungsvorganges geknüpft, aber in dessen Nahebereich angesiedelt. Stellt man für die Ermittlung des Gegenstands der Norm auf die Regelungen des § 6 Z 6 lit. a und b öEStG insgesamt ab, betreffen diese „*vorwiegend*"[130] den Anwendungsbereich der Niederlassungsfreiheit. Ihr Sinn und Zweck liegt in einer umfassenden Absicherung von Besteuerungsrechten i.S.d. Wahrung einer ausgewogenen zwischenstaatlichen Aufteilung jener Besteuerungsbefugnisse, die aus der Ausübung einer betrieblichen Tätigkeit stammen. Im Anwendungsbereich der ATAD würde eine Ausdehnung der Ratenzahlung auf Drittstaaten überdies mit dem Mindestschutzziel des Art. 3 i.V.m. Art. 5 Abs. 2 ATAD konfligieren. In diesem Sinne geht auch die h.A. in Deutschland weitgehend von einer Unionsrechtskonformität der Regelung des § 4 Abs. 1 Satz 3 und 4 i.V.m. § 4g aus,[131] was zugleich die vorrangige Anwendbarkeit von Art. 49 AEUV bedingt.[132]

Keine Übereinstimmung besteht in den beiden Rechtsordnungen bei der Ausnahme vom allgemeinen Entstrickungstatbestand für Anteile im Betriebsvermögen an einer SE/SCE im Falle deren Sitzverlegung.[133] Zur Absicherung bestehender Besteuerungsrechte wird im Wege eines Treaty-Overrides die spätere Veräußerung derartiger Anteile ungeachtet der Regelungen eines DBA so besteuert, als hätte keine Sitzverlegung stattgefunden. Damit wird letztlich das deutsche Besteuerungsrecht bis zur tatsächlichen Veräußerung prolongiert, womit allerdings auch jene stillen

130 EuGH v. 16.2.2023 – C-707/20, ECLI:EU:C:2023:101 – Gallaher, Rz. 62.

131 M.w.N. *Hennrichs* in Tipke/Lang, Steuerrecht, 25. Aufl. 2024, Rz. 9.474 und 9.477; *Meyer* in Hüttemann/Schön, Unternehmenssteuerrecht, 2024, Rz. 3.65 und 3.69; *Kolbe* in Herrmann/Heuer/Raupach, 333. Lfg. 2025, § 4g EStG Rz. 5.

132 Ausdrücklich *Desens*, FR 2022, 681 (684).

133 § 4 Abs. 1 Satz 5 EStG.

Reserven erfasst werden, die nach der Sitzverlegung entstanden sind.[134] Eine derartige Regelung existiert in Österreich nicht. Es gelten vielmehr die allgemeinen Entstrickungsregelungen, die jedoch im Lichte von Art. 14 Abs. 1 der FusionsRL zu kurz greifen.[135]

c) Zuzug und Verstrickung

aa) Deutsche Perspektive

Die Kehrseite von „Wegzug" und „Entstrickung" ist der „Zuzug" und die „Verstrickung", ohne deren bewertungsrechtliche Abbildung jede Wegzugs- und Entstrickungsbesteuerung systematisch unvollständig wäre. Dementsprechend gilt es, ebenso die Begründung von Besteuerungsrechten am Gewinn aus der Veräußerung von Wirtschaftsgütern durch subjektiven oder objektiven Eintritt in die Besteuerungshoheit eines Staates in den Fokus zu rücken: Korrespondierend zur Entstrickung des dritten Satzes sieht Satz 8 von § 4 Abs. 1 EStG eine allgemeine Verstrickungsregelung für die erstmalige *Begründung* des Besteuerungsrechts Deutschlands an den stillen Reserven von Wirtschaftsgütern (Verstrickung) vor, indem der Vorgang einer Einlage gleichgestellt wird.[136] Die Bewertung erfolgt auch hier mit dem gemeinen Wert nach § 6 Abs. 1 Nr. 5a Halbs. 1 EStG. Unterliegt der Vorgang in einem anderen Staat jedoch einer Entstrickungsbesteuerung, ist eine Wertverknüpfung vorgesehen, die nach Maßgabe von § 6 Abs. 1 Nr. 5a Halbs. 2 EStG mit dem gemeinen Wert der betroffenen Wirtschaftsgüter gedeckelt ist.[137]

Für die *Erstarkung* von Besteuerungsrechten sieht § 4 Abs. 1 Satz 3 Halbs. 2 i.V.m. § 4 Abs. 1 Satz 9 EStG seit dem ATADUmsG 2021 ein

134 *Reddig* in Herrmann/Heuer/Raupach, 314. Lfg. 2022, § 4 EStG Rz. 250 m.w.N.

135 Richtlinie 2009/133/EG des Rates v. 19.10.2009 über das gemeinsame Steuersystem für Fusionen, Spaltungen, Abspaltungen, die Einbringung von Unternehmensteilen und den Austausch von Anteilen, die Gesellschaften verschiedener Mitgliedstaaten betreffen, sowie für die Verlegung des Sitzes einer Europäischen Gesellschaft oder einer Europäischen Genossenschaft von einem Mitgliedstaat in einen anderen Mitgliedstaat (kodifizierte Fassung), ABl. Nr. L 310/34. Es wäre vielmehr eine Regelung nach dem Vorbild des Nichtfestsetzungskonzepts i.S.d. § 27 Abs. 6 Z 1 lit. a i.V.m. § 27a Abs. 3 Z 2 lit. b öEStG oder § 16 Abs. 1a TS 4 i.V.m. § 17 Abs. 1a öUmgrStG angezeigt.

136 *Loschelder* in Schmidt, 45. Aufl. 2026, § 4 EStG Rz. 254.

137 Mit Beispielen *Ditz/Rupp*, ISR 2021, 413 (415 f.); kritisch *Desens*, DStR 2022, 1588 (1592).

System der fiktiven Entnahme mit anschließender Wiedereinlage vor. Dazu wird in § 4 Abs. 1 Satz 3 Halbs. 2 EStG zunächst eine Entnahmebesteuerung auf Antrag für jene Fälle normiert, in denen eine Beschränkung des inländischen Besteuerungsrechts am Gewinn aus der Veräußerung oder der Nutzung von Wirtschaftsgütern „*entfällt*" und im Ausland eine Entstrickungsbesteuerung erfolgt. Eine Entnahmebesteuerung bei Verstrickung; so irritierend dies auf den ersten Blick erscheinen mag, so stimmig erweist sie sich jedoch auf den zweiten Blick und fehlt im österreichischen Recht. Fälle der Verstärkung inländischer Besteuerungsrechte[138] können solcherart auf Antrag besteuert werden, sofern auch im Ausland eine Besteuerung „*erfolgt*".[139] Die dadurch provozierte Doppelbesteuerung wird mittels Anrechnung oder Abzug unter den Voraussetzungen des § 34c EStG vermieden.[140] Da das auf diese Weise entnommene und besteuerte Wirtschaftsgut unmittelbar nach der fingierten Entnahme wieder als eingelegt gilt, kommt es – auch in Umsetzung der ATAD – zur Wertverknüpfung unter gleichzeitiger Generierung von zusätzlichem Abschreibungspotential im Inland. Als Bewertungsmaßstab ist jeweils der Wert heranzuziehen, welcher der Besteuerung im Ausland zugrunde gelegt wurde, höchstens jedoch der gemeine Wert.[141] Das Zusammenspiel von fiktiver Entnahme und fiktiver Einlage gewährleistet eine sachgerechte Abgrenzung der in- und ausländischen Besteuerungssphären, indem sie für eine verursachungsgerechte Zurechnung der stillen Reserven sorgt.[142] Die Doppelbesteuerung der bis zur Verstärkung entstandenen stillen Reserven („Altreserven") wird vermieden und zugleich die Einfachbesteuerung sichergestellt.[143]

138 Z.B. durch Überführung von Wirtschaftsgütern aus Anrechnungsbetriebsstätten eines unbeschränkt Steuerpflichtigen ins Inland; *Ditz/Rupp*, ISR 2021, 413 (415 ff.).

139 Vgl. *Reddig* in Herrmann/Heuer/Raupach, 314. Lfg. 2022, § 4 EStG Rz. 312; BFH v. 26.10.2021 – IX R 13/20.

140 *Loschelder* in Schmidt, 45. Aufl. 2026, § 4 EStG Rz. 255; BT-Drucks. 19/28652, 32.

141 § 6 Abs. 1 Nr. 4 Satz 1 Halbs. 3 (Entnahme) und § 6 Abs. 1 Nr. 5b (Einlage) EStG.

142 So *Drüen* in Brandis/Heuermann, Ertragsteuerrecht, 181. Lfg. 2026, § 4 EStG Rz. 4b; i.d.S. ebenso *Oellerich* in Musil/Weber-Grellet, Europäisches Steuerrecht, 2. Aufl. 2022, § 4 EStG Rz. 45.

143 *Oellerich* in Musil/Weber-Grellet, Europäisches Steuerrecht, 2. Aufl. 2022, § 4 EStG Rz. 44.

bb) Österreichische Perspektive

Ein derart ausdifferenziertes Bewertungssystem bei Verstrickung wie in Deutschland kennt die österreichische Parallelregelung nicht. Vielmehr sieht § 6 Z 6 lit. f öEStG einen allgemeinen Step-up oder Step-down vor, sofern Wirtschaftsgüter oder Betriebe (Betriebsstätten) aus dem Ausland ins Inland überführt werden. In diesen Fällen sind die Fremdvergleichswerte anzusetzen, was sinngemäß auch für Leistungen gilt.[144] Auf eine Besteuerung im Ausland kommt es dafür nicht an,[145] ebenso wenig stellt § 6 Z 6 lit. f öEStG erkennbar auf eine Veränderung im Umfang der Besteuerungsrechte ab. Dementsprechend soll nach den Gesetzesmaterialien der erstmalige Import sowie der Re-Import von zuvor entstrickten Wirtschaftsgütern erfasst sein.[146] Ergänzt wird die Neubewertungsregel entsprechend der Zweiteilung der Entstrickungstatbestände um § 6 Z 6 lit. g öEStG für das Entstehen von Besteuerungsrechten.[147] Treten demnach sonstige Umstände i.S.d. § 6 Z 6 lit. b öEStG ein, die *„zu einer Entstehung des Besteuerungsrechts der Republik Österreich im Verhältnis zu anderen Staaten führen,“* sind die Wirtschaftsgüter ebenfalls mit dem Fremdvergleichswert anzusetzen. Die Verstrickung von im Ausland angewachsenen stillen Reserven soll so vermieden werden. Gleichwohl werden vom Wortlaut nur Fälle erfasst, in denen es zu *„einer Entstehung des Besteuerungsrechts“* der Republik Österreich kommt. Ob daher auch eine bloße Erweiterung von bestehenden Besteuerungsrechten im Sinne ihrer Verstärkung die Neubewertung auslöst, ist unklar. Historisch betrachtet fand die tatbestandliche Anknüpfung an die „Entstehung“ des Besteuerungsrechts im Zuge des AbgÄG 2015 Eingang in § 6 Z 6 öEStG; also

144 Vgl. *Wild*, taxlex 2016, 4 (5 f.).

145 Vgl. *Mayr/Fritz-Schmied* in D/K/M/Z, 25. Lfg. 2025, § 6 EStG Rz. 394/1 m.w.N.

146 ErlRV. zum AbgÄG 2015, 896 BlgNR XXV. GP, S. 5.

147 Eine Ausnahme besteht nach § 6 Z 6 lit. h öEStG für den Re-Import von Wirtschaftsgütern, für die ausnahmsweise das Nichtfestsetzungskonzept zur Anwendung gelangt ist oder die Abgabenschuld aufgrund der Vorgaben der FusionsRL beim Anteilstausch nicht entstanden ist (§ 16 Abs. 1a UmgrStG). In diesen Fällen sind die fortgeschriebenen Buchwerte oder bei der Überführung von Privatvermögen die Anschaffungskosten anzusetzen; in beiden Fällen aber höchsten der gemeine Wert (vgl. *Wild*, taxlex 2016, 4 [6 f.]). Das Verhältnis von § 6 Z 6 lit. h öEStG zur Art. 5 Abs. 5 ATAD ist unklar, weil dort im Anwendungsbereich der ATAD durchgängig der Step-up im Zuzugsstaat gefordert wird. Dazu *Mayr/Fritz-Schmied* in D/K/M/Z, 25. Lfg. 2025, § 6 EStG Rz. 394/3 m.w.N.

zeitgleich mit der Ausweitung der Entstrickungsbesteuerung auf Fälle der „Einschränkung" des Besteuerungsrechts. Als Oberbegriff verwendet, sollte damit neben dem Verlust von Besteuerungsrechten auch deren bloße Beschränkung erfasst werden. Davor wurde lediglich der Verlust (Wegfall) von Besteuerungsrechten mit einer Entstrickungsbesteuerung belegt. Gegenspieler eines solchen Verlusts war wiederum der „Eintritt" in das Besteuerungsrecht der Republik Österreich.[148] Die Entstehungsgeschichte der Norm würde daher auf ein spiegelbildlich zur „Einschränkung von Besteuerungsrechten" abgestuftes Begriffsverständnis hindeuten, das sowohl den erstmaligen Eintritt in die Besteuerungsbefugnis als auch die Verstärkung von Besteuerungsrechten i.S.e. teilweisen Entstehens umfasst. Allerdings legt schon das allgemeine Begriffsverständnis von „entstehen" eine engere Bedeutung nahe.[149] Zudem wird in den Gesetzesmaterialien zur Erläuterung des Regelungsziels der lit. f und g weiterhin von der *„Begründung"* des Besteuerungsrechts an Wirtschaftsgütern, deren *„erstmalige[m] Import"* oder deren *„Eintritt"* in die Besteuerungshoheit gesprochen.[150] Damit dürfte auch der Gesetzgeber von einem restriktiven Verständnis ausgehen. Würde man dem erweiterten Entstrickungsverständnis hingegen ein ebenso erweitertes Verstrickungsverständnis gegenüberstellen, könnte die Verstärkung von Besteuerungsrechten unter bestimmten Umständen zugleich eine partielle Entsteuerung auslösen.[151] Ein solches Verständnis kann aber weder dem Gesetzgeber des AbgÄG 2015 zugesonnen werden noch zwingt der Wortlaut von § 6 Z 6 lit. g öEStG zu einer dahingehenden Interpretation.[152] Der Step-up des § 6 Z 6 lit. g EStG wird daher nur bei erstmaligem Eintritt der Wirtschaftsgüter in die österreichische Besteuerungshoheit zu gewähren sein.

148 § 31 Abs. 3 Satz 2 öEStG i.d.F. StruktAnpG 1996 (BGBl. I Nr. 201/1996), § 27 Abs. 6 Z 1 lit. b öEStG i.d.F. Budgetbegleitgesetz 2011 (BGBl. I Nr. 111/2010).

149 Entstehen i.S.v. „zu sein beginnen" oder „geschaffen werden" https://www.duden.de/rechtschreibung/entstehen (letzter Abruf 10.6.2026).

150 ErlRV. zum AbgÄG 2015, 896 der Blg. XXV. GP, S. 5 f.

151 Etwa im Fall des Zuzuges einer Kapitalgesellschaft, die eine Beteiligung an einer gebietsansässigen Gesellschaft hält, deren Substanz aufgrund eines abweichenden DBA auch im Ansässigkeitsstaat der Beteiligungskörperschaft der Höhe nach limitiert besteuert werden darf (z.B. Art. 13 Abs. 4 DBA Österreich – Korea) und das eingeschränkte Besteuerungsrecht zuzugsbedingt zum Vollrecht erstarkt; vgl. *Wild*, Importverschmelzungen, 2018, S. 55 f.

152 Vgl. *Wild*, Importverschmelzungen, 2018, S. 56; *Massoner/Stefaner* in Stefaner/Schragl (Hrsg.), SWK-Spezial Wegzugsbesteuerung, 2016, 129 (146 f.); ebenso öBMF in EAS 3446 v. 25.7.2023.

Demgegenüber stellt die Neubewertung des § 6 Z 6 lit. f öEStG spiegelbildlich zu lit. a bloß auf die Überführung oder Verlegung von Wirtschaftsgütern aus dem Ausland ins Inland ab. Ob damit zugleich ein Besteuerungsrecht begründet oder ein solches nur erweitert wird, ist dafür irrelevant.[153] In diesem Punkt wirkt die deutsche Regelung daher insofern ausdifferenzierter, als sie über das Wahlrecht zur „Verstrickungsbesteuerung“ bei Erweiterung von Besteuerungsrechten Fälle der Doppelbesteuerung zielgerichtet vermeidet.

Der Step-up hängt in Österreich weder von einer allfälligen Grenzbesteuerung im Ausland ab, noch wird danach unterschieden, ob die Wirtschaftsgüter aus dem EU/EWR-Raum oder aus Drittstaaten ins Inland transferiert werden. Insbesondere beim erstmaligen Eintritt von Wirtschaftsgütern in die inländische Besteuerungshoheit kann der Step-up daher zur Nichtbesteuerung der „Altreserven“ führen, sofern sie der Wegzugsstaat nicht selbst erfasst. Diese Konsequenz hat vor allem im Verhältnis zu Drittstaaten jüngst Kritik an der österreichischen Regelung hervorgerufen: Sie würde die Nichtbesteuerung und damit BEPS als Ziel der ATAD nicht konsequent genug hintanhalten.[154] Fraglich ist jedoch, ob man aus der ATAD tatsächlich eine Verpflichtung zur lückenlosen Erfassung der stillen Reserven dergestalt ableiten kann, dass ein Step-up im Verhältnis zu Drittstaaten nur bei entsprechender Vorbelastung im Abgangsstaat gewährt werden darf. Im Anwendungsbereich der ATAD ist die Kongruenz konzeptionell sichergestellt. Gegenüber Drittstaaten müsste man dafür jedoch der Richtlinie das Ziel einer über den Schutz des nationalen und binnenmarktzentrierten Steuersubstrats hinausgehenden Generierung von Steuersubstrat beimessen. Im Verhältnis zu Drittstaaten regelt die Richtlinie nur Outbound-Verlegungen,[155] während sie für In-

153 Zu denken ist hierbei an die Überführung eines Wirtschaftsgutes aus einer ausländischen Anrechnungsbetriebsstätte eines im Inland unbeschränkt Steuerpflichtigen in seine inländische Stammhausbetriebsstätte. Da im rein inländischen Vergleichsfall bei innerbetrieblichen Überführungen eine Aufdeckung der stillen Reserven unterbleibt, müsste im grenzüberschreitenden Fall analog zu § 6 Z 6 lit. e öEStG zumindest die Möglichkeit zur Ratenzahlung einer so entstehenden Steuerschuld (oder ein Wahlrecht zur Buchwertfortführung) eingeräumt werden, um primärrechtlichen Bedenken Einhalt zu gebieten; i.d.S. EuGH v. 23.11.2017 – C-292/16, ECLI:EU:C:2017:888 – A Oy, Rz. 29 ff.; *Oellerich* in Musil/Weber-Grellet, Europäisches Steuerrecht, 2. Aufl. 2022, § 12 KStG Rz. 55.

154 *Heber/Kirchmayr* in Hörtnagl et al. (Hrsg.), FS Beiser, 2024, 85 (89 ff.).

155 Art. 5 Abs. 1 und 2 ATAD.

bound-Verlegungen ausschließlich das Verhältnis zwischen den Mitgliedstaaten anspricht.[156] Damit lässt die Richtlinie den Zuzug und Vermögensimport aus Drittstaaten (einschließlich EWR-Staaten) ungeregelt und überlässt deren Erfassung den Mitgliedstaaten, die dafür eine primärrechtskonforme Lösung zu finden haben. Eine spezifische Benachteiligung der grenzüberschreitenden Situation ist im Falle des Step-ups ohne spiegelbildliche Besteuerung im Ausland aber nicht erkennbar. Liegt der Sinn und Zweck einer nationalen Regelung in der Abgrenzung der Besteuerungshoheiten sowie Absicherung der inländischen Besteuerungsbefugnisse an jenen stillen Reserven und Gewinnspannen, die innerhalb des Zeitraums angewachsen sind, in denen ein qualifizierter steuerlicher Nexus der betroffenen Wirtschaftsgüter zum Inland bestanden hat, ist es nur konsequent, wenn die Abgrenzung symmetrisch in beide Richtungen erfolgt. Dem gegenwärtigen System des EStG fehlt jedoch in den Fällen der Erweiterung von Besteuerungsrechten die Passgenauigkeit.[157] Insofern könnten die deutschen Verstrickungsregelungen dem österreichischen Gesetzgeber als Vorbild dienen. Inwieweit eine Vorbildwirkung der Wegzugsbesteuerung im außerbetrieblichen Bereich nach § 6 AStG gegeben ist, steht auf einem anderen Blatt.

2. Wegzug und Entstrickung von Privatvermögen: Gemeinsamkeiten, Unterschiede und Grundsatzfragen

a) Wegzugs- und Entstrickungstatbestand

aa) Deutsche Perspektive

Sowohl Deutschland als auch Österreich können auf eine lange Tradition der Erfassung von stillen Reserven wegziehender Steuerpflichtiger zurückblicken, in ihrer Reichweite und Ausgestaltung unterscheiden sich § 6 AStG und die österreichische Schwesterbestimmung des § 27 Abs. 6 Z 1 öEStG jedoch zum Teil erheblich voneinander. Dies beginnt bei der systematischen Stellung der Regelungen innerhalb der jeweiligen Steuerrechtsordnungen. Während die Wegzugsbesteuerung in Deutschland mit dem AStG in ein gesondertes Spezialgesetz „ausgelagert“ wurde, ist ihr österreichisches Pendant seit jeher in den regulären Einkünftetatbeständen des öEStG integriert; nunmehr als Erweiterung des Realisationstatbestandes für Einkünfte aus Kapitalvermögen. Eingeführt im Jahre 1972, ist die

156 Art. 5 Abs. 5 ATAD.

157 Im öUmgrStG halten hingegen die § 2 Abs. 2, § 8 Abs. 2, § 16 Abs. 3 und § 33 Abs. 2 optionale Aufwertungsregelungen bereit.

deutsche Vorschrift wesentlich älter als die Wegzugsbesteuerung in Österreich, die erst im Zuge des UmgrStG 1991 Eingang in die Rechtsordnung gefunden hat.[158] Seither wurden beide Regelungskomplexe mehrfach geändert und – gemessen an ihrer ursprünglichen Ausgestaltung – verschärft.[159] Im Ergebnis zielen jedoch beide Normen auf eine Erfassung der in bestimmten Wirtschaftsgütern des Kapitalvermögens angesammelten Wertzuwächse abseits einer transaktionsbedingten Realisierung ab, um im Wege einer vorgelagerten Abrechnung das nationale Besteuerungsrecht daran abzusichern. In beiden Staaten gilt die Wegzugsbesteuerung daher als allgemeine Regelung der internationalen Steuerabgrenzung von stillen Reserven[160] und nicht der Vermeidung von Missbrauch.[161] Nimmt man zunächst die deutsche Regelung in den Fokus, lassen sich – insbesondere für den Rechtsvergleich – folgende Eckpfeiler ausmachen:

Anders als in Österreich können die Wegzugsteuertatbestände des § 6 Abs. 1 AStG persönlich nur von unbeschränkt steuerpflichtigen natürlichen Personen verwirklicht werden, die innerhalb der letzten zwölf Jahre vor Verwirklichung eines Wegzugstatbestandes in Summe mindestens sieben Jahre unbeschränkt steuerpflichtig waren.[162] Sachlich ist die Besteuerung zudem auf Anteile i.S.d. § 17 Abs. 1 Satz 1 EStG begrenzt.[163] Im außerbetrieblichen Bereich des Privatvermögens erfasst die „Wegzugsbesteuerung" daher aus österreichischer Perspektive betrachtet „lediglich" Anteile an in- und ausländischen Kapitalgesellschaften und Genossenschaften, an denen der Steuerpflichtige innerhalb der letzten fünf Jahre zu irgendeinem Zeitpunkt unmittelbar oder mittelbar mindestens zu 1 % beteiligt war. Erst seit 2025 werden ebenso bestimmte „gewichtige" Investmentanteile nach Maßgabe von § 19 Abs. 3 InvStG bzw. Anteile

158 BGBl. I Nr. 699/1991, als § 31 Abs. 2 und 3 öEStG.

159 Zur Geschichte von § 6 AStG *Häck* in Flick/Wassermeyer/Ditz/Schönfeld (Hrsg.) [nachfolgend F/W/D/S], Außensteuerrecht, 115. Lfg. 2025, § 6 AStG Rz. 3 ff.; für Österreich *Toifl*, Die Wegzugsbesteuerung, 1996, S. 11 ff.

160 Für Deutschland *Hey* in Lüdicke (Hrsg.), Wo steht das deutsche Internationale Steuerrecht?, 2009, 137 (142).

161 Vgl. *Kokott*, EU-Steuerrecht, 2018, § 2 Rz. 87.

162 § 6 Abs. 2 AStG.

163 Zur dogmatischen Einordnung und Reichweite dieses Verweise *Häck* in F/W/D/S (Hrsg.) Außensteuerrecht, 112. Lfg. 2024, § 6 AStG Rz. 333 ff.; *Lampert* in Greil/Hummel, 2025, § 6 AStG Rz. 26.

an Spezial-Investmentfonds i.S.d. § 49 Abs. 5 InvStG in die Wegzugsbesteuerung einbezogen.[164]

Im Aufbau logisch-stringent regelt § 6 Abs. 1 AStG zunächst den Tatbestand der „Vermögenszuwachsbesteuerung“ durch Normierung jener Sachverhalte, deren Verwirklichung den Steueranspruch auslöst, bestimmt sodann die Realisationszeitpunkte und legt abschließend die primäre Rechtsfolge fest. So wird vorbehaltlich der Vorschriften des EStG, KStG und UmwStG[165] die Beendigung der unbeschränkten Steuerpflicht infolge der Aufgabe des Wohnsitzes oder des gewöhnlichen Aufenthalts,[166] die unentgeltliche Übertragung auf eine beschränkt steuerpflichtige Person[167] sowie subsidiär der Ausschluss oder die Beschränkung des Besteuerungsrechts der Bundesrepublik Deutschland hinsichtlich des Gewinns aus der Veräußerung der von § 6 AStG erfassten Anteile einer Veräußerung zum gemeinen Wert gleichgestellt. Grammatikalisch klar zum Ausdruck gebracht, fungiert § 6 Abs. 1 Satz 1 Nr. 3 AStG dabei als Auffangtatbestand[168] für all jene Sachverhalte, in denen eine Beschränkung oder ein Verlust von Besteuerungsrechten hinsichtlich der Anteile eintritt, und kein Anwendungsfall der Nr. 1 oder 2 gegeben ist.[169] Dieses Verständnis unterstreicht ein Vergleich mit der parallelen Anordnung der Tatbestände in § 6 Z 6 lit. a und b öEStG und ihrem Zusammenspiel. Auf die Normierung eines Tatbestandes, der an bestimmte Vorgänge und Sachverhalte anknüpft, folgt in beiden Bestimmungen eine final auf den Verlust oder die Beschränkung von Besteuerungsrechten abstellende Auf-

---

164 Jahressteuergesetz 2024 v. 2.12.2024, BGBl. I Nr. 387/2024; dazu *Kühn/Lindermann/Dyckmans/Lang*, DStR 2025, 307 (309 ff.).

165 Die Bestimmung gilt daher subsidiär; vgl. *Häck* in F/W/D/S, Außensteuerrecht, 107. Lfg. 2023, § 6 AStG Rz. 88.

166 § 6 Abs. 1 Satz 1 Nr. 1 AStG, wobei strittig ist, ob dafür auf die Aufgabe der unbeschränkten Steuerpflicht i.S.d. § 1 Abs. 1 EStG abzustellen ist oder das Fortbestehen einer unbeschränkten Steuerpflicht i.S.d. § 1 Abs. 2 und 3 EStG den Eintritt der Wegzugsbesteuerung verhindern kann; zur Diskussion *Benecke* in Mann/Staats, BeckOK, 16. Ed. 2026, § 6 AStG Rz. 50; *Pohl* in Brandis/Heuermann, Ertragsteuerrecht, 179. EL. 2025, § 6 AStG Rz. 47.

167 § 6 Abs. 1 Satz 1 Nr. 2 AStG; vgl. m.w.N. *Pohl* in Brandis/Heuermann, Ertragsteuerrecht, 179. EL. 2025, § 6 AStG Rz. 52 ff.; *Lampert* in Greil/Hummel, 2025, § 6 AStG Rz. 86 ff.

168 *Kölbl* in Haase (Hrsg.), Wegzugsbesteuerung, 2023, Rz. 750; vgl. auch BFH v. 8.12.2021 – I R 30/19 Rz. 15.

169 Zu den erfassten Fallgruppen ausführlich *Häck* in F/W/D/S, Außensteuerrecht, 112. Lfg. 2024, § 6 AStG Rz. 443 ff. m.w.N.; weiters *Kölbl* in Haase (Hrsg.), Wegzugsbesteuerung, 2023, Rz. 750 ff.

fangklausel. Dementsprechend ist im Einklang mit der h.M. für die Erfüllung einer der Haupttatbestände des physischen Wegzugs und der unentgeltlichen Übertragung auch keine Beschränkung oder kein Verlust von Besteuerungsrechten erforderlich.[170]

Was die Anknüpfung an den „*Ausschluss oder die Beschränkung des Besteuerungsrechts der Bundesrepublik Deutschland hinsichtlich des Gewinns aus der Veräußerung*" als Voraussetzung für eine Entstrickung betrifft, stimmt die Norm wörtlich mit § 4 Abs. 1 Satz 3 EStG überein. Gilt es für Zwecke des § 6 Abs. 1 Satz 1 Nr. 3 AStG das Vorliegen eines Ausschlusses oder einer Beschränkung des Besteuerungsrechts festzustellen, ist kein Grund ersichtlich, dies nicht entsprechend der für § 4 Abs. 1 Satz 3 EStG entwickelten Grundsätze zu prüfen. Hat der Gesetzgeber mit § 4 Abs. 1 Satz 3 und 4 EStG eine Art Gefährdungstatbestand normiert, erscheint dieses Regelungsziel wohl auch § 6 Abs. 1 Satz 1 AStG immanent.[171] Den Ausgangspunkt bildet mithin das Vorliegen eines Besteuerungsrechts an den Gewinnen aus der Veräußerung von Anteilen i.S.d. § 17 Abs. 1 Satz 1 EStG.[172] Eine Veränderung in den rechtlichen oder tatsächlichen Gegebenheiten muss sodann die qualitative Minderung des solcherart bestehenden Rechts zur Substanzbesteuerung bewirken. Diese Feststellung ist – wie im betrieblichen Bereich – anhand eines Vorher/Nachher-Vergleichs unter Rückgriff auf das nationale Recht und die anwendbaren DBA zu treffen. Entscheidend soll auch hierfür die abstrakte Gefährdung des inländischen Besteuerungsrechts sein.[173] § 6 Abs. 1 Satz 1 Nr. 3 EStG

170 *Häck* in F/W/D/S, Außensteuerrecht, 112. Lfg. 2024, § 6 AStG Rz. 282, 359 und 365; AEAStG v. 22.12.2023 – IV B 5 - S 1340/23/10001 :001, 2023/1175923 Rz. 80 und 82; *Lampert* in Greil/Hummel, 2025, § 6 AStG Rz. 113; BFH v. 8.12.2021 – I R 30/19 Rz. 14 ff. m.w.N. (noch zu § 6 Abs. 1 Satz 1 Nr. 1 und 4 AStG a.F.).

171 I.d.S. BFH v. 8.12.2021 – I R 30/19 Rz. 18 ff.; *Benecke* in Mann/Staats in BeckOK, 16. Ed. 2026, § 6 AStG Rz. 68; *Lampert* in Greil/Hummel, 2025, § 6 AStG Rz. 116 ff.; BT-Drucks. 19/28652, 48; AEAStG v. 22.12.2023 – IV B 5 - S 1340/23/10001 :001, 2023/1175923 Rz. 87 ff. („abstrakte Beschränkung" genügt, Rz. 89); i.E.a. *Kölbl* in Haase (Hrsg.), Wegzugsbesteuerung, 2023, Rz. 750 ff.; a.A. *Pohl* in Brandis/Heuermann, Ertragsteuerrecht, 179. EL. 2025, § 6 AStG Rz. 59; *Häck* in F/W/D/S, Außensteuerrecht 112. Lfg. 2024, § 6 AStG Rz. 437; *Kudert*, PIStB 2026, 13 (17 ff.).

172 *Lampert* in Greil/Hummel, 2025, § 6 AStG Rz. 113.

173 Dafür soll wie im betrieblichen Bereich auch die Begründung einer unilateralen Anrechnungs- oder Steuerentlastungverpflichtung ausreichen; a.A. *Pohl* in Brandis/Heuermann, Ertragsteuerrecht, 179. EL. 2025, § 6 AStG Rz. 59 f.; *Oppel/Solowjeff*, Ubg 2024, 187 (189).

erfasst aktive Entstrickungen und – aufgrund des weiten Wortlauts, der Systematik und der historischen Genese – übereinstimmend mit § 4 Abs. 1 Satz 3 EStG auch passive Entstrickungen.[174] Satz 2 von § 6 Abs. 1 AStG normiert seit dem ATADUmsG 2021 für die einzelnen Wegzugstatbestände eigene Realisierungszeitpunkte.[175] Ob es dieser Regelung bedurfte, soll an dieser Stelle dahingestellt bleiben. In Österreich fehlt eine solche Bestimmung völlig, dennoch werden die Zeitpunkte, in denen der Eintritt der Wegzugsbesteuerung als angenommen gilt, inhaltlich gleichlaufend zu § 6 Abs. 1 Satz 2 AStG bestimmt.

Als Rechtsfolge ordnet § 6 Abs. 1 AStG die Fiktion einer Veräußerung zum gemeinen Wert an. Inwieweit der so verwirklichte Veräußerungsgewinn auch abkommensrechtlich im Inland erfasst werden darf, richtet sich der h.M. im deutschen Schrifttum sowie der Rechtsprechung des BFH zufolge nach Art. 13 OECD-MA bzw. der entsprechenden Verteilungsnorm des konkret anwendbaren DBA.[176] Der wegzugsbedingt fingierte Veräußerungsgewinn wird somit aus abkommensrechtlicher Sicht ebenso unter Art. 13 OECD-MA subsumiert wie ein Gewinn aus der transaktionsbedingten Vermögensveräußerung oder einem intersubjektiven Zurechnungswechsel der wirtschaftlichen Verfügungsmacht über das betroffene Wirtschaftsgut.[177] Die Berechnung des Veräußerungsgewinns erfolgt im Übrigen anteilsbezogen nach den Vorschriften des § 17 EStG und unterliegt dem Teileinkünfteverfahren.[178] Was an der Stelle ins Auge sticht, ist die Asymmetrie der Regelung. Es wird zwar eine Veräußerung unter Ansatz des gemeinen Wertes fingiert, die Rechtsfolge der Entstrickung soll jedoch nur für Wertsteigerungen gelten, während Wertverluste

---

174 Zu § 4 Abs. 1 Satz 3 EStG bzw. § 12 Abs. 1 Satz 1 KStG vgl. BFH v. 19.11.2025 – I R 41/22 Rz. 15 ff. m.w.N. sowie BFH v. 19.11.2025 – I R 6/23 Rz. 13.

175 Vgl. *Häck/Oertel*, ISR 2021, 286 (290).

176 Bspw. *Häck* in F/W/D/S, Außensteuerrecht, 112. Lfg. 2024, § 6 AStG Rz. 129; *Joisten/Kempelmann* in Schönfeld/Ditz, Doppelbesteuerungsabkommen, 3. Aufl. 2025, Art. 13 Rz. 18 ff.; *Wassermeyer* in Wassermeyer/Kaeser/Schenke/Drüen, Doppelbesteuerung, 114. EL 2011, Art. 13 OECD-MA Rz. 31; *Reimer* in Vogel/Lehner, DBA, 7. Aufl. 2021, Art. 13 OECD-MA Rz. 204 i.V.m. 28; BFH v. 23.9.2008 – I B 92/08 Rz. 15.

177 Von einem Anwendungsfall des Art. 21 OECD-MA ausgehend dagegen *Blum*, ÖStZ 2023, 263 (268 ff.); *Toifl*, Die Wegzugsbesteuerung, 1996, S. 130 f.; *Lang*, SWI 2006, 213 (224 f.).

178 § 17 i.V.m. § 3 Nr. 40, § 3c Abs. 2 EStG; *Häck* in F/W/D/S, Außensteuerrecht, 112. Lfg. 2024, § 6 AStG Rz. 506 ff.

unberücksichtigt bleiben.[179] Dies entspricht der Auffassung des BFH zu § 6 AStG a.F.,[180] so gänzlich zu überzeugen vermag diese Differenzierung zwischen fiktiven Veräußerungsgewinnen und Veräußerungsverlusten jedoch nicht; zumindest nicht für die gegenwärtige Rechtslage.[181]

Besonderheiten bestehen ebenso hinsichtlich der Folgebewertung der entstrickten Anteile, wird doch die Aufstockung der Anschaffungskosten als Folge der Wegzugsbesteuerung an die tatsächliche Entrichtung der geschuldeten Steuer i.S.d. § 6 AStG geknüpft.[182] Nur soweit die auf den Veräußerungsgewinn entfallende Steuer entrichtet worden ist, gelten die Anteile vom Steuerpflichtigen oder dessen Rechtsnachfolger als zum gemeinen Wert erworben; andernfalls sind die ursprünglichen Anschaffungskosten fortzuführen.[183] Wird die Steuer entsprechend dem Ratenzahlungskonzept entrichtet, stellt die spätere Entrichtung der Steuer jeweils ein rückwirkendes Ereignis i.S.d. § 175 Abs. 1 Satz 1 Nr. 2 AO dar und die Anschaffungskosten werden sodann gegengleich zur Zahlung über den Ratenzahlungszeitraum „ratierlich" aufgestockt.[184]

bb) Österreichische Perspektive

Wendet man sich an dieser Stelle Österreich zu, nimmt die Wegzugsbesteuerung im außerbetrieblichen Bereich wie in Deutschland insofern eine Sonderstellung ein, als sie sachlich nur Kapitalvermögen betrifft, nicht jedoch auf sonstige Wirtschaftsgüter oder Grundstücksvermögen erstreckt wird.[185] Anders als in Deutschland wird die Wegzugsbesteuerung in Österreich allerdings auch systematisch innerhalb der Einkünfte aus Kapitalvermögen verortet.[186] Ausgangspunkt dafür war die Neuordnung der Besteuerung von Kapitalvermögen mit dem BudBG 2011. Seit-

179 *Lampert* in Greil/Hummel, 2025, § 6 AStG Rz. 73 ff.; *Benecke* in Mann/Staats, BeckOK 16. Ed. 2026, § 6 AStG Rz. 133; *Kraft*, IStR 2018, 289 (290 f.).

180 BFH v. 26.4.2017 – I R 27/15.

181 Kritisch *Häck* in F/W/D/S, Außensteuerrecht, 112. Lfg. 2024, § 6 AStG Rz. 540; *Becker*, Doppelbesteuerung aufgrund einer Wegzugsbesteuerung gem. § 6 AStG, 2024, S. 37 ff.

182 *Lampert* in Greil/Hummel, 2025, § 6 AStG Rz. 127 f.

183 § 6 Abs. 1 Satz 3 AStG.

184 AEAStG v. 22.12.2023 – IV B 5 - S 1340/23/10001 :001, 2023/1175923 Rz. 103 ff.; *Kahlenberg*, IStR 2020, 378 (383).

185 §§ 30 und 31 öEStG; vgl. *Hohenwarter-Mayr*, Rechtsnachfolge im Unternehmenssteuerrecht, 2019, S. 530 f.

186 § 27 Abs. 6 Z 1 öEStG.

her werden auch Substanz- und Veräußerungsgewinne aus Kapitalanlagen und Derivaten unabhängig von ihrer Behaltedauer oder Beteiligungshöhe generell dem schedularen Besteuerungsregime von Kapitalerträgen unterworfen und sind in das System des KESt-Abzuges integriert.[187] Im Zuge des ÖkoStRefG 2022 wurde dieses System zudem auf Einkünfte aus Kryptowährungen ausgedehnt.[188] Die Besteuerung erfolgt i.d.R. mit 27,5 %.[189] Parallel zur Eingliederung von *„realisierten Wertsteigerungen aus Kapitalvermögen“* in § 27 öEStG wurde auch die Wegzugsbesteuerung reformiert und in die Bestimmung der Kapitalvermögensbesteuerung überführt. § 27 Abs. 1 öEStG erfasst nunmehr neben den Einkünften aus der Überlassung von Kapital (Abs. 2) auch Einkünfte aus realisierten Wertsteigerungen von Kapitalvermögen (Abs. 3), aus Derivaten (Abs. 4) und aus Kryptowährungen (Abs. 4a). Innerhalb der Einkünfte aus realisierten Wertsteigerungen werden den Haupttatbeständen der *„Veräußerung, Einlösung oder sonstigen Abschichtung“* von Wirtschaftsgütern des Kapitalvermögens,[190] vergleichbaren Realisationsvorgängen in Bezug auf Kryptowährungen[191] sowie Derivaten[192] in Abs. 6 Nebentatbestände zur Seite gestellt. Einer dieser Tatbestände ist die „Wegzugsbesteuerung“.[193] Der Veräußerung gleichgestellt werden aber ebenso bestimmte Formen der Depotentnahme, das sonstige Ausscheiden aus dem Depot[194] oder die Liquidation.[195] Dogmatische Klammer der Nebentatbestände ist ihr gemeinsames Ziel, die Besteuerung von Wertzuwächsen in der Sub-

187 BGBl. I Nr. 111/2010; zur Reform s. die Beiträge in Kirchmayr/Mayr/Schlager (Hrsg.), Besteuerung von Kapitalvermögen: Grundlagen der KESt neu, 2011.

188 BGBl. I Nr. 10/2022; dazu etwa *Wild* in D/K/M/Z, 25. Lfg. 2025, § 27b EStG Rz. 1 ff.

189 § 27a Abs. 1 Z 2 öEStG; vgl. *Marschner* in Jakom 2026, § 27a EStG Rz. 2 und 11 zu den tariflich besteuerten Kapitaleinkünften nach Maßgabe von § 27a Abs. 2 öEStG.

190 § 27 Abs. 3 öEStG; vgl. *Marschner* in Jakom, 2026, § 27 EStG Rz. 121 ff. m.w.N.

191 § 27 Abs. 4a i.V.m. § 27b Abs. 3 öEStG; zu den Einkünften aus realisierten Wertsteigerungen aus Kryptowährungen ausführlich *Wild* in D/K/M/Z, 25. Lfg. 2025, § 27b EStG Rz. 36 ff. m.w.N.

192 § 27 Abs. 4 öEStG.

193 § 27 Abs. 6 Z 1 öEStG.

194 § 27 Abs. 6 Z 2 öEStG; vgl. auch VwGH v. 10.9.2020 – Ro 2020/15/0016-4 Rz. 17 ff.

195 § 27 Abs. 6 Z 3. öEStG.

stanz umfassend abzusichern.[196] Dementsprechend gelten als Veräußerung i.S.d. Abs. 3, 4 und 4a[197] auch „*Umstände, die zu einer Einschränkung des Besteuerungsrechtes der Republik Österreich im Verhältnis zu anderen Staaten hinsichtlich eines Wirtschaftsgutes im Sinne des Abs. 3, eines Derivates im Sinne des Abs. 4 oder einer Kryptowährung im Sinne des Abs. 4a führen.*“[198] Sachlich erstreckt sich die österreichische Wegzugsbesteuerung daher im Unterschied zu § 6 AStG auf sämtliche Wirtschaftsgüter und Rechtspositionen, die einer Realisation im Rahmen der Haupttatbestände zugänglich sind.[199] Neben natürlichen Personen fallen auch Körperschaften unter den Tatbestand des § 27 Abs. 6 Z 1 öEStG, soweit diese, wie Privatstiftungen, außerbetriebliche Einkünfte aus Kapitalvermögen erzielen können.[200] Die Bestimmung gilt für unbeschränkt Steuerpflichtige, greift aber ebenso im Rahmen der beschränkten Steuerpflicht.[201] Hier ist der Zugriff jedoch limitiert auf qualifizierte Beteiligungen an inländischen Kapitalgesellschaften, an welchen der Steuerpflichtige (oder im Falle seines unentgeltlichen Erwerbes sein Rechtsvorgänger) innerhalb der letzten fünf Kalenderjahre zu mindestens 1 % beteiligt war,[202] sowie Anteile aus Immobilieninvestmentfonds, soweit die Substanzgewinne im Inland belegene Immobilien betreffen.[203]

Hinsichtlich des Tatbestandmerkmals der „*Umstände, die zu einer Einschränkung des Besteuerungsrechts […] im Verhältnis zu anderen Staa-*

196 I.d.S. VwGH v. 10.9.2020 – Ro 2020/15/0016-4 Rz. 22.

197 Zum Umfang des Veräußerungsbegriffs *Kirchmayr* in D/K/M/Z, 16. Lfg. 2013, § 27 EStG Rz. 143 ff. m.w.N; *Brugger* in Ehrke-Rabel et al., Einkommensteuer, 56. Lfg. 2014, § 27 Abs. 6 Z 1 lit. b Rz. 7; EStR 2000 Rz. 6148.

198 § 27 Abs. 6 Z 1 Satz 1 öEStG.

199 Erfasst sind daher sämtliche Wirtschaftsgüter und Rechtspositionen, die zur Erzielung von Einkünften aus Kapitalvermögen i.S.d. § 27 öEStG geeignet sind. Dazu gehören insb. und unabhängig von der Beteiligungshöhe Aktien, GmbH-Anteile, Genossenschaftsanteile, Anteile an Kapitalanlagefonds und sonstigen der Investmentfondsbesteuerung unterliegenden Gebilden, Optionen, Termingeschäfte, stille Beteiligungen, Darlehen, Schuldverschreibungen oder Versicherungsverträge i.S.d. 27 Abs. 5 Z 3 öEStG sowie Kryptowährungen; *Kirchmayr* in D/K/M/Z, 16. Lfg. 2013, § 27 EStG Rz. 432; EStR 2000 Rz. 6147 und 6150.

200 *Marschner* in Jakom, 2026, § 27 EStG Rz. 1 und 355.

201 *Mechtler/Spies*, SWI 2016, 504 (505 ff.); *Ludwig/Varro* in D/K/M/Z, 24. Lfg. 2024, § 98 EStG Rz. 82.

202 § 98 Abs. 1 Z 5 lit. e öEStG.

203 § 98 Abs. 1 Z 5 lit. d öEStG; *Marschner* in Jakom, 2026, § 27 EStG Rz. 356.

ten […] führen“,[204] besteht wiederum nicht nur textlich ein Gleichklang mit der Entstrickungsbestimmung des § 6 Z 6 lit. b öEStG. Auch mit Blick auf die Genese der Bestimmungen und ihre Zielsetzungen ist eine Kongruenz auszumachen, die eine übereinstimmende Auslegung gebietet. Als primäre Rechtsfolge sieht § 27 Abs. 6 Z 1 öEStG wie § 6 Abs. 1 AStG die sofortige Aufdeckung und Erfassung der in den betroffenen Wirtschaftsgütern enthaltenen stillen Reserven vor, wird doch die Entstrickung auch in Österreich einer „Veräußerung“ zum gemeinen Wert im Zeitpunkt der Einschränkung des Besteuerungsrechts gleichgestellt.[205] Anders als in Deutschland gilt die Veräußerungsfiktion jedoch umfassend, erstreckt sich daher nicht nur auf Veräußerungsgewinne, sondern auch auf Veräußerungsverluste. Liegt der gemeine Wert der Wirtschaftsgüter unter den Anschaffungskosten werden in Höhe des Unterschiedsbetrages eben negative Einkünfte realisiert.[206] Diese fiktiven Veräußerungsverluste stehen regulär für einen Verlustausgleich im Rahmen der auf die Schedule der Einkünfte aus Kapitalvermögen begrenzten Ausgleichsbestimmungen des § 27 Abs. 8 öEStG zur Verfügung. Umgekehrt sind Entstrickungsgewinne ebenso einem sofortigen Ausgleich mit anderen Veräußerungsverlusten aus Kapitalvermögen zugänglich. Nach Auffassung der Finanzverwaltung soll dies allerdings nur dann gelten, wenn die entstrickungsbedingt entstandene Steuerschuld sofort oder in Raten entrichtet wird, nicht hingegen im Anwendungsbereich des Nichtfestsetzungskonzepts.[207] Diese Differenzierung überzeugt nicht und ist weder nach innerstaatlichem Recht noch unionsrechtlich geboten.[208] Unionsrechtlich angezeigt sind indessen Maßnahmen, die anstelle einer Soforterfassung für einen liquiditätsschonenden Ausgleich sorgen.

---

204 Das Besteuerungsrecht, das es für Zwecke des § 27 Abs. 6 Z 1 öEStG abzusichern gilt, bezieht sich dabei auf sämtliche in den Haupttatbeständen normierten Realisationsvorgänge.

205 § 27a Abs. 3 Z 2 lit. b öEStG. EStR 2000 Rz. 6153; *Cserny/Kleemann/Vaishor* in Ehrke-Rabel et al., Einkommensteuer, 56. Lfg. 2014, § 27a EStG Rz. 13.

206 *Marschner* in Jakom, 2026, § 27a EStG Rz. 23; so auch bereits EAS-Auskunft 3231 des BMF v. 31.10.2011.

207 EStR 2000 Rz. 6154.

208 Diese Auffassung geht auf ein Judikat des VwGH v. 27.4.2016 – 2013/13/0038 zurück, das allerdings noch zur alten Rechtslage (§ 31 Abs. 2 Z 2 i.d.F. vor BudBG 2011) erging und m.E. auf die gegenwärtige Rechtslage nicht zu übertragen ist; zur Begründung s. *Hohenwarter-Mayr*, Rechtsnachfolge im Unternehmenssteuerrecht, 2019, S. 998 ff.

b) Steuererhebung und Steueraufschub: Ratenzahlung vs. Nichtfestsetzung

aa) Deutsche Perspektive: Ratenzahlung

In Deutschland bestimmt § 6 Abs. 4 AStG die Modalitäten für die Entrichtung, regelt also die Fälligkeit des Steueranspruchs. Seit dem ATAD-UmsG 2021 sieht die Bestimmung – ganz im Sinne einer „*One-Fits-All-Lösung*"[209] – allerdings nur noch die Möglichkeit einer ratierlichen Entrichtung der Steuer über einen Zeitraum von sieben Jahren vor. Die Möglichkeit zur dauerhaften Stundung bis zur tatsächlichen Realisierung der Anteile wurde im Nachgang zur Rs. *Wächtler*[210] abgeschafft. Der deutsche Gesetzgeber konnte für sich aus den Anforderungen der EuGH-Rechtsprechung offenbar nur zwei Handlungsoptionen ableiten: entweder die dauerhafte Stundungsmöglichkeit auf Drittstaaten im Allgemeinen auszudehnen oder auf ein globales Ratenzahlungskonzept umzustellen. Vor dem Hintergrund des Erhebungskonzepts im betrieblichen Bereich setzte sich die ratierliche Entrichtungsmöglichkeit durch. Eine Ausdehnung der dauerhaften Stundung auf Drittstaaten einschließlich der Schweiz hätte ausweislich der Gesetzesbegründungen ein falsches steuerpolitisches Signal ausgesendet, wären doch damit gerade Wegzüge in die Schweiz begünstigt worden, die seinerzeit Anlass für die Einführung von § 6 AStG waren.[211] Ein steuerpolitisches Dilemma.[212]

Die *Dry-Income*-Problematik der Wegzugsbesteuerung wird mit der Möglichkeit zur Ratenzahlung zweifelsohne abgemildert, beseitigt wird sie dadurch nicht. Dennoch sollte damit nach der Gesetzesbegründung ein angemessener Ausgleich zwischen der Notwendigkeit einer Liquiditätsschonung für mobile Steuerpflichtige einerseits und der Notwendigkeit effizienter und administrierbarer Stundungsmodalitäten andererseits erzielt worden sein.[213] Ob dies gelungen ist und tatsächlich eine unionsrechtskonforme Lösung gefunden wurde, ist seither heftig umstritten. Systematisch gehört die Regelung jedenfalls zum Steuererhebungsverfahren und nicht zum Festsetzungsverfahren; und die Festsetzung der Wegzugsteuer

209 BT-Drucks. 19/28652, 47.
210 EuGH v. 26.2.2019 – C-581/17, ECLI:EU:C:2019:138 – Wächtler.
211 BT-Drucks. 19/28652, 48.
212 *Häck* in F/W/D/S, Außensteuerrecht 107. Lfg. 2023, § 6 Rz. 11.
213 BT-Drucks. 19/28652, 47.

ist auch nach dem Schlussurteil des BFH in der Rs. *Wächtler* nicht zu beanstanden.[214]

Gemäß § 6 Abs. 4 AStG kann die festgesetzte Steuer auf Antrag des Steuerpflichtigen ohne Verzinsung in sieben gleichmäßigen Jahresraten entrichtet werden, wobei diesem Antrag *„in der Regel"*[215] nur gegen Sicherheitsleistungen stattzugeben ist.[216] Andererseits wird die Ratenzahlung auch im Verhältnis zu Drittstaaten gewährt. Ein darüberhinausgehender Stundungsantrag nach § 222 AO ist ebenso wenig ausgeschlossen.[217] Gleichlaufend zur Ratenzahlung im betrieblichen Bereich nach § 36 Abs. 5 EStG sieht auch § 6 Abs. 4 Satz 5 AStG eine vorzeitige Fälligstellung der noch offenen Raten in bestimmten Fällen vor; insbesondere dann, wenn die Anteile innerhalb des Ratenzahlungszeitraumes veräußert oder übertragen werden.[218] Ausgenommen davon sind lediglich Übertragungen von Todes wegen auf natürliche Personen. Für die weitere Beurteilung einer vorzeitigen Fälligstellung ist sodann auf den jeweiligen Rechtsnachfolger abzustellen.[219] Ein Spezifikum – insbesondere im Vergleich zur österreichischen Schwestervorschrift – stellt die vorzeitige Fälligstellung nach § 6 Abs. 4 Satz 5 Nr. 5 AStG dar, soweit substantielle Gewinnaus-

214 BFH v. 6.9.2023 – I R 35/20 Rz. 21 und 28.

215 Kritisch zu diesem Regel-Ausnahme-Verhältnis *Schönfeld/Erdem*, StuW 2022, 70 (97); *Kölbl* in Haase (Hrsg.), Wegzugsbesteuerung, 2023, Rz. 936; hingegen eine Einzelfallprüfung bejahend und damit relativierend AEAStG v. 22.12.2023 – IV B 5 - S 1340/23/10001 :001, 2023/1175923 Rz. 171.

216 Zur Auslegung dieser Kann-Bestimmung *Lampert* in Greil/Hummel, AStG 2025, § 6 Rz. 174 und 178; *Pohl* in Brandis/Heuermann, Ertragsteuerrecht 179. EL. 2025, § 6 AStG Rz. 96; *Häck/Oertel*, ISR 2021, 286 (291 f.); zu den möglichen Sicherheitsleistungen *Kölbl* in Haase (Hrsg.), Wegzugsbesteuerung, 2023, Rz. 937 f.

217 AEAStG v. 22.12.2023 – IV B 5 - S 1340/23/10001 :001, 2023/1175923 Rz. 166.

218 § 6 Abs. 4 Satz 5 Nr. 4 AStG; *Benecke* in Mann/Staats, BeckOK, 16. Ed. 2026, 6 AStG Rz. 196 ff.; *Pohl* in Brandis/Heuermann, Ertragsteuerrecht 179. EL. 2025, § 6 AStG Rz. 114 f.; *Lampert* in Greil/Hummel, AStG 2025, § 6 Rz. 187. Die sofortige Fälligkeit der Steuer tritt aber ebenso bei nicht fristgemäßer Entrichtung der Jahresraten (§ 6 Abs. 4 Satz 5 Nr. 1 AStG) ein, im Falle der Nichterfüllung oder Verletzung der Mitwirkungspflichten nach § 6 Abs. 5 AStG (§ 6 Abs. 4 Satz 5 Nr. 2 AStG) oder der Insolvenzanmeldung des Steuerpflichtigen (§ 6 Abs. 4 Satz 5 Nr. 3 AStG); vgl. *Kölbl* in Haase (Hrsg.), Wegzugsbesteuerung, 2023, Rz. 1000 ff.

219 Vgl. *Benecke* in Mann/Staats in BeckOK, 16. Ed. 2026, § 6 AStG Rz. 197.

schüttungen oder eine Einlagenrückgewähr[220] im Ausmaß von insgesamt mehr als 25 % des gemeinen Werts der Anteile bei Wegzug erfolgen.[221] Der Regelungszweck der Bestimmung liegt auf der Hand.[222] Dennoch kann sie gerade im Zusammenspiel mit der Finanzierung der Ratenzahlungen den Zahlungszeitraum *de facto* auf fünf Jahre verkürzen.[223]

Erscheinen die Bestimmungen der Wegzugsbesteuerung bis zu diesem Punkt restriktiv, beinhaltet Abs. 3 mit der Rückkehrregelung eine wesentliche Erleichterung, kann doch der wegzugsbedingt entstandene Steueranspruch bei bloß vorübergehender Abwesenheit wieder entfallen[224] bzw. ist die Entrichtung der Wegzugsteuer in Jahresraten auszusetzen.[225] Wird der Steuerpflichtige innerhalb von sieben Jahren nach Beendigung der unbeschränkten Steuerpflicht durch Aufgabe des Wohnsitzes oder des gewöhnlichen Aufenthalts wieder unbeschränkt steuerpflichtig, entfällt der wegzugsbedingte Steueranspruch rückwirkend, soweit die betroffenen Anteile in der Zwischenzeit weder veräußert, übertragen[226] noch in ein Betriebsvermögen eingelegt wurden, keine substantielle Gewinnausschüttung oder substantielle Einlagenrückgewähr erfolgt ist, und soweit das Besteuerungsrecht der Bundesrepublik Deutschland mindestens in dem Umfang wieder begründet wird, wie es im Zeitpunkt der Beendigung bestand.[227] Fälle der passiven Ent- und (Wieder-)Verstrickung sollen man-

220 Zur inhaltlichen Reichweite des Begriffs der „Einlagenrückgewähr" im Kontext von § 6 Abs. 4 und 3 AStG s. *Pohl* in Brandis/Heuermann, Ertragsteuerrecht, 179. EL 2025, § 6 AStG Rz. 82.

221 Mit einem Beispiel AEAStG v. 22.12.2023 – IV B 5 - S 1340/23/10001 :001, 2023/1175923 Rz. 175 i.V.m. 143 ff.

222 Dies gilt vor allem i.Z.m. der Rückkehrregelung des Abs. 3; vgl. *Pohl* in Brandis/Heuermann, Ertragsteuerrecht, 179. EL. 2025, § 6 AStG Rz. 82.

223 *Schönfeld/Erdem*, StuW 2022, 70 (95).

224 § 6 Abs. 3 Satz 1 AStG.

225 § 6 Abs. 4 Satz 7 AStG.

226 Unschädlich sind lediglich unentgeltliche Übertragungen von Todes wegen auf eine natürliche Person, sofern diese (oder deren unentgeltliche Rechtsnachfolger von Todes wegen) die Voraussetzungen der Rückkehrregelung erfüllen; dazu *Lampert* in Greil/Hummel, 2025, § 6 AStG Rz. 157.

227 Vgl. *Pohl* in Brandis/Heuermann, Ertragsteuerrecht, 179. EL. 2025, § 6 AStG Rz. 79 ff.; *Benecke* in Mann/Staats in BeckOK, 16. Ed. 2026, 6 AStG Rz. 172 ff.; *Lampert* in Greil/Hummel, 2025, § 6 AStG Rz. 174. Diese Bedingung kann zum Stolperstein werden, weil dafür auf die Umstände des Wiedereintritts in die unbeschränkte Steuerpflicht abgestellt wird und nicht auf jene einer allfälligen Wiederbegründung des Besteuerungsrechts. AEAStG v. 22.12.2023 – IV B 5 - S 1340/23/10001 :001, 2023/1175923 Rz. 156.

gels „vorübergehender Abwesenheit“ von der Inanspruchnahme der Rückkehrregelung ausgeschlossen sein.[228]

Im Lichte der BFH-Rechtsprechung[229] setzt sich das Tatbestandsmerkmal der „vorübergehenden Abwesenheit“ aus zwei voneinander unabhängigen Teilmerkmalen zusammen: einer Ex-post-Betrachtung, wenn die tatsächliche Rückkehr innerhalb von sieben Jahren erfolgt, und einer Ex-ante-Betrachtung, bei der es tatsächlich auf das Bestehen einer Absicht zur Rückkehr ankommt.[230] Darüber hinaus kann das zuständige Finanzamt die Frist von sieben Jahren auf Antrag insgesamt um höchstens fünf Jahre verlängern, sofern die Absicht auf Rückkehr unverändert fortbesteht.[231] Dementsprechend ist die Rückkehrabsicht als subjektives Tatbestandselement für zwei Konstellationen entscheidend: wenn die Frist für den nachträglichen Entfall der Steuerschuld über die sieben Jahre hinaus verlängert werden soll oder der Steuerpflichtige im Zeitpunkt des Wegzugs angesichts der Rückkehrregelung zugleich eine Stundung der Steuer ohne Ratenzahlung i.S.d. § 6 Abs. 4 Satz 7 Teils. 3 AStG beantragt. Diese steht schließlich alternativ zur ratierlichen Verteilung bis zur geplanten Rückkehr innerhalb des maximalen Betrachtungszeitraums zur Verfügung.[232] Wird die Steuer bei Inanspruchnahme der Rückkehroption gestundet, kann diese Stundung wie bei der Ratenzahlung entfallen und eine vorzeitige Fälligstellung des Steueranspruchs bewirken.

Im Stundungsfall bleiben die Anschaffungskosten der entstrickten Anteile unverändert auf ihrem historischen Niveau.[233] Eine Korrektur erfolgt auch dann nicht, wenn der Steueranspruch aufgrund der Rückkehrregelung entfällt. Lediglich dann, wenn die Wegzugsteuer entrichtet wurde, sind die Anschaffungskosten parallel zur Erstattung wieder nach unten zu korrigieren.[234] Eine Aufstockung der Anschaffungskosten aufgrund einer

---

228 AEAStG v. 22.12.2023 – IV B 5 - S 1340/23/10001 :001, 2023/1175923 Rz. 158; *Häck* in F/W/D/S, Außensteuerrecht, 107. Lfg. 2023, § 6 AStG Rz. 479.

229 BFH v. 21.12.2022 – I R 55/19 Rz. 25 ff.

230 S. *Benecke* in Mann/Staats, BeckOK, 16. Ed. 2026, § 6 AStG Rz. 187 f.

231 Vgl. *Lampert* in Greil/Hummel, 2025, § 6 AStG Rz. 162 ff.; antragsberechtigt sind der Steuerpflichtige oder sein Rechtsnachfolger.

232 *Lampert* in Greil/Hummel, 2025, § 6 AStG Rz. 191; *Benecke* in Mann/Staats in BeckOK, 16. Ed. 2026, § 6 AStG Rz. 340 f.; *Pohl* in Brandis/Heuermann, Ertragsteuerrecht, 179. EL. 2025, § 6 AStG Rz. 119.

233 Vgl. *Benecke* in Mann/Staats in BeckOK, 16. Ed. 2026, § 6 AStG Rz. 154; *Kahlenberg*, IStR 2020, 378 (383).

234 *Benecke* in Mann/Staats in BeckOK, 16. Ed. 2026, § 6 AStG Rz. 156.

im Ausland erhobenen Wegzugsbesteuerung ist, anders als in Österreich, gesetzlich ausgeschlossen.[235] Entfällt die ursprüngliche Wegzugsteuer, gelten der Steuerpflichtige sowie alle seine unmittelbaren oder mittelbaren Rechtsnachfolger für die Beurteilung erneuter Wegzüge als unbeschränkt steuerpflichtig i.S.d. § 6 Abs. 1 AStG.[236] Auf diese Weise sollen Gestaltungen vermieden werden.[237] Die Regelung wirkt in Summe komplex, kann aber im Idealfall dem Steuerpflichtigen bei bloß vorübergehendem Wegzug eine temporäre Steuerstundung von bis zu zwölf Jahren verschaffen; und dies nicht nur innerhalb der EU oder des EWR, sondern ganz im Sinne der *„One-Fits-All-Lösung“* des ATADUmsG 2021 auch im Verhältnis zu Drittstaaten.

bb) Österreichische Perspektive: dreifach abgestufte Entstrickungsbesteuerung

Legt man die österreichische Wegzugsregelung über die deutsche, treten durchaus Abweichungen zu Tage; insbesondere was die Ausgestaltung der Zahlungserleichterungen anbelangt. Diese sind zum Teil deutlich strenger konzipiert, nämlich im Verhältnis zu Drittstaaten außerhalb des EWR und der Schweiz, sonst aber wesentlich liberaler. Anders als im betrieblichen Bereich hält der österreichische Gesetzgeber im außerbetrieblichen Bereich in wesentlichen Konstellationen weiterhin am Konzept einer bis zur tatsächlichen Realisation dauerhaft aufgeschobenen Besteuerung der stillen Reserven fest. Damit sieht das österreichische EStG letztlich eine dreifach abgestufte Entstrickungsbesteuerung von Kapitalvermögen vor:

Wird die Einschränkung des Besteuerungsrechts durch den physischen Wegzug einer natürlichen Person in einen EU/EWR-Staat ausgelöst, kann der Steuerpflichtige einen Antrag auf Nichtfestsetzung der wegzugsbedingt entstandenen Abgabenschuld stellen.[238] Die Bestimmung greift daher in erster Linie beim Ansässigkeitswechsel durch Aufgabe des inländischen Wohnsitzes oder gewöhnlichen Aufenthaltsortes bzw. Verlegung des Mittelpunkts der Lebensinteressen unter Beibehalten eines inländischen

235 § 17 Abs. 2 Satz 4 EStG; für Österreich gilt hingegen § 27 Abs. 6 Z 1 lit. e öEStG.

236 AEAStG v. 22.12.2023 – IV B 5 - S 1340/23/10001 :001, 2023/1175923 Rz. 120.

237 *Pohl* in Brandis/Heuermann, Ertragsteuerrecht, 179. EL. 2025, § 6 AStG Rz. 41 f.

238 § 27 Abs. 6 Z 1 lit. a Satz 1 öEStG.

Wohnsitzes.[239] Dem Wegzug gleichgestellt wird sodann die unentgeltliche Übertragung von Wirtschaftsgütern des Kapitalvermögens auf eine *„andere natürliche Person, die in einem EU/EWR-Staat ansässig ist"*.[240] Mithin sind Schenkungen, Erbschaften, Vermächtnisse und Schenkungen auf den Todesfall zwischen natürlichen Personen ebenso der Nichtfestsetzung zugänglich.[241] In all diesen Fällen entsteht zwar die abstrakte Steuerschuld hinsichtlich der entstrickungsbedingt aufgedeckten stillen Reserven, sie wird aber auf Antrag des Steuerpflichtigen oder seines Gesamtrechtsnachfolgers nicht festgesetzt.[242] Im Abgabenbescheid wird lediglich der Wertzuwachs festgestellt und über die darauf entfallende Abgabenschuld abgesprochen, die Festsetzung der Schuld wird jedoch dauerhaft bis zur tatsächlichen Veräußerung der zugrunde liegenden Wirtschaftsgüter aufgeschoben.[243] Diese führt über die Fiktion als rückwirkendes Ereignis i.S.d. § 295a BAO zur Festsetzung der Steuerschuld des Wegzugs- oder Entstrickungsjahres.[244] Als Veräußerung gelten dabei aufgrund der systematischen Verknüpfung von § 27 Abs. 6 Z 1 mit § 27 Abs. 3, 4 oder 4a öEStG sämtliche Realisierungsvorgänge, die auch von den Haupttatbeständen erfasst sind.[245] Neben der transaktionsbedingten Realisierung wird die Festsetzung allerdings ebenso durch einen späteren Wegzug oder eine spätere Überführung der betroffenen Wirtschaftsgüter in einen Staat außerhalb der EU oder des EWR bedingt.[246]

239 „Wegzug" verstanden als physischer Ansässigkeitswechsel; vgl. *Marschner* in Jakom, 2026, § 27 EStG Rz. 359.

240 § 27 Abs. 6 Z 1 lit. a Satz 2 öEStG; erfasst sind daher ausschließlich unentgeltliche Übertragungen zwischen natürlichen Personen, während Übertragungen von juristischen Personen oder an juristische Personen ausgeschlossen sind; vgl. *Mechtler/Spies*, ÖStZ 2016, 634 (637).

241 ErlRV. zum AbgÄG 2015 896 der BlgNR XXV. GP, S. 6.

242 Umfassend zur Steuerschuldentstehung im Kontext der Steuerentstrickung und zu Fragen der Rechtsnachfolge *Hohenwarter-Mayr*, Rechtsnachfolge im Unternehmenssteuerrecht, 2019, S. 968 ff., S. 985 ff. und 998 ff.

243 § 208 Abs. 1 lit. e BAO i.V.m. § 209 Abs. 5 BAO ermöglicht mittlerweile eine Ausdehnung der Verjährungsfristen, um die spätere Festsetzung und Einhebung auch verfahrensrechtlich außerhalb der absoluten Festsetzungsverjährung abzusichern; vgl. *Mechtler/Spies*, ÖStZ 2016, 634 (637 ff.).

244 § 27 Abs. 6 Z 1 lit. c öEStG; vgl. *Marschner* in Jakom, 2026, § 27 EStG Rz. 360; EStR 2000 Rz. 6156b.

245 Vgl. ebenso *Brugger* in Ehrke-Rabel et al., Einkommensteuer, 56. Lfg. 2014, § 27 Abs. 6 Z 1 lit. b Rz. 11.

246 § 27 Abs. 6 Z 1 lit. b öEStG. Aus dem Gesamtzusammenhang der Vorschrift im Lichte ihres Zwecks ist die Bestimmung weit zu verstehen und erfasst da-

Kommt es zu einer nachträglichen Festsetzung der Abgabenschuld, wird der ursprüngliche Steuerbescheid insoweit abgeändert. Eine Verzinsung der Ansprüche erfolgt nicht.[247] Anders als in Deutschland und beim Ratenzahlungskonzept sind dabei *„zwischen Wegzug bzw. Übertragung und Veräußerung eingetretene Wertminderungen höchstens im Umfang der Bemessungsgrundlage bei Wegzug bzw. Übertragung zu berücksichtigen, soweit diese nicht in einem anderen Staat berücksichtigt werden.“*[248] Nachträglich im Ausland eingetretene Wertminderungen können somit subsidiär bis maximal in Höhe des nicht festgesetzten Veräußerungsgewinnes in Abzug gebracht werden, sofern daraus keine Doppelverwertung erwächst.[249] Diese Bestimmung ist insgesamt ein Relikt der ersten Phase der EuGH-Rechtsprechung zur Wegzugsbesteuerung.[250] Sie bewirkt allerdings binnenmarktfreundlich eine Besteuerung lediglich im Ausmaß der tatsächlich realisierten Wertsteigerungen. Die Steuerschuld des Wegzugsjahres wird unter diesen Umständen auch an der Wurzel berührt.[251]

Scheidet die Anwendbarkeit des Nichtfestsetzungskonzepts aus, steht in allen anderen Fällen der Einschränkung des Besteuerungsrechts gegenüber einem EU/EWR-Staat die Entrichtung der Steuer in Raten zu.[252] Das Ratenzahlungskonzept im außerbetrieblichen Bereich richtet sich nach § 6 Z 6 lit. c und d öEStG. Damit ist sogleich die zweite Möglichkeit der liquiditätsschonenden Steuerentrichtung angesprochen. Wird der Antrag auf Entrichtung in Raten gestellt, erfolgt die Verteilung der Steuerschuld über einen Zeitraum von fünf Jahren. So wie im betrieblichen Bereich greift auch im außerbetrieblichen Bereich die sofortige Fälligstellung der offenen Jahresraten in den Fällen, die in Anlehnung an die ATAD in § 6 Z 6 lit. d öEStG normiert sind.

Wirkt die österreichische Wegzugsbesteuerung bis zu diesem Punkt vergleichsweise binnenmarktfreundlich, bleibt ein Wehrmutstropfen: Im

---

her auch unentgeltliche Übertragungen auf drittstaatsansässige Personen oder die Einlage in ein Betriebsvermögen.

247 Anspruchszinsen i.S.d. § 205 BAO sind nicht festzusetzen.

248 § 27a Abs. 3 Z 2 lit. b öEStG.

249 Zur insoweit großzügigen Sichtweise der Finanzverwaltung EStR 2000 Rz. 6156d.

250 EuGH v. 11.3.2004 – C-9/02, ECLI:EU:C:2004:138 – Hughes de Lasteyrie du Saillant; EuGH v. 7.9.2006 – C-470/04, ECLI:EU:C:2006:525 – N, Rz. 54 f.

251 *Hohenwarter-Mayr,* Rechtsnachfolge im Unternehmenssteuerrecht, 2019, S. 999 f.

252 § 27 Abs. 6 Z 1 lit. d öEStG.

Verhältnis zu Drittstaaten – sieht man vom Sonderfall der Schweiz ab (dazu noch IV.2.c)) – gewährt § 27 Abs. 6 Z 1 öEStG keine besonderen Entrichtungserleichterungen.[253] Gleichwohl endet die Wegzugsbesteuerung in Österreich nicht in § 27 Abs. 6 Z 1 öEStG, sondern weist ebenso eine KESt-Komponente auf. So wie die Veräußerungsgewinnbesteuerung von Kapitalvermögen allgemein sollte mit der Reform der Kapitalvermögensbesteuerung auch die Entstrickungsbesteuerung dem Grunde nach in die Sphäre der KESt-Abzugsverpflichteten verlagert werden.[254] Dafür waren jedoch aus verfassungsrechtlicher Sicht haftungsbeschränkende Vorkehrungen für die Abzugspflichtigen notwendig.[255] Um zugleich ein effizientes und administrierbares System zu schaffen, wurde eine für sämtliche Entstrickungsfälle gleichermaßen geltende Regelung konzipiert. Als Konsequenz daraus können auch Entstrickungen im Verhältnis zu nichtbegünstigten Drittstaaten von der speziellen „Wegzugs-KESt" mit *de facto*-Aufschub bis zur tatsächlichen Realisierung profitieren. Die Sonderregelung der Wegzugs-KESt greift jedoch nur bei verbrieften (depotfähigen) Wirtschaftsgütern und Derivaten, die auf einem inländischen Depot i.S.d. Bankwesengesetzes verwahrt werden und damit im KESt-Abzugssystem integriert sind.[256] Ähnliches gilt für Kryptowährungen, die bei einem inländischen Dienstleister verwahrt werden.[257]

Meldet der Steuerpflichtige der depotführenden Stelle seinen Wegzug bzw. den Eintritt einer Einschränkung des Besteuerungsrechts an den verwahrten Wirtschaftsgütern, unterliegen die Einkünfte aus der fingierten Veräußerung grundsätzlich der KESt.[258] Allerdings wird diese „Weg-

253 Zur Verfügung stehen lediglich die allgemeinen Stundungsregelungen der BAO (§ 212 BAO).

254 *Hofbauer-Steffel* in Kirchmayr/Mayr/Schlager (Hrsg.), Besteuerung von Kapitalvermögen, 2011, 295 (300 ff.).

255 Zu den verfassungsrechtlichen Aspekten *Hohenwarter-Mayr* in Kirchmayr/Mayr/Schlager (Hrsg.), Besteuerung von Kapitalvermögen, 2011, 29 (51 ff. m.w.N.).

256 § 95 Abs. 2 Z 2 öEStG. EStR 2000 Rz. 7712.

257 Seit dem ÖkoStRefG 2022 gilt der KESt-Abzug bei entsprechendem Inlandsbezug des Dienstleisters i.S.d. § 95 Abs. 2 Z 3 öEStG auch für Kryptowährungen, was eine Gleichstellung beim KESt-Abzug i.Z.m. den Entstrickungstatbeständen erforderlich machte; ErlRV. zum ÖkoStRefG 2022 Teil I, 1293 BlgNR XXVII. GP, S. 15.

258 § 94 Z 7 Halbs. 2 öEStG; damit wird dem Umstand Rechnung getragen, dass der Abzugsverpflichtete in Wegzugs- und Entstrickungsfällen auf eine Meldung des Steuerpflichtigen angewiesen ist, um seine Abzugsverpflichtung

zugs-KESt" nicht sofort erhoben, sondern zeitversetzt nach Maßgabe eines späteren Zuflusses.[259] Im Zeitpunkt der Entstrickung werden lediglich die wesentlichen Besteuerungsgrundlagen als „Merkposten" festgestellt.[260] Vereinfachend darf die depotführende Stelle für diese Zwecke davon ausgehen, dass der Zeitpunkt der Meldung dem tatsächlichen Entstrickungszeitpunkt entspricht.[261] Es wird daher für jede Kapitalanlage der Unterschiedsbetrag zwischen gemeinem Wert und Anschaffungskosten ermittelt, die darauf entfallende KESt berechnet und diese Werte werden sodann „eingefroren".[262] Der tatsächliche Abzug der KESt erfolgt erst bei tatsächlicher Veräußerung der entstrickten Wirtschaftsgüter, wird doch erst dieser Zeitpunkt als abzugsrelevanter Zuflusszeitpunkt bestimmt.[263] Solcherart wird die für den KESt-Abzug notwendige Liquidität beim Abzugspflichtigen gewährleistet, wobei der Abzug der „eingefrorenen" KESt betraglich zudem mit dem tatsächlich erzielten Veräußerungserlös begrenzt ist.[264] Als Zuflusszeitpunkte fingiert § 95 Abs. 3 Z 3 TS 2 öEStG des Weiteren aber ebenso die Entnahme bzw. das sonstige Ausscheiden der Wirtschaftsgüter aus dem Depot. In diesen Fällen der liquiditätslosen Erhebung ist der KESt-Abzug mit dem gemeinen Wert der Wirtschaftsgüter bei Entnahme oder sonstigem Ausscheiden begrenzt. Den verfassungsrechtlichen Anforderungen an die Inpflichtnahme Dritter zur Steuerhebung Rechnung tragend steht der abzugsverpflichteten

wahrnehmen zu können; ErlRV. zum AbgÄG 2011, 1212 BlgNR XXIV. GP, S. 17 f.

259 § 93 Abs. 3 Z 3 TS 2 öEStG.

260 EStR 2000 Rz. 7716.

261 § 93 Abs. 5 TS 3 öEStG; trifft diese Annahme nicht zu, tritt gem. § 97 Abs. 1 lit. b öEStG keine Steuerabgeltungswirkung des KESt-Abzugs ein, so dass eine verpflichtende Veranlagung zur Einkommensteuer erfolgen muss; vgl. *Marschner* in Kofler/Mitterlehner/Mitterlehner (Hrsg.), FS Bendlinger, 2024, 73 (84).

262 *Marschner* in Kofler/Mitterlehner/Mitterlehner (Hrsg.), FS Bendlinger, 2024, 73 (84); nachfolgende Wertzuwächse unterliegen konsequenterweise nicht mehr der KESt.

263 § 95 Abs. 3 Z 3 TS 2 öEStG.

264 § 95 Abs. 3 Z 3 TS 2 zweiter Halbs. öEStG. Im Falle von nachträglichen Verlusten wird in der Praxis der volle Merkposten mit KESt belastet, soweit dieser im Veräußerungserlös Deckung findet. Die Erstattung einer allenfalls zu hoch einbehaltenen KESt hat danach im Wege der Veranlagung zu erfolgen, vorausgesetzt die Verluste bzw. Wertminderungen sind gem. § 27a Abs. 3 Z 2 lit. b öEStG einer Berücksichtigung zugänglich.

depotführenden Stelle ein Zurückbehaltungsrecht an den Wertpapieren bis zur Bezahlung der KESt durch den Kunden zu.[265]

Erfolgt keine „Wegzugsmeldung" durch den Steuerpflichtigen an die depotführende Stelle, entfällt die KESt-Pflicht nach § 94 Z 7 öEStG. Diese Form der „Befreiung" bewirkt indessen keine Ausnahme von der steuerlichen Erfassung der Entstrickung nach Maßgabe der allgemeinen Bestimmungen des § 27 Abs. 6 Z 1 öEStG. Die materielle Steuerpflicht bleibt von der KESt-Befreiung unberührt.[266] Sie dient vielmehr dem Schutz der Abzugsverpflichteten, die andernfalls für die Erhebung einer Steuer einzustehen hätten, von deren Bestand sie keine Kenntnis haben.[267] Die Wegzugsbesteuerung ist unter diesen Umständen im Wege der Veranlagung vorzunehmen.[268] Von einem KESt-Abzug ist die depotführende Stelle gleichermaßen befreit, wenn der Steuerpflichtige im Zuge der Meldung eines Umstands, der zur Einschränkung des Besteuerungsrechts geführt hat, bereits einen Abgabenbescheid vorweisen kann, in dem über die wegzugs- oder entstrickungsbedingt entstandene Steuer i.S.d. § 27 Abs. 6 Z 1 öEStG abgesprochen wurde.[269]

Über den nach hinten verschobenen Zuflusszeitpunkt der „Wegzugs-KESt" wird die Beschränkung des Nichtfestsetzungskonzepts auf EU/EWR-Staaten faktisch ausgehebelt.[270] Meldet der Steuerpflichtige der depotführenden Stelle seinen „Wegzug", greift der KESt-Mechanismus mit der Konsequenz eines auch im Verhältnis zu Drittstaaten wirkenden dauerhaften Steueraufschubs. Über das inländische Depot, auf dem die Wirtschaftsgüter verwahrt werden, sind gleichsam automatisch Sicher-

---

265 § 95 Abs. 3 Z 3 TS 2 letzter Satz öEStG; vgl. *Hohenwarter-Mayr* in Kirchmayr/Mayr/Schlager (Hrsg.), Besteuerung von Kapitalvermögen, 2011, 29 (56 ff. und 66 ff.).

266 Vgl. *Kirchmayr/Franke* in D/K/M/Z, 23. Lfg. 2022, § 94 EStG Rz. 125/1.

267 Weiß die Bank nichts von den Änderungen der Umstände, wird sie weiterhin die KESt so einheben, als ob keine Entstrickung erfolgt ist; vgl. *Marschner* in Kofler/Mitterlehner/Mitterlehner (Hrsg.), FS Bendlinger, 2024, 73 (83).

268 Veranlagungspflicht gem. § 42 Abs. 1 Z 4 öEStG.

269 § 94 Z 7 Satz 2 öEStG; *Hohenwarter-Mayr*, in Kirchmayr/Mayr/Schlager (Hrsg.), Besteuerung von Kapitalvermögen, 2011, 29 (68 ff.); nach der Verwaltungspraxis kann ein solcher Bescheid bis zum Zeitpunkt des Zuflusses der Kapitalerträge vorgelegt werden, während der Antrag auf Nichtfestsetzung oder Ratenzahlung im Rahmen der Veranlagung für das Wegzugsjahr zu stellen ist; EStR 2000 Rz. 7714.

270 *Marschner* in Kofler/Mitterlehner/Mitterlehner (Hrsg.), FS Bendlinger, 2024, 73 (83); EStR 2000 Rz. 7715.

heitsleitungen im System integriert. Nicht depotfähiges Vermögen ist jedoch umgekehrt von dieser Möglichkeit ausgeschlossen. Die Wegzugsbesteuerung hat unter diesen Umständen ausschließlich im Veranlagungsweg und im Drittstaatssachverhalt ohne liquiditätsschonende Einhebungsmaßnahmen zu erfolgen.

c) Zuzug und Steuerverstrickung: Unterschiede und Besonderheiten der österreichischen Rechtslage

Unterschiede zwischen der deutschen und der österreichischen Wegzugsbesteuerung bestehen des Weiteren bei der Steuerverstrickung im Zuzugsfall. Trotz separater Vorschrift in § 6 AStG wird die Bewertung bei erstmaliger Steuerverstrickung im Zuzugsfall bemerkenswerterweise nicht dort geregelt, sondern richtet sich nach § 17 Abs. 2 Satz 3 EStG. Bei Zuzug eines Steuerpflichtigen und damit einhergehend dessen Eintritt in die unbeschränkte Steuerpflicht soll eine Überbesteuerung vermieden werden, sofern der korrespondierende Vorgang im Wegzugsstaat einer § 6 AStG vergleichbaren (End-)Besteuerung des bis zum Wegzugszeitpunkt entstandenen Vermögenszuwachses unterlegen hat.[271] An die Stelle der Anschaffungskosten der Anteile tritt dann jener Wert, den der Wegzugsstaat bei Ermittlung der Wegzugsteuer angesetzt hat, höchstens jedoch der gemeine Wert. Der Import von Wertminderungen wird so bei sonstiger Herstellung einer Wertverknüpfung vermieden.[272] Ohne Wegzugsbesteuerung im Ausland, erfolgt mit der Fortführung der historischen Anschaffungskosten allerdings eine Ausdehnung der eigenen Besteuerungshoheit auf Wertzuwächse, die außerhalb des Bestehens einer qualifizierten territorialen Verknüpfung entstanden sind. Von der Wertverknüpfungsregel des § 17 Abs. 2 Satz 3 EStG ausgenommen sind zudem die Rückkehrfälle bei bloß vorübergehender Abwesenheit i.S.d. § 6 Abs. 3 AStG.[273]

In diesem Punkt weicht die österreichische Regelung von der deutschen Schwesterbestimmung ab und offenbart einmal mehr das Regelungsziel der österreichischen Wegzugsbesteuerung. Im Bestreben, die konsequente Abgrenzung der Besteuerhoheiten hinsichtlich der Substanz von Wirtschaftsgütern des Kapitalvermögens zu gewährleisten, wird bei Entste-

271 BFH v. 26.10.2021 – IX R 13/20; dazu *Gosch* in Kirchhof/Seer, 25. Aufl. 2026, § 17 EStG Rz. 81 m.w.N.

272 Vgl. *Gosch* in Kirchhof/Seer, 25. Aufl. 2026, § 17 EStG Rz. 81.

273 § 17 Abs. 2 Satz 4 EStG.

hung des Besteuerungsrechts im Verhältnis zu anderen Staaten durchgängig der gemeine Wert als neue Anschaffungskosten fingiert.[274] In Übereinstimmung mit dem betrieblichen Bereich ist die Neubewertungsregelung bei Wiedereintritt in die österreichische Besteuerungshoheit nach erfolgter Besteuerung des Wegzugs oder im Falle einer beantragten Ratenzahlung gestaltet. Sollten noch offene Raten vorhanden sein, reifen diese unbeschadet des erneuten Zuzugs ab und werden – bei Vorliegen der dafür normierten Gründe – vorzeitig fällig gestellt.[275] Unter welchen Umständen Besteuerungsrechte „entstehen", ist im außerbetrieblichen Bereich entsprechend der für den betrieblichen Bereich entwickelten Grundsätze zu prüfen. Deshalb ist auch keine inhaltliche Ausweitung gegenüber dem früher in § 27 Abs. 6 Z 1 lit. b öEStG a.F. geforderten „Eintritt" in das Besteuerungsrecht auszumachen.[276] Immerhin fordert auch der Wortlaut von § 27 Abs. 1 Z 1 lit. e Satz 1 öEStG die *„Entstehung des Besteuerungsrechts der Republik Österreich im Verhältnis zu anderen Staaten."* Das Besteuerungsrecht kann aber nur entstehen, wenn es *erstmals* begründet wird.[277] Fälle der Verstärkung eines bestehenden Besteuerungsrechts sind daher wie im Anwendungsbereich von § 6 Z 6 lit. g öEStG nicht von der Neubewertung erfasst.

Eine Sonderregelung besteht lediglich für den Wiedereintritt in das Besteuerungsrecht nach einem Wegzug, bei dem ein Besteuerungsaufschub gem. Nichtfestsetzungskonzept gewährt wurde. Unter diesen Umständen sind nach § 27 Abs. 6 Z 1 lit. e Satz 2 öEStG die ursprünglichen Anschaffungskosten, höchstens jedoch der gemeine Wert anzusetzen. Zwischenzeitlich im Ausland eingetretene Wertminderungen werden infolgedessen bei der Bewertung herausgeschält und der Berücksichtigung im Ausland überlassen. Eine Veräußerung oder ein sonstiger Realisationssakt nach dem Wiedereintritt in die Besteuerungshoheit Österreichs gilt systemkonform nicht als rückwirkendes Ereignis, sondern wird regulär der Veräußerungsgewinnbesteuerung unterworfen. Anders als in Deutschland dürfen allerdings Wertsteigerungen, die zwischen Wegzug und Zuzug im

274 § 27 Abs. 6 Z 1 lit. e öEStG; gleichwohl wird mittlerweile zu Vorsicht geraten, wenn der Zuzugswert höher ist als der Wegzugswert im anderen Staat, weil darin eine meldepflichtige Gestaltung i.S.d. § 5 Z 4 EU-MPflG liegen könnte; *Marschner* in Jakom, 2026, § 27 EStG Rz. 362.

275 EStR 2000 Rz. 6157c.

276 Vgl. ErlRV. zum AbgÄG 2015, 896 der Blg. XXV. GP, S. 5 f. und die Ausführungen in IV.1 c) bb).

277 I.d.S. auch öBMF in EAS 3446 v. 25.7.2023.

EU/EWR-Raum eingetreten sind, bei entsprechendem Nachweis, vom Veräußerungserlös abgezogen werden.[278] Die Besteuerungshoheiten werden somit kohärent voneinander abgegrenzt, indem Wertminderungen und Wertsteigerungen im Ausland gleichermaßen ausgeblendet werden.

Das Verhältnis zur Schweiz gestaltet sich auch in Österreich besonders. Dies liegt allerdings in erster Linie am vom OECD-MA abweichenden DBA, das in Art. 13 Abs. 4 eine eigenständige Wegzugsklausel enthält.[279] Beim physischen Wegzug von natürlichen Personen führt diese Bestimmung auf österreichischer Seite im Ergebnis zu einer Ausweitung des Nichtfestsetzungskonzepts i.S.d. § 27 Abs. 6 Z 1 lit. a öEStG; allerdings nur in Bezug auf die vom DBA erfassten Beteiligungen.[280] Angesichts der Rs. *Wächtler* ist diese Einschränkung zu eng. Die Nichtfestsetzung müsste im Falle des Wohnsitz- oder Ansässigkeitswechsels vielmehr sämtlichen Wirtschaftsgütern offenstehen, die einer Entstrickung gem. § 27 Abs. 6 Z 1 öEStG unterliegen können. Sollte es nach einem Wegzug jedoch zum erneuten Zuzug kommen, will die österreichische Finanzverwaltung zwar analog auch die Sonderregelung des Wiedereintritts gem. § 27 Abs. 6 Z 1 lit. e Satz 2 bis 4 öEStG anwenden; der Abzug von zwischenzeitlichen Wertsteigerungen soll jedoch mangels EU/EWR-Bezugs nicht gewährt werden.[281] Lediglich dann, wenn der Wegzug in der Schweiz eine Wegzugsbesteuerung auslösen würde, müsste nach Maßgabe des DBA ein Step-up erfolgen.[282]

Ob und inwieweit die Wegzugsbesteuerung in beiden Staaten in ihrer gegenwärtigen Ausgestaltung Bestand haben wird, ist fraglich. So wurde § 6 AStG von der Expertenkommission „Vereinfachte Unternehmenbesteuerung" in ihrem Abschlussbericht massiv kritisiert und weitreichende Änderungen bis hin zur Abschaffung gefordert.[283] Anders als in Österreich sind soweit ersichtlich aber (noch) keine Reformpläne erkennbar, während bereits im Regierungsprogramm der aktuellen österreichischen Bundesregierung unter dem Schlagwort der Betrugsbekämpfung eine

278 § 27 Abs. 6 Z 1 lit. e letzter Satz öEStG.

279 Zum missglückten Wortlaut der Bestimmung vgl. *Lang*, SWI 2006, 565 (570 ff.); *Loukota*, SWI 2007, 12 (14 ff.); ErlRV. zum Änderungsprotokoll, 1388 BlgNR XXII. GP, S. 2.

280 EStR 2000 Rz. 6148b; *Marschner* in Jakom, 2026, § 27 EStG Rz. 358.

281 ÖBMF in EAS 3446 v. 25.7.2023.

282 Art. 13 Abs. 4 letzter Satz DBA Ö-CH.

283 Abschlussbericht Expertenkommission „Vereinfachte Unternehmensteuer", Besteuerung der Unternehmen – Einfacher und Effizienter, 2024, S. 149 ff.

„effektivere Ausgestaltung der Wegzugsbesteuerung“ angekündigt wurde.[284] Bei einer solchen „effektiveren Ausgestaltung“ sind in jedem Fall die Grenzen zu beachten, die das höherrangige Recht setzt.

V. Entstrickungs- und Wegzugsbesteuerung im Spannungsfeld von Verfassungs-, Unions- und Völkerrecht

1. Steuerliche Erfassung von stillen Reserven aus gleichheitsrechtlicher Perspektive

Grundsätzlich erfasst die Einkommensteuer sowohl in Österreich als auch in Deutschland Wertzuwächse in Wirtschaftsgütern erst bei ihrer marktmäßigen Realisation. Dies gilt für die im Ausgangspunkt vermögenszugangsorientierten Gewinneinkünfte ebenso wie für die Tatbestände, die im Bereich der außerbetrieblichen Überschusseinkünfte Wirtschaftsgüter des Privatvermögens einer Veräußerungsgewinnbesteuerung unterwerfen. Gleichwohl gibt es eine Fülle von Ersatzrealisationstatbeständen oder alternativen Realisationstatbeständen.[285] Damit drängt sich naturgemäß die Frage auf, wie die steuerliche Erfassung von Wertzuwächsen vor ihrer marktmäßigen Realisation gleichheitsrechtlich einzuordnen ist. Betrachtet man die Entstehungsgeschichte des EStG, in Deutschland wie in Österreich, lässt sich klar erkennen, dass der historische Gesetzgeber stille Reserven im Betriebsvermögen auch schon vor ihrer marktmäßigen Realisation dem Grunde nach als Gewinn und damit Einkommen eingestuft hat. Nur ihre steuerliche Abschöpfung hat er hinausgeschoben.[286] Ganz ähnlich formulierte es *Tipke* im Rahmen einer der ersten Jahrestagungen der DStjG: Es gebe eben zwei Arten von Gewinnen – realisierte und nicht realisierte. Die Gewinnqualität sei jedoch auch bei unrealisierten Vermögenszuwächsen vorhanden. Schließlich erhöhe auch ein noch nicht realisierter Vermögenszuwachs die Leistungsfähigkeit, weil er realisierbar oder beleihbar sei. Und dennoch greift der Gesetzgeber nicht sofort zu, sondern wartet. Aus gutem Grund, denn

284 Jetzt das Richtige tun. Für Österreich, S. 19, abrufbar unter https://www.bundeskanzleramt.gv.at/dam/jcr:8d78b028-70ba-4f60-a96e-2fca7324fd03/Regierungsprogramm_2025-2029.pdf (letzter Abruf 10.6.2026).

285 Vgl. *Hohenwarter-Mayr*, Rechtsnachfolge im Unternehmenssteuerrecht, 2019, S. 430 ff. und 527 ff. m.w.N.

286 M.w.N. *Hohenwarter-Mayr*, Rechtsnachfolge im Unternehmenssteuerrecht, 2019, S. 434 ff.

Eingriffe in die nicht liquide Substanz sind unter Eigentumsschutzgesichtspunkten verfassungsrechtlichen Restriktionen ausgesetzt, die zur Güterabwägung zwingen.[287] Zugleich sind die einfachgesetzlichen Vorgaben der Gewinn- und Einkünfteermittlung folgerichtig in dieses System zu integrieren.

In diesem Sinne kann das Realisationsprinzip als Prinzipienkompromiss verstanden werden.[288] Es ist das Ergebnis der Abwägung zwischen Subjektsteuerprinzip, Totalitätsprinzip, dem grundsätzlichen Besteuerungspotential von stillen Reserven und dem verfassungsrechtlichen Eigentumsschutz. Bis zum Umsatzakt hat die Eigentumsgarantie[289] bei Aufrechterhaltung und Absicherung der weiteren Erfassbarkeit der stillen Reserven Vorrang. Der Schnittpunkt dieses Abwägungsprozesses verlagert sich jedoch zeitlich nach vorne, sobald die steuerlichen Zugriffsmöglichkeiten auf die stillen Reserven gefährdet sind.[290] Solange die Besteuerung der stillen Reserven sichergestellt ist, löst der Umsatz liquiditätsschonend die Abschöpfung der stillen Reserven aus. Ist die Erfassbarkeit der stillen Reserven gefährdet, legen die anderen Prinzipien an Gewicht zu und verschieben parallel dazu die Verhältnismäßigkeitsgrenze. Im Ergebnis bedeutet dies die Realisation durch Realisationsfiktion bzw. Realisationsakt. Der vorverlagerte Zugriff erfolgt dann, wenn eine spätere Erfassung in der bisherigen Form ausgeschlossen oder nur eingeschränkt möglich wäre, oder die Durchsetzung des Anspruchs gefährdet oder erschwert wäre. Die Gefahr eines späteren Besteuerungsverlusts begründet den vorgezogenen Zugriff.[291]

Entschließt sich der Gesetzgeber, Wertzuwächse als Veräußerungsgewinne im außerbetrieblichen Bereich zu besteuern,[292] erfolgt in diesem Punkt eine Annäherung an die Besteuerung im Betriebsvermögen. Nur die Zugangsrichtung ist eine andere, setzt doch im außerbetrieblichen Bereich

287 *Tipke* in Ruppe (Hrsg.), Gewinnrealisierung im Steuerrecht, DStjG 4 (1981), 1 (3 ff.).

288 S. bereits *Hohenwarter-Mayr*, Rechtsnachfolge im Unternehmenssteuerrecht, 2019, S. 449 ff.

289 Art. 5 öStGG, Art. 1 1. ZPEMRK, Art. 14 GG; vgl. *Rust/Blum*, Grundrechtsschutz im Steuerrecht, IV/1 ÖJT, 2018, S. 38 ff.

290 *Hohenwarter-Mayr*, Rechtsnachfolge im Unternehmenssteuerrecht, 2019, S. 443 f. m.w.N.

291 Im Ergebnis m.w.N. ebenso *Desens*, FR 2022, 681 (682 f.); *Desens* in DStjG 43 (2020), 73 (99 f.); vgl. auch die Überlegungen bei *Avi-Yonah/Schneider/de Cogan*, British Tax Review 2026, 61 (68 f. und 75 f.).

292 § 17 und § 20 Abs. 2 EStG; § 27 Abs. 1 i.V.m. Abs. 3 öEStG.

die Besteuerungswürdigkeit grundsätzlich erst am Umsatzakt an. In erster Linie werden tatsächlich realisierte Gewinne erfasst.[293] Ungeachtet dessen schlägt sich mit der Annäherung an den reinvermögenszuwachsgeprägten betrieblichen Bereich, wie in kommunizierenden Gefäßen, auch dessen Ziel, die Erfassung der Wertzuwächse abzusichern, im außerbetrieblichen Bereich durch.[294] Die unterschiedliche Zugangsrichtung verbunden mit dem Umstand einer teilweise voneinander abweichenden Einkünfteermittlung kann jedoch Abstufungen in der Ausgestaltung des vorzeitigen Zugriffs begründen. Die Erfassung von stillen Reserven mit hinreichendem Nexus zur eigenen Steuerhoheit im Verhältnis zum Ausland abzusichern, trägt jedoch aus gleichheitsrechtlicher Sicht auch im außerbetrieblichen Bereich die Besteuerung ohne Realisation durch Umsatzakt.[295]

An dieser Stelle lohnt ein Blick auf Österreich und die Rechtsprechung des VfGH zu § 6 Z 6 öEStG, denn dieser erkennt in der vorzeitigen Gewinnrealisierung anlässlich der Überführung von Wirtschaftsgütern ins Ausland keinen Verstoß gegen den Gleichheitsgrundsatz des Art. 7 B-VG.[296] Der von § 6 Z 6 öEStG

„angestrebte Zweck, die Ausübung des Besteuerungsrechtes bei Überführung von Wirtschaftsgütern ins Ausland zu sichern, rechtfertigt die Erfassung aller Überlassungen, die Bewertung aufgrund des sogenannten Fremdvergleichspreises und die Besteuerung eines Vorganges, auch wenn er noch keinen Gewinn verwirklicht hat. Da[ss] die Gewinnverlagerung ins Ausland nur bei der Überführung ins Ausland vermieden wird, nicht aber bei einer Überführung ins Inland, liegt in der Natur der Sache."

Die Erhebung einer Steuer auf im Inland entstandene stille Reserven ohne Umsatzakt begegnet damit keinen grundsätzlichen verfassungsrechtlichen Bedenken.[297] Entscheidend sei das Ziel, die Ausübung der bestehenden Besteuerungsrechte an den stillen Reserven der überführten

293 Insb. § 15 Abs. 1 i.V.m. § 27 Abs. 3 öEStG.

294 Vgl. BVerfG v. 7.7.2010 – 2 BvL 14/02 Rz. 69 bis 71; *Hohenwarter-Mayr*, Rechtsnachfolge im Unternehmenssteuerrecht, 2019, S. 527 ff.

295 FG Berlin-Brandenburg v. 27.4.2022 – 3 K 3072/20 Rz. 47 ff.; *Desens*, FR 2020, 681 (682 f.); *Mechtler/Spies*, StAW 2016, 135 (156 ff.); dem Grunde nach auch *Häck* in F/W/D/S, Außensteuerrecht, 107. Lfg. 2023, § 6 AStG Rz. 155.

296 VfGH v. 20.6.1994 – B 473/92, VfSlg. 13.785.

297 Vgl. *Ehgartner* in Jakom, 2026, § 6 EStG Rz. 148; *Mechtler/Spies*, StAW 2016, 135 (156 und 158) dagegen (vorwiegend im älteren Schrifttum) kritisch

Wirtschaftsgüter abzusichern. In diesem Regelungsanliegen erkennt der VfGH eine taugliche sachliche Rechtfertigung für die Ungleichbehandlung von In- und Auslandssachverhalten. Der sofortigen Erhebung der Steuer tritt der VfGH ebenso wenig entgegen, wie er einen tatsächlichen Verlust oder eine tatsächliche Beschränkung der Besteuerungsrechte für die Erfassung fordert. In letzterem Punkt stimmt die Rechtsprechung des VfGH mit jener des BFH zu § 6 Abs. 1 Satz 2 Nr. 1 AStG a.F. überein.[298] Ein verfassungsrechtliches Gebot zur Einengung des steuerlichen Zugriffs auf Fälle eines tatsächlichen Verlusts oder einer tatsächlichen Beschränkung des Besteuerungsrechts erkennt auch der BFH nicht. Es reiche vielmehr die reale Gefahr, dass die Besteuerung zu einem späteren Zeitpunkt beschränkt oder der Besteuerungsanspruch faktisch nur erschwert durchsetzbar wäre.[299]

Liegt die Zielrichtung einer Wegzugs- oder Entstrickungsbesteuerung verfassungskonform in der Abgrenzung von Besteuerungshoheiten bei gleichzeitiger Erfassung jener stillen Reserven, die im Inland entstanden sind, besteht auch kein Erfordernis, nachträgliche Wertminderungen anzuerkennen, die außerhalb der eigenen Steuerhoheit eingetreten sind. Derartige Wertminderungen sind nichts anderes als Verluste, die ohne hinreichenden Nexus zur inländischen Steuerhoheit eingetreten sind. Insofern gleicht die Situation jener von abkommensrechtlich befreiten Auslandsverlusten und hierzu hat der BFH in seinem Schlussurteil zur Rs. *W*[300] ebenfalls die Notwendigkeit einer Berücksichtigung aus gleichheitsrechtlichen Gründen verneint.[301] Die symmetrische Nichtberücksichtigung von Verlusten bei Nichtbesteuerung von Gewinnen sei aus dem Blickwinkel der zwischenstaatlichen Besteuerungsgerechtigkeit leistungsfähigkeitsgerecht. Das Prinzip der Besteuerung nach der Leistungsfähigkeit ist diesfalls territorial zu verstehen.[302]

Lechner in Gassner/Lechner (Hrsg.), Steuerbilanzreform und Verfassungsrecht, 1991, 209 (228 ff.); *Tumpel*, SWI 1992, 67 (72 f.).

298 Insb. BFH v. 8.12.2021 – I R 30/19 Rz. 17 bis 20; vgl. auch BFH v. 26.3.2025 – I R 5/24 (I R 99/15) Rz. 21 ff.; ebenso FG Berlin-Brandenburg v. 27.4.2022 – 3 K 3072/20 Rz. 33 ff.

299 BFH v. 8.12.2021 – I R 30/19 Rz. 20; a.A. *Desens*, FR 2022, 681 (683); *Häck* in F/W/D/S, Außensteuerrecht, 107. Lfg. 2023, § 6 AStG Rz. 155 f.

300 EuGH v. 22.9.2022 – C-538/20, ECLI:EU:C:2022:717 – W.

301 BFH v. 12.4.2023 – I R 44/22, I R 49/19, I R 17/16 Rz. 32 und 34.

302 Ebenso SA GA *Kokott* v. 17.10.2019 – C-405/18, ECLI:EU:C:2019:879 – AURES Holdings, Rz. 31 („das Prinzip der Besteuerung nach der Leistungsfähigkeit [ist] eigentlich immer territorial zu verstehen"); in diese Richtung

Zumindest im betrieblichen Bereich dürfte der VfGH auch die Konsequenz einer Sofortbesteuerung ohne liquiditätsschonende Entrichtungsmaßnahmen als verfassungskonform erachten. Inwiefern dies auch für den außerbetrieblichen Bereich gilt, war bislang noch nicht Gegenstand der Rechtsprechung. Versteht man die Besteuerung durch Entstrickungsakt als Prinzipienkompromiss, der vor dem Hintergrund der österreichischen Rechtslage auch in den Bereich der Kapitalvermögensbesteuerung Eingang gefunden hat, ist auf Entrichtungsebene kein prinzipieller Unterschied vorgezeichnet. Immerhin wurde mit der durchgängigen Erfassung von Wertsteigerungen von Kapitalvermögen im außerbetrieblichen Bereich die Besteuerung insgesamt dem betrieblichen Bereich angeglichen. Zudem wird auch bei Realisation durch Tausch ohne tatsächlichen Liquiditätszufluss sofort besteuert,[303] und Depotentnahmen oder Depotwechsel gelten unter bestimmten Voraussetzungen selbst im reinen Inlandsfall als Realisationstatbestände mit Sofortbesteuerung.[304] Desgleichen werden geldwerte Vorteile im Rahmen der außerbetrieblichen Einkünfte erfasst.[305] Eine zwingende Verknüpfung der Steuererhebung mit dem Zufluss liquider Mittel besteht daher nicht.[306] Abgesehen davon sind flankierende Maßnahmen zur liquiditätsschonenden Einhebung in § 27 Abs. 6 Z 1 lit. a und d öEStG sowie über das System der Wegzugs-KESt in § 94 Z 7 öEStG verankert. Selbst im Verhältnis zu Drittstaaten kann außerhalb der „Wegzugs-KESt" auf die allgemeinen Stundungsvorschriften der BAO zurückgegriffen werden. Der dem Gesetzgeber bei der Ausgestaltung der Tatbestände zugestandene Spielraum, auch Praktikabilitätsüberlegungen miteinzubeziehen und Typisierungen vornehmen zu dürfen, eröffnet Differenzierungsmöglichkeiten.[307]

---

deutend auch VfGH v. 11.3.1965 – B 210, 211/64, VfSlg. 4928, VfGH v. 23.6.2014, SV2/2013, VfSlg. 19.889; vgl. *Hohenwarter-Mayr* in Hörtnagl et al. (Hrsg.), FS Beiser, 2024, 191 (194).

303 § 27 Abs. 1 Satz 2 öEStG.

304 § 27 Abs. 6 Z 2 öEStG.

305 § 15 Abs. 1 und 2 öEStG.

306 *Mechtler/Spies*, StAW 2016, 135 (156); s. auch *Lang*, SWI 2014, 206 (215); für Deutschland FG Berlin-Brandenburg v. 27.4.2022 – 3 K 3072/20 Rz. 51; *Pohl* in Brandis/Heuermann, Ertragsteuerrecht, 179. EL. 2025, § 6 AStG Rz. 19 m.w.N.

307 Angreifbar ist im österreichischen Recht allenfalls die durch § 27 Abs. 6 Z 1 lit. a und b öEStG verursachte horizontale Differenzierung bei unentgeltlicher Übertragung zwischen natürlichen Personen und solchen unter Beteiligung von juristischen Personen. Auch die Unterscheidung zwischen physischem Wegzug innerhalb der EU bzw. des EWR und sonstigen Entstri-

Einer im Ansatz ähnlichen Argumentation zu § 6 Abs. 1 Satz 1 AStG folgte in jüngerer Vergangenheit auch das FG Berlin-Brandenburg.[308] Die Wegzugsbesteuerung führe lediglich zu einem Vorziehen der in § 17 EStG vorgesehenen Veräußerungsgewinnbesteuerung auf den Zeitpunkt des Wegzugs. Einen Verstoß gegen Art. 3 GG erkennt das Gericht darin nicht;[309] auch deshalb, weil dem Ertragsteuerrecht kein allgemeiner Grundsatz der Besteuerung nach Liquidität zu entnehmen sei.[310] Gleichwohl verweist das Gericht in diesem Zusammenhang auf die in § 6 AStG geschaffenen Möglichkeiten, die Folgen der Besteuerung abzumildern.[311] Genau diese Abmilderung der Liquiditätsbelastung wird im deutschen Schrifttum auch als verfassungsrechtlich geboten gefordert. So sei nach *Desens* im Zeitpunkt der Entstrickung zwar schon eine wirtschaftliche Leistungsfähigkeit vorhanden, die auch den Zugriff rechtfertige; es fehle aber an einer Leistungsfähigkeit im Sinne von Zahlungsfähigkeit. Diese sei grundsätzlich erst bei tatsächlicher Realisation vorhanden. Im Kontext der Entstrickungsbesteuerung stünden somit die Sicherung der Steuererhebung und die Zahlungsfähigkeit in einem „Dauerspannungsverhältnis“. Dieses Spannungsverhältnis müsse im Rahmen der Verhältnismäßigkeitsprüfung in Ausgleich gebracht werden und dürfe nicht einseitig in Richtung Sicherstellung der Besteuerung gelöst werden. Es sei mithin ein sachgerechter Ausgleich zwischen den Möglichkeiten einer alternativen Liquiditätsbeschaffung einerseits und dem Nichteinbringungsrisiko andererseits, das grundsätzlich im Laufe der Zeit steigen kann, zu finden. Wird das Risiko einer Nichteinbringung als hoch eingestuft, könne dies im Falle eines Zuwartens bis zur Realisation durch eine Sicherheitsleistung abgewendet werden. Berücksichtige man die zeitlichen Aspekte einer Steuerstundung, die auf ein im Zeitverlauf steigendes Nichteinbringungsrisiko hinweisen, könne von einem Zuwarten bis zur späteren Realisation abgesehen werden. Stattdessen komme eine gestreckte Besteuerung in Form

---

ckungsfällen werden unter gleichheitsrechtlichen Aspekten diskutiert. Ausführlich dazu *Mechtler/Spies*, ÖStZ 2016, 634 (642 ff.).

308 FG Berlin-Brandenburg v. 27.4.2022 – 3 K 3072/20.

309 FG Berlin-Brandenburg v. 27.4.2022 – 3 K 3072/20 Rz. 44 ff.; ähnlich BFH v. 17.12.1997 – I B 108/97 Rz. 11 f.; vgl. auch BFH v. 19.11.2025 – I R 41/22 Rz. 26 (zu § 4 Abs. 1 EStG) unter Verweis auf BVerfG v. 12.5.2009 – 2 BvL 1/00.

310 Zu dieser Diskussion *Pohl* in Brandis/Heuermann, Ertragsteuerrecht, 179. EL. 2025, § 6 AStG Rz. 19 m.w.N.; *Micker* in Lippross/Seibel, Basiskommentar Steuerrecht, 152. Lfg. 2025, § 6 AStG Rz. 31.

311 FG Berlin-Brandenburg v. 27.4.2022 – 3 K 3072/20 Rz. 51.

einer Ratenzahlung in Betracht, soweit dies die Liquiditätsbelastung durch die Möglichkeit abmildert, sich die erforderliche Liquidität anderweitig zu beschaffen.[312] Andere Autoren erachten die Möglichkeit zur Ratenzahlung generell als ausreichend.[313] In Österreich wird hingegen selbst bei Fehlen von besonderen Erhebungserleichterungen noch kein Überschreiten des verfassungsrechtlich Zulässigen erblickt.[314]

Verfassungsrechtlich fundierte Kritik wird überdies an der Erfassung passiver Entstrickungen geübt.[315] In Österreich fällt sie allerdings wesentlich verhaltener aus als in Deutschland. Dies dürfte dem Umstand geschuldet sein, dass im österreichischen Steuerrecht wiederholt Tatbestände anzutreffen sind, in denen die Erhebung einer Steuer losgelöst von Handlungen des Steuerpflichtigen erfolgt.[316] Vor diesem Hintergrund vermag auch die mit der erstmaligen Anwendung eines DBA verbundene Beschränkung in der Möglichkeit bis dahin entstandene stille Reserven im Veräußerungsfall zu besteuern, den gesetzgeberischen Eingriff zu rechtfertigen.[317] Das spezifische Regelungsanliegen der Absicherung bestehender Besteuerungsrechte greift mit anderen Worten als Rechtfertigungsgrund durch. Die Änderung der Steuerpflicht aufgrund des Neuabschlusses oder der Novellierung eines DBA wird im Regelfall auch keinen Verstoß gegen den Vertrauensschutz bewirken.[318] Ebenso wenig ist in der Erfassung passiver Entstrickungen ein Verstoß gegen die Eigentumsfreiheit zu erkennen.[319]

---

312 *Desens*, FR 2022, 681 (683).

313 *Micker* in Lippross/Seibel, Basiskommentar Steuerrecht, 152. Lfg. 2025, § 6 AStG Rz. 31; i.E. auch *Werner*, Systemgerechte Entstrickung im Steuerrecht, 2010, S. 63; a.A. *Häck* in F/W/D/S, Außensteuerrecht, 107. Lfg. 2023, § 6 AStG Rz. 148 und 155.

314 *Mechtler/Spies*, StAW 2016, 135 (158); *Toifl*, Die Wegzugsbesteuerung, 1996, S. 148 f., der jedoch auch auf die eingeschränkten Vollstreckungsmöglichkeiten zur Durchsetzung der Abgabenansprüche im Ausland hinweist.

315 Vgl. *Reimer* in Kube/Reimer (Hrsg.), Geprägte Freiheit 2020/21, HFSt 15, 2021, 137 (145 f.); einen Verstoß verneinend jüngst BFH v. 19.11.2025 – I R 41/22 Rz. 26 mit zahlreichen Literaturhinweisen.

316 Dazu *Mechtler/Spies*, StAW 2016, 135 (156 f.); *Lang*, SWI 2014, 206 (214 f.); für Deutschland BFH v. 19.11.2025 – I R 41/22 Rz. 17 bis 21.

317 *Lang*, SWI 2014, 206 (215).

318 Es sei denn es käme zu einer rückwirkenden Anwendung auf bereits verwirklichte Sachverhalte; zu möglichen Konstellationen *Lang*, SWI 2014, 206 (215 f.).

319 Art. 5 StGG und Art. 1 1. ZPEMRK; dazu umfassend *Mechtler/Spies*, StAW 2016, 135 (157 ff. m.w.N.). Zudem wird der konfiskatorische Charakter der

2. Wegzugsbesteuerung im Lichte der verfassungs- und völkerrechtlichen Auswanderungsfreiheit

Formen der „Wegzugsbesteuerung" stehen ebenso in einem Spannungsverhältnis zur Ausreisefreiheit als Teil der Schutzgarantie von Art. 2 Abs. 1 GG[320] bzw. in Österreich der Auswanderungsfreiheit gem. Art. 4 Abs. 3 öStGG und Art. 2 Abs. 2 4. ZPEMRK. Das 4. ZPEMRK wurde in Österreich im Jahr 1969 vom Nationalrat als verfassungsergänzend und verfassungsändernd genehmigt und nach der Ratifikation im BGBl. 1964/434 als Verfassungsgesetz kundgemacht. Es steht somit als Teil des formellen Verfassungsrechts im Verfassungsrang und bildet einen gleichberechtigten Bestandteil des verfassungsrechtlichen Grundrechtsbestandes.[321] Sofern der Gewährleistungsgehalt von Art. 4 Abs. 3 öStGG und Art. 2 Abs. 2 4. ZPEMRK nicht deckungsgleich ist, gilt das Günstigkeitsprinzip.[322]

Die Regelungen über die Wegzugsbesteuerung werden indessen nach h.A. im österreichischen Schrifttum nicht als Erhebung eines unzulässigen Abfahrtsgeldes i.S.d. Art. 4 Abs. 4 i.V.m. Abs. 3 öStGG gewertet.[323] Als Abfahrtsgelder sollen vor dem historischen Hintergrund der Norm nämlich nur Abgaben gelten, die von dem bei der Auswanderung mit-

Erfassung zu verneinen sein. In diesem Sinne zu Art. 14 GG *Werner*, Systemgerechte Entstrickung im Steuerrecht, 2010, S. 57 ff.; wohl auch *Häck* in F/W/D/S, Außensteuerrecht, 107. Lfg. 2023, § 6 AStG Rz. 143 („eine Übermaßbesteuerung ist regelmäßig nicht zu beobachten"); a.A. *Kraft* in Stiftung Familienunternehmen (Hrsg.), Die reformierte Wegzugsbesteuerung – Ökonomische, verhaltenssteuernde, verfassungsrechtliche und unionsrechtliche Aspekte, 2022, S. 140 ff.

320 Die Ausreisefreiheit wird als Teil der allgemeinen Handlungsfreiheit des Art. 2 Abs. 1 GG konstruiert und verstanden; *Höfing* in Höfing/Augsberg/Rixen, Berliner Kommentar, Art. 2 GG Rz. 38; BVerfG v. 16.1.1957 – 1 BvR 253/56 Rz. 30 und 35 – Elfes.

321 *Pöschl* in Korinek et al., Verfassungsrecht, 6. Aufl. 2003, Art. 2 4. ZPEMRK Rz. 5 m.w.N; allgemein *Grabenwarter* in Bogdandy/Huber (Hrsg.), Ius Publicum Europaeum II, 2007, § 20 Rz. 59 ff. m.w.N.

322 Art. 53 EMRK; im Verhältnis von StGG und EMRK wird das Günstigkeitsprinzip i.S.e. Anwendungsvorranges des im konkreten Fall günstigeren Rechts verstanden; vgl. *Merli* in Merli/Pöschl/Wiederin (Hrsg.), 150 Jahre Staatsgrundgesetz, 2018, 95 (109 f. Fn. 72) m.w.N.

323 *Pöschl* in Korinek et al., Verfassungsrecht, 5. Aufl. 2002, Art. 4 StGG Rz. 58; *Khakzadeh* in Kahl/Khakzadeh/Schmid, Kommentar zum Bundesverfassungsrecht, 2021, Art. 4 StGG Rz. 20; i.E. auch *Toifl*, Wegzugsbesteuerung, 1996, S. 154.

geführten oder übergehenden Vermögen[324] mit dem spezifischen Ziel eingehoben werden, die Auswanderung zu erschweren.[325] Die Wegzugsbesteuerung erstreckt sich zum einen nicht auf das Vermögen und belastet auch nicht die Auswanderung als solche mit einer Abgabe, sondern besteuert den Vermögenszuwachs, der dem Steuerpflichtigen während seiner steuerlichen Zugehörigkeit entstanden ist, und dessen Erfassung andernfalls gefährdet wäre. Gemessen an ihrem Regelungsanliegen verhindert die Bestimmung des § 27 Abs. 6 Z 1 öEStG vielmehr, dass die Erfassung von vorhandenem Steuersubstrat in Form der bereits entstandenen Wertzuwächse durch Wegzug oder sonstige Maßnahmen mit einschränkender Wirkung auf die Besteuerungsbefugnis, vereitelt würde.[326] *Mechtler/Spies* zufolge reagiere der Gesetzgeber auf die andernfalls drohende endgültige Nichtbesteuerung und erstrecke die Steuerlast sachgerecht auf den tatsächlich eingetretenen Wertzuwachs.[327] Im Vorziehen der Besteuerung ist folglich kein hinreichender Eingriff in die Auswanderungsfreiheit des StGG zu sehen und der grenzüberschreitende Vermögenstransfer als Anknüpfungsprunkt für eine Besteuerung liegt außerhalb des tatbestandlichen Schutzbereichs von Art. 4 öStGG.[328]

Im Ergebnis gleichlaufend erweist sich auch die Annahme eines Verstoßes gegen Art. 2 Abs. 2 4. ZPEMRK als zweifelhaft. Zwar wird hier das Vorliegen eines Eingriffes in die Ausreisefreiheit dem Grunde nach auch dann bejaht, wenn der Staat die Ausreise aus seinem Hoheitsgebiet nicht unmittelbar verbietet oder final mit verbotsgleichen Rechtsfolgen verknüpft, sondern eine Maßnahme nur mittelbar oder faktisch beschränkende Folgen für die Freizügigkeit zeitigt.[329] Dies sei nach *Pöschl* aller-

324 Vgl. *Pöschl* in Korinek et al., Verfassungsrecht, 5. Aufl. 2002, Art. 4 StGG Rz. 58 insb. Fn. 217.

325 Die Reichfluchtsteuer wäre nach *Pöschl* dagegen als Abfahrtsgeld zu werten gewesen. Zum einen wurde das Vermögen als solches mit 25 % besteuert und nicht der Wertzuwachs. Zum anderen war die Steuer von ihrem Regelungsziel her darauf gerichtet, die Auswanderung zu erschweren oder zu verhindern. *Pöschl* in Korinek et al., Verfassungsrecht, 5. Aufl. 2002, Art. 4 StGG Rz. 58.

326 *Pöschl* in Korinek et al., Verfassungsrecht, 5. Aufl. 2002, Art. 4 StGG Rz. 58.

327 *Mechtler/Spies*, StAW 2016, 135 (158).

328 Z.B. in den von § 27 Abs. 6 Z 1 öEStG erfassten Fälle der unentgeltlichen Übertragung; *Pöschl* in Korinek et al., Verfassungsrecht, 5. Aufl. 2002, Art. 4 StGG Rz. 58.

329 So *Pöschl* in Korinek et al., Verfassungsrecht, 6. Aufl. 2003, Art. 2 4. ZPEMRK Rz. 56. *Grabenwarter/Pabel* geben in diesem Zusammenhang allerdings auch

dings lediglich bei echten Abfahrtsgeldern anzunehmen, nicht jedoch i.Z.m. der Erfassung von Wertsteigerungen, die bereits vor der Ausreise entstanden sind.[330] Für einen faktischen Eingriff in die Ausreisefreiheit bedarf es daher einer besonderen Intensität der Beeinträchtigung, die mit final auf die Be- oder Verhinderung der Ausreise ausgerichteten Zahlungsverpflichtungen verbunden ist. Sowohl in der Zielsetzung als auch in der Wirkungsweise darf dies mit Blick auf die Wegzugs- und Entstrickungssteuer des § 27 Abs. 6 Z 1 öEStG bezweifelt werden;[331] zumal eine sofortige Besteuerung in Österreich letztlich nur in Drittstaatsfällen außerhalb des KESt-Regimes zwingend ist. Damit werden aber typischerweise jene Fälle erfasst, in denen auch die Steuererhebungsmöglichkeiten beschränkt sind.[332] Solcherart unterscheidet sie sich grundlegend von den durch den EGMR bislang entschiedenen Fällen, in denen die Nichtentrichtung aushaftender Steuerschulden mit einem undifferenzierten Ausreise*verbot* belegt und dementsprechend als unverhältnismäßig eingestuft wurde.[333]

---

zu bedenken, dass durch die Rechtsprechung noch nicht geklärt sei, ob eine Grundrechtsbeschränkung schon dann vorliege, wenn an die Ausreise negative Rechtsfolgen geknüpft werden. Für einen Eingriff i.Z.m. Zahlungsverpflichtungen sei es dementsprechend erforderlich, dass diese vom Staat auferlegt werden, „um gerade die Ausreise seiner Bürger zu verhindern"; *Grabenwarter/Pabel* in Grabenwarter/Pabel, Europäische Menschenrechtskonvention, 7. Aufl. 2021, § 21 Rz. 78; weiters *Khakzadeh* in Kahl/Khakzadeh/Schmid, Bundesverfassungsrecht, 2021, Art. 2 4 ZP EMRK Rz. 12. Im Übrigen soll Art. 2 Abs. 2 4. ZPEMRK kein Recht auf Mitnahme des Besitzes oder einen unbeschränkten Vermögenstransfer garantieren, was ebenso gegen ein extensives Eingriffsverständnis i.Z.m. der Erhebung von Steuern spricht, zumal das Freizügigkeitsrecht des Art. 2. 4. ZPEMRK nicht die gleiche Wirkintensität wie den Marktfreiheiten des Unionsrechts zugesprochen werden kann; dazu *Bröhmer* in Merten/Papier, Handbuch der Grundrechte in Deutschland und Europa VI, 2010, § 139 Rz. 94 ff. insb. 96.

330 *Pöschl* in Korinek et al., Verfassungsrecht, 6. Aufl. 2003, Art. 2 4. ZPEMRK Rz. 56, auf die auch *Grabenwarter/Pabel* in diesem Zusammenhang verweisen, *Grabenwarter/Pabel* in Grabenwarter/Pabel, Europäische Menschenrechtskonvention, 7. Aufl. 2021, § 21 Rz. 78 insb. Fn. 403.

331 So wird auch die konfiskatorische Wirkung der Wegzugsbesteuerung i.S.e. Übermaßbesteuerung verneint; s. *Avi-Yonah/Schneider/de Cogan*, British Tax Review 2026, 61 (74 f.).

332 In diesen Fällen stehen die allgemeinen Stundungsmöglichkeiten nach § 212 BAO zur Verfügung.

333 EGMR v. 23.5.2006 – no. 46343/99 Rz. 118 ff. insb. 130 ff. – Riener v. Bulgaria; EGMR v. 14.10.2021 – nos. 74288/14, 64568/16 Rz. 91 ff. – Democracy

In Deutschland hat sich in jüngerer Vergangenheit das FG Berlin-Brandenburg mit der Verfassungsmäßigkeit der Wegzugsbesteuerung i.S.d. § 6 Abs. 1 Satz 1 AStG auseinandergesetzt und einen Verstoß gegen Art. 2 GG verneint.[334] § 6 Abs. 1 Satz 1 AStG greife weder unmittelbar noch mittelbar in die grundrechtlich geschützte Ausreisefreiheit ein. Ein unmittelbarer Eingriff könne schon deshalb ausgeschlossen werden, weil § 6 AStG als Folgenorm die Ausreisefreiheit voraussetzt, knüpft sie doch gerade an die Verlegung des Wohnsitzes ins Ausland an. Auch ein mittelbarer Eingriff sei zu verneinen.[335] Einwirkungen faktischer bzw. mittelbarer Art würden nur dann zur Grundrechtsbeeinträchtigung führen, wenn sie in der Zielsetzung und ihren Wirkungen einem klassischen Eingriff gleichkämen und damit die Eingriffsschwelle überschreiten. Die Regelung des § 6 AStG verfolge jedoch fiskalische Ziele und die Schlussbesteuerung der stillen Reserven sei auch nicht final darauf gerichtet, die Ausreise zu behindern. Allfällige Beeinträchtigungen, die daraus resultieren, dass der Steuerpflichtige angesichts der Besteuerung darüber nachdenkt, seinen Wohnsitz nicht ins Ausland zu verlegen, würden mangels zielgerichteten Umfeldeingriffs nicht ausreichen.[336] Ob § 6 AStG als faktische Wegzugssperre wirkt und so eine Verletzung der Ausreisefreiheit bewirken könnte, lässt das FG zwar vordergründig offen. Dies jedoch deshalb, weil der Steuerpflichtige den Wegzug vollzogen hat. Da die Wegzugsteuer aber *per se* an den vollzogenen Wegzug anknüpft, könnte das Argument der faktischen Wegzugssperre bei dieser Sichtweise aber nie durchgreifen.

Selbst wenn man von einem erweiterten Eingriffsverständnis für Zwecke des Art. 2 GG ausgeht und damit in § 6 AStG einen Eingriff erkennt, sollen die in § 6 Abs. 3 und 4 AStG auch im Verhältnis zu Drittstaaten vorgesehenen Möglichkeiten, die Folgen der Besteuerung abzumildern, nach

---

and Human Rights Resource Centre and Mustafayev v. Azerbaijan; wiewohl die Sicherstellung der Beitreibung von aushaftenden Steuerschulden für sich als Rechtfertigungsgrund einer Beschränkung der Ausreisefreiheit („ordre public" und Schutz der Rechte und Freiheiten anderer) anerkannt wurde (Rs. Riener v. Bulgaria, Rz. 116 f.).

334 FG Berlin-Brandenburg v. 27.4.2022 – 3 K 3072/20; verneinend auch *Werner*, Systemgerechte Entstrickung im Steuerrecht, 2010, S. 63; a.A. *Häck* in F/W/D/S, Außensteuerrecht, 107. Lfg. 2023, § 6 AStG Rz. 148; wohl ebenso *Schönfeld/Sendke*, IStR 2025, 498 (504 und 508 f.).

335 FG Berlin-Brandenburg v. 27.4.2022 – 3 K 3072/20 Rz. 40.

336 FG Berlin-Brandenburg v. 27.4.2022 – 3 K 3072/20 Rz. 41 mit Hinweisen auf die Judikatur des BVerfG.

Stimmen im deutschen Schrifttum zugleich die Verhältnismäßigkeit der Bestimmung bewirken.[337] In Österreich wird man an dieser Stelle zudem einwenden können, dass in Drittstaatsfällen mit dem System der Wegzugs-KESt die sofortige Einhebung auf Fälle beschränkt ist, in denen die spätere Steuereinhebung typisierend mit größeren Schwierigkeiten verbunden ist als innerhalb der EU oder des EWR. Über weite Strecken stimmt das Urteil des FG Berlin-Brandenburg in der Argumentation mit der im österreichischen Schrifttum vorzufindenden Auffassung zur Zulässigkeit von Wegzugsteuern nach dem Zuschnitt einer Wertzuwachsbesteuerung i.S.d. § 27 Abs. 6 Z 1 öEStG überein.

3. Freizügigkeit und Aufenthaltsfreiheit i.S.d. Art. 45 GRC

Die Gewährleistungen der EMRK einschließlich ihrer Zusatzprotokolle sind nach Art. 6 Abs. 3 EUV als allgemeine Grundsätze auch Teil des Unionsrechts und wirken gem. Art. 52 Abs. 3 GRC auf die Auslegung der Unionsgrundrechte ein.[338] In Bezug auf Regelungen zur Wegzugsbesteuerung lässt sich daraus aber im Lichte der bisherigen Ausführungen kaum ein substantielles „Mehr“ an grundrechtlichen Gewährleistungen innerhalb der Union gewinnen.[339] Denn das in Art. 45 Abs. 1 GRC garantierte Recht der Unionsbürgerinnen und Unionsbürger, sich im Hoheitsgebiet der Mitgliedstaaten frei zu bewegen und aufzuhalten, ist ebenso durch Art. 20 Abs. 2 lit. a sowie Art. 21 Abs. 1 AEUV garantiert. In seinem Schutzgehalt entspricht Art. 45 Abs. 1 GRC diesen Bestimmungen der Verträge.[340] Dementsprechend erfolgt die Ausübung des Freizügig-

337 *Micker* in Lippross/Seibel, Basiskommentar Steuerrecht 152. Lfg. 2025, § 6 AStG Rz. 30; allgemein *Werner*, Systemgerechte Entstrickung im Steuerrecht, 2010, S. 62 f.; FG Berlin-Brandenburg v. 27.4.2022 – 3 K 3072/20, Rz. 51; vgl. weiters *Häck*, dem vor allem die sofortigen Einziehung weiterhin „verfassungsrechtliches Unbehagen“ bereitet; *Häck*, IStR 2022, 463 (464); a.A. *Schönfeld/Sendke*, IStR 2025, 498 (509).

338 Umfassend dazu *Grabenwarter/Pabel* in Grabenwarter/Pabel, EMRK, 7. Aufl. 2021, § 4 Rz. 8 und 11 f. m.w.N.

339 So weist etwa *Lukan* darauf hin, dass die Garantien der Ausreisefreiheit oder der Freizügigkeit i.S.d. Art. 4 StGG sowie Art. 2 4. ZPEMRK in ihrem Gewährleistungsgehalt hinter dem Charta-Recht des Art. 45 zurückbleiben; *Lukan* in Holoubek/Lienbacher, Charta der Grundrechte der Europäischen Union, 2. Aufl. 2019, Art. 45 GRC Rz. 36; a.A. *Schönfeld/Sendke*, IStR 2025, 498 (506 f.).

340 *Lukan* in Holoubek/Lienbacher, EU-GRC, 2. Aufl. 2019, Art. 45 GRC Rz. 2 und 20 ff.; *Kluth* in Calliess/Ruffert, EUV/AEUV, 6. Aufl. 2022, Art. 45

keits- und Aufenthaltsrechts nach der Generalklausel des Art. 52 Abs. 2 GRC im Rahmen der in den Verträgen festgelegten Grenzen und Bedingungen. Das bereits in Art. 21 AEUV festgelegte unmittelbar anwendbare subjektive Recht auf Freizügigkeit und Aufenthalt kann aufgrund der Charta-Bestimmungen auch als Grundrecht geltend gemacht werden.[341] Insoweit besteht eine Verdoppelung der Verbürgung, die sich aufgrund des übereinstimmenden Regelungsgehalts im Verfahren vor dem EuGH aber grundsätzlich nicht auswirkt.[342] Fragen der Wegzugsbesteuerung sind somit bei Fehlen einer wirtschaftlichen Zielsetzung weiterhin nach Maßgabe der Bedingungen und Grenzen von Art. 21 Abs. 1 AEUV zu würdigen; und zwar unabhängig davon, ob man Art. 52 Abs. 2 GRC nun so versteht, dass die Inkorporation der aus dem Vertrag stammenden Garantien auch ihren Anwendungsbereich umfasst und Art. 45 Abs. 1 GRC daher unabhängig von der Frage der „Durchführung von Unionsrecht" unter den gleichen Voraussetzungen wie Art. 21 Abs. 1 AEUV von den Mitgliedstaaten anzuwenden ist,[343] oder erst im Falle eines Eingriffs in das Freizügigkeitsrecht gem. Art. 21 Abs. 1 AEUV.[344] Im Zusammenhang

---

GRC Rz. 1; *Magiera* in Meyer, EU-GRC, 6. Aufl. 2024, Art. 45 GRC Rz. 1 und 12 ff.; *Jarass* in Jarass, Charta der Grundrechte der EU, 4. Aufl. 2021, Art. 45 GRC Rz. 15 ff., *Haag* in von der Groeben/Schwarze/Hatje/Terhechte, Europäisches Unionsrecht, 8. Aufl. 2025, Art. 45 GRC Rz. 1, 5 und 8. Die Bedeutung von Art. 21 AEUV werde durch Art. 45 GRC noch einmal unterstrichen, ohne jedoch hiermit den Geltungsbereich des bestehenden Rechts auszuweiten.

341 Für viele *Lukan* in Holoubek/Lienbacher, EU-GRC, 2. Aufl. 2019, Art. 45 GRC Rz. 2.

342 *Lukan* in Holoubek/Lienbacher, EU-GRC, 2. Aufl. 2019, § 45 GRC Rz. 35; *Wendel* in Grabenwarter (Hrsg.), Europäischer Grundrechtsschutz, 2. Aufl. 2022, § 23 Rz. 59 ff. Vor nationalen Verfassungsgerichten kann Art. 45 Abs. 1 GRC zusätzlich als verfassungsrechtlich gewährleistetes Recht geltend gemacht werden und bildet dann einen Prüfmaßstab der Normenkontrolle. Inhaltlich ändert sich der Gewährleistungsgehalt dadurch aber nicht. Für Österreich *Lukan* in Holoubek/Lienbacher, EU-GRC, 2. Aufl. 2019, § 45 GRC Rz. 36 m.w.N. insb. VfGH v. 14.3.2012 – U466/11 – VfSlg. 19.632; für Deutschland s. *Schönfeld/Sendke*, IStR 2025, 498 (501).

343 So etwa *Jarass* in Jarass, Charta der Grundrechte der EU, 4. Aufl. 2021, Art. 45 GRC Rz. 3.

344 So etwa *Lukan* in Holoubek/Lienbacher, EU-GRC, 2. Aufl. 2019, § 45 GRC Rz. 35. Zum einen erfordert auch Art. 45 GRC ein grenzüberschreitendes Element, um das Grundrecht zu aktivieren. Zum anderen dürfte das Vorliegen einer rechtfertigungsbedürftigen Beschränkung bei Greifen der Wegzugsbesteuerung außer Zweifel stehen, womit jedenfalls auf dieser Stufe von

mit wirtschaftlichen Betätigungen bilden wiederum die Marktfreiheiten den Schutzschirm zur Abwendung von diskriminierenden Beschränkungen. Ganz in diesem Sinne sollen sich auch die nachfolgenden Ausführungen auf die Grundfreiheiten und das allgemeine Freizügigkeitsrecht des AEUV konzentrieren.

4. Besteuerungsschranken des AEUV

a) Verhältnis von Freizügigkeitsrecht und Grundfreiheiten

In seiner ständigen Rechtsprechung wertet der EuGH – ganz im Einklang mit der h.M. – die wirtschaftlichen Personenverkehrsfreiheiten der Art. 45, 49 und 56 AEUV als speziellere Regelungen, die der Anwendung des in Art. 21 AEUV verbürgten allgemeinen Freizügigkeitsrechts vorgehen.[345] Art. 21 Abs. 1 AEUV findet in den wirtschaftlichen Grundfreiheiten gleichsam eine besondere Ausprägung.[346] Nur dann, wenn eine der spezielleren Marktfreiheiten materiell nicht anwendbar sei, greife Art. 21 AEUV.[347] Diese Sichtweise vertritt der EuGH insbesondere auch in seiner Rechtsprechung zur Wegzugsbesteuerung. Einzig im Zusammenhang mit Wohnsitzverlegungen innerhalb der Union, die nicht mit der Ausübung einer wirtschaftlichen Tätigkeit in Verbindung stehen, prüft der EuGH einen eigenständigen Verstoß gegen Art. 21 AEUV. Gleichwohl – und das ist entscheidend – nimmt der EuGH eine kongruente Rechtfertigungsprüfung vor. Es seien aus denselben Gründen dieselben

---

einer Durchführung des Rechts der Union auszugehen ist. Es liegt also gerade keine bloße beschränkungsfreie Ausübung des Rechts auf Freizügigkeit vor, die nach der jüngeren Rechtsprechung des EuGH den Schutzbereich der GRC nicht eröffnet; EuGH v. 13.6.2024 – C-380/23, ECLI:EU:C:2024:500 – Monmorieux, Rz. 29 f.; EuGH v. 24.2.2022 – C-257/20, ECLI:EU:C:2022:125 – Viva Telecom Bulgaria, Rz. 126 ff.; dazu *Kofler*, SWI 2026, 155 (155 ff.).

345 M.w.N. *Musil* in Musil/Weber-Grellet, Europäisches Steuerrecht, 2. Aufl. 2022, Art. 21 AEUV, Rz. 1 ff. und 24; *Reimer* in Schaumburg/Englisch/Ditz, Europäisches Steuerrecht, 3. Aufl. 2025, Rz. 8.110; *Kuth* in Calliess/Ruffert, EUV/AEUV, 6. Aufl. 2022, Art. 21 AEUV Rz. 21; *Magiera* in Streinz, AEUV, 3. Aufl. 2018, Art. 21 AEUV Rz. 7.

346 EuGH v. 21.12.2016 – C-503/14, ECLI:EU:C:2016:979 – Komm./Portugal, Rz. 35 f. m.w.N.; EuGH v. 12.7.2012 – C-269/09, ECLI:EU:C:2012:439 – Komm./Spanien, Rz. 49 m.w.N.

347 *Musil* in Musil/Weber-Grellet, Europäisches Steuerrecht, 2. Aufl. 2022, Art. 21 AEUV, Rz. 2; *Reimer* in Schaumburg/Englisch/Ditz, Europäisches Steuerrecht, 3. Aufl. 2025, Rz. 8.112.

Schlussfolgerungen zu ziehen.[348] Der EuGH geht mithin von einem deckungsgleichen Schutzniveau aus, dem auch hier gefolgt wird.[349]

b) Schranken der Wegzugsbesteuerung im betrieblichen Bereich

Was den betrieblichen Bereich anbelangt sind die Angriffsflächen aus dem Blickwinkel der Grundfreiheiten begrenzt. Zum einen bestehen mit der ATAD sekundärrechtliche Vorgaben, die zwar für sich hinterfragt werden können,[350] aber *grosso modo* der Judikatur des EuGH entsprechen, wenngleich sich die Richtlinie durchaus am strengeren Ende des Rechtsprechungsspektrums angesiedelt hat.[351] Zum anderen stellt die Rechtsprechung des EuGH zu den Grundfreiheiten geringere Anforderungen an die Unionsrechtskonformität von Entstrickungsregelungen im betrieblichen Kontext, was vor allem für Fälle außerhalb des persönlichen Anwendungsbereichs der ATAD entscheidend ist. In diesem Sinne stehen die Entstrickungsregelungen des § 4 Abs. 1 i.V.m. § 4g EStG und § 12 KStG sowie § 6 Z 6 öEStG weitgehend in Einklang mit der Rechtsprechung des EuGH und damit auch mit den Vorgaben der ATAD.[352] Rest-

348 EuGH v. 21.12.2016 – C-503/14, ECLI:EU:C:2016:979 – Komm./Portugal, Rz. 69; EuGH v. 12.7.2012 – C-269/09, ECLI:EU:C:2012:439 – Komm./Spanien, Rz. 91 und 93; *Reimer* in Schaumburg/Englisch/Ditz, Europäisches Steuerrecht, 3. Aufl. 2025, Rz. 8.116; *Kuth* in Calliess/Ruffert, EUV/AEUV, 6. Aufl. 2022, Art. 21 AEUV Rz. 23 ff.; *Wimberger* in Jaeger/Stöger, EUV/AEUV, 2025, Art. 21 AEUV Rz. 8 ff.

349 A.A. *Schönfeld/Sendke*, IStR 2025, 498 (502 f.).

350 Soweit innerhalb des Mindestschutzniveaus der Richtlinie verpflichtende Vorgaben ohne Abweichungsbefugnisse gemacht werden, ist von einer abschließenden Harmonisierung mit Sperrwirkung auszugehen. Andernfalls sind die nationalen Umsetzungsmaßnahmen an den Grundfreiheiten zu messen, wie auch die Richtlinie selbst im EU-Primärrecht ihren Prüfmaßstab findet; vgl. *Martini* in Hagemann/Kahlenberg, ATAD Kommentar, 2019, B.I. Rz. 26; *Fehling* in Schaumburg/Englisch/Ditz, Europäisches Steuerrecht, 3. Aufl. 2025, Rz. 17.17a; in der ATAD keine abschließende Harmonisierung erkennend *Hey* in DStjG 41 (2018), 9 (30); *Kokott*, in Hey/Schön (Hrsg.), Europäisches Steuerverfassungsrecht, 2023, 33 (37).

351 Vgl. *Hohenwarter/Mayr*, BB 2024, 1559 (1565 f.).

352 Vgl. *Fehling* in Schaumburg/Englisch/Ditz, Europäisches Steuerrecht, 3. Aufl. 2025, Rz. 17.50 ff.; *Hagemann* in Hagemann/Kahlenberg, ATAD Kommentar, 2019, Art. 5 Rz. 35 ff.

zweifel betreffen mit Blick auf Deutschland die in § 4g EStG verankerte Ausgleichspostenregelung anstelle der in Art. 5 Abs. 2 der Richtlinie vorgesehenen Ratenzahlung. Dennoch dürfte auch diese abweichende Regelungstechnik, soweit sie für Körperschaften im Anwendungsbereich der ATAD gilt, durch die Richtlinie gedeckt sein, weil die Bildung und Auflösung des Ausgleichspostens wie eine Stundung mit Ratenzahlung liquiditätsschonend wirkt.[353] In Österreich weicht die Umsetzung hinsichtlich des Stundungszeitraums von Umlaufvermögen von der ATAD ab, wurde doch der Verteilungszeitraum in § 6 Z 6 lit. e öEStG auf zwei Jahre reduziert. Darin ist aufgrund der Umschlagshäufigkeit und *per definitionem* kurzen Verweildauer von Umlaufvermögen im Betriebsvermögen aber weder ein Verstoß gegen die Grundfreiheiten zu erblicken,[354] noch bestehen im Lichte des Mindestschutzniveaus des Art. 3 ATAD Bedenken an der Richtlinienkonformität.[355] Als problematisch könnte sich hier lediglich das Fehlen einer vorzeitigen Fälligstellung erweisen, weil dadurch *prima facie* eine großzügigere Regelung getroffen wurde, als in der Richtlinie vorgesehen ist.[356]

Die in beiden Staaten fehlenden Erleichterungen der Steuererhebung durch ratierliche Zahlung im Verhältnis zu Drittstaaten ist aufgrund der vorrangigen Anwendbarkeit der Niederlassungsfreiheit mit Verdrängungswirkung für die Kapitalverkehrsfreiheit zulässig (dazu bereits oben IV.1.b)). Es besteht daher keine primärrechtliche Notwendigkeit derartige Erleichterungen auf Drittstaaten auszudehnen. Eine solche Ausdehnung im nationalen Recht würde umgekehrt vielmehr Gefahr laufen, dem Min-

---

353 Bejahend auch *Hagemann* in Hagemann/Kahlenberg, ATAD Kommentar, 2019, Art. 5 Rz. 301; *Kolbe* in Herrmann/Heuer/Raupach, 333. Lfg. 2025, § 4g EStG Rz. 5; *Bodden* in Korn/Carlé/Strahl, 162. Lfg. 2025, § 4g EStG Rz. 4.9 i.V.m. 4.1; verneinend hingegen *Wacker* in DStjG 41 (2018), 423 (458); *Meyer* in Kirchhof/Kulosa/Ratschow, BeckOK 24. Ed. 2025, § 4 EStG Rz. 639.1.

354 *Mayr* in Kirchmayr/Mayr/Hirschler/Kofler (Hrsg.), Anti-BEPS-Richtlinie: Konzernsteuerrecht im Umbruch, 2017, 61 (69); *Siller/Koch* in Lang et al. (Hrsg.), Die Anti-Tax-Avoidance-Richtlinie, 2017, 50 (72).

355 Ebenso *Mechtler*, RdW 2016, 859 (867).

356 Art. 5 Abs. 4 ATAD differenziert nicht, sondern stellt allgemein auf „Vermögenswerte" ab. Ob das Fehlen der vorzeitigen Fälligstellung im Lichte des verkürzten Zahlungszeitraums und der Natur der erfassten Vermögensgegenstände als typisierende Vereinfachung noch von der Richtlinie gedeckt ist, erscheint aufgrund der tendenziell begünstigenden Wirkung zweifelhaft; kritisch daher auch *Mechtler*, RdW 2016, 859 (868).

destschutzniveau der ATAD zu widersprechen.[357] Ob die Anwendbarkeit der Entstrickungsregelungen einen Verlust des Besteuerungsrechts voraussetzt, oder auch dessen bloße Einschränkung oder Beschränkung erfasst, wird in beiden Staaten kontrovers diskutiert. Wie sich aus dem Wortlaut der Tatbestände des Art. 5 Abs. 1 ATAD – die Besteuerung greift „*insofern* als der Mitgliedstaat [...] nicht mehr das Besteuerungsrecht hat" – in Zusammenschau mit den Erwägungsgründen und den Begriffsbestimmung in Art. 2 Abs. 6 ATAD ableiten lässt, räumt die Richtlinie den Mitgliedstaaten in diesem Punkt jedoch einen großen Spielraum ein.[358] Dies entspricht dem Mindestschutzcharakter der Richtlinie und ist außerdem durch die Rechtsprechung des EuGH gedeckt.[359] So dürfte letztlich das Ziel einer Abgrenzung und Absicherung der Besteuerungshoheit als Anknüpfungspunkt für die steuerliche Erfassung der stillen Reserven ausrei-

357 Art. 5 Abs. 2 i.V.m. Art. 3 ATAD; ebenso *Fehling* in Schaumburg/Englisch/Ditz, Europäisches Steuerrecht, 3. Aufl. 2025, Rz. 17.53; a.A. *Hagemann* in Hagemann/Kahlenberg, ATAD Kommentar, 2019, Art. 5 Rz. 194.

358 ErwGr. 10 stellt allgemein auf den „Abzug" und die „Verlegung" der Vermögenswerte ab, lässt die Übertragung von Vermögenswerten in Staaten, mit denen die Anrechnungsmethode zur Vermeidung der Doppelbesteuerung greift, jedoch als Anwendungsfall eines Verlusts von Besteuerungsrechten zu und hält im Übrigen fest, dass das Besteuerungsrecht auf nationaler Ebene definiert werden soll. Wird die Definition des Besteuerungsrechts, das es abzusichern gilt, den Mitgliedstaaten überlassen, liegt es nahe, dies auch für die Bestimmung jener Fälle anzunehmen, in denen eine Absicherung i.S.e. Abgrenzung der Besteuerungshoheiten erforderlich ist; vgl. auch *Wacker* in DStjG 41 (2018) 423 (456 ff.); *Mechtler*, RdW 2016, 859 (861 f.).

359 In der Rs. Verder LabTec (EuGH v. 21.5.2015 – C-657/13, ECLI:EU:C:2015:331) wurde die Frage im Lichte der BFH-Rechtsprechung zur Aufgabe der finalen Entnahmetheorie thematisiert (Rz. 13 ff.); aufgegriffen hat der EuGH das Argument eines möglichen Fortbestehens von Besteuerungsrechten jedoch nicht (Rz. 43 ff. insb. Rz. 47). Auch in den Rs. Panayi (EuGH v. 14.9.2017 – C-646/15, ECLI:EU:C:2017:682) und Komm./Portugal (EuGH v. 21.12.2016 – C-503/14, ECLI:EU:C:2016:979, Rz. 7 i.V.m. Rz. 57 und 87) stellt der EuGH keine besonders hohen Anforderungen an das Vorliegen einer Entstrickung. Im Ergebnis dürften bereits administrative Schwierigkeiten i.S.e. Gefährdung der späteren Besteuerung für eine frühere Steuerfestsetzung ausreichen; vgl. *Mechtler/Spies*, ISR 2016, 430 (433 ff.); weiters *Desens*, FR 2022, 681 (681); im Ergebnis auch *Meyer* in Kirchhof/Kulosa/Ratschow in BeckOK, 24. Ed. 2025, § 4 EStG Rz. 633 und 639; a.A. *Schönfeld/Erdem*, StuW 2022, 70 (82 unter Verweis auf die Rs. DMC, in der der EuGH die Prüfung des Verlusts der Besteuerungsbefugnis aber letztlich dem nationalen Gericht und damit dem dort herrschenden Verständnis überlassen hat).

chen.[360] In diesem Sinne hat sich auch der BFH jüngst für die Unionrechtskonformität von § 4 Abs. 1 Satz 3 und 4 EStG i.d.F. des JStG 2010 ausgesprochen.[361] Die Nichtberücksichtigung von nachträglichen Wertminderungen entspricht im Übrigen dem Territorialitätsprinzip wie es schon in der Rs. *Futura Participations* verstanden wurde,[362] und deckt sich mit der späteren Verlust-Rechtsprechung des EuGH, allen voran den Rs. *W* und *AURES Holdings*.[363]

c) Schranken der Wegzugsbesteuerung im außerbetrieblichen Bereich

Wirft man einen Blick auf den außerbetrieblichen Bereich, erscheinen die unionsrechtlichen Friktionsflächen ungleich größer und erfordern ein genaueres Hinsehen. Zwar markiert die sofortige gewinnwirksame Erfassung der entstandenen stillen Reserven die Zielgröße sämtlicher Entstrickungsregelungen, der vorgezogenen Steuererhebung setzt das Unionsrecht aber bekanntermaßen Grenzen, deren genauer Verlauf im außerbetrieblichen Bereich nach wie vor in Bewegung scheint.

Maßnahmen der Wegzugsbesteuerung sichern die Besteuerung von Wertzuwächsen ab, die in einer Zeitspanne der territorialen Verbundenheit des Steuerpflichtigen mit einer Steuerhoheit angewachsen und steuerverfangen sind. Sie werden in dem Zeitpunkt abgeschöpft, in dem sich für den besteuernden Saat letztmalig eine effizient handhabbare Gelegenheit dazu bietet, weil der territoriale Nexus zu diesem Staat gelöst wird. Die Wahrung der Ausgewogenheit der Besteuerungsbefugnis als Überbegriff für die Absicherung von Besteuerungsrechten verknüpft mit einem territorialen und zeitlichen Element ist als Rechtfertigungsgrund in der Judikatur des EuGH angekommen und anerkannt.[364] Ungeachtet dessen steht je-

360 Insb. dann, wenn man die Entstrickungsbesteuerung zugleich als Maßnahme zur Sicherung einer effektiven Erhebung der Steuer versteht; vgl. *Hagemann* in Hagemann/Kahlenberg, ATAD Kommentar, 2019, Art. 5 Rz. 104; ähnlich *Wacker* in DStjG 41 (2018) 423 (442).

361 BFH v. 26.3.2025 – I R 5/24, I R 99/15 Rz. 21 i.V.m. 47.

362 EuGH v. 15.5.1997 – C-250/95, ECLI:EU:C:1997:239 – Futura Participations.

363 EuGH v. 27.2.2020 – C-405/18, ECLI:EU:C:2020:127 – AURES Holdings, Rz. 50 f.; EuGH v. 22.9.2022 – C-538/20, ECLI:EU:C:2022:717 – W, Rz. 26 ff.; vgl. *Hohenwarter-Mayr* in Hörtnagl et al. (Hrsg.), FS Beiser, 2024, 191 (205 ff.).

364 Umfassend *Kokott*, EU Tax Law, 2022, § 5 Rz. 2 ff. m.w.N.

der steuerliche Zugriff, der tatbestandlich nur auf grenzüberschreitende Situationen abstellt, in einem schier unauflöslichen Konflikt mit dem Gedanken eines Binnenmarktes oder gemeinsamen Europas als Raum *ohne* Grenzen.[365] Vor diesem Hintergrund ist der EuGH angehalten, eine Balance zwischen dem durch die Steuersouveränität und Autonomie der Mitgliedstaaten geprägten steuerlichen Territorialitätsprinzip[366] und dem Binnenmarktgedanken zu finden.[367] Immerhin hat der EuGH mit der Anerkennung des Territorialitätsprinzips auch die bestehenden steuerlichen Grenzen zwischen den Mitgliedstaaten gefestigt. Diese Balance hat der Gerichtshof in einem ersten Schritt in der Unterscheidung zwischen Festsetzung der Steuer der Höhe nach und ihrer Erhebung gefunden. Insoweit ist die Rechtsprechung eindeutig. Im Hinblick auf die verhältnismäßige Erhebung der Steuer scheint die Suche nach der richtigen Balance jedoch noch nicht beendet. Dazu muss man sich nur den Verlauf der *Exit-Tax*-Rechtsprechung des EuGH über die letzten 20 Jahre hinweg ansehen.

Im Allgemeinen wird die Entwicklung der EuGH-Judikatur zur Wegzugsbesteuerung in zwei Phasen geteilt.[368] Die erste Phase wird durch die Entscheidungen in den Rs. *Hughes de Lasteyrie du Saillant* und *N* repräsentiert.[369] Darin ist der EuGH den Mitgliedstaaten und ihren Wegzugsbesteuerungsregelungen vor allem auf Verhältnismäßigkeitsebene noch sehr restriktiv gegenübergestanden.[370] Zwar hat er das Bedürfnis der Mitgliedstaaten, die in ihrer Steuerhoheit entstandenen stillen Reserven anlässlich des Wegzugs von Steuerpflichtigen erfassen zu können, anerkannt, die sofortige Entrichtung jedoch als unverhältnismäßig eingestuft. Für den erforderlichen Zahlungsaufschub durften vom Steuerpflichtigen aber weder Sicherheiten noch die Bestellung eines inländischen

365 Kritisch daher *Schön* in DStjG 43 (2020), 563 (621); *Schön* in Schön/Heber, Grundfragen des Europäischen Steuerrechts, 2015, 109 (129 ff., insb. 134 f.).

366 Siehe *Kokott*, EU Tax Law, 2022, § 2 Rz. 136 ff. und § 5 Rz. 29 ff.; *Mechtler/Spies*, ÖStZ 2016, 634 (644).

367 Vgl. *Kokott* in Drüen/Hey/Mellinghoff (Hrsg.), FS BFH I, 2018, 735 (743 ff. und 761).

368 *Mechtler/Spies*, ISR 2016, 430 (431 ff.); *Wacker*, IStR 2017, 926 (926 ff.); *Wacker* in DStjG 41 (2018), 423 (465 ff.).

369 EuGH v. 11.3.2004 – C-9/02, ECLI:EU:C:2004:138 – Hughes de Lasteyrie du Saillant; EuGH v. 7.9.2006 – C-470/04, ECLI:EU:C:2006:525 – N.

370 Kritisch deshalb *Avi-Yonah/Schneider/de Cogan*, British Tax Review 2026, 61 (76).

Steuervertreters verlangt werden.[371] In der Rs. *N* hat der EuGH darüber hinaus zu erkennen gegeben, dass die Zahlung der *Exit Tax* bis zur tatsächlichen Realisierung der Wertsteigerungen durch einen Umsatzakt aufgeschoben werden muss.[372] Gleichzeitig verpflichtete der EuGH den Wegzugsstaat im *N*-Urteil zur Berücksichtigung jener Wertminderungen, die außerhalb seiner eigenen Steuerhoheit nach dem Wegzug eingetreten sind, sofern diese nicht im Ausland geltend gemacht wurden.[373] Sowohl die Rs. *Hughes de Lasteyrie du Saillant* als auch die Rs. *N* betrafen in persönlicher Hinsicht den EU-internen Wegzug einer natürlichen Person und in sachlicher Hinsicht Wertsteigerungen von Beteiligungen, welche die Kläger jeweils in ihrem Privatvermögen hielten.[374]

Beginnend mit der Rs. *NGI* hat der EuGH in den Rs. *Kommission/Dänemark*, *DMC* und *Verder LabTec*, die Anforderungen an eine verhältnismäßige Ausgestaltung von Wegzugs- bzw. Entstrickungsregimen wesentlich gelockert:[375] So erachtet der EuGH in diesen Urteilen die Berücksichtigung von späteren Wertminderungen durch den Wegzugsstaat nicht mehr für erforderlich; selbst dann nicht, wenn diese Wertminderungen dadurch völlig unberücksichtigt bleiben.[376] Der EuGH differenziert erstmals zwischen der Festsetzung der Wegzugsteuer und deren Einziehung, wobei er sich in der Rs. *NGI* immerhin noch für einen Zahlungsaufschub bis zur tatsächlichen Realisation des zugrunde liegenden Vermögenswertes aussprach.[377] Aber selbst in diesem Punkt räumt er den Mitgliedstaaten nachfolgend einen zunehmend größeren Spielraum

371 EuGH v. 11.3.2004 – C-9/02, ECLI:EU:C:2004:138 – Hughes de Lasteyrie du Saillant, Rz. 56 ff.; EuGH v. 7.9.2006 – C-470/04, ECLI:EU:C:2006:525 – N, Rz. 51 ff.

372 EuGH v. 7.9.2006 – C-470/04, ECLI:EU:C:2006:525 – N, Rz. 37 i.V.m. 46 ff.; vgl. *Mechtler/Spies*, ISR 2016, 430 (431); *Schönfeld/Erdem*, StuW 2022, 70 (85 ff.).

373 EuGH v. 7.9.2006 – C-470/04, ECLI:EU:C:2006:525 – N, Rz. 55.

374 Vgl. *Mechtler/Spies*, ISR 2016, 430 (431); *Hohenwarter-Mayr*, EWS 2019, 129 (130 m.w.N.).

375 EuGH v. 29.11.2011 – C-371/10, ECLI:EU:C:2011:785 – NGI; EuGH v. 6.9.2012 – C-38/10, ECLI:EU:C:2012:521 – Komm./Portugal; dem folgend auch EFTA-Gerichtshof v. 3.10.2012 – E-15/11 – Arcade Drilling; danach EuGH 18.7.2013 – C-261/11, ECLI:EU:C:2013:480 – Komm./Dänemark; EuGH v. 23.1.2014 – C-164/12, ECLI:EU:C:2014:20 – DMC; EuGH v. 21.5.2015 – C-657/13, ECLI:EU:C:2015:331 – Verder LabTec.

376 EuGH v. 29.11.2011 – C-371/10, ECLI:EU:C:2011:785 – NGI, Rz. 61 f.

377 EuGH v. 29.11.2011 – C-371/10, ECLI:EU:C:2011:785 – NGI, Rz. 68 ff.

ein,[378] was in letzter Konsequenz zur Anerkennung von Ratenzahlungen i.S.e. zeitlich gestaffelten Erhebung der Steuer über einen Zeitraum von zehn bzw. fünf Jahren führte. Bei der Ausgestaltung des Zahlungsaufschubes können die Mitgliedstaaten schließlich auch das Risiko der Nichteinziehung der Steuer, das sich mit der Zeit erhöht, bedenken und entsprechend berücksichtigen.[379] Gleichzeitig lässt der EuGH durchklingen, dass im Einzelfall selbst die Stellung von Sicherheiten als Voraussetzung für die Gewährung des Zahlungsaufschubs zulässig sein kann, genauso wie er die Erhebung von Zinsen für diesen Zeitraum anerkennt.[380] Im Unterschied zu den Rs. *Hughes de Lasteyrie du Saillant* und *N* betraf diese Rechtsprechungslinie der zweiten Phase mit der Sitzverlegung einer juristischen Person, der Überführung von Wirtschaftsgütern von einem inländischen Betrieb ins Ausland und der umwandlungsbedingten Übertragung von Vermögen durch Gesellschaften den betrieblichen oder unternehmerischen Bereich i.w.S.[381]

Ende 2016 deutete daher vieles auf einen unterschiedlich strengen Prüfmaßstab für Privatvermögen und für (nach der Entstrickung) unternehmerisch genutzte Wirtschaftsgüter hin.[382] Gleichwohl bestanden Zweifel dahingehend, ob der EuGH insgesamt von seiner Rechtsprechung in den Rs. *Hughes de Lasteyrie du Saillant* und *N* zurückgewichen ist. Eine Klarstellung glaubte man den Entscheidungen in den Rs. *Kommission/Portugal* sowie *Trustees of the P Panayi Accumulation & Maintenance Settlements* entnehmen zu können,[383] wurden doch beide Urteile vielfach als endgültige Abkehr von der *Lasteyrie-N*-Rechtsprechung verstanden.[384]

---

378 Ein Aufschub bis zur tatsächlichen Realisierung durch einen Umsatzakt ist offenbar doch nicht geboten; dies erstmals andeutend EuGH v. 18.7.2013 – C-261/11, ECLI:EU:C:2013:480 – Komm./Dänemark, Rz. 33 i.V.m. Rz. 37.

379 EuGH v. 23.1.2014 – C-164/12, ECLI:EU:C:2014:20 – DMC, Rz. 62 bis 64; EuGH v. 21.5.2015 – C-657/13, ECLI:EU:C:2015:331 – Verder LabTec, Rz. 50 bis 52.

380 Insb. EuGH v. 23.1.2014 – C-164/12, ECLI:EU:C:2014:20 – DMC, Rz. 61 und Rz. 65 ff. mit weiteren Judikaturhinweisen.

381 *Hohenwarter-Mayr*, EWS 2019, 129 (130).

382 *Mechtler/Spies*, SWI 2017, 137 (139); vgl. auch *Häck* in F/W/D/S, Außensteuerrecht, 107. Lfg. 2023, § 6 AStG Rz. 166 ff.; weiterhin von Unterschieden ausgehend *Schönfeld/Erdem*, StuW 2022, 70 (98 f.).

383 EuGH v. 21.12.2016 – C-503/14, ECLI:EU:C:2016:979 – Komm./Portugal; EuGH v. 14.9.2017 – C-646/15, ECLI:EU:C:2017:682 – Panayi.

384 *Mechtler/Spies*, SWI 2017, 137 (144 ff.); *Mayr* in Kirchmayr et al. (Hrsg.), Anti-BEPS-Richtlinie, 2017, 61 (74); *Musil*, EuZW 2017, 180 (187); *Wacker*, IStR 2017, 926 (927 f.); *Henze*, ISR 2017, 47 (49 f.); in diese Richtung auch

Zumindest in Bezug auf die Berücksichtigungspflicht von nachträglichen Wertminderungen war dieser Bruch m.E. auch eindeutig. So hält der EuGH in der Rs. *Kommission/Portugal* zum physischen Wegzug einer natürlichen Person im Anschluss an einen Anteilstausch ausdrücklich fest, dass es

„im Rahmen der Rechtfertigung, die sich auf das Ziel der Sicherstellung einer ausgewogenen Aufteilung der Besteuerungsbefugnisse zwischen den Mitgliedstaaten stützt, keinen objektiven Grund [gibt], bei der Wegzugsbesteuerung für latente Wertzuwächse zwischen natürlichen Personen und juristischen Personen zu unterscheiden."[385]

Die Verpflichtung zur asymmetrischen Berücksichtigung von Wertminderungen ohne entsprechende Besteuerungshoheit über die Einkunftsquelle beeinträchtigt die Besteuerungshoheit des Wegzugsstaates unabhängig von der Rechtsform des Steuerpflichtigen oder der betroffenen Vermögensart gleichermaßen. Eine Differenzierung zwischen Betriebs- und Privatvermögen – so die zutreffendere Wortwahl von GA *Kokott* – ist daher nicht angezeigt.[386] In der Rs. *Panayi* hat der EuGH diese Einschätzung bestätigt.[387] *Prima facie* offen geblieben ist hingegen die Frage, ob die Rs. *Kommission/Portugal* und *Panayi* auch im Privatvermögensbereich als Bestätigung einer gestaffelten Entrichtung der Wegzugsteuer als verhältnismäßige Maßnahme eingestuft werden können. Da diese Frage weder in der Rs. *Kommission/Portugal* noch in der Rs. *Panayi* Verfahrensgegenstand war, immerhin war nach beiden nationalen Regelungen eine zwingende Sofortbesteuerung vorgesehen, konnte sich der EuGH jeweils mit einer allgemeinen Aussage dahingehend begnügen, *„dass die sofortige Einziehung der Steuer"* anlässlich des Wegzugs *„unverhältnismäßig ist, da es Maßnahmen gibt, die die [Grundfreiheiten] weni-*

Hohenwarter-Mayr, EWS 2019, 129 (131); SA GA *Wathelet* v. 12.5.2016 – C-503/14, ECLI:EU:C:2016:335 – Komm./Portugal, Rz. 78; SA GA *Kokott* v. 21.12.2016 – C-646/15, ECLI:EU:C:2016:1000 – Panayi, Rz. 55; zweifelnd bis ablehnend hingegen *Schönfeld* in Drüen/Hey/Mellinghoff (Hrsg.), FS BFH I, 2018, 1077 (1087); *Ellenrieder/Kahlenberg*, BB 2018, 1815 (1820); *Häck*, ISR 2017, 189 (192 ff.); *Häck* in F/W/D/S, Außensteuerrecht, 107. Lfg. 2023, § 6 AStG Rz. 167 f.

385 EuGH v. 21.12.2016 – C-503/14, ECLI:EU:C:2016:979 – Komm./Portugal, Rz. 56 i.V.m. Rz. 55.

386 SA GA *Kokott* v. 21.12.2016 – C-646/15, ECLI:EU:C:2016:1000 – Panayi, Rz. 61 ff. insb. Rz. 65; *Kokott*, EU Tax Law, 2022, § 5 Rz. 31; ebenso *Mechtler/Spies*, SWI 2017, 137 (142).

387 EuGH v. 14.9.2017 – C-646/15, ECLI:EU:C:2017:682 – Panayi, Rz. 57 f.

ger stark beeinträchtigen".[388] Trotzdem legen die in den Urteilen jeweils enthaltenen Judikaturverweise eine Wertung pro Ratenzahlung auch für die nicht-unternehmerische Vermögensnutzung nahe.[389]

Dieses Verständnis hat die nachfolgende Rs. *Wächtler* zu § 6 Abs. 4 und 5 AStG a.F. allerdings wieder ein Stück weit in Frage gestellt. Zwar erging das Urteil zum Freizügigkeitsabkommen mit der Schweiz,[390] ungeachtet dessen lässt sich die Argumentation des Gerichtshofes zumindest in Bezug auf steuerliches Privatvermögen von natürlichen Personen auf die Grundfreiheiten des AEUV übertragen.[391] *Wächtler* war als Geschäftsführer einer Gesellschaft schweizerischen Rechts tätig, an der er 50 % der Anteile hielt. Nachdem er seiner Tätigkeit zunächst als Grenzpendler von Deutschland aus nachging, verlegte er später seinen Wohnsitz in die Schweiz. Dieser Wohnsitzwechsel löste die Besteuerung seiner Beteiligung nach § 6 AStG aus. Eine Stundung der Steuerschuld bis zur tatsächlichen Realisation i.S.d. § 6 Abs. 5 AStG a.F. blieb ihm mangels EU/EWR-Bezugs bei gleichzeitigem Fehlen einer Vollstreckungsamtshilfe verwehrt. Darin erkannte *Wächtler* einen Verstoß gegen die Vorschriften des FZA, was der EuGH in der Zusammensetzung als Große Kammer auch bestätigte.[392] Nichtsdestoweniger rechtfertige das Ziel der Wahrung der Aufteilung der Besteuerungsbefugnis auch im Verhältnis zur Schweiz, die „*Höhe der fraglichen Steuer im Zeitpunkt der Verlegung des Wohnsitzes in die Schweiz [festzustellen]*.[393] Auf diese Weise knüpft der EuGH unverkennbar an die Diktion jener Rechtsprechungslinie der zweiten Phase an, in der die Berücksichtigungspflicht für nachträglichen Wertminderungen ausgeschlossen wurde.[394] Die sofortige Einziehung der zum Wegzugszeitpunkt bestimmten Steuer sei jedoch unverhältnismäßig. Obwohl es im Verhältnis zur Schweiz an Mechanismen einer gegenseitigen Beitreibung von Steuerforderungen fehlt und damit „*ein Risiko der Nichtein-*

388 EuGH v. 21.12.2016 – C-503/14, ECLI:EU:C:2016:979 – Komm./Portugal, Rz. 58; EuGH v. 14.9.2017 – C-646/15, ECLI:EU:C:2017:682 – Panayi, Rz. 57 i.V.m. Rz. 59.

389 Vgl. *Mechtler/Spies*, SWI 2017, 137 (144 ff.).

390 Abkommen zwischen der Europäischen Gemeinschaft und ihren Mitgliedstaaten einerseits und der Schweizerischen Eidgenossenschaften andererseits über die Freizügigkeit unterzeichnet in Luxemburg am 21.6.1999, ABl. 2002, L. 114, S. 6.

391 Vgl. *Hohenwarter-Mayr*, EWS 2019, 129 (136 ff. m.w.N.).

392 EuGH v. 26.2.2019 – C-581/17 ECLI:EU:C:2019:138 – Wächtler, Rz. 69.

393 EuGH v. 26.2.2019 – C-581/17 ECLI:EU:C:2019:138 – Wächtler, Rz. 64.

394 Ausführlich *Hohenwarter-Mayr*, EWS 2019, 129 (136 insb. Fn. 79 und 80).

ziehung der geschuldeten Steuer besteht", könne der Aufschub von der Leistung einer Sicherheit abhängig gemacht werden.[395] Diese Schlussfolgerung werde nach Ansicht des EuGH auch nicht dadurch in Frage gestellt, dass § 6 Abs. 4 AStG a.F. eine Möglichkeit zur Ratenzahlung über höchstens fünf Jahre bereithielt, sofern die alsbaldige Einziehung der Steuer mit erheblichen Härten für den Steuerpflichtigen verbunden gewesen wäre. Abgesehen davon, dass eine gestaffelte Entrichtung nur in diesem Spezialfall ermöglicht wurde, sei sie nicht geeignet, „*den Liquiditätsnachteil aufzuheben, den die Verpflichtung des Steuerpflichtigen darstellt, im Zeitpunkt der Verlegung seines Wohnsitzes in die Schweiz einen Teil der für die latenten Wertzuwächse der betreffenden Gesellschaftsanteile geschuldeten Steuer zu zahlen.*" Außerdem bleibe sie für den Steuerpflichtigen kostspieliger als eine Maßnahme, die die Stundung der geschuldeten Steuer bis zur Veräußerung der Gesellschaftsanteile vorsähe.[396]

Am Gehalt dieser Aussage scheiden sich seither die Geister. Es drängt sich nahezu zwangsläufig die Frage auf, ob der EuGH damit dem Konzept einer Ratenzahlung, ähnlich jenem der ATAD, anstelle eines dauerhaften Aufschubs bis zur tatsächlichen Realisierung aus Verhältnismäßigkeitsgründen im steuerlichen Privatvermögensbereich generell eine Absage erteilen wollte. Betrachtet man die Aussage isoliert, wird man diese Frage mit der h.M. zumindest für den Fall des physischen Wegzugs bejahen müssen.[397] Da die Ausführungen im Kontext der zuvor getätigten Aussagen und im Lichte der bisherigen Judikatur Unstimmigkeiten aufweisen, wollen Teile des Schrifttums der Rs. *Wächtler* allerdings ein eingeschränktes Verständnis beimessen. Sie soll primär ein horizontales Gleichbehandlungsgebot von Wegzügen in die Schweiz und solchen in andere EU-Mitgliedstaaten beinhalten.[398] Dies wäre im vorliegenden Fall angesichts der zugrunde liegenden deutschen Rechtslage eben auf eine dauerhafte Stundung entsprechend der für EU/EWR-interne Sachverhalte geltenden Regelung des § 6 Abs. 5 AStG a.F. hinausgelaufen, hätte jedoch die Zulässigkeit einer Ratenzahlung im außerbetrieblichen Bereich

395 EuGH v. 26.2.2019 – C-581/17 ECLI:EU:C:2019:138 – Wächtler, Rz. 66.

396 EuGH v. 26.2.2019 – C-581/17 ECLI:EU:C:2019:138 – Wächtler, Rz. 68.

397 Vgl. die Nachweise bei *Häck* in F/W/D/S, Außensteuerrecht, 107. Lfg. 2023, § 6 AStG Rz. 167 f.

398 Allerdings hat der EuGH abweichend von der Vorlagefrage und den Schlussanträgen bewusst einen vertikalen Vergleich zum reinen Inlandfall gezogen (Rz. 34) und darauf seine Argumentation aufgebaut.

nicht generell in Frage gestellt.[399] Und so wie es Gründe für eine Differenzierung zwischen steuerlichem Privatvermögen und Betriebsvermögen bzw. unternehmerisch genutztem Vermögen gibt, lassen sich ebenso Argumente ins Treffen führen, die einen Gleichklang mit übereinstimmender Verhältnismäßigkeitsprüfung begründen.

Gegen eine Gleichstellung werden vielfach die typischerweise eingeschränkten Möglichkeiten der Liquiditätsbeschaffung von Privatpersonen vorgebracht.[400] So könnten die Raten einer gestreckten Einhebung der Wegzugsteuer bei unmittelbar nicht-unternehmerisch begründeten Wertzuwächsen von natürlichen Personen für gewöhnlich nicht aus der Liquidität laufender Gewinne geleistet werden. Regelmäßig vorzufindende Vinkulierungen bei Gesellschaftsanteilen im Privatvermögen und Beschränkungen der Gewinnausschüttungsmöglichkeiten würden das Liquiditätsgewinnungspotential zudem verringern.[401] Da im außerbetrieblichen Bereich typischerweise weniger Wirtschaftsgüter betroffen wären, gestalte sich auch deren Nachverfolgung weniger komplex als im betrieblichen Kontext. Zudem unterliege steuerhängiges Privatvermögen regelmäßig keinem Verbrauch durch Nutzung wie auch steuerwirksame Abschreibungen ausgeschlossen wären. Das Argument der Neubewertung unter Schaffung von zusätzlichem Abschreibungspotential im Zuzugsstaat als Gegenspieler zur ratierlichen Steuerentrichtung ohne Realisationsakt im Wegzugsstaat könne daher im außerbetrieblichen Bereich nicht durchgreifen.[402] Zudem soll der Aspekt der personenbezogenen Freizügigkeitsbeschränkung durch die Wegzugsbesteuerung bei physischen Wegzügen im Rahmen der Verhältnismäßigkeitsprüfung zugunsten des Steuerpflichtigen ausschlagen.[403]

Blickt man auf § 27 Abs. 6 Z 1 öEStG, tragen diese Argumente allerdings nur bedingt. Da der sachliche Anwendungsbereich der Regelung sehr weit ist und sämtliche Wirtschaftsgüter des Kapitalvermögens betrifft, re-

399 *Hummel*, ISR 2019, 436 (437 f.); *Hummel*, ISR 2024, 132 (133 ff.); *Eisendle/Henze*, ISR 2020, 23 (27); *Kokott*, EU Tax Law, 2022, § 5 Rz. 58; *Zelger/Bilic*, IStR 2024, 418 (421 ff.); skeptisch auch *Lampert* in Musil/Weber-Grellet, Europäisches Steuerrecht, 2. Aufl. 2022, § 6 AStG Rz. 156 ff.; *Marschner* in Jakom, 2026, § 27 EStG Rz. 358.

400 *Schönfeld/Erdem*, StuW 2022, 70 (94).

401 *Desens*, FR 2022, 681 (687).

402 *Hey*, IStR 2024, 814 (817).

403 *Schönfeld/Sendke*, IStR 2025, 498 (503); ebenso bereits *Schönfeld/Erdem*, StuW 2022, 70 (95).

lativiert sich zugleich das Argument der leichteren Nachverfolgbarkeit. Je umfassender der sachliche Anwendungsbereich einer nationalen Wegzugsbesteuerung ist, desto aufwendiger gestaltet sich die grenzüberschreitende Nachverfolgung bis zu einer späteren Realisation. Bei einem umfassenden und diversifizierten Portfolio verflüchtigt sich des Weiteren auch der Einwand, das Vermögen würde nicht auf eine Betätigung zur Einkünfteerzielung ausgerichtet sein. Zudem umfasst auch Betriebsvermögen nicht nur abnutzbare Wirtschaftsgüter; desgleichen können nicht abnutzbare Wirtschaftsgüter betroffen sein, Teilwertabschreibungsverbote bestehen oder – wie bei selbst erstellten immateriellen Wirtschaftsgütern des Anlagevermögens – ein steuerbilanzieller Ansatz für Abschreibungszwecke ausgeschlossen sein.[404] Insgesamt dürfte sich aber insbesondere das mit der Zeit steigende Risiko der Nichteinbringung bei natürlichen Personen in Bezug auf ihr privates Kapitalvermögen einerseits und bei natürlichen oder juristischen Personen mit Betriebsvermögen andererseits nicht wesentlich unterscheiden.[405] Vor diesem Hintergrund hat man im österreichischen Schrifttum daher vor Ergehen der Rs. *Wächtler* *„wenig stichhaltige Argumente"* für eine Beibehaltung der Maßstabs-Dichotomie[406] erkannt und im Gegenteil eine durchgängige Umstellung auf Ratenzahlung aus gleichheitsrechtlicher Sicht sogar für naheliegender erachtet.[407] Am Ende hat die Rs. *Wächtler* mehr Fragen aufgeworfen als beantwortet. Diese zu klären und die dabei entstandenen Widersprüche aufzulösen, ist Sache des EuGH. Gelegenheit dazu bietet die anhängige Rs. *Gena* zur polnischen Wegzugsbesteuerung.[408]

Losgelöst von der Legitimität einer gestaffelten Entrichtung ist die Zulässigkeit einer endgültigen Feststellung der Höhe der Besteuerung im Entstrickungszeitpunkt zu beantworten. Nachträgliche Wertminderungen

404 Zu dieser Diskussion mit Blick auf nicht-derivativ erworbene Firmenwerte im Zuzugsfall, bei denen nach Auffassung der Finanzverwaltung ein höherer gemeiner Wert lediglich für den Fall einer späteren Veräußerung des Betriebs in Evidenz zu nehmen ist, hingegen nicht zu einem Ansatz mit Firmenwertabschreibung berechtigt; vgl. *Wild*, Importverschmelzung, 2018, S. 84 f. m.w.N.; i.E. ebenso bereits *Staringer*, Die Besteuerung doppelt ansässiger Kapitalgesellschaften, 1999, S. 178.

405 *Mechtler/Spies*, SWI 2017, 137 (145); *Zelger/Bilic*, IStR 2024, 418 (422 f.).

406 *Desens*, FR 2022, 681 (686 f.); a.A. etwa *Häck* in F/W/D/S, Außensteuerrecht, 107. Lfg. 2023, § 6 AStG Rz. 170; *Schönfeld*, IStR 2024, 369 (372).

407 *Mechtler/Spies*, SWI 2017, 137 (147 m.w.N.); *Zelger/Bilic*, IStR 2024, 418 (423); *Bösken*, Ubg 2021, 589 (596).

408 Anhängige C-430/25 – Gena; vgl. *Beinert*, RFamU 2025, 493 (493 ff.).

müssen vom Wegzugsstaat nicht berücksichtigt werden. Daran hat weder die Rs. *Wächtler* etwas geändert noch die nachfolgende Judikatur des EuGH i.Z.m. der Verwertung von Auslandsverlusten.[409] Im Gegenteil. Aus der Rs. *Wächtler* kann aus unionsrechtlicher Perspektive auch keine zwingende Gleichstellung von EU- und Drittstaatsfällen abgeleitet werden.[410] Die Rs. *Wächtler* erging zum Freizügigkeitsabkommen mit der Schweiz und betraf das darin enthaltene Recht auf Niederlassung Selbständiger; mithin erwerbsbedingte Wegzüge.[411] Der Rechtsrahmen war folglich ein anderer als jener, der ansonsten im Verhältnis zu Drittstaaten durch die Kapitalverkehrsfreiheit besteht.[412] Genau die Entfaltung der Schutzwirkung von Art. 63 AEUV ist jedoch bei „bloßen Wegzügen" im Anwendungsbereich von § 6 Abs. 1 Satz 1 Nr. 1 und 3 AStG zu verneinen.[413] Im Ergebnis trifft dies auch auf die österreichische Rechtslage zu, wenngleich sich die intendierte Differenzierung zwischen physischen Wegzügen, unentgeltlichen Übertragungen und sonstigen Entstrickungsfällen gem. § 27 Abs. 6 Z 1 öEStG erst aus einer Zusammenschau mit den Rechtsfolgen ergibt. Aufgrund der tatbestandlichen Anknüpfung an den physischen Wegzug der natürlichen Person zielt die Regelung mit ihren Besteuerungsfolgen primär auf die Wahrnehmung persönlicher Freizügigkeitsrechte und die Mobilität von Personen ab. Dieser Aspekt ist jedoch von der Kapitalverkehrsfreiheit nicht geschützt, oder so wie es der EuGH in der Rs. *Van Hilten-van der Heijden* formuliert hat: *„die bloße Verlegung des Wohnsitzes von einem Staat in den anderen [fällt] nicht unter [die Kapitalverkehrsfreiheit]*" und weist für sich genommen auch sonst

409 Ebenso *Desens*, FR 2020, 681 (685) m.w.N.; *Bösken*, Ubg 2021, 589 (597).

410 A.A. *Häck* in F/W/D/S, Außensteuerrecht, 107. Lfg. 2023, § 6 AStG Rz. 181 m.w.N.

411 Art. 12 Abs. 1 Anhang I FZA; *Lampert* in Musil/Weber-Grellet, Europäisches Steuerrecht, 2. Aufl. 2022, § 6 AStG Rz. 153 ff.; *Hohenwarter-Mayr*, EWS 2019, 129 (134).

412 Das FZA gewährt natürlichen Personen auch im Verhältnis zwischen der Schweiz und den EU-Mitgliedstaaten in begrenztem Maße allgemeine Freizügigkeitsrechte, Arbeitnehmerfreizügigkeit und Niederlassungsrechte.

413 Jeweils m.w.N. FG Münster v. 31.10.2019 – 1 K 3448/17 E Rz. 59 f.; SA GA *Kokott* v. 30.3.2006 – C-470/04, ECLI:EU:C:2006:217 – N, Rz. 38 *Lampert* in Musil/Weber-Grellet, Europäisches Steuerrecht, 2. Aufl. 2022, § 6 AStG Rz. 82; *Desens*, DStR 2022, 1588 (1597); *Schönfeld/Erdem*, StuW 2022, 70 (74 f.); *Hohenwarter-Mayr*, EWS 2019, 129 (137); a.A. etwa *Häck* in F/W/D/S, Außensteuerrecht 107. Lfg. 2023, § 6 AStG Rz. 181; aus dem jüngeren Schrifttum *Kraft* in Stiftung Familienunternehmen (Hrsg.), Die reformierte Wegzugsbesteuerung, 2022, S. 122 ff.

„keine anderen Merkmale einer Bewegung von Kapital auf".[414] Ein anderes Verständnis würde letztlich auch den integrationspolitischen Gedanken der personenbezogenen Freizügigkeitsgarantien des Binnenmarktes konterkarieren.[415] Im Rahmen der objektbezogenen Wegzugsbesteuerung bei unentgeltlichen Übertragungen von Privatvermögen liegen hingegen unbestritten Ausübungsformen eines von Art. 63 AEUV erfassten Kapitalverkehrs vor.[416] Dementsprechend ist die in Österreich für unentgeltliche Übertragungen in Drittstaatskonstellationen grundsätzlich vorgesehene Sofortbesteuerung ohne besonderen Entrichtungsaufschub als unverhältnismäßig einzustufen; dies m.E. aber grundsätzlich nur, sofern mit dem Drittstaat eine umfassende Amts- und Vollstreckungsamtshilfe besteht.[417] Insgesamt zeigt sich, dass es die *eine* passende Lösung für sämtliche Entstrickungsfragen nicht gibt; und vielmehr die Rechtspolitik gefordert ist.

414 EuGH v. 23.2.2006 – C-513/03, ECLI:EU:C:2006:131 – van Hilten-van der Heijden, Rz. 49.

415 In diesem Sinne auch EuGH v. 16.2.2023 – C-707/20, ECLI:EU:C:2023:101 – Gallaher, insb. Rz. 64; ausführlich dazu *Schönfeld/Erdem*, StuW 2022, 70 (74 f.).

416 § 6 Abs. 1 Satz 1 Nr. 2 bzw. 3 AStG; zur passiven Entstrickung FG Münster v. 10.8.2022 - 13 K 559/19 G, F; Rz. 53 f. (allerdings in einem EU-Sachverhalt); EuGH v. 23.2.2006 – C-513/03, ECLI:EU:C:2006:131 – van Hilten-van der Heijden, Rz. 40 ff.; EuGH v. 8.6.2016 – C-479/14, ECLI:EU:C:2016:412 – Hünnebeck, Rz. 39; *Spies*, Die Kapitalverkehrsfreiheit in Konkurrenz zu den anderen Grundfreiheiten, 2015, S. 114 f.; *Schönfeld/Erdem*, StuW 2022, 70 (74 f.).

417 Ohne Amts- und Vollstreckungsamtshilfe ist eine Gleichstellung mit EU-Sachverhalten m.E. nicht angezeigt, zumal der EuGH selbst innerhalb des Binnenmarktes ungeachtet des Bestehens einer verpflichtenden Unterstützung bei der gegenseitigen Beitreibung von Steuern im Falle eines erhöhten Nichteinziehungsrisikos die Stellung von Sicherheiten akzeptiert. Im Umkehrschluss können daher im Drittstaatsfall keine geringeren Anforderungen gelten. Zudem knüpft auch Art. 5 Abs. 2 ATAD das Recht auf Ratenzahlung im Verhältnis zu EWR-Staaten an das Bestehen einer Amtshilfe zur Beitreibung von Steuerforderungen. Einzig in den Fällen der unentgeltlichen Übertragung durch einen gebietsansässigen Steuerpflichtigen bedarf es keiner Vollstreckungsamtshilfe mit dem ausländischen Staat zur Absicherung der Steuererhebung im Inland. Ähnlich *Lampert* in Musil/Weber-Grellet, Europäisches Steuerrecht, 2. Aufl. 2022, § 6 AStG Rz. 178 f.

VI. Zusammenfassende Würdigung und steuerpolitischer Ausblick

Wegzugs- und Entstrickungssteuern sind ein Dauerbrenner des Steuerrechts. Während im betrieblichen Bereich über die ATAD der Spielraum der Mitgliedstaaten für eine aktive Steuerpolitik begrenzt wurde, verhält es sich im außerbetrieblichen Bereich umgekehrt. Dabei gilt es zu beachten, dass strenge Wegzugsbesteuerungsregelungen nachteilig auf den Zuzug von Personen wirken und damit die Standortattraktivität eines Landes vermindern können.[418] Ob ein Zuzugshemmnis angesichts des demographischen Wandels und des damit einhergehenden Fachkräftemangels in Kauf genommen werden sollte, darf bezweifelt werden. Gleichwohl wäre eine völlige Nichtbesteuerung durch Nichterfassung der inlandsverknüpften stillen Reserven im Entstrickungsfall nur schwer rechtfertigbar. Gerade für Österreich würde eine Beschränkung der Wegzugsbesteuerung auf Ausnahmefälle – etwa durch das Einziehen von Beteiligungs- oder Wertgrenzen – angesichts der umfassenden Veräußerungsgewinnbesteuerung und der damit verbundenen Annäherung an die Erfassung von Wertzuwächsen im Betriebsvermögen als systematischer Fremdkörper wirken.

Zwar ist die Verteilung der Besteuerungsrechte in den DBA vielfach die Wurzel des Problems, das mit Entstrickungsregelungen beseitigt werden soll; in den DBA allein lässt sich die umfassende Absicherung der Besteuerung von Wertzuwächsen in grenzüberschreitenden Konstellationen aber kaum lösen. Dazu sind die Themenstellungen zu vielschichtig. Ungeachtet dessen sollten Wertverknüpfungsregelungen ähnlich Art. 13 Abs. 6 der deutschen Verhandlungsgrundlage für DBA bei Neuabschlüssen oder Abkommensrevisionen stärker in den Blick genommen werden. Damit wäre ein erster Schritt zur konsequenteren Vermeidung von Doppelbesteuerungen getan. Weitere Hebel liegen im innerstaatlichen Recht. So sollte – ähnlich wie in Österreich – auch die Realisation von fiktiven Wertverlusten zugelassen werden, um damit bei umfassenderen Portfolios die Ausgleichsmöglichkeiten nicht künstlich zu beschränken und Schieflagen zum betrieblichen Bereich zu vermeiden. Zur Abfederung überschießender Tendenzen der Tatbestände des § 6 AStG, wäre es außerdem naheliegend und systematisch gerechtfertigt, den Anwendungsbereich zielgerichtet auf Fälle der Entstrickung i.S.e. Einschränkung oder

418 Vgl. *Schanz*, Deutsche Unternehmen auf den Weltmärkten 2023, S. 27 f.

Beschränkung bestehender Besteuerungsrechte einzugrenzen, wie dies etwa in § 27 Abs. 6 Z 1 öEStG vorgesehen ist.

Für die Klärung der Zulässigkeit von Raten- oder Teilzahlungen bei Wegzügen von natürlichen Personen mit Privatvermögen wird man letztlich die weitere EuGH-Rechtsprechung abwarten müssen. Sollte sich dabei die ratierliche Steuerentrichtung im nicht-unternehmerischen Bereich als verhältnismäßige Erhebungsform erweisen, wird sich ein Gesetzgeber dennoch aus standortpolitischer Sicht die Frage stellen müssen, ob er diese Grenze auch ausreizen soll. Nicht alles, was gerade noch zulässig ist, bildet eine ideale Zielgröße.[419] Vor dem Hintergrund des Integrationsgedankens der Europäischen Union und dem personenbezogenen Element der Freizügigkeitsrechte, wäre m.E. die Mobilität von natürlichen Personen – also der physische Wegzug – bei aller Notwendigkeit der Absicherung von Besteuerungsrechten in den Vordergrund zu stellen. Dementsprechend sollte in den Fällen des persönlichen Ansässigkeitswechsels ein dauerhafter Zahlungsaufschub der entstrickungsbedingt entstandenen Steuerschuld bis zur späteren Realisation bei entsprechendem EU/EWR-Bezug gewährleistet werden.[420] Im Lichte der Freizügigkeitsgarantien des FZA sind diese Einhebungserleichterungen auf die Schweiz auszudehnen, sofern die Einhebung aufgrund des Fehlens einer gegenseitigen Vollstreckungsamtshilfe anderweitig sichergestellt ist.[421] Die Berücksichtigung von nachträglichen Wertminderungen ist hingegen nicht erforderlich. Werden folglich alle Besteuerungsgrundlagen bereits im Zeitpunkt des Wegzugs endgültig festgestellt, geht damit auch eine wesentliche administrative Vereinfachung einher, die wiederum der Beibehaltung oder Rückkehr zum Konzept einer dauerhaften Steuerstundung bis zur späteren Realisation zusätzliches Gewicht verleiht. Der Besteuerungsaufschub würde insgesamt an einer bloßen Fälligkeitsverschie-

419 Aus diesem Grund dürfte der österreichische Gesetzgeber auch weiterhin am Nichtfestsetzungskonzept des § 27 Abs. 6 Z 1 lit. a öEStG für natürliche Personen im EU/EWR-Kontext festhalten; vgl. *Mayr*, RdW 2026, 414 (414).

420 Bei Fehlen einer gesetzlichen Hilfe zur Beitreibung im Verhältnis zu EWR-Staaten kann eine Sicherheitsleistung verlangt werden. Da in Österreich mit sämtlichen EWR-Staaten Vereinbarungen zur gegenseitigen Vollstreckungsamtshilfe bestehen, bedarf es eines solchen Erfordernisses daher nicht.

421 Dem Vernehmen nach soll eine entsprechende Regelung in der anstehenden Revision des DBA Österreich-Schweiz aufgenommen werden; vgl. *Marschner* in Jakom, 2026, § 27 EStG Rz. 358.

bung ähnlich dem Ratenzahlungskonzept ausgerichtet sein, nur liquiditätsschonender für den Steuerpflichtigen wirken.

Sofern keine dauerhafte Steuerstundung bzw. Nichtfestsetzung zur Anwendung gelangt oder gelangen soll,[422] wäre in jedem Fall eine besondere Form der Ratenzahlung als allgemeine Alternative zur Sofortzahlung vorzusehen, vorausgesetzt, mit dem betreffenden (neuen) Ansässigkeitsstaat des Steuerpflichtigen besteht eine umfassende Amts- und Vollstreckungsamtshilfe. Die damit einhergehende Angleichung von Drittstaatssachverhalten an EU/EWR-interne Sachverhalte ist in diesen Konstellationen abseits des bloßen Wegzugs auch notwendig, um die Anwendungsfälle der Kapitalverkehrsfreiheit hinreichend abzudecken. Da in Österreich mit der Wegzugs-KESt in Teilbereichen ein System implementiert ist, das eine automatische Stellung von Sicherheiten in sich trägt, wäre es nur folgerichtig, in den nicht erfassten Fällen – so wie in Deutschland – Sicherheitsleistungen als Voraussetzungen dafür zu verlangen, auch in sonstigen Drittstaatsfällen zumindest eine gestaffelte Entrichtung der Steuer zu ermöglichen.

Eine Gleichstellung von unentgeltlichen Übertragungen oder ähnlichen Formen der Entstrickung einerseits sowie klassischen Wegzügen andererseits erscheint bei einem stärkeren Fokus auf das personenbezogene Element der Freizügigkeit und den damit verbundenen integrationspolitischen Aspekten im Lichte der gegenwärtigen EuGH-Rechtsprechung nicht zwingend. Zum einen findet bei unentgeltlichen Übertragungen eine Transaktion mit Rechtsträgerwechsel statt, der zugleich einen Zurechnungswechsel der stillen Reserven bedingt. Zum anderen sind Entstrickungsfälle betroffen, die zum Teil „betriebsvermögensähnlicher“ erscheinen als der Wegzug einer natürlichen Person. Damit ließen sich zugleich Vereinfachungen im Vergleich zum Betriebsvermögen erzielen. Sollte der EuGH allerdings den in der Rs. *Wächtler* eingeschlagenen Weg weitergehen und seine zweigeteilte Rechtsprechung über den Sonderfall der Schweiz hinaus verfestigen, müsste innerhalb des EU/EWR-Raumes ohnehin (erneut) auf die Möglichkeiten zur dauerhaften Steuerstundung zurückgegriffen bzw. bestehende Systeme beibehalten werden.

Als *„Königsweg“* zur Sicherstellung der Steuererhebung erweisen sich nach alledem erhöhte Mitwirkungs- und Meldepflichten, deren Verlet-

422 Etwa bei Wegzug in nicht qualifizierte Drittstaaten oder sonstigen Entstrickungsfällen.

zung mit einer vorzeitigen Fälligstellung der Steuer verknüpft wird.[423] Insoweit kann § 6 Abs. 5 AStG durchaus als Wegweiser für einen effizienteren Vollzug der Wegzugsbesteuerung verstanden werden. In strikteren Melde- und Nachweispflichten liegt zugleich der Schlüssel für die „effektivere" Ausgestaltung der Wegzugsteuer, wie sie von der österreichischen Bundesregierung bereits in ihrem Regierungsprogramm angestrebt und jüngst als Teil des Budgetmaßnahmengesetzes 2026 umgesetzt wurde.[424] So soll ab 1.7.2026 im Anwendungsbereich des Nichtfestsetzungskonzepts gem. § 27 Abs. 6 Z 1 lit. a öEStG eine betragsabhängige, jährlich wiederkehrende Nachweispflicht zum Tragen kommen, deren Verletzung als Veräußerung fingiert wird und die sofortige Festsetzung der wegzugs- oder entstrickungsbedingt entstandenen Steuerschuld auslöst.[425] Künftig haben „wegziehende" Steuerpflichtige (oder deren Rechtsnachfolger) dem zuständigen Finanzamt jährlich nachzuweisen, dass hinsichtlich der nicht festgesetzten Abgabenschuld noch kein die Festsetzung auslösendes Ereignis (wie insb. eine Veräußerung oder ein weiterer Wegzug in einen Drittstaat) eingetreten ist, vorausgesetzt die entstrickungsbedingt aufgedeckten stillen Reserven im Wegzugsjahr haben einen Betrag von 100.000 € überschritten. Auf diese Weise sollen bestehende Lücken im Vollzug der Wegzugsteuer geschlossen werden, ohne das System des Steueraufschubs bis zur tatsächlichen Realisierung aufzugeben.[426] Nichtsdestoweniger wäre angesichts der bestehenden Unterschiede in den mitgliedstaatlichen Wegzugsregelungen zumindest innerhalb der EU eine verstärkte Koordination wünschenswert.

---

423 So *Desens*, DStR 2022, 1588 (1598).

424 Das Gesetz wurde am 10.6.2026 im Nationalrat beschlossen und ist für den 25.6.2026 zur Beschlussfassung im Bundesrat vorgehsehen.

425 § 27 Abs. 6 Z 1 lit. f neu i.V.m. § 27 Abs. 6 Z 1 lit. b TS 2 neu öEStG.

426 Vgl. ErlRV. zum Budgetmaßnahmengesetz 2026, 504 BlgNR XXVIII. GP, S. 2 f.; weiters *Mayr*, RdW 2026, 414 (415).

Diskussion

zu den Referaten von Dr. *Nadia C. Altenburg* und Prof. Dr. *Daniela Hohenwarter-Mayr*

Prof. Dr. *Kasper Dziurdź*, Maastricht

Danke für die beiden sehr inspirierenden Vorträge. Ich würde gern eine Frage zur Einkünftezurechnung stellen. Obwohl ich persönlich dem Konzept einer Homeoffice-Betriebsstätte skeptisch gegenüberstehe, wenn es eine solche gibt, dann stellt sich die Folgefrage der Zurechnung. Ich hätte zunächst angenommen, da wird schon irgendetwas zuzurechnen sein, aber wahrscheinlich nicht viel. Es ist doch komplizierter. Ich stimme zu: Es kann nicht allein darauf ankommen, wo der Arbeitnehmer physisch tätig ist, weil dieser auch bei einem Kunden (also außerhalb der Betriebsstättenräumlichkeiten) oder in einem Drittstaat physisch tätig sein kann. Daher kann man nicht allein auf den Tätigkeitsort abstellen. Gleichzeitig ist der Tätigkeitsort aber von Bedeutung. Die Ausgangslage war, dass man Personalfunktionen zurechnet, aber nicht die Person. Das mag zwar nach der deutschen Betriebsstättengewinnaufteilungsverordnung so sein, aber wenn man Art. 7 OECD-MA ernst nimmt, will man die Betriebsstätte einem völlig selbständigen und unabhängigen Unternehmen gleichstellen. Ein völlig selbständiges und unabhängiges Unternehmen, das wäre eine Person im Betriebsstättenstaat, die der Arbeitgeber nur eines Arbeitnehmers wäre, deren einzige Geschäftsräumlichkeit sich in der Wohnstätte dieses Arbeitnehmers befinden würde und für den der Arbeitnehmer im Betriebsstättenstaat exklusiv arbeiten würde. Damit hätte ich angenommen, zuerst ordnet man die Person – den Arbeitnehmer – der Betriebsstätte zu und sieht sich danach an, welche Personalfunktionen der Arbeitnehmer für den Arbeitgeber – die Betriebsstätte als völlig selbständiges und unabhängiges Unternehmen – ausübt, um über die Zuordnung der Gewinne zu entscheiden. Wenn man sich das weiter überlegt und eine Homeoffice-Betriebsstätte verneint, dann kann der Mitarbeiter im Homeoffice eine Vertreterbetriebsstätte begründen. Gelten dann die gleichen Grundsätze bei der Vertreterbetriebsstätte? Kann man dann sagen, dass die Personalfunktion dem Stammhaus zuzurechnen ist und die Vertreterbetriebsstätte nur eine Routinetätigkeit ausübt? Ich hätte angenommen, die Vertreterbetriebsstätte ist gleich mit dem Arbeitnehmer. Alles, was der Arbeitnehmer macht, ist der Vertreterbetriebsstätte zuzurechnen, und alle Gewinne, die aus der Tätigkeit resultieren, müssen der Vertreterbetriebsstätte zugerechnet werden – oder ist dies anders zu sehen?

Prof. Dr. *Heribert M. Anzinger*, Ulm

Meine erste Frage richtet sich auch an *Nadia Altenburg*. Ihr Vortrag gibt einen sehr anregenden Impuls, die Zuordnung von Personalfunktionen im Lichte des Authorised OECD Approach neu zu durchdenken. Der AOA geht ja von der Grundannahme aus, dass zunächst die maßgeblichen Personalfunktionen zu identifizieren sind und sodann zu prüfen ist, wo die diese Funktionen ausübenden Personen physisch tätig sind. An diesen Ort werden anschließend die Wirtschaftsgüter zugeordnet. Gerade diese Betonung der physischen Präsenz der handelnden Personen ist in der Vergangenheit immer wieder Gegenstand der Diskussion gewesen, etwa bei Konstellationen, in denen Tätigkeiten ortsunabhängig oder aus der Ferne ausgeübt werden, wie bei dem häufig diskutierten Beispiel des Krans, der zwar physisch an einem Ort eingesetzt wird, dessen Steuerung aber von einer Person an einem anderen Ort vorgenommen wird. Vor diesem Hintergrund stellt sich für mich die Frage, wie sich Ihr Ansatz zu jüngeren Entwicklungen in der Rechtsprechung verhält, insbesondere zu den vom FG des Saarlandes angestoßenen und vom BFH bestätigten Entscheidungen zu Offshore-Windparkfonds. Dort wurde doch die Zuordnung gerade nicht strikt an Personalfunktionen geknüpft, sondern auch bei einer Betriebsstätte ohne eigenes Personal vorgenommen. Wenn ich Sie richtig verstanden habe, plädieren Sie bei Tätigkeiten im Homeoffice, die nicht betrieblich organisiert sind, für eine Zuordnung lediglich im Sinne einer Routinevergütung. In diesem Zusammenhang stellen sich für mich einige Anschlussfragen: Wo wäre etwa der Dienst-Laptop des Mitarbeiters zuzuordnen? Und wie wäre zu verfahren, wenn derselbe Mitarbeiter von seinem Homeoffice aus einen Offshore-Windpark steuert? Wären die daraus erzielten Gewinne dem Stammhaus oder der Offshore-Betriebsstätte zuzurechnen? Hier würde ich mir noch eine etwas klarere systematische Einordnung wünschen.

Abschließend eine kurze Bemerkung zum Vortrag von *Daniela Hohenwarter-Mayr*: Deine historischen Beispiele waren wunderbar. Sie erinnerten mich an Darstellungen im Donauschwäbischen Zentralmuseum in Ulm, in denen das sog. Abfahrtsgeld thematisiert wird. Dies wirft aus heutiger Sicht die Frage auf, ob und inwieweit dabei bereits Überlegungen zur Erfassung stiller Reserven im Humankapital eine Rolle gespielt haben könnten. Ich halte dies für einen sehr spannenden Ansatzpunkt auch für die steuerhistorische Forschung und den Arbeitskreis Steuergeschichte.

Prof. Dr. *Daniela Hohenwarter-Mayr*, LL.M., Wien

Die Geschichte ist in der Tat sehr spannend. Das Buch von *Joseph Linden*, auf das ich zum Beginn meines Vortrages verwiesen habe, ist nicht die einzige Publikation zu diesem Thema. Es gibt noch mehr; auch deshalb, weil das Verbot zur Erhebung von Abfahrtsgeldern nach wie vor Teil des österreichischen Verfassungsrechts ist. Sehr lohnend war für mich auch der Rechtsvergleich, der mich dann doch zum Hinterfragen so mancher Dinge im österreichischen Steuerrecht gebracht hat. Insgesamt glaube ich, dass ein verstärkter Blick in die Steuergeschichte gerade in diesem Bereich auch universitär ein schönes gemeinsames Forschungsprojekt wäre.

Dr. *Nadia C. Altenburg*, Hamburg

Dankeschön. Genau zu der Frage: Ordne ich die Person der Betriebsstätte zu und welche Personalfunktion ordne ich der Betriebsstätte zu? Hier muss ich m.E. unterscheiden. Meine These ist: Ich habe eine Betriebsstätte, in der auch eine Person sitzt. Die Tätigkeit, die Funktion, die diese Person ausübt, ist aber nicht automatisch die Personalfunktion, die ich dieser Betriebsstätte zuordne. Wenn ich z.B. sage, ich habe die Funktion „Entwicklung", eine Softwareentwicklung und ich habe einen Entwickler, der seine Tätigkeit aus dem Homeoffice ausübt: Übt dieser Entwickler jetzt die Funktion Entwicklung für das Unternehmen aus oder macht der Auftragsentwicklung für das Unternehmen und die Funktion „Entwicklung" verbleibt beim Stammhaus? Also muss ich mir unter dem AOA, um dann auch gleich diese Frage mit zu beantworten, die Frage stellen: Welche Rechtsverbindung hat die Betriebsstätte, die durch diesen Arbeitnehmer begründet wird, zu dem Stammhaus? Und meine These ist: Wenn ich die Personalfunktion nicht der Betriebsstätte zuordne, dann komme ich in den Bereich der Routinedienstleistung, also Auftragsentwicklung, die dann eben routinemäßig zu vergüten ist, was im Übrigen auch im Gleichklang ist mit der personallosen Betriebsstätte. Diese verfügt eben auch über keine Personalfunktion, was aber nach der OECD oder auch dem FG Saarland durchaus nicht dazu führt, dass sie gar keine Ertragsberechtigung hat, sondern eben nur diese Routinevergütung – das wäre die Einordnung.

Vielleicht auch noch ein Nachtrag zu dem Laptop. Hier würde ich das genauso sehen: Wenn also ein Mitarbeiter zu Hause von seinem Laptop den Windpark steuert und diese Funktion Windparksteuerung aber an einer anderen Stelle zugeordnet ist, dann wäre es auch wieder die Dienstleistung zu der Funktion, die woanders verortet ist, so dass die „Betriebsstätte Arbeitnehmer" eben wieder nur routinevergütungsberechtigt ist.

Prof. Dr. *Johanna Hey*, Köln

Frau *Hohenwarter-Mayr*, ich fand Ihren Vortrag bezüglich der Unterschiede zwischen Deutschland und Österreich sehr inspirierend. Ich habe trotzdem ein paar Nachfragen, und dabei geht es mir gar nicht so sehr um die Vereinbarkeit mit Europarecht und Verfassungsrecht, sondern über vernünftige, praktikable Lösungen. Dafür muss man nicht abwarten, was die Verfassungsgerichte sagen oder wie der EuGH zur Wegzugsbesteuerung judiziert. Meine Fragen sind eher steuersystematischer Natur. Meine erste Frage ist: Sie haben – meiner Ansicht nach müsste man dazu statt der Vermögenszugangstheorie eher die Vermögenszuwachstheorie heranziehen – dem Gesetzgeber Gestaltungsspielraum zugestanden, er könne auch unrealisierte Vermögenswerte bereits besteuern. Ob das auf eine einzelne Einkunftsart begrenzt werden kann, und dann auch noch unter der Prämisse, dass das nur für Wegzüge gilt, ist eine verfassungsrechtliche Frage. Aber mein Problem setzt schon früher an, nämlich bei der steuersystematischen Einordnung. Geht es der Wegzugsbesteuerung um Kohärenz? Geht es um Missbrauchsvermeidung, um das Vermeiden von Nichtbesteuerung oder um die richtige Zuordnung der stillen Reserven zu dem Staat, der zur Entstehung beigetragen hat? Wenn man das so differenziert, ergeben sich auch differenziertere gesetzgeberische Antworten, die es erlauben, den Besteuerungsaufschub trotz Wegzugs zu gewähren. Sie haben in Österreich, wenn ich es richtig verstehe, die Möglichkeit, als Steuerpflichtiger mittels eines Antrags sicherzustellen, dass die Verstrickung im Wegzugsstaat erhalten bleibt. Aber das ist ihrer Ansicht nach missbrauchsanfällig. Woran das liegt, habe ich nicht ganz verstanden. Es gibt einen weiteren Grund, nach der exakten Funktion der Wegzugssteuer zu fragen. Sie sagen, es gäbe keinen Grund, beim Wegzug zwischen Betriebsvermögen und Privatvermögen zu unterscheiden. Aber es könnte durchaus darauf ankommen, wenn es zu unterschiedlichen Konsequenzen im Zuzugsstaat kommt. Der einzige mir einleuchtende Grund für die Wegzugsbesteuerung ist, dass es, wenn im Zuzugsstaat der gemeine Wert angesetzt wird und daraufhin Abschreibungen vorgenommen werden, geboten sein kann, den Entstrickungswert nicht erst bei Realisation zu versteuern, sondern die Besteuerung pro rata temporis gegen die Abschreibungen laufen zu lassen. Ich glaube, man muss das zusammen denken. Aber bei der Wegzugssteuer unterliegendem Privatvermögen haben Sie eben keine Abschreibung im Zuzugsstaat. Deshalb noch einmal meine Frage: Geht es eher um die Ausgewogenheit der Zuordnung der Besteuerungsquellen, indem dem Wegzugsstaat, der zu Entstehung der stillen Reserven beigetragen hat, das Steueraufkommen zugeordnet wird? Geht es um Vermeidung von steuerlichem Missbrauch? Man würde sich wünschen, dass der EuGH den nationalen Gesetzgebern noch einmal aufgibt, darüber nachzudenken. Europarechtlich scheint mir die Angelegenheit ziemlich einfach: Da steht die Freizügigkeit auf dem Spiel. Wir wollen doch keine steuerlichen Wegzugsbremsen. Deshalb ist es sehr bedauerlich, dass Ihre charmante Lösung in Österreich, selbst beim Wegzug in Drittstaaten durch Verstrickungsantrag eine dauerhafte Stundung erreichen können, scheinbar auf der Kippe steht. Mir schien das eine gute Lösung, um sowohl den Interessen des Fiskus als auch der Steuerpflichtigen gerecht zu werden. Vielen Dank.

Prof. Dr. *Matthias Valta*, Düsseldorf

Ich habe auch noch zwei Frage an *Nadia Altenburg*, auch wenn diese durch die vorherigen Fragen schon teilweise geklärt wurden. Wenn ich den Vortrag richtig verstehe, verbleibt, selbst wenn man keine Personalfunktion zuordnet, zumindest ein Routinegewinn. Das wäre dann Cost Plus, also die Lohnkosten, die Mietkosten für ein äquivalentes Büro und so weiter plus eine kleine Marge. Wenn nur das in dem Homeoffice-Betriebsstättenstaat verbleibt, kann man sich natürlich die Frage stellen: Lohnt sich das? Dann verstehe ich das mit dem Sturm im Wasserglas.

Wenn man die Personalfunktionen zuordnet, da bin ich etwas über den Begriff der unternehmerischen Entscheidung gestolpert. Was bedeutet dieser? Gemeint ist ja wahrscheinlich nicht, dass das Unternehmen entscheiden kann, wo es seine Residualgewinne versteuert, das wäre ja etwas zu schön. Und wir haben ja auch vorhin bei dem Vortrag von Frau Dr. *Glatz* darüber gesprochen: Wenn eine Person tatsächlich im Homeoffice über längere Zeit arbeitet, wird das Unternehmen sich dabei auch etwas denken. Sie wird dann auch entsprechend einen Beitrag zum Unternehmensergebnis leisten. Klar, man darf nicht von der Person zwingend auf die Personalfunktion schließen, wenn ich Dich richtig verstanden habe, aber wenn ein „Significant People“ tatsächlich faktisch länger im Homeoffice arbeitet, ist es dann doch nicht so, dass man tatsächlich eine Personalfunktion zuordnen muss? Danke.

Prof. Dr. *Marc Desens*, Leipzig

Ich habe keine Frage, versuche aber eine Antwort auf die Frage von *Daniela Hohenwarter-Mayr.* Ist bei der Entstrickung eine Unterscheidung zwischen Betriebsvermögen und Privatvermögen überzeugend oder nicht?

Weitgehend Einigkeit besteht dabei, dass die stillen Reserven bei der Entstrickung zunächst nur festgesetzt werden. Soweit diese zum Zeitpunkt des Wegzugs bereits entstanden sind, hat der Wegzugsstaat das Besteuerungsrecht und danach der Zuzugsstaat. Wird dabei Betriebsvermögen entstrickt, kann die Steuer auf fünf Jahre gestreckt werden. Die fünf Jahre sind eher zufällig zum Maßstab geworden, nämlich in der *DMC*-Entscheidung des EuGH, die vom FG Hamburg vorgelegt wurde und bei der es im Ausgangspunkt um deutsches Umwandlungssteuerrecht ging. Dort war damals eine Streckung auf fünf Jahre vorgesehen. Der EuGH hatte dann eher in einem Nebensatz festgestellt, dass anstatt einer Stundung bis zu einer späteren Veräußerung auch eine Streckung auf fünf Jahre europarechtskonform sei. Die Fünfjahresfrist wurde dann von der ATAD übernommen und hat sich so bei Betriebsvermögen durchgesetzt.

In der späteren *Wächtler*-Entscheidung des EuGH ging es dann um die Entstrickung einer relevanten Kapitalbeteiligung (§ 17 EStG), die im Privatvermögen gehalten wurde. Dort hat der EuGH dann – damals durchaus überraschend – eine Streckung nicht als eine europarechtskonforme Alternative zu einer Stundung bis zur späteren Veräußerung angesehen. Offen ist aber nach wie vor die Frage, warum der EuGH hier zwischen Privat- und Betriebsvermögen differenziert. Bis uns der EuGH zukünftig einmal eine Begründung nachliefert, versuche ich mal eine: Ich sehe den Unterschied in den Wirtschaftsgütern, die Gegenstand der Entstrickung sind. Eine relevante Kapitalbeteiligung (§ 17 EStG) im Privatvermögen hat zumindest bei typisierender Betrachtung ein geringeres Liquiditätsgewinnungspotential. Der Anteilseigner müsste schon auf hinreichende Gewinnausschüttungen hoffen oder die Anteile veräußern, was aufgrund einer Vinkulierung oftmals nicht möglich ist. Anders ist das – ebenfalls typisierend betrachtet – bei Betriebsvermögen. Hier lässt sich eher annehmen, dass die erforderliche Liquidität unmittelbar aus dem laufenden Geschäft erwirtschaftet werden kann, um die Steuer – gestreckt auf fünf Jahre – zahlen zu können. Vielleicht ist das ein Deutungsversuch, mit dem sich eine unterschiedliche Behandlung von Privat- und Betriebsvermögen bei der Entstrickung rechtfertigen lässt. Uneingeschränkt überzeugt bin ich davon selbst aber auch nicht.

Prof. Dr. *Claus Staringer*, Wien

Ich versuche zwei Fragen an der Schnittstelle von Wegzugsbesteuerung und Verrechnungspreisen. Das Tabuthema der Wegzugssteuer ist häufig die Bewertung. Den meisten Betroffenen ist mittlerweile schmerzvoll klar geworden, wann sie wegzugsbesteuert werden, aber nicht, mit welchem Betrag. Da es dabei meistens um Unternehmensbewertungen geht, liegt es in der Natur der Sache, dass die Unterschiede bei verschiedenen Bewertungszugängen erheblich sein können. Der Regelungsbestand dazu ist aber gering. In der ATAD gibt es für den Unternehmensbereich eine sehr generische Bewertungsvorschrift, die eine Bewertung zum Marktwert erfordert. Und weil für die ATAD eine Wertverknüpfung mit der Zuzugsbewertung im Aufnahmestaat wichtig ist, so dass am Ende eine Bewertungsharmonie hergestellt ist, wird man sich diesen Marktwert nach der ATAD als einen unionsrechtlichen Bewertungsmaßstab vorstellen müssen. Dies würde heißen, dass am Ende der EuGH zur Auslegungsfrage berufen ist, was der Marktwert eigentlich ist. Eine ganz ungewohnte Rolle für ein Gericht, sich als Unternehmensbewerter wiederzufinden. Gibt es dazu vielleicht Einschätzungen im Schrifttum?

Zweite Frage, auch Bewertung: Überall dort, wo es um Aufschub geht, also bei Privatpersonen noch in Österreich oder in Deutschland nach der alten Rechtslage, ist es durchaus möglich, dass man von sehr langen Betrachtungszeiträumen auszugehen hat. Die wegzugsbesteuerten Anteile bestehen typischerweise an Familienunternehmen, die über Generationen vererbt werden. Der Steueraufschub wird mitvererbt. Man kann sich daher leicht vorstellen, dass bis zur tatsächlichen Auslösung einer Wegzugsteuer Jahrzehnte vergehen können. Kann man daher wirklich davon ausgehen, dass die stille Reserve im Wegzugszeitpunkt genau dieselbe (und nicht bloß eine über die Jahre neu gebildete stille Reserve in gleicher Höhe) ist, die Jahrzehnte später dann tatsächlich realisiert wird? In der Unternehmensbewertung geht man jedenfalls davon aus, dass ein Unternehmen keinen Ewigkeitswert hat, sondern dass vielmehr ein Wert ständig erneuert werden muss. Jeder, der ein Unternehmen kauft, hat eine Nachhaltigkeitsvorstellung über den heute vorhandenen Unternehmenswert und der ist vielleicht nach zehn Jahren einfach nicht mehr da. Das Gesetz geht offenbar grob vereinfachend davon aus, dass die historische stille Reserve auch in 100 Jahren noch vorhanden ist, obwohl das in einer wirtschaftlichen Realität wohl nicht mehr der Fall ist. Kann man aus dieser Überlegung etwas gewinnen?

Dr. *Nadia C. Altenburg*, Hamburg

Genau, ich gehe zuerst auf die Frage von *Matthias Valta* ein. Ich glaube, die Sachverhaltskonstellation, die ich vor Augen hatte, war eine andere. Ich gehe davon aus, dass ein Mitarbeiter in einem Homeoffice sitzt und dort keine Kosten für ein Büro sind. Wenn ich die Kosten für ein Büro habe, dann habe ich ja automatisch eine unternehmerische Entscheidung dokumentiert, an diesem Ort tätig zu werden. Wenn aber ein Arbeitnehmer rein aus privaten Gründen sagt, er möchte irgendwo anders arbeiten, obwohl es ein Büro im Ansässigkeitsstaat, also am Sitz des Unternehmens gibt, ohne dass es eine unternehmerische Entscheidung oder Veranlassung gibt, dass der Arbeitnehmer in diesem anderen Staat aus dem Homeoffice tätig wird, dann ist meine These, die man diskutieren kann, dass das nicht dazu führen kann, eine Personalfunktion dieser Betriebsstätte zuzuordnen, sondern dass die Personalfunktion dann bei dem Unternehmen bleibt und ich dann wiederum nur sage: Naja, was macht denn dieser Arbeitnehmer dann für das Unternehmen? Der arbeitet zu. Der erbringt seine Leistung für das Unternehmen an dem Ort des Unternehmens und damit wäre ich dann in der Routinevergütung. Anders kann das natürlich sein, und da sind wir bei den Verrechnungspreisen und da wissen wir auch, warum wir 1.000 Seiten zu lesen haben, weil es natürlich immer auf die Nuancen des einzelnen Sachverhalts ankommt. Wenn ich jetzt ein Unternehmen habe, das gar kein Büro und Mitarbeiter auf der ganzen Welt hat und die unternehmerische Entscheidung ist, ich habe kein Büro, dann ist das ja auch wiederum eine unternehmerische Entscheidung, die sagt: Ich treffe keine Entscheidung darüber, wo ich meine Tätigkeit ausübe, und hier bin ich einverstanden, wenn man sagt: O.K., hier müsste ich vielleicht eine Business Process Analysis durchführen, die ich eigentlich mehr im Zusammenhang mit DEMPE und den immateriellen Wirtschaftsgüter oder Forschungs- und Entwicklungstätigkeiten sehe, und dann genau angucken, wer genau was von wo ausübt und tatsächlich eine Funktionsaufteilungsanalyse durchführen. Aber ich meine, solange der Unternehmer keine Entscheidung trifft, kann die Zuordnung der Personalfunktion nicht auf der Entscheidung des Arbeitnehmers basieren. Ich bin ja erstmal schon mal bei der Frage: Ist das Homeoffice überhaupt eine Betriebsstätte? Und wenn wir diese Hürde nehmen, dann würde ich sagen, dann kann es nur ein Sturm im Wasserglas sein, dann kriegt der Betriebsstätten-Staat nämlich auch nicht viel und dann ist es auf jeden Fall vor allem eine Menge Aufwand. Und dann muss man sich am Ende natürlich auch fragen: Wie viele Fälle gibt es eigentlich, wo unklar ist, wo die Personalfunktion im Zusammenhang mit

Home-Office-Tätigkeiten ausgeübt wird? Anders als in Matrixorganisationen, in denen wir natürlich auf der ganzen Welt einen unternehmerischen Footprint haben und Tätigkeiten ausgeübt werden, wo diese Frage sehr, sehr relevant ist, glaube ich, dass diese Frage im Kontext der Globalität der Arbeitnehmer in wenigen Fällen wirklich kritisch ist.

Prof. Dr. *Daniela Hohenwarter-Mayr*, LL.M., Wien

Ich versuche es kurz. Die fehlende Koordination zwischen Wegzugsstaat und Zuzugsstaat ist ein Thema. Dazu gibt es auch eine kürzlich veröffentlichte Studie des FISC-Unterausschusses des Europäischen Parlaments, in der gerade in den nicht aufeinander abgestimmten Regelungen das Mobilitätshemmnis gesehen wird. Das ist vielleicht auch die gute Nachricht zur ATAD, denn diese sorgt für eine Übereinstimmung dahingehend, dass der Wegzugswert zugleich als Zuzugswert im Zuzugsstaat anzusetzen ist. In diesem Punkt unterscheidet sich das Betriebsvermögen vom Privatvermögen. Warum bin ich dennoch etwas zögerlich, was die unterschiedliche Behandlung von Betriebsvermögen und Privatvermögen mit Blick auf die Verhältnismäßigkeitsprüfung anbelangt? Natürlich sehe ich die Argumente, die gegen eine Gleichstellung sprechen. Gerade die Abschreibung auf Basis des höheren gemeinen Wertes im Zuzugsstaat ist ein gewichtiges Argument. Aber nicht jedes nicht jedes Wirtschaftsgut wird abgeschrieben. Es gibt nicht abschreibbare Wirtschaftsgüter, es gibt Wirtschaftsgüter, die verbraucht werden, es gibt rechtliche Abschreibungsbeschränkungen und es gibt Wirtschaftsgüter, die gar nicht bilanziert werden dürfen. Und in diesen Fällen relativiert sich der Gleichklang zwischen Abschreibung und Ratenzahlung.

Zur Frage, woher die fünf Jahre der ATAD gekommen sind: Ja, die wurden erstmals vom EuGH in der Rechtssache DMC als Zeitraum für die gestaffelte Entrichtung der Steuer akzeptiert. Österreich hatte davor einen Ratenzahlungszeitraum von sieben Jahren. Auch hier kann man sich fragen, warum gerade sieben Jahre. Zum einen entspricht dies der Frist für die Aufbewahrung von Büchern in Österreich. Zum anderen kann man die sieben Jahre auch als Mittelwert aus der Rechtsprechung in den Rechtssachen DMC und Verder LabTec verstehen. Irgendwo muss auch dem Tatsächlichen Rechnung getragen werden und die sieben Jahre waren bei Einführung des Ratenzahlungskonzeptes in Österreich ein Kompromiss. Jetzt haben wir fünf Jahre, weil sich die ATAD am unteren Level orientiert hat. Das kann man natürlich hinterfragen. Allerdings hatten wir in Österreich vor 2015 das Nichtfestsetzungskonzept, also das Konzept eines dauerhaften Zahlungsaufschubs bis zur tatsächlichen Realisation, auch im Betriebsvermögen; und zwar durchgängig, auch bei Umgründungen. Die aus der Rechtssache Hughes de Lasteyrie du Saillant abgeleiteten Anforderungen wurden auf alle Entstrickungstatbestände im Ertragsteuerrecht ausgerollt. Der Ansatz war: Wir dürfen im Zeitpunkt der Entstrickung nicht besteuern, wir müssen warten bis zur tatsächlichen Realisation. Dieses System war im Betriebsvermögen jedoch gestaltungsanfällig und hat zu massiven Vollzugsdefiziten geführt. Dieser Umstand wurde wiederum von einer Reformkommission 2014 moniert und das Nichtfestsetzungskonzept wurde deshalb 2015 im Betriebsvermögen zurückgenommen. Im Privatvermögen hat man es jedoch aufgrund der damaligen EuGH-Rechtsprechung beibehalten. Man hat eben gesagt: Bei Privatvermögen wissen wir noch nicht, ob eine Einhebung der Wegzugssteuer in Raten unionsrechtlich zulässig ist.

Warum ich der Auffassung bin, dass die österreichische Wegzugsbesteuerung im Privatvermögen anders ist als § 6 AStG? In Österreich werden nicht nur bestimmte Anteile an Kapitalgesellschaften besteuert wie in Deutschland; wir besteuern alles: Kryptowährungen, Derivate, Anteile, Anleihen … mit anderen Worten: Sämtliche Wertsteigerungen aus Wirtschaftsgütern des Kapitalvermögens werden erfasst. Das Portfolio, das einer Wegzugsbesteuerung unterliegen kann, ist anders; auch das Liquiditätsmanagement ist ein anderes. Damit gestaltet sich die gesamte Besteuerung anders, als wenn nur bestimmte Beteiligungen herangezogen und damit offensichtlich vor allem Anteile an Familienunternehmen erfasst werden. Systematisch ist die Wegzugsbesteuerung in Österreich in die Kapitalvermögensbesteuerung eingegliedert. In § 27 Abs. 3 EStG werden „Einkünfte aus realisierten Wertsteigerungen" der Besteuerung unterworfen. Neben der Veräußerung, Abschichtung und Einlösung fallen darunter auch Ersatztatbestände; und einer davon ist die Wegzugssteuer. Der zweite Tatbestand ist die Depotentnahme. Die Depotentnahme wird auch im reinen Inlandsfall ganz gleich wie der Wegzug als Veräußerung fingiert. Mit der umfassenden Besteuerung der Wertsteigerungen im Kapitalvermögen wurde die Systematik der Kapitalvermögensbesteuerung tatsächlich jener der steuerlichen Erfassung von Wertsteigerungen im Betriebsvermögen angeglichen. Das war vorher anders. Mittlerweile ist der außerbetriebliche Bereich in diesem Punkt dem betrieblichen aber mehr oder weniger gleichgestellt. Deshalb kann man auch eine andere Nuancierung in der Beurteilung ableiten. Ich kann daher durchaus nachvollziehen, wenn man das in Deutschland anders sieht. Aber genau da fängt es an, mich zu irritieren. Denn auf europäischer Ebene kann es ja hinsichtlich der generellen Zulässigkeit einer Ratenzahlung im Privatvermögensbereich keinen Unterschied machen, wie umfassend die Wegzugsbesteuerung eines Staats ausgestaltet ist. Das würde nämlich Folgendes bedeuten: Je gieriger ein Staat zugreift, desto mehr Möglichkeiten hätte er, strenger zu besteuern, nämlich mit Ratenzahlung. Auch deshalb kann die Unterscheidung zwischen Betriebs- und Privatvermögen als Abgrenzungskriterium für die Ratenzahlung nicht so recht überzeugen. Allerdings meine ich schon, dass man als Gesetzgeber nicht jede Grenze ausreizen muss. Selbst wenn daher eine Ratenzahlung im Privatvermögen unionsrechtlich gedeckt sein sollte, muss sie nicht in allen Fällen umgesetzt werden. Insgesamt wäre es meines Erachtens gerade deshalb auch sinnvoll, auf europäischer Ebene auch im Privatvermögensbereich besser aufeinander abgestimmte Regelung zu haben. Koordinierung ja; Harmonisierung, fraglich.

Damit komme ich auch zur umstrittenen Effektivität des Nichtfestsetzungskonzepts. Hier wäre es wichtig, anhand der Zahlen im Finanzministerium zu evaluieren, ob das bestehende System in der Praxis wirklich funktioniert. Solange die Wertpapiere im Depot sind, funktioniert das System und deswegen funktioniert es auch mit Drittstaaten. Allerdings es gibt Vermögenswerte wie insbesondere GmbH-Anteile, die nicht depotfähig sind. Und ob ein System einer bloßen Meldung zu einem späteren Zeitpunkt ganz nach dem Motto: ich melde jetzt meine tatsächliche Veräußerung, jetzt bin ich zu besteuern; oder ich melde nach einem Wegzug innerhalb der EU, dass in einen Drittstaat weiterziehe, tatsächlich funktioniert, wage ich zu bezweifeln. Dies vor allem auch deshalb, weil Österreicher viel laxere, wenn ich das mal so sagen darf, Mitteilungs- und Nachweispflichten hat. Es gibt also keine jährlichen Mitteilungspflichten und dergleichen, wie dies in § 6 Abs. 5 AStG vorgesehen ist. Möglicherweise ist aber genau das der Ansatzpunkt, um die Wegzugsbesteuerung im Privatvermögen zukünftig effektiver und effizienter auszugestalten.

Abschließend noch zur Frage, was man mit der Wegzugsbesteuerung überhaupt erreichen will: Es geht meines Erachtens nicht um die Vermeidung von Missbrauch oder die Verhinderung einer Nichtbesteuerung. Es geht um die Zuordnung der Wertzuwächse zu jenem Staat, in dessen Besteuerungshoheit sie angewachsen sind. Diese Wertzuwächse soll der Entstehungsstaat besteuern dürfen und diese Besteuerung auch absichern können; selbst wenn der erfasste Wert dann nicht hundertprozentig mit den später realisierten Werten übereinstimmt. Das mache ich im Übrigen beim Depotwechsel oder der Depotentnahme ebenso.

Besteuerungsverfahren und grenzüberschreitende Arbeitnehmermobilität – Mobilitätshemmnisse und Mitwirkungspflichten

Dr. *Eva Oertel*
Ministerialrätin, Bayerisches Staatsministerium der Finanzen und für Heimat, München

I. Einleitung

Grenzüberschreitende Arbeitnehmermobilität zählt zu den prägenden Errungenschaften eines integrierten Arbeitsmarktes. Sie eröffnet Beschäftigten und Unternehmen Chancen. Diese liegen beispielsweise in einer besseren Fachkräftegewinnung, beruflichen Weiterentwicklung und wirtschaftlichen Vernetzung. Neben zahlreichen Vorteilen sind jedoch zugleich auch vielfältige rechtliche, administrative und praktische Herausforderungen zu bewältigen. Denn die Rechtsordnungen sind unabgestimmt. Das Steuerrecht reiht sich insoweit neben dem Zivilrecht, dem Sozialrecht, dem Aufenthaltsrecht und anderen Rechtsgebieten ein und wirft zusammen mit diesen Fragen und Beratungsbedarf auf. Vor die Klammer gezogen muss daher festgehalten werden, dass sich Mobilitätshemmnisse aus den steuerrechtlichen Rahmenbedingungen ergeben können, jedoch gleichermaßen auch in völlig anderen Bereichen wurzeln. Rein administrative Fragen, wie etwa die Prozesse zur Anerkennung von Berufsqualifikationen in anderen Staaten oder auch rein praktische Fragen, beispielsweise Sprachbarrieren, werden in der nachfolgenden Betrachtung völlig außer Acht gelassen. Dieser Beitrag fokussiert ausschließlich auf das Steuerrecht und dabei wiederum vorrangig auf das Verfahrensrecht. Verfahrensrecht hat eine dienende Funktion für die Erreichung der materiell-rechtlich verfolgten Zwecke. Insofern erfordern einzelne materiell-rechtliche Aspekte nachfolgend eine Darstellung in Grundzügen, um eine Gesamtschau über das Zusammenwirken der Normen zu erreichen.

Die steuerliche Analyse einer grenzüberschreitenden, nichtselbständigen Betätigung erfordert Perspektiven. Arbeitgeber und Arbeitnehmer nehmen im Besteuerungsprozess unterschiedliche Rollen ein und haben teilweise identische, teilweise aber auch nicht völlig gleichlaufende Interessen. Nicht ohne Grund wird das Besteuerungsverfahren nichtselbständig tätigen Arbeitnehmern in einen lohnsteuerrechtlichen Teil, der arbeitgeberseitige Verpflichtungen umfasst, sowie einen einkommensteuerrechtlichen Teil, der das Veranlagungsverfahren des Arbeitnehmers charakterisiert, aufgesplittet. Daraus ergeben sich bei dieser Personengruppe spannende Wechselwirkungen und zugleich unterschiedliche Verantwortlichkeiten.

Der Beitrag unternimmt es, auf beide Perspektiven einzugehen. Die Fragestellung muss vorrangig aus dem Blickwinkele des deutschen Rechts beantwortet werden. Erfahrungen aus der grenzüberschreitenden Zusammenarbeit der Verwaltungsbehörden zeigen, dass unterschiedliche Rechtsordnungen zwar häufig zu ähnlichen Ergebnissen gelangen, jedoch der Weg dorthin im Verfahrensrecht häufig höchst unterschiedlich ausgestaltet ist. Insbesondere bei den hier im Raum stehenden Melde-, Dokumentations- und Complianceverpflichtungen überraschen viele Jurisdiktionen mit Besonderheiten. Eine Auseinandersetzung damit wäre spannend und wertvoll, muss jedoch an anderer Stelle erfolgen.

II. Einzelfragen bei der Besteuerung von grenzüberschreitend tätigen Arbeitnehmern

1. Fallkonstellationen der nichtselbständigen Auslandstätigkeit

Grenzüberschreitende Arbeitnehmertätigkeit ist vielfältig ausgeprägt. In der Praxis sind höchst unterschiedliche Vertragsgestaltungen und Arbeitsbedingungen vorzufinden, die in ihrer Vielfalt kaum zählbar sind. Für die juristische, wissenschaftliche Betrachtung lassen sich dennoch folgende Fallgruppen bilden. Elemente bzw. Charakteristika können in der Praxis kombiniert und unterschiedlich gewichtet sein, für die typischen Fälle ermöglichen sie dennoch eine Einordnung.

a) Grenzgänger und Grenzpendler

Grenzgänger arbeiten regelmäßig in einem anderen Staat als dem Wohnsitzstaat und kehren täglich in ihren Wohnsitzstaat zurück.[1] Grenzgänger werden im OECD-MA nicht speziell erwähnt, jedoch findet sich der Begriff in einigen Doppelbesteuerungsabkommen. Dazu zählen die deutschen DBA mit Frankreich, Österreich und der Schweiz. Die deutschen DBA mit Dänemark, Luxemburg, den Niederlanden, Polen und der Tschechischen Republik enthalten keine Regelungen. Eine vormals bestehende Regelung mit Belgien ist aufgrund eines Zusatzabkommens 2004 wieder entfallen. Der Grenzgänger hält sich nur während seiner Arbeitszeit im Ausland auf und begründet dort weder einen Wohnsitz noch einen gewöhnlichen Aufenthalt.

Der Begriff „Grenzpendler" wird unterschiedlich verwendet. Überwiegend charakterisiert er beschränkt steuerpflichtige Arbeitnehmer, die in einem Staat arbeiten und dort im Wesentlichen ihren Lebensunterhalt verdienen, ohne einen Wohnsitz oder gewöhnlichen Aufenthalt im Tätig-

1 BMF v. 3.5.2018, BStBl. I 2018, 642 Rz. 19.

keitsstaat zu begründen.[2] Im Unterschied zum Grenzgänger fällt er nicht in den Anwendungsbereich der Sonderbestimmungen für Grenzgänger. Für Grenzpendler sind die Besonderheiten in einer Verständigungsvereinbarung mit Luxemburg auf untergesetzlicher Ebene geregelt.[3]

b) Entsendungsfälle (Posted Workers)

Bei Entsendungen werden Beschäftigte zeitlich befristet vom Arbeitgeber in einen anderen Staat abgeordnet, etwa für Projekte oder Montagearbeiten. In der Praxis weist die Ausgestaltung konzerninterner Arbeitnehmerentsendungen vielfältige Ausprägungsformen auf. Für eine grobe Systematisierung kann zwischen sog. Outbound- und Inbound-Entsendungen unterschieden werden.[4] Bei einer Inbound-Entsendung werden Arbeitnehmer, die bei einem einem ausländischen Konzernunternehmen beschäftigt sind, im inländischen Konzernunternehmen eingesetzt. Outbound-Entsendungen zeichnen sich dadurch aus, dass ein bei einem im Inland ansässigen Konzernunternehmen beschäftigter Arbeitnehmer zeitlich befristet bei einem ausländischen Konzernunternehmen tätig wird. Ein weiteres Systematisierungskriterium kann die Entsendungsrichtung bilden. Dabei kann unterschieden werden, ob die Entsendung eines bei der Konzernspitze beschäftigten Arbeitnehmers zu einer Tochtergesellschaft erfolgt oder bei einer Tochtergesellschaft beschäftigte Arbeitnehmer für die Muttergesellschaft des Konzerns tätig werden. Anzutreffen sind zudem auch Entsendungen zwischen den Tochtergesellschaften eines Konzerns.

Nach der Definition des BMF[5] liegt eine grenzüberschreitende Arbeitnehmerentsendung vor, wenn der zivilrechtliche Arbeitgeber eines Arbeitnehmers, dessen Unternehmenszweck nicht die Arbeitnehmerüberlassung ist (sog. entsendendes Unternehmen), mit einem verbundenen Unternehmen (sog. aufnehmendes Unternehmen) vereinbart, dass der Arbeitnehmer für eine befristete Zeit bei dem aufnehmenden Unternehmen in einem anderen Staat tätig wird. Hierbei wird der Arbeitnehmer

---

2 *Frotscher*, Internationales Steuerrecht, 5. Aufl. 2025, Rz. 762.

3 Verordnung zur Umsetzung von Konsultationsvereinbarungen zwischen der Bundesrepublik Deutschland und dem Großherzogtum Luxemburg (Deutsch-Luxemburgischen Konsultationsvereinbarung) v. 9.7.2012, BGBl. I 2012, 1484.

4 Instruktiv dazu: *Bendlinger*, Auslandsentsendungen in der Praxis des internationalen Steuer- und Sozialversicherungsrechts, Wien 2024.

5 BMF v. 12.12.2023, BStBl. I 2023, 2179 Rz. 149.

beim aufnehmenden Unternehmen dergestalt tätig, dass (a) der Arbeitnehmer mit dem aufnehmenden Unternehmen entweder eine arbeitsrechtliche Vereinbarung (Arbeitsverhältnis) bzw. Nebenabrede zum bestehenden Arbeitsvertrag abschließt, d.h. das aufnehmende Unternehmen wird (ebenfalls) zivilrechtlicher Arbeitgeber, oder (b) das aufnehmende Unternehmen „zumindest" als wirtschaftlicher Arbeitgeber anzusehen ist.

Eine grenzüberschreitende Arbeitnehmerentsendung liegt dagegen nicht vor, wenn ein Arbeitnehmer zur Erfüllung einer Dienst- oder Werkleistungsverpflichtung eines leistungserbringenden Unternehmens bei einem anderen leistungsempfangenden Unternehmen tätig wird und sein Arbeitslohn Preisbestandteil der Dienst- oder Werkleistung ist.[6]

c) Langfristige Auslandsaufenthalte/Expatriates

Bei langfristigen Auslandsaufenthalten verlagern Beschäftigte Wohn- und Arbeitsort für längere Zeit in einen Gaststaat. In steuerlicher Hinsicht stellen sich besondere Fragestellungen nicht nur für den Zeitraum der Ansässigkeit im Gaststaat, sondern auch darüber hinaus – insbesondere bei Gehaltsbestandteilen und Ruhegehaltsbestandteilen, die außerhalb der Erdienungsperiode im Gastland zufließen.[7]

d) Remote-Arbeit/Homeoffice im Ausland

Das ortsunabhängige Arbeiten aus dem Ausland (Remote-Arbeit) hat in den letzten Jahren stark zugenommen. Im Zuge der Corona-Krise wurden die technischen Möglichkeiten für das Erbringen von Arbeit an anderen Orten als dem Betriebsgelände des Arbeitgebers massiv verbessert. Im Zuge dessen gilt seither für viele Berufe und Tätigkeiten der Grundsatz, dass „work from everywhere" nicht mehr ausgeschlossen ist. In zeitlicher Hinsicht besteht ein breites Spektrum an Möglichkeiten – die Arbeitsleistung kann in Absprache zwischen Arbeitnehmer und Arbeitgeber an einzelnen Tagen im Jahr (beispielsweise im Zusammenhang mit einem Urlaubsaufenthalt) oder regelmäßig innerhalb bestimmter Rahmenbedingungen oder dauerhaft und vollständig aus dem Ausland erbracht werden.

6 BMF v. 12.12.2023, BStBl. I 2023, 2179 Rz. 150.
7 *Reinhold*, IStR 2015, 584 ff.

e) Kurzfristige Geschäftsreisen und Projektarbeit

Auch kurzfristige Einsätze für einzelne Tage bis wenige Wochen, etwa für Meetings, Montage oder Beratungen, können steuerlich Relevanz entfalten. Das BMF hat aus deutscher Perspektive die wichtigsten Leitlinien im sog. „183-Tage-Schreiben" zusammengefasst.[8]

f) Saisonarbeit

Saisonarbeit zeichnet sich durch zeitlich begrenzte, meist wiederkehrende Einsätze in Bereichen wie Landwirtschaft, Tourismus oder Bau aus. Unter Saisonbetrieben, in denen Saisonarbeit geleistet wird, sind Betriebe zu verstehen, in denen zwar über das ganze Jahr hindurch Tätigkeiten ausgeübt werden, die aber regelmäßig in einem bestimmten Teil des Jahres einen erhöhten Bedarf an Arbeitskräften haben; die Schwankungsgründe können witterungsbedingt, absatzbedingt, jahreszeitbedingt oder standortbedingt sein. Die Arbeit in Saisonbetrieben stellt wegen des vorübergehenden Arbeitskraftbedarfs eine spezifische Form der Aushilfsarbeit dar. Besonderheiten ergeben sich insbesondere im Arbeitsrecht, da spezielle Genehmigungs- und Registrierungsverfahren existieren.[9]

g) (Grenzüberschreitende) Plattformarbeit

Digitale Vermittlungsplattformen ermöglichen ortsunabhängige Arbeit über Staatsgrenzen hinweg. Entscheidend sind hier die Abgrenzung zwischen Selbständigkeit und abhängiger Beschäftigung, steuerliche Registrierungspflichten (inkl. Umsatzsteuer) und arbeitsrechtliche Mindeststandards. Plattformbetreiber sind in der Pflicht, den Status ihrer Leistungserbringer zu klären, regulatorische Vorgaben umzusetzen und erforderliche Meldungen vorzunehmen.[10]

h) Trainees, Praktikantinnen, Praktikanten und Auszubildende im Ausland

Ausbildungs- und Praktikumsaufenthalte im Ausland berühren Schutzvorschriften, Versicherungs- und Vergütungsfragen sowie die Anerkennung von Ausbildungsleistungen. Betriebe sind verpflichtet, Ausbildungs-

---

8 BMF v. 12.12.2023, BStBl. I 2023, 2179, ergänzt durch BMF v. 19.12.2025, BStBl. I 2026, 20.

9 *Pauken*, Handbuch Betrieb und Personal, 275. EL (April 2025), Rz. 80. ff.

10 *Chandna-Hoppe*, ZEuP 2025, 9.

verträge zu sichern, geeigneten Versicherungsschutz zu gewährleisten und Unterstützungsmaßnahmen bei Anerkennungsverfahren anzubieten. Ausbildungsplatzinhaber und Bildungsträger müssen Schutzregelungen beachten und Meldungen veranlassen. In steuerlicher Hinsicht werden die Aufenthalte jedoch regelmäßig in die oben bezeichneten Kategorien eingeordnet, sofern überhaupt Vergütungen fließen und steuerpflichtige Einnahmen erzielt werden.

2. Verfahrensrechtliche Fragestellungen

Typischerweise beginnt eine nationale Prüfung damit, die materielle Steuerpflicht zu definieren und dann die prozessualen Verpflichtungen, insbesondere die Steuererklärungspflicht, in den Blick zu nehmen. Im internationalen Kontext empfiehlt es sich dringend, die verfahrensrechtliche Prüfung nicht von einer materiellen Steuerpflicht abhängig zu machen. Prozessuale Pflichten können deutlich früher entstehen, weit vor dem Bestehen einer materiell-rechtlichen Steuerpflicht. Sie korrespondieren nicht zwangsläufig mit tatsächlichen Steuerpflichten bzw. Zahllasten.

In der Praxis besteht daher Prüfbedarf für jeden grenzüberschreitenden Sachverhalt, insbesondere mit Blick auf die Frage, ob

(1) spezielle Melde- und Registrierungspflichten in einem Staat zu beachten sind. Aus der Perspektive des Verfahrensrechts ist insbesondere zu prüfen, ob eine Steuernummer oder eine Steuer-ID-Nummer beantragt werden muss.

(2) eine Steuerpflicht besteht.

(3) Steueranmeldungs- oder Steuererklärungspflichten bestehen.

(4) sonstige Aufzeichnungs- und Dokumentationspflichten in Betracht kommen.

In allen Fällen ist zu beachten, dass unter Umständen zumindest sog. „Nullmeldungen“ abzugeben sind. Aus Sicht der betroffenen Arbeitnehmer und Unternehmer kann es darüber hinaus geboten sein, Dokumentationen auch ohne gesetzliche Verpflichtung zu erstellen, sei es auch nur, um den Negativbeweis antreten zu können, dass gewisse Umstände nicht eingetreten sind und Schwellenwerte nicht überschritten wurden. Ein Entlastungsnachweis, also das Belegen des Nichteintritts einer Steuerpflicht, bereitet in der Praxis nicht selten besondere Schwierigkeiten.

Für Zwecke dieses Beitrags werden nachfolgend jedoch nur Fragestellungen aus dem Bereich der deutschen Rechtsordnung adressiert. Diese beginnen bei der Aufteilung der Verantwortlichkeiten zwischen Arbeitgeber und Arbeitnehmer.

3. Besonderheiten der Steuererhebung

a) Der Arbeitgeber als Verantwortlicher für Zwecke der Lohnsteuer

Der Arbeitgeber ist im Lohnsteuerverfahren hoheitlich handelnde Person. Seine Pflichten ergeben sich aus §§ 38, 41a, 41b EStG, sowie der Lohnsteuer-Durchführungsverordnung und dem ELSTER-Onlineportal als amtlichem Übermittlungsweg.[11] Herauszuheben ist die persönliche und verschuldensunabhängig Haftung des Arbeitgebers gem. § 42d EStG. Der Arbeitnehmer ist im Abzugsverfahren weitgehend passiv.[12] Die Rechtsbeziehung zwischen Arbeitgeber und Arbeitnehmer im Lohnsteuerverfahren ist in der Literatur umstritten.[13] Der Streit kann für diese Betrachtung dahingestellt bleiben, weil im steuerlichen Kontext das dem Dienstverhältnis zugrunde liegende Dienstrecht jedenfalls vom spezielleren Lohnsteuerrecht überlagert wird.[14] Die unmittelbaren Einflussmöglichkeiten des Arbeitnehmers beschränken sich im Lohnsteuerverfahren auf bestimmte Elemente, etwa die korrekte Mitteilung der amtlichen Abzugsmerkmale an das Bundeszentralamt für Steuern.

Insgesamt kann man festhalten, dass im Lohnsteuerverfahren der Arbeitnehmer primär Informations- und Mitwirkungspflichten gegenüber dem Arbeitgeber erfüllen muss. Zu nennen sind etwa die Pflicht, über Änderungen bei den persönlichen Verhältnissen oder des Aufenthaltsortes zu informieren. Erst im Veranlagungsverfahren, wenn die endgültige Steuerfestsetzung ansteht, muss der einkommensteuerpflichtige Arbeitnehmer die volle Verantwortlichkeit für alle steuerlichen Belange übernehmen und sich bilateral mit dem zuständigen Finanzamt auseinandersetzen.

Für die Durchführung des Lohnsteuerabzugsverfahrens bei beschränkt steuerpflichtigen Arbeitnehmern gelten dieselben Grundsätze, die auch

---

11 Einzelheiten bei *Drüen*, Die Indienstnahme Privater für den Vollzug von Steuergesetzen, Tübingen, 2012, 135 ff.

12 Dazu *Krüger* in DStjG 40 (2017), 145, (165).

13 Zum Streitstand ausführlich: *G. Kirchhof*, Die Erfüllungspflicht des Arbeitgebers im Lohnsteuerverfahren, 2005, 25 ff.

14 *Birkenfeld* in DStjG 9 (1986), 233 (264).

für unbeschränkt steuerpflichtige Arbeitnehmer Anwendung finden. Für Mitarbeiter, die zum Teil aus dem Homeoffice im Ausland tätig werden, kann sich ein reduzierter Lohnsteuerabzug ergeben.[15] Ob aus Homeoffice-Tätigkeit im Ausland auch Konsequenzen oder Verpflichtungen für den (deutschen) Arbeitgeber resultieren, beurteilt sich nach Maßgabe des ausländischen Steuerrechts und des Einzelfalls.[16] Sofern für den inländischen Arbeitgeber keine Verpflichtung zum Steuerabzug im Ausland besteht, sind die Mitarbeiter selbst gehalten, in ihren jeweiligen Wohnsitzstaaten die in Deutschland nicht besteuerten bzw. im Ausland steuerpflichtigen Einkünfte zu deklarieren.

b) Besonderheit des wirtschaftlichen Arbeitgebers

Arbeitgeber im Sinne eines DBA kann nicht nur der zivilrechtliche Arbeitgeber, sondern auch eine andere natürliche oder juristische Person sein, die die Vergütung für die ihr geleistete unselbständige Tätigkeit wirtschaftlich trägt oder hätte tragen müssen.[17] Für die Prüfung ist auf den wirtschaftlichen Gehalt und die tatsächliche Durchführung der zugrunde liegenden Vereinbarungen abzustellen.

Das aufnehmende Unternehmen wird zum Arbeitgeber im abkommensrechtlichen Sinne (wirtschaftlicher Arbeitgeber), wenn der Arbeitnehmer in das aufnehmende Unternehmen eingebunden ist, z.B. weil das aufnehmende Unternehmen über Art und Umfang der täglichen Arbeit entscheidet und ggf. erforderliche Arbeitsmittel zur Verfügung stellt und das aufnehmende Unternehmen den Arbeitslohn (infolge seines eigenen betrieblichen Interesses an der Entsendung des Arbeitnehmers) für die ihm geleistete unselbständige Arbeit wirtschaftlich trägt oder nach dem Fremdvergleichsgrundsatz hätte tragen müssen. Unerheblich ist, ob die Vergütungen unmittelbar an den Arbeitnehmer ausgezahlt werden oder ein anderes Unternehmen eine Vorleistung erbringt.[18] Eine „willkürliche" Weiterbelastung des Arbeitslohns führt nicht zur Begründung der Arbeitgebereigenschaft, ebenso wie eine unterbliebene Weiterbelastung die Arbeitgebereigenschaft beim aufnehmenden Unternehmen nicht verhindern kann.[19] Sorgfältige Dokumentation ist unerlässlich. Gleiches gilt für

---

15 BMF v. 8.10.2024, BStBl. I 2024, 1308.

16 *Schrade/Denninger*, NZA 2021, 102 (107).

17 BFH v. 23.2.2005, BStBl. II 2005, 547.

18 BFH v. 21.8.1985, BStBl. II 1986, 4.

19 BMF v. 12.12.2023, BStBl. I 2023, 2179 Rz. 152.

eindeutige und in der Praxis auch entsprechend gelebte vertragliche Festlegungen. Diese müssen beispielsweise alle Informationen zur Gehaltszahlung, Reiserichtlinien, Einsatzzeiten, Tätigkeitsorten und Kostentragungsregelungen umfassen.

4. Unterscheidung zwischen sog. Inbound- und Outboundfällen

Die steuerliche Einordnung grenzüberschreitender Arbeitnehmertätigkeit in Inbound- bzw. Outboundfälle ist rechtlich bedeutsam, weil sie die Zuweisung konkurrierender Besteuerungsrechte sowie die jeweils einschlägigen Pflichten von Arbeitnehmern und Arbeitgebern determiniert. Die Bestimmung der steuerlichen Ansässigkeit bildet die Grundlage für die Unterscheidung zwischen unbeschränkter und beschränkter Steuerpflicht und wirkt sich somit unmittelbar auf die Reichweite des Besteuerungsrechts aus.

Unter einem Inboundfall ist eine Konstellation zu verstehen, in der eine natürliche Person mit Wohnsitz oder gewöhnlichem Aufenthalt im Ausland Einkünfte aus nichtselbständiger Arbeit im Inland erzielt. Ein Outboundfall liegt demgegenüber vor, wenn eine inländisch ansässige Person im Ausland erwerbstätig wird.

a) Abgrenzung der Besteuerungsrechte

Bei einer grenzüberschreitenden Beschäftigung von Arbeitnehmern werden im Vergleich zum rein nationalen Sachverhalt zusätzliche Prüfungsschritte erforderlich: Zum einen müssen die Einkünfte nach den internationalen Grundsätzen einem der beteiligten Staaten nach bestimmten Prinzipien, etwa dem „Quellenstaatsprinzip“ oder dem „Ort des wirtschaftlichen Erfolgs“ zugewiesen werden; zum anderen steht die Prüfung der Besonderheiten bilateraler Doppelbesteuerungsabkommen im Raum.

In der Praxis haben viele DBA eine sog. „183-Tage-Klausel“ implementiert, die unter gewissen Besonderheiten und teilweise in Verbindung mit Kriterien zur Gehaltszahlung und zur Kostentragung weiteren Prüfungsaufwand verursacht und genaue Dokumentationen erfordert. Die tagegenaue Erfassung des tatsächlichen Aufenthaltsverlaufs und eine eindeutige Bestimmung des Gehaltszahlers sind materiell-rechtliche Voraussetzungen für eine belastbare Zuordnung des Besteuerungsrechts. Damit kann man in Einzelfällen sogar von einer „Drei-Punkte-Prüfung“ sprechen.

b) Relevanz des Tätigkeitsort des Arbeitnehmers für Besteuerung des Arbeitgebers

Ein Arbeitgeber ist schließlich nicht lediglich sekundär betroffen, denn der Tätigkeitsort des Arbeitnehmers kann auch für den Arbeitgeber unmittelbare steuerliche Konsequenzen entfalten. Die Verpflichtung zur Einbehaltung von Lohnsteuer bzw. Quellensteuer und zur Anmeldung als Arbeitgeber im Tätigkeitsstaat stellt beachtliche Compliance-Anforderungen dar und kann – beispielsweise im deutschen Recht – zu Haftungsfällen und Sanktionsmaßnahmen führen.

Von erheblicher Bedeutung ist darüber hinaus die Frage, ob der Arbeitnehmer durch seine Tätigkeit die Kriterien erfüllt, die zu der Begründung einer steuerlichen Betriebsstätte im Tätigkeitsstaat führen.[20] Die Prüfung stützt sich auf Kriterien wie das Vorhandensein einer festen Arbeitsstätte, die Befugnis zum Abschluss von Verträgen mit Dritten sowie die Dauer und Regelmäßigkeit der Tätigkeit. Die Begründung einer Betriebsstätte durch einen im Ausland tätigen Unternehmer hat weiterreichende Konsequenzen hinsichtlich einer eigenständigen ausländischen Steuerpflicht, der Begründung von Rechnungslegungs- und Aufzeichnungspflichten sowie sonstiger lokaler Berichtspflichten.[21]

c) Zusammenfassung

Die praktischen Implikationen der dargestellten Rechtsfragen lassen sich in einem prozeduralen Prüfpfad zusammenfassen:

(1) Erhebung des Ansässigkeitsstatus eines international tätigen Arbeitnehmers.

(2) Tagegenaue (ggf. sogar minutengenaue) Dokumentation der Aufenthaltsorte.

(3) Prüfung des/der anwendbaren DBA mitsamt aller relevanten Schwellen- und Zurechnungskriterien.

(4) Analyse der Gehaltszahlung und der Kostenübernahme.

(5) Bewertung eines möglichen Betriebsstätten-Risikos sowie darauf gestützte Registrierungspflichten und Einbehaltspflichten des Arbeitgebers.

---

20 Dazu *Dorenkamp* in DStjG 40 (2017), 263 (292).

21 Dazu auch *Dorenkamp* in DStjG 40 (2017), 263 (294).

5. Besonderheiten, Abgrenzung und praktische Handhabung

Das deutsche Lohnsteuerabzugsverfahrens verknüpft auf Arbeitgeberseite bei grenzüberschreitend tätigen Arbeitnehmern Aspekte des Verfahrensrechts und des internationalen Rechts der Doppelbesteuerungsabkommen.

a) Prüfung des DBA-Rechts

Gemäß dem OECD-Musterabkommen und den meisten deutschen DBA wird die Zuweisung des Besteuerungsrechts für Einkünfte aus nichtselbständiger Tätigkeit in Art. 15 geregelt. Dem Grunde nach gilt das Arbeitsortprinzip. Dem Ansässigkeitsstaat des Arbeitnehmers wird im Sinne einer Auffangklausel die ausschließliche Besteuerungsbefugnis zugewiesen. Falls jedoch die Tätigkeit im anderen Staat ausgeübt wird, erhält der andere Staat als Tätigkeitsstaat das Besteuerungsrecht, so dass damit das Prinzip des Arbeitsortes verankert ist. Davon machen die Vorschriften wiederum eine Ausnahme für kürzere Arbeitsaufenthalte von weniger als 183 Tagen. In diesen Fällen verbleibt das exklusive Besteuerungsrecht beim Wohnsitzstaat. Die Ausnahme gilt jedoch dann nicht, wenn sich der Arbeitgeber oder seine Betriebsstätte im Tätigkeitsstaat befindet und die Vergütung vom Arbeitgeber oder seiner Betriebsstätte getragen wird.

b) Besonderheit der Grenzgängerregelungen

In einzelnen DBA ist eine Besonderheit für solche Fälle geregelt, in denen Arbeitnehmer im Grenzbereich eines Staates arbeiten und täglich bzw. regelmäßig zu ihrem Wohnsitz im Grenzbereich des anderen Staates zurückkehren. Für diese sog. Grenzgänger kann das Arbeitsortprinzip suspendiert werden, so dass das Besteuerungsrecht an den Ansässigkeitsstaat zurückfällt. Die Erfahrungen mit den bestehenden Grenzgängerregelungen bringen für etliche Fälle große Erleichterungen. Entlang der „Grenzen der Grenzgängerregelung" – also an den Grenzlinien einer bestimmten Zone – können jedoch strittige Situationen entstehen. Für diese Fälle sollte wiederum ein klare Beweisvorsorge getroffen werden.

c) Aufteilungsmaßstab nach BMF

Mit Schreiben vom 8.10.2024 hat die Finanzverwaltung umfassend und aktualisiert zur Ermittlung des steuerfreien und steuerpflichtigen Arbeitslohns nach den Doppelbesteuerungsabkommen sowie nach dem Auslandstätigkeitserlass im Lohnsteuerabzugsverfahren Stellung genommen. Die Verwaltung bietet damit eine detaillierte Handreichung.[22]

Zunächst ist der im Lohnzahlungszeitraum direkt zuordenbare, also unmittelbar aufgrund einer konkreten inländischen oder ausländischen Arbeitsleistung gewährte Arbeitslohn zu ermitteln und entsprechend als steuerfrei oder steuerpflichtig zu behandeln. Der verbleibende und nicht direkt zuordenbare Arbeitslohn (z.B. auch Weihnachts- und Urlaubsgeld) ist sodann vom Arbeitgeber in einen in Deutschland steuerpflichtigen und steuerfreien Teil aufzuteilen. Grundlage für diese Berechnung ist die Zahl der tatsächlichen Arbeitstage innerhalb eines Kalenderjahres. Den tatsächlichen Arbeitstagen ist das für die entsprechende Zeit bezogene und nicht direkt zugeordnete Arbeitsentgelt gegenüberzustellen.

Der nicht direkt zuordenbare, verbleibende Arbeitslohn ist schließlich im Lohnsteuerabzugsverfahren nach den im In- und Ausland verbrachten tatsächlichen Arbeitstagen innerhalb eines Kalenderjahres aufzuteilen.

6. Beweismittelrecht

Im Beweismittelrecht muss zwischen den Verfahrensabschnitten und der Stellung einer Person im jeweiligen Ermittlungsstadium differenziert werden. Sowohl der formale Begriff des Beteiligten als auch der materiell-rechtlich geprägte Begriff des Steuerpflichtigen können Pflichten begründen. Im Lohnsteuerrecht ist der Arbeitgeber derart intensiv gegenüber seinem Arbeitnehmer verpflichtet, dass er im Rahmen einer „Fremddeklaration“[23] eine eigene Steuerabführungsverpflichtung und damit zugleich auch eine Verantwortung für die Sachverhaltsaufklärung trägt.

Bei internationalen Sachverhalten ist § 90 AO die zentrale Rechtsgrundlage. Aufgrund der erweiterten Mitwirkungspflichten bei Auslandssachverhalten nach § 90 Abs. 2 AO trifft den Steuerpflichtigen die sog. Beweismittelvorsorgepflicht sowie die sog. Sachaufklärungs- und Beweismittelbeschaffungspflicht. Der Amtsermittlungsgrundsatz wird überschrieben. Der Steuerpflichtige muss die erforderlichen Unterlagen unter Ausschöpfung aller rechtlichen und tatsächlichen Möglichkeiten beschaffen und

22 BMF v. 8.10.2024, BStBl. I 2024, 1308.

23 *Kracht*, Die Mitwirkungspflichten bei der Datenübermittlung durch Dritte nach §§ 93c, 150 Abs. 7 S. 2 AO im Kontext des Steuerstrafrechts, Köln, 2024, 67.

den Auslandssachverhalt umfassend aufklären.[24] Wiederum gilt es, die Nachweiserbringung frühzeitig zu sichern; das Argument, nach einer Auslandsrückkehr sei die Beschaffung von Unterlagen nicht mehr zumutbar, lassen Finanzverwaltung und Rechtsprechung nicht gelten.[25]

Im Zusammenwirken zwischen Arbeitgeber und Arbeitnehmer muss die Norm unter zwei Perspektiven betrachtet werden.

a) Arbeitgeberperspektive

Der Arbeitgeber muss nicht nur allgemeine Angaben machen, sondern konkret und belegbar die Unterlagen und Aufzeichnungen vorlegen, aus denen sich die korrekte Besteuerung des Arbeitnehmers ableiten lässt. Dies sind etwa die Lohnabrechnungen mit detaillierten Aufschlüsselungen von Arbeitseinsätzen und Reisekostenerstattungen, Einsatzpläne, Arbeitszeiterfassungen, Verträge mit ausländischen Arbeitgebern in Entsendefällen und weitere Unterlagen, wie etwa die sozialversicherungsrechtliche A1-Bescheinigung.

b) Arbeitnehmerperspektive

Der Arbeitnehmer muss seinerseits die Umstände seiner Arbeitseinsätze darlegen und nachweisen können. Im Kontext von Auslandstätigkeiten müssen die genauen Tage der physischen Arbeitsleistung im Ausland, der Ort der Tätigkeit und die Art der Entlohnung nachvollziehbar sein. Als Beweismittel kommen etwa Passtempel, Boardkarten, Hotelrechnungen, Kreditkartenabrechnungen, Arbeitsverträge, Einsatzdokumentationen oder auch ausländische Steuerbescheinigungen in Betracht. Die Anwendbarkeit des § 90 Abs. 2 AO wird vom BMF ausdrücklich im Schreiben betreffend die steuerliche Behandlung des Arbeitslohns festgeschrieben.[26] Auch seitens der Finanzgerichte wurde bereits bestätigt, dass sich ein Kläger nicht darauf berufen kann, es sei ihm unmöglich gewesen, den Nachweisobliegenheiten nachzukommen, da dies die Verhältnisse im Quellenstaat nicht zuließen. Vielmehr muss sich ein Arbeitnehmer in einem solchen Fall nach § 90 Abs. 2 Satz 4 AO die Nachteile, die sich daraus ergeben, dass bei Abwicklung der Arbeitsverhältnisse die entsprechenden Beweismittel nicht gesichert wurden, zurechnen lassen.[27]

---

24 BFH v. 25.8.1986, BStBl. II 1987, 481.
25 BFH v. 14.5.1982, BStBl. II 1982, 722.
26 BMF v. 12.12.2023, BStBl. I 2023, 2179 Rz. 61.
27 FG Köln v. 16.6.2016, EFG 2016, 1711 Rz. 50.

c) Beispiele für Dokumente

Für die ausreichende Beweisvorsorge kommen eine Vielzahl an Unterlagen in Betracht. Die nachfolgende Auflistung[28] erhebt keinen Anspruch auf Vollständigkeit:

(1) Dokumente und Aufzeichnungen über die Ansässigkeit.

(2) Reisekalender bzw. Aufzeichnungen über die Gesamtzahl der Arbeitstage und den jeweiligen Tätigkeitsort (Aufteilung des Lohns) sowie den Aufenthaltsort pro Kalendertag (183-Tage-Regelung). Hilfsweise werden in der Praxis auch Stempel in Reisepässen, Einzelverbindungsnachweise von Mobiltelefonen etc. eingereicht.

(3) Arbeitsvertrag im In- und Ausland sowie individuelle Entsendeverträge mit Funktions- und Tätigkeitsprofil des Arbeitnehmers. Bei Mehrvertragsgestaltungen muss abgegrenzt werden, welche Aufgaben in welcher Gesellschaft und in welchem Umfang geleistet werden.

(4) Bei Konzernentsendungen: Vergütungsrichtlinien (Entsenderichtlinien) des Konzerns, differenziert nach kurzfristigen/langfristigen Entsendungen. Diese stellen häufig einen Nachweis über den Steuerausgleichsmechanismus und die Erdienungszeiträume von Aktienvergütungen dar und helfen bei der direkten Zuordnung einzelner Gehaltsbausteine (z.B. Pauschalzahlungen für Umzugskosten oder Möblierung, Kindergartenkosten, Orientierungsreisen etc.).

(5) Gehaltsabrechnungen im In- und Ausland.

(6) Ggf. Nachweise über die wirtschaftliche Kostentragung (in der Regel Bescheinigung des Arbeitgebers, aus der hervorgeht, dass sämtliche Lohn-, Lohnneben-, Lohnverwaltungskosten wirtschaftlich vom entsendenden oder aufnehmenden Unternehmen getragen wurden. Dabei sind die entsprechenden Summen anzugeben.).

(7) Nachweise über die (anteilige) Besteuerung des anderen Vertragsstaates, i.d.R. durch Vorlage des ausländischen Steuerbescheides sowie Zahlungsbeleg (Kontoauszug, Steuerzahlungsurkunde der ausländischen Finanzverwaltung). Bei Selbstveranlagungsverfahren genügt neben dem Zahlungsnachweis auch eine Kopie der eingereichten Steuererklärung. Bei Quellensteuerabzug mit Abgeltungswirkung im Aus-

---

28 Entnommen bei *Rupp*, Internationales Steuerrecht: Arbeitnehmertätigkeit, 2025, Tz. 8.6.

land kann u.U. eine ausführliche Bescheinigung des Arbeitgebers herangezogen werden, die die notwendigen Mindestanforderungen erfüllen muss.

d) Konsequenzen

Wenn die Parteien ihren jeweiligen Mitwirkungspflichten nicht nachkommen, besteht zunächst eine Schätzungsbefugnis der Finanzbehörden nach § 162 AO. Sofern die Mitwirkungspflicht – wie häufig bei grenzüberschreitenden Steuerfällen – im Zusammenhang mit der Abgabe einer Steuererklärung steht, kann ein Verspätungszuschlag nach § 152 AO in Betracht kommen.

7. Besonderheiten des § 50d Abs. 8 EStG

§ 50d Abs. 8 EStG ist eine spezielle und in der Praxis bedeutsame Regelung zur Anrechenbarkeit ausländischer Steuern. Systematisch gehört die Vorschrift eigentlich zu §§ 43c und 43d EStG. Sie soll die einmalige Besteuerung unbeschränkt steuerpflichtiger Arbeitnehmer sicherstellen und insbesondere verhindern, dass Einkünfte pflichtwidrig in einem anderen Staat nicht erklärt werden. Der Steuerpflichtige – mithin der Arbeitnehmer – muss im Rahmen seines Veranlagungsverfahrens nachweisen, dass er auf die in Deutschland freigestellten Einkünfte tatsächlich ausländische Steuern entrichtet hat. Die nach DBA vereinbarte Freistellung wird hiernach nur gewährt, wenn der Steuerpflichtige einerseits nachweist, dass die in dem anderen Vertragsstaat festgesetzte Einkommensteuer im Ausland entrichtet wurde, oder andererseits belegen kann, dass der Quellenstaat auf das ihm nach dem einschlägigen Abkommen zustehende Besteuerungsrecht verzichtet hat. Die Anwendung des § 50d Abs. 8 EStG erfordert nicht, dass Deutschland als Ansässigkeitsstaat anzusehen ist, sondern knüpft allein an die unbeschränkte Steuerpflicht im Inland an.[29]

Unzweifelhaft muss der Steuerpflichtige die entsprechenden Nachweise erbringen, obwohl man grundsätzlich bei einer steuererhöhenden Feststellung auch die Finanzbehörde in der Pflicht sehen könnte, den Sachverhalt gem. § 88 AO von Amts wegen zu ermitteln. Allerdings trifft den Steuerpflichtigen bei Auslandsvorgängen eine erweiterte Mitwirkungspflicht (s. dazu oben), weshalb er ohnehin verpflichtet wäre, die erforderlichen Nachweise selbst zu erbringen – soweit ihm die Einholung der In-

29 BMF v. 12.12.2023. BStBl. I 2023, 2179 Rz. 60.

formationen verhältniswahrend möglich ist. Die spezielle Anordnung über die Feststellungslast ist damit deklaratorischer Natur.[30]

Nicht gesetzlich geregelt ist, in welcher Form der Nachweis zu erbringen ist. Der Nachweis dürfte regelmäßig durch Vorlage des ausländischen Steuerbescheids und des Zahlungsbelegs erbracht werden.[31] Als Alternativen benennt das BMF die Vorlage einer behördlichen Bescheinigung bzw. die Bescheinigung des zivilrechtlichen oder wirtschaftlichen Arbeitgebers.

III. Zusammenfassung und Ausblick

Die verfahrensrechtlichen Implikationen bei international tätigen Arbeitnehmern sind mannigfaltig. Aus dem Blickwinkel einer einzigen Jurisdiktion können nur Bruchstücke des Themas aufgearbeitet werden. Echtfälle müssen in der Praxis aus der Zusammenschau der verschiedenen Rechtsordnungen betrachtet werden. Nur dann gelingt es, ein vollständiges Bild aller steuerlichen Mitwirkungs-, Melde-, und Deklarationspflichten zu erlangen und alle Risiken ausreichend zu kalkulieren.

Der Blick muss dabei sowohl auf den Arbeitgeber als auch auf den Arbeitnehmer gerichtet werden. Obwohl beide zusammen die richtige Darstellung des steuerrelevanten Sachverhalts und des daraus resultierenden Zahlbetrags schulden und damit „gemeinsam zu Erfolg verdammt sind", können Interessen und Risiken auseinanderfallen.

Die künftigen Arbeiten werden davon geprägt sein, das Spannungsfeld zwischen nationaler Steuersouveränität, den individuellen Besonderheiten aus den bestehenden DBA-Netzwerken und dem Bedürfnis nach administrativer Vereinfachung für die beteiligten Arbeitnehmer und Unternehmer zunächst einmal gründlich aufzuarbeiten. Erst im Anschluss daran kann es gelingen, die bestehenden Unsicherheiten und Unstimmigkeit auch aufzulösen und schließlich Erleichterungen für die Praxis zu schaffen. Nicht nur die Jahrestagung hat gezeigt, dass im Bereich des mobilen Arbeitens viele Hemmnisse in der weiterhin bestehenden Unabgestimmtheit der Rechtsordnungen zu sehen sind. Das Verfahrensrecht und die unterschiedlich ausgeprägten Verpflichtungen sollten neben dem materiellen Recht künftig stärker in den Fokus gerückt werden. Gerade

30 *Rüsch*, ISR 2019, 350 (351).
31 BMF v. 12.12.2023. BStBl. I 2023, 2179 Rz. 65.

das Verfahrensrecht bietet Raum, um Erleichterungen für den Rechtsanwender herbeizuführen.

Die Befundaufnahme hat jedoch zugleich ergeben, dass innerhalb der deutschen Rechtsordnung keine verfahrensrechtlichen Lücken zu beklagen sind. Vielmehr ergibt sich aus dem Zusammenspiel unterschiedlicher Regelungen eine fundierte Aufgabenverteilung, die dem Grunde nach Verantwortlichkeiten klar definiert und die Verpflichtungen zur Nachweis- bzw. Beweisbeschaffung lückenlos kodifiziert.

Wie bei jeder Medaille ergeben sich somit zwei Seiten: Zum einen muss aus fiskalischer Sicht konstatiert werden, dass das Verfahrensrecht im Bereich der internationalen Arbeitnehmerbesteuerung funktioniert; zum anderen bedeuten diverse Dokumentations- und Nachweispflichten jedoch auch Bürokratie und – im Falle der Nichterbringbarkeit – Unsicherheiten und Streitpotential.

Diskussion

zu dem Referat von Dr. *Eva Oertel*

***Ludmilla Maurer*, Frankfurt**

In Bezug auf die Pauschalbesteuerung nach § 40a Abs. 7 EStG ist es fraglich, ob die Vorschrift auch dann Anwendung findet, wenn der dauerhaft im Ausland arbeitende Mitarbeiter dort keine Betriebsstätte begründet. Grundsätzlich ist es so, dass der Mitarbeiter einer deutschen Gesellschaft, der dauerhaft im Ausland tätig ist und nur für wenige Tage zur Ausübung seiner Tätigkeit nach Deutschland kommt, ab dem ersten Tag der Tätigkeit an in Deutschland der Einkommensbesteuerung unterliegt. Der Arbeitgeber ist insoweit verpflichtet, Lohnsteuer einzubehalten. Fraglich ist, ob die Pauschalbesteuerung nach § 40a Abs. 7 EStG entgegen dem Gesetzeswortlaut auch dann Anwendung finden kann, wenn der Mitarbeiter im Ausland keiner Betriebsstätte zugeordnet ist. Insoweit wäre auch eine Gesetzesänderung wünschenswert.

Dr. *Eva Oertel*, München

Also dem Grunde nach ist natürlich immer schwer, konkrete Sachverhalte im Rahmen einer Paneldiskussion zu kommentieren, insbesondere wenn Sie sagen, dass eigentlich erforderliche Tatbestandsmerkmale – hier die Zuordnung zu einer ausländischen Betriebsstätte – in Ihrem Beispielssachverhalt nicht verwirklicht sind. Da müsste man zunächst genauer hinterfragen, wie die relevanten Sachverhaltsaspekte ausgestaltet sind, bevor man eine klare Antwort geben kann.

Prof. Dr. *Johanna Hey*, Köln

Frau *Oertel*, ich habe eine Frage zum tatsächlichen Vollzug. Sie haben zu Recht darauf hingewiesen, dass vor allen Dingen dokumentiert werden muss, und wir gehen mal von einer perfekten Welt aus, dass sowohl der Arbeitnehmer – Sie haben auf § 90 Abs. 2 AO hingewiesen – als auch Arbeitgeber dokumentieren müssen, wo der Arbeitnehmer wann welche Tätigkeit ausgeführt hat. Also gehen wir davon aus, alle haben alles perfekt dokumentiert. Aber kann man dem vertrauen? Wir haben gestern über die feinziselierte unterschiedliche Ausgestaltung der Grenzgängerregelungen gesprochen, der Frage was ein Arbeitstag ist, reicht dafür das Aufklappen des Notebooks? Besteuern Sie dann nicht eher die Dokumentation? Im praktischen Vollzug dürften Sie kaum überprüfen können, wo wirklich gearbeitet worden ist.

Dr. *Eva Oertel*, München

Ich muss natürlich im tatsächlichen Vollzug zunächst den Angaben des Steuerpflichtigen vertrauen. Das steht auch in unserem Anwendungserlass zur Abgabenordnung zu § 88 AO[1], dass es grundsätzlich keinen Grund gibt, den Angaben des Steuerpflichtigen generell zu misstrauen. Insofern nehme ich als ersten Ausgangspunkt das, was der Steuerpflichtige oder auch der Arbeitgeber im Lohnsteuerabzugsverfahren erklärt haben. Im zweiten Schritt ist es mir dann durchaus möglich, zumindest stichprobenartig einzusteigen und die Angaben stichprobenartig zu überprüfen, indem ich mir z.B. Reisekostenbelege vorlegen lasse. In Betracht kommen auch andere Belege, beispielsweise Roaminggebühren, EDV-Daten oder alles andere, was das Besonderheiten des steuerlichen Homeoffice im In- und Ausland ausmachen kann. Man findet im Zweifel schon Hinweise, wenn Sachverhalte nicht stimmig zur Erklärung sind. Und wenn Zweifel wachsen, dann kann ich mich natürlich im Rahmen meiner Sachverhaltsermittlung immer weiter vorarbeiten und weitere Nachweise anfordern. Natürlich bin ich sicherlich nicht schlauer, als es der Steuerpflichtige oder sein Arbeitgeber sind. Wir reden über Ereignisse in der Vergangenheit in deren Sphäre. Deswegen wurden in der Abgabenordnung auch die die entsprechenden Verantwortlichkeiten so definiert, dass für Auslandssachverhalte die Verantwortlichkeit nach § 90 Abs. 2 und 3 AO doch mehr in einer Sphäre der Steuerpflichtigen liegt und diese eine höhere Bringschuld haben.

***Larsen Lüngen*, Mönchengladbach**

Vielen Dank, Frau Dr. *Oertel*, für Ihren sehr interessanten Vortrag. Ich gestatte mir eine Frage zu stellen: Wie beurteilen Sie die Einführung eines Antragsrechts für ausländische Arbeitgeber, die mangels Erfüllung der Voraussetzungen des § 38 Abs. 1 Nr. 1 EStG derzeit nicht in der Lage sind, in Deutschland Lohnsteuer abzuführen? Das derzeitige System ist sowohl für die betroffenen Arbeitnehmer nachteilig – da sie ein für sie ungewohntes Vorauszahlungsverfahren beachten müssen – als auch für die Arbeitgeber, die dadurch Wettbewerbsnachteile am deutschen Arbeitsmarkt haben können, weil Arbeitnehmer regelmäßig einen gewohn-

1 Vgl. AEAO zu § 88 Tz. 6.

ten Lohnsteuerabzug erwarten. Wäre es – in Analogie beispielsweise zum Schweizer Modell – aus Ihrer Sicht denkbar, ein antragsbezogenes Inlandsarbeitgeber-Modell zu schaffen, das ausländischen Arbeitgebern auf Antrag den Status eines inländischen Arbeitgebers verleiht? Damit ließen sich zahlreiche praktische Fragen – etwa zur ertragsteuerlichen Betriebsstättenabgrenzung oder zur Behandlung von Homeoffice-Tätigkeiten – deutlich erleichtern. Die Registrierung als inländischer Arbeitgeber würde so antragsbezogen erfolgen und nicht, wie derzeit, lediglich voraussetzungsbezogen nach einer häufig langwierigen und ermessensgeprägten Prüfung. Vielen Dank.

Dr. *Eva Oertel*, München

Also ich glaube, das könnte spontan ein sehr guter Lösungsansatz sein. Allerdings müssen alle Frage auch mit Blick auf die bestehenden Doppelbesteuerungsabkommen und internationale Standards beleuchtet werden. Daher müsste man sich das genauer ansehen, wie man einen entsprechenden Vorschlag im Detail umsetzen könnte.

Podiumsdiskussion: Perspektiven der Entwicklung auf OECD-/EU- und nationaler Ebene

mit
Prof. Dr. *René Matteotti*, LL.M., Rechtsanwalt, Universität, Zürich
Prof. DDr. *Gunter Mayr*, Bundesministerium der Finanzen, Wien; Universität Wien
Ministerialrätin Dr. *Eva Oertel*, Bayerisches Staatsministerium der Finanzen und für Heimat, München
Dr. *Achim Pross*, OECD's Centre for Tax Policy and Administration, London
Albert Rädler, Verwaltungsrat, Europäische Kommission, Brüssel
Dr. *Ulrike Schramm*, Global Head of Tax & Customs, Hannover

unter Leitung von
Prof. Dr. Dr. h.c. *Wolfgang Schön*, Max-Planck-Institut für Steuerrecht und öffentliche Finanzen, München

Prof. Dr. Dr. h.c. *Wolfgang Schön*, München

Zur Preußischen Steuergesetzgebung

Ja, meine Damen und Herren, man hat mir die Aufgabe gestellt, während hier die Möbel gerückt werden, Sie alle noch zu unterhalten. Wir sind nämlich in Österreich und in Österreich darf keine Minute ohne Unterhaltung vergehen und es darf auch niemand den Raum verlassen.

Daher will ich einen Punkt anmerken, den ich als Bonner, geborener Bonner, der sich ebenso, wie mein Landsmann *Ludwig van Beethoven* in Wien immer sehr wohlfühlt, beitragen kann. Es ist nämlich die Rede davon gewesen, dass Deutschland keine steuerlichen Präferenzregime kennt. Das ist die Schuld der Preußen. Wenn man sich vertieft in die preußische Steuergesetzgebung des 19. Jahrhunderts, dann findet man im Vorfeld zu dem maßgeblichen Einkommensteuergesetz 1891 nämlich einen Konflikt zwischen den katholischen Rheinlanden und der Herrschaft in Preußen. Das Rheinland war ja erst Anfang des 19. Jahrhunderts zu Preußen gekommen und ich bin heute in Bayern noch beleidigt, wenn man mich als Preußen bezeichnet. Damals hatten die linksrheinischen Städte – Bonn, Koblenz, Köln u.a. – herausgefunden, dass sie nicht nur wunderschön sind, sondern auch ein warmes Klima besitzen, daher für preußische Pensionisten attraktiv waren. Und außerdem war man nah an Frankreich.

Und deswegen stellten die linksrheinischen Städte des preußischen Rheinlandes den Antrag, in der preußischen Steuergesetzgebung für Ausländer, die bereit waren, in diese rheinischen Städte zu ziehen, die völlige Steuerfreiheit der Auslandseinkünfte herzustellen.

Das ist im Grunde, was heute Italien oder auch Portugal praktizieren. Das Rheinland war gewissermaßen das Portugal Preußens. Der Antrag ist jedoch immer gescheitert am Widerstand des preußischen Finanzministers *Johannes von Miquel*, der sich steuerliche Gleichbehandlung aller Ansässigen nicht nehmen lassen wollte. Man kann das im Nachhinein immer noch bedauern. Es gibt dazu ein wunderbares Buch von *Walter Mathiak*, dem früheren Richter am BFH, über die Entstehung des preußischen Einkommensteuergesetzes[1] und ein noch tiefgründigeres Werk von *Andreas Thier* aus Zürich über die preußische Steuergesetzgebung im 19. Jahrhundert.[2]

Podiumsdiskussion

Ich freue mich, ein hochrangiges Podium hier begrüßen zu dürfen. Ich fange an mit *Ulrike Schramm*, die Leiterin der Steuerabteilung der Continental AG, die bis zur letzten Woche noch den größten Börsengang der letzten Jahre in Deutschland hat begleiten dürfen. Daneben steht *René Matteotti*, Professor an der Universität Zürich, daneben auch als Anwalt tätig. Weiterhin Frau *Oertel*, die Sie gerade schon gehört haben, aus der bayerischen Finanzverwaltung. *Gunter Mayr*, Sektionschef im Österreichischen Finanzministerium, hat sich hier schon als Mit-Gastgeber vorstellen dürfen. Mit *Albert Rädler* gehe ich dann ins Internationale, er ist heute hier als Vertreter der Europäischen Kommission. Und per Video begrüße ich *Achim Pross*, stellvertretender Direktor der Steuerabteilung der OECD.

Wir stehen jetzt vor der Frage: Wie führt man eine Diskussion durch, wenn anderthalb Tage schon alles von allen gesagt und gehört worden ist und dann noch auf Lösungen gewartet wird? Wir wollen damit anfangen, den Bedarf der Praxis zu formulieren. Was sind eigentlich wirklich die Probleme, mit denen Unternehmen, mit denen Steuerpflichtige zu

1 *Walter Mathiak*, Das preußischen Einkommensteuergesetz von 1891 im Rahmen der Miquelschen Steuerreform 1891/93: Vorgeschichte, Entstehung, Begleitgesetze, Durchführung, 2011.

2 *Andreas Thier*, Steuergesetzgebung und Verfassung in der konstitutionellen Monarchie, 1999.

kämpfen haben? Und dann wollen wir in einem zweiten Schritt hören, was die internationalen Organisationen, aber auch die Finanzverwaltungen der Mitgliedstaaten zu sagen haben.

Dr. *Ulrike Schramm*, Hannover

Dem Grunde nach ist in den letzten anderthalb Tagen schon alles gesagt worden. Insbesondere *Werner Stuffer* hat in seinem Vortrag die Leiden der Wirtschaft schon deutlich dargestellt und *Eva Oertel* sowie gestern Frau *Bruns* haben nochmal aus einem anderen Blickwinkel beleuchtet, welchen Herausforderungen sich die Industrie gegenübersieht, wenn es um grenzüberschreitende Mobilität geht. Diese lassen sich in zwei unterschiedliche Bereiche einteilen: Zum einen gibt es Herausforderungen aus privat veranlassten grenzüberschreitenden Tätigkeiten und zum anderen solche im Unternehmensinteresse. Zur ersten Kategorie gehört insbesondere das Thema Workation – auch der Begriff ist schon gefallen –, das ist in etwa die Konstellation, dass der Aufenthalt im Ausland nach dem Urlaub verlängert und noch zwei Wochen dort für den inländischen Arbeitgeber gearbeitet wird. Während der Corona-Zeit haben wir für diese Fälle eine Konzernrichtlinie erarbeitet, die aus Compliance-Gründen die Arbeitnehmer in ihrer Ausübung von Workation-Konstellationen begrenzt. Wir haben festgelegt, dass Arbeitnehmer zweimal 20 Tage pro Jahr im EWR-Ausland arbeiten dürfen. Dies haben wir mit Prozessen unterlegt, Genehmigungsverfahren eingeführt usw. Dieses Grundprinzip haben wir für jede EWR-Konstellation aus Betriebsstätten-, Lohnsteuer und aus Sozialversicherungssicht abprüfen lassen. Arbeitsrechtliche Aspekte haben ebenfalls eine Rolle gespielt. Abschließend haben wir den kleinsten gemeinsamen Nenner gewählt, um sicherzustellen, dass wir bei Workation-Tätigkeiten in Bezug auf die oben genannten Kriterien compliant sind. Dies war die erste Kategorie.

Bezüglich des zweiten Themenfeldes haben wir gestern sehr ausführlich über Grenzpendler und Grenzgänger gesprochen. Aus deutscher Sicht haben wir neun unterschiedliche Nachbarstaaten und damit neun unterschiedliche Regelungen. Das heißt, wir sind als Arbeitgeber aufgefordert – und *Werner Stuffer* hat es bereits sehr anschaulich beschrieben –, zahlreiche Nachweispflichten zu erfüllen. Darüber hinaus gibt es auch nicht nur die Continental AG, die Arbeitnehmer mit Wohnsitz in Nachbarstaaten Deutschlands beschäftigt, sondern wir hatten bis letzte Woche noch ca. 70 weitere inländische Unternehmen, die möglicherweise Arbeitnehmer aus unseren Nachbarländern einsetzen. Und dann ist es nicht mehr allein das Thema der Nachweispflichten oder der Anmeldung, sondern es kommt ebenso darauf an zu schauen, wie viele Nicht-Rückkehrtage oder wie viele tatsächliche Homeoffice-Tage bei den Grenzgängern bzw. Grenzpendlern vorliegen, um den Anforderungen der Lohnsteueranmeldung gerecht zu werden. Das muss man nachhalten und dokumentieren. *Eva Oertel* hat dies gerade schon gesagt: Wenn die Lohnsteueraußenprüfung kommt, liegt das Interesse der vollständigen Erfüllung dieser Nachweispflichten und einer guten Dokumentation im Wesentlichen bei der Steuerabteilung. Wir haben ein enges Verhältnis mit unserer HR-Abteilung, mit den Personalabteilungen überhaupt, welches aber nicht immer friktionsfrei ist, weil wir ihnen umfangreiche Dokumentations- und Kontrollpflichten auferlegen. Und dies müssen wir auch aus Tax-Compliance-Management-Gesichtspunkten tun, da insbesondere Kontrollen nachgewiesen werden müssen gerade im Hinblick auf so einen Fall, wie ihn *Werner Stuffer* aus dem Saarland beschrieben hat.

Dann haben wir das ganze Thema Homeoffice, das heute ebenfalls bereits intensiv diskutiert wurde. Da wir keine permanente ausländische Homeoffice-Tätigkeit zulassen, wirkt diese Regelung mobilitätseinschränkend. Das heißt, wenn das Recruiting sagt: „im Land XYZ sitzt genau der Spezialist, der für unser inländisches Unternehmen tätig werden soll“, muss der Spezialist entweder umziehen oder ein solcher Vertrag kann nicht umgesetzt werden. Weil es zu viele Einzelfälle gibt, die zu prüfen wären, können wir es nicht länderspezifisch handhaben: Lohnsteueranmeldepflichten, Deklarationsfristen etc., dies ist derzeit praktisch nicht umsetzbar. Deshalb wünschen wir uns einheitlich abgestimmte internationale Regelungen, zumindest auf EU-Ebene.

Eva Oertel hat zudem das Thema Management-Betriebsstätte angesprochen. Auch hier legen wir dem Unternehmen Restriktionen auf. Unser Credo ist eigentlich immer Tax follows Business: Wir analysieren, welche steuerlichen Implikationen sich aus unternehmerischen Prozessen ergeben. Aber in diesem Bereich kehrt sich dies um: Wir geben dem Business vor, was es in welchen Grenzen tun darf, um compliant zu sein und zu bleiben. Wie *Werner Stuffer* gestern beschrieben hat: Im Zweifel klopft der Staatsanwalt an die Tür und das gilt es unbedingt zu vermeiden. Die Komplexität der Regelungen entlastet dabei nicht – die Pflichten sind einzuhalten. Deswegen gehen wir präventiv vor. Wenn man sich nochmal das zweite Themenfeld anschaut, d.h., warum grenzüberschreitende Tätigkeiten von Arbeitnehmern im Interesse des Unternehmens überhaupt stattfinden, sticht das ganze Feld der Matrixstrukturen und der Shared Servicecenter in Best-cost-Ländern heraus. Hier gründen Unternehmen im Ausland insbesondere Shared Service Center, die Support-Tätigkeiten für inländische Unternehmen ausführen. Insbesondere international tätige Unternehmen stehen unter Wettbewerbs- und damit unter Kostendruck und verlagern deshalb gerade Support-Tätigkeiten ins Ausland. Selbst wenn hierdurch keine Betriebsstätten im abkommensrechtlichen Sinne entstehen, da es sich möglicherweise um Hilfstätigkeiten handelt, haben wir in Deutschland in jedem Fall immer das Thema des wirtschaftlichen Arbeitgebers zu untersuchen. Das bedeutet, es können Registrierungspflichten entstehen bzw. eine beschränkte Steuerpflicht ab dem ersten Tag vorliegen, womit Lohnsteuereinbehaltungspflichten zu erfüllen sind. Von daher mein Petitum: klar abgestimmte, einheitliche Regelungen, mit denen wir arbeiten und compliant sein können.

Prof. Dr. Dr. h.c. *Wolfgang Schön*, München

Ganz herzlicher Dank. Wir kommen gleich zu *René Matteotti*, dem Blick aus der Schweiz.

Prof. Dr. *René Matteotti*, LL.M., Zürich

Die Schweiz ist international sehr stark vernetzt. Wir haben in der Schweiz etwa eine halbe Million Grenzgängerinnen und Grenzgänger sowie einen Ausländeranteil von rund 30 %. Viele dieser Personen unterhalten naturgemäß enge Bezüge zu ihren Heimatstaaten. Die steuerlichen Fragen rund um die Mobilität von Arbeitnehmerinnen und Arbeitnehmern spielen daher auch in der Schweiz eine sehr große Rolle. Viele dieser Fragen stellen sich in der Schweiz zudem auch auf interkantonaler Ebene. Der Grund dafür liegt darin, dass die Einkommen- und Gewinnsteuern in der Schweiz nicht nur auf Bundesebene, sondern auch auf kantonaler und kommunaler Ebene erhoben werden.

Ich möchte nun kurz auf verschiedene Themen aus schweizerischer Sicht eingehen. Dabei werde ich mich bemühen, nicht zu wiederholen, was bereits gesagt wurde.

Beginnen wir mit dem Gewinnsteuerrecht. Die Betriebsstättenthematik ist hier natürlich zentral. In diesem Zusammenhang möchte ich darauf hinweisen, dass die Homeoffice-Klauseln, die wir mittlerweile in den Abkommen mit Frankreich und Italien haben, zur Klärung der Betriebsstättenfrage nichts beitragen. Sie beziehen sich nur – aber immerhin – auf die Besteuerung der Arbeitnehmerinnen und Arbeitnehmer und auf die damit zusammenhängenden Quellensteuerpflichten.

Die Unternehmen müssen daher weiterhin kontinuierlich prüfen, wie der Betriebsstättenbegriff in den verschiedenen Staaten ausgelegt wird. In diesem Zusammenhang möchte ich insbesondere das Kriterium der Verfügungsmacht herausgreifen, über das wir bereits intensiv gesprochen haben. Dieses Kriterium wird von unterschiedlichen Staaten unterschiedlich gewichtet und angewendet. Die Schweizer Steuerbehörden gewichten es im internationalen Vergleich eher stark. Ob dem Kriterium der Verfügungsmacht in der Schweiz zu Recht ein derart hohes Gewicht beigemessen wird, lasse ich an dieser Stelle offen.

Kommen wir zum OECD-Kommentar, der in Bezug auf Telearbeit präzisiert werden soll. Die große Frage wird sein, inwieweit andere Staaten der im Kommentar vorgenommenen Auslegung folgen werden. Auch in der Schweiz wird dies ein wichtiges Thema sein.

Gerne möchte ich auch ein Wort zum Ort der tatsächlichen Geschäftsleitung sagen. Aufgrund der zunehmenden Internationalisierung der Wirtschaft kommt es immer häufiger vor, dass eine schweizerische Unternehmensgruppe von einer ausländischen Gruppe erworben wird. Gerade im Krypto- oder Softwarebereich werden viele Funktionen nicht mehr zwingend physisch in den Räumlichkeiten ausgeübt, in denen sich der statutarische Sitz befindet. Sowohl auf kantonaler als auch auf internationaler Ebene entstehen dadurch Steuerprobleme, weil teilweise sehr stark darauf abgestellt wird, wo sich der Geschäftsführer oder die Geschäftsleiterin tatsächlich aufhält. Besonders kritisch sind Sachverhalte, in denen ein Geschäftsleiter das Unternehmen ursprünglich selbst aufgebaut hat und nach der Integration in eine internationale Gruppe regelmäßig am ausländischen Konzernsitz arbeitet.

In solchen Konstellationen stellt sich die Frage, ob sich der Ort der tatsächlichen Geschäftsleitung der schweizerischen Gruppe nach deren Akquisition plötzlich ins Ausland verlagert. Daraus ergeben sich naturgemäß Folgefragen, u.a. zur steuerlichen Ansässigkeit und zur Lösung eines Doppelbesteuerungskonflikts infolge doppelter Ansässigkeit. Mit Blick auf die heutige Diskussion zur doppelten Ansässigkeit kann ich daher nur in dieselbe Kerbe schlagen: Die neue Bestimmung im OECD-Musterabkommen 2017 hilft in diesen Fällen kaum weiter. Im Gegenteil, sie schießt in gewisser Weise über das Ziel hinaus und erhöht das Risiko von Doppelbesteuerungen in Sachverhalten, denen gar keine Steuerplanung zugrunde liegt.

Noch ein Wort zur Arbeitnehmerbesteuerung. Was sehen wir hier? Wir haben heute gehört, dass die Pflicht des Arbeitgebers, einen Quellensteuerabzug vorzunehmen, grundsätzlich nur besteht, wenn das Unternehmen im Ausland eine Betriebsstätte unterhält, etwa eine Vertreterbetriebsstätte. Nun gibt es aber Staaten, in denen die Quellensteuerpflicht unabhängig davon ausgelöst wird, ob das Unternehmen im Ausland tatsächlich über eine Betriebsstätte verfügt. Als Beispiel kann auf Frankreich verwiesen werden. Solche ausländischen Regelungen bringen schweizerische Konzerne in erhebliche Schwierigkeiten. Der Grund hierfür liegt darin, dass wir in der Schweiz mit Art. 271 StGB eine Strafbestimmung haben, welche Amtshandlungen für einen fremden Staat verbietet. Das erschwert es schweizerischen Unternehmen erheblich, ausländische Quellensteuerpflichten für ihre Arbeitnehmerinnen und Arbeitnehmer ordnungsgemäß zu erfüllen. In Bezug auf Frankreich hat die kürzlich vereinbarte Telearbeitszeitregelung im Bereich der Arbeitnehmerbesteuerung und der damit zusammenhängenden Quellensteuerpflichten nun zwar eine gewisse Beruhigung herbeigeführt.

Ein weiterer Punkt betrifft die Mindestbesteuerung sowie das Country-by-Country Reporting. Wenn im Ausland eine Betriebsstätte besteht – oder aus Sicht des ausländischen Staates bestehen soll –, von der die inländische Gruppe möglicherweise gar nichts weiß, entsteht ein zusätzliches Risiko: Die Gruppe kann plötzlich in Regelungen der Mindestbesteuerung oder in entsprechende Reportingpflichten hineinrutschen.

Was bedeutet das für die Praxis? Schweizerische Konzerne reagieren in diesem Bereich sehr konservativ und vorsichtig. Viele von ihnen verbieten Homeoffice im Ausland oder lassen es nur unter sehr restriktiven Voraussetzungen zu.

Prof. Dr. Dr. h.c. *Wolfgang Schön*, München

Vielen Dank, das Homeoffice in der Schweiz ist auch viel attraktiver als der Arbeitsplatz im Ausland, das muss ich schon sagen. Im Grunde geht es um also zwei Themen: Vermeidung der Doppelbesteuerung und Rechtssicherheit, wobei ich fast den Eindruck habe, dass die Rechtssicherheit noch mal deutlich darübersteht, einfach weil Abteilungsleiter, Finanzvorstände und alle sich hier in einer wirklich krisenhaften Situation befinden. Wir fangen an mit der Europäischen Kommission, lieber Herr *Rädler*, was tut sich da?

***Albert Rädler*, Brüssel**

Der Ausgangspunkt aus Sicht der Kommission ist der „Report of the Expert Group on Ways to tackle cross-border tax obstacles facing individuals within the EU" aus dem Jahr 2015, eine gelungene Studie und für die Kommission weiterhin eine Schatztruhe an wegweisenden Lösungsmöglichkeiten für die Mobilität von Personen innerhalb der EU und darüber hinaus.

Das Thema bekam eine gänzlich andere Relevanz durch die COVID-19-Pandemie im Frühjahr 2020: Die Grenzen wurden geschlossen und Grenzpendler, die aus Deutschland nach Luxemburg und in andere Nachbarländer pendeln, stellten sich Fragen: Wenn ich nunmehr im Homeoffice arbeite, was passiert mit der Sozialversicherung und der Einkommensbesteuerung? Die Sozialversicherungspflicht kann je nach Umständen vom Tätigkeitsstaat in den Ansässigkeitsstaat wechseln, während das Einkommen, das auf die Tätigkeit im Homeoffice entfällt, bereits ab dem ersten Tag im Homeoffice im Ansässigkeitsstaat zu besteuern ist. Bereits im April 2020 veröffentlichte das OECD-Sekretariat Leitlinien, wie mit diesem Thema umgegangen werden kann – ein Glückwunsch an *Achim Pross* und sein Team für diese schnelle Reaktion. Die Bundesrepublik vereinbarte mit vielen Nachbarstaaten zügig Konsultationsvereinbarungen, über die wir heute schon öfter gesprochen haben. Diese wurden in der Praxis gut aufgenommen, liefen allerdings zum 30.6.2022 aus. Negative Auswirkungen durch die Sozialversicherung konnten bis Ende 2022 vermieden werden, da für diesen Zeitraum – wie für die Einkommensbesteuerung – fingiert wurde, dass der Arbeitnehmer, obwohl im Homeoffice, behandelt wurde, als sei er an seiner normalen Arbeitsstätte tätig.

Seitens der Kommission beschäftigten wir uns damit, wie die Hürden für grenzüberschreitendes Teleworking beseitigt werden könnten. Hierfür erfolgten technische Diskussionen mit den Mitgliedstaaten, aber auch Diskussionen mit externen Stakeholdern, wie z.B. im Rahmen der Platform for Tax Good Governance (das übrigens eine sehr reichhaltige Fundgrube für aktuelle Themen der Kommission darstellt). Auch wurden Vorarbeiten der Kommission im Annual Report of Taxation 2021 vorgestellt. Von großer Relevanz waren die Eigeninitiativberichte des Europäischen Wirtschafts- und Sozialausschuss über grenzüberschreitendes Teleworking durch den Berichterstatter und sachkundigen Vertreter des schwedischen Industriebverbands, *Kris Andersson*. Die Berichte sind weiterhin sehr lesenswert; darüber hinaus verweist die Webseite des Wirtschafts- und Sozialausschusses (EWSA) auf eine Fülle von weiterführenden Dokumenten.

Im Laufe der Zeit wurden auch die ersten Lösungsvorschläge veröffentlicht: einer der ersten war im März 2021 eine Empfehlung der Assemblée interparlementaire Benelux, die eine Bagatellgrenze von 48 Tagen für grenzüberschreitendes Telearbeiten vorschlug. 48 Tage entspricht einem Tag pro Woche über das Jahr gesehen und war zu diesem Zeitpunkt durchaus ambitioniert. Zum Vergleich: Zur gleichen Zeit hatte die Bundesrepublik ein DBA mit Luxemburg, das eine Bagatellgrenze von 19 Tage vorsah – aus Sicht der Grenzpendler war dies natürlich sehr niedrig. Seitens der Kommission wurde die Beseitigung steuerlicher Hindernisse durch Koordinierung der Politiken der Mitgliedstaaten, beispielsweise durch Mutual Learning, Mutual Understanding and Sharing of Best-Practice Beispielen angestrebt, da ein anderes Vorgehen, wie z.B. ein Richtlinienvorschlag, aufgrund des Einstimmigkeitserfordernisses im Ministerrat im Bereich der Steuern als nicht realistisch angesehen wurde.

Nach Abklingen der COVID-19-Pandemie fanden Ende 2022/Anfang 2023 wieder Konferenzen statt; hervorzuheben sind die Konferenz „Mobilität der Arbeitnehmer" in Belgrad im Oktober 2022 sowie die Konferenz der Kollegen der Generaldirektion REGIO zum Thema „Vibrant Cross-Border Labour Markets" im Januar 2023. Letztere stand stark unter dem Eindruck des neuen Abkommens zwischen der Schweiz und Frankreich über Cross-Border Teleworking, das kurz vor Jahresende 2022 veröffentlicht wurde. Dieses Abkommen erlaubt bis zu 40 % grenzüberschreitendes Telearbeiten, also zwei Tage pro Woche mit gleichzeitigem Fiskalausgleich über die Grenze. Dieses Abkommen kam als große Überraschung und gilt weiterhin als ein Best-Practice Beispiel, das zum einen zeigt, was bei bilateralem Interesse zwischen Mitgliedstaten möglich ist, und zum anderen die großen Unterschiede zwischen den einzelnen Regionen und Mitgliedstaaten: In Beziehung zur Schweiz ist für in Frankreich wohnende Personen grenzüberschreitendes Telearbeiten ohne steuerliche Nachteile bis zu 96 Tagen – also etwa für 40 % der Arbeitszeit – möglich. Für die mehr als 100.000 Personen, die in Frankreich wohnen und nach Luxemburg pendeln, sieht hingegen das französisch-luxemburgische DBA eine Bagatellgrenze von 34 Tagen pro Jahr vor.

Im Herbst 2023 diskutierte die Kommission mit den Mitgliedstaaten technische Möglichkeiten, um Hürden für grenzüberschreitendes Arbeiten und Teleworking zu beseitigen. Eine einfache Möglichkeit wäre die Einführung von Bagatellgrenzen von z.B. 10 % oder 20 % der Arbeitszeit – dies würde etwa 24 oder 48 Tagen entsprechen. Eine weitere Lösungsmöglichkeit wäre eine Angleichung mit der 25-%-Schwelle für die Sozialversicherung – bei 25 % Arbeit im Ansässigkeitsstaat kommt es zu einem Wechsel des anwendbaren Sozialversicherungssystems, was ca. 55 Tagen entsprechen würde. Eine dritte Lösungsmöglichkeit wäre die Einführung von One-Stop-Shops, die entweder im Quellenstaat oder im Ansässigkeitsstaat errichtet werden könnten. Allerdings kann es bei diesen One-Stop-Shops zu Ungleichgewichten, vor allem bezüglich der Zahl der Ein- und Auspendler, kommen, die sich natürlich auch auf das Steueraufkommen niederschlagen. Deswegen wäre in vielen Fällen ein Fiskalausgleich als Begleitmaßnahme notwendig. Die Frage, wie ein solcher Fiskalausgleich ausgestaltet sein müsste, lässt sich nicht so einfach beantworten, da dies von der Anzahl der Ein- und Auspendler, dem Steuer- und Gehaltsniveau usw. abhängt. Dies muss daher im bilateralen Verhältnis verhandelt werden, bis eine für beide Vertragsparteien tragbare Lösung gefunden wurde. Als Best-Practice-Beispiel kann hier das Abkommen zwischen Frankreich und der Schweiz gelten, aber es gibt auch andere Beispiele, wie z.B. das frühere Grenzpendler-Abkommen zwischen Italien und der Schweiz, die Öresund-Vereinbarung oder die Vereinbarung zwischen Deutschland und der Schweiz mit einem One-Stop-Shop im Ansässigkeitsstaat, wobei der Quellenstaat allerdings ein Besteuerungsrecht in Form einer Quellensteuer i.H.v. 4,5 % des Bruttogehaltes behält.

Ich möchte auch kurz auf die belgische EU-Präsidentschaft im ersten Halbjahr 2024 eingehen, die eine Taskforce für Cross-Border Teleworking errichtete. Die Arbeitsdokumente für die drei Sitzungen dieser Task Force bilden das Thema Cross-Border Teleworking komplett ab und zeigen Lösungsmöglichkeiten mit all ihren jeweiligen Vor- und Nachteilen. Mit diesen Unterlagen verfügen die Mitgliedstaaten über eine Bedienungsanleitung oder „Toolbox", wie sie grenzüberschreitendes Telearbeiten steuerlich ausgestalten können.

Auch gab es Veränderungen in den bilateralen Verträgen, wie z.B. die Erhöhung der Bagatellgrenze von 19 auf 34 Tage im DBA Luxemburg. Kürzlich wurde auch eine Bagatellgrenze von 34 Tagen im DBA Niederlande eingeführt. Allerdings bestehen weiterhin Lücken, wie z.B. im DBA zwischen der Bundesrepublik und Belgien, das keine Bagatellgrenze beinhaltet und somit dazu führt, dass bereits der erste Tag im Homeoffice zu einer Besteuerung des Ansässigkeitsstaat führt. Es sei hier angemerkt, dass die Bagatellgrenzen, vor allem in Bezug auf Luxemburg, als fix zu betrachten sind: Viele Arbeitgeber sind dazu übergegangen, arbeitsvertraglich die Möglichkeit auf Home Office nur im Rahmen der Bagatellgrenze zu gewähren.

Bezüglich der Frage einer Betriebsstättenerrichtung durch Homeoffice gibt es eine gute Nachricht, da leite ich gerne zu *Achim* über.

Abschließend möchte ich noch auf die EU-Startup- und Scale-up-Strategie der Kommission von Mai 2025 hinweisen. Im Rahmen dieser Strategie sollen herausragende Talente in Europa gefördert und die Beschäftigung dieser Talente auch für Start-ups und Scale-ups attraktiv gestaltet werden. Eine der angekündigten Maßnahmen ist eine Empfehlung zur Beseitigung steuerlicher Hindernisse für Remote cross-border Workers. Eine Verabschiedung der Empfehlung ist für das 2. Halbjahr 2026 geplant.

Prof. Dr. Dr. h.c. *Wolfgang Schön*, München

Ja, vielen Dank, Herr *Rädler*, Sie haben ja schon gesagt, für die guten Nachrichten ist jetzt mal die OECD zuständig. *Achim Pross*, was kommt denn aus lichten Höhen?

Dr. *Achim Pross*, London

Also Du klingst ja fast ein bisschen überrascht. Es gibt ja immer Licht und Schatten, aber heute gibt es das freundliche Gesicht der OECD. Zum ersten kann ich heute leider nicht in persona dabei sein, aber virtuelle Partizipation passt ja zu unserem Thema. Zum anderen habe ich auch nur eine Slide mitgebracht und spreche auch wirklich nur 10 Minuten, *Wolfgang*, und mehr ist es dann auch nicht. Es soll ja eine Podiumsdiskussion sein und kein Monolog. Ich muss auch nachher gleich wieder weg, damit sich Frau *Schramm* mal wieder über etwas freut, was von der OECD kommt, da geht es zur Diskussion über den Permanent Safe Harbour für die globale Mindestbesteuerung, aber das ist nicht unser heutiges Thema.

Was Sie hier auf der Slide im Hintergrund sehen ist natürlich das Oktoberfest. Dort in München, Frau *Oertel* wurde dieses Slide erstellt. Das gibt Ihnen jetzt aber kein Besteuerungsrecht. Die Begriffe, die auf der Folie auftauchen, sind so etwas wie die „Mindmap," der über 140 Länder, die sich im „Inclusive Framework" zusammengeschlossen haben. Das sind die Punkte die ihnen am Herzen liegen. Ich breche das jetzt einfach mal runter und werde in den verbleibenden neun Minuten dann etwas konkreter. Das erste, was Sie auf der linken Seite sehen, ist das Homeoffice PE, also die Betriebstättenfrage sowie die Frage der Bestimmung der steuerlichen Ansässigkeit. Themen, die auch Herr *Matteotti* schon erwähnt hat. Aber vorab: Wie groß, wie wichtig ist das Thema überhaupt? Und wie versteht man dieses Thema? *Wolfgang*, das von Dir so viel geliebte Narrativ eines gewissen Franzosen, den wir lange Zeit hatten. Was ist denn das Narrativ dieses Themas?

Aber erstmal schauen wir uns die Zahlen an und die sind interessant. Herr *Rädler*, hat das ja in Teilen schon abgedeckt, und es gibt hierzu z.B. auch eine Studie einer Big Four Beratung, die zu dem Ergebnis kommt, und ich vereinfache das leicht, dass im letzten Jahr jeder fünfte Arbeitnehmer der Privatwirtschaft mindestens einen Tag im Ausland gearbeitet hat, und zwar ohne Fälle, in denen er im Urlaub mal seine E-Mails anschaut. Es geht also nur um den Nicht-Urlaubsfall. Zudem finden wir dort die Zahlen auch runtergebrochen nach Regionen dieser Erde und es ist ganz interessant, dass manche Regionen erheblich höhere Werte haben als die EU. Wir haben ja heute schon von Herrn *Matteotti* über die Perspektive der Schweiz gehört. Aber das ist nicht nur ein Thema mit Bezug zur Schweiz oder vielleicht zu Großbritannien, wenn man im europäischen Rahmen bleibt, sondern z.B. auch in großen Teilen Afrikas, im Mittleren Osten und im Asiatisch-Pazifischen Raum. Diese Themen sind auch dort relevant. Auch sehen wir in den Zahlen, dass das keine Sache ist, die mal kurz mit Covid kam und jetzt sind wieder alle im Büro. Das haben wir auch von Frau *Schramm* gehört. Die Beispielfälle, die wir da hörten, zeigen das dieses Phänomen größer geworden ist und die Projektionen, die Studien, die wir sehen, zeigen, dass „globale Mobilität" weiter wachsen wird.

Wir sehen das primär als ein Wachstumsthema, das den Unternehmen wirtschaftliches Wachstum ermöglicht. Natürlich besteht teilweise auch die Sorge der künstlichen Vermeidung von Betriebsstätten, aber eigentlich handelt es sich dabei um ein Wachstumsthema. Es gibt Studien, die positive Auswirkungen auf das Gehaltsniveau aufzeigen. Es gibt Studien, die eine Erhöhung der Zufriedenheit der Mitarbeiter aufzeigen. Und es kann auch zu einer Zunahme von Innovation und Produktivität kommen, wenn die intelligente Abbildung im Konzern gelingt. Wie Frau *Schramm* ja schon beschrieben hat, legt das Steuerrecht hier dem wirtschaftlich sinnvollen und gewünschten Konstrukt oft Fesseln an, was dazu führt, dass die Steuerabteilung sich die Personalabteilung nicht zum Freund macht. Daher handelt es sich eigentlich um ein positiv besetztes Thema.

Zudem muss man das Thema in Europa auch vor dem Hintergrund der Debatten um Migration und des demographischen Wandels sehen. Es geht um die Frage, wo die hochqualifizierten Arbeitskräfte herkommen sollen. Insofern ist das ein Thema, das Wachstum ermöglichen soll. Es geht nicht um die Frage, wie BEPS (Base Erosion and Profit Shifting) verhindert werden kann, sondern darum, wie das Steuerrecht dem Wachstum möglichst nicht im Weg steht.

Und wie kann dies nun gelingen? Wenn man es runterbricht, so wie wir es in den verschiedenen Arbeitsgruppen getan haben, jetzt, wo dieses Projekt an Fahrt gewinnt, dann gibt es, so wie Frau *Oertel* sagt, die großen Bereiche der Körperschaftsteuer und der Einkommensteuer, der Ansässigkeit des Arbeitnehmers, des abhängig Beschäftigten.

Aus diesen ergeben sich natürlich einige Fragen. Hinsichtlich der Frage der Betriebsstätten hatten wir, wie Herr *Rädler* sagte, ja schon in der Covid-Zeit, als wirklich Not am Mann war, relativ schnell gehandelt und eine Übergangsauslegung rausgebracht, die aber natürlich auch nur als solche gedacht war. Das ist jetzt schon ein bisschen her, deswegen müssen wir da nochmal ran. Wir haben uns daher in der Arbeitsgruppe 1 mit den Fällen der Homeoffice PE-Gestaltung beschäftigt. Dabei muss ich aber besonders betonen, dass dies nicht alle Fälle betrifft. Das betrifft nur Fälle, in denen Sie über die Grenze von zu Hause aus arbeiten, aber nicht die Fälle in denen Sie zum Bespiel in dem Büro Ihres Arbeitgebers im Ausland arbeiten. Das heißt, wir befinden uns bei dem Fall, von dem auch Herr *Stuffer* gesagt hat, es sei der primäre Erstfall, dessen man sich im OECD-Kommentars annehmen solle. Es handelt sich dabei nur um den OECD-Kommentar. Es steht nicht fest, dass dies dann auch überall gilt und hängt natürlich davon ab, inwiefern die Staaten bei der Auslegung darauf zurückgreifen. Ich kann Ihnen heute noch nicht genau sagen, was genau in der Neufassung stehen wird. Aber ich habe noch mal mit meinen Leuten gesprochen und kann Ihnen zumindest sagen, dass wir die die Vermeidung von Micro-PEs erreicht haben. Das betrifft aber nur die Frage des Homeoffice.

Beim Blick auf den aktuellen Text des Kommentars fällt auf, dass wir dort momentan zwei Absätze zu diesen Themen haben. Und da stimme ich Ihnen völlig zu, Herr *Matteotti*, der Kommentar aus dem Jahr 2017 ist an dieser Stelle nicht mehr zeitgemäß. Das war einmal ausreichend, als solche Fälle seltener waren. Nun hat sich dies aber fundamental geändert. Deswegen gibt es jetzt mit dem Update 2025 auch viele neue Beispiele, einen wesentlich längerer Text, einen moderneren Kontext, ja und ich glaube, hier handelt es sich vielleicht mal um einen Fall, in dem ein längerer Text – besonders lange ist er auch nicht – etwas ist, was die Menschen mögen. Normalerweise ist es nicht besonders populär, wenn wir so viel schreiben, aber in diesem Fall war es nötig, dass man so in die Fälle einsteigt und auch Beispiele bildet, die praktisch und anwendbar sind. Ich glaube, Frau *Oertel*, das ist sicherlich hilfreich für die Praxis. All dies erscheint in den kommenden Wochen, das ist Teil des Updates des OECD Musterkommentars 2025. Es muss noch durch den OECD Steuerausschuss, ein paar Wochen müssen Sie sich also noch gedulden. Ich hoffe, dass unsere Absicht auch Herrn *Stuffer* damit zufriedenzustellen gelingt. Ob dies der Fall ist, kann uns Herr *Stuffer* dann noch rechtzeitig zu Weihnachten mitteilen.

Neben der Frage der Homeoffice-Betriebsstätte bestehen noch andere Betriebsstättenfragen. Frau *Schramm*, Sie hatten ja schon ein paar Punkte erwähnt, mit denen wir uns dann als nächstes beschäftigen müssen. Dann gibt es Fragen, Herr *Matteotti*, Sie sagten das ja auch, der Ansässigkeit des Unternehmens im Zusammenhang mit dem Place of Effective Management. Und wir verstehen natürlich auch, dass sich der Kontext heutzutage im Vergleich zur Einführung 2017 geändert hat. Wir werden wir das auch im Oktober in Lissabon bei der IFA diskutieren.

Es handelt sich also um ein weites Feld. Bevor wir jetzt noch die Verrechnungspreise diskutieren, die ausgelöst werden, falls eine Betriebsstätte besteht: Damit wird sich die Arbeitsgruppe 6 beschäftigen.

Wenn wir auf der Folie jetzt weitergehen zum nächsten Block, rechts unten, dann gehen wir von der Körperschaftsteuer der Arbeitgeber zur Besteuerung der Arbeitnehmer über und tauchen in die Einkommensteuer ein. Hierzu hat Frau *Oertel* ja schon ausgeführt, dass auch diese nicht unabhängig von den Fragen der Betriebsstätte betrachtet werden kann.

Art. 15 OECD Musterabkommen hat natürlich klare Auswirkungen, darauf brauchen wir jetzt hier nicht näher einzugehen. Hier ist aber auch wichtig, dass z.B. Deutschland mit jedem seiner Nachbarländer eine andere Regelung hat, so, Herr *Rädler*, wie Sie das ja auch beschrieben haben. Ich weiß nicht, ob das auch für Österreich und die Schweiz der Fall ist. Es fällt aber auf, dass die Doppelbesteuerungsabkommen doch sehr genau auf den Kontext der jeweiligen Pendlerströme und Besonderheiten der einzelnen Grenzregionen zugeschnitten sind. Die Frage, die sich hier nun stellt und die man an uns heranträgt, bezieht sich nicht darauf, hier eine Lösung schaffen, die in einem neuen Art. 15 mündet, sondern auf eine Lösung hinzuarbeiten, die Expertise zusammenbringt und für bestimmte Gestaltungen Lösungsmodelle anbietet, die die einzelnen Staaten dann auf die für sie passenden Gegebenheiten anwenden können.

Was bedeutet das? Das bedeutet, wenn man sich typologisierend die Regelungen, die es auf der Welt gibt, ansieht, dann fallen modellhaft unterschiedliche Lösungsansätze auf. Herr *Rädler*, Sie erwähnten die Kompensationszahlungen, es gibt aber auch noch andere Modelle, die alle ein ähnliches Ziel haben. Wir sehen uns also an: Was sind die besten Gestaltungen, die man sich überlegen kann? Welche Modelle funktionieren in der Praxis? Wir denken auch über eine öffentliche Anhörung nach um herauszufinden: Welche Regelungen zum Ausgleich der Besteuerungsrechte funktionieren, vor allem unter dem Gesichtspunkt, dass sie zustimmungsfähig sind?

Ein weiteres Tätigkeitsfeld besteht darin, den Verwaltungsaufwand für Arbeitnehmer und Arbeitgeber zu minimieren. Wir befassen uns auch mit der Möglichkeit eines One-Stop-Shop, unter Berücksichtigung der Fragen der Sozialversicherung, der Renten, des Arbeitsrechts. Natürlich handelt es sich bei Europa um einen in gewisser Hinsicht vereinheitlichten Raum, gerade was die Sozialversicherung betrifft.

Dies führt nun dazu, *Wolfgang*, dass man im nächsten Schritt vorausdenkt – und das haben viele auch schon in Südafrika gesagt, als sich das Plenum des IF getroffen hat – und sagt: Ja, diese ganzen Beschränkungen, die die arme Frau *Oertel* prüfen müsste, ob denn jetzt dieser Mensch auch wirklich 30 Kilometer von der Grenze von Österreich entfernt wohnt und ob das Unternehmen sich auch nur 30 Kilometer von der Grenze entfernt befindet – sind wir denn nicht im digitalen Zeitalter fast alle Grenzgänger und ist es noch zeitgemäß zu fragen, wie nahe ich an der Grenze wohne? Ist das der relevante Tatbestand oder kann man darüber nachdenken, dass diese Regelungen ausgeweitet werden sollten? Das ist auch eine Frage, der wir uns annehmen müssen. Im IF sind z.B. auch Länder wie Kenia sehr interessiert daran, was für Lösungen Deutschland und Österreich gefunden haben, da diese auch Probleme in der Region um Kenia lösen könnte, in der Afrika momentan versucht, einen ähnlichen gemeinsamen Markt zu schaffen.

Und dann komme ich jetzt noch, wenn ich das noch kann, *Wolfgang*, ganz kurz zu dem letzten Block, links unten, zu den Expats, Digital Nomads, Präferenzregimen, Brain Drain, vermögende Privatpersonen. Das ist noch mal ein ganz eigenes Cluster. Das merken wir auch, wenn wir mit den 140 Ländern des Inclusive Frameworks sprechen und fragen: Was sind denn die Dinge, die euch beschäftigen? Es wurde etwas humoristisch dargeboten von der Delegierten von Jamaika, die sagte: „Wir haben so viele Deutsche, die sitzen typischerweise am Strand, jetzt haben die auch noch einen Laptop dabei, was machen die denn eigentlich alle hier?" Da besteht die erste Herausforderung darin herauszufinden: Wo sind denn diese Menschen? Welcher Tätigkeit gehen sie nach und wie lange? Und ist das ein Problem oder ist das eigentlich etwas Gutes, da sie ja Umsatzsteuer zahlen? Es ist also zunächst einmal eine Datenfrage: Wo sind denn diese Digitalnomaden? Auch wenn es möglicherweise gar keine Präferenzregime gibt.

Und dann *Wolfgang*, wie Du ja nun schon erwähnt hast, dass das letztlich auf die linksrheinischen Gebiete zurückgeht. Das betriff Fälle in denen ein De-facto-Regime eingeführt wurde, ohne es zu wissen. Es betrifft aber auch die, die ganz absichtlich eingeführt wurden und dies führt dann zu der Frage, ob dies zu negativen Spill-over-Effekten führt, ob man diese angehen muss und wenn ja, wie man das macht.

Zuletzt kann ich noch einen kurzen Ausblick darauf geben, was in den nächsten Monaten kommt. Wir schreiben zurzeit einen Bericht für das Inclusive Framework, in dem wir uns mit der Frage beschäftigen, was wir prioritär behandeln sollen. Wir sind dabei auch im engen Kontakt mit Herrn *Stuffer* und Stakeholdern aus der Wirtschaft. Den Kontakt mit der wissenschaftlichen Forschung können wir vielleicht noch verbessern. Auch dabei fragen wir nach den Themen, die wir priorisieren sollen. Da hören wir sicherlich weitere Betriebsstätten-Sachverhalte, da hören wir Verrechnungspreise. Wir hören aber auch, dass wir uns mit den Fragen des sog. Teleworkings, also Grenzgängern, beschäftigen sollen. Für diese möchten wir, einmal weitergedacht, vernünftige Lösungen für die richtigen Sachverhalte, ohne einen Anspruch auf ein einziges Modell, sondern mehrere Modelle anbieten. Dann gibt es noch viele andere Fragen mit weiterem Klärungsbedarf. Ende des Jahres, jedenfalls noch vor Weihnachten, erscheint dann als eine Art Abschlagszahlung der aktualisierte OECD Kommentar. Wir hoffen, mit diesem kleinen Weihnachtsgeschenk Herrn *Stuffer* zufriedenstellen können. Dann geht es im neuen Jahr weiter mit den Arbeiten und dann müssen die Regierungsvertreter beschließen, in welcher Reihenfolge sie welche Themen abarbeiten wollen, da sie auch nicht alle alles gleichzeitig machen können. Ich glaube, damit gebe ich erstmal an Dich, *Wolfgang*, zurück.

Prof. Dr. Dr. h.c. *Wolfgang Schön*, München

Wir haben jetzt viel gehört von Ihnen, Herr *Rädler*, von Dir, *Achim*, über Empfehlungen, über Best Practices, über Alternativregelungen, auch über die Notwendigkeit, in jedem bilateralen Verhältnis zwischen Staaten neu nachzudenken. Wie sieht man das in den Verwaltungen der Mitgliedstaaten. Ich fange mal mit Ihnen, Herr *Mayr*, an. Nützt Ihnen das alles was? Was machen Sie als Mitgliedstaat? Wie weit schließen Sie sich den internationalen Dingen an und und was sagt man in Kufstein dazu?

Prof. DDr. *Gunter Mayr*, Wien

Das besonders Schöne an der heurigen Jahrestagung ist, dass wir mit dem Thema absolut am steuerlichen Brennpunkt sind. Die OECD beschäftigt sich gerade mit den Themen, die wir vor ca. zwei Jahren antizipiert haben. Auch nach Corona bleiben die Fragestellungen um Grenzgänger und Homeoffice zentral. Wie bereits ausgeführt, ist es steuerlich wichtig, die zwei Fragen ganz klar auseinanderzuhalten. Einerseits den Grenzgänger selbst, der im Homeoffice ist. Und andererseits das Unternehmen mit der Frage, ob eine Homeoffice-Betriebsstätte begründet werden kann oder nicht? Wenn wir uns zunächst noch einmal den Arbeitnehmer anschauen und an mein Beispiel mit Kufstein und München denken: Da wohnt jemand in Kufstein, arbeitet in München und darf zwei Tage in der Woche im Homeoffice in Kufstein sein. DBA-rechtlich ist das Ganze eigentlich völlig klar: Das ist außerhalb der 30-Kilometer-Grenzzone, daher darf Zweifünftel Österreich besteuern und Dreifünftel der Tätigkeitsstaat Deutschland. Nur, ich habe gestern auch schon die Frage aufgeworfen: Wie funktioniert denn das in der Praxis? Bei so manchem Arbeitnehmer muss noch das Bewusstsein reifen, dass ein Homeoffice eine Besteuerung im Ansässigkeitsstaat auslösen wird. Frau *Hey* hat am Vormittag die spannende Frage aufgeworfen, wie das denn im Vollzug ausschaut? Wie kann man denn das vollziehen? Der Arbeitgeber ist in München. Wie soll denn der praktische Anknüpfungspunkt für uns Österreicher sein, dass wir zu den Zweifünfteln kommen? Unsere Kollegen in der deutschen Betriebsprüfung werden wahrscheinlich auf alles Mögliche ganz im Detail schauen, aber wohl nicht, ob der Arbeitnehmer seine Homeoffice-Verpflichtungen hinsichtlich der steuerlichen Konsequenz in

Österreich erfüllt. Umgekehrt wird es auch nicht anders sein. Jedenfalls besteht ein Handlungsbedarf. Gestern hat *Silke Bruns* ein intensives Plädoyer für eine Ansässigkeitsanknüpfung gehalten, wie im DBA Deutschland – Schweiz. Man könnte das natürlich auch umdrehen und sagen: Wir ignorieren das ganze Homeoffice und es soll alles so bleiben, wie es bisher war und dem Tätigkeitsstaat zugeordnet werden. Ob reine Ansässigkeit oder reine Tätigkeit: Gerecht kann beides nicht sein, weil es eben nicht entsprechend der Homeoffice-Tage aufgeteilt wird. Das spräche dann für einen Grenzausgleich, wie es etwa die Schweiz und Deutschland machen. Im österreichischen BMF stellen wir uns nur die Frage: Wie soll denn dieser Grenzausgleich fair berechnet werden? Und wir haben etwas die Sorge, dass solche Grenzausgleichsregelungen bloße Hausnummern sind. Er ignoriert völlig, ob jemand keinen, einen Tag oder fünf Tage im Homeoffice ist. Ich war in den letzten fünf Jahren ganze zwei Tage im Homeoffice. Ich glaube von einem Gerechtigkeitszugang muss man das Ganze komplett neu denken und möglicherweise andere Anknüpfungspunkte wählen: Wer weiß denn, wie oft die die Arbeitnehmer im Homeoffice sind? Das sind die Arbeitgeber. Die Lösung könnte auch ein bisschen anders ausschauen: Man könnte es sehr pauschal machen und sagen: Der deutsche Arbeitgeber in München weiß, dass der Grenzgänger zwei Tage in der Woche in Kufstein bleibt und deshalb würden Zweifünftel des Lohnsteueraufkommens in den Ansässigkeitsstaat überwiesen. Ergebnisbezogen wäre das nicht einmal das große Dilemma zwischen Deutschland und Österreich. Unsere Steuerrechte und Belastungshöhen sind vergleichbar, wahrscheinlich kämen keine großen Unterschiede heraus. Aber Österreich hat, ähnlich wie Deutschland, sehr viele Nachbarstaaten. Und diese haben auch komplett heterogene Steuersysteme, weshalb wir doch anders anknüpfen müssten: Der Arbeitgeber informiert den Ansässigkeitsstaat, der Grenzgänger wird sodann richtig im nationalen Ansässigkeits-Steuersystem erfasst. Ich glaube, der Anknüpfungspunkt kann nur der Arbeitgeber sein. Arbeitgeber in Österreich wie in Deutschland zeichnen ja auch für einzelne Steuervergünstigungen Homeoffice-Tage auf. Das zweite große Thema ist: Könnte durch Homeoffice-Tätigkeit eine Homeoffice-Betriebsstätte entstehen? Ich habe es am Vormittag schon kurz angesprochen. Österreich hat in einem Sachverhalt im Jahr 2023 gesagt: Eine Arbeitnehmerin im Rechnungswesen bei einer deutschen geschäftsleitenden Holding, die zwei Tage im Homeoffice in Österreich war, würde nach österreichischer Sichtweise keine Homeoffice-Betriebsstätte in Österreich begründen. Wir sind die Sache pragmatisch angegangen, haben aber ausdrücklich offengelassen, ob das beim Führungspersonal oder auch bei leitenden Angestellten auch so zur Anwendung kommen kann im Lichte des OECD-Kommentars 2017. *Achim* hat jetzt die jüngsten Entwicklungen angesprochen. Ich glaube, man ist international hier auf einem sehr guten Weg, der in die Richtung geht, Mikrobetriebsstätten zu vermeiden. Ich glaube, das hat viel dafür. Eine Homeoffice-Betriebsstätte sollte nur in ganz besonderen Ausnahmekonstellationen entstehen können. Die OECD wird die Lösung sodann präsentieren. Wichtig wäre, dass die Lösung sodann auch von allen Staaten akzeptiert werden; denn international gut abgestimmte Regelungen tragen auch zu gerechten Lösungen bei.

Prof. Dr. Dr. h.c. *Wolfgang Schön*, München

Ja, vielen Dank, Herr *Mayr.* Bevor ich zu Frau *Oertel* komme, das Thema mit den Nachbarstaaten hätte sich ja früher nicht gestellt, weil die österreichischen Nachbarstaaten alle mal zu Österreich gehört haben. Frau *Oertel*, Bayern gehörte nicht dazu.

Dr. *Eva Oertel*, München

Vielen Dank, Herr Professor *Schön*! Nein, wir gehörten nicht dazu. Ich verstehe die Frage so, dass ich noch einmal die Perspektive des Vollzugs bzw. der deutschen Landessteuerverwaltung aufgreifen darf. Zu den internationalen Diskussionen muss man vorneweg klarstellen, dass die Länder qua der verfassungsmäßigen Ordnung nicht befugt sind, in den internationalen Verhandlungen eine ganz aktive Rolle einzunehmen. Die internationalen Verhandlungen führt der Bund. Wir schieben aber – und das ist auch unser bayerisches Selbstverständnis – national Einiges an und gerade dieses Thema „grenznahe/grenzüberschreitende Arbeitnehmermobilität", das ist also ein steuerpolitisches Topthema in Bayern. Warum? Natürlich wegen des Zwiespalts aus „fiskalischem Ergebnis" und (unnötigen) bürokratischen Verpflichtungen für Arbeitgeber, Arbeitnehmer. Nicht so sehr – und das mag vielleicht überraschen – wegen der endgültigen Belastungswirkung. Es sei nochmals betont: Die Doppelbesteuerung kann im Ergebnis vollständig vermieden werden. Wenn ein Fall auf beiden Seiten der Grenze korrekt abgearbeitet wird, kommt man am Ende zu einer zutreffenden Einmalbesteuerung. Das Problem ist die Bürokratie, die es zu bewältigen gilt, wenn man in zwei Staaten Steuererklärungen abgeben muss, wenn Steuern eventuell vorauszuzahlen sind und das Erstattungsverfahren angestrengt werden muss. Dann tut sich ein ganz entscheidendes Problem auf: Die Menschen haben kein Verständnis für solche Regelungen. Menschen, die sich an die Steuerpolitik wenden, sagen: „Wir reden über Umweltschutz und ich bin gezwungen, nicht im Homeoffice zu arbeiten, sondern über die Grenze zu pendeln, jeden Tag in mein Auto zu steigen, nur aus steuerlichen Gründen, weil das Gesetz mich sonst in unnötige Bürokratie zwingt. Das kann nicht richtig sein" Und da haben die Menschen, die Steuerbürger, Recht! Das sind praktische Probleme aus dem Alltag der Menschen, aber wo es an Verständnis fehlt, da erwartet man sich von der Politik Lösungen. Ich glaube daher ist es im Großen und Ganzen recht gut, was seitens der OECD mit dem überarbeiteten Musterkommentar auf den Weg gebracht wird. *Achim*, Du hast es ganz kurz angerissen, insbesondere dieses Thema Vermeidung von Mikrobetriebsstätten. Es ist gut, dass man versucht, das anzugehen und die Entstehung von Betriebsstätten nicht weiter auszudehnen. Ich hoffe, das ist ein Weg, der international weitergegangen wird. Warum? Auch wieder letzten Endes wegen eines Verständnis- und Akzeptanzproblems für das Recht. Die Steuerpflichtigen sollten nicht in Administrationsverpflichtungen getrieben werden, die sie dem Grunde nach nicht verstehen und nicht nachvollziehen können. Als zweites hängt natürlich auch ein fiskalisches Interesse an der ganzen Diskussion. Das darf man auch nicht unterschätzen. Gerade Exportnationen, Nationen mit vielen Grenzen, wo viel ein- und ausgependelt wird, die rechnen natürlich auch mit spitzem Bleistift. Was bedeuten die Ergebnisse am Ende? Das erschwert sicherlich die Arbeiten auf internationaler Ebene. Es gibt Staaten, die tun sich da leichter, als andere. Für Deutschland geht es am Ende des Tages natürlich auch um einen signifikanten Steuerbetrag, über den hier verhandelt wird – im grenznahmen Bereich und bei globalen Lösungen auch weit darüber hinaus. Man darf natürlich nicht unterschätzen, dass es in der gesamten Diskussion nicht nur um die grenznahen Sachverhalte geht. Also bei den grenznahen Sachverhalten im Verhältnis zu unseren neun Nachbarstaaten kann man Lösungen auch durch bilaterale DBA-Verhandlungen erzielen. Ein hervorragendes Beispiel ist die Grenzgegenregelung mit Österreich, damit wurde schon viel gewonnen. Bilaterale DBA-Verhandlungen können den ein oder anderen Druckpunkt entschärfen. Diese 30-Kilometer-Regel, darauf hat *Achim* referenziert, ist sehr, sehr hilfreich. Aber selbst da gibt es schon wieder Fälle, für welche man sagen muss: Die Regel hat Schwächen. Es gibt Betriebe, die erstrecken sich genau über diese 30-Kilometer-Zone, und da gibt es Arbeitnehmer, die sind in einem Betriebsteil zugeordnet, die fallen noch in die 30 Kilometer. Das andere Verwaltungsgebäude ist aber außerhalb der 30-Kilometer-Zone. In der Folge fallen Beschäftigte dort nicht mehr in die Grenzgängerregelung. Und die sagen sich: Warum soll ich dann in dem Betriebsteil arbeiten bzw. wie kann es sein, dass das steuerlich dann schon wieder eine Belastungswirkung für mich bedeutet? Also jede Regelung, die man trifft, führt in der Praxis, wenn man eine Vielzahl von Fällen auf dem Tisch hat, auch immer wieder zu Härtefällen. Aber damit muss man leben, das ist das Steuerrecht. Vielleicht letzter Punkt zum Abschluss: Dieses Thema ist für Deutschland wirklich auch global von großem Interesse. Stichwort z.B. IT-Dienstleistungen, IT-Spezialisten aus Übersee und anderen außereuropäischen Mitgliedstaaten, die wir dringend brauchen für unsere Volkswirtschaft. Natürlich ist das Interesse groß, auch von dort zu arbeiten. Deswegen ist es nicht nur ein grenznahes Thema, sondern ein globales Thema und wie gesagt, deswegen ist aus Sicht der Landesverwaltung von uns der Druck Richtung BMF groß. Natürlich ist auch die Bitte und die Erwartungshaltung an die internationalen Organisationen groß, dass dieses Thema weiter vorangetrieben wird. Und von daher, sage ich schließlich: Herzlichen Glückwunsch zu dieser Tagungsausrichtung, wo sicherlich auch wieder wertvolle Impulse für die weiteren Arbeiten und Diskussionen gefunden werden konnten.

Prof. Dr. Dr. h.c. *Wolfgang Schön*, München

Vielen Dank, Frau *Oertel*. Ich geh jetzt mal wieder zu meiner anderen Seite. Vielleicht, *René*, darf ich mit Dir noch mal anfangen? Das Thema Fiskalausgleich schwebt ja immer wieder im Raum, heute und gestern bei den Diskussionen, jetzt noch mal *Albert Rädler* hat es angesprochen, bei den anderen taucht es auch in Alternativmodellen auf. Wie sind denn nun die Erfahrungen? Ihr wart ja Vorreiter mit Schweiz und Frankreich.

Prof. Dr. *René Matteotti*, LL.M., Zürich

Es ist heute wohl etwas verfrüht, die Erfahrungen mit den Ausgleichszahlungen abschließend zu beurteilen. Aus schweizerischer Sicht scheint mir aber ein Punkt zentral zu sein: Schweizerische Unternehmen wollen im Ausland nicht zusätzlichen Mitwirkungs- oder Zahlungspflichten ausgesetzt werden. Geschieht dies, wird das Homeoffice im Ausland so weit wie möglich unterbunden. Vor diesem Hintergrund erklärt sich auch, weshalb man im Verhältnis zu Frankreich auf ein System mit Ausgleichszahlungen übergegangen ist. Ob dieser Mechanismus tatsächlich der sachgerechteste ist, stellt eine andere Frage dar. Man kann sich durchaus fragen, ob dasselbe Ergebnis nicht einfacher dadurch erreicht werden könnte, dass das Besteuerungsrecht des Tätigkeits- oder Ansässigkeitsstaats entsprechend beschränkt wird. Solche Lösungen kennen wir ja etwa im Verhältnis zu Italien und zu Deutschland. Letztlich ist dies eine Frage der bilateralen Verhandlungen.

Ich persönlich habe gewisse Zweifel, ob Ausgleichszahlungen immer der eleganteste Weg sind, wenn man zum selben Ergebnis auch durch eine entsprechende Beschränkung des Besteuerungsrechts gelangen kann. Entscheidend ist aus meiner Sicht weniger die technische Ausgestaltung als vielmehr, dass keine unmittelbaren Compliance-Pflichten für schweizerische Arbeitgeber im Ausland entstehen. Gerade im Verhältnis zu Frankreich war dies besonders wichtig. Frankreich sah Quellensteuerpflichten für ausländische Arbeitgeber vor. Das war aus schweizerischer Sicht eines der zentralen praktischen Probleme. Die große Errungenschaft der neuen Telearbeitsregelung im Verhältnis zu Frankreich liegt daher darin, dass dieses Problem weitgehend entschärft werden konnte. Dadurch entsteht nun eine gewisse Flexibilität für Homeoffice-Konstellationen.

Gleichzeitig sollte man die Reichweite dieser Homeoffice- bzw. Telearbeitsklauseln nicht überschätzen. Sie lösen nicht alle Probleme. Insbesondere tragen sie nichts zur Klärung der Betriebsstättenfrage bei. Die französische Regelung ist allerdings insofern speziell, als sie nicht nur Grenzgängerinnen und Grenzgänger betrifft, sondern auch andere Arbeitnehmerinnen und Arbeitnehmer erfasst. Das unterscheidet sie etwa von der Regelung im Verhältnis zu Italien.

Prof. Dr. Dr. h.c. *Wolfgang Schön*, München

Dank jetzt an *Ulrike Schramm*, Du hast ja in deinem einleitenden Statement gesagt: Eigentlich muss es heißen, *Tax follows Business*, und wir erleben immer mehr *Business follows Tax*. Das geht bis in die Arbeitsverträge hinein, in denen dann geregelt wird, wer sich wo wie lange aufhalten darf. Das sind dann Dokumente, die vorgelegt werden müssen, die Überprüfung ist dann wiederum schwierig. Jetzt hören wir von *Achim Pross*, dass es ein Weihnachtsgeschenk geben wird – und Frau *Oertel* und Herr *Mayr* haben es sogar schon mal gesehen. Stimmt Dich das erwartungsvoll oder hat man doch den Eindruck: Was da kommt, wenn es kommt, wird es erst mit ganz langer Frist wirklich durchschlagen. Ein neuer Kommentar zum OECD-Musterabkommen, der wirkt nicht direkt. *Michael Lang* hat gestern noch einmal betont, dass man mit der dynamischen Auslegung weder in Deutschland noch in Österreich noch in der Schweiz arbeitet. Also sind das Perspektiven, mit denen die Unternehmen leben können?

Dr. *Ulrike Schramm*, Hannover

Das ist zunächst ein Schritt in die richtige Richtung und *Achim Pross* sagte selbst, „primärer Erstfall" – so nannte er es, glaube ich; das Homeoffice oder der Kommentar zum Homeoffice-Fall im Zusammenhang mit der Betriebsstättenfrage. Ich hatte bereits ausgeführt, dass dies bei uns nicht individualvertraglich geregelt ist, sondern durch entsprechende Vorgaben der Steuerabteilung unternehmensseitig festgelegt bzw. ausgeschlossen wird. Mit der neuen OECD-Kommentierung besteht somit die Chance, dass wir als Steuerabteilung vielleicht wieder neue Freunde im Unternehmen gewinnen können, da dadurch Möglichkeiten bestehen, Homeoffice im Ausland zu ermöglichen. Noch ein Punkt zur Rechtssicherheit: Es ist richtig, dass bloße Kommentierungen zum Musterabkommen aus legaler Sicht nicht rechtssicher sind. Aber immerhin gibt es nun diese Kommentierung und auch die deutsche Finanzverwaltung hat sich im BMF-Schreiben zum Anwendungserlass der Abgabenordnung aus Februar 2024 klar positioniert, dass das Homeoffice im Regelfall zu keiner Betriebsstätte führt. Das hilft uns in der Praxis, weil wir darauf bei Ausübung unserer Tätigkeit aufbauen können. Eine entsprechende Wirkung erwarten wir auch durch die OECD-Kommentierung zum Betriebsstättenartikel, weil bestimmte DBA auf diese Kommentierung in ihrer Auslegung verweisen. Es geht somit ausdrücklich nicht darum, gerichtliche Klärung herbeizuführen, sondern vielmehr darum, dass, wenn auf Seiten der Finanzverwaltung und der Unternehmen Einigkeit darüber besteht, dass im Homeoffice-Fall keine Betriebsstätte angenommen wird, kein weiterer Klärungsbedarf erforderlich ist. Das erhöht die Planungssicherheit erheblich. Und wenn die OECD und die EU diesen Weg weitergehen und dies – wie aktuell zu beobachten ist, in vergleichsweiser hoher Geschwindigkeit – dann hilft uns das in jedem Fall. Aber wir brauchen darüber hinaus weitere Regelungen, die zunächst auf nationaler Ebene, insbesondere durch den deutschen Gesetzgeber, umgesetzt werden können, wie z.B. eine De-Minimis-Regelung für die beschränkte Steuerpflicht (§ 49 Abs. 1 Nr. 4 Buchst. a EStG). Dies wurde bereits angesprochen. Wenn wir eine solche Regelung in Deutschland implementieren könnten, würde sich die Problematik der Lohnsteuereinbehaltung aus Sicht des wirtschaftlichen Arbeitgebers deutlich reduzieren. Denn wenn ausländischen Arbeitnehmer, die etwa in Shared Service Centern tätig sind, nach Deutschland kommen, kann derzeit bereits ab dem ersten Tag eine Lohnsteuereinbehaltungspflicht bestehen. In diesem Bereich würden wir uns wünschen, dass auf nationaler Ebene erste pragmatische Anpassungen erfolgen. Im Idealfall schafft man das Konzept des wirtschaftlichen Arbeitgebers ganz ab, aber das sind sicherlich bereits weitergehende Überlegungen. Mit Blick auf die europäische Ebene: Ich verstehe das Thema des Fiskalausgleichs, aber aus unserer Sicht zeigt sich jedoch weiterhin eine sehr fragmentierte Regelungslandschaft. Eine einheitliche Betrachtung der EU fehlt bislang. Wir müssen zumindest auf EU-Ebene zu einheitlichen Regelungen gelangen. Auf OECD-Ebene wird dies naturgemäß mehr Zeit in Anspruch nehmen. Wir brauchen pragmatische Lösungen. Die Sozialversicherung hat es uns vorgemacht, auch wenn dieses System sonst eher von Detailregelungen geprägt ist, hat man hier sehr großzügige Lösungen gefunden, wonach bis zu einem Homeoffice-Anteil von 49,9 % kein Wechsel der Sozialversicherungspflicht erfolgt. Der Arbeitgeber kann weiterhin vollständig im bisherigen Staat abrechnen, ohne zusätzliche Registrierungspflichten. Wir wollen nicht unbedingt, dass die Einkommensteuer der Sozialversicherung folgt, sondern dies ist ein Beispiel dafür, wie Pragmatismus gelebt wird. Unabhängig von der konkreten Ausgestaltung der Fiskalinteressen zwischen den Staaten brauchen wir pragmatische, anwendbare Lösungen, um die Arbeitnehmerfreizügigkeit in Europa wirksam zu gewährleisten. Das ist aus meiner Sicht der entscheidende Punkt.

Prof. Dr. Dr. h.c. *Wolfgang Schön*, München

Ja, vielleicht insoweit noch mal an Sie, Herr *Rädler*, und an Dich, *Achim*. Was passiert, wenn es in die Implementierungsphase geht? Ich glaube, das Thema Mindestbesteuerung hat uns belehrt, dass man nicht bei allen OECD-Akten noch mal eine Richtlinie dazwischenschalten sollte. Ist hier mehr von der Europäischen Kommission angedacht als Empfehlungen, Best Practices oder eine Art Forum? Und an *Achim* dann die Frage: auch wenn wir noch nicht genau wissen, wie das Geschenk aussieht. Wie sind denn eure Überlegungen zur Implementierung? Was würde sich auf einzelstaatlicher Ebene abspielen? Wo müssten vielleicht auch an die DBA gegangen werden? Vielleicht dazu noch mal in wenigen Minuten.

***Albert Rädler*, Brüssel**

Wir können gerne noch mal einen Blick auf Sozialversicherung werfen und deren zugrunde liegende Regelung. Aus Steuerperspektive sehr spannend, vor allem aufgrund des großen Erfahrungsvorsprungs von 40 Jahren. Die Koordinierungsverordnung, also direkt anwendbares EU-Recht, gibt es seit 1971 und erscheint wie eine geölte Maschine. Alle Mitgliedstaaten des EWR (also EU und EFTA) nehmen Teil und auch die Schweiz hat sich angeschlossen. Das ist ein unglaubliches Erfolgsprojekt, auch dank der notwendigen Institutionen. Hierzu zählt etwa die Verwaltungskommission zur Koordinierung der Sozialversicherungssysteme, die sich alle drei Monate trifft und alle technischen Themen berät. Ich erinnere mich fern an das Komitee, das für die CCCTB hätte eingeführt werden müssen, um notfalls auch kurzfristig notwendige technische Anpassungen und Änderungen vorzunehmen. Das war damals ein sehr politisches Thema. Zur zweiten Frage: Ich verweise immer wieder gerne auf Maßnahmen, die bereits von Mitgliedstaaten umgesetzt worden sind. Es gibt z.B. innerhalb der EU multilaterale Doppelbesteuerungsabkommen, also zwischen EU-Mitgliedstaaten: die multilaterale Nordische Konvention. Ein solches Abkommen zeigt, dass eine solche Zusammenarbeit auch möglich ist. Dasselbe gilt für das neue DBA zwischen der Schweiz und Frankreich. Solche Abkommen können abgeschlossen werden, wenn das Interesse und der Wille hierzu vorhanden ist. Bezüglich unserer nächsten Schritte: We keep the ball rolling, mit dem Hauptaugenmerk auf der steuerlichen Behandlung von Remote Worker: Eines der Probleme, das uns wiederholt zugetragen wird, sind Arbeitnehmer, die im Ausland arbeiten, ohne dass der Arbeitgeber in diesem Land weitere Einrichtungen unterhält. Wenn diese Arbeitnehmer zum in Deutschland belegenen Headquarter pendeln, lösen sie jedes Mal Lohnsteuerpflicht für ein überschaubares Steueraufkommen aus. Damit geht jedoch für den Arbeitgeber ein enormer Compliance-Aufwand einher. Schauen wir mal, ob es uns gelingt, im Rahmen der in der für die Start-up und Scale-up-Strategie angekündigten Empfehlung hierzu Bagatellgrenzen vorzuschlagen und diese steuerliche Hürde zur grenzüberschreitenden Tätigkeit zu beseitigen.

Dr. *Achim Pross*, London

Ganz kurz, *Wolfgang*, ich bin fasziniert, dass Du doch wieder die Säule 2 kurz reingebracht hast mit dem eleganten Schlenker der Richtlinie. Wir machen sicher keine Richtlinien, wir können das auch gar nicht, also keine Sorge. Vielleicht zum Abschluss nach ein paar Punkte. Wie auch schon *Eva* gesagt hat, und das will ich noch mal unterstützen, es ist wichtig, dass das Thema oben aufgehängt wird. Das ist kein ganz kleinteiliges Ding, es ist wichtig, das Thema als ein gesamtheitliches Wachstumsthema zu begreifen. In Mikrobetriebsstätten liegt z.B. viel Aufwand und wenig Steuersubstrat. Und insofern glaube ich, es ist wichtig, hier eine pragmatische Leitlinie zu fahren. Zum Thema Relevanz des OECD Kommentars: Da kann man trefflich streiten ob das Glas nun halb voll, oder halb leer ist, aber so, wie Frau *Schramm* das ja auch sagt: Es ist ja nicht so, dass der Herr *Pross* das geschrieben hat, das wäre ja schön, sondern wenn das kommt, dann hat eben Deutschland, Österreich, etc. auch zugestimmt. Und eben keinen Vorbehalt eingelegt. Das ist auch Ausdruck der Steuerpolitik, die dann natürlich inhaltlich von der Verwaltung auch angewendet wird. Und das ist sicherlich schon mal ein erster positiver Schritt. Diese Auslegung, wie Sie sehen werden, ist ein erster Schritt, der sich auf den Homeoffice-Fall beschränkt. Dann müssen wir natürlich auch an andere Fälle ran, wo relevante Betriebsstättenfragen auftauchen. Wir werden das zeitnah vorantreiben, vielleicht nicht ganz so schnell wie die Säule 2. Mit Bezug auf Grenzgängerregelungen oder erweiterte Regelungen, die hier Elemente übernehmen könnten, das hat die Diskussion gezeigt, macht es Sinn sich die verschiedenen Modelle genau anzuschauen. Welche funktionieren am besten in welchem Zusammenhang? So dass man Modelle bereitstellen kann, die dann auch schneller zur Umsetzung gebracht werden können: durch verschiedene Möglichkeiten, wie es Herr *Rädler* erwähnt, entweder durch bilaterale DBAs oder möglicherweise auch Konstruktionen wie das MLI, wenn man es etwas schneller will.

Prof. Dr. Dr. h.c. *Wolfgang Schön*, München

Ganz herzlicher Dank, ich gehe noch mal zu Frau *Oertel* und *Gunter Mayr*. In einem Satz: Was wäre der wichtigste Punkt, der jetzt geklärt werden müsste?

Prof. DDr. *Gunter Mayr*, Wien

Ich glaube schon, klare Regelungen zur Vermeidung von Homeoffice-Betriebsstätten. Wie ich im Frühjahr 2023 bei einer Veranstaltung in Berlin war, haben mir Industrie-Vertreter aus Bayern gesagt, sie lassen ihre Arbeitnehmer nicht mehr ins Homeoffice nach Österreich. Ich war überrascht über solche Aussage und wir haben sodann mit der BMF-Einzelerledigung reagiert. Mikrobetriebsstätten wären mühsam für alle. Das finge bei den Gewinnzuweisungen an und ginge bis zu einer ausländischen Lohnverrechnung.

Dr. *Eva Oertel*, München

Kann ich mich in einem Satz einhundertprozentig anschließen.

Prof. Dr. Dr. h.c. *Wolfgang Schön*, München

Herzlicher Dank. Bevor ich jetzt an die Veranstalterinnen abgebe, erstmal ein großer Applaus für die Diskutanten und eine Anekdote doch noch am Schluss:

Sie sehen hier rechts von sich viele große Österreicher, u.a. *Elfriede Jelinek*, Nobelpreisträgerin für Literatur, Wohnsitz in Wien, aber wie wir seit einigen Jahren wissen, auch Wohnsitz in München. Da lebt nämlich ihr Ehemann, aber da wird sie auf der Straße nicht immer angesprochen. Das hat zu einem Steuerverfahren geführt und über dieses Steuerverfahren hat sie ein Buch geschrieben, das 2022 erschienen ist. Es heißt „Angabe der Person" und schildert, was es mit einem Menschen macht, wenn er plötzlich nachweisen muss, wo er eigentlich hingehört.[3] Wunderbare Lektüre im Anschluss an diese Tagung.

Prof. Dr. *Caroline Heber*, Wien

Als Gastgeber der diesjährigen Jahrestagung der DStjG möchten wir uns noch ganz herzlich bei allen Vortragenden, Podiumsdiskutantinnen und -diskutanten, aber auch bei allen, die so rege mitdiskutiert haben, bedanken. Final möchte ich jetzt noch an Frau Professor *Hey* zurückgeben, um die Tagung zu schließen.

Prof. Dr. *Johanna Hey*, Köln

Meine Damen und Herren, ich mache es ganz kurz. Ich glaube, alle unsere Erwartungen sind übererfüllt worden, nicht nur was das Rahmenprogramm, sondern auch was unseren fachlichen Austausch anging. Vielleicht haben wir jetzt noch mehr Fragen, als mit denen wir gekommen sind, aber wir wissen besser, was wir fragen müssen. Daher mein ganz herzlicher Dank an alle, die mitgewirkt haben, an Sie für Ihre Aufmerksamkeit, vor allen Dingen noch mal an unsere Gastgeberin und unseren Gastgeber. Das war für meinen Begriff eine ganz großartige Tagung. Und damit möchte ich Sie herzlich einladen, im nächsten Jahr zu unserer Jubiläumstagung nach Köln zu kommen: „50 Jahre DStjG – Zukunft der Besteuerung". Was ein bisschen abstrakt klingt, hat gerade heute, hier in Wien eine sehr gute Erdung bekommen. Es geht darum – hier möchte ich noch einmal an *Roman Seer* anknüpfen – Vollzug und materielles Steuerrecht zusammen zu denken, den Befolgungsaufwand der Steuerpflichtigen, den Vollzugsaufwand der Finanzverwaltung und ein dementspre-

3 *Elfriede Jelinek*, Angabe der Person, Rowohlt, 3. Aufl. 2023.

chendes materielles Steuerrecht. Damit werden wir uns am 22./23.9.2026 in Köln beschäftigen. Ich würde mich sehr freuen, wenn wir uns dort sehen. Außerdem möchte ich Sie auf eine am 16.3.2026 in München an der LMU stattfindende Sonderveranstaltung aufmerksam machen. Dort werden wir uns mit Aufgaben und Verantwortung der Steuerrechtswissenschaft auseinandersetzen, mit unseren Methoden, unseren Einflussmöglichkeiten, aber auch Grenzen. Also auch das bitte vormerken: 16.3.2026. Ich freue mich, dass wir uns in der einen oder anderen Form im nächsten Jahr sehen und wünsche Ihnen eine gute Heimreise.

Resümee

Prof. Dr. *Daniela Hohenwarter-Mayr*, LL.M.
Universität Wien
Prof. Dr. *Sabine Kirchmayr-Schliesselberger*
Universität Wien

I. Grenzüberschreitende Mobilität im Steuerrecht – ein Thema für Wien

Die Universität Wien feierte 2025 ihr 660-jähriges Bestehen. Auf eine derart lange Geschichte kann die DStjG zwar (noch) nicht zurückblicken. In ihrer knapp 50-jährigen Gesichte spielt Wien als Tagungsort aber eine besondere Rolle. Nach 1978 durfte die Universität Wien nun zum zweiten Mal ihre Pforten öffnen, um vom 22. bis 23.9.2025 das „Who is Who" des deutschsprachigen Steuerrechts zu begrüßen. Gestartet wurde mit einem gemütlichen Beisammensein am Sonntagabend bei Kaiserwetter in einem der Innenhöfe des Schottenstifts in der Wiener Innenstadt. Dass dieser Ort auch eine Verbindung zum Tagungsthema aufweist, stellte *Johanna Hey* gleich in ihrer Begrüßung fest; denn der Name „Schottenstift" geht auf die ersten Mönche zurück, die das Kloster leiteten: Iro-Schotten, die aufgrund ihrer besonderen Sachkenntnisse und ihres Erfahrungswissens – heute würde man sagen aufgrund ihres Qualifikationsprofils – gezielt „angeworben" und nach Wien geholt wurden.[1] Diese historische Form der Arbeitsmigration bildete den Auftakt zur Jahrestagung, das ganz dem Thema der Mobilität von Humankapital im Steuerrecht gewidmet war.

1 Vgl. https://austria-forum.org/af/AustriaWiki/Schottenstift (zuletzt abgerufen am 30.6.2026).

Kein Bereich hat sich in den letzten Jahren so rasant geändert, wie die Art und Weises unseres Arbeitens. Technischer Fortschritt und die zunehmende Digitalisierung ermöglichen völlig neue Arbeitsformen, führen zur Herausbildung neuer Berufsgruppen, erlauben aber in jedem Fall das Arbeiten von (beinahe) jedem Ort der Welt aus, losgelöst vom Unternehmensstandort des Arbeitsgebers oder physischen Aufenthaltsort der Klienten, Kunden oder allgemein der Leistungsempfänger. Der demographische Wandel zwingt Unternehmen, ihre Suche nach qualifizierten Mitarbeitern global auszurichten, so wie auch ihre unternehmerische Tätigkeit selbst zunehmend global ausgerichtet ist. Temporäre Entsendungen, Homeoffice, Remote Work, Workation, digitales Nomadentum, Influencer und Content Creator sind nur ein paar jener Schlagwörter, die unsere Welt des „New Work" beschreiben. Die Mobilität endet aber nicht mit der aktiven Tätigkeit, sondern betrifft mindestens gleichermaßen die Ruheständler. Neben Pendlerströme treten Ströme an Pensionisten/Rentner, die ihren Ruhestand an anderen Orten verbringen als ihren früheren beruflichen Wirkstätten. All dies fordert die tradierten Besteuerungsstrukturen heraus; national wie international. Vermag das bestehende Normengeflecht diese neue Realität noch abzubilden, für eine ausgewogene Aufteilung des Besteuerungssubstrats zwischen den Steuerjuristiktionen zu sorgen und den Steuervollzug mit maßvollen Mitwirkungs-, Nachweis- und Dokumentationspflichten sicherzustellen? Welche Auswirkungen hat die individuelle Mobilität auf die Unternehmensbesteuerung? Und müssen wir vor diesem Hintergrund die Besteuerung des mobilen Humankapitals nicht überhaupt neu denken?

All diesen Fragen war die 49. Jahrestagung gewidmet und in gewohnter DStjG-Manier durch hochkarätige Referenten aus Wissenschaft, Verwaltung, Unternehmen und Beratungspraxis besetzt. So unterschiedlich die Themenstellungen und Herangehensweisen der Referate im Detail auch waren, lag ihnen durchgängig ein lösungsorientierter Blick in die Zukunft zugrunde.

II. Zu den Beiträgen der Tagung

1. Der Mensch im Mittelpunkt der Betrachtung: Tag 1

Gewissermaßen als Ouvertüre diente zu Beginn von Tag 1 das Referat von *Bernd Fitzenberger*. Er lieferte die Zahlenbasis für die weitere Tagung und führte das steuerjuristische Fachpublikum in die ökonomischen Auswirkungen und Anforderungen an die grenzüberschreitende Arbeitsmobilität ein. Beunruhigend klar wurden die Konsequenzen des demographischen Wandels auf das Erwerbspotential und damit das Wirtschaftswachstum aufgezeigt. Der Fachkräftemangel bremst die wirtschaftliche Entwicklung aus. Zugleich vermag das gegenwärtige Niveau der Fachkräfteeinwanderung die demographisch verursachten Personalengpässe bei weitem nicht zu schließen. Hinzu kommen die Herausforderungen, die der Strukturwandel und die Digitalisierung zusätzlich an den Arbeitsmarkt stellen. Angesichts dieser Zahlen erscheint es geradezu befremdlich, wenn sich die Bürokratie und schwerfällige Verfahren zur Anerkennung ausländischer Berufsabschlüsse und Berufserfahrungen als größter Hemmschuh für eine bessere Erschließung des globalen Fachkräftepotentials erweisen. Dies gilt umso mehr, als der unzureichenden Fachkräftezuwanderung eine erhöhte Abwanderungsneigung von Personen mit Migrationshintergrund oder Zugewanderten gegenübersteht. Die internationale Mobilität von Fachkräften – dies hat der Vortrag belegt – stellt daher einen zentralen Faktor für die wirtschaftliche Entwicklung von Ländern wie Deutschland, aber auch Österreich, dar. Damit war nicht nur die Themenwahl empirisch gerechtfertigt, sondern zugleich das Feld für die nachfolgenden Referate bereitet, waren diese doch allesamt der Frage gewidmet, ob unser Steuerrecht der Notwendigkeit von internationaler Mobilität gerecht wird oder als weiterer Hemmschuh wirkt. Im Mittelpunkt der Betrachtung stand dafür am ersten Veranstaltungstag die individuelle Perspektive der Akteure des Arbeitsmarkes.

Mit dem Ziel, aus der Analyse des gegenwärtigen Normenbestands rechtspolitische Leitplanken für die Zukunft zu identifizieren, beschäftigte sich *Ekkehard Reimer* zunächst im Rechtvergleich mit den unilateralen Anknüpfungspunkten der Besteuerung von mobilen Individuen, also der Erfassung von Arbeitseinkünften natürlicher Personen. Auf die instruktive Sichtbarmachung von strukturellen wie inhaltlichen Regelungsmustern folgt deren Bewertung. Dabei lässt *Reimer* mit der These aufhorchen, die Ansässigkeit als subsidiären Indikator für die Belegenheit von Einkunftsquellen zu verstehen: Der Wohnsitz bzw. die Ansässigkeit als Quelle. Er bietet auf diese Weise einen Lösungsansatz, um den Antagonismus zwischen unbeschränkter und beschränkter Steuerpflicht, personaler und handlungsbezogener Anknüpfung, zu überwinden. Die Ansässigkeit des Steuerpflichtigen wird gleichsam als „source of last resort" im Sinne einer Fiktion des Orts der Wertschöpfung für die Fälle herausgebildet, in denen andere Quellenindikatoren fehlen. *Reimer* positioniert sich damit geradezu als Gegenpol zu jenen Stimmen im Schrifttum, die einen Niedergang der Besteuerung nach der Ansässigkeit erkennen wollen. Er rückt vielmehr den Menschen und seinen physischen Aufenthalt als Maß der Dinge in den Mittelpunkt. Mit einer Umdeutung von Ansässigkeitsregeln in Quellenregeln wären konsequenterweise auch Rechtsinstitute wie der Progressionsvorbehalt oder das Nettoprinzip nicht mehr isoliert auf Ansässige zu beziehen, sondern weiter zu denken. Die anschließende Diskussion bot die erste Gelegenheit dazu.

Im zweiten Referat des Vormittags lenkte *Michael Lang* sodann den Blick auf das Recht der Doppelbesteuerungsabkommen und die darin enthaltenen Anknüpfungen zur Besteuerung von Dienstnehmern bei grenzüberschreitender Mobilität. Den Ausgangspunkt für seine Ausführungen bildet Art. 15 OECD-MA und der dieser Bestimmung innewohnende Versuch einer austarierten Aufteilung der Besteuerungsrechte zwischen Ansässigkeits- und Tätigkeitsstaat. Wie neue Arbeitsformen und die wachsende Mobilität der Arbeitnehmer dieses System unter Druck bringen, zeigt der Beitrag ebenso deutlich auf wie das Fehlen überzeugender Alternativen. Sowohl die Stärkung der Besteuerungsrechte des Ansässigkeitsstaats des Arbeitnehmers als auch eine stärkere Anknüpfung an die Ansässigkeit des Arbeitgebers oder den Staat, in dem dieser eine Betriebsstätte unterhält, sind – wie *Lang* argumentiert – mit Verwerfungen verbunden. Angesichts dessen spricht er sich letztlich für eine Beibehaltung der bestehenden Regelungen aus. Asymmetrischen Pendelbewegungen sei durch Instrumente wie einem bilateralen Fiskalausgleich besser zu begegnen als durch spezielle Verteilungsnormen, die aufgrund ihrer Abweichung von den Abkommensmustern der OECD oder UN verstärkt auslegungsbedürftig und streitanfällig sind. Gerade um den Wildwuchs an bilateralen Grenzgängerregelungen zu vermeiden, sollten Organisationen wie die OECD oder die UN Mustervorschriften in ihren Kommentaren zur Verfügung stellen. Auch auf EU-Ebene sieht *Lang* Handlungspotential. Schließlich sei das Thema der grenzüberschreitenden Mobilität von Arbeitnehmern vor allem ein Aspekt des EU-Binnenmarktes, dem es gebührend Rechnung zu tragen gelte. Man mag hinzufügen, dass sich hier Länder wie Deutschland und Österreich in besonderem Maße einbringen sollten, sind sie doch beides Länder mit besonders vielen EU-Binnengrenzen und entsprechend ausgeprägten grenzüberschreitenden Pendelbewegungen.

Im Lichte der demographischen Herausforderungen des Arbeitsmarktes verwundert es nicht, wenn sich Staaten dazu entschließen, besondere Steueranreize zu schaffen, um mobile High-Potentials anzuziehen. Damit ist man beim Thema der steuerlichen Präferenzregime angelangt, das von

Andrés Báez Moreno übernommen und in beeindruckender Klarheit analysiert wurde. Nicht nur die rechtsvergleichende Systematisierung bestehender Präferenzregime, sondern auch ihre Interaktion mit Doppelbesteuerungsabkommen, verfassungsrechtliche Anforderungen an sie und ihre Einordnung in das europäische Rechtsgefüge standen am Programm. Im zunehmenden Verzicht vieler Staaten, ausländische oder zum Teil auch inländische Einkünfte „neuer Ansässiger" zu besteuern, erkennt *Báez Moreno* eines der bedeutendsten Phänomene der Einkommensbesteuerung des 21. Jahrhunderts. In jedem Fall stellen diese Regime eine systematische Abweichung zu den sonst geltenden Besteuerungsprinzipien in den nationalen Steuerrechtsordnungen dar und provozieren so Friktionen und Auslegungsfragen. Wer eine tiefgehende Untersuchung der Anforderungen an die abkommensrechtliche Ansässigkeit im Anwendungsbereich von Präferenzregimen sucht, wird im Beitrag von *Báez Moreno* ebenso fündig wie hinsichtlich ihrer verfassungs- und unionsrechtlichen Bewertung. Grundfragen der Vergleichspaarbildung sowie der Vergleichbarkeitsprüfung werden diskutiert und kritisch gewürdigt; darüber hinaus werden auch bislang wenig beachtete Aspekte der mittelbaren Begünstigung bestimmter Unternehmen oder Branchen durch Präferenzregime im Hinblick auf ihre Vereinbarkeit mit dem Beihilfeverbot nach Art. 107 AEUV beleuchtet. So unbefriedigend die gegenwärtige Situation des gegenseitigen Überbietens von Staaten in der Konzeption solcher Präferenzregime auch erscheinen mag, warnt *Báez Moreno* aber abschließend vor der erkennbaren Tendenz, diese als Ausdrucksformen eines schädlichen Steuerwettbewerbs mit dem für das Unternehmenssteuerrecht entwickelten Instrumentarium begegnen zu wollen.

Der Nachmittagsblock stand danach ganz im Zeichen der unterschiedlichen Perspektiven, aus denen man individuelle Mobilität betrachten kann. Als erste Perspektive wurde dabei die Sicht einer Staatenvertreterin eingenommen. Unter dem Titel „Arbeitnehmermobilität im Zusammenspiel der beteiligten Staaten" beleuchtete *Silke Bruns* dafür die Ausgestaltung von Verteilungsnormen für Arbeitseinkünfte in Doppelbesteuerungsabkommen. Anhand der Sonderbestimmungen in den DBA mit Luxemburg, Österreich, Frankreich und der Schweiz zeigt sie anschaulich die unterschiedlichen Ansätze für Grenzgänger- und De-minimis-Regelungen mit ihren jeweiligen Vor- und Nachteilen auf. So sieht etwa das Abkommen mit Österreich für Arbeitnehmer, die im Grenzgebiet ansässig sind und ihre Tätigkeit überwiegend dort ausüben, eine ausschließliche Besteuerung im Ansässigkeitsstaat vor; wobei bis zu 45 Arbeitstage außerhalb des Grenzgebiets unschädlich sind. Der wechselseitige Verzicht auf das Besteuerungsrecht des Tätigkeitsstaats ließe sich – so *Bruns* – aufgrund der vergleichbaren Steuerbelastungen in beiden Staaten, ausgeglichener Grenzgängerströme und des überschaubaren Anwendungsbereichs der Regelung rechtfertigen. Diese Rechtfertigung droht jedoch bei asymmetrischen Pendelbewegungen zu kippen. Im Verhältnis zu Frankreich wurde die Grenzgängerregelungen wohl auch deshalb um einen Fiskalausgleich zugunsten des Tätigkeitsstaates erweitert. Auf diese Weise verbleiben die wesentlichen Besteuerungsrechte zwar beim Ansässigkeitsstaat, lassen den Tätigkeitsstaat allerdings über die Kompensationszahlungen am Steueraufkommen partizipieren. Ein beschränktes Quellenbesteuerungsrecht wird dem Tätigkeitsstaat auch im Verhältnis zur Schweiz belassen, während der Ansässigkeitsstaat zur Anrechnung verpflichtet ist. All diesen Sonderregelungen liegt das Bestreben zugrunde, Vereinfachungen zu schaffen, ohne die Abweichungen vom Tätigkeitsortprinzip auf das Steuersubstrat bzw. Steueraufkommen durchschlagen zu lassen. Mit dem Fiskalausgleich greift *Bruns* einen Vereinfachungsansatz auf, den zuvor auch schon *Michael Lang* ins Treffen geführt hat und der danach im Plenum intensiv diskutiert wurde. Im Fazit plädiert *Bruns* jedenfalls für international besser aufeinander abgestimmte, einfach anwendbare und zugleich gerechte Regelungen, die die Arbeitnehmerfreizügigkeit fördern, ohne neue Möglichkeiten der Steuervermeidung zu eröffnen. Mit einer Weiterentwicklung der bestehenden Regelungen auf OECD- und EU-Ebene sollte dies gelingen; womit auch an dieser Stelle ein Bogen zu den bisherigen Beiträgen geschlagen wird.

Das Thema „Vereinfachung“ bildete danach den Mittelpunkt der Ausführungen von *Werner Stuffer*, für die er die Perspektive der deutschen Unternehmenspraxis einnahm. Eindringlich schildert der Beitrag die zunehmenden Compliance-Anforderungen an Unternehmen und Arbeitgeber mit mobilen Mitarbeitern, die über steuerrechtliche Themen hinausgehen und weit in das Arbeits-, Sozialversicherungs- und Aufenthaltsrecht hineinreichen. Neben den damit verbundenen hohen administrativen Belastungen würden die unterschiedlichen Regelungen für Unternehmen auch verstärkt zum Risikofaktor, der zusätzlich zur Gefahr der Doppelbesteuerung eine (finanz-)strafrechtliche Dimension haben kann. Die Lösung sieht *Stuffer* in einer verstärkten Harmonisierung der rechtlichen Rahmenbedingungen. Unternehmen benötigen Planungssicherheit, einfachere Verwaltungsverfahren und eine einheitliche Auslegung der Doppelbesteuerungsabkommen. Solcherart praxistaugliche Reformen sollten auf EU-Ebene angesiedelt sein und letztlich in massentauglichen One-stop-shop-Lösungen liegen. Mit seinem Appell, den gegenwärtigen „Fleckerlteppich“[2] an bilateralen Sonderregelungen für Grenzgänger durch international abgestimmte Musterregelungen zu beseitigen, weist auch *Stuffer* der OECD eine zentrale Verantwortung für die Weiterentwicklung von Art. 15 des Musterabkommens zu.

Die fehlende Abstimmung zwischen Sozialversicherungsrecht und Steuerrecht zog sich anschließend durch das Referat von *Sabine Schmidjell-Dommes* über die grenzüberschreitende Mobilität von Ruheständlern. Diese beginnt bei der steuerlichen Berücksichtigung der Beitragszahlungen zur (verpflichtenden) Ruhestandsvorsorge und endet bei der anschließenden Besteuerung der Ruhegehälter selbst. Da Ruhebezüge sozialversicherungsrechtlich grundsätzlich von jenem Staat zu leisten sind, in dem die entsprechenden Beiträge entrichtet wurden, führen grenzüberschreitende „Erwerbsbiografien“ häufig zu Pensionszahlungen aus mehreren Staaten. Steuerlich verschärft sich das Problem dann dadurch, dass die Behandlung von Beiträgen zur Altersvorsorge (als steuerlich abzugsfähig oder nicht abzugsfähig beim Arbeitslohn) und der späteren Ruhebezüge (steuerpflichtig oder steuerfrei) in diesen Konstellationen nicht koordiniert ist. Fälle der Doppelbesteuerung oder Doppelnichtbesteuerung sind die Konsequenz. Hinzu kommt das Auseinanderfallen der Versicherungspflicht in einem Staat und der abkommensrechtlichen Zuteilung des Besteuerungssubstrats an den zugrundliegenden Einkünften aus unselbständiger Arbeit an einen anderen Staat. Aus den Anforderungen der Grundfreiheiten leitet der EuGH und ihm folgend die österreichische Rechtsprechung die Letztverantwortlichkeit des Ansässigkeitsstaats zur Berücksichtigung von Pflichtversicherungsbeiträgen ab, selbst wenn dafür von der bilateral vereinbarten Verteilung der Besteuerungsrechte abgewichen werden muss. Hinsichtlich der anschließenden Auszahlung ist überdies das Phänomen der asymmetrischen Migration im Alter zu berücksichtigen. Dabei stellt sich – wie *Schmidjell-Dommes* ausführt – ganz generell die Frage, welcher Staat das „bessere“ Besteuerungsrecht an Ruhegehältern hat; eine Frage, über die seit mehr als 100 Jahren mit unterschiedlichen Argumenten debattiert wird. Will man sich im Einklang mit den historischen Überlegungen der 1920er Jahre (wieder) verstärkt dem Quellenstaat zuwenden, stößt man an Grenzen systematischer und administrativer Natur, denen sich der Beitrag überzeugend klar widmet. In jedem Fall sei eine stärkere internationale Abstimmung und Harmonisierung notwendig, um steuerliche Nachteile für grenzüberschreitend mobile Arbeitnehmer und Pensionisten zu vermeiden. Für Sozialversicherungspensionen

2 Österreichisch für Flickenteppich oder Flickwerk.

stellt sie dafür abschließend das System eines flächendeckenden Quellenbesteuerungsrechts im Staat des Versicherungsträgers, der auch sozialversicherungsrechtlich zur Auszahlung des Ruhebezugs verpflichtet ist, zur Diskussion. Zumindest innerhalb der EU ließen sich so vielfach die sozialversicherungsrechtliche Leistungspflicht, die steuerlichen Berücksichtigungsmöglichkeiten zum Beitragszeitpunkt und die Besteuerung der Ruhegehälter in Einklang bringen. Ein Vorschlag, den es sich lohnt, weiterzudenken.

Während sich die Mobilität von klassischen Arbeitnehmern im Zeitverlauf der letzten Jahrzehnte wesentlich erhöht hat, galten Künstler und Sportler hingegen immer schon als besonders mobil; ein Umstand, den auch das OECD-MA in Art. 17 berücksichtigt. Neben der darin abgebildeten physischen Mobilität zur Erbringung selbständiger Leistungen mit bloß kurzfristiger Ortsgebundenheit tritt bei neuen Berufsgruppen wie Influencern die mobile Dienstleistungserbringung hinzu. Diesen unterschiedlichen Dimensionen von Mobilität und den damit verbundenen Fragen nach der Treffsicherheit des bestehenden Regelungsgefüges – sind Influencer die Künstler unserer Zeit? –, nach der Notwendigkeit von Anpassungen der Verteilungsnormen oder gar der gänzlichen Streichung von Sondervorschriften für mobile Selbständige widmete sich der kurzweilige Abschlussvortrag des ersten Tages von *Kasper Dziurdź*. Sehr plakativ zeigt er die Rechtfertigung und Schwächen von Art. 17 OECD-MA auf, um danach auf die neue Bestimmung des Art. 12 AA des UN-MA einzugehen, die *Dziurdź* als nicht minder kritikwürdig einstuft. Bei der Kritik lässt es der Autor allerdings nicht bewenden, sondern er skizziert in sorgfältiger Abwägung der Vor- und Nachteile steuerpolitische Alternativen. Entscheidend seien letztlich die Ziele, die die Vertragsstaaten bei der Ausgestaltung bilateraler Verteilungsnormen für mobile Selbständige höher gewichten als die damit zwangläufig verbundenen Nachteile.

Inspiriert von den großartigen Vorträgen und anregenden Diskussionen ging es am Abend in die Wiege der österreichischen Demokratie, dem Parlament, das nach aufwendigen Renovierungsarbeiten nun wieder in vollem Glanz strahlt. Exklusiv für die DStjG öffnete das Haus am Ring zur Abendstunde seine Tore und der Zweite Präsident des Nationalrats, *Peter Haubner*, lud zum Empfang. Nicht weniger glänzend verlief am nächsten Tag Teil zwei der Jahrestagung. Er stand im Zeichen der Auswirkungen individueller Mobilität auf die Besteuerung von Unternehmen, Problemen der Entstrickungs- und Wegzugsbesteuerung sowie des

Vollzugs im Zusammenhang mit der individuellen Mobilität von Steuerpflichtigen.

2. Die individuelle Mobilität und ihre Folgewirkungen: Tag 2

Den Reigen an Vorträgen begann am zweiten Tag *Claus Staringer*, der zur Anknüpfung der Körperschaftsteuerpflicht unter dem Gesichtspunkt grenzüberschreitender Mobilität referierte. In seinem Beitrag unterzog er dafür die Kriterien „Sitz" und „Ort der Geschäftsleitung" einer vertieften Analyse; widmete sich also jenen Merkmalen, an die das Unternehmenssteuerrecht in Österreich und Deutschland seit jeher die persönliche unbeschränkte Körperschaftsteuerpflicht „seiner" Unternehmen knüpft. Fälle der Doppelansässigkeit als Folge grenzüberschreitender Mobilität werden deshalb nach mehr als 100 Jahren Erfahrung mit dieser alternativen Anknüpfung routinemäßig bewältigt, weshalb *Staringer* auch vor einer verstärkten Übernahme der neuen Tie-Breaker-Regelung des Art. 4 Abs. 3 OECD-MA i.d.F. 2017 warnt. Die Regelung sei aus rechtsstaatlicher Sicht höchst problematisch. Als problematisch erachtet er ebenso die präventive Missbrauchskontrolle durch die Registergerichte anlässlich der identitätswahrenden Sitzverlegung von Kapitalgesellschaften i.S.d. der Mobilitäts-Richtlinie.[3] Abschließend setzt sich der Beitrag kritisch mit dem Prinzip der Besteuerung nach der Ansässigkeit („*Residence Taxation*") als solchem auseinander. Da Unternehmen ihre steuerliche Ansässigkeit gezielt steuern können, wird die Legitimation dieses Systems bisweilen in Frage gestellt. Dennoch kommt *Staringer* – mit nüchternem Blick auf die Rechtswirklichkeit – zum Ergebnis, dass ein fundamentaler Systemwechsel mit vollständiger Abkehr von der Ansässigkeitsbesteuerung zugunsten einer reinen Quellenbesteuerung zum gegenwärtigen Zeitpunkt weder praktikabel noch politisch realistisch erscheint. Letztlich wertet er gerade die Entwicklungen der jüngeren Vergangenheit – von der Globalen Mindestbesteuerung bis hin zur Erweiterung von Art. 5 OECD-MA und der damit einhergehenden Gewinnzurechnung – als Bestätigung der *Residence Taxation*.

Der Faden der Betriebsstättenthematik wurde danach von *Solveig Glatz* aufgegriffen und in die „New-Work-Welt" der mobilen Arbeitskräfte ge-

3 Richtlinie (EU) 2019/2121 des Europäischen Parlaments und des Rates v. 27.11.2019 zur Änderung der Richtlinie (EU) 2017/1132 in Bezug auf grenzüberschreitende Umwandlungen, Verschmelzungen und Spaltungen, ABl. L 321/1.

zogen. Im Zentrum ihrer Ausführungen steht daher die Frage nach der Betriebsstättenbegründung für den Arbeitgeber durch Homeoffice, Telearbeit oder andere Formen des mobilen Arbeitens seiner Angestellten. Das Hauptaugenmerk richtet *Glatz* dabei auf das (ungeschriebene) Tatbestandsmerkmal der Verfügungsmacht des Unternehmers. Präzise und konsequent verleiht sie dem Verfügungsmachtkriterium im Lichte seiner Genese und der Rechtsprechung praxistaugliche Konturen und vermag so gerade aus österreichischer Sicht die Spitzen einer zu weit verstandenen „faktischen Verfügungsmacht" zu nehmen und einer überbordenden Annahme von Mikrobetriebstätten interpretativ das Wasser abzugraben, ohne zugleich die Entstehung von Homeoffice-Betriebsstätten generell an diesem Kriterium scheitern zu lassen. Der dabei entwickelte „Verwurzelungsgedanke" überzeugt, nicht zuletzt aufgrund seines stärkeren Fokus auf die konkrete Unternehmenstätigkeit.

Schon in der intensiv geführten Diskussion um die Reichweite der Homeoffice-Betriebsstätte wurde die praktische Relevanz der Folgefragen deutlich, die sich bei Begründung einer Betriebsstätte stellen und denen das anschließende Referat von *Nadia C. Altenburg* gewidmet war: der Gewinnzuordnung an Betriebsstätten, die durch mobiles Arbeiten entstanden sind, aufgrund der ihnen zuzurechnenden Personalfunktion. Der Beitrag bietet eine Tour d'Horizon der Betriebsstättengewinnzurechnung und setzt sich vertieft mit der Zuordnung von Personalfunktionen bei Mitarbeitern auseinander, die im Homeoffice oder remote tätig sind. Beleuchtet werden insbesondere Fragen der Funktionsaufteilung, in denen Personalfunktionen in hochintegrierten Geschäftsmodellen an mehr als einem Ort zeitgleich ausgeübt werden, und die dadurch entstehenden Schwierigkeiten für die Praxis. Der Beitrag im Tagungsband geht zudem auf das nach der Tagung veröffentlichte Update zum OECD-Musterkommentar 2025 ein, analysiert dessen Implikationen für die Gewinnzuordnung bei Homeoffice-Tätigkeiten und stellt darüber hinaus erste Überlegungen zu den Folgewirkungen dieser Neuerungen auf den *place of management* bzw. die Begründung von Geschäftsleitungsbetriebsstätten an.

Eng mit der Zuordnung von Wirtschaftsgütern verbunden ist das Thema der Entstrickung, das anschließend mit Fokus auf die persönliche Mobilität von Steuerpflichtigen unter dem Titel der „Wegzugs- und Entstrickungsbesteuerung" im nachbarschaftlichen Rechtsvergleich von einer der beiden Herausgeberinnen behandelt wurde. Im Aufzeigen von Gemeinsamkeiten und Unterschieden sollte der Blick für die Schwächen, aber vielleicht auch die Stärken des jeweiligen Systems geschärft werden. Dazu wurden die divergierenden Auffassungen im Schrifttum und zum Teil auch in der Rechtsprechung zu den im Kern übereinstimmenden Fragestellungen sichtbar gemacht. Auf diese Weise sollte zugleich ein umfassenderes Bild für die Einordnung der Wegzugsbesteuerungsregelungen im Lichte verfassungs-, völker- und unionsrechtlicher Anforderungen gezeichnet werden. Dies gilt insbesondere für die nach wie vor ausstehende Klärung der Frage, inwiefern Differenzierungen zwischen betrieblichen und außerbetrieblichen Entstrickungsvorgängen geboten sind. Mag der Rechtsvergleich dazu beitragen, den Zielkonflikt zwischen der territorialen Absicherung bestehender Besteuerungsrechte und der grenzüberschreitenden Mobilität unter dem Gesichtspunkt der Effektivität angemessener aufzulösen.

Dem Besteuerungsverfahren von grenzüberschreitenden Arbeitnehmern widmete sich vor der abschließenden Paneldiskussion *Eva Oertel*, schließlich können auch Mitwirkungspflichten im Verfahren als Mobilitätshemmnisse wirken. Für ihre Analyse nimmt sie sowohl die Sicht der Arbeitnehmer als auch jene der Arbeitgeber ein, berücksichtigt aber ebenso die Perspektive der Verwaltung. Dreh- und Angelpunkt des Besteuerungsverfahrens mobiler Arbeitnehmer ist der Lohnsteuerabzug und das damit verbundene Verfahren einschließlich der Haftungsfragen für Arbeitgeber sowie der Informations- und Mitwirkungspflichten für Arbeitnehmer. Wenngleich *Oertel* Schwierigkeiten im Umgang mit der Rechtsfigur des wirtschaftlichen Arbeitsgebers einräumt, stellt sie der deutschen Rechtsordnung insgesamt ein gutes Zeugnis aus; verfahrungsrechtliche Lücken identifiziert sie nicht. Die bestehenden Hemmnisse führt die Autorin primär auf die fehlende zwischenstaatliche Abstimmung zurück, deren Wurzel allerdings nicht im Verfahrensrecht liege, sondern im materiellen Recht zu verorten sei. Dennoch erkennt sie auch im Verfahrensrecht mit seinen unterschiedlich stark ausgeprägten Dokumentations- und Nachweispflichten Potential für Vereinfachungen und Erleichterungen. Die Ausschöpfung dieses Potentials könnte wiederum dazu beitragen, Rechtsunsicherheiten zu verringern und die Streitanfälligkeit im Zusammenhang mit Verstößen gegen diese Pflichten zu reduzieren.

Unter dem Schlagwort der Vereinfachung lässt sich auch die abschließende Podiumsdiskussion unter der Leitung von *Wolfgang Schön* einordnen, deren Ziel es war, Entwicklungsperspektiven aufzuzeigen. Sie stellte gewissermaßen den Schlussakkord der 49. Jahrestagung dar, der sich aus Stimmen der Finanzverwaltung (*Eva Oertel* und *Gunter Mayr*), der Unternehmens- und wissenschaftsnahen Beratungspraxis (*Ulrike Schramm* und *René Mateotti*) sowie der OECD (*Achim Pross*) und der EU-Kommission (*Albert Rädler*) zusammensetze. Waren in den Eingangsstatements zunächst noch Dissonanzen hörbar, traten diese im weiteren Verlauf der Diskussion zunehmend in den Hintergrund. Dazu trugen sowohl das Aufzeigen von konkreten Handlungsalternativen bei – etwa der Weiterentwicklung des Instruments des Fiskalausgleichs oder der Idee verstärkter Mitteilungs- und Meldepflichten der Arbeitgeber gegenüber den Behörden in den Ansässigkeitsstaaten ihrer Mitarbeiter – als auch das erkennbare gemeinsame Bestreben, praktikable Lösungen zu finden.

III. Würdigung und Ausblick

Versucht man am Ende, die anregenden Vorträge, die mitunter lebhaft geführten Diskussionen und die schriftlichen Beiträge zusammenzufassen, besteht das zentrale Fazit im Wunsch nach mehr Klarheit und stärker koordinierten Lösungen. Dieser Wunsch zog sich wie ein roter Faden durch die gesamte Tagung und klingt in sämtlichen Beiträgen durch. Trotz oder vielleicht auch gerade wegen der Erfahrungen mit dem BEPS-Projekt und dem dabei entwickelten Format des „Inclusive Frameworks" wurde vielfach ein Tätigwerden auf OECD-Ebene angeregt. Ziel sollte es sein, Musterregelungen zu entwickeln, die aufbauend auf Art. 15 OECD-MA den unterschiedlichen Facetten der grenzüberschreitenden Mobilität in der Welt des New Work präziser Rechnung tragen. Da die grenzüberschreitende Arbeitsmobilität vor allem ein Thema des EU-Binnenmarktes ist, liegt es zudem an der EU-Kommission, Koordinierungsangebote für ein stärker aufeinander abgestimmtes Vorgehen der Mitgliedstaaten zu erarbeiten.

Lässt man die Tagung im Lichte der vorliegenden Beiträge noch einmal Revue passieren, ist zudem folgender Umstand bemerkenswert: Es wurde keine Revolution des Steuerrechts ausgerufen. Vielmehr orientieren sich die rechtspolitischen Forderungen und Verbesserungsvorschläge im Kern an den tradierten Besteuerungsprinzipien und setzen nur punktuell an. Mögen die hier entwickelten Ansätze dem mittlerweile von der OECD angestoßenen Konsultationsprozess[4] als zusätzliche Inspirationsquelle dienen und auch die Europäische Kommission zu weiteren Initiativen anregen.

4 Vgl. https://www.oecd.org/en/events/public-consultations/2025/11/global-mobility-of-individuals.html (zuletzt abgerufen am 24.6.2026).

Insgesamt bot die Tagung und bietet der vorliegende Tagungsband ein reichhaltiges Spektrum an Beiträgen zur grenzüberschreitenden Mobilität im Steuerrecht – grundlagenorientiert, dogmatisch fundiert und mit einem wachen Blick für die Praxis und die Vollzugstauglichkeit der Vorschläge. Damit entspricht auch das Ergebnis der Jahrestagung in Wien den Idealen der DStjG, wie sie im Vereinszweck verankert sind. Es war unser gemeinsames Ziel, mit unseren Überlegungen und Fragen Impulse zu geben und die weitere Diskussion nachhaltig anzuregen. Dass mit der 49. Jahrestagung ein Thema am Brennpunkt des Steuerrechts gewählt wurde, das aktueller kaum sein könnte, freut uns als Herausgeberinnen besonders, passt es doch auch hervorragend zu einer Stadt wie Wien im Herzen Europas, die seit jeher als Schmelztiegel der Völker und Anziehungspunkt grenzüberschreitender Arbeitsmobilität gilt. In diesem Sinne: Auf Wiedersehen in Wien!

Laudatio aus Anlass der Verleihung des Albert-Hensel-Preises 2025 an Dr. Cécile Braumann

Prof. Dr. *Tina Ehrke-Rabel*
Universität Graz

Wie jedes Jahr war die Jury für die Auswahl der mit dem Albert-Hensel-Preis zu ehrenden Arbeit gefordert, unter vielen sehr schönen Werken die beste herauszupicken. Wir haben uns dieses Jahr für eine Arbeit entschieden, die das internationale Steuerrecht aus dem Blickwinkel des Völkerrechts betrachtet. Das mag eigenartig klingen, ist doch internationales Steuerrecht, zumindest auch, wenn auch nicht nur, Völkerrecht. Die Besonderheit der Arbeit, die ich heute hier vorstellen darf, liegt darin, dass sie von einer Person verfasst wurde, die an der Schnittstelle zwischen Völkerrecht und Steuerrecht forscht, sie ist als auch klassisch völkerrechtlich als Juristin sozialisiert und gleichzeitig eine profunde Kennerin des internationalen Steuerrechts.

Die Arbeit wurde von Dr. *Cécile Braumann* an der Universität Wien verfasst, Erstgutachter war Prof. *Stephan Wittich* vom Lehrstuhl für Völkerrecht der Universität Wien, Zweitgutachterin Prof. *Allison Christians*, Inhaberin des H. Howard Lehrstuhls für Steuerrecht an der McGill University in Montreal/Canada.

In „Customary International Law and Tax Jurisdiction" befasst sich Cécile Braumann mit der Frage, ob und inwieweit Völkergewohnheitsrecht für das Recht eines Staates, einen Steueranspruch zu erheben, Bedeutung hat. Die Jury, bestehend aus *Marcel Krumm*, *Joachim Hennrichs* und mir, fand die Arbeit aus zweierlei Hinsicht besonders spannend und originell:

1. Sie nähert sich der Erhebung von Besteuerungsansprüchen im internationalen Kontext von außen aus der Logik des Völkerrechts an und schafft so eine allgemeine Einordnung.

2. Das Forschungsthema wird anhand von drei „Case Studies" mit mehreren Untervarianten induktiv quantitativ, d.h. mit empirischen Methoden, untermauert.

Um sowohl die Steuerrechtsexpert.innen als auch die Völkerrechtsrechtsexpert:innen abzuholen, gibt die Arbeit zunächst einen Überblick über wesentlichen Eckpfeiler des internationalen Steuerrechts, ohne auf Detailregelungen einzugehen, die eben gerade nicht Forschungsgegenstand sind. Dabei werden auch und besonders die jüngeren Entwicklungen des Internationalen Steuerrechts, die Ergebnisse des BEPS-Projekts, die weltweite Mindestkörperschaftsteuer, die Reformvorschläge der UN und die in einzelnen Staaten eingeführten Digital Service Taxes in den Blick genommen.

Im Kapitel über das Völkerrecht des Besteuerungsanspruches liest man über Souveränität und über Territorialität als ein wesentliches Element staatlicher Machtansprüche und etwaige extraterritoriale Machtansprüche als Folge der bekannten Lotus-Entscheidung des Internationalen Gerichtshofs. Auf das Steuerrecht übertragen geht es grundsätzlich um den territorialen Ursprung, Einkunftsquelle und die Ansässigkeit. Und am Ende natürlich darum, inwieweit ein Staat Ansprüche außerhalb seines Territoriums geltend machen kann.

Schließlich wird die Leser.in in einem umfangreichen Kapitel in das Völkergewohnheitsrecht eingeführt. Wie erkennt man Völkergewohnheitsrecht? Was ist Völkergewohnheitsrecht? Dieses Kapitel fand ich besonders inspirierend, weil es hier um die Bedeutung von scheinbar Informellem geht, das sich zu etwas Verbindlichem kristallisieren kann.

Mit der Antwort auf die Frage, wie Völkergewohnheitsrecht identifiziert werden kann, legt die Verfasserin auch den Grundstein für die Methodologie ihrer nachfolgenden empirischen Untersuchungen: Es braucht eine Staatspraxis und eine opinio iuris. Letztere muss von den Staaten (und nicht etwa einer Internationalen Organisation wie der OECD) kommen und muss klar abgegrenzt werden von einer Praxis, die auf den Grundsatz pacta sunt servanda zurückzuführen ist. Aus ihrer Sicht lassen Doppelbesteuerungsabkommenspraktiken im Allgemeinen keine Rückschlüsse auf eine opinio iuris zu, weil eine solche bei einer repräsentativen Anzahl von Staaten nach Auffassung der Verfasserin nicht vorhanden ist. Diese knapp hundert Seiten der Arbeit legen inspirierend das Fundament für die Case Studies.

In den nachfolgenden Case Studies wird als Fallbeispiel zunächst das Nexusprinzip untersucht, wo zwischen der Ansässigkeits- und Quellenstaatsanknüpfung, der Marktanknüpfung und dem Verhältnis zwischen Ansässigkeits- und Quellenstaatsanknüpfung unterschieden wird.

Fallbeispiel 2 befasst sich mit der Besteuerung von Gewinnen von Körperschaften und fragt, ob Völkergewohnheitsrecht den Vorrang der Besteuerung an der Quelle zwingend verlangt, ob es völkergewohnheitsrechtliche Schranken für die Definition der Ansässigkeit gibt und zuletzt, ob zwingendes Völkergewohnheitsrecht dafür existiert, was die Quelle von Unternehmensgewinnen überhaupt ist.

Und das dritte Fallbeispiel befasst sich mit wirtschaftlichem Eigentum und Kontrolle und adressiert damit CFC-Regelungen und die Bestrebungen unter Pillar 1 und Pillar 2.

Im Ergebnis: Es gibt auch im internationalen Steuerrecht Völkergewohnheitsrecht, das die Staaten in ihrer Freiheit beschränkt, aber nicht allzu viel zwingendes:

Irgendeine Anbindung des Besteuerungsgegenstandes zu dem Staat, der die Steuer erheben will, braucht es. Das kann auch die Staatsbürgerschaft sein. Oder die Marktpräsenz in Form von Konsumenten. CFC-Regelungen sind unbedenklich, das Völkergewohnheitsrecht verlangt auch nicht, dass sie als Antimissbrauchsklauseln ausgestaltet sind. Damit dürften gegen die jüngeren Entwicklungen im internationalen Steuerrecht aus völkergewohnheitsrechtlicher Sicht keine Bedenken bestehen.

Es gibt kein hierarchisches Verhältnis zwischen Ansässigkeits- und Quellenstaatsanknüpfung und auch kein völkergewohnheitsrechtliches Verbot von Doppelbesteuerung.

Es gibt keine zwingende völkergewohnheitsrechtliche Definition von körperschaftsteuerrechtlicher Ansässigkeit oder Quelle von Unternehmensgewinnen.

Die quantitative Untersuchung hat den Blick auf Staaten und ihre internationalen Praktiken geweitet, die nicht zu den Industriestaaten zählen.

Am Ende plädiert die Verfasserin dafür, dass sich Völkerrechtswissenschafter mehr mit dem Steuerrecht und umgekehrt Steuerrechtswissenschafter mehr mit dem allgemeinen Völkerrecht befassen.

Die Arbeit ist vom Anfang bis zum Ende spannend zu lesen, inspirierend und war für mich vor allem auch deshalb erkenntnisreich, weil sie das, was ich intuitiv so gesehen hätte, fundiert bestätigt hat und an manchen Stellen Nuancen verschoben hat, die ich vorher nicht gesehen habe.

Wer sich für internationales Steuerrecht interessiert und ein Faible für die Frage hat, was Recht überhaupt ist, besser, was es noch ist, außer positives Recht, dem lege ich diese Arbeit ans Herz.

Deutsche Steuerjuristische Gesellschaft e.V.

Satzung i.d.F. v. 9.9.2013 (Auszug)[1]

§ 2 Vereinszweck

Der Verein verfolgt ausschließlich und unmittelbar gemeinnützige Zwecke i.S.d. Abschnitts „Steuerbegünstigte Zwecke" der Abgabenordnung. Der Verein hat den Zweck,

a) die steuerrechtliche Forschung und Lehre und die Umsetzung steuerwissenschaftlicher Erkenntnisse in der Praxis zu fördern;

b) auf eine angemessene Berücksichtigung des Steuerrechts im Hochschulunterricht und in staatlichen und akademischen Prüfungen hinzuwirken;

c) Ausbildungsrichtlinien und Berufsbilder für die juristischen Tätigkeiten im Bereich des Steuerwesens zu entwickeln;

d) in wichtigen Fällen zu Fragen des Steuerrechts, insbesondere zu Gesetzgebungsvorhaben, öffentlich oder durch Eingaben Stellung zu nehmen;

e) das Gespräch zwischen den in der Gesetzgebung, in der Verwaltung, in der Gerichtsbarkeit, im freien Beruf und in der Forschung und Lehre tätigen Steuerjuristen zu fördern;

f) die Zusammenarbeit mit allen im Steuerwesen tätigen Personen und Institutionen zu pflegen.

Der Verein ist selbstlos tätig; er verfolgt nicht in erster Linie eigenwirtschaftliche Zwecke.

Mittel des Vereins dürfen nur für die satzungsmäßigen Zwecke verwendet werden. Die Mitglieder erhalten keine Zuwendungen aus Vereinsmitteln. Es dürfen keine Personen durch zweckfremde Ausgaben oder durch unverhältnismäßig hohe Vergütungen begünstigt werden.

§ 3 Mitgliedschaft

(1) Mitglied kann jeder Jurist werden, der sich in Forschung, Lehre oder Praxis mit dem Steuerrecht befasst.

(2) Andere Personen, Vereinigungen und Körperschaften können fördernde Mitglieder werden. Sie haben kein Stimm- und Wahlrecht.

(3) Die Mitgliedschaft wird dadurch erworben, dass der Beitritt zur Gesellschaft schriftlich erklärt wird und der Vorstand die Aufnahme als Mitglied bestätigt.

---

1 Sitz der Gesellschaft ist Köln (§ 1 Abs. 2 der Satzung). Geschäftsstelle: Gustav-Heinemann-Ufer 58, 50968 Köln.

(4) Die Mitgliedschaft endet durch

a) Austrittserklärung zum Schluss des Geschäftsjahres unter Einhaltung einer Frist von drei Monaten;

b) Wegfall der in Abs. 1 für die Aufnahme als Mitglied genannten Voraussetzungen;

c) Ausschluss durch die Mitgliederversammlung;

d) Ausschluss durch Beschluss des Vorstands, wenn ein Mitglied seinen Beitrag für drei aufeinanderfolgende Jahre nicht gezahlt hat; der Beschluss bedarf keiner Ankündigung und keiner Mitteilung, wenn das Mitglied der Gesellschaft eine Adressänderung nicht angezeigt hat und seine Anschrift der Gesellschaft nicht bekannt ist.

(5) Der Mitgliedsbeitrag ist am 1. April des jeweiligen Jahres fällig. Tritt ein Mitglied während eines Jahres der Gesellschaft bei, ist der volle Beitrag nach Ablauf eines Monats nach Erwerb der Mitgliedschaft gem. Abs. 3 fällig.

(6) Der Vorstand kann rückständige Mitgliedsbeiträge erlassen, wenn deren Einziehung unbillig oder der für die Einziehung erforderliche Aufwand unverhältnismäßig hoch wäre.

Vorstand und Wissenschaftlicher Beirat der Deutschen Steuerjuristischen Gesellschaft e.V.

Vorstand

Prof. Dr. *Johanna Hey* (Vorsitzende); Prof. Dr. *Klaus-Dieter Drüen* (stellv. Vorsitzender); Präsident des BFH Dr. *Hans-Josef Thesling*; Prof. Dr. Dr. h.c. *Michael Lang*; Ministerialdirektorin *Anette Wagner*; Prof. Dr. *Jens Schönfeld*; Dr. *Florian Kitzig* (Schriftführer); Verlagsleiter Prof. Dr. *Felix C. Hey* (Schatzmeister und Leiter der Geschäftsstelle).

Wissenschaftlicher Beirat

Prof. Dr. *Hanno Kube*, LL.M. (Vorsitzender); Prof. Dr. *Christine Osterloh-Konrad* (stellv. Vorsitzende); Prof. Dr. *Markus Achatz*; Prof. Dr. *Heribert M. Anzinger*; Rechtsanwältin Dr. *Stefanie Beinert*; Vors. Richter am BFH a.D. Dr. *Peter Brandis*; Ministerialrat Dr. *Harald Brandl*; Ltd. Ministerialrat Dr. *Stefan Breinersdorfer*; Rechtsanwalt Prof. Dr. *Axel Cordewener*, LL.M.; Rechtsanwalt Prof. Dr. *Christian Dorenkamp*, LL.M.; Prof. Dr. *Klaus-Dieter Drüen*; Prof. Dr. *Tina Ehrke-Rabel*; Prof. Dr. *Joachim Englisch*; Präsident der Bundesfinanzakademie Dr. *Robert Heller*; Prof. Dr. *Joachim Hennrichs*; Vors. Richter am BFH Prof. Dr. *Bernd Heuermann*; Verlagsleiter Prof. Dr. *Felix C. Hey*; Prof. Dr. *Johanna Hey*, Prof. Dr. *Pascal Hinny*; Prof. Dr. *Peter Hongler*; Prof. Dr. *Rainer Hüttemann*; Prof. Dr. *Roland Ismer*; Vors. Richterin am BFH Prof. Dr. *Monika Jachmann-Michel*; Prof. Dr. *Gregor Kirchhof*; Dr. *Florian Kitzig*; Rechtsanwalt Dr. *Martin Klein*; Prof. Dr. Dr. *Juliane Kokott*; Ministerialdirigent *Martin Kreienbaum*; Prof. Dr. *Marcel Krumm*; Prof. Dr. Dr. h.c. *Michael Lang*; Richter am BFH Prof. Dr. *Matthias Loose*; Prof. Dr. *René Matteotti*; Prof. Dr. Dr. *Gunter Mayr*; Präsident des BFH a.D. Prof. Dr. h.c. *Rudolf Mellinghoff*; Ministerialdirektor Dr. *Rolf Möhlenbrock*; Rechtsanwalt und Steuerberater Dr. *Jürgen Pelka*; Rechtsanwalt und Steuerberater Dr. *Dirk Pohl*; Prof. Dr. *Ekkehart Reimer*; Prof. Dr. Dr. h.c. *Wolfgang Schön*; Rechtsanwalt Dr. *Jens Schönfeld*; Prof. Dr. *Roman Seer*; Präsident des FG Berlin-Brandenburg Prof. Dr. *Thomas Stapperfend*; Prof. Dr. *Benjamin Straßburger*; Präsident des BFH Dr. *Hans-Josef Thesling*; Prof. Dr. *Christian Waldhoff*; Rechtsanwalt, Wirtschaftsprüfer und Steuerberater Dr. *Thomas Weckerle*, LL.M.; Prof. Dr. *Birgit Weitemeyer*; Ministerialdirektor Dr. *Nils Weith*; Prof. Dr. *Rainer Wernsmann*.

Stichwortverzeichnis

Verfasserin: Dipl.-Kauffrau Dr. *Ursula Roth-Caspari*